U0840284

白寿彝评传

成一家之言

白至德　蒋　晔　著

河北出版传媒集团
河北人民出版社
石家庄

图书在版编目（CIP）数据

白寿彝评传 : 成一家之言 / 白至德，蒋晔著. --
石家庄 : 河北人民出版社，2022.9
ISBN 978-7-202-11385-1

Ⅰ. ①白… Ⅱ. ①白… ②蒋… Ⅲ. ①白寿彝（
1909-2000）—评传 Ⅳ. ①K825.81

中国版本图书馆CIP数据核字(2021)第155358号

书　　名　白寿彝评传：成一家之言
BAISHOUYI PINGZHUAN CHENGYIJIA ZHIYAN
著　　者　白至德　蒋　晔

责任编辑　贺秀红　段　鲲
美术编辑　秦春霞
责任校对　余尚敏

出版发行　河北出版传媒集团　河北人民出版社
（石家庄市友谊北大街 330 号）
印　　刷　河北新华第一印刷有限责任公司
开　　本　787 毫米×1092 毫米　1/16
印　　张　35.25
字　　数　483 000
版　　次　2022 年 9 月第 1 版　　2022 年 9 月第 1 次印刷
书　　号　ISBN 978-7-202-11385-1
定　　价　98.00 元

MULU | # 目录

第一章　引论／001

第二章　回族史学的开拓者／011

壹　河南开封东大寺／012

贰　回族工商世家／017

叁　中原文化的滋养／023

肆　陈垣思想的影响／031

伍　顾颉刚思想的影响及帮助／042

陆　西北四省考察／057

柒　云南“滇”沛流离／069

捌　新中国　新人生／096

玖　回族的新生／108

拾　回族史研究进入新境界／119

拾壹　庄严肃穆的葬礼／134

拾贰　魂系宁夏／138

拾叁　中国回族史和伊斯兰教史研究的开山者／142

第三章　高屋建瓴的史学思想家／155
壹　少年启蒙／156
贰　文治大学、中州大学：创造新文化／161
叁　燕京大学：叩开哲学大门／169
肆　打通文、史、哲／177
伍　“史记”精神灯塔／189
陆　如何认识这个时代／201
柒　如何认识马克思主义在中国的传播／206
捌　白寿彝科学的历史观／221
玖　中华民族是统一的多民族共同体／230
拾　中国历史进程的特点／242
拾壹　史学和其他学科的关系／255
拾贰　中国文明发展为什么未曾发生过中断／263
拾叁　中国与世界的关系／270

第四章　史学的丰碑——《中国史学史》／275
壹　为什么要研究中国史学史／276
贰　云南大学起步／287
叁　新生阶段的徘徊／300
肆　要赶紧走上大道／312

第五章　点校《二十四史》《清史稿》／333
壹　《二十四史》《清史稿》点校工作缘起／334
贰　白寿彝接受重托前后的艰难处境／342
叁　众志成城的点校光影／350

第六章 “学为人师 行为世范”的教育改革家／355
壹 云南大学、中央大学的教育实践／356
贰 苏联模式的探索／364
叁 开启历史的教育改革里程／378
肆 “白寿彝史学论著奖”和“白寿彝学术基金会”／393
伍 师恩浩荡／403

第七章 源于社会 参与其中／413
壹 社会活动家救亡图存活动／414
贰 积极主动地参政议政／423
叁 在国际交往中发挥作用／440
肆 不断创办史学刊物 积极参与史学活动／452
伍 倾注《史学史研究》／468

第八章 跨越世纪的史学丰碑／477
壹 六十多年的准备／478
贰 念念不忘周恩来总理遗愿／493
叁 该罢休时不罢休／499
肆 中国史学史研究上的创新——新综合体／505
伍 《中国通史》：志同道合者的集结号／516

附录／533
壹 白寿彝生平大事记／534
贰 白寿彝主要著作一览／550

后记／553

第一章 引论

2019年，是我国当代杰出历史学家、北京师范大学教授白寿彝先生诞辰110周年，也是他总主编的12卷22册《中国通史》全部完成出版20周年；同时，还是他作为一位教育改革家，全面推进北京师范大学历史系教育改革并获得丰硕成果的40周年。

1979年考入北京师范大学历史系的学生，为纪念入校40周年，在北京师范大学英东楼和北京延庆，举行了非常有意义的活动，追念由白寿彝推动的这次历史教育改革，以及对我们产生的重要影响。在这次纪念活动中，出现了当年参加教育改革的四五位老师的身影，有著名世界史研究专家、92岁的刘家和，有曾任北京师范大学副校长、中国近代史著名专家郑师渠，有世界史研究专家周启迪，有中国现代史研究专家、1979级班主任王宗荣，还有中国古代史研究专家黎虎等。这次纪念活动，对我们再次深刻理解起于40年前的历史教育改革具有现实意义，因为40年前的教育改革，经过40年的事实验证，证明是成功的。

在这次纪念活动中，我们还策划出了我国第一部《白寿彝评传》的撰写计划，并马上付诸实施。

《白寿彝评传》是一部学术性和通俗性相结合的研究著作，其写作体例，以纪事本末体为主，兼顾纪传体、编年体和章节体的优点，分成7个专题，再加一个附录，对白寿彝91年的生平事迹和他对社会的贡献，进行分类总结，以便读者比较清晰地了解他为国家所作的贡献主要集中在哪些方面，以及为此他所作出的艰苦努力，认识到白寿彝在每一个年龄段所思考的问题，以及他在关键的历史转折时期所采取的决定他人生命运的行动，可使我们从中体会到他在沧海横流中的人生智慧，由此启发我们当下的思维方式和行为方式。

白寿彝与“9”这个数字关系密切，“9”可以说是白寿彝的吉祥数字。他出生于1909年，以此为起点，他往往是逢9必变，且往往是大变。

1989年，白寿彝80岁大寿举办祝寿活动时，他将自己的学术活动起点定位在1929年，那年他20岁，考入了北平的燕京大学国学研究所，开始攻读研究生。

白寿彝最喜欢教师这个职业，他认为自己一辈子都是个教师，并将自己在高等学校当教师的教育生涯起点定位在1939年，那一年他30岁，去了云南大学任教，可谓三十而立。

1949年，四十而不惑的白寿彝，身处新旧中国两大命运转折时期，此时正在江南的他，没有跟随国民党去台湾，而是追随共产党从南方国统区到了北平，参加了新中国的开国大典，并代表少数民族向新中国的缔造者毛泽东主席敬献了锦旗。

1979年，白寿彝70岁，在改革开放的新时代，他再次出任北京师范大学历史系主任，开始全面启动总主编《中国通史》这一浩大文化工程，并自谦："我70岁才开始做学问。"真是拥有老骥伏枥、志在千里的壮士情怀。

1999年，白寿彝90岁，12卷22册的《中国通史》全部完成并出版，江泽民、李鹏、李瑞环均致信、致电祝贺，江泽民还邀请他在这一年再次登上天安门城楼，参加国庆盛典，这是他第四次获得党和国家给予的殊荣。在90岁华诞祝寿会上，他坐在轮椅上说出了一句不可能实现但令人动容的心里话："我还想再过上一个90岁！"

他为什么说出了这句不切合实际的渴望生命的话？这是因为，他根本上忘记了自己身体的健康极限，也忘记了自己的年龄。他唯独没有忘记的是那尚未完成的、富有创新精神的事业。他那充满激情的事业心，使他始终处于一种忘我的人生境界之中。他的一生，真的是一部典型的励志故事书！

白寿彝这一生所钟情的事业，根据截至目前的学习研究，可概括为以下几个方面：

第一，他是回族人，出于对本民族的热爱，他的兴趣起点以及学术研究的纵深发展，均从回族历史和伊斯兰教史研究入手，他始终未忘初心，鞠躬尽瘁、死而后已地编撰完成了《中国回回民族史》。2008年，为庆祝宁夏回族自治区成立50周年，自治区党委、政府，决定在首府银川建设中华回乡文化园，将白寿彝确定为中国杰出回族历史人物（十位）之一，并塑像以纪念。其余9位杰出回族历史人物是：元代政治家赛典赤·赡思丁，元代天文科学家扎马鲁丁，元代大都宫殿和宫城的设计者、建设者亦黑迭儿丁，明代航海家、七下西洋的郑和，明代清官海瑞，明代著名思想家李贽，现代革命烈士马骏和郭隆真，抗日英雄马本斋。

第二，白寿彝是一位以史学为基础，以哲学思考为灵魂的马克思主义史学思想家，尤其是在十一届三中全会之后，白寿彝对马克思主义如何与中国历史实际相结合进行了彻底反思，并将反思的成果集中反映在《中国回回民族史》《中国史学史》以及巨著《中国通史》之中，所以，他当之无愧地成为马克思主义史学家的代表人物之一。

白寿彝是“彰往知来”的史学家，在研究历史的过程中，他继承了司马迁撰《史记》的优秀传统，以“究天人之际，通古今之变，成一家之言”为使命，为“知来”而“彰往”，因“彰往”而“知来”，更因“彰往知来”而走上“创造历史”的更高境界。正是这个思想的支配，使他一直在追寻中华民族发展的历史规律，寻找中华民族伟大复兴之路。为此，他在《中国通史》的“通”字上，下足了功夫，他认为只有古今“通”了，中外“通”了，每个时代都实现了“纵通”“横通”，才能让我们读史明智，把握人类社会发展的大规律。

正因为他的着眼点在于为1840年之后积贫积弱的中华民族寻找站起来、富起来、强起来的大道，所以，他思考的深度与广度，便与我们常人所理解的史学家思想完全不同，在《白寿彝评传》的第三章，我们对这位史学思想家的思想来源作了充分说明，并阐释了这位中国当代史学思想集大成者都思考了哪些问题。

第三，中国是世界文明古国中唯一一个从未中断过历史文明进程的国家，上下绵延5000多年，其不断之因，在于其历史文化这条“黄河”大动脉，从未断流。《二十四史》所形成的古代史主干、每一个地域的方志、每一个家族的家谱传承，便是最好的说明。那么，作为史学最为发达的中国，研究史学的发展规律，以及史学史上的精华，对我们今天学习历史、创造历史是一个基础性的学术工作。由白寿彝创刊的、已有几十年出版史的《史学史研究》杂志，以及他所主编的由上海人民出版社出版的《中国史学史》(6册)，是对中国史学长河的重要总结。正是有了这个大总结，才使得他能够将马克思主义与中国历史实际相结合，才使得他能够全面继承中华史学优秀文化遗产，从而找到了编撰《中国通史》要用新“综合体”这一体例。

18世纪至19世纪之交的德国哲学家黑格尔，曾在他的重要著作《历史哲学》中，特别称赞“中国人具有最准确的国史”，他说：“因为‘历史’这样东西需要理智——就是在一种独立的、客观的眼光下，去观察一个对象，并且观察它和其他对象间合理的联系的这一种能力。所以只有那些民族，它们已经达到相当的发展程度，并且能够从这一点出发，个人已经了解他们自己是为本身而存在的，就是有自我意识的时候，那种民族才有‘历史’和一般散文。”这段话非常耐人寻味，一个民族，只有能够理智地对民族本身的发展作一番客观的观察探讨时，才有“历史”。正是这把“理智”的金钥匙，帮助白寿彝终于打开了总主编《中国通史》的“殿堂大门”。

第四，以朝代为主体的中国，每一个时代的历史，因《二十四史》和《清史稿》代代传承。如何继承这笔巨大的历史文化遗产，使之古为今用，则是1949年中华人民共和国成立后的一个时代话题。有学者提议重新点校《二十四史》，但却迟迟未能完成。1971年，毛泽东、周恩来再提此事，并点将由已78岁的顾颉刚担纲此任。年事已高、久病不愈的顾颉刚，不得不将重任压在了学生、此时已62岁的白寿彝身上。担任组长的白寿彝不负恩师重托，团结众多一流学者，完成了党和国家领导人高度关注的这一中华人民共和国成立以来最大的学术文化工程，重新点校的《二十四史》于1977年由中华书局出版。

点校《二十四史》和《清史稿》这一打地基的重要工作完成之后，白寿彝便在北京师范大学参与创建了我国高校中第一个古籍整理研究所，为培养古籍整理人才、开展对文化遗产的研究作出了重要贡献。

第五，白寿彝不仅仅是传统意义上的传道、授业、解惑的教育家，还是一位教育改革家。这一点是基于他对哲学的思考，基于他对历史经验教训的总结而作的判断。他不仅提出教育改革，更重要的是，他直接去操作，在历史教育改革上，他是理论和实践紧密相连的知行合一者，且改革收效明显，师生均获益处，为此，他还获得了教育部的表彰。

白寿彝不仅教书育人，而且还以身作则，身教重于言教。正如北京师范大学校训："学为人师，行为世范"，他本人便是这八个字的生动写照。他的老朋友、参加《二十四史》和《清史稿》点校的启功，不仅为北京师范大学创造了八字校训魂魄，而且还以他那超凡脱俗的书法，将校训刻写在石碑上，浸透在北京师范大学人的心灵深处。白寿彝正是以校训精神，诠释了教育改革家的大气象。

第六，白寿彝这一辈子最好的朋友，便是书。他一生做学问，一生未离开过书。他读书、讲书、著书，是地地道道、名副其实的"书呆子"。正是这个"书呆子"性格，使他耐住了长久的寂寞，"板凳要坐十年冷"的10年，对他来说，都太短暂了。他还以"书呆子"的气质，积极投入了救亡图存的抗争呐喊之中，并在深不可测的历史黑洞之中，去寻找那个能够打开历史智慧电灯的开关。他希望能让历史能源所形成的巨大电流，光照天下，光亮中国社会，这是他之所以能从一个"书呆子"成长为一个著名社会活动家的根本原因。

他不是为了通过社会活动为自己活动个一官半职，他这一生，其实也没有当过什么正儿八经的官儿。他也不是为了通过社会活动为自己谋取钱财，他这一生一直没有过上富裕的好日子。他更不是为了通过社会活动为自己获取更大的名誉，他的名声最大之时，是他去世前一年的90岁那年。官职、钱财、名声，对他这位已经看透历史、穿越人生90个春秋的史学家来说，还有什么实际用处?!

他的国际交往、国事参政议政，以及推动社会组织建设，都是来自一个"书呆子"的"天下兴亡，匹夫有责"的使命感、责任感。他所有的社会活动，只是为了"书呆子"所希望构建的中国历史"大厦"这一宏伟事业，创造一个外部良好的工作环境，并以此更有利于寻找到志同道合的“朋友圈”，以凝聚众志，共铸大业。为了给史学家所发现的历史智慧，找到一个为国家为社会更好服务的、经世致用的平台和窗口，他创办了许多报刊，其数量之多、内容之丰富、时间跨度之长、担任中国史学界重要刊物《史学史研究》主编之久，在中国当代史学家中是非常少见的。

第七，白寿彝这一生，命中注定是为完成一个大使命而来，那就是编写好对得起中华民族的大型《中国通史》，而不是只有几册几卷的小型《中国通史》，从而使中国人在走向世界的过程中，真正有自己的文化自信，而不是崇洋媚外、全盘西化。同时，也让外国人，尤其是西方发达国家的人士，通过《中国通史》，更深入了解中华民族的特点，从而更好地理解中华民族多元一体这一历史形成的格局与人类命运共同体思想之间的必然关系。

为此，他从研究回族历史入手，进而扩大到研究中华民族历史。他从哲学起步，站在思想家的高度，高屋建瓴驾驭主编《中国通史》。他从总结中国史学史着手，找出了创作《中国通史》的编撰规律，在借鉴吸收诸史书体裁之长的基础上，创造出“综合体”新体例。

白寿彝从点校《二十四史》和《清史稿》古籍整理出发，将文献史料这一基本功，扎得实实在在。他站在教育改革家这个角度，抓紧培养人才队伍，使之成为《中国通史》创作的骨干队伍。为使大《中国通史》的编写顺利完成，他以社会活动家的身份，为之创造了非常好的学术环境，争取了各方面的大力支持。他通过出版刊物，更好地发现、团结了许多优秀人才，同时，还将与《中国通史》相关的研究成果以及进度，及时公布于众，以扩大影响。

正是他这一生辛辛苦苦的努力拼搏和长期准备，才使得他能够在70岁左右，得天时、地利、人和，历时20余年，笔耕不辍，以近于失明之眼，以高龄疾病缠身之体，登高一呼，众人响应，凝聚了500多位专家学者，最终完成了20世纪中国史学的扛鼎之作《中国通史》，实现了周恩来总理的遗愿，向党和国家交了一份圆满的答卷，也使自梁启超以来几代中国史学家期待完成的大通史百年梦想，得以真正实现。

把整个生命都豁上去的白寿彝，是中国史学史上第三位完成大中国通史的历史学家。第一位是司马迁。他编撰的《史记》从轩辕黄帝写起，截止到他自己生活的时代——汉武帝元年，长达3000多年，是中国历史上第一部纪传体通史。第二位是司马光。司马光生活于北宋神宗时期，河南信阳光山县人。51岁之后，司马光花费了近20年的时间，在河南洛阳主持编纂了我国历史上第一部编年体通史《资治通鉴》，从周威烈王二十三年，即公元前403年写起，到北宋前的五代十国时期的后周显德六年，即959年为止，共1362年的历史，约300万字。第三位即是白寿彝。

自1084年司马光完成编年体的中国通史之后到2000年，900多年来，再无人自始至终主持完成新的大型中国通史的编撰工作。著名史学家郭沫若曾于1958年开始主编7卷本《中国史稿》，未见完成，他即去世。后来出版的未经他审定的部分，署名改为"《中国史稿》编写组"。

另一位著名史学家范文澜主编的12卷《中国通史》，在他去世前，仅完成4卷，未完成的8卷由蔡美彪主持编写。该《中国通史》是从远古写到清朝覆亡的1912年。

其他现代史学家所撰写的中国通史，多是教材，卷数很少。如北京大学教授翦伯赞的《中国史纲要》(两册)、钱穆的《国史大纲》(两册)、吕思勉的《中国通史》(两册)、吕振羽的《简明中国通史》(两册)等。

白寿彝总主编的《中国通史》，从距今180万年前的远古时期写起，截止到1949年中华人民共和国成立，共12卷22册,1400万字。这是一部根据总主编的思想，完整构思并彻底完成的第三部中国大通史，也是第一部以"综合体"为新的编纂体例的大通史。这部通史的上限起点，超越了司马迁的《史记》，其深刻意义在于，中国通史不再是人们常说的"上下五千年"，而是一部借鉴了史前考古学的众多成果，跨越了180万年的中国通史。第一次将我们对远古祖先的研究，不再停留在距今5000多年的轩辕黄帝时期，或距今有万年时间的伏羲时期。

白寿彝生于清朝末年的1909年2月，去世于2000年3月，享年91岁。他这一生横跨了清朝、中华民国、中华人民共和国，与20世纪相始终。可以说，他的一生是20世纪中国历史的一个缩影。作为历史学家的白寿彝，他又用自己91年的生涯，反过来注释了什么是20世纪的中国。白寿彝的老朋友、中国民俗学研究专家钟敬文，曾意味深长地说：历史是一艘船，从此岸划向彼岸。当你生活在一个伟大的时代，你是这个时代之船的匆匆过客呢，还是这艘时代之船的划桨者呢？钟敬文明确表示：他不愿意做时代之船的乘船者，他愿做时代之船的划桨者。作为杰出历史学家的白寿彝，肯定清楚他在这艘时代之船上的定位，他一定不是乘船人，他一定是创造历史的划桨者，他一定会创作出一幅别具风采的写意泼墨巨作。

《白寿彝评传》作者之一白至德是白寿彝之子。父亲去世之后，白至德组织并参加了《白寿彝文集》（8册）、《中国史学史》（6册）和《中国通史》的再版工作，编写了《彰往知来——父亲白寿彝的九十一年》《白寿彝的史学生涯》《白寿彝画传》以及《白寿彝讲历史》（4册）、《白寿彝史学二十讲》（11册），并撰写了多篇纪念父亲的文章，发表在《光明日报》《北京晚报》《史学史研究》《回族研究》《回族文学》等报刊上。

另一位作者蒋晔，是白寿彝的学生，1979年考入北京师范大学历史系，是受益于白寿彝发动的历史教育改革的首批实验学生之一。当年接受实验时，他只有17岁。1983年毕业前夕，他到老师家中向先生告别，老师对这位来自家乡的学生，特别告诫要记住8个字——“学习历史，创造历史”。这8个字刻在了21岁的蒋晔心中，成了此后他从事所有工作的定位。2000年，蒋晔根据老师的愿望，在北京师范大学的支持下发起并创建了“白寿彝学术基金会”，并在老师去世后，参与策划出版了《白寿彝画传》，还在《光明日报》《文化时报》和今日头条、西瓜视频、腾讯视频、喜马拉雅、新浪微博等十几家互联网新媒体上，弘扬老师的学术思想。

《白寿彝评传》共有九个部分，第九部分是附录，作用是便于读者了解白寿彝的生平简历以及主要著述。

作为《白寿彝评传》的作者，限于自身的历史局限性，以及目前尚有未挖掘到的与白寿彝有关的很多文献资料，我们的认识以及论述，肯定有待将来进一步完善、补充。由于在写作过程中，我们阅读了大量与本书相关的素材，并学习吸纳之，实在没办法在此一一细列，只能请心中常常怀念白寿彝的师友们给以谅解！

第二章　回族史学的开拓者

河南开封东大寺

白寿彝1909年出生于河南开封，东大寺是开封第一清真寺，是河南现存规模最大的清真寺，被誉为“河南首坊”，地位极为显赫，白寿彝的家离东大寺很近。由于开封的回民社会历史悠久，伊斯兰文化的传统在这里被保存得非常完整。

回族信仰的宗教是伊斯兰教，唐朝初年，该教即传入中国。公元前2世纪，汉代的张骞出使西域，打开了中西交通的商道。伊斯兰教兴起之时，恰逢隋末唐初，为鼓励穆斯林寻求友谊、增进知识，伊斯兰教创始人穆罕默德发出一条有名的“圣训”:“学问虽远在中国，亦当求之。”充分表达了他对中国古老文明的向往和对中国人民的友好感情。

随着伊斯兰教的广泛传播和大食帝国的建立，穆斯林商人不断东来中国。唐朝初年，都城长安的街头巷尾，到处都可以见到穆斯林商人的身影。长安西市、东市，大食国人和波斯人开设的“胡店”“胡邸”林立，销售着西亚、非洲的象牙、犀角、香料、珠宝。同时，中国的丝帛、瓷器、茶叶，也摆满了今属伊拉克的首都巴格达的集市。中国东南沿海更是一派繁忙的国际贸易景象。广州、扬州、交州、泉州、潮州、福州等地都是对外贸易港埠。

在这种互通贸易的基础上，大食国与唐朝建立了相互友好的外交关系。唐朝永徽二年即651年，第三位哈里发奥斯曼的使者抵达长安并觐见唐高宗李治，向这位刚登基一年的皇帝介绍了大食国的基本情况和伊斯兰教的基本教义。从此，两国的友好往来日渐频繁。据统计，从唐朝永徽二年至贞元十四年（651—798）147年中，大食国遣使来唐36次，仅唐朝开元年间（713—741）就有10次。唐至德二年（757），应唐肃宗李亨的邀请，大食国还派兵开赴中国边境，帮助唐朝平定安史之乱。东、西两京洛阳、长安的克复，大食兵出力甚大。经济贸易的密切往来，政治外交的和平友好，促使大批穆斯林移居中国，使两国人民的友好关系发展到一个新阶段。

北宋建都开封，由于宋朝的重视和积极鼓励，阿拉伯、波斯商人云集首都东京，也就是白寿彝的出生地开封。来华定居的穆斯林更是与年俱增，到宋徽宗政和四年（1114），已出现许多在华居住五世以上的“土生蕃客”，即在华所生的子女，所以，与之相关的宗教活动场所清真寺，开始大量出现。开封的东大寺就诞生在唐宋时期。

清朝康熙二十八年（1689）《重建清真寺碑记》中记载：“大梁清真寺，在城之东南隅，乃教人礼拜祝国之所也。起于唐贞观二年其众始入中国时，后代修葺不圮。”

后来，白寿彝写有一文《记创建清真寺碑》。他说，著名学者向达，藏有旧抄本《如梦录》，说开封清真东大寺，也有与西安王鉷撰《创建清真寺碑记》同样的碑。他根据向达所言访求，并未找到此碑，不知是已经毁坏了，还是筑在了东大寺的墙壁里面。

仅据《宋史・外国传・大食》所记，宋朝时，大食国使者来中国就有26次。加上《宋会要》记载的14次，共40次。这40次，除去4次属南宋时期，其他36次都发生在宋朝定都开封的167年之间，即960—1127年。白寿彝在他主编的《中国回回民族史》一书中，在“宋时大食商人与朝贡”这部分写道：宋开宝元年到乾道四年（968—1168）“二百年间，大食人之进贡，有明文可考者，共48次，差不多平均每四年总有一次朝贡”。这48次，除去3次属南宋时期，其他45次均发生在开封。开封成为中国与阿拉伯、波斯及中亚伊斯兰国家交流的一个中心。

《宋史・外国传・于阗》记载：宋大中祥符二年（1009），于阗国"黑韩王遣回鹘罗厮温等以方物来献"。罗厮温等称，开封到于阗之间，"昔时道路尝有剽掠，今自瓜州抵于阗道路清谧，行旅如流"。北宋天圣三年（1025）及嘉祐八年（1063），他们又不断来朝。到熙宁元年（1068）以后，则"远不逾一二岁，近则岁再至"，来往更为频繁，关系更为亲密。以至于元丰四年（1081），哈拉汗王朝的使臣"部领阿辛上表，称于阗国为偻侈、甥国"，而尊宋朝为"东方日出处，大世界田地主，汉家阿舅大管家"。这样，由陆路经瓜州、长安、洛阳，来开封的于阗穆斯林，便与由海路经广州、泉州来开封的大食国等地穆斯林一起，构成了开封早期穆斯林的两个主要来源。

记载北宋末年首都东京地理节物、里巷风俗、朝廷典祀的著作《东京梦华录》写道，许多大食国来的朝贡使，"并妻男同来"的于阗使者，如何将"街市行人""是何色目"进行区别，那就要看他们的不同装束。此时的开封，还有接待于阗等地使者的礼宾院、怀远驿，城里常有西域穆斯林经营的胡饼、羊肉、糖果子等诸色杂卖等。

伴随着蒙古贵族的西征，元帝国的建立，中国与中亚、西亚伊斯兰教国家之间的陆路交通畅通无阻，阿拉伯、波斯及中亚地区的各族穆斯林，跟随蒙古军队大量涌入中国，回族便形成于这个时期，清真寺逐步遍布全国各地，开封的清真寺建造得更多。

由于东大寺建寺较早，所以文物古迹众多，至今仍保存有明朝开国皇帝朱元璋亲题的"精忠尚武"匾额。明朝永乐五年（1407），皇帝又"敕赐增修"该寺。该寺尚存明朝洪武年间的"万岁牌楼"遗座。由此可见东大寺在历史上的重要地位。后来该寺屡经兵燹水患，尤其是明朝末年和清朝道光二十一年（1841）两次黄河水患，使该寺原有建筑荡然无存，穆斯林只得另外寻找寺址重建。因此，现存建筑基本上是清朝道光二十六年（1846）重修时的规模和风格。

东大寺还精心保护了唐代文物"石莲花盆"一只。著名英籍华裔女作家、社会活动家、河南信阳人韩素音女士来该寺考察时说，此石莲花盆本系一对，有一只现在美国加州博物馆陈列，她不清楚此宝物是何时流失到国外的。另据寺内人士讲：考察开封犹太教与伊斯兰教关系的外国友人，对此石莲花盆颇感兴趣，认为是无价之宝。东大寺还存有宋代石狮子一对。

1989年，开封清真东大寺民主管理小组，呈送河南省文化厅一个请示文件，期待筹建开封清真东大寺“伊斯兰教在中原”历史文化文物陈列馆，显示了开封穆斯林对历史文物的爱惜保护精神。

开封清真寺有经学、武学兼顾的传统。从明清时期起，开封各清真寺都普遍设立武场，收徒传技，白寿彝从小就在东大寺习武练拳。明朝开国皇帝朱元璋为什么这么敬重东大寺？起因就在于，他在推翻元朝、攻打开封前，其大将、回族人、明朝第一开国功臣常遇春对他说：“开封长期居住着大量回族兄弟，民风强悍，崇尚武术，匡扶正义，早就对元朝残暴统治心怀不满，如果能和他们秘密联络，里应外合，夺取开封易如反掌。”朱元璋进入开封后，便在回民中招兵买马，清真东大寺的一些青年踊跃参军，朱元璋很受感动，遂亲笔书写了“精忠尚武”的匾额，挂在清真东大寺大殿内。常遇春去世后，朱元璋在总结开国之功时说：“计其开国之功，以十分言之，遇春居其七八。”

此外，开封至今还保存有文殊寺街清真寺、三民胡同清真寺（又名凤凰寺）、清真北大寺、西皮渠清真寺。上述几座清真寺，均是唐宋时期开封清真寺文化的薪火相传。

除这5座古老的清真寺外，开封还有3座清真寺始建于清朝，即家庙街清真寺，建于清咸丰元年（1851）；善义堂清真寺，建于清同治十三年（1874）；南关天池台清真寺，建于清光绪三十三年（1907）。在中华民国时期，开封又新建了5座清真寺。

中国的清真寺中出现女寺开始于何时，目前还没有确切的说法。但开封清真寺中女寺出现较早、数量较多，则是不争的事实。这是一种非常突出的回族文化现象，对塑造白寿彝的性格产生了重要作用。白寿彝的姑奶奶和姑姑都是女阿訇，这与她们在清真女寺接受过经堂教育有关。由此可知，童年、少年时期的白寿彝，接受了良好的穆斯林文化的熏陶。他的姑奶奶，教他诵习阿拉伯文和《古兰经》。

试想，如果白寿彝姑奶奶的文化水平不高，生活在100多年前清朝末期、民国初年的已是祖母辈的女性，怎么会懂得阿拉伯文？怎么会诵读《古兰经》这部伊斯兰世界的经典呢？怎么会担任德高望重、令人尊敬的女寺阿訇呢？白寿彝的姑姑也是如此的女寺精英。这正是白寿彝接受幼教的环境。白寿彝姐姐的一个女儿，名叫巴秀芝，后来也成长为一位女阿訇。由此而知，白寿彝身上的回族文化基因是多么的深厚。

开封的清真女寺，肇始于清朝嘉庆年间（1796—1820），现存的两通立于清朝光绪四年（1878）的石碑，足以说明开封穆斯林对清真女寺的重视程度。至今开封市内13坊中，已有10坊开放了清真女寺，清真女寺的数量，已与清真男寺14坊的数量相当。

正是开封清真东大寺的优秀传统，潜移默化地影响着白寿彝的精神世界，起到了“随风潜入夜，润物细无声”的作用。开封市伊斯兰教协会原会长李文章说:“白寿彝本家应属东大寺坊。”这里所指的“坊”，应称为“教坊”或“寺坊”，是回族特有的传统组织形式。开封原有13座清真寺，也就有了13个寺坊。回族百姓常以清真寺为中心进行宗教活动，同时也是回族政治、经济和文化活动的场所。白寿彝从小就生活在那里，也曾在东大寺内学习阿拉伯文和练功、舞石锁，既习文又练武，习文是学文化，练武为健身。

回族工商世家

据白寿彝说，在近代开封回族中，有魏、杜、李、白四大工商世家，被称为开封回族“四大姓”。“白家”即白寿彝家族。

分析白寿彝从少儿到青年所成长的这个原生家庭的文化基因，是理解白寿彝不同于和他同一时代史学家的关键。白寿彝很有社会活动能力，特别善于组织，对动员各界力量、调动各种资源，很有办法。他非常务实，对新闻敏感，办报纸杂志很多，对新闻出版印刷行业很熟悉，对如何经营也很有一套办法，他与传统意义上的“书呆子”不大一样，这与原生家庭对子女的影响密不可分。

回族在中国形成之时，与来自波斯的一支移民，在中原实现融合有关。白家祖先极有可能来自波斯，后与中国其他信奉伊斯兰教的民族融为一体。白寿彝的经名是“哲玛鲁丁”，这是一位波斯大学者的名字，其中也蕴含了他的父亲对先祖来自波斯的深深怀念。

白寿彝的父亲白吉甫，曾试图查寻、探索白家祖辈的由来，他原以为山西洪洞县大槐树，应该是白氏宗族的发祥地。后来考证，中国约有五分之一的姓氏，按其族谱记载，都将大槐树视为起源地，后因明代初期大规模的移民活动，而漂泊到东西南北。白寿彝后来也查证过此事，虽然没有发现山西洪洞县有他们这支的白氏族谱，但是也确认了回族中同样存在着与汉族相同的大槐树下是宗族发祥地的传说。

白寿彝的爷爷是开封东乡阮楼村人，后迁至开封市内生活，在开封市的南土街开了个做水果生意的小店，日子过得还算可以。他的身体很好，只是眼睛近视，高寿 90 多岁。白寿彝的眼睛高度近视，晚年时眼镜度数高达 1800 度，几乎是失明状态，这一点可能与他爷爷的遗传基因有关。白寿彝的父亲没有上过学，文化水准只限于记账所用的文字及数字，但他十分勤劳，很会做生意。

白寿彝的母亲叫钱相云，是一位虔诚的穆斯林，她能诵读《古兰经》，因此而获得穆斯林的敬重。她的姑姑、妹妹因经堂教育，女学水平很高，德高望重，都担任过女寺阿訇。白寿彝的母亲是朱仙镇人。朱仙镇自北宋建都开封后，成为开封的南大门，与江西景德镇、湖北汉口镇、广东佛山镇并称“天下四镇”。

朱仙镇的繁荣，与景德镇、佛山、汉口三镇明显不同。其不同就在于朱仙镇的繁荣中，回族穆斯林所从事的商业活动，起了不可低估的作用。朱仙镇最盛时，人口达 30 余万，穆斯林人口就占了三分之一，在 10 万人以上，而其中至少有 5 万人从事牛羊屠宰、皮毛转运、货物销售、饮食等商业活动。

由此可知，白寿彝这个原生家庭的特点：爷爷在开封城是做水果小本生意的。他的父亲，没上过什么学，但很会做生意。他的母亲一家，所获经堂教育女学很好，是朱仙镇人，全镇回族人几乎家家做生意。

白寿彝的父亲，与同为开封回族工商世家的魏子青、杜秀升一道，参与投资的项目中，的确什么行业都有，有电厂、有商场、有剧院、有饭店等。再来看白寿彝这一生，他围绕着史学所涉及的工作，范围很广，彼此之间并没有什么障碍，什么事都是相通的“通”的思想，在白寿彝的思维方式中极为重要。

《古兰经》倡导“既不挥霍，又不吝啬，谨守中道”，我们从白寿彝的家庭生活中，的确看到了他所保持的这种衣食简朴的生活状态。

白寿彝家族还在开封创办了一家商务印刷所。1933 年，白寿彝在开封创办的《大河杂志》《新儿童》杂志，以及 1935 年创办的杂志《伊斯兰》(月刊)，就是在此印刷的。1933 年之后，从燕京大学研究生毕业的白寿彝，还曾有一年半的时间，帮助二哥白寿昌的岳母家，经营商务印刷所。

可以说，白寿彝父辈的几大工商世家“实业救国”的先进思想、经营理念，以及积极参与社会活动的做法，都深深影响着白寿彝。

由于白寿彝的父亲很会做生意，所以，白家生活很富裕。白吉甫还在开封城内购置房产，在乡下购置并典当了土地。白寿彝少年之时，白家人口最多时达 23 人，料理家务事的重担，全部压在了白寿彝的母亲身上。白母钱夫人总是默默地操持家务，任劳任怨，去世时仅 69 岁。

白吉甫 1932 年去世，享年 82 岁。他去世后，白家家境日趋衰落。这一年，白寿彝 23 岁，尚未结婚。白寿彝几十年来一直怀念他的父母双亲，在他的书桌抽屉里，一直珍藏着父母的遗像。1966 年“文化大革命”爆发，红卫兵抄家，遗像就再也找不到了。

20 世纪 20 年代以后，外国列强重又加强对中国的军事入侵，随之带来的还有经济的侵入和资源掠夺。国家政局不稳，社会动荡不定，人民生活则不安。作为工商业民族资本家的白家也很难再维持经营，日子越加难过，这是当时社会的大环境造成的。白家一度被迫搬到烧鸡胡同，租借许亚青的房子居住。白家这个工商之家在近现代的盛衰，不仅直接影响了白寿彝的生活与学习，也使他深入地思考了这一盛衰的原因。

白寿彝在燕京大学的学习生活仅有三年，这三年的学习生活十分清苦，手里没有多余的钱，只能住在陋室。他身着一件蓝布大褂，这是他仅有的一件大褂，穿了又洗，洗了又穿。他脚上穿着一双张着嘴的布鞋，走在路上，走一段路，就要弯下腰，去提他那双因穿久而变形的线袜子。一天吃两顿饭，且经常吃的是白菜炸酱面，或者是几个烧饼加上一碗菜汤。

1935 年 1 月，正是年关，这对白寿彝来讲可谓“鬼门关”。白寿彝替他的二哥经营商务印刷所已一年半之久。因为二哥的身体一直不好，顾及不了印刷所，他接手时印刷所已不景气。那时的印刷所月月亏损，债台高筑，白寿彝天天忙于东拆西借，应付债务，印刷所的经营也处于半停滞状态。商务印刷所一直拖到春节后的四五月份，被迫卖掉机器设备，于1935年上半年停业。印刷所遗留下的债务，也只能靠变卖家产去偿还。白家当时的日子一天比一天难过，只能靠借债维持生活。后来白寿彝的奶奶实在没有办法了，只能把剩余家产全部变卖，以维持一家人的生活所用。

白寿彝曾对子女多次谈起父亲白吉甫和母亲钱相云。白家祖上多为单传，到白寿彝的父亲白吉甫亦是独生子。而到了白吉甫这一代，白家却时来运转，连连得子。在白寿彝出生之前，白吉甫已有了两个儿子，还有三个女儿。但他仍旧盼望得到第三个儿子，为的是白家人丁兴旺，光宗耀祖。

1909年2月19日黎明，即农历正月二十九，己酉鸡年，白寿彝出生，他在家中排行老六。

白寿彝的姥姥高兴地说："今年是旧历鸡年。大鸡年，富贵年！外孙孙是金鸡报晓啊！"白寿彝的父亲更是喜出望外，他知道自古以来人们就将十二生肖中的鸡，称为"五德之禽"。古书《韩诗外传》中说，公鸡具有的五德是：文德、武德、仁德、义德和信德。他决心一定要将这个最小的儿子，培养成具有五德之人。可以说，白吉甫对这个儿子寄予了很大的希望。

白吉甫没有上过什么学，文化水平不高，小本生意尚可，但发展产业时，受到一定影响。因此，他对文化教育的追求，就成为迫切需要，他希望自己的孩子，往书香门第这个方向发展，只有诗书才能传家长久。这位父亲让长子接了他的班，继续发展工商业；让次子往文化方面发展，让三子白寿彝往教育上发展。

白寿彝的外甥巴志刚回忆说："白寿彝弟兄三人，他行三，我们称呼他为三舅。大舅、二舅辞世早，三舅1938年离开开封后，至1982年间未回过开封。我对三舅年轻时期的了解，多来自家父教诲中的言传。我的家是一个以研究《古兰经》和阿拉伯文为主旨的阿訇世家，对中文的深入学习，先辈中没有对我们进行教育的典范，白氏三兄弟就成为父亲教育我们的楷模。

“家父多次说过：‘你大舅是实业救国，二舅是文化救国，三舅是教育救国，他们都是大学问家，没有学问是办不成大事的。’这是家父对白氏三兄弟年轻时的简练概括，也给我们提出了效法的榜样。

“还听家父说过，三舅曾在一所教会学校学习英语，学了一年多时间，和洋人对话即对答如流，还能用英文写文章。最为家父赞叹的是，三舅才十几岁就在上海大报上发表文章，还出了书。后来才知道是在上海的《民国日报》上，发表了《整理国故介绍欧化的必要和应取的方向》，时年仅17或18岁。”

白寿彝从小就酷爱读书，6岁时跟随他的姑奶奶，诵习阿拉伯文和《古兰经》。白寿彝的姑姑也是一位女阿訇，能写一手漂亮的阿拉伯文，在当地名声颇大。白寿彝经常去她那里，以《古兰经》为课本，学习阿拉伯语，并从中体味伊斯兰的教义，逐渐熟悉并读好阿拉伯语，阿拉伯文字也能写得不错，时常受到姑姑的表扬。姑姑非常喜爱这个学习专一、用心攻读、聪明听话的侄子。白寿彝那时经常陪伴母亲，去姑姑所在的南教经胡同女寺礼拜，女寺为同坊的妇女所建，当时的东大寺教坊有三座女寺。从那时起，白寿彝就开始不知不觉地受到了回民传统的教育。

父母对子女所有的希望，第一次都完全寄托在给子女所起的名字上。为此，白吉甫给第三个儿子，起了一个非常特别的名字“寿彝”，取字为“肇伦”，白吉甫对白寿彝这个最小的儿子寄予了很大希望。

白寿彝的父亲为儿子取了一个汉名，还请清真寺的阿訇为他取了一个回族经名“哲玛鲁丁”。由于经堂教育在开封东大寺非常发达，所以阿訇的文化水平非常高，阿訇以波斯伊斯兰教苏菲派著名学者、诗人哲玛鲁丁，来给这个新生儿命名。“哲玛鲁丁”的意思是：我们的导师。可见，白吉甫希望这个儿子将来在文学、哲学上有所成就，同时在教育方面成为一名教师。白寿彝这一生的轨迹，恰恰如此，他非常喜欢文学，读上海文治大学时，学的是中文，他的老师大多是南社这一著名文学社团的成员。他的文学功底很好，20多岁在西北考察时所写《绥宁行纪》《甘青行纪》，均可看出他的文学素养。30 多岁时，参与创办《文讯》杂志，他更是发挥了自己的文学优势。他在中文系学习时，更加喜爱哲学，在 19 岁时，即写出了先秦哲学三大师的论文。后考入燕京大学国学研究所研究生，更以哲学史为学习研究重点。后来，他确定了历史学作为人生事业之目标后，便打通文史哲，以史学为飞机机身，以哲学为机头，以文学为两翼。他这一生所做的事、所弘扬的理念，几乎和他的“哲玛鲁丁”名字之含义完全吻合。

后来，白寿彝在发表文章的时候，曾用过以下几个笔名：鲁丁、授衣、舒离、肖愈、肇伦、者美伦等。

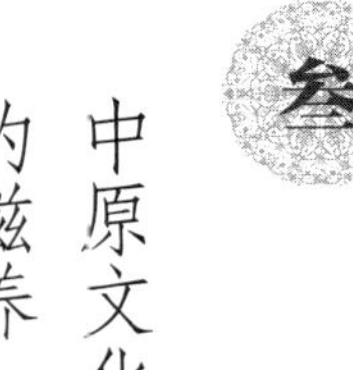

中原文化的滋养

一方水土养一方人，中原这方肥沃之水土，最滋养哺育的是历史学家、哲学家，“一部河南史，半部中华史”，此言不虚。在中华民族历史的长河中，共诞生了三部大通史，竟有两部大通史的主编是河南人，这绝非偶然。在历史上，与河南有关的历史学家、考古学家、哲学家，可以说是灿若星河。河南的地下，处处是文物；河南的地上，眼前便是古迹。河南的各个乡村，洒满了英雄豪杰的故事。河南人，天生的个个都对历史感兴趣。白寿彝就出生在、成长在这个历史文化生态环境极好、负氧离子含量极高的史学森林之中。他所在的城市开封，更是几千年来的帝都，是中华民族的母亲河——黄河养育出来的帝都。

王珂，日本神户大学教授，自 1997 年 12 月 27 日首次拜访白老后，多次登门访问，专题研究了白寿彝和开封的关系。他说：“开封的社会文化氛围，在历史学家白寿彝确认‘自我’的过程中起到了重要的作用。”

开封是一座有着 2700 多年历史的名城，1982 年被国务院首批公布为历史文化古城。开封和西安、洛阳、北京、南京、杭州一起，统称中国六大古都；开封又称“七朝都会”，指的就是战国时期的魏，五代时期的梁、晋、汉、周，以及北宋和金，都曾在此建都。开封最辉煌的时代应为北宋，当时开封的名字叫东京。在北宋长达

167 年的历史中，开封一直是我国的政治、经济和文化中心，人口最多时达 150 万，是当时世界上著名的大都市之一。

宋徽宗时期，张择端的《清明上河图》，形象地描绘了从开封郊外到市内汴河沿岸的美丽风景，生动地体现了中国封建社会全盛时期开封的繁荣景象。可以说，《清明上河图》就是北宋开封的市井生活风俗画，在 5 米多长的画卷里，绘出了数量庞大的各色人物，以及骆驼、牛、骡、驴等牲畜，还有各有特色的车、轿、大小船只、房屋、桥梁、城楼等。这幅无价之宝，现珍藏在北京故宫博物院。每当它根据文物保护的特殊性，相隔几十年，再展示给众人时，都会在中国乃至世界产生轰动。

开封市城区的东北部为顺河区，秀美的惠济河从这里流过。那里是开封回族聚居生活的地方，也是白家祖辈生存的地方，白寿彝就出生在那里。这个区分为城内、城外两部分，这里的文物古迹很多，除铁塔之外，还有东大寺、北大寺、文殊寺、双龙巷、白衣阁，它们分别为国家级、省级和市级文物保护单位。百年高等学府河南大学也坐落在这里，这里是白寿彝的母校。

白寿彝出生在开封市鼓楼后第四巷 17 号大宅院里。北宋都城开封，是中国“夜市经济”的发祥地，可以说，鼓楼的夜市，是历史最为悠久的“天下第一夜市”。那里有鸡杂碎、黄焖鱼、旋煎羊白肠、烤肉、千层饼、烧饼夹肉、羊肉馒头、鸡丝面、炒凉粉，还有甜食蜜饯梅子、蜜饯李子雪花膏、李子旋樱桃、香糖果子、芙蓉饼、牡丹饼、梅花饼等，一应俱全。到夜市尝遍美食，开封人的话叫“杂嚼”。在鼓楼至今还有一家驰名天下的马豫兴烧鸡，其中的桶子鸡、小笥鸡，为食中之绝，白寿彝当年居住的街巷，其名便是烧鸡胡同。北宋文豪苏东坡曾说：“蚕市光阴非故国，马行灯火记当年。”这“马行灯火”，便是开封的马行街夜市。这马行街就是白寿彝记忆中的马道街。马道街的夜市灯火，千年未断，直接传承到白寿彝少儿及青年生活的年代，且至今仍是如此。白寿彝从小就生活在这样的氛围中，他特别喜欢吃小吃，喜欢吃那种开封味的牛羊肉，他这一辈子的生活习惯，便与他小时候的回族饮食习惯以及夜市小吃有关。

白寿彝终生未改开封乡音，他 91 岁那年，在他生命火车即将到达终点站的时候，他仍念念不忘这列火车的始发站开封，仍念念不忘开封乡音。我们在 2000 年 2 月，从河南赶往北京友谊医院，看望已陷入昏迷状态的恩师时，医生及看护白寿彝的工作人员告诉我们，他已昏迷多日。我们当时就想，能否用来自家乡的声音唤醒他呢？于是我们便用地地道道的开封口音，在他的耳边讲话，他居然在听到几句乡音之后，动起了嘴唇，与我们互动起来，并发出了明显的声音，这让在场的医生和看护的工作人员十分吃惊。

白寿彝的老朋友、民俗学专家钟敬文教授，曾告知我们一个小故事："我前天刚从友谊医院住院结束回到家。我和白寿彝同住一个医院，他一直昏迷不醒，情况不是太好，听说他的一个学生从河南来，给他讲了几句河南话，他居然醒了过来，这真有意思。"我们想，站在民俗学著名专家钟敬文先生的角度来看，这是很好理解的，因为民俗学是滋润人鲜活生命的温床，民俗学是记忆中最深刻的文化基因能被调动出来的导火索。"少小离家老大回，乡音无改鬓毛衰。"唐朝大诗人贺知章的这一千古名句，便是终生未改乡音的白寿彝的乡愁情结。

白寿彝 16 岁时离开家乡，南下上海读大学，后在北京的燕京大学读研究生，自十几岁起，他即开始因求学、因战争而漂泊四方，最后在中华人民共和国成立后定居北京。他学习、漂泊工作过的城市，有上海、北京、昆明、苏州、南京，可谓南腔北调全都有。他接触的老师、朋友，他任教的云南大学、南京中央大学、北京师范大学，这些老师、朋友，尤其是学生来自五湖四海，说着南腔北调。但是，白寿彝这一生中，无论如何迁徙变动，听到多少南腔北调，他却始终一口河南开封腔。可以说，乡音，寄托着他深深的思念，赋予了他对故乡那片土地的无限眷恋，因为那里是他的出生地，那里是他事业的出发地，那里有他最喜欢吃的回族食品，有牵着他味觉神经的开封小吃。

白寿彝最小的孙子白鹏回忆说，爷爷人生最后的几年中，常住医院，也常把办公、写作搬进医院病房。孙子看在眼里，心中也更加敬佩爷爷。孙子熟知爷爷爱吃“月盛斋”的酱牛肉、烧羊肉，爱吃“鸿宾楼”的“他似蜜”“盐爆散丹”，以及“烤肉记”的热芝麻烧饼和烤肉等清真传统食品。白鹏去医院前，总是先买好爷爷爱吃的饭菜，趁热打包，开车直接送去，让爷爷在医院里仍然能像在餐厅一样吃上热乎乎的饭菜。在医院看护爷爷最后的时光里，最让爷爷开心的事，便是给爷爷带去他最爱吃的，与开封小吃最相近的清真食品，那小吃便是他返老还童的童年之梦。

有一次，白寿彝与老朋友、北京师范大学历史系教授何兹全一起，乘一辆大车去办事，他们坐在一排，何兹全发现白寿彝的嘴里，老是嚼着一个东西，而且嚼得有滋有味。他就问白寿彝怎么回事，白寿彝就把手里的东西递给他，何兹全拿起一看，竟是羊肝。

开封的回族长期与汉族杂居、通婚，受到中国传统文化的影响很大。明末清初，伊斯兰教随着回族的发展也在发生变化，这时伊斯兰教和中国传统文化相结合，形成了自己独具特色的民族哲学，产生了一大批以信天命、重三纲、守忠孝、以五常诠五功等为内容的哲学著作。五功即穆斯林必须履行的五项宗教功课：念、礼、斋、课、朝等。

开封的东大寺阿訇赵永清讲得最为明了：“我们是中国人，只学波斯文和阿拉伯文是不行的，应该会念《四书》《三字经》《百家姓》《千字文》。”由此可见，地处中原腹地的开封，具有巨大的文化融合能力。

开封回族人的衣着逐渐与汉族相同，给新生儿取名字的时候，除回族名以外，还使用与汉族基本相同的姓、名和字，如白寿彝的名字，以及他大哥家 4 个孙子的名字——白崇仁、白崇义、白崇礼、白崇智，便是来自儒家文化的“仁、义、礼、智、信”。

白寿彝儿时就对开封城北边的黄河有着特殊的情感。他常听爷爷讲黄河的传说故事，从书中又得知许多与黄河有关的历史，这在白寿彝幼小的心灵里，一直激荡着对黄河的好奇和向往。什么是“黄河和黄龙”？什么是“黄河九曲十八弯，弯弯有神仙”？什么是

"大禹治水"？什么是"治水三件宝：河图、开山斧和避水剑"？虎门销烟英雄林则徐，为什么来到开封堵决口？

白寿彝13岁那年，积蓄了多年的对黄河的迷恋，终于吸引着他向黄河奔去。走累了，喝上一口水；走饿了，吃上几口干粮，他匆匆赶路。他穿过开封市区，出北门走过北郊、柳园口、五周庄，直到黄河的渡口。这个渡口，是在金代设置的。清乾隆十五年（1750），乾隆皇帝南巡经由这个渡口，为求河神保佑，写下了《驾过柳园口渡祭文》，渡河后又赋诗一首《渡黄河》：

一带黄河经两度，省方中土记初来。
风平稳过柳园渡，云表回瞻繁氏台。
……

白寿彝从来没有走过这么远的路，累得满脸通红，浑身是汗，脚下生疼，怕是脚下已磨出了水泡。白寿彝又走过了一大片黄沙路，终于听到了那轰鸣的水流声。他越是向前走，这水声就越大，他兴冲冲地向前跑去，他面前是一条宽广而又澎湃的大河。此时此刻，他为能生活在黄河岸边的开封城感到自豪。自然环境对人的影响很大，老子在《道德经》中所讲的"人法地，地法天"，便是一个很深刻的道理。生活在西北高原的人，性格豪放；生活在江南水乡的人，性格细腻。两地自然环境不同，所以，人的性情差别很大。黄河给13岁的白寿彝所带来的心理上的冲击力，是终生不会忘记的，这就是大自然的神奇力量。

白寿彝先生一生横跨清朝末期、中华民国和中华人民共和国，同时具有"回族"这一少数民族身份的他自身的思想历程，本身就是解读20世纪中国民族认同与国家认同之间关系的最好文本。

1916年，7岁的白寿彝开始进入私塾学习，他的启蒙老师是晚清秀才邓先生。邓先生的教育方法是要求学生反反复复、死记硬背四书五经。这种教育方法为白寿彝打下了中国传统文化素养的坚实基础。在邓先生以后，来到白家私塾的是一位晚清拔贡吕先生。吕先生强调理解能力的重要性，让白寿彝尝试解释各种古文的内容。作为回民的吕先生，指导年仅11岁的白寿彝完成的第一篇作文题目就选自科举试题“过者无惮改”。在白寿彝13岁的时候，私塾老师又换成了凌先生。凌先生虽然熟悉自然科学，但仍然是让学生通读和理解中国的古代经典。这让白寿彝深受以儒家文化为主体的中华民族文化的影响。

1931年9月18日，九一八事变发生后，在日本帝国主义的支持下，东北和北京地区，相继组织起了伪满洲国“回教协会”和“中国回教协会”，中华民族遇到了生死存亡的最大挑战。正是在这样的处境中，中国社会里出现了要求回族社会明确表达其关于国家的认同。1937年3月7日，白寿彝代恩师顾颉刚执笔写下了《大公报》星期论文《回教的文化运动》，对回族的文化特点和地位作了综合概括。

与白寿彝同一宗族、曾任开封王家胡同清真寺教坊社头的白寿志说，白寿彝与母亲去过的女寺，应该是教经胡同女寺，当时也是东大寺的女寺之一。教经胡同离维中前街只有300多米。教经胡同的名字，与犹太人在此定居并在此建立教会的历史有关。另外，由于开封自北宋真宗年间即有犹太人居住，与当地人文化、生活多有融合。

白寿彝虽然没有发表过直接研究开封犹太人社会和历史的著作，但是毫无疑问，他也一直在关注这个问题。1998年夏天在接受日本学者访问时，他曾用了很多时间谈及开封城里犹太人的故事。他以开封具有多种文化、是一块多种文化共存的土地为荣，并为犹太人的消亡惋惜。尤其令白寿彝扼腕的是：犹太教堂里曾有4本犹太经书，包括两册“羊皮古经”，后来都被天主教传教士掠夺到了欧洲。我们由此可以确认，开封的多元化相互融合的社会文化氛围，是白寿彝由回族史研究学者，成长为中华民族历史研究学者的一个极为重要的文化基因。

对于出生于一个穆斯林家庭、成长在一个具有相当规模的穆斯林社会中的白寿彝来说，多元文化相互融合的基因，对他所产生的影响是终生的。一个回族学者，在研究中国回族史的同时，研究中华民族史，将回族融入中华民族这个大家庭中去研究，并由此得出中华民族是多民族的统一共同体这一结论，并总主编了大《中国通史》，如果不从开封这个中华文化基因极为丰富的历史名城来考察，真的很难理解一个来自回族的历史学家会总主编《中国通史》。

美国学者科恩在其《知识帝国主义——东洋思想和中国问题》一书中指出："决定一位历史学家采用一定的方法以及他们提出这样或那样的问题意识，其理由除了他自身所处的社会、文化环境之外，别无他物。"的确如此，白寿彝在回族和中华民族认同问题上，是将其作为一个多元一体的命运共同体来深入思考的，认为它们是风雨同舟、休戚与共的关系。

除了回族文化基因、回族工商世家以及中原文化滋养之外，对白寿彝产生重要影响的，便是他的夫人王慧萍。白寿彝1933年结婚，年24岁，王慧萍比他小1岁。王慧萍到23岁才结婚，在20世纪30年代的开封，是非常少见的。因为在距今90年前的豫东，姑娘大多是20岁前就完成了结婚出嫁这件终身大事。那么王慧萍为什么到23岁时才嫁给白寿彝呢？这是有特殊原因的。

王慧萍1910年9月1日出生在开封回族名门大户——王家，她在家是老大，还有两个弟弟和一个妹妹。弟弟叫王慧民、王俊民，妹妹叫王俊萍。她的父亲亲自教女儿读书学习，有好玩的东西就买来给她，如当年很少见的自行车、乐器二胡、留声机等，这些当时在开封可能也是独一无二的。她很小就会骑自行车，自己一边拉着二胡一边唱京剧，唱得最好的一段是《空城计》。当年，王慧萍穿着时尚，夏天是丝绸衣，冬天为锦缎装。王家从不让女儿操持家务，但她总是喜欢擦拭摆设家具，经常下厨帮着做饭炒菜。她自幼好强，从不服输，稳重大方，内秀漂亮，虽然家里的生活很是富足，但她从不乱花钱。生活中与她接触过的邻里乡亲，无不称赞她待人宽厚、为人和善、助人为乐。

白寿彝和王慧萍是地地道道的青梅竹马。再加上白家和王家是三代世交，从小就常在一起玩耍，往来也就比较密切。在两小无猜中，他们长大了。

白寿彝从北平燕京大学研究生毕业回到开封老家，也到了该结婚的时候了。但此时白家的家境衰落，社会又动荡不安。王慧萍的父亲，对女儿的这桩婚事已有看法，主要还是怕宝贝女儿嫁给白寿彝以后过不上好日子，心里不安。但王慧萍的母亲，认定白寿彝人老实、可靠，又是读书人，有才，闺女嫁过去，她放心。两位老人家争论了好一段时间，王慧萍的父亲拗不过老伴，最终还是同意了这门婚事。

婚后的王慧萍，全身心地支持丈夫的工作，细致入微地料理着全家人的生活，百倍体贴着丈夫。可以说，没有王慧萍这位贤妻良母的支持，白寿彝不可能取得这么大的成就，因为他是一个一生都未改变的书呆子。书呆子在和平岁月，可维持一个家庭的稳定，并在事业上获得较好成就。但是，他们共同生活的 40 年，绝大多数时间都处在颠沛流离、动乱不安之中。

王慧萍的确是一位伟大的夫人和母亲，她在战争状态下养育了 6 个孩子，她成全了这个家庭，她成就了白寿彝的事业，她奉献了自己，无怨无悔。1972 年去世时仅 62 岁。

与王慧萍相约一生的白寿彝，对老伴的早逝感到异常痛苦。他为了永远怀念老伴，自己默默地整理了几套老照片，每个子女珍藏一套，他自己也珍藏了一套，直到 2000 年去世，共 28 个春夏秋冬。

◎ 1962 年，白寿彝在北京民族文化宫前与夫人王慧萍合影

陈垣思想的影响

人这一生要想获得成就，一是要读万卷书，二是要走万里路，三是要有导师引路。那么，拥有良好文化基因的白寿彝，他在成长的道路上遇到了哪些人生导师引路呢？

经师易得，人生导师难求。白寿彝所遇到的对他产生重大影响的第一位人生导师，便是他在北平燕京大学读研究生时的恩师陈垣。陈垣对白寿彝的影响，是整体的、全方位的，其时间长度，是从1929年白寿彝20岁，到1971年陈垣在北京师范大学校长任上去世（享年91岁），这一年白寿彝62岁。他们师生之间的深厚感情持续了42年。陈垣是白寿彝91年生涯中，交往最多、时间最长的两大恩师之一。另一位恩师是顾颉刚，陈垣比顾颉刚年长13岁。

1929年9月，已获得上海文治大学和河南开封中州大学两个学士学位的20岁的白寿彝希望继续深造，为此他选择了位于北平的燕京大学，攻读国学研究所的研究生，他以优异的成绩考入了这所著名大学。燕京大学原是由美国人创办的教会大学，校长是司徒雷登。1952年，全国大学大调整，将燕京大学并入了北京大学。

白寿彝在回忆燕京大学这段学习生活时，曾这样写道：

> 1929年，我考上了燕京大学国学研究所。这是当时老一辈学者相当集中的地方。陈垣先生、张星烺先生、郭绍虞先生、冯友兰先生、许地山先生、顾颉刚先生、容庚先

> 生、黄子通先生，都在这里。一下子能见到这些前辈，这件事本身就使我大开眼界。而我直接听课，受到教导的，有黄先生，他讲西洋哲学史、亚里士多德、康德和认识论等课程；有冯先生，讲中国哲学史；有许先生，他讲佛教文学和梵文。郭先生是我在中州大学时期的老师，顾先生在广州办的民俗学会，跟我早有联系，因而我入学后，就跟他们二位有较多的接触。

白寿彝在回忆这段求学经历时，将众多老师一一列出，而列在第一位的则是陈垣。可见此时已跨入知天命行列的陈垣老师，对白寿彝这个刚刚 20 岁的学生，在回族史、宗教史研究上，产生了重要影响。

陈垣，字援庵，生于清朝末期的 1880 年，广东人。陈家是书香世家；广东是近代中国受西方文化冲击最猛烈的地区，是开眼看世界的第一人林则徐虎门销烟之地，也是 1840 年第一次鸦片战争爆发之地，陈垣生活成长在这样的时代背景下和地域环境氛围里。他信仰基督教，后来还在北平任教会所办大学——辅仁大学的校长，该大学在中华人民共和国成立后并入了北京师范大学。

由于信仰基督教，所以，陈垣在宗教史研究方面下功夫最大。关于宗教史的研究成果，在他的学术成就中所占比重较大，有专著 7 部，论文 39 篇，序跋 50 多篇，涉及内容有世界三大宗教——基督教、佛教、伊斯兰教流传中国的历史，还有中国土生土长的道教。

与白寿彝关联密切的一篇论文，是陈垣在 1917 年撰写的"古教四考"之一《开封一赐乐业教考》。他说，"一赐乐业"之名，起于明朝中叶，即指以色列，教为犹太教，为一种民族宗教。西周昭王时曾有犹太人到中国来。金朝时，犹太教始至开封，于世宗大定三年（1163）建寺，寺亦名清真，教民于元朝以后渐改汉姓。"一赐乐业教"与回教源同流异，习俗略同，因不食牛羊之筋，又有"挑筋教"之称，这一点与回教不同。"一赐乐业教"盛于明朝中叶，清朝道光、咸丰以后衰落，寺场衰坏，经卷散佚。这篇论文证实了开封"一赐乐业教"的由来兴衰。生活在开封回族社会之中的白寿彝，自然对老师的这篇重要论文特别关注。

陈垣对回教史的研究，缘起于外来古教的考证。1917年他撰写《元也里可温教考》，因史料多牵涉伊斯兰教，于是就有了撰写《回教志》的打算。10年后的1927年3月5日，他在北京大学研究所国学门，作《回回教进中国的源流》学术报告时，再次讲了自己的心愿：

> 二十年前，余即有意编纂《中国回教志》。其总目如下：一、宗派志；二、典礼志；三、民族志；四、户口志；五、寺院志；六、古迹志；七、金石志；八、经籍志；九、人物志：经师、卓行、政绩、武功、文苑、方术、杂流、列女；十、大事志。附：中回历对照表、历代哈里发世系表、唐宋辽大食交聘表、元明清回回科第表。但因关于户口、寺院、金石诸门，非实际调查不可，而中国回教团体，组织不完备，调查殊感困难，故此书至今尚未完全成功。近又思缩小范围，改变体例，名为《中国回教史》。

陈垣的这篇文章，虽然是一篇讲演稿，但它集中表达了陈垣撰写《中国回教史》的构思和框架。

中华人民共和国成立后，陈垣在《衷心喜悦话史学》一文中曾说："我过去因为所看到的古籍资料里有关回族的记载，无不贯穿着种族歧视和压迫，非常气愤，决心进行回族史的研究。""这时正好在研究所里毕业一位回族同学，我和他说：'你们自己研究比我条件便利，我已打了一点基础，希望你们能把回族史写好。'"这位回族学生就是白寿彝。后来，在纪念陈垣时，白寿彝曾说："他对伊斯兰教，虽只留下来《回回教入中国史略》这一篇演讲词，但他编纂《中国回教志》的设想，一直到今天，对中国伊斯兰教史的研究工作，还是有重要的指导意义。"由此我们了解到陈垣在回族历史研究中的所思所想，对白寿彝这位学生所产生的启示。

为推动民族史、宗教史的研究，陈垣还编著了《中西回史日历》《二十史朔闰表》，这两部关于年代、历法的工具书，可以检索从汉朝开始，两千多年间中历、西历、回历的年月日，是研究回族史、元史和中西交通史非常重要的著作。

白寿彝在纪念恩师100周年诞辰之时，写了一篇文章《要继承这份遗产》。对于陈垣所著《中西回史日历》《二十史朔闰表》的贡献，白寿彝说：

关于时间的记载，是历史记载必要的构成部分，年代学的研究是历史文献学研究的主要课题。以中、西纪元之差异而论，近代学者往往以中历的某年当西历的某年。实际上，这只能说是大约的对算。中、西的纪年，在一年之中往往可以相差二十几天到五十几天，如果不进行细致的计算，则在年尾、年首的史事纪年，会差误一年之多。秦及汉初的纪年，都是以十月为岁首，这同西历纪年的差异就更大了。阿拉伯史书所用赫吉拉历是太阴历，即所谓回历，和中国旧历对算，每经30年积差一年，一千年要差30多年。如不了解这3种历法的差异，则在历史记载的运用上，必然会出现很多错误。援庵先生所著《二十史朔闰表》《中西回史日历》，为这3种历法的纪年提供了确实可靠的换算工具，为中外史料的运用，在纪年方面开辟了方便的途径。年代学的工作，在援庵先生的史学工作中占有重要的地位。

关于民族学研究，白寿彝说：

在援庵先生前期著作中，他比较重视《元西域人华化考》一书。这书是讲国内西方少数民族和外来侨民的汉化的。这部著作规模宏大，材料丰富，条理明辨，是在国内外久享盛誉的名作。对研究中国民族关系史的学者来说，是一部必须阅读的书。

援庵先生在史学方面给我们留下了丰富的遗产。他差不多以毕生岁月从事研究工作。他写的史学著作，有十几种，论文有一百几十篇，他对于中国宗教史研究开拓了新的领域，对中国历史文献学的研究建立了一定的基础。

援庵先生对中国宗教史的研究是广泛的。对火祆教、摩尼教、一赐乐业教、佛教、基督教、伊斯兰教等外来宗教，在中国的流传及其盛衰都有专门的论述。对于道教也写有专书。他所著《火祆教入中国考》《摩尼教入中国考》《开封一赐乐业教考》《基督教入华史略》和《基督教入华史》，是中国历史学家对这些宗教第一次系统的论述。

白寿彝为什么对陈垣关于民族学的著作，给予了研究中国民族关系史的人“必须阅读”的高度评价？这是因为，与白寿彝研究中国回族史、伊斯兰教史有密切关系的这几部著作及论文，在他20岁成为陈垣学生之前，恩师已经完成（1917年完成了《开封一赐乐业教考》《元也里可温教考》,1922年完成了《火祆教入中国考》和《摩尼教入中国考》，1923年完成了《元西域人华化考》，1924年完成了《基督教入华史略》，1925年完成了《二十史朔闰表》和《中西回史日历》，1927年发表了《回回教入中国史略》等）。

白寿彝为什么能够完成恩师陈垣未竟的事业，最后主编完成了《中国回回民族史》？这里面有什么原因？白寿彝在1980年纪念陈垣100周年诞辰时说：

> 中华人民共和国成立后，援庵先生认识到马克思主义对治史的重要和必要，深切感到单纯的考据在历史研究上的不足。1950年初，他给朋友写信，表示“一切从头学起。年力就衰，时感不及，为可恨事”。后来，他自述治学进程是“钱、顾、全、毛”，表明他由钱大昕的考据之学，经由顾炎武的经世致用和全祖望的故国文献之学，终于找到了毛泽东思想。尽管因年事已高，不能再像过去那样进行大量的研究工作，但在思想上这种深刻的变化，已为后来的学者指出史学工作必须遵循的更广阔的道路。

那么，如何继承陈垣留下的这份遗产？白寿彝说：

> 第一，我们历史工作者需要有历史文献学方面的素养，高校历史系的学生需要接受这方面的训练。我们应在援庵先生已有成就的基础上，努力把历史文献学健全起来。
>
> 第二，援庵先生继承了中国史学的传统，即从历史上

吸取经验教训的传统，仍旧是我们传播历史知识的一个重要方面，我们应该继续发扬这个传统。

第三，我们应该十分诚恳地向援庵先生学习，学习他那种不断要求进步的精神，学习他以高年而迫切学习马克思主义的精神。我们在这方面的条件要比他好得多，更要加倍努力去掌握这个理论武器。目前，有一些人认为马克思主义已经过时了，这是非常错误的。只有很好地掌握马克思主义，同时又有历史文献学的素养，才能把史学工作做得更好。援庵先生在这方面的体会，是很深刻的，他已给我们作出了很好的榜样。

1986年11月，白寿彝为长期担任陈垣学术秘书的刘乃和所著《励耘承学录》一书写了序言，再次就恩师的学术思想、对他所产生的影响，发表了重要观点：

《礼记·经解》说："疏通知远，书教也。属辞比事，春秋教也。"从经学的角度看，"疏通知远"是指阐明二帝、三王之道，"属辞比事"是指《公羊传》那样咬文嚼字、联系史事的形式。从史学的角度看，这两句话，实际上说出了史学工作的两个重要方面。

"疏通知远"是关于历史进程的解释和历史与现实的联系，"属辞比事"是关于历史材料的组织和对历史的文字表达，这在不同的历史家身上，都有不同的具体表现。司马迁的"通古今之变"和"厥协六经异传，整齐百家杂语"，就是这两个方面的具体体现和发展。司马光在这两个方面也都有很大的成就，他著《资治通鉴》，"专取关国家盛衰，系生民休戚，善可为法，恶可为戒者"，这是属于"疏通知远"方面的工作；他"遍阅旧史，旁采小说，简牍盈积，浩如渊海，抉擿幽隐，校计毫厘，上起战国，下终五代，凡1362年，修成294卷，又略举事目，年经国纬，以备检寻，为目录30卷，又参考群书，评其同异，俾归一涂，为考异30卷，合354卷"，这是"属辞比事"方面的工作。近代学者，多重视司马光在“属辞”方面的成就，特别重视《通鉴》的史料价值，但从司马光本人来说，他更重视“疏通知远”方面的工作，他说：“专取关国家盛衰，系生民休戚。”这个“专”字很值得注意，看不到这一点，就不会理解司马光的史学思想。

胡三省的《通鉴》注和陈先生的《通鉴胡注表微》，都是在这方面继承了司马光的绪余，《表微》一书在陈先生的繁富著作中所以显得特别重要，特别突出，也正是由于这个原因。

在此我们便可了解到，白寿彝对恩师陈垣高度评价的角度，是从司马迁、司马光“两司马”的史学思想继承展开的。白寿彝也正是“两司马”史学思想以及恩师陈垣史学思想的继承者。

白寿彝继承了恩师哪些治学精神呢？我们从刘乃和对陈垣的回忆中，便可看到陈垣对白寿彝在刻苦治学方面的影响。

刘乃和说：因喜欢“励耘”二字，就把自己的书斋名“励耘书屋”。后将他的专著8种用木版刻印，即名为《励耘书屋丛刻》。以“励耘”名书斋，原是要求自己做学问要像耕田锄草一样，业于勤，深耕细作。“励耘”也正是他一生勤奋的真实反映。

陈垣的一个学生在外地教学，有一次来看他，问他成功的秘诀是什么。他说：“我没有什么秘诀，只不过做到一个‘勤’字。”他的学生白寿彝正和恩师陈垣一样，“勤”了一辈子，真是有其师，必有其徒，一脉相承，生生不息。

1990年7月1日，纪念陈垣诞辰110周年之时，白寿彝再次撰文纪念。当时白寿彝总主编的《中国通史》已水到中流，他的史学思想集大成的第一卷“导论”，已经在1989年他80岁时出版。所以，他说：

无论在宗教史的研究方面和历史文献学方面，10年来都有不少的进步，在有的学科内的进步还相当大。但这并不减少援庵先生所留下的宝贵遗产的历史性的贡献，反而证明他所开辟的学术领域之广阔的前景。援庵先生的两部代表作，《元西域人华化考》和《通鉴胡注表微》，今天看来，都还有其时代的局限，但都不失为传世之作。

现在重温援庵先生的遗著，深感援庵先生在学术实践中所倡导的学风，对于我们犹有深刻的教育意义。援庵先生所倡导的学风，粗略地说，就是要有扎扎实实的功力，有力求确切的表述，还有史以致用的意境。

援庵先生治学的功力，可以说是功底厚、功力专、视野宽。他博学深思，对所选课题，必广泛搜集有关的资料，进行分析和综合，提炼成文。然后把文稿收存起来，经过一个时期，再以冷眼审查，反复修改，对没有可就依据的说法，概从删落，吸收前人已有成果而又决不再简单地重复。因此，他问世的作品总是谨严、有创见而使人信服。他的《元西域人华化考》以 8 万字的篇幅，征引书籍达 200 余种，论述了所谓西域人在儒学、佛教、文学、美术、礼俗等方面的表现及其成就，这对于元代民族状况、文化特点以及汉族传统文化，如无丰富的知识，是写不出来的。

对于一般人所认为学术工作上的小事，援庵先生往往别具慧眼。如《中西回史日历》之作，好像只是 3 种日历的对比，而且似也不必作过细的追求。援庵先生则以史事证明，不通晓 3 种日历的差异，则不足以解释史书上各种有关的错误。

在目前学风趋于夸诞的情况下，援庵先生在功力上的扎实和文字表述上的认真，都应成为我们学习的榜样。今当援庵先生 110 周年诞辰之际，重读一些遗著，实不免有“高山仰止”之叹。

史以致用，这是我国史学史上的一个古老问题。这里可以包含 3 个意思。一个意思是《易·大畜·象传》所说：“君子以多识前言往行以畜其德。”这是指个人修养说的。又一个意思，是《史记·十二诸侯年表》所说“盛衰大指”，司马光所说“关国家盛衰，系生民休戚”，是指国家盛衰，政权转移说的。还有一个意思是《礼记·经解》所说“疏通知远”，是指对历史前途的看法说的。援庵先生以史致用的思想，一般都从爱国主义思想去理解，这是符合具体情况的。但援庵先生的史学思想有更广泛的境界，同时具有上述三种意境，而在《通鉴胡注表微》一书中，如《劝戒篇》《治术篇》《夷夏篇》《民心篇》，均有相当集中的论述。《夷夏篇》说民族意识：“当中国强盛、天下一家之时，此种意识不显也。中国被侵凌或分割时，则此种意识特著。及每显著一次，中华民族即扩张一次，其同化力之大，不可思议。身之生民族意识显著之世，故能了解而发挥之。非其世，读其书，不知其意味之深长也。”此所论有涉及国内民族关系者，未免有所失误。但值当年日寇入侵，援庵先生所说，表明其有中国必胜、战后中国必强的信心，这是历史学家对祖国前途的看法，不仅仅是简单的爱国主义也。

白寿彝在这里评价恩师“不仅仅是简单的爱国主义”，而是“历史学家对祖国前途的看法”。这一“中华民族扩张规律”的观点特别重要。这是因为每一个国家的人民，都有爱国主义精神，但是站在更高的角度，以全球视野去俯瞰天下众多国家，那么每个国家的杰出人士，对本国前途命运的看法，则大相径庭。因为这源自一个国家几千年来是否形成了一种强大的文化凝聚力，这种文化自信是来自骨髓深处、血脉之中的，平时不显，需要时则凸显。此时的白寿彝对恩师的认识已相当深刻。

更有意思的是，陈垣关于个人宗教信仰方面的深刻见解，也影响着白寿彝在这方面的思考。陈垣早年信仰基督教，宗教信仰成了他宗教史研究的因缘，使之成为宗教史研究者，但却未成为宗教信徒。关于他与天主教的关系，陈垣曾说过：“近为辅仁大学校长，人又疑我为天主教徒。不知我实一宗教史研究者而已，不配称为某某教徒也。”助手刘乃和说，佛教界朋友亦曾劝陈垣皈依佛教，也被他谢绝。这使他始终能够以史学家的态度和立场，研究基督教、佛教、道教、伊斯兰教等宗教的历史。1959 年陈垣在 79 岁时，能够加入中国共产党，正与他的这种对宗教的认识有关，这一点也影响着他的学生白寿彝。白寿彝是回族人，他在 1958 年加入了中国共产党，2000 年他去世时，在北京八宝山举行的告别仪式上，覆盖其遗体上的是中国共产党党旗。

回族形成于元代，那么，如何评价元朝历史，直接涉及中华民族是否是统一的多民族共同体这一重大话题。自明朝以来，出于汉族是封建王朝正统的观念，所以，对少数民族所建立的元朝历史一直持否定的态度，而对元朝为中华民族共同体形成所作出的贡献，根本不予重视。为了解决这一问题，1923 年陈垣撰写《元西域人华化考》。他说，过去提起中国的盛世，不是汉代的文景之治，就是唐代的贞观之治、开元盛世，以及清代的康乾盛世。提到元代，最多说它的武功显赫，而更多的是关注它的残暴统治。大家没有想过，正是元朝在中国历史上建立了空前规模的大帝国，在这个大一统的局面下，大批过去被隔绝的外国人，以及西北少数民族，来到了中国，来到了中原地区，接触了中华文化，受到了感染，并被同化。

他意味深长地强调："自辽、金、宋偏安后，南北隔绝者三百年，至元而门户洞开，西北拓地数万里，色目人杂居汉地无禁，所有中国之声明文物，一旦尽发无遗，西域人羡慕之余，不觉事事为之仿效。故儒学、文学，均盛极一时。而论世者轻之，则以元享国不及百年，明人蔽于战胜余威，辄视如无物，加以种族之见，横亘胸中，有时杂以嘲戏。元朝为时不过百年，今之所谓元时文化者，亦指此西纪 1260 年至 1360 年间之中国文化耳。若由汉高祖、唐太宗论起，而截至汉、唐得国之百年，以及由清世祖论起，而截至乾隆二十年以前，而不计其乾隆二十年以后，则汉、唐、清学术之盛，岂过元时！"这在当时是一个非常崭新的观点。

陈垣在该书卷二《儒学篇》、卷三《佛老篇》、卷四《文学篇》中，均有对回族历史的专论："回回教世家之儒学""回回教世家由儒入佛""回回教世家之中国诗人"。除这 3 篇之外，陈垣还在《绪论》、卷五《美术篇》、卷六《礼俗篇》、卷七《女学篇》、卷八《结论》中，对回族历史有深入的研究。

白寿彝在总主编《中国通史》第一卷导论中，所阐发的中华民族是统一的多民族共同体，以及强化元朝历史，均与其他中国通史的著作不同。他特别单独列出《中国通史·元史卷》，并以上、下两册予以突出，由此可见陈垣对他的影响是多么深远。

1983年9月，白寿彝曾写了一篇很长的学术论文《谈谈近代中国的史学》，他在文中详细论述了陈垣的贡献，在行文时称“陈垣先生”，而不直呼其名“陈垣”；对梁启超、胡适、王国维等大家，则是直呼其名。他为什么这样？在文章最后的“附注”里，他讲了心里话：“文中称‘先生’者，都是亲受教益的前辈，以示其与作者的关系，不同于别人也。”

伍 顾颉刚思想的影响及帮助

白寿彝在1983年的学术论文《谈谈近代中国的史学》一文中，除了尊称“陈垣先生”之外，另一位被他尊称为先生的是恩师顾颉刚。顾颉刚比陈垣小13岁，比白寿彝长16岁，与白寿彝之间的感情，除了师生之情外，还有一种近乎父子一样的情感。

1929年白寿彝20岁时，因民俗学著作《开封歌谣集》，与顾颉刚结缘。也是在这一年，他考上燕京大学读研究生，正式成为顾颉刚的学生。到1980年顾颉刚去世，51个春夏秋冬，他们之间的师生情绵绵不断。顾颉刚可以说是白寿彝的“大先生”。

顾颉刚是江苏省苏州人，顾家是世代传承的书香门第，清朝皇帝康熙下江南时，风闻苏州顾家文风兴盛，人才辈出，于是称誉顾家为“江南第一读书人家”。得此崇高荣誉后，顾氏家族便在大厅上，高高悬挂“江南第一读书人家”的大匾。

从20世纪20年代开始，至中华人民共和国成立，史学界真正创立了一个学派，扭转了一时学术风气的，可以说除胡适、顾颉刚外，再无他人。在民国时期的史学界，事实上长期坐第一把交椅的是顾颉刚，他不但以古史研究名世，更以善于发现、培养青年学子而声名远扬。顾颉刚是胡适的学生，他自己又带出了一批弟子，这些弟子遍布学界，而且又各自带出了自己的学生，支撑着当今的历史学界，这就是近现代学术的薪火相传。在培养学术传人方面，顾颉刚之前有章太炎、胡适，而他之后，却罕有来者。顾颉刚与学生一道，共同开创的从 20 世纪 20 年代开始的，以“疑古”为旗帜的“古史辨派”，以及后来的“禹贡学派”，成为中华民国学术史上极其珍贵的重要篇章。

1923 年，顾颉刚正式提出“古史辨派”重要观点：一是打破民族出于一元的观念；二是打破地域向来一统的观念；三是打破古史人化的观念；四是打破古代为黄金世界的观念。顾颉刚的这些观点，对白寿彝后来治学中国回族史、总主编《中国通史》，产生了重要启发。

1926 年，顾颉刚把讨论古史的文章汇集起来，编成《古史辨》。胡适说：“这是中国史学界的一部革命的书，又是一部讨论史学方法的书。此书可以解放人的思想，可以指示做学问的途径，可以提倡那‘深彻猛烈的真实’的精神。”“颉刚的‘层累地造成的中国古史’一个中心学说，已替中国史学界开了一个新纪元了。”“你在这个学问中的地位，便恰如牛顿之在力学，达尔文之在生物学。”“颉刚是在史学上称王了。”郭沫若说：“顾颉刚‘层累地造成古史’，的确是个卓识。”许多国外学者认为，顾颉刚是当时中国历史学界起领导作用的历史学家，为现代中国史学的奠基人。

20 世纪二三十年代各大学纷纷设立历史系、国学研究所，历史研究人员和历史系学生剧增，原因之一就是受到这场历史大讨论的影响。也正是在此推动下，一些学者纷纷加入“古史辨派”。白寿彝在 1929 年投师顾颉刚门下，并一直追随之，成为后来“禹贡学派”主要成员之一，全面正式启动回族史研究。

1932 年，为了加深对历史地理的研究，顾颉刚在北京大学、燕京大学两校，开设了中国古代地理沿革史课程。1934 年 2 月，顾颉刚与在辅仁大学也开设了这门课程的谭其骧商定，以三校学生的习作为主要稿源，创办《禹贡》半月刊。随后又组织起禹贡学会，会址就设在燕京大学旁边的成府路蒋家胡同 3 号顾颉刚家中。

禹贡学会诞生之时，正逢日本侵略者在中国肆虐之际。为挽救民族危机，学会从最初的古代地理学术研究，转向民族史与边疆学研究。

1934 年 3 月 1 日,《禹贡》半月刊第一期出版,《发刊词》指出，这数十年中，由于受帝国主义的压迫，民族意识非常高涨，但“民族与地理是不可分割的两件事，我们的地理学既不发达，民族史的研究又怎样可以取得根据呢?”“试看我们的东邻蓄意侵略我们，造了‘本部’一名来称呼我们的十八省，暗示我们边陲之地不是原有的;我们这群傻子居然承受了他们的麻醉，任何地理教科书上都这样地叫起来了。这不是我们的耻辱?”“只希望聚集若干肯做苦工的人，穷年累月去钻研，用平凡的力量，合作的精神，来造成伟大的事业。”

那么，这个“伟大的事业”是什么呢?顾颉刚在 1935 年 9 月 4 日致老师胡适的信中说:“禹贡学会，要集合许多同志研究中国民族演进史和地理沿革史，为民族主义打好一个基础，为中国通史立起一个骨干。”其强烈的爱国之心跃然纸上。他的这一思想极大地促进了白寿彝对回族史的研究，并在以后以总主编《中国通史》的行动，使恩师的“为中国通史立起一个骨干”的愿望得以实现。

1931 年顾颉刚到河北、河南、陕西、山东四省考察，他看到了处于水深火热中的老百姓悲惨的生活情景，看到了城市里灯红酒绿、纸醉金迷的精神颓废，国人不知亡国灭种的危机即将到来，为此他哭了起来:“本来我的精神是集中在学问上的，从此以后，怎觉在研究学问之外，应当做些救国救民的事，我要学范仲淹‘以天下为己任了’。”

顾颉刚的这些思想，对学生白寿彝的发展走向影响极深。纵观白寿彝的一生，他基本上是沿着恩师指引的方向前进的。

顾颉刚在培养学生时，有特殊的一招，他提倡青年学子，勇敢地把自己不成熟的文章拿出来发表。“我只想使各种人才都能发展他的个性，使文化事业得急速的发展。”在《禹贡》第二期“编后”语中，顾颉刚对“青年人过早地发表作品好不好”的问题，作了热情洋溢的肯定表态:

谨慎的前辈常常警诫我们:发表文字不可太早，为的是青年作品多草率和幼稚，年长后重看要懊悔。这话固然有一部分理由，但我恳切劝青年不要受他们的麻醉。

假使你在青年期，没有练习发表意见，你到了壮年以后，就不会发表意见。假使你在青年期没有练习容纳别人的意见，你到了壮年以后，就不能容纳别人的意见。你的胸中在青年期没有几个问题，壮年以后，脑筋越来越僵化，思想越来越枯涩，更没有发生问题的希望了。

在我们的团体中，大多数是大学生，我希望大家能有这样的认识，抓住这个练习的机会，一步一步地往前走，使得这些“少作”无负于现在的年龄，更使得将来的年龄对得起这些“少作”！

正是基于这样的思考，顾颉刚培养了白寿彝、谭其骧、侯仁之、史念海、杨向奎等一大批人才。在此期间，禹贡学会从管理中英庚款董事会中，又争得巨额补助15000元。顾颉刚“为之狂喜”，“遂设置各项人员以开展工作，有专业研究员冯家升、张维华、白寿彝、赵泉澄、韩儒林、史念海等”。由于他爱才如命，所以，此时的顾颉刚身边人才荟萃，他曾在日记中写道：“我倘使不爱青年，我哪会这样忙！……”他在1935年10月23日致傅斯年的信中说：“在民族史方面，研究满蒙回藏的也都有了人，固然起始不会有很好的成绩，但只要这个会能够维持下去，也必有相当的收获。”“我们这辈念书人，总算对于我们的国家民族，有了相当的贡献。”

这一时期，白寿彝在经济上最为困难，他们家里创办的实业破产，生活来源靠变卖剩余家产来维持。1935年，他接到老师顾颉刚的来信，说北平有职务空缺，让白寿彝马上来补缺，这可真是雪中送炭！白寿彝为了不失去就业机会，即刻动身北上，家里以后还要靠他挣钱养家呢。

白寿彝到了北平以后，顾颉刚告诉他，原准备就职北平研究院史学研究会的名额拟定有变，已无法就职，此事也就成了泡影。顾颉刚也毫无办法，只能让白寿彝安心在北平住下，可先写一些文章，挣些稿酬贴补家用，继续等待就业机会。白寿彝又怎能安下心来呢？

在开封的一大家人，让他牵肠挂肚。而此时的白寿彝，也根本没有其他更好的办法，他只能留在北平，整理修改在燕京大学上研究生时写的稿件。他先后交给顾颉刚 3 篇文章，即《从政及讲学中的朱熹》《仪礼经传通解考证》和《朱子语录诸家汇辑叙目》。1935 年，前两篇论文发表，次年发表了第三篇论文。

此时白寿彝在《北平研究院院务汇报》上发表的上述文章，一般情况下都是在缺文章之时才能刊出的那种补缺的快稿。这种补缺的快稿，因为是刊物，又不是报纸，所以，文章发表也快不到哪去，要想靠发表这种快稿来赚钱用于生活开支，那更是靠不住的，更何况当时的局势因日军侵华不断深入，而使战争前沿城市北平人心惶惶。所以，在这种情形下，白寿彝想及时拿到这微薄的稿酬，也是很难的。仅靠稿酬贴补家用，那是根本不靠谱的。那时，他住在东四公寓，吃在东安市场，翻阅书籍到北平图书馆，每月生活费最低也需 30 元，他实在无法再维持下去了。又住了一个多月后，白寿彝只能与老师顾颉刚暂时告别，并请老师再找机会继续为他找份工作，或约稿发表挣点钱。

白寿彝回到开封，眼前的最大困扰就是每日的衣食。为了维持生计，他想尽办法，到处奔波；另一方面，他要争取更多的时间去河南图书馆，为做学问积极准备所用资料。他横下心来：只有靠自己的力量开创局面，才有生路。也就是在这年，即 1935 年，白寿彝开始致力于史学研究工作，而且是从伊斯兰史和回族史开始。这一起点对于 26 岁的白寿彝来说，十分重要。人这一生，最难的是在立命事业上早悟、早作决定，并由此开始，持之以恒地向着这个事业目标前进，这如同马拉松长跑，目标清晰，一直跑下去，便能获得成功。笔者自 32 岁起，近 25 年来拜访并研究了 400 多位各行各业的大师级人物，如南怀瑾、费孝通、雷洁琼、张岱年、冰心等，通过研究发现，大师们都有一个共同的成长规律，那就是在 20 岁左右，即明确了自己这一生要干什么事业，一点都不糊涂。白寿彝之所以能够成为一代史学大师，这与他 26 岁确定了史学为终生事业方向有关。他从此确定了自己一生的目标，不再是文学、哲学，而是要研究史学，而且将中国伊斯兰史和回族史研究，作为自己一生研究的重要学科之一。

1935年的白寿彝，确定好一生目标之后，说干就干，他马上在家乡河南开封创办了《伊斯兰》期刊，这是他第三次创办刊物。第一次创办的是《晨星》，第二次创办的是《大河杂志》和《新儿童》，这3种刊物是文学类、儿童教育类杂志，而这一次，却与以前不同，他的创办意图十分明确，要将伊斯兰研究引进较为广泛的学术探讨的范畴。

白寿彝在《伊斯兰》期刊的发刊词《我们的自白》中表明：

期刊之主旨是为了探索一般原始宗教的“理论根据”“哲学基础”；总结文学的“意义和价值”；“回族文明的内容和特质”，以及“如何提携了欧洲的近世文明”；传入中国“近代久远”的回教，在“种族”和“文化”方面给予中国什么，又从中国的“土著”那里得到了什么……我们很少的几个回教青年，平素有一个共同的实感，就是觉得，关于回教或回教人的事，自己知道得太少，我们常怀着热烈的兴趣，来试探一些大的或小的问题……我们相信真理的探讨和事实的阐明，是艰难的工作。同时还相信真理与事实是颠扑不破的。决不因为讨论辩驳而损失丝毫。我们还希求，能引起教外学人的注意，请他们凭借丰富的学识，在第三者的立场上来批判我们的工作或见解，或利用其“素人”（Freshman）的资格来点示我们素不注意的事项。这是我们编印本刊的又一个理由……

我们知道自己力量的薄弱，但我们绝不计及。我们也知道，我们的收获将是如何的渺小，但我们也不计及。我们听人说过，河水不捐细流，故能成其大；泰山不让土壤，故能成其高。如果我们能做到一分，总算增加一分。我们愿意一点一滴地往前走，不敢怠情，也不敢贪功，这是我们编印这刊物的态度之一点。

智慧始于愚昧。我们决不掩饰我们的固陋和浅薄，我们自以为知的，我们坦白地说出来；我们确切不知道的，决不自作聪明，也决不圆滑弄巧。这是我们编印这刊物的态度之又一点。

从白寿彝所写的发刊词中，可以看到他在燕京大学读书时所受顾颉刚老师的影响之深，也从中可以听到他自己的心声，他要办好这本刊物，开始他的中国回族史、伊斯兰史的研究，由此思考诸多重要的学术问题。回顾白寿彝一生的学术生涯，他在 1935 年 26 岁时的这一举动，今天的学术界认为，这是中国伊斯兰史和回族史理论研究的开始。

这一年里，白寿彝主办的《伊斯兰》期刊共出了 5 期，第四期上，他发表了《中国回教史料之辑录》，这是他第一次发表关于中国回教史料的文章，他在文章中论述了回教史研究的重要性以及收集史料应采取的步骤。他说："吾人今日如为教史彻底打算，则请从辑录中国回教史料始。此项工作，用一分气力，即可得一分成绩。此种成绩将非少数人所私有，而为大众之公器。"

这一史料学的观点，源于燕京大学陈垣老师、顾颉刚老师的重要影响，他强调史料"非少数人所私有，而为大众之公器"。

白寿彝指出，辑录回族史料应从以下 5 个方面着手：一是现存实物之记录、图片、照片、拓片等；二是各地教民之散布情形、生活状况、风俗礼仪及所诵习经典的记录；三是中国回教人（或入居中国之回教人）著作的搜集；四是中外史籍中关于回教记载的辑录；五是教内外人士关于回教教义、人物、古迹之传说。

白寿彝刚一起步，就特别重视史料的搜集，并树立了史料"非少数人所私有，为大众之公器"的理念，这一思想贯彻了他的一生治学，他反对将自己所发现的某个史料，作为自己做学问的垄断资源，他认为只有将史料公布于众，才能让大家共同去研究，从而推动学术的整体发展。史料是学术研究的基础，收集的过程，便是研究的过程。正因此，史料学作为一门独立学科，是在为史学研究做好服务工作。

白寿彝为什么在中国回族史和伊斯兰史的研究之初，就十分注重史料的搜集，并提出非常具体的搜集内容呢？这是因为在中国二十四史中，对上述内容的记载很少。再加上回族大分散、小聚居的特点，所以，中国回族史和伊斯兰教史的材料十分分散，不易搜集，需要到各地清真寺去实地调查。正是这个原因，使白寿彝将搜集史料的工作集中在前三个方面，这一工作与最主要的三个方面，和今天所说的田野调查一样。这个调查研究学风，也是源自顾颉刚研究思想的影响。

此时的白寿彝除了在开封创办《伊斯兰》杂志外，还在考虑着自己可以着手研究的重要课题，并为此写了一些笔记，他需要到北平继续充实资料，以便写出专门性的论文。这样，在1935年12月，他再一次来到北平。

白寿彝与北平朝阳大学的毕业生单化普为伴，入住西四北的粉子胡同西头路北的一个小公寓，两人一间，连茶水在内，每人每月花费2—3元钱即可。吃饭是在粉子胡同东口外的回民小饭铺，一般是吃面条、炒饼之类，每人每月只用6—9元钱也就够了。这就与第一次来北平时截然不同，费用少多了，也就可以在北平多住些日子，尽可能多地做些事情了。这一年，白寿彝与顾颉刚、朱鸿远、赛成惕，以及北平辅仁大学的老师陈垣、张星烺等有所来往，但并不常见面。燕京大学的导师黄子通此时已去湖南大学任教，不能相见。白寿彝曾去拜访过东四清真寺的马松亭阿訇。在这段时期，白寿彝能较为静心地翻阅、收集资料和研究学问。

奋发努力的白寿彝，不久写出了《从怛逻斯战役说到中国伊斯兰教之最早的华文记录》，文章近3万字，交给了老师顾颉刚，以便在老师主编的《禹贡》杂志上发表。

为了写好这篇文章，白寿彝主要搜集了关于中国阿拉伯交通史的资料，并按照张星烺所著《中西交通史料汇编》和桑骘藏、丰田腾八所引用的书籍，查对原著并誊写出原始资料备用。他也着重阅读了冯承钧有关中西交通史考证的外文译本。他希望凭借自己的能力写出与众不同的文章，也想从此着手创新发展，为改变生活现状拼搏一下。

今天，我们从白寿彝的这篇文章中，可以看到他在文献搜集上，以中国文献为主，同时关注西方学者搜集的有关资料记载的特点。值得注意的是，他在文献的探索方面，绝不限于现成的各类图籍，对于有关碑记的寻求与阐释，他也十分重视。关于专题的考察与研究，则涉及战争、贸易和文化，他的视野非常开阔。

27 岁的白寿彝发表的这篇专论，在当时的伊斯兰文化学术界引起了积极反响，被称为一篇力作，就其在中国回族史上所占有的位置来说，也是极为重要的。

顾颉刚收到论文后，很快就在 1936 年 8 月《禹贡》杂志半月刊 5 卷 11 期上发表，这是白寿彝所写中国伊斯兰教史公开发表的第一篇文章。文章对唐代边防上的这场战役的历史地位作了新的解释，考证出怛逻斯战役的确切地点，指出了西方汉学家沙畹的错误。沙畹在所著《西突厥史料》中错误地论断，唐朝的失败是其在西域势力的最后消失。白寿彝的文章还纠正了王国维对杜环《经行记》校对上的错误。文章最重要的观点是，在此次战役后，中国造纸术传至西方，引起了欧洲的文艺复兴运动，同时伊斯兰教义开始有了华文记录。

这一年，白寿彝又为赵振武出版的《至圣实录纪年校勘记》一书作序，他说："在这十年里，世界学术界底进步，真是一日千里，中国底学术界，也在极努力地向前奋进；同时，欧美学者对于回教的研究，也是日进不已，而中国学者在这方面，也有相当的收获。反观我们本教人对本教文化的研究，在这几年内，简直不能和教外人底研究相比，未免太不进步。这种情形继续下去，我恐怕我们回教文化的研究，将要像中国文化底研究之有同样的命运。现在关于中国之一部的史事底研究，必须要阅读沙畹、夏德、洛佛耳、白希和诸家底著作，甚至于中国的看家本事，所谓'小学'的古音韵的部分，也必须要参看高本汉底《解析字典》。我们的回教史之最好著作，甚而至于《古兰》和'圣训'之最好解释将属于本教人呢？或属于异教人呢？我实不胜其杞忧。这本书的单行出版，我希望能够给大家一点刺激，能惹起一些波澜。"

白寿彝认为回族人研究自己的历史文化，责无旁贷、义不容辞。

这一时期，老师顾颉刚为了帮助生活困难的白寿彝，除了联系发表白寿彝所写的文章，以得到稿酬解决吃饭生存之外，还为白寿彝找工作。

1936年正月初，白寿彝把在北平的旧作《四书集注考》《周易本义考》等文章，再经整理修订，加以完善。后来经顾颉刚介绍认识了徐旭生，此时，徐旭生任北平研究院史学研究会主任，之后该研究会更名为北平研究院史学研究所，他改任所长，并主编《史学集刊》，在他的支持下，白寿彝在该杂志上发表了《周易本义考》等文章。

在1936年正月底，白寿彝终于拿到了稿费100多元，后又将与单化普在开封旧书摊上收购的民间史料，经老师冯友兰的帮助，转给了清华大学教授，白寿彝因此又收入了120元，他又向朋友借了50元，凑齐近300元钱，春节前急忙赶回开封过年。1936年的春节是阳历1月24日，白寿彝带回家里的钱，还了欠账，又买上些年货，一家人总算过了个团圆年。白寿彝在开封仅待了十多天，因为在开封寻找不到营生的机会，便在1936年2月中旬，再次返回北平，他多方联系，抓紧整理和撰写文稿。

不久，白寿彝便在《北平晨报·思辨》第31期上，刊出了《欧阳修论易系辞传》及《朱熹对于易学的贡献》两篇文章，在34期上又刊出了《朱易散记》一文。在《北平研究院院务汇报》7卷3期、4期上又发表了《书名小记》《仪礼经传通解考证》两篇文章。这年4月在《文哲月刊》1卷8—9期上，刊出了《朱熹底师承》。白寿彝将手中的旧稿脱手，以文换钱，吃饭生存。他知道自己没有什么其他的路可走，只有加倍努力。

顾颉刚知道白寿彝当时在贫困之中求知，如果再找不到工作，便无生机，他便常常帮助这个学生。1936年，顾颉刚从老家苏州过完春节后返回北平。此时，他带回了商务印书馆准备出版《中国文化史丛书》的目录，正准备找人分头去写。顾颉刚想到了白寿彝，便让他承担这套丛书中的《中国交通史》一书。顾颉刚对白寿彝说，稿酬每千字5元钱，可分批交稿，分批支付稿酬。这对白寿彝来说是件天大的好事！他经过两个来月时间的运筹，大约在4月份开始动笔写《中国交通史》的第一章；在10月份，《中国交通史》的第五章完稿，全书约10万字，写得较为顺手。没有想到的是，这部书产生了更大的学术价值，它成为我国的第一部交通史，也为他后来主编《中国回回民族史》、总主编《中国通史》，奠定了“通史”的思维方式。与之同时，顾颉刚又让白寿彝协助自己编辑《禹贡》半月刊的回教专号，后来又介绍白寿彝去禹贡学会做专业研究员。

1936年5月，白寿彝夫人带着孩子离开开封，到了北平。他们自1933年结婚以来的3年中，夫人王慧萍看到丈夫为了全家人的生活，几经往返开封和北平之间，辛苦奔波，心里有说不出来的苦涩。从1932年燕京大学毕业，到1937年北平七七事变抗日战争全面爆发，从23岁到28岁这5年中，白寿彝在北平实实在在是“北漂”一族。1936年时，他们夫妇俩带着一个不到2岁的孩子，在和平门内大街的后细瓦厂街里，租了间小房子住了下来。王慧萍看到丈夫整天忙来忙去，挣钱很难，在北平平日的开销，比起在开封要大得多，老家开封还有两家的老人需要照拂，经过左思右想，王慧萍还是决定先回开封。白寿彝不愿意夫人回老家，但也没有更好的办法挣更多的钱养一家人。1937年初，王慧萍不得不带着孩子离开了北平。

1936年，白寿彝还受顾颉刚的委托，代他作了《回汉问题和目前应有的工作》一文。这篇文章在当时引起了足够的重视。

在1937年七七事变爆发之前的3年时间，是白寿彝非常辛苦的3年，他在恩师的帮助下，相继发表了21篇文章，其中半数以上是有关中国伊斯兰史、回教史研究的。

1937年，白寿彝已被北平研究院聘为名誉编辑，在那里工作没有工资，只是按工作量取酬。那时，工作计划定为“宋元学案人名索引”，工作量较大，费时较长。白寿彝计划就“宋元学案人名索引”分三道工序展开工作。其一，将原书上所有人名标出，包括姓名、字号、学号、学派名号等整理出卡片；其二，按笔画排列卡片，分别集中同样人名，排出先后；其三，将制成的卡片分别填上细目，补上“互见”卡片。三道工序完成后，再经审核校对，便可付印。白寿彝认真地收集整理着，吃苦耐劳，一丝不苟。这段时期的工作，也为他研究中国史学史打下了良好的基础。

西安事变后，全国团结抗日的总形势迅速形成，抗日的情绪日益高涨。1937 年 3 月 7 日，白寿彝再一次代老师顾颉刚作了《回教的文化运动》一文，在《大公报》的“星期论文”专栏发表，产生了很大影响。他写道：

直到东四省失掉，日本的大陆政策给我们以严重的压迫，才使我注意到边疆，因注意边疆，而连带注意到在西北各省最有力量的回教，因注意回教而和教中人士多所往来，才敬服他们信仰的忠诚，团结的坚固，做事勇敢，生活的刻苦，使我深切知道，中华民族的复兴，回教徒应有沉重的负担。

顾颉刚为什么连续两年，让学生白寿彝为其代笔写出重要文章发表呢？这里有什么特殊的原因？

我们在研究中发现，让学生代写文章发表，是顾颉刚培养学术传人的重要方法。他认为培养人才的关键是要因材施教，精心指点。每一个人在选择自己的职业或研究方向时，要尽可能做到性之所近、心之所安、力之能至。因为兴趣、才情、性格、气质人各不同，适合干什么，不适合干什么，要做好判断，勉为人难是不行的。他不是颗读书的种子，你硬让他读书，那无异于是对他的折磨与惩罚；他天生是个做学问的人，你偏偏要他闯荡江湖、混迹官场，也无异于资源浪费。即使同样适合于做学问，但适合于做哪种性质、哪种方向上的学问，也与才性密切相关。

学术的传承，是在师生之间的气质、人品、境界、才情和个性相投相谐的背景下，不知不觉地完成的。顾颉刚说自己“不放弃一般的学生，但对成绩优良的学生特别喜爱”。一旦他喜爱上某位学生，就会根据这位学生的特点，指派任务，加重研究力度，引导每个人向自己所长的方面深入进取，逼他往前走，促使他尽快成才，以取得他的学术地位。所以，顾颉刚让学生代他写文章发表，是给学生施加压力的一种办法。当时就有人作打油诗，赞叹他是“短衣射虎顾先生”。这是把顾颉刚比喻为西汉名将李广，在李将军指挥下，每个人都能人自为战，独当一面。

顾颉刚不仅在培养人才方面因材施教，还在经济上尽可能给予学生帮助。这是因为，在他经济困难之时，他的老师胡适曾每月借给他30元贴补家用。他在给妻子的信中说：“我没有他卅元一月的津贴，我便不能在京立脚，我的学问，我的希望，都消散了。”胡适前后接济顾颉刚共500多元。1920年胡适还让他标点《古今伪书考》，在顾颉刚看来，“这一来是顺从我的兴趣，二来也是知道我的生计不宽裕，希望我标点书籍出版，得到一点报酬”。顾颉刚从自己的切身经历中，痛感经济状况对一个学子的重要。所以他对那些他赏识的、有才华的且苦无门路的学子，总是尽最大可能给予资助和扶持，一如当年胡适帮助他一样。著名民族史学家、语言学家冯家升，在燕京大学读书时，即已显示了出众的才华，但因家庭困难，交不起学费、买不起书，面临失学的困境。顾颉刚得知后，立即给他100元钱，支持他渡过难关，完成学业。学生杨向奎深受顾颉刚的赏识，九一八事变后，他因时势动荡打算退学。顾颉刚知道后，即答应每月给他30元钱的资助以继续学业，使他慌乱的心情顿时得以安定。杨向奎毕业后生活没有着落，就是靠老师寄钱给他，才度过一段艰难的时光。白寿彝在最困难的时候，也是依靠老师的帮助渡过难关的。

顾颉刚稿约甚多，他一般有求必应。但他往往找人代笔，有时讲一些观点，有时就让人家照题目写，有时他修改一下，有时连看也来不及看。所以直到现在，有些署名顾颉刚的文章，还不知究竟出于何人之手。他的女儿顾潮在其为父亲编著的《顾颉刚年谱》中，对署名顾颉刚的几乎每篇文章的撰写情况，都尽可能地作了交代：与人合写的，注明合作者所撰写的章节；请人代写的，注明代写者的姓名；代写者不清楚的，也注明“他人代作”。

“往往找人代笔”是顾颉刚资助贫困学生的方式之一。《顾颉刚年谱》引述了1979年的日记，对20世纪30年代初请人代笔的情况作了追述："我撰文向不取稿费，《东方杂志》索余文，谓一般人投稿，每千字酬二元，若我则可得五元，予遂以之周济穷学生。是时李晋华、黎光明、杨向奎等皆贫，乃令作文，署我名以投稿。"以顾颉刚的名义发表在众多刊物上的代作文章，一是给学生压担子，以培养学术能力；二是对学生带有资助性质。20世纪二三十年代的顾颉刚，早享大名，多发或少发一些文章，对他来说已无足轻重，而对他的学生来说，发表这些文章，就不是可有可无的事情了。

1980年谭其骧回忆自己当年与顾颉刚联合主编《禹贡》刊物时说：顾先生当时"不是一位普通的教师，而是一位誉满宇内的名教授，举世钦仰的史学界权威"。能在这样的老师手下工作，对青年学子的成长来说，绝不是一件小事。而且，顾颉刚对署自己名的文章"有时连看也来不及看"就拿去发表，就已不仅仅是一个高风亮节的问题，简直带有冒险的性质，因为学生写出来的文章，怎么写也不可能达到老师当时的水平，他的确承担着风险。由此可见，他为提携、资助后辈，是不计较个人得失的，他有一种作为师傅的"父爱"情怀在其中。这也是顾颉刚让白寿彝为其代写上述两篇文章的原因。有人说他"只要学生作文章"，为此，他道出了自己的心里话："我哪里要他们出风头，我只是要他们挨过最困苦艰难的道路而已！""我自问学问固不足，爱才则有余。"这是1935年3月18日，他在给学生谭其骧的信中所言。

1937年上半年，白寿彝为《禹贡》半月刊办了两期回教专号，那么顾颉刚为什么让白寿彝编辑两期回教专号呢？我们经过研究，发现了其中更为深刻的原因。

1934年夏，顾颉刚与燕京大学同人冰心夫妇及郑振铎、雷洁琼等考察绥远。顾颉刚听到当地人讲起王同春开发河套的故事，十分敬佩，以后多次在《禹贡》半月刊作文为之宣传，以使国人重视边疆的开发。他又与蒙古地方自治政务委员会诸人接触多次，知道他们背后有日本人撑腰，察哈尔、绥远两省有继东北而沦亡的危险。为此他十分焦虑，他想唤起国人共同密切注视边疆问题，于是就在

《禹贡》半月刊里讨论起边疆问题来，也讨论起民族演进史和文化史来。自 1936 年夏开始，一年之中，半月刊接连出了西北、回教与回族、东北、南洋、康藏、察绥等专号。绥远因为交通便利，他又组织了一个调查团前往，出版了一期“河套水利调查专号”，作翔实的报告。1936 年 9 月，因日军侵华步步紧逼，边疆问题日益突出，他还召开了绥东问题座谈会，并发起成立了边疆问题研究会。

顾颉刚那时的心愿，是要“使中国的上层阶级”因《禹贡》半月刊“而认识中国”，又要“使中国下层阶级，因通俗读物而知道自己是中国人”，这正是顾颉刚基于强烈的爱国之心让学生编发两期回教专号的原因。在专号中，还有白寿彝所写的《宋时伊斯兰教徒底香料贸易》一文，并有译文多篇。为了更深入地研究边疆问题，这年 7 月，顾颉刚还组织了西北考察团，赴绥远、宁夏、甘肃、青海考察民族、宗教、水利，白寿彝便参加了这次考察。

这一时期，顾颉刚对白寿彝站在中华民族生死存亡的高度，去研究中国回族史、伊斯兰教史，并实际帮助他尽可能多地发表文章、出版著作，以提高信心、战胜生活困难，发挥了重要作用。

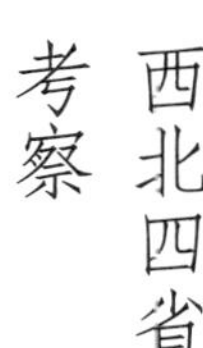

西北四省考察

为加强对边疆问题的深入研究，注重社会调查的顾颉刚，在前几年的考察中，已体会到组织西北考察的重要意义。为此，他在1937年初与段绳武等组织了西北移垦促进会，顾颉刚任主席理事，段绳武任总干事。他们又与河北移垦促进会、燕京大学联合组织暑期西北考察团，由顾颉刚和段绳武任正、副团长，白寿彝便是其中的一员。

段绳武，1897年生，名承泽，河北省定县人，1911年入伍，逐渐升至旅长、师长、军长。1930年辞职离开混乱不堪的军界，解甲归田，不当军长当村长，轰动当时。他在农村推动乡村建设运动，其家乡定县，就是晏阳初这位著名教育家开展平民教育运动的根据地。这一时期梁漱溟在山东邹平推动乡村建设，陶行知在南京创办晓庄师范。在这个时代大潮中，段绳武作为军人，主持了新村建设实验区，他在内蒙古包头市创办实业，并在黄河上开通航运，还发起组织河北移民协会，将河北、河南、山东三省遭受洪灾的农民，移民到西北河套地区，开荒种地，建设河北新村，又叫“新生活改进社”，段绳武任村长和社长。这里有教育委员会负责办学，有良心省察会负责对村民进行品德教育，有村民自治会负责办理村民事务，还有自卫团负责治安，合作社负责村民储蓄、物品供应、农副产品销售等。段绳武全家搬到河北新村，每日清晨，村长即在大礼堂前鸣钟召集村民聚会，分配当日工作等。这里设有武训小学，段绳武的夫人是第一任教师，后来一些大学生加入义务教学队伍中。凡村中幼儿不分男女，皆得入学，学生每年三分之一的时间上课，三分之二的时间参加家事和农事训练。学校还有成人夜校，并开办了妇女识字班。

段绳武力倡通俗文化，认为只有建立在大众基础上的文化，才称得起文化。正是这个原因，顾颉刚在北平创办的通俗读物编刊社，特聘他为副社长，兼绥远分社社长，希望双方加强合作，编刊适合西北大众的读物，并商议西北移垦及边疆安危话题。段绳武还应顾颉刚之邀，在边疆问题研究会上，发表绥东问题及移民屯垦演讲。由此，顾颉刚与段绳武成为了志同道合的好朋友，并发起组织了西北考察团。1937 年七七事变后，冯玉祥、陈诚力邀段绳武重回军界。在傅作义将军领导下，负责在抗日前线各战区，每 30 里设一个伤兵接待站的工作，首创“荣誉军人”这一称号，并办《荣军之友》杂志，被誉为“中国荣军之父”。1940 年段绳武在重庆病逝，终年 43 岁。周恩来为他送了花圈，冯玉祥写了悼诗，中国共产党在重庆的《新华日报》还发表了悼念文章。

这次西北考察团，是到绥远（今内蒙古）、宁夏、甘肃、青海一带考察民族、宗教、水利、文化、教育、矿产、地理、农垦、畜牧、医药卫生、森林、土壤等状况。他们在 1937 年 7 月 1 日从北平出发，由于顾颉刚生病，未能同行，考察由段绳武具体负责。

这一次西北考察，使白寿彝的回族史研究又迈出了重要一步。在考察中，他注意到西北地区的文化教育，特别是少数民族文化教育的落后，这使他深感忧虑，便把见闻一一作了记录。由于七七事变爆发，考察团遂自动解散，坚持到底的只有一小部分团员，白寿彝便是其中之一。他以日记的形式记录了西北考察的全过程。如在《绥宁行纪》中记录了从 1937 年 7 月 1 日至 8 月 10 日赴绥远、宁夏考察时的情况；这年 8 月 11 日至 10 月 7 日，他又到甘肃、青海进行了近两个月的考察，并记有《甘青行纪》。这一次考察从 7 月 1 日到 10 月 7 日，共计 3 个多月。

1937年7月1日这一天，北平下大雨，白寿彝准备随西北考察团北去。起初，白寿彝误以为开车时间为早晨7点20分，等他到达车站时，火车已于7点驶出。白寿彝急忙乘上汽车到西直门站迎候，终与考察团成员会合。那时，西北考察团全体团员共96人，分为特别组，及一、二、三、四组，考察团共有穆斯林7人，除在普通组2人外，其余均在特别组，全团由段绳武率领。白寿彝分在特别组，这个组共21人。

西北考察团出发的第一天，白寿彝在《绥宁行纪》中写道：

> 车自南口西北行，群山夹道，绿树成荫，景物至为壮丽，10点30分至青龙桥。火车在此有1点30分之停留。我与白亮诚先生、梦扬兄及卜锐新君赴八达岭。自站骑驴到山脚，由山脚沿长城步行，起伏蜿蜒，至为吃力。由长城俯瞰，小溪纵横如织。铁道迂回盘旋于立崖削壁之中，与此名驰世界之万里长城互相交错映照，极显其工程之艰巨。我们安坐车室之中，耳听轮声轧轧，目睹峰峦重重，方知开山建路者之难也。

火车自青龙桥西北行去，经过怀来、宣化到万全。由万全向西南行驶，过天镇、大同，由此折向北行从丰镇至集宁。此时已过夜间零点，他们下车后在省立第二师范学校借宿。

考察的第二天，在集宁驻扎的第十三军对他们招待得极为周到，军长汤恩伯为全体团员举行了阅兵式，汤恩伯、段绳武分别致辞。晚餐时，军队长官设宴招待，饭后举行游艺会。全天时间都用于交际，而自由访问、考察的机会却没有。这实在让白寿彝不满意。他想如果这样继续下去，恐怕要失去西北考察的实际意义。白寿彝他们便借故谢绝了不必要的招待，急忙抓紧时间去考察。

在集宁南门内朝阳街，有礼拜寺一所，为3年前所建。礼拜寺有大殿3间，大殿前还有前殿3间、水房3间、阿訇住室3间。阿訇海德恭，海南人，年53岁，来此寺已3年。寺中并无经常性收入，阿訇依赖零星进款维持生活，每月约得七八元。附近教民60余家。白寿彝与白亮诚、征言、达应彻等人又在蒙蒙细雨中来到集宁城西南10余里处的一座礼拜寺，这里无正式大殿，仅有房4间，只能洗浴、礼拜。

7月3日，白寿彝在《绥宁行纪》中写着：

> 昨夜半离集宁……天明抵归绥，省府为借宿所于正风中学。同人蒙被大睡，二日来缺欠之睡眠，至此得以补偿，香甜极矣。9点出发，游览烈士公园、电灯公司及各机关，走马看花，毫无意味，汽车奔驰中，惟见马路平坦宽敞，道旁树木清新，感觉绥省人士一种干的精神而已。
>
> 烈士公园前有石碑，题曰“死重泰山”。更进则有纪念碑，题曰“华北军第五十九军□□阵亡将士纪念碑”，上款题“中华民国二十三年十月十日”，下款题“绥远民政厅长兼绥远省会公安局长袁庆曾建”。更进则有墓碑，题曰“华北军第五十九军长城阵亡将士公墓”，上款题“中华民国二十三年十月”，下款题“傅作义敬建”，碑下方为胡适撰钱玄同所书之碑文，碑阴则为死者题名。基碑后为纪念堂，中悬死难将士遗像。纪念碑之空白，墓碑之“长城”，原均为“抗日”，今为磨改。我初至此园，尚无悲感，不过以已死者之阵亡为军人之职分，未死者应有加紧努力而已，及见此数字之磨改，悲愤之情陡然撞击我心。

从这篇行纪中，我们可以看到白寿彝的悲愤之情，在于那两个被磨改的空白处，原是“抗日”两字。他在《绥宁行纪》中怒斥国民政府之无能与无耻：“只准我们挨揍，不准我们说话，世界上宁有如此宽容之国家，宁有比此更大之耻辱乎！”

西北考察备受重视，白寿彝记载道：

> 7月4日晚7点，绥远省主席傅作义宴全体团员于绥远饭店，宾主甚欢。宴前，交际组杨先生来告，此次系西餐，对于回教同人饮食情形已加注意。但我等毕竟因出自外人锅灶，仍觉不惯。

他在7月6日写道：

> 赴包（头）途中，大青山伴伏左右，始终未见山头林

木。而山脚下，时有红白罂花，鲜丽争妍……鸦片禁种禁吸同时在各区分别先后举行，最后之禁绝期为二十八年年底。现每年烟税所收四五百万，为建设费取用所资。若一旦禁绝，将以何补偿，亦一大问题。

白寿彝在包头短暂停留的几天里，参观了包头大寺、榆头沟清真寺、瓦窑沟清真寺和转龙藏。包头大寺在寺梁村，为光绪二年（1876）仲冬所建，有大殿21间，前后各3间，中3进，每进5间。水房4间，教室5间，正在翻修中者8间。阿訇，已聘定陕西蓝某。教小学之阿訇，平凉人，学生四五十人。通过考察使他知道，每到西北一地都有清真寺，回民甚多，教民普遍。

我们再从《绥宁行纪》中摘出几篇，以便进一步了解考察团在西北考察的艰苦情况：

7月11日，上午6时出发，沿途尚清凉，近午而热。9点半时，车抵一小站，车夫欲饮马，团员中有不愿者，呶呶不已。约一点，抵临河，决不再前进，今日共行60里。午饭后，小睡朦胧中闻人言，此地有回民200余户，礼拜寺一所。晚与亮诚、征言往调查，则有礼拜寺两所。一所在礼拜寺巷，有大殿6间，前厦3间，南屋9间，以4间充水房，3间充阿訇住室，2间厨房。水房设备简陋。淋浴之所，以席围其外，而吊桶之低使人不能仰头，且同时仅能有一人洗浴，不能多容也。另一礼拜寺，我等未能往，不能详也。前者之阿訇马姓，宁夏人。据谈，此地教民实仅30余户。

7月15日，晨发傅家湾子，行30里，11点到磴口。磴口原为阿拉善旗所属，今省府在此设县治不久。各家门牌皆有县府及旗所发之两种，此可略见省府与阿旗对此地政权相持之情形。

磴口滨于大河，菜畦相望，别有景色。我等至此始得菜食，然价值奇昂，黄瓜一条售价5分。

磴口有礼拜寺3所。一为大寺，民国十八年所建，属旧派。一方在建修，属新派。另一规模最小，属者黑里耶。大寺阿訇置茶食相待，盛意殷殷。据闻，全镇有穆斯林百余户。有小学两所。一为磴口小学，课室桌凳皆以土筑成，地址甚小。一为阿拉善霍硕特旗立磴口小学校，校长田寿祥为回人。有教室二，可各容 30 人。功课表上有蒙文 5 点钟。教室内见有世界书局出版之社会课本一册。

行 30 里，晚宿关地。店在沙岗环抱中，店主为回回。此处店虽狭小，而清净有过以前各站。亮诚与本店主人在沙头夕礼，备见穆斯林信仰之真诚。店主云，在此一带，有穆民十数户，内有蒙古回回及缠头。蒙古回回之宗教仪式与我们同，不过尚无阿訇耳。缠头大半为来此经商者。

7 月 17 日，自河拐子行 40 里至二子店。途中经沙碛 10 余里，地势忽低忽高，道旁弃置白骨，大半为驼所遗。荒草间，辄有石块聚峙，已熏作黑色，盖行人炊饭之所也。

二子店旅舍亦为故汽车站，宽敞视河拐子更过之，而间有四壁陟立者，经兵燹所焚也。旁有故营垒一处，亦仅余四面之土墙。旅舍壁上题字更多，其明显的表示性的意味者甚多。

自二子店 50 里至石嘴子。石嘴子入口处有石数重，作齿牙参差张吻之状。此盖石嘴子一名之由来也。

石嘴子有玉皇庙一处，其三皇殿尚系新塑之像。此可略见道教在一部分居民中之势力。有礼拜寺一所，甚雄伟。大殿前后 30 间，飞檐画栋，备极壮丽，30 年前之旧物也。附近穆斯林约 200 余户。

8 月 10 日是白寿彝绥宁考察的最后一天，自 7 月 1 日离北平至此历时 41 天。

1937 年 8 月 11 日至 10 月 7 日，白寿彝又用了近两个月的时间，到甘肃、青海考察，并记有《甘青行纪》。

关于当地老百姓的疾苦，白寿彝在 8 月 23 日的记载中，给予了极大的关注：

人民的负担远比省政府实收的多得多。人民的负担，除正式捐税外，有两种最大的负担。一种是驻军的派粮。驻军驻在一地，即设一兵站，向附近城乡征派粮食，粮食只是名义，事实上征若干石粮即是要若干款子。这笔款子是没有一定数量的，而且也并不是按照驻军的真正需要摊派的。又一种，是区长保甲长的各层剥削。一个农民所纳的粮，因为要经过区长保甲长的手，比应交的食粮多得多。

甘省实在不是真正的穷，只是剥削得厉害，以致弄得民不聊生。而且，同时高利贷盛行，老百姓之能借到款者，不只不能利用借款喘过一口气来，而且更不得了。甘省民间放款，利率以每月三分四分者为高低，最高额有到大加五（即借款额 50%）者。还款付利方法，有每月一付息者，有至一定期限而本利同时付出者，有预指某种农作物收货量作为本利归还者。用第二种方法者，往往百元借款，满一年后须归本利 1000 余元。用第三种方法者，如指定烟片若干两作归本利之用，往往烟片收获之后仅够还账用的，这长期的工作算是全为人家做的。

关于教育，白寿彝又记道：

在教育方面：因教育经费太少，改良师资和提高待遇谈不到。外县小学教员每月仅得六七元，甚至三四元者。这种小学教员，差不多仅能教《三字经》一类的书。

8 月 24 日、25 日，这两天阴雨。青海究竟去不去，大家拿不定主意。李锐才先生和达应彻先生是决定不去。王先生希望去，却要有伴。亮诚说，他愿接济我的经费。王先生也说，可以接济一部分。但事实上，亮诚也并没有多少钱呢。

从日记中可知，当时白寿彝最为贫困，同行考察者随身所带的钱也不是太多，西北考察，的确艰辛。

8 月 27 日，今天早 8 点，同亮诚、德斋离兰赴青海。汽车是大旅社的，每人票价 15 元，说是两天可到。车是个没有篷的货车，各人的行李堆在车上，人坐在行李上面，全车不下30人。

车出兰州北门，过镇远桥，沿黄河西行。走了没有多少路，就变为北行。晚上到达永登县属地方。

28日再行，自兰州到永登共210里，沿途山头碉堡不少。当天晚上，宿新站晚餐，尝到奶茶的滋味。今天走了约百里。

29日自新站开车时，天才黎明。西行20里，到了马莲滩。这是一个很大的集镇，街道很整齐，做生意的很多。教门馆子（注：回教饭馆），一共有十几个，羊肉汤和凉面是最方便的食品。饭铺掌柜说，这里在四五年前仅有一家回回，三四年以来增加到100多家。马莲滩为八堡川之一，八堡在以前仅回人百余家，现有一千余家了。自马莲滩至享堂峡西口，约20里，西口有木桥，二十一年官修，是甘、青分界的地方。自享堂到西宁220里，于夜10点方到。

8月30日，夜来小雨，今晨很有寒意，穿上毛衫毛裤都不觉暖。气温要比兰州凉得多了。午饭后，参观青海省回教促进会、东关大寺。促进会规模甚大，会所全系新建，有中山堂，有思源阁，有印刷部，共约房四五十间。印刷部有二、三、四、五号铅字各一部，铸字炉一部，五号字模一部，对开铅印机一部，32开新闻纸印机一部，三号石印机二部，压力机一部。石印，有仅用印石，不用机器，而以人力用棕刷印刷者，成绩也并不坏。

从这一段记载中，可以看到此时28岁的白寿彝，由于家里曾经营过商务印刷所，所以，他对和新闻出版有关的印刷业务，特别熟悉。

白寿彝也很关心西北教育现状，所以，他在日记中再次谈及当地教育：

8月31日，今早8点，应马步芳代主席及各厅长宴，有法院院长及陈秘书主任作陪。马氏因事，未能出席。饭后，马氏在促进会立之高级中学校等着，由陈主任作陪，一同到高中去。高中的校址约占地200多亩，礼堂、图书馆、教室、宿舍、教职员宿舍都完备。现在有大批宿舍及课室在建筑中，打算这两种建筑要容纳一千五六百人。图书馆只有很少的古书，对于学生之课外参考，很少实用。学生每早4点半起床，晚9点睡。课程和普通学校一样，只加了2点钟的阿文和礼拜的时间。

此外，则注重军事训练，管理上完全是军事化的管理。学生共有一百四五十人，制服书籍和食宿全由学校供给。这个学校给人的好印象是有秩序，学生健康，经费充足，容易扩充。但同时也使人感到这只是注重形式的一个学校，没有适当的领导人，没有比较健全的师资，没有经过研究的教材，学生没有自动的活动。

尤其使人感到缺憾的，这不像一个回教会办的学校，不特在宗教上，在国家教育之特殊价值上有所帮助，连回教学生人数也比不上教外人多。学校正式负责人是汉人邵鸿恩老先生，教职员中回教人也差不多没有。我们向以为青海是回教人的势力，今看了这个学校，就知其大谬不然。

从这个中学出来，又看了它附属小学中的两个，也都是有军事训练，也都是很有秩序，也都是回汉不分。

白寿彝在9月14日、15日过后的日记中还记载了与恩师顾颉刚相见事：

这两天，上午到图书馆看书，下午睡觉闲谈，整天算过去了。本来到兰州后，就想到西安去。一则手中没有钱，再则听说颉刚先生要来，只好住下去。但心中急躁得很，不知家中如何过活，也非常惦记北平的朋友们。

9月28日，午后得陶孟和先生通知，知颉刚先生已来兰。晚饭后，到旧教厂访颉刚先生，先生仍盼我留兰。但我出来3个月，家中不知如何情况，忧心如焚，殊不能多住也。

10月1日，颉刚先生来，我告以欲到西安办《禹贡》，先生应允。先生定于明日赴临洮，我与亮诚定于明日赴西安。先生借我路费30元。

2日，离兰。西兰公路在兰卖票仅到平凉，票价14.9元。上午所经，差不多都是山路，下午4点有雨，9点到定西。这里离兰州不过240里路。

白寿彝一行，10月3日，因大雨后路难行便停驶。4日，自定西出发，120里路到达华家岭，又走240里到达静宁。5日，汽车水箱漏水要修理，暂停驶一天。

6日，今日自静宁到平凉，240里。路经六盘山，山头出云，娉娉有致。山下万物，尽在朦胧。云海之景至可玩也。三关口形势险峻，翠色蔚然，极山村之盛趣。贺兰山之三关口不及此甚远。

平凉将到已到时，先后三经检查：关外、车站与旅店。关外军士极无礼，不知何部队也。

平凉城甚大，教门馆子见到好几个 。关外，礼拜寺7所，同教约千户左右。

自兰州东来到此，烹调逐渐有河南味，使人不胜家乡亲切之思。

1937年10月7日，白寿彝与同事们经平凉至泾川，约140里。那里的北关汽车站没有回教饭店，白寿彝与白亮诚就煮鸡蛋吃。泾川至长武，100里，已入陕西境。自长武再走80里，到邠州（今彬州市），他们停下来休息，邠州有新开回教饭店两家。第二天，他们自邠州经监军镇至乾县160里，乾县至澧泉40里，澧泉至咸阳50里，从咸阳渡渭水，至长安70里。他们再行320里，到达西安。

白寿彝的这次行万里路的西北考察，使他初步了解了西北地区的状况和各族百姓的生存条件，同样也使白寿彝在这个社会大课堂中，得到了活生生的教育，他后来讲道：“西北考察是十分重要的，为今后的民族学、回族学及宗教学的研究，打了极为重要的基础；为学术研究继续下去，也打开了较为广阔的视野和思路。”

白寿彝在西北考察的另一个重要收获，是结识了来自云南的回族同胞白亮诚，并成为挚友。1968 年 10 月 22 日，白寿彝在“文化大革命”时期的劳改队中，曾写有一份“关于我在解放前的交代材料”，这份材料中写着这样一句话：“白孟愚是我在解放前最接近的一位朋友。”在那字里行间，深深地印着白寿彝对白亮诚的深情厚谊。

白亮诚，字孟愚，生于 1893 年，云南省沙甸人，比白寿彝大 16 岁。白亮诚的父亲白金柱，是清末的总兵。白亮诚自幼在清真寺学阿文习教义，在私塾学四书五经、诸子百家，后又极力兴教。1914 年始，他创办鱼峰小学、鱼峰中学、私立女子学校及养正学校。他还热诚办理乡政，又在西双版纳垦荒几万亩种茶、种棉，一干就是十多年，此后又引进机械和技术纺纱、制茶。抗日战争时期他常在思茅、普洱一带经营茶叶，后任思普茶业局局长。他不仅注重民族团结，还参加抗日救国运动，保护民主人士，始终热衷回族的发展事业，以经商、办实业为手段，以济世强国为目标。白亮诚对在抗日战争时期流亡到云南的白寿彝一家，给予了非常大的帮助，他是白寿彝终生感念的一位好朋友。

◎ 1937 年 8 月，白寿彝（右三）在青海考察时与白亮诚（左三）等先生留影

在这次西北考察中，白寿彝与白亮诚排除种种困难，终于完成了西北考察的全过程，他们是90多人的考察团中为数不多的完成全过程考察者，这充分说明了顾颉刚对西北边疆的重视、对社会调查重视的思想，已深深地植入了白寿彝的大脑之中：不能仅仅为学问而做学问，要以天下为己任而做学问，做学问要与社会生活相结合，要以救亡图存、推动社会前进为目的。做学问不能躲在象牙塔里、两耳不闻窗外事，应听风声雨声天下声，以广阔的视野和思路去思考。所以，做学问不仅要读万卷书，更要行万里路。这正是白寿彝能够历时3个多月将考察坚持到底的关键所在。

1937年10月2日，白寿彝在顾颉刚应允下，决定与白亮诚赴西安创办《禹贡》期刊。在西安办《禹贡》期刊未果后，他只好同白亮诚从西安东行，在河南郑州分手。分手之时，两人依依不舍，白亮诚再三嘱咐白寿彝要来云南看看。随后，白寿彝返回开封老家，白亮诚换车南下。“文化大革命”时期，白寿彝曾在他的“交代材料”中说：“这次同孟愚（白亮诚）一起旅行，历时两三个月，算是交上了朋友。离开银川的路费，差不多完全借他的钱。那时，他手中的现款带得也并不多。后来，这笔账也没有结算，也就没有还给他。”白寿彝在心里一直记着此事。他没有想到的是，日军侵华步伐如此之快，国民党的军队如此不堪一击，导致刚在1937年10月回到家乡开封的白寿彝，尚未停歇喘息，便在1938年正月初二，因战事紧急，全家迅速撤离，南下逃难，他南渡的方向，正是白亮诚的故乡云南昆明。

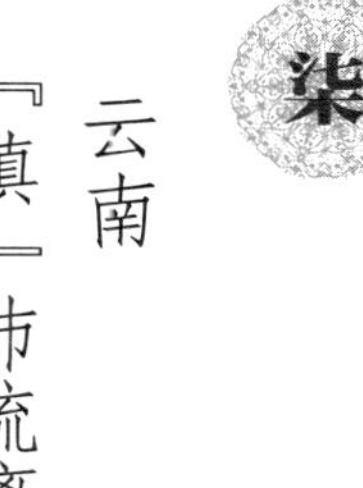

云南『滇』沛流离

1937 年日军发动了七七事变，使战火一下子烧到华北、华东，1937 年 8 月 13 日，日本进攻上海，史称“八一三淞沪会战”。1937 年 10 月起，日军开始轰炸河南安阳、洛阳等地，11 月以后，安阳、濮阳以及华东上海、南京相继失守，在这种背景下，1937 年 10 月匆匆回到开封家中的白寿彝，即与家人商量下一步怎么办，是在开封当亡国奴，还是全家逃难？在那个兵荒马乱、国破家碎的年代，对只有 28 岁，并上有老下有小的白寿彝来说，实在是一个非常艰难痛苦的选择。如果逃难，那么，逃向何方？

面临日益紧张的局势，白寿彝先提前赶赴湖北汉口，与在这里合作办厂的二哥白寿昌会合，商议安排一家老小逃离开封南迁的事情。他的二哥白寿昌，是北平私立燕京大学理学院制革专修科的毕业生，有制革技术。当时与出资金的丁氏商人在汉阳合办了制革作坊。这为家人提供了落脚安顿、避风躲寒之所。在汉口，说来也巧，白寿彝正好碰上从北平南迁的成达师范学校的熟人，得知原在北平的成达师范学校，已由谢松涛带领部分师生迁往大西南的广西桂林。学校邀请白寿彝去广西桂林任教，在逃难路上，白寿彝又多了一条生路。为此，白寿彝经与二哥商议后，决定马上返回开封，携家人及亲戚们先南下汉口，再做下一步的安排。

白寿彝同老少家人，在开封老家度过了苦闷的最后一个春节。

故土难离，有谁愿意离开老家在春节之时去逃难呢？白寿彝的心里很不是滋味，更何况在开封老家生活了一辈子的老人们呢？他心里很明白，这一次别离故土，不知何日才能重返家乡？事实正是如此，白寿彝这次告别故乡开封，一别竟达44年。

白寿彝离开故乡开封4个月后，即1938年5月，日军沿陇海线西进，6月占领开封。白寿彝长达近10年的“滇”沛流离、动荡不安的生活，从此开始了。在这里，为什么将颠沛流离这个成语中的“颠”字，换成了“滇”？这是因为，这一时期他主要是在云南，云南省简称“滇”。

当他回忆起这段漂泊的生活时说：“像逐水草而居的游牧人一样，携着眷口东西流浪着。”

一家人到汉口后，暂留10多天。此时，战火已开始烧向武汉这里。为了生存，白寿彝再度携家人，乘火车由武昌往南走，奔赴湖南衡阳。逃难途中，人心惶惑且路远难行，非常煎熬。他们在这里等待着成达师范学校主持教务的大阿訇马松亭、《月华》杂志社社长唐柯三到来，一齐换乘汽车，奔赴广西桂林。

当时的成达师范学校，早已安置在广西桂林西门外的大礼拜寺内。白寿彝到桂林后，在学校附近西外街的漓江桥旁，租下了两小间毛竹陋屋暂住。这里，空气潮湿，又要吃大米，这对于河南开封人来说，很难一下子适应。庆幸的是二三月间，桂林的各礼拜寺，备好餐饮，分别邀请成达师范学校的师生。在动荡不安、走投无路时，正是北平的回族学校——成达师范学校，正是广西桂林回族的清真寺，接纳、安顿了逃难中的白寿彝一家人。白寿彝在成达师范学校工作了3个多月，主讲“治学的方法和材料”，这是为毕业班级而设的课程，每日3小时。

29岁的白寿彝在桂林除任教外，还参与主编旬刊《月华》。《月华》原在北平发行，1937年的六七月停刊，杂志社“严拒敌人诱胁，化装离平，辗转万里，迁至桂林”。1938年4月5日，《月华》在桂林复刊改为16开本，月刊。

《月华》杂志是回族文化史上一个重要的进步刊物，它周围聚集着一大批爱国的回族知识分子，在每一个关键的历史时刻，《月华》都与国家同呼吸、共命运。创刊之时，其宗旨之一就是“发达中国回民之国家观念”，积极培育回族爱国精神。抗日战争的14年，也是《月华》艰苦发展的14年。从1931年九一八事变后，《月华》就积极发声，号召抵抗侵略。杂志复刊词说：“我国底抗战和建国本是一件事情底两面。我们一方面应该如何根据教义，发挥抗敌的教训，唤起教胞做具体的抗敌工作。另一个方面又应该如何研究教内各种重要问题，以促进伊斯兰之真正发达，加强国家之真正力量，这是每一个中国回教刊物当前底责任。”

《月华》杂志社社长唐柯三撰文指出：“激励回民之国民气节；发挥回教杀身成仁之抗战美德；发表回教教义与三民主义符合之理论；宣扬回教服从领袖之精神；说明抗战建国必能成功之理由；联合回教世界，俾得国际上之同情，而予侵略者以精神上及经济上的打击。”

为了落实《月华》宗旨，不辜负广大读者的期望和全国抗战形势的要求，《月华》发出了动员令：“全面战争，必须全民动员，全国五千万回胞们，大家赶快起来，逐出敌人于我国境之外。”“但如何能够迅速动员，起到事半功倍的宣传效果呢？有人认为：启发回民之爱国情绪为目前之要务；提高回民之知识水准，为百年大计。质言之，前者为治标之工作，后者为治本之方式也！”“此两项工作之开始，尤须有一工作之序幕，若能走此途径，则此两项工作之进行至为顺利，其结果亦可期待！”“阿訇在抗战宣传中十分重要，为了让阿訇在抗战救亡中发挥更大的作用，建议对全国的阿訇进行集中培训”，“集各方之阿宏（訇）于一地，于短期内授以抗战理论、宣传纲领、教育之必要等，一旦俟各阿宏（訇）返其任所，自可传播于民众，则其收效定必伟大！将来回民之抗战意识加强，抗战阵容自必巩固！”

这一时期，《月华》先后发表了《回教文化运动与抗战建国》《日本的宗教利用政策》《战火下的同胞起来吧》《抗战时期中回民团结的问题》《抗战中回民应有的工作》《民族团结与全面抗战》《回民抗战一贯精神与今后的努力》等，以及《抗战声中的回民动态》《各回教国拒绝参加东京礼拜寺落成典礼》各类文章及消息报道，积极宣传抗战。

著名教育家陶行知在发表的《民族团结与全面抗战》一文中指出："日本修筑一个礼拜寺，向世界上回教国家说日本注重回教。我们的同学用广播向世界各国揭破日本的阴谋。"指出他们"在中国不知焚毁了多少清真寺，杀了多少回族同胞"。他呼吁中国各民族团结起来，同仇敌忾，开展全方位的军事、外交、文化、经济等各方面的抗日运动，把日寇赶出中华大地。而回族内部的团结，对于抗战至关重要。

由此可见，《月华》已成为抗战的舆论阵地，成为大后方穆斯林爱国知识分子的重要喉舌，当时发行量保持在2000份左右。这是一份在中华民国时期，办刊时间最长、影响范围最广的回族杂志，该杂志的主编，像接力赛一样，接力棒一直在传递，形成了坚韧、奋斗的"月华精神"。白寿彝主编这个杂志时，正值《月华》创刊10年之际。该杂志共历时20年。

《月华》的主要创办者马松亭，曾在广西桂林十分感慨地说："吾们这个刊物，艰苦奋斗到了十年，真不容易，同人们死的死，亡的亡，颠沛流离以至于今日，回想起来，实有无限伤感！"曾主编《回教大众》的沙蕾，对办回族刊物深有感触，他在广西桂林著文写道："窃尝谓办刊物难，而办回教刊物尤难，盖我教经济落后，教育凋衰，文化人最感缺乏，而稿件之来源，乃大不易；其次，则经费一项，恒支绌万状，不惟稿酬不克从丰，即印刷纸张所需，亦时感威胁，有斯二因，我教刊物一时风起云涌，而曾几何时，又复一蹶不振！今《月华》诸君子，竟将刊期延绵十载之久，前途仍有方兴未艾之象，是非有大毅力者，曷克臻此哉。"由此可见，文化氛围、经费、稿源等对刊物的发展至关重要，《月华》是民间刊物，经费主要靠民间募捐，很不稳定，运营十分艰难。

这一时期的马子翔发表感想："《月华》是吾教历史最长、内容最丰富的完美刊物，这是谁也不能否认的。尤其是主持的诸先生在抗战期间，打破经费、印刷、稿源种种难关，随着成达师范学校转徙万里，而不断地继续刊行，这种奋斗的精神和坚强的毅力，更是值得钦佩。”所以，白寿彝主编《月华》复刊之时，坚定明确地指出：“本刊的责任却正如一般回教刊物之责任一样，恐怕要随着这个大时代的推动，日益增加其艰巨。本刊同人现在已无充分的余暇，来考虑自己的能力能否胜任，只有尽自己的力量，踏着脚步往前走。”

为了发展回族文化事业，早在1937年春，白寿彝曾在《申报》上发表了《论设立回教文化研究机关的需要》一文。这篇文章从中外文化的历史关系上，从信仰伊斯兰人在国内之多、地区分布之广，从回教人与非回教人之间的隔阂必须消除，说明进行回教文化研究工作的需要；回教文化研究工作在学术研究上的需要；更多的是在中国现存实际的需要，中国人应一致对外就应首先一心团结。当时留学埃及开罗的中国学生看到后积极响应并支持，在28岁的纳忠提议下，与他的同学马坚、海维谅一道联名写信，建议成立一个回教文化研究团体。白寿彝与他们一起，又联络国内的有关人士，成立了中国回教文化学会。学会设理事，组成理事会，并决定会务工作由白寿彝负责组织，开展活动。

纳忠，1912年生于云南通海县纳家营，是当代研究回族和伊斯兰文化的著名学者，他是中国第一批到埃及学习的留学生，是中国阿拉伯语正规教学的开拓者。纳忠在埃及爱资哈尔大学完成学业，获得了中国回族留学生所得到的最高学位证书。1935年，纳忠在埃及翻译了叙利亚著名学者库迪阿里的《回教与阿拉伯文明》一书，将书稿寄给顾颉刚，请他作序。七七事变之后，顾颉刚退出北平，迁往西北，又辗转昆明、重庆等地。战火纷飞中，纳忠对寄给顾颉刚的译稿以及所请写序之事本不抱任何希望，可是没想到，顾颉刚却一直完好地保存着译稿。1937年，顾颉刚还把纳忠的长篇论文《伊斯兰与阿拉伯文明》发表在他主编的《禹贡》杂志上。

七七事变后，为了抗日救亡，纳忠回到祖国，与白寿彝、马坚等人一起，开始筹划中国回教文化学会。

中华人民共和国成立后，纳忠在北京外国语大学任阿拉伯语系主任，主持翻译了阿拉伯世界划时代的巨著——《阿拉伯—伊斯兰文化史》，共8卷，200万字，并完成了国家“七五”重点科研项目《阿拉伯通史》（150万字）的撰写工作。该书1997年由商务印书馆出版。

伊斯兰教文化教育学者、河南南阳新野县人马全仁，在其撰写的《白寿彝先生治学精神侧记》一文中，回忆了白寿彝在广西桂林这一时期的工作、生活情景：

> 1938年，白寿彝先生在桂林成达师范学校主编回族刊物《月华》时，我在成达师范学校读书，常向《月华》投稿，有幸得识白先生。因为，都是回族，又是同乡，所以常到白先生家请教。
>
> 白先生当时住在桂林西外街护城河石桥畔，距成达师范所在地西外街清真寺只有200米左右的临街市房，坐西向东，面积30多平方米，隔开两间，内屋是卧室，外屋是书房。书房里靠四壁竖立着书架。书架内上下左右在大大小小的方格子里放满了书，约有数千册之多。因为白先生是研究历史学的专家，所以藏书多系历史典籍，分为远古、上古、中古、近代和现代史几大类，中文、外文皆有。这些书籍以中、外、古、今，按朝代先后顺序分门别类制有书签，放在专用的抽斗内，使人一目了然，井然有序，条理分明。如果要使用什么资料，只要查看书签目录，即可伸手而得，既便当，又准确，为研究学问提供了良好条件。
>
> 白先生戴一副近千度的近视眼镜，平时生活简朴，经常夜以继日，埋头书案，看书写作，钻研学问，著书立说，孜孜不倦。平时衣着整洁，朴素大方，总是穿着一身长衫大褂，脚穿灰袜、布鞋。白先生对人谦虚和蔼，平易近人，没有架子，温文少言，治学严谨，从不急躁，其有典型的学者风度。

1938年，白寿彝刚刚在广西桂林成达师范学校安稳下来没有几个月，他接到了湖南祁阳的噩耗：因他二哥白寿昌此时在祁阳设计皮革制造厂工作，在携家眷从汉阳乘火车南下祁阳时，遭日寇空袭，白寿昌、白寿昌的岳父、白寿彝的乳母三人，不幸惨遭日寇飞机的轰炸，死于祁阳。

白寿彝接到电报后，立即赶往湖南祁阳，处理三位亲人的后事。白寿彝的母亲因受到惊吓，再加上几个月来劳累迁徙，致神志不清。白寿彝陪母亲在祁阳的医院里治疗了一段时间，待母亲的病情稍有好转，他便立刻带着母亲和二哥家的一家人返回桂林。这时，白寿彝的岳父岳母也难以忍受敌寇侵略，从开封逃亡出来，到桂林投奔女婿女儿。白寿彝此时的心情十分悲伤，又异常沉重。亲人们刚离去，眼前又是全家老少 10 口人等着吃喝，他怎能不焦虑？白寿彝在成达师范学校和《月华》杂志社工作的全部收入，加起来也就不足 40 元，如何养活 10 口人呢？白寿彝因请假去湖南祁阳而减少了工作收入，办丧事又花了不少钱，此时的他在经济和精神上承受着巨大的压力。出于无奈，白寿彝只能辞去广西桂林的工作，写信向恩师顾颉刚借了几百元钱做路费，一家老少这才离开了桂林。顾颉刚得知学生一路奔命的悲惨家事，非常同情，给予了雪中送炭的帮助，白寿彝决定到云南昆明，去投奔老师顾颉刚。

1938 年 12 月，白寿彝夫妇携家眷多人，准备自桂林奔赴昆明。因为长途汽车的班次很少，乘车的人又很多，车票很难买到，不得不中途在柳州转车，为此耽搁了一个多月。那时，西南各省间的交通非常不便，广西与云南之间的往来，是先要从柳州乘汽车，直达中越边境的镇南关，即现在的友谊关，然后在当地办理经过越南的过境护照，再坐上越南境内的火车，路经河内，转入我国云南境内，再乘汽车才能到达昆明。在当年，这是由桂林赴昆明唯一的最安全的路线。

在柳州等待转车时，白寿彝毫无办法，只能租了柳州礼拜寺的一间空房，让一家人暂时住了下来。他便利用等候汽车的时间，抓紧收集柳州的伊斯兰史实资料，以便到昆明后有用，如伊斯兰墓碑碑文、礼拜寺的碑文等。由此可知，白寿彝这一生对回族学术研究的重视程度，以及他对时间的珍惜。尽管在如此恶劣的情况下，白寿彝也没有放弃对当地回族状况的调研，并在如此困难的时候，还写出了研究报告《柳州回教考》，后改为《柳州伊斯兰与马雄》，并在千辛万苦的颠簸路途中，编辑了《云南回族史料汇抄》一书。

1939 年 2 月下旬，白寿彝一家终于辗转到了云南昆明，暂住在昆明市南城正义路的礼拜寺内。第二天一早，他就赶到昆明市东北郊外的浪口村，拜访了老师顾颉刚。老师告诉他可以接受英国庚子赔款董事会的资助，并让白寿彝在云南大学研究云南伊斯兰史、主持云南《清真铎报》和《益世报》的《边疆》半月刊。这让一路逃难的白寿彝终于因此安定了下来。

按照校方的要求，白寿彝 1939 年 3 月至 8 月的主要工作，是关于云南伊斯兰教历史的研究。这主要依靠地方的史料，这是他以前不曾接触过的。经过一段时间的摸索，主要做了以下几方面的研究：一是做了关于赛典赤 · 赡思丁的研究，并考察了有关赛典赤 · 赡思丁在昆明附近的史迹；二是研究了马德新及其弟子的汉文著述；三是搜集了云南伊斯兰教文人孙鹏、沙琛、闪继迪、马汝为等的诗集、佚文；四是开始收集清朝咸丰、同治年间回民反清的材料。这些都属于专题研究或资料考证的工作，白寿彝未能写成综合性的文章。其原因是："这不只是当时时间的短促，更重要的是我缺乏正确的、科学的历史观点，写不出论文来。"

约在 1939 年 5 月间，白寿彝搬家至离昆明市东北方 20 多里的蒜村。这是因为礼拜寺终究不便于久住，更重要的是敌机空袭昆明的次数逐渐增多，向郊区疏散，便于躲避空袭，相对安全一些。住在蒜村，距老师顾颉刚的住所有四五里路，距徐旭生所住的黑龙潭，也只有一里路左右，这样白寿彝更方便与他们工作交往。当时南迁昆明的专家学者，在此居住的人较多，如史学家吴晗、罗尔纲，语言学家王力等，就住在附近的落索坡。

这年七八月间，白寿彝接替了顾颉刚承担的《益世报》的《边疆》副刊编辑工作。此时，顾颉刚在《边疆》上发表了一篇重要文章，即《中华民族是一个》。该文使白寿彝更加明确了一个道理：回汉两族已是中华民族之血肉之躯，当前抵抗外敌，不应各自强调本民族的存在和作用，要从整个中华民族的根本利益着想，中华民族是一个，为了捍卫中华民族和国家的利益，一定要团结对敌，与日本帝国主义血战到底！

在这年夏天，白寿彝作为教师参加了昆明回族大学生同学会，并出资赞助了该同学会。当时同学会的会员有穆广文、杨志玖等。穆广文是清华大学历史系研究生，中华人民共和国成立后任中央民族大学历史系教授；杨志玖是北京大学文科研究所的研究生，中华人民共和国成立后任职南开大学历史系。其余的会员多为西南联合大学和云南大学的学生。

在这一时期，白寿彝结识了吴晗。吴晗当时是由清华大学聘请的西南联合大学教授。那天见面时，顾颉刚、吴晗，还有当时清华大学的研究生吴乾就，与白寿彝共同商讨了民族史研究的课题。吴乾就专门研究清代咸丰、同治年间云南回族反清的历史，听说白寿彝有这方面的材料，后来曾多次拜访他。白寿彝也随时把收集到的材料供他阅读使用。吴乾就后来一直在昆明师范学院历史系任教，曾担任过历史系主任。

关于白寿彝这一时期的情况，从事云南地方史和回族史研究的学者马颖生，曾写有《白寿彝先生在云南》一文。他开篇道："白先生又辗转昆明一住8年（其间曾短暂离开过昆明），与云南结不解之缘。8年，在历史的长河中只是短暂的一瞬。8年，对于许多人来说，也许只是普普通通的8个寒暑。可是在白先生却不同，在他的辛勤耕耘下，已经是硕果累累。这8年是白先生拓荒云南回族史的8年，是让人知晓云南回族光荣历史的8年，也是白先生史学思想形成并与云南回族人民和各族人民结下深情厚谊的8年。"

白寿彝在《云南教胞在历史上的贡献》一文中写道："我在北平的时候，接触云南底教胞很少。偶尔碰到一两个同教，老是听他说，云南的回教人如何得好……心里总有点不大相信。一直到二十七年（1938）夏天，我在桂林教书，每晚上围着我谈话的，差不多都是云南籍的回教学生，因而我对于云南教胞慢慢地有了好印象。二十八年（1939 年）春，我在事前真想不到，竟然到云南来了。”

这一时期，白寿彝还经常与相识于 1937 年西北考察路上的白孟愚（白亮诚）交往。白亮诚常给白寿彝一些回族史料，在生活上也很关心白寿彝。蒜村与黑龙潭相距不远，黑龙潭就是北平研究院史学研究所南迁昆明的所在地，所长徐旭生及研究员张维华、苏秉琦、韩儒林等，也常与白寿彝往来，他有时也到那里看书和翻阅资料，此时的昆明仍是空袭不断，日本飞机时常向这里投下炸弹，杀伤无辜。

白寿彝在云南大学任课之余，收集并研究了云南回民起义领袖杜文秀的资料，并写成《咸同滇变见闻录》一书。在重庆商务印书馆出版时，他在“付印题记”中记述了当时的战争动乱情景：“本书的稿本迭经患难，辗转流徙于水深火热之中。我冒着生命的危险，抱紧怀中的手稿、考证资料，不惧敌人的空袭，爱护之胜于自己的生命。今当付印，予犹不胜其惴惴。”

后来在写《回教先正事略》时，他在云南天天躲避日机空袭的警报，晚上住在沿途小礼拜寺内，利用这个条件搜集一些资料。今天想想，实属不易。

1939 年秋天，中国回民救国协会云南省分会成立，白寿彝被选为理事。这个回教救国协会，1938 年 8 月 28 日在汉口成立，白崇禧为理事长，时子周、唐柯三为副理事长，达浦生、马步芳、马鸿逵等 8 人为监事。该会提出建立全国回民抗日统一战线。云南经与唐柯三联系，全省有 50 余县于 1939 年 1 月，选出回民代表齐集昆明，宣布成立“中国回教救国协会云南省分会”。协会发表宣言：“我中国回胞自国难发生以来，站在全中国革命战争的立场上，做了许多救亡工作，无论敌人对回胞怎样地利诱威胁、怎样地侮辱惨杀，而回民总是纯洁无私，效忠祖国毫无二致，尤其是从军杀敌之回教将士，其忠勇牺牲，证之于前线各战役所表现的，已累见不鲜。”宣言最后号召全省回民在救亡图存保卫国家的光荣战争中，要遵循伊斯兰经典圣训之指示，来尽我们应尽的使命，那才算是一个忠实的穆斯林。

白崇禧，回族人，1893 年生于广西临桂，是民国时期著名的军事战略家，国民党新桂系军政首脑人物之一，中华民国国民革命军一级上将。

白崇禧关心回族的发展。抗战期间，他因声望被推为中国回教救国协会理事长，发表演说、撰写文章，鼓励回族人民积极参与抗日救国运动，提出了许多提高回族社会地位和文化教育素质的主张。

为了团结全国回民、伊斯兰教民，一致抗日救国，白寿彝参加了这一由白崇禧领导的中国回教救国协会。抗日战争胜利后，白寿彝再次被选为理事，但此时的白寿彝却退回了“当选书”。白寿彝在书信中表明：“回教救国协会，救国已成，抗日之任务已毕。回教救国协会现已更名为‘回教协会’，我白寿彝不再担任全国回教协会理事了。特此声明。”白寿彝不愿意再参加这个协会的原因是，他不愿意看到即将爆发的内战，不愿意看到中国人相互残杀，他希望看到抗战胜利之后是和平，所以不愿意再参加不反“内战”的协会，而白崇禧作为国民党高级将领，他直接参加了这场内战。由此可见，白寿彝在大是大非面前的态度，非常清晰。

在云南这一时期的白寿彝，除了奔波忙碌于教书和社会活动之外，还十分关心回族青少年的教育工作。为此他编写了一套与普通中学教材配合使用的《穆民文选》，其中选录了体裁多样、内容与回族相关的优秀文言文和白话文作品，共集成6册，当时已出版2册。由于文选内容由浅入深、由简入繁、书经并重、贴近回民，所以在大西南很受欢迎。白寿彝也曾用《穆民文选》做教材，亲授昆明青年学生。可惜的是《穆民文选》现已难寻。我们今天从云南巍山的马云从所珍藏的第一册中的内容，仍可以了解到白寿彝当年编辑这套教材的用心。他在《穆民文选略例》“卷首”中写道：“书所选，或为穆民的作品，或为关于穆民的论述，期能对读者有以涵养其德行，促进其宗教认识，发扬其宗教情绪，并提高其对国家社会之抱负。”

研究云南地方史和回族史的学者马颖生说：

> 1940年，白先生又应昆明明德中学之邀，义务授课，讲授古代汉语。授课时回不了家，就住在昆明市南昌街七

号白亮诚宅。那时南昌街和毗邻的庆云街住有不少清末从迤西逃难来的回民，建有迤西公清真寺，逢周五聚礼日，白先生就在迤西公或相邻的清真寺礼拜，接触了不少迤西和昆明回民，了解到不少杜文秀起义和昆明回族历史情况。

1940年，应中国回教救国协会云南省分会马伯安理事长之聘，白先生莅任“回协”云南省分会常务干事。主要负责《清真铎报》撰稿、编辑和明德中学教育工作。《清真铎报》创刊于1929年，出了16期，后因人事变动，于1931年停刊。一直到1940年，原《清真铎报》同人自海外或外地归来，同时学校南迁，集中于昆明的大专院校的回族学者、同学积极撰稿，《清真铎报》得以复刊。

1940年6月1日，白寿彝主持出版了《清真铎报》的“新一号”。复刊后的《清真铎报》得到全国穆斯林的支持和深爱，发行量剧增，后又发行了周刊，成为1949年之前中国伊斯兰刊物的代表作。

《清真铎报》由白寿彝的老朋友白亮诚等，创办于1929年。“铎报”希望以木铎之声，唤醒穆民，导善止恶以正人心。其宗旨为通过铎报宣传，使回汉同胞精诚团结，争取国家民族的独立。铎报由马会元、马之驹担任主编，纳忠负责常务主编。内容有伊斯兰教义、教育改革、翻译、杂俎、轶事、通讯、新闻报道、国际知识。刊行16期后由纳训接办，到1934年出刊30期后停办。1940年复刊，先后由马坚、纳忠、白寿彝、沙德珍、纳钟明、纳训等担任主编。复刊后刊出42期，至1948年每期发行量达2000余份，内容丰富。除以16开本外，另赠印对开贴报，寄赠全国清真寺张贴，铎报在国内回民中影响很大。

《清真铎报》1941年第五号，刊出署名仲三的一篇文章，这是一篇非常重要的研究白寿彝的文章，为《白寿彝“滇”沛流离》。文中写道：“本省协分会（注：云南省回教协会）常务干事、国立云南大学教授白寿彝自携眷到滇后，即遇敌机轰炸昆明，备受影响。白（寿彝）以日日跑警报，生活不安，工作常受阻碍，乃于本年初携眷迁至杨林。他每周搭驭公路车西行百里至昆明云大授课两日，又折返杨林。次日又乘车行二十里，至明德中学部义务授课两日。七日两头跑，三处住，日日在车声辘辘中疲于奔命。白（寿彝）在昆明寄宿白孟愚（白亮诚）家。三月二十六日，白孟愚宅院被炸毁，白（寿彝）行李书籍，多受损失。本年夏中，白（寿彝）拟借暑假游历滇中各地，乃将家眷迁至昆明附近的马街村。不到一周，敌机又于八月十四日轰炸马街，正中白（寿彝）屋，行李书籍又成灰烬，白（寿彝）又狼狈迁返杨林。一年三迁，两被炸，白（寿彝）饱受‘滇’沛流离之生活，仍笑容可掬，不改常态。”

的确，白寿彝那时经常遇到敌机轰炸，跑警报也是常事。他跑警报时常常是左手抱着孩子，右手提着一个柳条箱。时间长了引起了人们的注意，认为柳条箱里放的一定是白寿彝家中的细软银两或古玩字画之类的珍贵物件。白寿彝将柳条箱提来提去，不免磕磕碰碰，终于在一次跑到防空洞入口处时，柳条箱散开了，当大家看到箱内装的竟是手稿、资料等时，都目瞪口呆了。这些手稿、资料等，是白寿彝艰辛收集到的史料，要比细软银两或古玩字画更为贵重。他当时如不珍惜，谨慎保护，很可能被敌机的炮弹炸成灰烬。

抗战进入关键阶段，作为滇越铁路、滇缅公路、“驼峰”航线和中印公路枢纽的昆明，是中国与反法西斯盟国联系、获取援华物资的主要门户，因而遭受日机轰炸也最惨烈。据统计，仅 1941 年 1 月至 12 月，日本飞机从越南、海南等处，出动轰炸机、驱逐机 542 架次，轰炸昆明和城郊 33 次，炸死昆明百姓 761 人，炸伤 869 人，炸毁房屋 16193 间。

尽管抗战时期昆明的条件艰苦，但是白寿彝却说抗日前线的将士们更为艰苦，他们将自己的血肉之躯，奉献给了祖国，应向他们致以最崇高的敬礼。

自 1939 年至 1942 年，白寿彝在昆明 3 年左右的时间里，白亮诚曾先后两次回昆明见老朋友。白亮诚在西双版纳，忙于实业事务，他第二次回昆明时，把他多年搜集的回教和回族史料送给白寿彝，他说这些史料留给白寿彝要比放在自己身边用处更大。当白寿彝与他谈及筹备伊斯兰文化学会时，他表示支持，并表示不要在学会中给他什么名义或位置，因为他没有更多的时间参加，也就不图虚名。然而他却主动给学会捐款，这便成了伊斯兰文化学会收到的第一笔捐助，后来又给学会捐助过两次，这对学会开展工作提供了极大的帮助。

白寿彝也曾两次到过白亮诚的老家云南蒙自县沙甸村。一次是1940年，在马元卿的陪同下前往，那是因为白亮诚多次来信，希望白寿彝去他老家看看。白寿彝在那里看到了白亮诚搜集的一些有关回族史的资料，参观了白亮诚创办的鱼峰小学和制糖作坊，共逗留四五天。另一次是1944年暑期，白亮诚从云南思茅回到昆明后，特邀白寿彝前去，当时马坚等陪同，白寿彝参观了白亮诚办的回族养正学校，并给师生们讲了话，希望学生们努力学习。白亮诚、马坚同白寿彝商定，把养正学校的高级班迁往昆明。学校高级班设在昆明后，白寿彝也曾任过文史课教师。白寿彝在沙甸还参观了白亮诚的藏书，并带走了一些有关伊斯兰教史和回族史的资料。白寿彝在那里还参观了礼拜寺，凭吊了哈德成墓，并在当地回族墓地抄录了碑记等，此行约两周之久。白亮诚为白寿彝在云南期间研究回教史提供了重要资料，并提供了研究经费，还在生活方面给予了白寿彝一家极大的帮助。

在那些食不饱肚的日子里，白亮诚听马坚说白寿彝收入很少，家里没钱买粮，他马上就派人专程给白寿彝送来了大米。白寿彝在1984年所写的《忆马子实》一文中说：“在一个秋天，我因家中存粮不多，家人们正在发愁，突然铃声响了，一辆马车载着十几麻包的大米来了，说是白亮诚先生送来的。”白亮诚不止一次让他儿子白珍给白家送“救生粮”。在当年，白亮诚只想热诚帮助一位对回族史苦苦钻研，又实实在在做学问的清贫回族学者。他深知研究回族史之苦、之难，深知研究好回族史，对本民族之重要。当时，白寿彝深叹：“知我者，孟愚也，难得知己。”

马坚，字子实，1906年生于云南蒙自沙甸，1928年在他的同乡富商白亮诚的资助下，到宁夏固原虎嵩山大阿訇处深造，后还曾在白亮诚捐资兴办的养正学校任教。

1939年，30岁的白寿彝，在桂林与刚刚从埃及爱资哈尔大学和欧鲁米阿拉伯文学院留学8年归来的33岁的马坚等人，发起并组织了“中国回教文化学会”，后更名为“伊斯兰文化学会”，两人亦因此结下了深厚友谊。1949年开国大典前夕，白寿彝和马坚一起代表少数民族向毛泽东、朱德献锦旗。后来，马坚任北京大学东语系教授，并多次为毛泽东、刘少奇、周恩来担任翻译。马坚翻译的《古兰经》的序言，就是由白寿彝撰写的，该书1981年由中国社会科学出版社出版。白寿彝在序中说：

> 现在我们印行的这部《古兰经》汉译本的译者马坚教授，字子实，云南个旧沙甸村人。他在30年代初就学于埃及的爱资哈尔大学和阿拉伯语文学院（DarUlum），曾以阿拉伯文著《中国回教概况》，并将《论语》译为阿拉伯文，都在埃及出版。在埃及留学8年后，于1939年回国。1946年起，任北京大学东方语言文学系教授。1949年当选为中国人民政治协商会议全国委员会委员，后来历任第一至第五届全国人民代表大会代表，又曾任中国伊斯兰教协会常务委员、中国亚非学会理事。1978年去世，年72岁。译著有《回教哲学》《回教真相》《伊斯兰哲学史》《伊斯兰教育史》《认主学大纲》《教典诠释》《回教与基督教》《穆罕默德的宝剑》《回历纲要》《阿拉伯简史》《阿拉伯通史》等，还主持编写了《阿汉词典》，都已出版；未出版的，还有《悬诗》（可惜这部手稿在十年动乱中遗失了）以及《阿拉伯文学概况》。此外，他还发表过一些文章，有待汇集。
>
> 子实对《古兰经》的翻译，有文言文本和白话文本。文言文本，就是最初在《回教学会月刊》发表过三卷的那个本子，子实是在回国后开始参加的。这个本子的主要负责人是哈德成阿訇和伍特公先生，还有沙善余先生。德成阿訇，名国桢，原籍陕西南郑。十几岁的时候跟着父亲到了上海，后来就长期在上海安了家，并担任上海浙江路清真寺教长。1925年，他跟特公先生、善余先生等创办中国

回教学会。1928 年，创办伊斯兰师范学校。子实是这个学校的学生，并被学校选派到埃及留学。德成阿訇通阿拉伯文、波斯文、乌尔都文和英文，在国内外伊斯兰教中有很高的声誉。1943 年，他在沙甸去世，年 56 岁。特公先生、善余先生都当过路透社记者。后来特公先生任上海《申报》总主笔，是个博学的通才，而爱国心很强的人。解放后，他任上海市民族事务委员会副主任。50 年代初，他到北京来开会，我问到他《古兰经》译本的情形。他说，已经译完，还不很满意。我知道，这个译本是有详细注解的，曾印出过第一卷，作为样本向大家征求意见。现在特公先生、善余先生均已去世，不知这个译本的下落如何。

现在出版的这个白话文译本，是子实以 10 年的努力，基本上在 1945 年完成的。后来又几经修改，1978 年作最后一次润色，一直坚持到逝世的前一天。他是在没有放下笔杆的情况下去世的。1949 年曾出版了前八卷，当时是加有注释的。由于全部《古兰经》的注释工作没有完成，为使体例一致，现在的这个本子不加注释。这个本子前面的《译者序》也是 1949 年写的，不可能详细地写出这个译本的翻译总过程。与此同时，他还写了《古兰简介》，本书节录了一部分。

子实在序文里说到他在翻译的时候“力求忠实、明白、流利”。我相信他的这句话。在“忠实、明白、流利”三者并举的要求下，我相信，这个译本是超过以前所有的译本的。子实曾多次跟我谈过翻译中遣词造句的问题，谈过翻译中有些地方所以不同于别人的原因，谈过他是经过怎样的选择而决定下来的。对每次这样的谈话，我总是为他那种周密细致的精神所感动。

这个本子的出版，将是中国伊斯兰教史上、中国伊斯兰研究工作上、中国翻译工作上的一件大事。趁本书出版的机会，我还表示希望子实的其他译著都可以出版，希望王静斋阿訇、杨仲明阿訇的译本有再版的机会，伍特公先生等的译本有全部问世的机会；我还希望关于《古兰经》的研究工作能在我国有所展开。

马坚翻译这本《古兰经》时，正值他与白寿彝均在抗日战争时期的云南昆明，其翻译之艰辛，与白寿彝的“滇”沛流离完全一样，正是这个原因，我们才能体会到白寿彝为马坚译著写序时的心情。

1939年初，白寿彝到达昆明，他就发现了发生在半个世纪前的清朝咸丰、同治年间的云南回民起义非常重要，为此开始调研收集这次回民起义和起义领袖杜文秀的资料等。除了自己收集资料外，他还发动广大群众来收集。为了收集史料，白寿彝刊登了相关启事：

征求咸丰、同治年间滇乱史料

咸丰、同治年间之滇乱与我回教之关系极为重大，但关于此事之记载向为官书所包办，遂使我死难之教胞沉冤莫白。今寿彝拟广事访求民间史料，先成《咸同滇乱史料》一书，继当视其力之所及，勉成专著。惟一人之见闻有限，势须赖众力之助成。务恳各地教亲多多赐教，无论当时之文献，后人之追录，或系告谕，或系书信，或系记事，或系照片，或系歌曲小说，长者数万言，短者六七字，均所欢迎，将来全书出版时，当于书内敬列尊名，并奉本书一册，藉答雅意，此启。

白寿彝谨启

收件处：昆明南昌街七号

征求云南回教文献

云南回教人文甲于全国，但以无专书表扬，遂使潜德之幽光不彰。今拟成《云南回教文徵》一书，内包纪传、规程、谱录、论著、艺文各项。各地教胞如藏有先贤遗墨、遗著、遗像、传状、墓志及教中家谱，与教中各类组织之规程，务恳赐掷原件，或借抄副本，将来出版之时，将于书内敬留芳名，并奉书若干以答雅意，务恳鼎助为幸。

昆明南昌街七号白寿彝谨启

1940年白寿彝就根据以上方式收集到的资料，辑成了《关于咸同滇乱的弹词和小说》。这是一部文献资料，收录了相关的弹词和小说3种:《龙虎斗》(弹词体，手抄本，一律7字句，全文约10000字)、《奇英弭乱记》(小说体，共45回，122页，图像铜版，其他均用石印)和《天南外史》(小说体，又名《杜文秀演义》，共二集)，当时都很受读者的欢迎。

白寿彝在一篇文章中还提到了辑成《咸同滇变传抄史料初集》一事:

> 民国二十八年一月，予既至昆明，留心访问与文秀有关之遗文轶事。是年夏，白亮诚先生自佛海来，尽以历年所得，举以相贻。次年秋，予以沙竹轩阿訇马子实先生之介，复得尽靓马瑞岐先生之遗藏。马虞卿先生、李芳伯先生、沙宝诚先生、周继廉先生、卢振明先生、王之平先生、忽本初先生、纳子嘉先生、万稼轩先生、沙元先生又各以所有惠赠借抄。总计先后所得，大抵皆为民间传抄之本，未经刊布之作。数量虽尚不为多，然皆为研究杜事者之新资料，对于救济方略、方志之偏弊，及提供研究者以较正确之观念，裨益当不在少。予因从而校字成书，排版问世，其亦同道之士所乐闻欤。
>
> 校写，始于民国二十八年冬。时袁守和先生、万稼轩先生给予之鼓励至多。嗣后，陆续校写，并陆续以新获善本易去已写就者，往往一易而再易。夏以课务之牵制，历20个月，始得10万言，名之为《咸同滇变传抄史料初集》。

白寿彝在收集、整理云南回民起义历史资料的过程中，使他越发感到正如他“启事”中所言:“关于此事之记载向为官书所包办，遂使我死难之教胞沉冤莫白。”他对杜文秀的评价是:

> 杜文秀际此非常之时，身当非常之任。祸发后，文秀跋涉山河，叩阍上控，盖已俨然以受害者之代表人自居。此后不10年，丙辰祸作。文秀遂正式为军民之首领，统率回汉夷之群众作抗清运动者达17年。势力之大，且伸入川

黔两省。是时，文秀在西南之地位，一如洪秀全之在东南，同为企图颠覆部族专制之领导人，同为全民革命运动之先觉者。此又谈道光咸同滇变所不可不知者也。

虽然，文秀之事亦难言矣。记文秀事者，莫详于《平定云南方略》。《方略》，钦定之书也。文秀在是书中，不过一叛逆耳，无公平记载之可言也。其次，如《东华录》。《东华录》之与《方略》，资料同出一源，态度亦完全一致者也。再次，如云南各州府之地方志，方志中保存有价值之材料不少，而诬伪之记录亦不为不多。今欲于文秀抗清始末一考其实，方略方志虽不可全废，而所以证实补充之者，势不得不另觅资源也。

白寿彝到达昆明的第二年，1940 年 9 月 10 日的《中央日报》上，刊发了令中国回族人民痛不欲生的消息：国民党行政院颁发明令，“回人应该称为回教徒，不得再称回族”。这真是对中国回族人民生存与尊严的严重挑战！

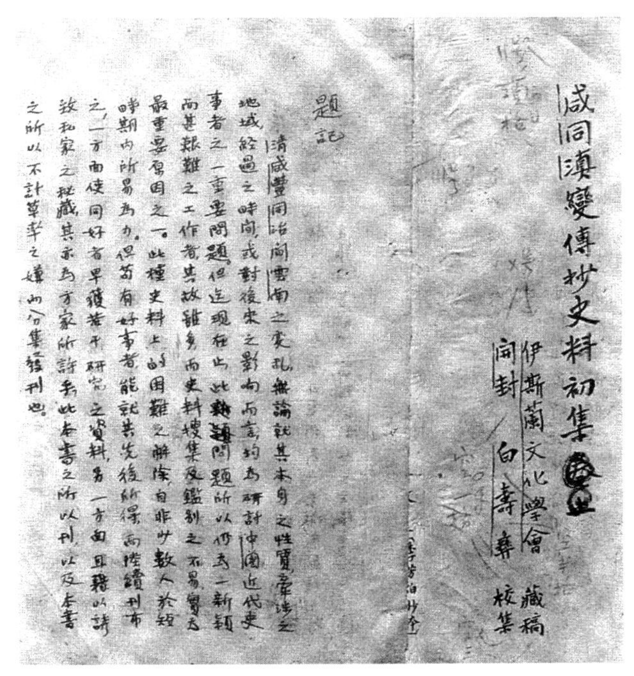

咸同滇變傳抄史料初集

伊斯蘭文化學會 藏稿

白壽彝 校集

題記

清咸豐同治間雲南之變亂，無論就其本身之性質，牽涉之地域，經過之時間，或對後來之影响而言，均為研討中國近代史者之一重要問題。但迄現在止，此類問題所以仍為一新穎而甚艱難之工作者，其故雖多，而史料搜集及鑑别之不易，實為最重要原因之一。此種史料上的困難之解除，自非少數人於短時期内所易為力。但苟有好事者能就其先後所得，而陸續刊布之，一方面使同好者早獲若干研究之資料，另一方面且藉以請致私家之秘藏，其亦為方家所許歟。此本書之所以刊，以及本書之所以不計草率之嫌而分集發刊也。

◎ 1941 年 4 月，白寿彝校集的《咸同滇变传抄史料初集》(题记) 手稿当时云南省省府昆明市的热血回族青年学生穆广文等进行了决死抗议。白寿彝也支持这一抗议，带领昆明各大学的回族师生一起坚决反对国民党行政院颁发的这一“明令”，并代表中国回族救国协会发出电文，表示坚决反对。随后，白寿彝组织撰写文章，证实中国回族生存的历史和现实存在的社会地位，与国民党行政院颁发的“明令”针锋相对，以期唤起回族百姓对国民党“明令”的抗争，并争取中华各族人民的广泛支持。

1942 年，国民党看到白寿彝在回族大众中的影响与威信，又看到他是回族及伊斯兰教史研究的学者、教授，便设圈套拉拢他。他们不仅派人说服白寿彝参加国民党，国民党中央组织部边疆处，还提出要让白寿彝牵头发起组成“伊斯兰国际文化协会”，并参加边疆语文编译委员会且担任职务，白寿彝对此予以了断然拒绝。他这一连串的坚决抗拒，着实激怒了国民党，他们认为白寿彝是在“找死”“不识抬举”“给脸不要脸”。

白寿彝面对威胁、恐吓和谩骂，毅然说道：“我生来就有脸，并不需要什么人再给我脸。不麻烦这些‘好心人’的抬举，自己长着的脚，一定会走好自己的路。我自己不会找死，但也不怕死！”可以说，1942 年在白寿彝一生的政治生涯中，极为重要，这一年是他告别国民党、走向共产党的分水岭；是他没有在 1949 年随国民党政权南下台湾，却北上北平，参加新中国开国大典的关键一步。至于后来在中华人民共和国成立后不久，他即加入中国共产党，便是自然而然的事情。对于回族的态度，中国共产党则采取了与国民党完全相反的做法。

1941 年 7 月，位于陕北延安的民族问题研究所，编写并由延安解放出版社出版了《回回民族问题》一书，书中旗帜鲜明地提出了“回族”的概念。把回回称为民族，这在中国还是第一次。从《回回民族问题》一书，我们可以清晰地看到，中国共产党完全肯定了回族人民生存的权利与尊严。李维汉在所写的《序言》中指出，回回民族……有八百年的历史，有英勇斗争的传统，它在抗战建国运动中，无疑占着重要的地位。

牙含章是该书的作者之一，他就白寿彝的贡献，曾著有《回回民族的杰出史学家》一文，其中写到了白寿彝对回族历史研究的贡献：“当时由于国民党的封锁，我们在延安很难看到国民党统治区出版的论述回族历史的著作与论文。解放以后，我才看到白寿彝同志的《中国回教小史》《元代回教人与回教》等著作与论文，我发现白寿彝同志早在20世纪三四十年代写的关于回族来源的看法，和我们党在延安时的看法是完全一致的，而在材料的占有方面，白寿彝同志的论著要比《回回民族问题》一书更为丰富，更有说服力。这是白寿彝同志在回族来源问题方面的一大贡献。”

白寿彝在1949年中华人民共和国成立之前，苦心一意地研究中国回族史和伊斯兰教史，维护回族的“生存权与尊严”。牙含章对白寿彝当时在国统区的应对策略作了以下阐述：“当时中国的统治者是国民党，国民党的当权者不承认回回是一个民族，只承认是回教徒。要是有人说回回是一个民族，说不定会招来各种各样的迫害。这就是国民党执行的民族压迫政策。在这种政治条件下，白寿彝同志要研究回族的历史，就不能不考虑它的后果，不能不考虑他的研究成果有没有地方发表。为争取自己的研究成果取得合法地位，白寿彝同志把回族史的研究与回教史的研究结合起来，把回族史称为‘回教史’，把回族称为‘回教人’，这在当时的政治条件下是不得已的，也是比较策略的。现在我们阅读白寿彝同志1943年写的《中国回教小史》，实质上就是《中国回族小史》，但如果当时他把书名写作《中国回族小史》，恐怕《边政公论》杂志不敢发表，也恐怕商务印书馆不敢出版，因为这是和蒋介石唱对台戏，谁也惹不起他的。”“白寿彝同志对回族问题的基本观点，早就和中国共产党是一致的，说他是回族的杰出史学家，是当之无愧的。”

白寿彝这一时期主要围绕着回族史做研究，集中在以下几个方面：一是回族的来源问题；二是回族的形成问题；三是回族与回教（伊斯兰教）的关系问题；四是回族史的编写问题。其目的都是捍卫中国回族人民的生存与尊严。为此，1942年冬，白寿彝还作了《伊斯兰在中国之发展》的演讲。

1942 年 12 月，白寿彝在六七年文献研究与专题研究的基础上，计划写一部中国回教史。因为他此时为躲避日机轰炸，避居在嵩明县杨林镇，有一些空余时间。他打算写 6 章，大约 10 万字。早在 1940 年底，他已成书 3 章，因战乱时期的居乡缺书、史料缺乏，以致关于明清时期的书籍内容无法落笔；又因辗转迁徙，已写成的 3 章又遗失了 2 章，只存 1 章，名曰“元代回教人与回教”。从仅存的一章来看，白寿彝是试图写一部内容翔实的中国伊斯兰史，以中西交通、政治和文化为叙述重点，可惜这一愿望，终因条件限制在当时未能实现。

1943 年，白寿彝终于实现了这一愿望，将《中国回教小史》写成并发表于《边政公论》上。1944 年他又做了一些修改，交给重庆商务印书馆出版。虽为“小史”，但却是中国回族的一部通史概论，它从隋唐讲到“最近三十二年（民国)”，即 1943 年。

白寿彝历时四年，在战乱中完成的《中国回教小史》，包括九章，其中的主要内容是：

第一，中国大食间的交通。从回教传入追溯到中国和阿拉伯交通的历史，详述唐时和阿拉伯的交通。

第二，大食商人的东来。据《岭外代答》和《萍洲可谈》等资料，叙述大食商人东来的情况，并根据新旧《唐书》和《宋史》“大食传”，再谈来中国的大食贡使。

第三，大食法之记载。以杜环《经行记》为据，叙述中国典籍中关于伊斯兰教的最早记载，认为“就唐宋两代关于回教教义的汉文记录来看，《经行记》是最早的，也是最好的”。《诸蕃志》中虽也有记载，“说得不如《经行记》详细，又不如它的正确”。

第四，礼堂和公共墓地的创建。叙述长安大学习巷礼拜寺和广州怀圣寺，以及泉州和扬州的礼拜寺；公共墓地的创建则始在广州和泉州。说“唐宋时在中国的回教人，差不多可以说，都是外国人。但自从他们在中国建寺，建公共墓地后，他们和中国的关系一天一天地密切起来，回教和中国的关系也一天一天地密切起来了”。

第五，回族之始盛。叙述元代回族的情况，说明元代回族的兴盛，为中国回族史的第一个重要时期。

第六，歧视与危害之发生。叙述回教在明清时受到的歧视，以及清代的回教人反清之役。

第七，寺院教育的提倡。叙述胡登洲创办经堂教育以及经堂教育读本。

第八，汉文译述的发表。叙述汉文译述的发表，始于明末。真正能自成体系，立论正确的译述，从王岱舆开始。指出金陵和云南为汉文译述的主要发表地，各有特点。

第九，叙述民国成立以来的新情况。他讲“回教在往新生的路上走”，但“阻碍回教前进的事情也还多得很。究竟中国回教是否能走上新生的路子，这一方面要有回教人本身努力的程度，另一方面也是要看他们所具备之客观条件”。

本书通俗易懂，深入浅出，选材精练，每章后附注参考资料举要，既便于初学者，又为学者学术研究提供了参考。

《中国回教小史》是白寿彝研究中国回族史和伊斯兰教史的综合成果，又为公开出版的此类著作的第一本。它虽然字数不多，却是一本具有开拓性的著作。

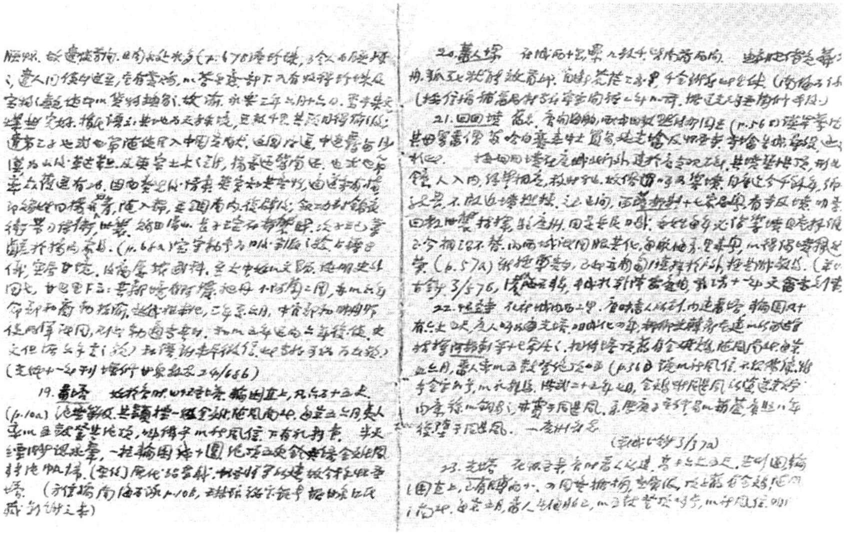

◎白寿彝《中国回教史资料》抄本手迹

白寿彝在《中国回教小史》题记中写道："中国回教史的研究，是一门很艰苦的学问。研究这门学问的人，须具备几种语言上的工具，须理解回教教义和教法，须熟悉中国史料以及阿拉伯文、波斯文、土耳其文中的有关记载，须明了欧美学者在这方面已有的成绩，更须足迹遍全国，见到过各处的回教社会，见到过各处的碑刻和私家记载；他不只要有这些言语文字上的资料，他更要懂得回教的精神，懂得中国回教人的心。"

白寿彝在书中说："一直到现在，我们见不到一本可看的中国回教史，这实不可怪。这本不是短时期所能产生出来的。""现在我这一个小册子，更谈不上是什么著述。只是介绍中国回教史之一点粗浅的概念而已。在这个册子里，有几处是和别人的注意点很不一样的，也因为限于篇幅，不能详加解说。我希望，以后有机会能写一本比较详细的东西出来，请大家指正。并希望同道的朋友，以后在这门学问上，能够各出所长、彼此合作，写出一部比一部好的东西来。"

可以说，动笔于1940年、完成于1943年的《中国回教小史》，是白寿彝希望写出多卷本、完成于他去世之后的《中国回回民族史》梦想实现的真正起点。这个真正的回族史通史著作的起点，绵延到他的生命终点2000年，其梦长达60年。

正是这个原因，才使得他在1944年重庆商务印书馆出版《中国回教小史》之后，又于1945年9月出版了《咸同滇变见闻录》一书，该书共分上下两册，是第一部关于清咸丰、同治年间云南回民起义及起义领袖杜文秀的专题资料。这是我国第一部回族专题史料，标志回族史料学的诞生。

白寿彝在1943年1月29日和10月21日，还分别就未来出版的《咸同滇变见闻录》一书，写了"自序"和"付印题记"。他在"自序"中说：

> 清自中叶以后，吏治败坏，民变四起。滇僻处西南隅，距京师远，且回汉夷之所杂居。地方官吏遇有纠纷，不挟私抑扬，即敷衍因循。祸机之伏，已非一日。积之既久，一爆发于道光年间，再爆发于咸丰丙辰。道光之乱，

幸有林则徐，得以勉强解决于一时。丙辰之祸，大吏甘为戎首，遂致一发而不可收。干戈扰攘，亘十八九年。人民死亡，达数百万众。今事定70年，滇西之元气犹未全复。此治中国近代史所不可不知者也。

民国三十年五月，寄沪付印，为书局延搁者经年。后，首篇方排，而太平洋战衅已启，书既不能续印，稿亦留沪不得出。民国三十年六七月间，予又集中精力校写10万言，为二集，置箱箧中，亦且年半。今集合旧稿，改为本编，距开始校写，已3年余矣。今本所收，有原编两集所无者，亦有今无而原有者。此全为迁就手头现有稿本而然，无深意也。至于改易原名，则以今名更具体，更为多人注意之故。且在内容之范围上，今名毋予更为宽泛也。

本书稿原名为《杜文秀研究资料》，经国民党图书杂志审查委员会审查，禁止发行，后改用今名《咸同滇变见闻录》，才得通过。可见国民党领导的中华民国图书审查委员会，既怕杜文秀回民起义，又在审查时，只观其表面的文字不涉及杜文秀回民起义之事，而不真正审查其中的内容。如同1938年出版的斯诺所著《红星照耀中国》一样，只因书名改为《西行漫记》而得以正式出版。由此可见国民党政府的无能及愚蠢。

《西行漫记》后附“校集略例”和“付印题记”，解释出版该书之艰难：“予旧辑《杜文秀研究资料》，嗣改名《咸同滇变见闻录》，共四卷。”“本书稿本迭经患难。予于辗转流徙水火空袭之际，爱护每先。今当付印，予犹不胜其惴惴。盖此均人间罕觏之本，将因予而传，或亦将因予而灭。今兹之付印，其可以幸观厥成乎？”

云南大学历史系教授吴乾就，在其《〈咸同滇变见闻录〉在史料上的新贡献》一文中说：“在我们抗战艰苦期间，一切研究的条件都欠缺不全的环境下，白寿彝先生居然能忙里偷闲，花数年的心力，搜罗到这么多珍贵难得的史料，印成厚厚两册，我们真不胜空谷足音之感！”“这些都是第一手的史料，最值得我们珍惜的”，“我们光从这等大处着眼，仅仅这一篇杜文秀军政管理条例已供给我们这样难得可贵的资料了”，“我们研究咸同滇变的人，对校集的白先生在此又不能不表示衷心的感谢”，“侥幸我们得到《咸同滇变见闻录》所提供的新史料，我们遂得更正当日颇为流行的揣测，对事实的真相有正确的认识”。

白寿彝在云南收集、研究回民起义杜文秀的文献资料时，就已对杜文秀的历史作用等作出了自己的分析：“清自中叶以后，吏治败坏，民变四起”，“杜文秀际此非常之时，身当非常之任”，“文秀遂正式为军民之首领，统率回汉夷之群众作抗清运动者达 17 年。势力之大，且伸入川黔两省。是时，文秀在云南之地位，一如洪秀全之在东南，同为企图颠覆部族专制之领导人，同为全民革命运动之先觉者”。此基于史实的准确判断，纠正了郭沫若、范文澜认为杜文秀勾结英国侵略者出卖云南的错误结论。

1945 年，《咸同滇变见闻录》的出版，引起了媒体的关注，相关媒体对该书曲折的出版过程作了客观的报道：

> 云南大学教授白寿彝自二十八年来滇后，即着手搜集咸丰、同治年间回教受害之史料。经各方教亲合作，收获甚富。现白氏校集之《咸同滇变见闻录》一书，已在重庆商务印书馆出版。共收史料五十篇，俱未刊布之作。全书四百余页，约二十四五万字，分订上下两册，用重庆熟料纸印刷，印工尚佳。
>
> 闻是书初稿，曾由国立北平图书馆编入《西南文献丛书》，交上海开明书店出版。方排数页，而太平洋战事起，书不能印，稿亦留沪不得出。嗣白氏重新校写，成第二次稿本，送交中央图书杂志审查委员会审查。经该会压置半年后，以是书有妨抗建，不准出版。后以该会主持人更换，再度送审，始得以“免审”通过。自积集至出书，经时六年，迭遭波折，可谓艰难矣。欲购本书者，可向金碧路礼拜寺张文山阿红（訇）接洽。

此书不少史料是回民自己的记述，比较真实，打破了官书的评价体系，让人耳目一新，购买者踊跃，不久即告罄。正如白寿彝在中华人民共和国成立之后出版的《回民起义》一书题记中所说：“在需要这书最多的地方昆明，也是很难买到这本书的。”

《咸同滇变见闻录》是杜文秀起义史料的汇编，也是全国第一部分类合理、资料翔实的回族史专题史料。书中所收 50 篇史料，包括杜文秀帅府文件、文书，文书、信札，清方文件、回民禀稿，楹联、民谣等五大类。对回族史料的收集和整理是白寿彝为回族史研究所作的突出贡献之一，其后的 1946 年，白寿彝又出版了《中国伊斯兰史纲要》，主要内容是关于中国与阿拉伯的交通问题和伊斯兰教传入中国之后，在中国发展的几个阶段。这些发展阶段，实际也就是中国回族史发展的几个阶段。

《中国伊斯兰史纲要》是在《中国回教小史》的基础上加工升华而成的。全书采取教材的形式，反映了白寿彝对历史教育的重视和把历史知识交给更多群众的思想。此书有法文译本。书出版后，有几个地方采用为教本。他出于对读者负责的态度，“拟另行汇为《中国伊斯兰史纲要参考资料》一册，以应急需”。该书于两年后正式出版。这本书的编法，他在自序中说：“是以通论性质的居前，各时代的专论居后，史料辑录居最后，对于所收各文，除一律加以号码，以便检寻外，都尽量保持原来的形状，不加割裂。善于利用本书的人，可由此略知各个问题研究的过程，有时并可借以判断各文结论的是非，及《纲要》正文之当否。对于不能立读各篇全文，而只须临时检出一些资料，供临时参考之用者，本书另编有《指引》冠于书前，可依《指引》中所列号码，检寻资料。”他在这里特别强调指出：“学问的道路并没有一条坦易的路可走，尤其是在一门学问新兴的时候，更需要艰苦的努力。”本书收录了中国伊斯兰史相关研究文章 15 篇。《纲要》和《资料》相互补充，比较系统地明晰中国伊斯兰教的发展脉络。二书亦因此成为中国伊斯兰教史的重要代表著作。此书的编撰，反映了白寿彝史学编撰思想的进一步形成和逐渐完善。

新中国 新人生

在 1939 年至 1949 年的 10 年间，一直在国民党统治下的昆明、重庆和南京、上海、苏州等城市工作生活的白寿彝，没有在 1949 年跟随国民党去台湾，而是北上北平，参加了中华人民共和国的筹建工作，并在 10 月 1 日登上天安门城楼，参加了中华人民共和国开国大典。一个对中国共产党了解并不多，从未读过更多马克思、恩格斯、列宁、斯大林、毛泽东著作，从未接受过中国共产党组织任何领导，也从未去过延安实地考察的白寿彝，为什么在两个中国命运的选择上，在个人发展前途的选择上，会有如此明确的判断呢？

白寿彝之所以对国民党投了不信任票，事有起因。1940 年国民党关于回族的“明令”，严重伤害了回族人的情感与尊严，白寿彝支持回族人民捍卫生存权的抗议斗争，并拒绝了国民党希望他加入国民党，邀请他成立机构及担任职务的诱惑。这一时期，白寿彝通过对回族史、伊斯兰教史的研究，形成了一些重要的学术观点，这些观点与正在延安的中国共产党制定的关于回族的政策，是不谋而合的。我们通过研究对比发现，1940 年的国民党，不承认回族作为一个民族共同体存在；而 1941 年的中国共产党，在延安由中共中央西北工作委员会组织，以“民族问题研究会”的名义，编写、出版了《回回民族问题》一书。这本书，以马克思主义民族宗教观为指导，科学论证了“回回”是一个民族，并简述了回族产生和发展的历史。

国民党的“明令”不承认回族，共产党的文件承认回族，两党政策一对比，高下立现。国民党失去了回族人民的心，而共产党得到了回族人民的心。

此时延安的中国共产党并不了解白寿彝，身在国民党统治下的大西南的白寿彝，也不了解在延安的中国共产党关于回族的民族宗教政策。可以说，白寿彝对中国共产党的认识，是基于他对中国回族史以及伊斯兰教史研究的历史事实，而产生的与共产党心有灵犀的朴素感情和共鸣，不存在其他更多的复杂因素。

白寿彝对中国共产党关于回族的观点是这样认识的：

> 在辛亥革命前后，章炳麟是一位资产阶级革命家，同时也是一个大民族主义者。他所著《中夏亡国二百四十年纪念会书》和《讨满洲檄》，比较集中地反映了他的这种思想。当时的革命党人具有类似思想的，颇不乏人。
>
> 孙中山主张民族平等。他在《中华民国临时大总统宣言书》中，明确地指出：“国家之本，在于人民。合汉、满、蒙、回、藏诸地为一国，即合汉、满、蒙、回、藏为一人。是汉民族之统一。”后来他提倡三民主义，民族主义即其中之一。他主张对外要联合以平等待我之民族共同奋斗，对内要国内民族一律平等，但他并没有在思想上真正解决问题，他把蒙古人和满人都看作是历史上的外国人或被汉人同化了的外国人，认为元、清两朝的统治是中国亡了两次国。这些显然还是大民族主义的论点。
>
> 1941 年，李维汉同志主编的《回回民族问题》出版。这是我国运用马克思主义民族理论解决民族问题的第一部专书。书中讲到回族的来源，回族长期被压迫和斗争的历史，分析了回族同伊斯兰教的关系，分析了西北伊斯兰各个教派的经济基础，批判了各种有关回族的谬论。这是一部富有创见的书，也是为适应当时革命斗争需要的书。这书的名称虽叫《回回民族问题》，实际上对开展民族问题的科学研究，包含民族史研究在内，有广泛的指导意义。

> 中国民族问题，从来还没有系统地研究过，“中华民族”或“中国民族”的用语，是从马克思、列宁的著作中译来的，马列这个用语的本来意义是“中华诸民族”或“中国的民族”，但中国封建的买办的法西斯主义者，却从大汉族主义的立场来窃用这个神圣的用语。他们颠倒黑白，歪曲历史事实，无耻地只承认汉族是一个民族，说国内其他民族如满、蒙、回、藏、苗等，都只是所谓“宗支”或“宗族”。这不啻是对国内其他民族任意“侮辱”，并证明了他们毫无科学常识。中国境内究竟有多少民族，他们的起源、历史过程以及现状怎样，法西斯大汉族主义者是完全无知的。他们敢于那样大胆的武断，不仅在企图避免国内民族问题的正确解决，且正是臭名万代的希特勒、荒木贞夫的民族优越论的翻版。这和马列主义的民族问题的科学，自然正相反对，而与孙中山民族主义的基本精神，也是不相容的；其对今后全国和平民主事业，更十分有害。

直接参与1941年延安《回回民族问题》一书研究和创作的牙含章在谈到白寿彝在回族来源问题方面的贡献时说：

> 在抗日战争初期，我在延安曾参加党对回族问题的研究，而我分工研究的是关于回族的来源与历史部分，在这方面，白寿彝同志和我研究的问题有共同性，所走的道路有共同性。
>
> 《回回民族问题》一书，对全国回族人民起了重大影响，白寿彝同志也不例外，解放以后，白寿彝同志写的回族史的论著，就不再用“回教史”与“回教人”，而用了新的提法。如1951年写的《回回民族底新生》《回回民族的形成》……以上的事实一方面说明《回回民族问题》一书完全符合我国回族问题的实际，代表了广大回族人民的心愿；另一方面也说明白寿彝同志对回族问题的基本观点，早就和中国共产党是一致的，说他是回族的杰出史学家，是当之无愧的。

当时由于国民党的封锁，我们在延安很难看到国民党统治区出版的论述回族历史的著作与论文，解放以后，我才看到白寿彝同志的《中国回教小史》《元代回教人与回教》等著作与论文，我发现白寿彝同志早在20世纪三四十年代写的关于回族来源的看法，和我们党在延安时的看法是完全一致的，而在材料的占有方面，白寿彝同志的论著要比《回回民族问题》一书更为丰富，更有说服力。这是白寿彝同志在回族来源问题方面的一大贡献。

我们从在延安时期即从事回族问题研究的牙含章的上述评价中，便可明白了身在国民党统治区的白寿彝，通过实事求是的学术研究，得出了与中国共产党一致的观点，这是白寿彝在人生道路选择上的重要思想基础。其实，在1939年至1949年之间，对国民党、共产党之间与政治有关的斗争，是不怎么关心的，他关心的重点，还是“滇”沛流离中的养家糊口这一现实问题如何解决，以及如何在大学里把学术工作搞好，把书教好。正是这种不太复杂的想法，使他在云南昆明这么多年，只偷偷读过毛泽东的一本关于抗日战争的著作《论持久战》，毛泽东的其他著作、中国共产党的政策文件，以及马恩列斯的著作，他在1949年中华人民共和国成立之前，基本上没读过。但他对毛泽东、对中国共产党抗日战争的主张非常赞成，也因此看到了抗日战争的光明前景。

《论持久战》是白寿彝在云南大学的同事楚图南1940年送给他的。白寿彝1939年到云南大学任教时与楚图南相识。楚图南是云南文山人，比白寿彝年长10岁，其时，白寿彝30岁，楚图南40岁。白寿彝的幸运，就是在30岁时，遇到了将他引向革命道路的又一个人生导师——楚图南。

楚图南1899年生于云南，1919年考入北平高等师范学校，即今天的北京师范大学前身之一。此时正值五四运动时期，他直接接触到了中国共产党的主要创始人李大钊和蔡和森，在李大钊的指导下，办起了《劳动文化》小报，开始接受马克思主义的思想熏陶，成为我国最早接受和传播马克思主义的知识分子之一。

此时，白寿彝根本不知道楚图南是中国共产党员这一政治身份。白寿彝和楚图南终生保持知己这一最高级别的友谊，直到 1994 年楚图南去世，知音相交半个多世纪。

1945 年 8 月 28 日，毛泽东偕周恩来、王若飞等，前往重庆同国民党进行和平谈判，避免国共两党发生内战。毛泽东亲赴重庆，充分显示了中国共产党谋求和平的真诚愿望，受到全国人民的热烈欢迎和社会舆论的高度赞誉。此时正在大西南的白寿彝，从中国共产党谋求和平的真诚愿望中，看到了中国的前途和希望。面对局势的变化，身为学者的白寿彝，加快了自己学术研究与现实生活相联系的步伐。

1946 年 8 月，白寿彝在重庆出版了《中国伊斯兰史纲要》（简称《纲要》），该书 1948 年 3 月又由上海文通书局第二次出版。这部著作在民族、宗教问题上的观点，与国民党政府的观点全然不同。

白寿彝在书的“总论”中，就“中国伊斯兰史是什么”“中国伊斯兰史的重要”“中国伊斯兰史研究的经过”“中国伊斯兰史的分期”四方面问题作了清晰说明。对伊斯兰输入中国的经过、伊斯兰在中国发展的状况、伊斯兰在中国遭遇的困难，以及伊斯兰在中国传播过程中和中国社会互相影响的关系等，都给以说明。

白寿彝在书中强调，现在中国伊斯兰的问题很多，重要的有：宗教行政问题，宗教学术问题，教胞教育问题，教胞生产问题，教胞组织问题，教胞婚姻问题，教胞健康问题和教胞参政问题等。而尤其要注意进行的，一是专门学术组织之健全，二是新式生产机构之确立，三是教育事业之加速地推广和教育水准之计划的提高。我们读中国伊斯兰史的人，要有正视现实的勇气，要努力研究这些问题，要在事实上采取解决的途径，使我们的历史能增加光辉的新页。政治环境的重要，我们还要郑重地注意：中国伊斯兰不能脱离中国而存在，中国伊斯兰的发展也不能不受政治环境的影响。过去，伊斯兰移植中国时，所以要费那样久的时期，伊斯兰在生长中，所以要受到那样的折磨，都是和当时的政治环境有很大关系的。

白寿彝在这本书的“结论”里，道出了他的心里话：“我们如想要伊斯兰早日走上一个新的时代，一方面要在教内各种问题上努力求得解决，另一方面还需要一个安定繁荣的中国和一个民主的政治。”“一个安定繁荣的中国和一个民主的政治”，这正是 1949 年中华人民共和国诞生前夕白寿彝的渴望，也是他没有跟随国民党去台湾，而北上北平，参加了中华人民共和国开国大典的原因。

为促进新时代的到来，白寿彝在编写《中国伊斯兰史纲要》时，就别开生面地采取了教材的形式，反映出他对历史教育的重视，以及把历史知识教给更多群众的思想，这一点也与毛泽东 1942 年《在延安文艺座谈会上的讲话》思想完全一致。

在书的自序中，白寿彝说：

> 我在 10 年前，就想写一部中国伊斯兰史。但准备不到二年，就遇着战争。我像逐水草而居的游牧人一样，携着眷口东西地流浪着，一直没有认真地工作。
>
> 民国三十二年（1943 年）三月，写了一本《中国回教小史》，只是想介绍一点粗浅的概念，不能说一本真正的史书或史论的。现在这本小书，又是打算专给回教高小初中学生阅读或作教材用的，形式和趣味虽都和小史不同，但其需要继续不断地改进。读这本书或教这本书的人，千万不要对本书希望太大，最好要提出些问题来，写信给我，让我能有更多的改正的机会。

1948 年 11 月，与上边所谈的这本书配套的《中国伊斯兰史纲要参考资料》，由上海文通书局收入“穆斯林丛刊”出版。白寿彝在自序中真诚地表达了自己的撰写初衷：

> [民国]三十三年（1944 年）的冬天，我写《中国伊斯兰史纲要》的时候，因为要把它写成一个能作教本用的东西，所以力求简要。对于各个问题研究的经过，各种记述根据的材料，一概没有说。
>
> [民国]三十五年（1946 年）五月，《中国伊斯兰史纲要》要发印了，我倒踌躇起来：像这样的一本东西，简要是简要了，但是不是太简单了，对于读者会不会有什么用

处呢？考虑的结果，是在书后增加了一篇《参考书举要》，希望有兴趣的人可以多找几本书看看。同时，我在《举要》末尾声述："以上论文及书，共十三种，俱系用中国文字书写。除待刊之书及杂志上发表之论文外，购求均不甚难。更有零星论文数篇，有须为初学所知者，拟另行汇为《中国伊斯兰史纲要参考资料》一册，以应急需。"

1948 年 4 月 1 日，白寿彝经过水、陆、空的 19 天旅行，从云南昆明到达了江苏苏州，协助恩师顾颉刚，主持文通书局编印所工作，并将 1946 年复刊《文讯》杂志办好。这年 7 月，文通书局编印所的同事方诗铭，从《文史杂志》社的存稿中，拣出了白寿彝的旧作《从怛逻斯战役说到中国伊斯兰教之最早的华文记录》，并希望修改后，在《史与地》周刊上发表。这篇两万多字的文章，加上白寿彝以前搜集的相关资料，整理完成了《中国伊斯兰史纲要参考资料》一书。

该书共收录 15 篇文章，其中第 11、第 12 篇是随笔，第 15 篇是史料辑录，其余各篇都是论文。本书的编写方法，白寿彝说："是以通论性质的居前，各时代的专论居后，史料辑录居最后。对于所收各文，除一律加以号码，以便检寻外，都尽量保持原来的形状，不加割裂。善于利用本书的人，可由此略知各个问题研究的过程，有时并可借以判断各文结论的是非，及《纲要》正文之当否。对于不能立读各篇全文，而只须临时检出一些资料，供《纲要》临时参考之用者，本书另编有《指引》冠于书前，可依《指引》中所列号码，检寻资料。"

这一时期，白寿彝校点的《天方典礼择要解》也得以出版，并在《月华》杂志上发表了《纯真篇义证》。"义证"是《古兰经》的一个篇名，白寿彝对经文的各种汉文译解加以评论，主张以经译经，以经解经，不要自我揣测，妄评经典。这在当时来说，他应该是撰述最多，观点鲜明，虽身在国民党统治区域，而与共产党心心相印的一位回族学者。此时的他，正当进入四十不惑之年。

1948 年，39 岁的白寿彝，已从重庆迁回南京的中央大学，讲授中国通史课。1949 年 7 月作为南京教育者代表参加了在北平举办的新中国全国教育工作者大会筹备会。与之同时，在范文澜住处参加了新中国新史学会，并担任了常务理事，与史学界进步学者共同迎来了新中国的诞生。

会后，他返回苏州，此时《文讯》月刊已经停刊。这年 9 月 21—30 日，白寿彝再次来到北平，应邀在中南海怀仁堂参加了首届中国人民政治协商会议，作为少数民族组回族知识界的代表，参政议政，与中国共产党的高层领导以及社会各界重要人士一起，为新中国的成立谋划。

大会期间，由吴鸿宾发起，白寿彝和宗教界代表、北京大学东语系马坚作为会议代表，代表回族人民在会上献锦旗。白寿彝执举献给毛泽东主席，马坚执举献给朱德总司令，感谢共产党领导回族人民翻身得解放，开始了新生活。白寿彝为毛泽东在中国人民政治协商会议第一届全体会议上的讲话所鼓舞。过去在抗日战争中，在解放战争时期的国统区，看到毛泽东的文章，就觉得道理深远，而又平易近人。此刻，白寿彝能够亲耳聆听到他的讲话，感触更多，他在思考如何去迎接“将要出现一个文化建设的高潮”，如何实现“中国人被人认为不文明的时代已经过去了，我们将以一个具有高度文化的民族出现于世界”这一宏伟事业。关于新中国的文化，白寿彝在学习毛泽东的《新民主主义论》中，看到这样一段话：“新中国的文化，是新民主主义文化，就是无产阶级领导的人民大众的反帝反封建的文化。新民主主义文化也是民族的、科学的、大众的文化，应该大量吸收外国的进步的文化，作为自己文化食粮的原料，但是‘全盘西化’的观点是错误的。要正确对待中国的传统文化，剔除其封建性的糟粕，吸收其民主性的精华，批判地予以继承，以发展民族新文化。所谓大众的文化，就是民主的文化，它应为全民族 90% 以上的工农劳苦民众服务，并逐渐成为他们的文化。”读到这一段话，白寿彝明白，毛泽东的这一重要论述，将是今后工作的指导方针，作为一名学者，应该在今后的实践中，去认真应用指导具体工作。

一个开天辟地、改变世界格局的历史时刻，终于来到。1949 年

10月1日下午3时，参加全国政协会议的代表，一同登上雄伟壮观的天安门城楼，参加中华人民共和国开国大典。作为代表的白寿彝，身穿人民政府赠送的呢质中山装，见证了这一伟大时刻。那一天，首都30万军民齐集天安门广场，在《义勇军进行曲》这一由聂耳作曲、田汉作词的国歌声中，毛泽东按动电钮，升起了第一面五星红旗，他向全世界庄严宣告了中华人民共和国中央人民政府的成立。接着，朱德总司令检阅陆海空三军，步兵师、炮兵师、战车师、骑兵师，依次整齐地由东向西通过天安门前主席台。空军的飞机在广场上空自东向西飞行接受检阅。整个阅兵式历时3个小时。结束时天色已晚，天安门广场变成红灯的海洋，欢呼着的群众游行，狂欢直至深夜。

在开国大典上穿着的这件呢质中山装，伴随了白寿彝一生。他特别珍爱这件服装，并在1966年发生的“文化大革命”中，在最艰难的时候，再次穿上这套服装，以树立强大的对国家、民族的信心，去战胜困难的冲击。

10月2日，首都各界回民6000余人，在回民学院集会，庆祝中央人民政府成立，刘格平、吴鸿宾、杨静仁、白寿彝、马坚在会上讲话。白寿彝在讲话中说：“我们中国回民从此有了一个新的时代，从现在开始我们要重新写我们的历史。”10月6日，回民学院正式举行开学典礼，白寿彝出席。10月11日下午，首都文教界回民在东四清真寺举行座谈会，人民政协回民代表杨静仁、白寿彝、马坚，回民工作委员会主任马玉槐，各清真寺阿訇，各回民小学校长等参加。杨静仁报告参加政协会议的感想，号召回民参加新中国的各项建设。马玉槐强调回民团结的重要性。白寿彝讲话说：“《回民大众》就要出版了，希望大家来培植它，这是整个回民大众的刊物。”11月27日，白寿彝在东四清真寺讲《穆斯林的学习问题》，号召穆斯林学习共同纲领，建立新世界观、人生观，开始穆斯林历史的新篇章。《回民大众》创刊号于同月出版，载有马坚的《为争取和平而奋斗》、庞士谦的《读〈论人民民主专政〉后》等文章，以及首都回民和外地回民各种活动的报道。《回民大众》第二号于1950

年1月出刊，除载有白寿彝的《穆斯林的学习问题》讲演外，还有马坚的《〈古兰经〉的纂集和流传》、陈克礼的《劳动·生产·建设·富强》等文。11月21日，《人民日报》刊出白寿彝的《全国回回同胞必须坚决打击敌人》一文，在文中，他号召回民保家卫国。

在开国大典之后，全国各少数民族代表团聚集北京，中央设宴招待，并组织代表在北京参观游览。白寿彝积极参加这些活动，珍视来之不易的全国各民族人民大团结的大好形势。活动结束后，白寿彝便马上回到南京，他给家人带回来许多好吃的。他的夫人王慧萍喜笑颜开地说："从咱们结婚到现在，已经快二十年了，还从来没有见到过你如此高兴！"白寿彝说："是呀！我们从地狱中爬出来，见到光明了，见到了太阳，见到了毛泽东主席啦！怎能不高兴呢！"他兴致勃勃地接着说："共产党英明伟大，的确为咱们着想。这些天不单令人感慨，也深受教育。我们要一心追随共产党，写好文章，教好书！"

对一个专心学问、一向爱国的回族学者来说，白寿彝不仅找到了实现自己学术理想的宽阔大道，也找到了把自己的一切和亿万人民血肉联系到一起的人生正途。

中华人民共和国成立了，他"流浪""游牧"的生活彻底结束了，白寿彝由南京到北京师范大学，开始了安居乐业的幸福生活。他多次对子女们讲："没有中国共产党，就没有新中国，也就没有我们全家和全国百姓的好日子。"这绝不是一句空话，这是白寿彝出自内心的一句朴实无华的大实话，这是出自旧社会的一位知识分子苦涩体验后的肺腑之言，也是一位研究中国历史的专家学者，对一个新的时代正在到来的观察与思考。

生活安定的白寿彝，开始真正享受了家庭的天伦之乐，他送最小的儿子去上幼儿园、去上小学，几乎天天早晨去送。每逢下大雨时，他还要撑着雨伞背着儿子去。儿子顽皮地伏在他的肩上，用手摸他脸上的胡须，甚至搔痒他的额下，作为父亲的他，总是微笑着。下大雪时，父亲的大手紧紧握住儿子的小手，怕儿子滑倒。顽皮的小儿子，反而专挑结冰落雪的地方打滑溜，使父亲无可奈何。白寿彝在新中国的首都北京，享受着这温馨的生活。他关心儿子的学习，有什么地方不会的，有什么地方不懂的，再忙他也要进行辅导。他总是讲从小要打好基础，学习基础知识要认真，要从根本上弄清、记牢，便于应用时随心应手。学习基础知识，犹如建立大厦一样，地基是关键。白寿彝的大儿子从北京八中高中毕业后，被保送到哈尔滨军事工程学院学习，是第一期学员，当时陈赓将军任院长。白寿彝的大女儿，后来考上了南京高等步兵学校，二女儿考上了南开大学生物系，三女儿考上了北京师范大学中文系。1962 年，白寿彝的二儿子从北京师大附中高中毕业，考上了哈尔滨军事工程学院。白寿彝的几个孩子学习都特别好，都考上了大学，做父母的当然很高兴。

最让孩子们难忘的是每年过春节，白寿彝带孩子们去逛厂甸，那是老北京人春节必去的地方。那里有北京传统小吃，如一人多高的大糖葫芦、红艳艳的金糕、特殊味道的豆汁、脆脆的焦圈、白白的艾窝窝、黄黄的驴打滚，还有爆肚、炸糕、八宝粥、各种年糕、茶汤，太多了。玩艺儿，如风筝、空竹、各种京戏脸谱，“泥人张”的各种泥人、面人、木质长枪大刀、各种烟花炮竹、风车。穿的，如孩儿的虎头鞋、龙凤枕头、各种唐装小坎肩、头巾、围巾、长袍马褂、旗袍、绣花鞋等，应有尽有，年货齐全。人们挤来挤去，有的说笑，有的嗑着瓜子，有的嚼着大花生，有的边走边啃着烤白薯，有的吃着冰糖葫芦，喜笑颜开，真是新人、新社会、新国家，一派新兴气象。当时，白寿彝住在宣武门和西单中间的石驸马大街，他带孩子们去厂甸，来回坐三轮车，回来时车上装着孩子爱吃爱玩的东西，过春节的年货备齐了，全家和和融融。

有一年初夏，白寿彝买回许多西红柿秧苗，他在房屋前十几米远处开了一块挺大的荒地，把菜秧苗种上，浇了水，后又施了肥料芝麻渣。每天下班回家后，他总是先到小菜园除草、松土、浇水，干得既认真又有兴趣。秧苗一天天长大，盛夏之中，结下的青柿子，又被烈日晒成了又大又红的西红柿。突然有一天，一阵暴风雨袭来，风刮倒了菜蔬，大雨打掉了熟透了的西红柿。白寿彝见到这个情况，马上放下手中正在写着的书稿，戴上草帽从屋里冲了出来，几大步来到他的小菜园，将园中的积水排出，又把棵棵秧苗扶正，培上根土。一切整好后，最后把落地的又大又红的西红柿，用草帽兜了回来。此时的他，早已成了“落汤鸡”。在屋檐门廊下观看的夫人和孩子们，都拍起手来。夫人忙用干毛巾把白寿彝身上的雨水擦干，又换掉他湿透了的衣裤。孩子们把西红柿洗干净后，分给每人一个，自己种的西红柿那真是又甜又鲜。此时，换好了干衣裤的白寿彝，看到孩子们如此高兴，笑得更是开心。

白寿彝的岳母一直与他们生活在一起，由于白寿彝的父母及岳父去世较早，所以，他把对上一代老人们的爱戴，全都集中在对岳母的孝敬上。岳母非常喜欢这个大女婿，她常常说：“亲儿子也难与大女婿比呀！”她说出了一句大实话，因为老人家还养育了两个儿子、一个女儿，共有 4 个子女。在抗日战争时期，日寇飞机投下炸弹伤害中国无辜百姓，白寿彝总是首先背起岳母躲进防空洞，然后再急忙跑出洞外，去接夫人和孩子。后来内战爆发，家里有时断炊，白寿彝用微薄稿酬，给岳母买来她平日爱吃的茶食，反而使夫人常常无奈，因为夫人考虑更多的是，全家如何熬过贫困的日子。中华人民共和国成立后，岳母已是满头白发，白寿彝的工资也多了，家里的日子越来越好。他要让岳母在衣食住行上都满意满足，岳母反而时常责怪女婿为她花钱过多。夫人无奈，只好站在旁边，看看母亲，又去瞧瞧丈夫，无言应答却内心欢喜。

中华人民共和国成立之初，白寿彝工作十分忙碌，傍晚回到家，他的脸上总带着微笑。有时他急忙吃上几口饭，便和夫人、孩子一道去看戏剧、文艺演出或参加各种活动。这一时期，是白寿彝一家人生活最为圆满的日子。

玖 回族的新生

历史研究，如果不能运用科学的理论去分析和观察历史现象，并从中得出规律性的结论，这样的历史研究不可能是深刻的。中国的回族史研究，在20世纪三四十年代基本上还处于一种收集资料和整理资料的阶段，间或进行一些考证和评论。除中国共产党在1941年延安时期发表的《回回民族问题》文章之外，运用科学理论指导研究的还不多。进入20世纪50年代以后，随着社会的发展，中国学者普遍接受了马克思主义的唯物史观，并自觉地运用于回族史的研究，我国的回族史研究进入了一个新的阶段。

第一，新中国成立后对回族史的研究成果。

这一时期，白寿彝撰写的《回回民族底新生》《回回民族的历史和现状》两部著作、《回回民族的形成和初步发展》一文等，都与他原来的著作和文章不同，他开始运用马克思主义的唯物史观，对回族历史作新的描述，并对一系列重要的理论问题进行了论述。比如关于回族的形成和发展、回族内部的阶级分化、回族和伊斯兰教的关系等，白寿彝为此提出了一些非常重要的观点："回族，作为一个民族，具备自己的居住条件、经济条件、共同语言和共同心理。如果离开了这些，回族是无法体现为一个民族的。"又说："在区别回族和伊斯兰教的时候，我们并不忽视回族和伊斯兰教的联系。"但是，"伊斯兰教只是在一定历史条件下回族人社会意识的一种形态，回族并不能从宗教信仰上体现为一个民族”。

在这个新的时代中，白寿彝抓紧研究中国伊斯兰教史，抓紧为回族史研究积累史料和著述上的准备，只有这样，他认为才能对得起这个新的时代。为此，在中华人民共和国成立初期，调往北京师范大学历史系任教的白寿彝，在回族史研究上，集中在两个方面：一是对回族历史的科学性认识；二是对历史文献的科学性认识。这两个方面都具有强烈的时代气息。与之同时，关于民族史的研究，他开始突破回族史研究的范围，进而涉及民族关系史研究中的一些理论问题。他开始明确提出：“我国各民族共同创造了我国的历史，各民族的共同努力，不断地把中国历史推向前进。”

白寿彝认为历史上各民族在社会生产、社会生活中，是互相依存的，历代王朝的形成，离不开少数民族的支持。少数民族的进步，同样是中国整个社会的进步。只有对中国历史发展的全过程有了比较正确的把握时，才能对民族史研究作出适当的、科学的结论。

1951 年 2 月 17 日，白寿彝在《光明日报》发表《回回民族底形成》一文，引发热烈讨论，为此，4 月 7 日的《光明日报》以《关于〈回回民族底形成〉一文的讨论》为题，将参加讨论的各种观点公开发表。

1951 年 9 月，白寿彝参加了中央教育部召开的第一次全国民族教育工作会议。会议要求，为了培养少数民族干部，各地除了在工作中放手使用和大胆提拔少数民族干部外，还要普遍开办各种少数民族干部训练班和民族干部学校。1952 年 8 月，颁布的《中华人民共和国民族区域自治实施纲要》（简称《纲要》），确定了各民族自治区在国家中的地位及关系；明确了各民族自治区的职权是管理本民族内部事务；规定了建立自治区的条件、自治区区域界限的划分、自治区的行政地位、自治区的名称组成等。《纲要》的颁布，对于正确推行民族区域自治起了重要作用，进一步推动了少数民族地区的政权建设。

这一年，白寿彝又发表了《论关于少数民族历史和社会情况的宣传与学习》的文章。在这篇文章中，他论述了少数民族历史和社会情况的宣传与学习的重要性，尤其是对刚刚建立人民政权的共和国来讲，更为重要。由于国民党政权长期统治的结果，国内各少数民族的历史和社会情况，不为广大的汉族人民所了解，也不为各少数民族人民间相互了解。国民党政府不但不设法改善这种状态，反而在各民族间增加隔阂和分化，防止民族间的相互了解。因为只有这样，国民党政府才可以实行他们的大民族主义，才可以分治各个少数民族，才能便于欺骗、便于统治。

白寿彝就此指出："大民族主义、狭隘民族主义和民族虚无主义产生的过程，说明对少数民族历史和社会情况的了解，在增加国内民族的团结上，在使一个民族具有充分的自信，并得以发挥它的积极性上，是具有何等重要的意义。同时，也就说明了对少数民族历史和社会情况的了解，对于粉碎大民族主义、狭隘民族主义和民族虚无主义的残余思想上，又是具有何等重要的意义。"

1951 年 11 月，白寿彝在上海神州国光社，出版了《回回民族底新生》一书，他从历史上说明了新中国回族政治地位的根本变化，并论述了回族史上的一个重要理论问题，即"回回民族是中国境内形成的民族，而不是外来民族"。回族人民应珍重这个新生时代，为巩固和发展中华民族的团结、统一而奋斗。这虽然只是一本小书，但在当时影响很大，涉及面很广，因为这本书代表了回族的心声。白寿彝在书中说："我叫它作《回回民族底新生》，因为这几个字正说明了我们回回人民所置身其中的大时代，说明我们回回人民对这个大时代的喜爱。"

《回回民族底新生》一书包括以下内容：题记、"回回"的名称、回族和伊斯兰教、回族的形成、战斗的民族、兄弟民族的人民友谊、民族内部的社会分化、学术文化上的贡献和回族底新生等，最后一节"回回民族底新生"，是白寿彝写作的重点。他写道："1938 年，毛主席在中国共产党扩大的六届六中全会的报告中，提出'团结中华各民族，一致抗日'的任务。"并为达到此目的，毛主席强调，各少数民族与汉族有平等的权利……同时与汉族建立统一的国家……尊重各少数民族的文化、宗教、习惯，不但不应强迫他们学汉文汉语，而且应赞成他们发展用各族自己语言文字的文化教育……这正是白寿彝进行民族史、回族史以及中国通史学术研究工作的基本指导思想。

书末还列有主要参考书：《蒲寿庚考》《元西域人华化考》《中国伊斯兰史纲要参考资料》《回回民族问题》4 种。前三种“都是考据书。论点是旧的，但收集的材料都不少，可供参考”。《回回民族问题》（1941 年延安出版）“对于回回民族有关的一些重要问题，提出了不少新的正确的看法。书中有些材料和解释，尚有待商酌，但这并不损害它为一本优秀的著作”。最后列出他正在编撰的中国近代史资料《回民起义》，说“将由神州国光社出版”。

如果把白寿彝从 1935 年开始的研究中国回族史和伊斯兰教史分作前后两个阶段的话，那么，《回回民族底新生》一书的出版，标志着白寿彝对回族史的研究开始步入新阶段。此时，白寿彝还在《光明日报》上发表了《爱国主义思想教育和少数民族的结合》的文章。

白寿彝这一时期的另外一部重要著作，便是用马克思主义历史唯物主义编撰的《回民起义》。1951 年 7 月，中国史学会成立，白寿彝被选为第一届理事会常务理事。学会确立了以推动近代史研究为工作的重点，因而立即展开了组织编辑《中国近代史资料丛刊》的工作，以贯彻毛泽东于 1942 年在《改造我们的学习》中提出的重要指示：“对于近百年的中国史，应聚集人才，分工合作地去做，克服无组织状态。应先作经济史、政治史、军事史、文化史几个部门的分析研究，然后有可能作综合研究。”为此成立了总编辑委员会，组成人员有徐特立、范文澜、翦伯赞、陈垣、郑振铎、向达、胡绳、吕振羽、华岗、邵循正、白寿彝，并确定了各个专题和负责各专题编辑工作的学者。

白寿彝负责《回民起义》专题的编纂工作。此书于 1952 年由上海神州国光社出版，共 4 册。前两册是关于云南回民起义的资料，包括道光年间的起义和咸丰同治年间的起义；后两册是关于西北回民的起义。他在该书的题记中，讲述了中华人民共和国成立前、中华人民共和国成立后两个时代，搜集回族史料有着完全不同的感受，过去是受尽阻挠，而如今却是各方大力支持，真是天壤之别。他说："没有中国共产党英明的领导，没有毛泽东主席伟大的民族政策的照耀，中国各少数民族人民翻不了身，像这样的一部书也不可能出版。我还记得，在 1943 年我编的一本关于云南回民起义的小册子，题名作《杜文秀革命史料》，被国民党反动派的图书杂志审查委员会搁置半年后，不准出版，说是'挑拨汉回情感，妨碍抗战'。后来我把这部稿子改编了，又把书名改题作《咸同滇变见闻录》，好容易出版了。出版后书的销售发行也是困难的。在需要这书最多的地方昆明，是很难买到这本书的。像这样的情况，在今天说，已恍如隔世。今天我们的这部书，在编校过程中，随时都在受着各方面同志们的鼓励和督促。大家不是阻难这部书的出版；正相反，是希望早一些出来，希望内容多些，编得好些。作为毛泽东时代的一个回族历史工作者，我真感到说不出的光荣和骄傲。"

显然，在旧中国，根本不具备系统搜集出版回民起义资料的条件，因而中华人民共和国成立伊始，由中国史学会组织、白寿彝编纂的这部史料汇集，确是一项开创性的工作。搜集回民起义史料的工作有特殊的困难，因为，在清代，云南或西北的起义都被镇压，也就不可能有当事人站在起义民众立场做正面的记载。若干原始资料，即使能幸而得以保存，也早已散落在民间，寻找极其不易。20 世纪 40 年代白寿彝在昆明时，即以执着的精神千方百计到处访求，克服种种困难，找到了一些原始史料和抄本。其中还有从马生凤这样的长时期以保存本民族历史文献为职志的回族学者遗存中而得的资料。《回民起义》书中有关清代云南回族人民起义的史料，即以此为基础。中华人民共和国成立后，他又进一步在北京各图书馆、回族学者和宗教人士以及其他历史学家、文献学家帮助下，搜集到更多的资料，并加以系统化整理，使这部书具有了很高的史料价值，其价值在于搜集的文献丰富，种类全。该书共包括四大类：官书（和半官书）、奏议、私人著述、方志和碑刻文字。

对于官方的史料，白寿彝说："有关云南回民起义及镇压云南回民起义的奏谕，是一部按着年月日排列的奏谕汇编。在这些奏谕里，对于回民起义，一般的是颠倒黑白，捏造事实。”如卷四十七所收癸酉年正月二十四岑毓英奏折，所述大理攻破情况，可以说是完全捏造的。“但同时，透过这些奏谕，我们也不是不可以发现真的情况。”又如《平定关陇纪略》，易孔昭、胡孚骏、刘然亮编。虽然他们编此书依据的材料完全是当时的奏章，但它是关于陕甘回民起义比较详细的书。

奏议类选录有：贺长龄《耐庵奏议存稿》、李星沅《李文恭公奏议》、林则徐《云贵奏稿》、陶模《陶勤肃公奏议遗稿》。私人著述类，有相当数量是白寿彝长期寻访收集的，仅第一册中，就选录有3种：李元丙《永昌府保山县汉回互斗及杜文秀实行革命之缘起》，是记载道光二十年（1840）以后的回汉冲突，回民不断地遭受迫害，以致发展到杜文秀联合回汉反抗清廷的重要史料。作者李元丙，云南永平人，他在民国二十七年（1938）作此文时，已71岁。本文是他根据幼年听到目睹当时事变者的汉族长老传述来写的。而此原稿本的发现，则是白寿彝当年在“昆明正义路礼拜寺内的一个旧纸篓里捡得的”。

赵清平的《辩冤解冤录》，是白寿彝在多方寻访所得的3个抄本基础上整理而成，这3个抄本的保存者分别为沙宝诚、白孟愚、马生凤，他用沙宝诚的抄本为底本，以其余两个抄本比勘整理而成。《缅宁回民叩阍稿》，原见于马生凤遗著《云南回教纪录》稿本中。马生凤是云南富民人，清末及民国初年曾任军职。1930年左右，他任昆明振学社副社长，利用云南回教俱进会这一机构，征集咸丰、同治年间云南回民起义的资料，并邀请长老们口述见闻，笔记成篇。这篇《缅宁回民叩阍稿》，见于他所写《云南回教纪录》的附录。1940年，白寿彝在云南因得阿訇沙平安的帮助，获得了马生凤遗藏的一些材料。当时，白寿彝从稿本中录出此篇，加以整理后，以《杜文秀叩阍稿》为题，汇集在《咸同滇变见闻录》里。学者吴乾就曾对此文写了一篇考证文章，指出：此稿内所说，是道光十九年的事，和杜文秀并无关系。因为，道光十九年，杜文秀才是个12岁的孩子，况且杜文秀原籍永昌府保山县，而此一回民被杀害过千的事件，系发生在顺宁府缅宁厅，不可能由外府的一个12岁的小孩，出面跋涉数千里告阍，故他提出这一篇应该称为《缅宁回民叩阍稿》。白寿彝认为这个看法是正确的，故他将这篇史料选入《回民起义》一书时改题了篇名，并详细地将吴乾就考证的理由引在本篇解题之中。

另外的资料还有《永昌回民檄文》《迤西汉回事略》（王崇武抄本）、徐元华《咸同野获编》（王崇武抄本）等，总计达32篇之多。方志和碑刻史料，有《永昌府志》《大理县志》《咸丰十年庚申楚城陷碑记》（佚名）、《重修赵州城碑记》（马仲山）等碑刻文字5种。由此可见，此书收集的资料丰富而珍贵，编者所做工作之精审和见识之卓越。

善于剔别旧记载的偏见和诬枉，保留其中有价值的成分，这是《回民起义》具有重要学术价值的另一重要体现，后人所能见到的清朝统治阵营或旧文人的有关记载，必然站在封建阶级的立场，对回民起义作了许多歪曲和污蔑，但或因夸耀自己的功绩，或因不同利益派别之间互相揭短，中间也总要反映出若干事实的真相。因而，需要编者独具慧眼，善于作区分和鉴别的工作，透过歪曲性的记载，发现其中透露出历史真相的材料，这正是白寿彝运用马克思主义来研究史料所下的功夫。

如书中第四册，选录了《秦陇回务纪略》（8卷），光绪六年（1880）余澍畴著。白寿彝指出："这书底写作目的，差不多是表彰张兆栋反义军的事迹，有时也附带地表彰著者本人的某些才能。这些用处就在于它集中地记述凤翔一隅的情况，以及义军的勇敢和其部之中有不少的汉民成分，都有具体的暴露。"当然也有的记载，原出自汉族官员之手，而较能反映出回民受欺压及忍无可忍起而反抗的事实，较少存有偏见。如张集馨《临潼纪事》（简称《纪事》）一文，系作者于咸丰八年（1858）在甘肃布政使任上，路过陕西时所记，叙述临潼回汉两村因演剧引起纠纷，回民被打致重伤，多次赴县申诉，县令不管，反加扑责，以致引起双方恶斗，互相杀伤多人，事闻省城，竟令首府派兵弹压，陕西巡抚还放出狂言："回民不遵约束，即派兵剿洗。”文末张集馨议论云：“余闻此事，颇嫌孟浪。向来地方官偏袒汉民，凡争讼斗殴，无论曲直，皆抑压回民。汉民复恃众欺凌。不知回性桀骜，亿万同心。日积月长，仇恨滋深，滇南回患至今猖獗，官不能制，转受回民侵欺。履霜坚冰，殆非一日。陕省当事可不顾念前车之覆乎！”“依他主张，应是先将临潼县令严参重治，然后分回汉之曲直而平理之，必可相安无事。”《纪事》总共不足千字，但白寿彝眼光敏锐，发现它具有远远高于一般清朝官员所记的史料价值，故特从1948年10月上海出版的《子曰丛刊》中选出，并整理采用。

《回民起义》全书200万字，是新中国第一部回族专题史料，它标志着回族史料的不断丰富和积累，可推动回族史研究的发展。此书出版后受到近代史和民族史研究者的重视，并被敬赠给毛泽东主席，后珍藏在国史馆。1953年6月再版，2000年上海人民出版社、上海书店出版社，又重新影印出版。

第二，倡议成立“中国回民文化协进会”。

1953年，在中央民族事务委员会的主持下，时任北京师范大学历史系主任的白寿彝，向时任中共中央统战部部长的李维汉、时任中共中央宣传部部长兼政务院文教委员会副主任的习仲勋呈文报告，希望成立“中国回民文化协进会”，以此向我国回族宣传党和国家的民族政策，进行爱国主义和社会主义教育。李维汉、习仲勋审阅后，即上报时任中央人民政务院副总理的邓小平。邓小平批示意见后，上交毛泽东主席圈阅批准成立。由此可见，中华人民共和国成立初期即使百废待兴，毛泽东、邓小平、李维汉、习仲勋等中央领导也对民族工作极为重视。

中国回民文化协进会于1953年5月15日在北京正式成立，这是回族历史上真正有全国意义的第一个回族群众团体，属于半官方性质。刘格平任主任，白寿彝任副主任。刘格平，回族，1904年生于河北省孟村回族自治县，1992年逝世。1926年加入中国共产党，为开展革命工作三次被捕入狱。在山东抗日根据地，回族人口众多。刘格平为争取回族民众共同抗日，发动成立渤海回民支队、鲁南回民救国会等组织。上海解放后，在陈毅的推荐下，刘格平作为山东代表出席新政协会议，后又担任全国回民代表、中央统战部副部长、国家民委党委书记、中央民族学院院长、宁夏回族自治区首任主席等重要职务。

◎ 1984 年 3 月 5 日，中共中央统战部、国家民族事务委员会召开的“民族问题五种丛书”工作会议与会人员合影

中国回民文化协进会成立后，刘格平和白寿彝一道，主要开展了以下工作：进一步加强与其他兄弟民族之间、回族内部教派之间的团结，并积极组织进行调查研究，促进回族的社会主义改造、举办回族历史展览、调解处理政府难以处理的一些回族内部问题、编写回族历史、筹备宁夏回族自治区成立等。协会还创办了 34 期《回协工作通讯》期刊，保存了中华人民共和国成立初期回族各方面的珍贵资料，编辑出版了彩色摄影画册，并在银川市举办了有关回族政治、经济、文化的大型展览，为发展我国回族文化事业做了大量工作。

1957 年上半年，中国回民文化协进会为了酝酿宁夏回族自治区的成立，开始组织撰写《回回民族的历史和现状》一书。白寿彝撰写了其中的古代部分，韩道仁和丁毅民，分别撰写了近代和中华人民共和国成立后部分，最后由白寿彝负责统稿全文。为什么要由白寿彝负责统稿《回回民族的历史和现状》这一直接涉及宁夏回族自治区成立的文件？为什么要他担任直接推动自治区成立的前期机构中国回民文化协进会的副主任？这一切均与白寿彝在研究回族史方面的学术成果有密切的关系。成立回族自治区是新中国重大战略部署。这个在政治上涉及国家安定与发展的重要问题，必须要有科学决策，要有科学决策就要考虑历史和现实两个方面。如果对历史上的回族和伊斯兰文化没有深入研究，那就很难做出科学判断。

1958 年 10 月，宁夏回族自治区成立，历时 5 年有余的中国回民文化协进会完成了它的特殊历史使命，该协会大部分干部，均前往宁夏参加了支援建设。

在宁夏回族自治区成立大会上，白寿彝应邀作为中央代表团成员之一，与中共中央政治局委员、全国人大常委会副委员长林伯渠，全国人大民委副主任谢扶民，国家民委副主任杨静仁一道，参加了这次具有划时代意义的盛会，白寿彝还在大会上致辞。

宁夏回族自治区首任主席刘格平对白寿彝非常了解，他打算把宁夏的几个学院合成一所宁夏大学，并请白寿彝任宁夏大学首任校长。宁夏回族自治区成立大会结束后，在回京的途中，刘格平对白寿彝谈了他对构建宁夏大学的想法，白寿彝表示同意。回京后，白寿彝就任宁夏大学校长之事并未实现，其原因之一是，北京师范大学坚决不同意放人。其二，周恩来总理知道此事后说："还是请白教授继续留在北京为好。这样更能发挥他的作用，利于我们的许多工作。"

1958 年开始进行全国少数民族社会历史调查，在对回族调查的基础上，在白寿彝指导下，编写组在 1959 年 5 月完成了《回族简史简志合编》初稿，60 年代初由中国社会科学院民族所铅印。这一年白寿彝和马寿千合作，撰写了《几种回回家谱中所反映的历史问题》一文，这是利用家谱资料研究回族历史的经典之作。文章指出："必须注意材料中的某些炫耀的成分，轻信是会走入迷途的。"1960 年，《人民日报》发表了白寿彝《关于回族史的几个问题》的文章，这是当时研究回族史的指导性文章。1962年，白寿彝赴巴基斯坦参加历史学会年会，在会上宣读了论文《中国穆斯林的历史传统》，介绍了中国穆斯林的历史和文化，他说:“对中国伊斯兰史的研究，也要像对其他的历史研究一样，应该取其精华，发扬优良的传统，使其有利于对宗教和学术的正当发展。”

经过20世纪60年代后期、70年代前期的停顿之后，白寿彝关于回族史和伊斯兰教史研究，在70年代末，因改革开放时代的到来，才得以恢复。

如果将白寿彝在中华人民共和国成立后的回族史研究划分阶段，应以1979年改革开放作为界限。第一个阶段，从1949年到1979年，共30年。第二个阶段从1979年到2000年白寿彝去世，共20年。在第一个阶段，白寿彝发表的相关文章和出版的书籍，丰富了回族史研究的成果，其代表作有《回回民族底新生》《回民起义》《回回民族的历史和现状》等。其最重要的与回族发展密切相关的工作，则是参与创建了中国回民文化协进会，并以该会为基础，促进了宁夏回族自治区在1958年的成立。在此后一个较长时期，因为白寿彝的学术研究重点放在了国家高教部所交办的工作——中国史学史上，再加上国家陷入了长期的阶级斗争之中，使白寿彝的回族学术研究工作陷入停顿，从1958年到1979年，达20年之久。直到“文化大革命”结束，我国迎来了改革开放，白寿彝关于回族历史的研究工作才得以重启，由此开始历时20年的第二个阶段，他的回族史研究步入了新的境界。

拾 回族史研究进入新境界

1978年12月，党的十一届三中全会的召开，正式拉开了中国改革开放时代的序幕，白寿彝停顿了20年的中国回族史和伊斯兰文化研究，开始步入了新境界。1979年8月，白寿彝参加了在阿尔及利亚召开的第13届伊斯兰思想讨论会，在会上宣读了《中国穆斯林的历史贡献》论文。从1981年起，《中国穆斯林》开始连载白寿彝40年代后期写成的《中国伊斯兰经师传》。这是一部以人物传记为主的中国伊斯兰史，包括宋元明清至民国的著名经师。1982年，白寿彝带领一批人开始编写《回族人物志》。他在《回族人物志》元代册题记中说："本世纪四十年代前期，我写了《回教先正事略》60卷。其中，回族人物约占56卷，有传者175人，有附传者179人。当时因避敌机轰炸，长居乡村，书籍难得，仅就当时能见到的少量书籍，收集材料，可以说是见闻寡陋……差不多40年过去了，我忙于其他方面活动，这个工作也就搁置下来了。近年，因编写多卷本《中国通史》，又勾起了往事的回忆，因而提出了编写回族人物志的计划。"《回族人物志》共4册，第一册元代，于1985年出版；第二册明代，于1988年出版；第三册清代，1992年出版；第四册近代，于1997年出版。这是一部以人物传记连接成的回族史，是回族史研究的开拓性工作。

《回族人物志》第一册元代。元代是回族历史第一个重要阶段。

在元代，回族人才济济，书中所收入的这些人物，基本上反映了元代回族的兴旺局面。正文以外还有附卷三：一是遗文，收高克恭、赡思、伯笃鲁丁、马九皋等13人的作品；二是碑传题跋酬赠，收入诗文70余篇；三是姓名录，除本册收入的有事迹可考者外，仅有姓名、住地、官职者，亦一并录出，可窥知元代回族的全貌。这些资料可帮助正文阅读，并丰富正文的内容。

第二册明代。同样是一本人物传记和人物资料兼备的著作。

第三册清代。收入人物近百人，有传者45人，有附传者约50人，超过元代和明代册，展现了回族在清代各方面的活动，从一个方面说明了回族在发展。附录部分除前二册有的“遗文”和“碑传题跋酬赠”外，还有“回回著述传知见目录”，收录1840年以前回族人写作的汉文著述，依作者、书名、版本排列，使本册的资料内容更为丰富。

第四册近代。附录部分有“遗文”“档案”“碑传”“译文”。全书30多万字，超过以前三册。

《回族人物志》全四册的出版，是我国回族史研究的一项基础工程。对白寿彝来说，他50多年来的夙愿终于完全实现。也正是1985年这年，喜讯从白寿彝老朋友白亮诚的老家云南省传来，白亮诚得到了党和政府的肯定。云南省委领导同志，对白亮诚过去的所作所为，表示十分钦佩，并称赞他是一位了不起的回族人物。当白寿彝得知这一消息后，老泪汪汪。儿子看到他老人家如此激动，马上劝说他不要过分的伤心。他抬起头来，摘下眼镜，一边擦着泪水，一边深情地对儿子说，他并非伤心，而是非常高兴：“没有你亮诚伯伯，这《回族人物志》如今也难出版。当年在云南，他对我的帮助、支持，简直太大了！”

白寿彝自从离开云南，就一直挂念着白亮诚。1947年，白寿彝到苏州后，曾经给白亮诚去过书信，但从此以后就没有得到他的回音。后来，白寿彝从白亮诚的同乡那里听到消息：白亮诚到缅甸去了。中华人民共和国成立后，白寿彝同马坚、夏康农等曾向党中央、全国政协建议，邀请白亮诚回国参政议政，建设祖国。此后，白寿彝受中央的委托，借在国外开展学术交流活动的机会，取道缅甸仰光，准备面授中央的邀请，亲自接白亮诚回国。万万没想到他到达仰光的当天，正遇缅甸政变，局势异常。白寿彝被接往中国大使馆，为了他的安全，紧急安排他回国。白寿彝未能与白亮诚相见，也就无法接他回家，留下的便是他的终身遗憾。1965 年 8 月 6 日，白亮诚于泰国去世，终年 72 岁。在白寿彝的眼中，白亮诚是一位爱国商人、实业家、教育家，又是深爱中华民族和回族的伊斯兰宗教人士。

参加《回族人物志》编纂的杨怀中回忆说："我见到的《回教先正事略》部分原稿，为工整的毛笔楷书，有的人物已写成一篇完整的传记，有的则摘录史书有关原文，篇末均附录资料出处。回族散居全国，回族史是一个创建过程的新学科，前人在这方面做的工作不多，一切要从头草创。要把历史上各方面有影响的人物找出来，排列成书，实在是一件非常艰苦的事情。这要从正史中，从方志中，从私人文集中，从回族口碑中去寻找。这是沙中淘金，是不是回族人物，史书上大都不标明，就要从人物的名字上鉴定，从亲属关系上鉴定，并以回族的传说作参考。找出一个回族人物，要给他写成一篇传文，就得广泛搜集有关资料。稽古钩沉，殊非易事。在北京师范大学工 12 楼宿舍，面对《回教先正事略》墨稿，我无比兴奋，崇敬之情油然而生。这是一个真正的学者，以献身所从事的真正学术，这是一个有心人的作为。"

《回族人物志》，可以说，是一座回族人物的凌烟阁。通过这些人物群像可以看出，回族是一个在祖国大地上形成的民族，中华文明养育了回族。回族又是一个生气勃勃的民族，为中华民族的发展作出过重要的贡献，是一个值得尊敬的民族。因此，这套书为民族间的理解、团结，架起了一座桥梁。《回族人物志》为回族历史的撰写奠定了基础，同时也丰富了中国通史的内容。这一切正是白寿彝编写回族人物传记的初衷。

《回族人物志》参考文献资料来自三个方面，一类是《回教先正事略》所附录的，一类是白寿彝专门介绍的，一类是该书其他作者在一、二类资料之外广泛搜求的。这是白寿彝几十年来所下的功夫，真是功夫不负有心人！

第二类是白寿彝介绍的一些元明文集，其中有回族人物资料。找元人文集就借助陆峻岭编的《元人文集篇目分类索引》，白寿彝在回族史研究上，对于搜集材料，可以说达到了竭泽而渔的程度，他为此所付出的艰辛劳动，的确难以想象。

为了编好《回族人物志》，白寿彝还复印了郑天挺《谈纪传体史书的优良传统》一文，发给编写人员学习。白寿彝多次召集参编人员专谈如何写好人物传记问题，他说："没有资料不行，有了一大堆资料串在一起，这只能说是一份材料，不能算作传记。写传记要把传主放在特定历史环境中，要抓住传主是什么人，掌握他的特点，从主要方面去着笔，文章要提起来，不要沉下去、跌在材料堆中出不来。语言要通俗简练，要一个字一个字抠。"

《回族人物志》68卷，每卷文章初稿都举行了讨论会，由作者当着编写组全员读，白寿彝发表非常具体的指导意见，各位作者根据白寿彝意见再去修改，他最后在修改稿上进行审读。

1984年11月19日上午，在讨论李贽、海瑞传文时，白寿彝说：李贽传文第一段现成话空话多，改成作者的话，"据家谱说"就行了。家谱中有些话可信，有些话不可信。传文中不要写侯外庐、白寿彝怎么说，要考虑人物志要让更多人看，写论文可以用这些人的议论，人物传要开门见山等。

白寿彝在谈如何写好海瑞传时，说："海瑞传比李贽传好一些，政治家好写，思想家难写。写专史可引官书，传记少引，传记议论多力量弱，不能感动人，不如以事实叙述有力量。细节要简练，冤案死人不要写得太细，吴晗、列宁的话可不必引。"

1984年11月22日，在讨论郑和传文时，白寿彝说，"郑和行香碑"说蒲和日是蒲寿晟次子，年头对不上，就说是"蒲氏后裔"。家谱上是"日和"、行香碑写的是"和日"，从文字上说应是"日和"顺一些。七下西洋可否合为一段。郑和航海时，中国走在世界前头，此后中国落后了，西方文艺复兴上去了，距离从此拉开了，明代是一个关键的时代。郑和的商品交换，看《诸蕃志》写货物的专章，有进的有出的，说明郑和下西洋时哪些商品是传统的，哪些是新产品。马欢的书要写一笔，他记载了各地穆斯林风俗，很有贡献，给马欢一个小题目。回族学者写回族的文章，要以理服人，不能感情用事，情甚于理，适得其反。

1984年11月23日上午，讨论马守应、常遇春、沐英的传文。白寿彝谈到马守应传文时说，一开始应把陕北起义农民的艰苦生活背景突出一下；与李自成的关系交代一下；架空的话少说。评价上注意，不要全面肯定、全面否定，留有余地，就事论事。张献忠、李自成之间矛盾大，马守应与张献忠的关系不错，和李自成关系最好。马守应部战斗力强，转战河南、湖北、长江一带。称号“闯王”者，不是李自成一人，老回族也不是马守应一个，是指部队。“革命”是推翻旧的生产关系代以新的生产关系；农民起义是打倒前朝建立新朝，不是改变生产制度，这里应说是“起义”。封建时代农民的起义不是“革命”，无产阶级的斗争是改变生产关系，所以是“革命”，提法上注意一下。

1984年12月4日上午，讨论马文升、胡大海传，白寿彝谈了以下观点：马文升传文章不错，有两个问题：一是忠君爱民问题，爱民是为忠君，马文升在理论上是否这样认识的，人是有感情的，人民遭灾，他同情，忠君是长远的。二是朝廷与边防问题，当时叫边防，现在不是“边”了，要看成是中国的事，石城土达事，是起义？是叛乱？说不准，就客观叙述，不要定性。不能因为是少数民族就定为叛乱，写成“少数民族纠纷”。马文升会做官，否则几朝官干不下来，他有一套办法，不要光看文字记载，要从情理分析。

1984年12月7日下午，讨论明代文学卷和冯胜、冯国用传。白寿彝说，丁鹤年传文字流畅，文章要修改。说丁鹤年是忠孝诗人，这是老观点，今天怎么看，不太好弄。丁鹤年对元朝的态度如何评论？忠是政治问题，孝是道德问题，今天怎么评价“忠孝”，牵扯到对儒家的评论。对丁鹤年的诗艺术上、内容上分析不够，现在的艺术分析，流行的就那么几句话，对谁都套。丁鹤年的诗内容贫乏，变乱的时代，人民生活痛苦，看他的诗中有无反映。从丁鹤年的人品看，他很严正，不苟同，不随波，是一个悲剧人物。应该说明朝比元朝好，是一个进步。

1984 年 12 月 11 日上午，讨论赛哈智、胡登洲、詹应鹏、张忻、马沙亦黑传文。白寿彝就回族史上的经堂讲学问题，发表了伊斯兰教中国化的重要观点：从赛哈智以后各地修建礼拜寺，多敕建，有了法律根据；胡普照了不起，经堂讲学从他开始，“太师”者，太老师；詹应鹏的《群书汇辑释疑》中把杜环《经行记》“大食敬天”，和清净寺碑说“事天”的“天”，与回民所说的“主”区分清楚了。文中提到“教”与“道”，水平高。根据《中庸》说，道是本然的，依据本然教育人是教，运用儒家词语，“天命之谓性，率性之谓道，修道之谓教”。用儒家思想解释伊斯兰教，不像刘智用伊斯兰教附会儒家。詹应鹏、张忻二人用普通的语言阐释伊斯兰教，开创了伊斯兰教的中国化。

白寿彝说，《回族人物志》出版的同时，能带一批人出来。当年参加人物志编写工作的有宁夏社会科学院的丁国勇、穆祥云、杨怀中，宁夏图书馆的丁力，中央民族学院的马寿千、林松、李松茂、马启成、白崇人，中国社会科学院民族研究所的马恩惠、穆宝修、黄庭辉，北京师范大学史学所的朱桂同、刘雪英等。大家在白寿彝的带领下，接触了回族史的第一手资料，增长了文化素养，经历了一次写作锻炼。

1992 年 11 月 25 日上午，在白寿彝家里召开了《回族人物志》总结座谈会，在北京的编写人员到会，大家热情洋溢，一致感谢白寿彝的教诲之情。白寿彝最后讲话说：必须读书，一是中国传统文化方面要打下基础。文章要有风格，风格不是学来的，是自然的熏陶。二是史学著作，要读刘知几的《史通》、章学诚的《文史通义》。三是马列著作，要读《共产党宣言》《社会主义从空想到科学的发展》《费尔巴哈与德国古典哲学的终结》。他接着说，近代中国社会大变动，世界大变动，西南西北回民起义，是在国际国内大变动形势下出现的，它是变动的中国社会的一个方面。《回族人物志》近代卷应在这个大背景下去写，才能写出时代特征，文章才有气魄，现在的书稿没写出时代背景，缺少气魄。之后他又提出了一些具体的修改意见。

清代西南、西北回民起义的研究，一直是以往回族研究的重要领域，自1949年到1995年回族研究的所有成果中，探讨回民起义的内容占相当的比重，但绝大部分是以论文的形式出现，成书的并不多。1990年4月，陕西三秦出版社出版了《清同治年间陕西回民起义研究》，这是1987年9月在西安市举行的“清代同治年间陕西回民起义学术讨论会”的成果汇集，白寿彝在书的序中指出：“研究西北回民起义，同研究别的历史问题一样，都要从资料的搜集入手。我们的问题是，资料的搜集工作做得还不够，官方的记载比较多，民族内部的记载、民间的记载比较少……从近年的学术工作中，特别是在我们民族史的工作中，我感觉到人才的缺乏。研究问题，泛泛研究的多，深入地、系统地、以民族问题作专门工作进行深入研究的，还是比较少，有训练的、有比较充分修养的更少一些。”

1986年3月，白寿彝领导的北京师范大学史学研究所回族人物志编写组，还刊印了法国人阿米列・罗舍的译著《回族备征志》第1册《清季云南回民起义始末》，从另一个角度，为研究清代云南回民起义提供了可作参考的资料。

在白寿彝对云南回民起义领袖杜文秀研究的推动之下，改革开放以来，云南对杜文秀的调查研究成绩显著。仅云南人民出版社1985年出版的《云南回族社会历史调查》(一)(二)(三)，就有：杜文秀起义资料五件、杜文秀起义史料辑、杜文秀起义碑刻七件、杜文秀起义史料一组、大理地区杜文秀起义历史调查、保山杜文秀起义历史调查、腾冲杜文秀起义历史调查、乔后盐井历史杂志、清咸同年间腾冲回族罹难记等。1987年，云南人民出版社出版的《云南回族社会历史调查》(四)中，又收有“杜文秀起义历史资料八件”和以研究杜文秀起义为主的“云南回族史料辑”。1990年11月26日至31日，在云南省大理市还举行了“杜文秀起义学术讨论会”，出席会议的代表提交论文50多篇。

1992年，《白寿彝民族宗教论集》由北京师范大学出版社出版，这是白寿彝回族研究进入新境界的第二部总结性的著作。白寿彝在本书的题记中写道："中国的历史，是中华人民共和国国土上现有的和曾经有过的民族共同创造的历史。""这一认识，在解放后逐渐为我国历史工作者所普遍接受。这在史学思想上是一个了不起的进步。它既有重要理论意义，又有深远的现实意义。"他又写道："统一是我国历史发展的主流，民族友好是我国民族关系史的主流。"

中国自古就是一个统一的多民族国家。数千年来，曾有许多民族活跃在各个时期的历史舞台上。经过长期的分化、融合和发展变化，最终形成今天56个民族并存的局面。中国共产党历来十分重视民族和民族问题，无论是在领导中国人民进行民族独立、民族解放的革命战争年代，还是在进行社会主义建设的和平时期，始终把解决我国的民族问题，把尊重、团结和帮助各族人民共同发展繁荣作为新民主主义革命、社会主义革命和社会主义建设的一个重要组成部分；并在长期的革命和建设过程中，以马克思主义为指导，创立和发展了具有中国特色的民族理论和民族政策，在中华大地上建立起了一个空前的、各民族平等团结的社会主义民族大家庭。

《白寿彝民族宗教论集》正是他60多年来，研究关于民族、宗教的论述的选集，其中精选了他的论文近60万字，包括国家与民族、民族史、回族史、回族史料序录、伊斯兰教史、行纪、民俗学记闻七编。此书不仅是他长期对民族宗教研究的重要总结，也是中国民族史发展一个重要侧面的反映。其字里行间无不渗透着中国民族宗教的发展历史、中国共产党的民族理论科学和民族政策科学，无不颂扬着中华民族更加光明的前途和更加美好的未来。

白寿彝研究回族史步入新境界时期的第三部代表作，是主编《中国回回民族史》。白寿彝一直关心多卷本回族史的编写，他在1983年宁夏举行的《回族简史》座谈会的录音讲话中说："这几年，我对写中国通史有一个看法，就是要吸收我们过去的优良传统，结合着我们尽量掌握到的比较丰富的材料，在马克思主义指导下，写成新的史书。我想，对于中国通史的想法，好像也可以移用到回族史这门学科上来。"他还就研究回族史的重要性、回族同伊斯兰教的关系、回族跟汉族以及别的兄弟民族的关系、回族史研究的开展、回族史研究队伍的培养等问题，作了指导性说明。此外，白寿彝在1987 年在兰州举行的第三次全国回族史讨论会、1989 年在河南举行的第五次回族史讨论会以及 1987 年在西安举行的西北回民起义讨论会作了录音讲话，从多角度、多方面对研究回族史提出了指导意见。

1990 年在山东举行第六次全国回族史讨论会，白寿彝在录音讲话中对编写多卷本新型回族史又作了具体说明，提出分成四个部分来写："第一，叙说部分，是把过去研究回族史的成果、回族史的基本资料，同我们应该开辟的回族史的路子，作一个总的论述。第二，综述部分，是要对回族形成、发展的历史作一个综合的论述。这种体例就是我们现在流行的一般历史类图书的体例。第三部分，典志，是关于回族史的各种专题的研究。第四部分，是关于人物的传记。""第三部分可以写 12 个方面，就是 12 个问题。一是地域考，二是生计考，三是工艺考，四是会社考，五是寺院考，六是教育考，七是天文、历算考，八是医药、体育考，九是礼俗考，十是经籍考，十一是金石考，十二是语文考。"这是他对编写多卷本回族史作的总体设计。

这一时期白寿彝还写了一些文章，阐发他的回族史研究和编写观点，例如：为 1981 年出版的马坚译《古兰经》作序；为 1984 年出版的《泉州伊斯兰教石刻》作序；1989 年马坚逝世 10 周年时，他写了《马坚教授和云南穆斯林的学术传统》的纪念文章；1995 年中华书局《文史知识》出"伊斯兰文化专号"，白寿彝口授了《开展伊斯兰文化的研究》一文等。

在回族史的研究中，白寿彝不仅研究了回族史中的一些具体问题，同时也对回族史的体裁或体例问题，根据他总主编的《中国通史》体例，发表了一些重要观点："目前的史书，不只是回族史，而且包含现在社会上流行的一些通史在内，都是采取一种综合论述的方法，这就是按着历史发展的顺序，把某一时期的经济、政治、军事、文化等分别写出来。这种体裁的好处是能够把历史发展过程中的社会面貌写出来，但也有两类重大的历史问题不容易体现。一类是制度问题，比如经济制度、军事制度、教育制度，等等；另一个问题是人物传记缺乏，这也是一个很大的缺陷。因为中国传统史学的一个优良传统就是写人物，传记是史书最主要、占篇幅最多的一部分，人物传记也为群众所喜闻乐见，不写人物就会把历史写成概念化的东西。”

他的这些构思，从根本上改变了回族史的传统写法，解放了人们的思想，拓宽了人们的思路，彻底改变了人们过去只是在《回族简史》的基础上修修补补的做法。白寿彝的这一设想，在《中国回回民族史》一书中的探索，是对回族史研究的一个重大贡献，他特别希望在总主编《中国通史》完成之后，尽快完成这一著作。

1999 年 4 月 26 日，北京师范大学隆重举行了“祝贺白寿彝教授九十华诞暨《中国通史》全部出版”大会，会后不久，白寿彝因为长期劳累，再一次住进了北京友谊医院。这一次住院与以往大不一样，他太累了，病也加重了，身体虚弱难以支持。他只能治疗、休息。但是病情稍有缓解，精神微微见好，他又要看稿件，又要约人谈事，这是他的多年陈“疾”，难以改变。

已经 90 岁的白寿彝，在医院治疗的日子里，仍然是壮志不已，继续坚持工作，计划在近期内完成《中国回回民族史》，还有《中国史学史教本》和多卷本《中国史学史》。在医院里，他每日牵挂着的还是史学事业。

《中国回回民族史》共分四编，上、下两册，在白寿彝去世后的 2003 年 9 月，终于由中华书局出版发行了。白寿彝在《中国回回民族史》的题记中讲道，多年来我一直有个愿望，编写一部新型的回族史，在好多场合曾经呼吁过，总是力不从心，没有动手。后来《回族人物志》元代、明代、清代、近代四册出版了，这是为新型回族史的开路之作。现在多卷本《中国通史》也已完成并且出版了。于是旧事重提，仿照多卷本《中国通史》的体裁，编写一部新型回族史的设想见诸行动了。我请两位比我年轻些的同志帮忙组稿编排，经过两三年的努力，现在书稿已经完成，即将送交中华书局出版。我想在有生之年“为回族历史事业作点贡献”的夙愿可以实现了。

李松茂是白寿彝在回族史研究方面的弟子之一，1955 年秋考入北京师范大学历史系，当时白寿彝任系主任。李松茂毕业工作后，有时间回校时，即看望老师并向老师请教，后来有近 20 年的时间，在老师白寿彝的直接领导下，从事回族史工作。

1982 年春，《回族人物志》编写工作会议在北京师范大学史学所召开，白寿彝讲了编写回族人物志的意义、进程和具体写法。分给李松茂一些任务，他担心完不成，老师却说："多写点，你这'松'不就更'茂'了吗！"在场的人都笑了起来。一开始，李松茂不会写人物传记。白寿彝说："人物传记和论文不同，不要议论过多。开头写一两句定性的话，末尾写几句（或一段）结论性的话。全文以叙事为主，但又要有重点，不能像流水账。"又说："有些人不易下结论，或目前还做不出结论，就先摆出事实。客观叙述也是一种写法。"白寿彝特别强调唯物史观，说："要写出时代，写出时代特征，不可评价个人过高。"

1984 年底，李松茂收到北京师范大学史学研究所的聘书，聘请他为回族人物志编辑委员会委员，盖有北京师范大学史学研究所的公章、所长白寿彝的私章，以及白寿彝的亲笔签字。李松茂说："从此我又多了一些学习机会，除写稿外还参加会稿和审稿，还标点一些资料。到 1992 年《回族人物志》第四册（近代）完稿时，我写了该册 23 卷中的近 6 卷，完成了老师'多写点'的要求。"

1993 年李松茂所著《回族伊斯兰教研究》出版，他在前言中说："这十年，我还在著名史学家白寿彝老师的领导和指导下，参加了《回族人物志》全册的编写工作。这对我不只是回族史知识的学习，也是治学方法的训练。""我将 1990 年 4 月第三册《回族人物志》会稿期间和老师的合影置于书前，作为这段学术行程的纪念。"

白寿彝另一位研究回族史的得意弟子马寿千，1957 年秋季受中央民族学院（今中央民族大学）历史系的推荐，去安定门内大街的中国回民文化协进会参加一个编写会议，在会上与白寿彝结缘。那次会议是为第二年成立宁夏回族自治区做准备，用一年的时间编写一本《回回民族的历史和现状》的书。这是中央下达的任务，中国回民文化协进会负责组织，白寿彝牵头。那年白寿彝 48 岁，马寿千 28 岁，这次相见成了他们共同研究回族历史的开端。白寿彝十分喜爱这位学生，做学问踏踏实实，从不取巧和哗众取宠。马寿千在北京大学历史系念书时，对本民族的历史了解不多。当他参加编写《回回民族的历史与现状》一书时，又同时参加筹办“回族历史和现状”的展览，这一切都促使他开始下功夫学习回族的历史，以及更多地去了解回族的现状。他一边查找相关的书籍资料，一边向老师白寿彝求教。

马寿千说：“当时自始至终，我读的每本书或搜集的每条资料，都是在白先生悉心指导下完成的。”那时，马寿千经常去老师家求教，白寿彝俭朴的生活，豁达、乐观、严谨和博大卓识不断进取的学风，都在深深地感染着他、激励着他。白寿彝告诫他：“寿千，我们回族不但已经拥有了政治、经济地位，同时要经过我们一批学人的共同努力，确实拥有在学术研究领域里的地位。回族史的研究，要成为我们自己的一种自觉的精神需求。一定要记住，回族史的研究永远不能脱离开中华民族史的整体研究的轨道。”白寿彝的这段告诫，反映了他在回族史研究上的两个重要思想，一是回族史的研究要成为一种自觉的精神需求；二是回族史的研究，永远不能脱离中华民族史整体研究的轨道。如此精辟的见解，直到今天，仍具有重要意义。

白寿彝由于学术和其他工作的繁忙劳累，终于倒在了病床上。远在宁夏银川的学生杨怀中很是挂念，近在北京的学生马寿千和李松茂总是前来探视，他们不断带来有关《中国回回民族史》编写的进度，他们在尽力推进研究和创作速度。这正是白寿彝在同病魔作抗争的时候，最希望得到的消息，这是他精神上的“良丹妙药”，学生们也最知晓老师的一番苦心。白寿彝病中始终不忘时代所赋予他的未完责任：中国迄今未有一部回族人民自己编写的民族史书。多卷本《中国通史》出版之后，他最期望完成的，便是《中国回回民族史》的写作工作，他希望在有生之年，看到著作的编成出版，这是对回族人民的一个交代。

今天，当我们翻开由中华书局出版发行、装帧典雅的《中国回回民族史》时，袭入眼帘的是白寿彝的特写彩照，随后便是白寿彝与马寿千、李松茂的合影。书中题记是白寿彝在北京师范大学家中和北京友谊医院口授，由马寿千笔录整理，于2000年2月19日定稿的，这离2000年3月21日白寿彝去世，仅有40天时间。他临终前唯一操劳的一件事，仍是为自己回族历史的著述。由此可见，回族研究对白寿彝一生来说，是何等的重要！由于这是白寿彝的最后一篇文章，带有学术遗言性质，所以，我们记录于下，供大家思考白寿彝在最后的生命时光中，就中国回族史和伊斯兰教史研究，还在探索什么话题：

> 多年来我一直有个愿望，编写一部新型的回族史，在好多场合曾经呼吁过，总是力不从心，没有动手。后来《回族人物志》元代、明代、清代、近代四册出版了，这是为新型回族史的开路之作。现在多卷本《中国通史》也已完成并且出版了。于是旧事重提，仿照多卷本《中国通史》的体裁，编写一部新型回族史的设想见诸行动了。我请两位比我年轻些的同志帮忙组稿编排，经过两三年的努力，现在书稿已经完成，即将送交中华书局出版。我想在有生之年"为回回民族历史事业作点贡献"的夙愿可以实现了。
>
> 这部书叫做《中国回回民族史》，共分四编。甲编序说，由李松茂同志执笔，把过去研究回族史的成果，作一个总的论述，这实际上是浓缩了的回族史学史。可以帮助学习和研究回族史的人，了解将近百年特别是这50年和近20年人们做过哪些研究，从中获取知识。乙编综述，是对回族来源、形成和发展的历史作一个综合的论述，这实际上是回族简史的体例。这部分由我执笔，原想重新写，仍是力不从心，就采用1951年发表过的《回回民族底新生》原稿吧！因为那本书起到了综述回族形成、发展历史的目的，学习者和研究者可以从中了解回族发展的轮廓和全貌。原书12章，这次我们去掉2章，收录了10章，在文字上

也作了些修润。还有一点请读者注意，《回回民族底新生》在题记里说，该书把皇帝们的纪元一律改为公元，但日月还用的是旧历。这次收录该书时仍按原稿排版，请读者注意，并予谅解。丙编是专论，是对回族的政治、军事、经济、文化、宗教等各种专题的研究。收录了已故的老朋友和健在的老朋友的一批专论，也收录了比较年轻些的几位同志的作品。大多是已经发表过的，收入这本书的目的是，研究者可以集中地研究这些专题，可以看到近些年的一批新成果。我们在挑选上尽量注意到收录各个方面的专题，当然也免不了还有遗漏。最后一部分，丁编，是人物传记。收录了《回族人物志》四册里面的一部分人物。《回族人物志》大致写到五四运动以前的人物，“五四”以后回族人物更多了，也更复杂了，当时不准备再编写。现在我们这部书把“五四”以后的人物也加进了几十位，弥补了《回族人物志》缺少民国时期的不足。应该指出的是，收录这批人物，并不代表我们编写者的观点，收录他们并不说明完全肯定他们。这批人物中有的人在某些方面有过贡献，有的人在当时对地区乃至全国有过影响。一般我们只摆出他们的事迹，不做评论，由读者自己去对他们进行分析评论吧！

在世纪之交，我借此机会向回族史（现在叫回族学了）研究工作者说几点希望。回族史研究是一门很艰苦的学问，研究者必须勤奋学习，打好基础，包括史学、哲学思想、文学、语言学等各个方面的基础，要有这些方面的知识和训练。要学会善于发现问题，分析和解决问题，学会写文章。这些都是老生常谈了，不过这些很重要，还得说说。

再一点想说说研究队伍的团结协作问题。现在的研究队伍太多了，比过去不知要多多少。有专业的非专业的，有老年也有中青年，更多的恐怕还是中青年，有回族的，也有汉族和别的民族的，北京有，宁夏有，全国各地甚至海外也都有，可以说是五湖四海了。回族人口分散，研究力量也分散，这是自然的。

有些题目可以各地搞，有的项目就需要团结起来搞，用现在的话说叫形成合力，团结攻关。各地的研究者把他们所发现的、了解的回族的事迹、人物，包括碑刻、家谱等发掘出来写出来，这就是贡献，很大的贡献。研究人员中回族人要多些，这也很自然。他们关心本民族的历史嘛！回族人要自尊，也要学会尊重别人。观点、风格不同，可以争论，形成良好的学术空气，目标终究是一致的，就是把中华民族之一的回回民族的历史贡献，尽可能地发掘出来、展示出来。现在回族学学会成立了，差不多每年一次的全国性回族学研讨会也在克服困难坚持召开，可以说形势大好。各地轮流召开研讨会，是个好形式，团结协作，交流提高嘛！不仅可以促进回族学的提高，锻炼研究队伍，同时也能起到促进回族工作和加强民族团结的作用。

最后还要再强调一下，我们这本《中国回回民族史》，是用新的体例编写回族史的一次尝试，是回族通史的版本之一。相信在新的世纪会有一部一部更新更好的回回民族史版本问世。

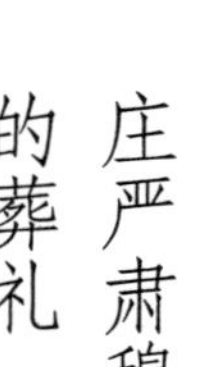

拾壹 庄严肃穆的葬礼

到了晚年，眼疾和气管炎症缠绕着白寿彝，他总是用新药和新疗法来试疗效，因为此前老药和传统疗法对他已无作用。他在学术上、教学上总是推陈出新，在医病上也是如此，总是希望自己的眼睛和肌体好一些，不使它们成为他学术、教学道路上的拦路虎或绊脚石。

他的年龄一年比一年大，精力一月不如一月，工作时间一天比一天珍贵，那时的白寿彝简直是在拼命、忘我地进行史学研究。1998 年，白寿彝 89 岁了，长期的伏案写作，影响了他的健康，他坐上了轮椅，以轮椅代步，又受失眠困扰。但是他仍旧坚持着，一心扑在《中国通史》等大部头著作的编写上。那时，白寿彝入院治疗，出院后不久又入院，已成常事。他在家或在医院都一样忙于写作，以工作为主，不分在家或在医院。他一直在争分夺秒，在和死神较量。

医生们看到年近 90 高龄的白寿彝，竟然把医院病房当作书房或办公室，于是“禁令”下了一次又一次，却全然无效，医护人员全被这位倔强和对事业执迷的老人感动。最后他们反而不忍心再去打扰这位老病人了，只好忠告他要每隔一小时休息一次，休息时间最少 20 分钟。但是，白寿彝一工作起来，就什么都忘记了。当他的身体实在支撑不住时，就坐在沙发上，或疲劳地半躺在病床上继续写作。当这样也实在支撑不住时，他就叫来工作助手为他读书稿，一遍不行再读一遍，甚至十几遍或几十遍，直至将书稿修改满意为止。白寿彝在晚年，实是用心血在写作，用生命来著书。如此这般的形容，或者再过分一些地形容这位杰出的历史学家，也是不为过的，他的确是这样。

在白寿彝住院病重期间，党和国家以及北京师范大学给予了非常多的关心。时任中共中央总书记江泽民得知白寿彝病危的消息后，便请全国政协副主席、中央统战部部长王兆国，中央统战部副部长刘延东来看望白寿彝，询问病情、了解主治大夫的抢救医护方案和具体措施。

其中，时任中共中央政治局常委、国务院副总理李岚清，教育部部长陈至立等到医院看望，仔细了解其病情，并倾听了白寿彝对大学教学改革等方面的建议和看法。

在他生命的最后时刻，他时而清醒，时而昏迷。医生们说：虽然白老重病缠身，但是常有奇迹出现！每当中央领导同志来看他，每当同仁挚友来看他，每当他的弟子学生来看他，尤其是在谈及工作时，他会苏醒过来，谈吐清晰，思路顺畅，仿佛病得不算重。大家只感觉到他很累很累，让他好好休息、静养，并祝他早日康复！但当大家走后，他又沉睡过去，甚至昏迷。医院多次给家属下达了病危通知，但是白寿彝依然顽强地挺着。直到最后，医院给家属通报了最后一次抢救方案。

2000 年 3 月 21 日 23 时 35 分，白寿彝为他的辉煌人生画上了圆满的句号。他告别了钟爱一生的史学事业，没有留下任何遗嘱，生前他该讲的话都讲完了，都写在了他的著作里，他想做的事，基本上都如愿了，没有做完的事也都安排好了，都由他的弟子们继续做下去。他没有给子女留下金钱，留下来的都是他的宝贵思想。

他给孩子们留下了一句话：“人虽然死了，但精神是不会死的，不要把死看得太重，人死是自然生态决定了的。”他的知己朋友、著名诗人臧克家所写的那首诗《有的人》，其意境也是写给白寿彝的：“有的人活着，他已经死了；有的人死了，他还活着。”

2000年3月22日清晨6点，中央电视台、中央人民广播电台播出了白寿彝去世的消息。当天晚间，中央电视台的全国新闻联播节目中，再一次播出了白寿彝去世的消息，并作了生平介绍。

党中央和国务院十分重视白寿彝安葬等后事的安排，中共中央统战部召集了中国伊斯兰教协会的主要领导、北京市民族事务委员会及市伊斯兰教协会的主要领导、北京师范大学的领导和白寿彝家属一起商议，并最后决定：首先成立“白寿彝同志治丧委员会”，发表《讣告》，按照白寿彝的“中国共产党的优秀党员，中国民主同盟盟员，杰出的史学家、教育家、思想家、社会活动家，北京师范大学教授”的身份，在北京八宝山革命公墓大礼堂举行遗体告别仪式，随后按照中国回族的民族习俗，入土安葬于芦井回民公墓。

《讣告》全文如下：

> 中国共产党的优秀党员，中国民主同盟盟员，杰出的史学家、教育家、思想家、社会活动家，北京师范大学教授白寿彝同志因病于2000年3月21日23时35分在北京逝世，享年91岁。
>
> 白寿彝同志的遗体告别仪式定于3月26日（星期日）上午10：00在八宝山革命公墓大礼堂举行。
>
> 特此讣告
>
> 白寿彝同志治丧委员会
>
> 二〇〇〇年三月二十三日

在操办白寿彝后事的日子里，白寿彝最小的儿子代表家属，和中国伊斯兰教协会等有关单位的领导，一起安排了芦井回民公墓的墓地和入土安葬的全部事宜。北京师范大学党办和校办副主任成国志，协助家属一起安排了在八宝山革命公墓举行白寿彝遗体告别仪式的场地等具体工作。

2000年3月26日，在八宝山革命公墓举行的白寿彝遗体告别仪式上，党和国家领导人送来了花圈。全国人大常委会副委员长许嘉璐、教育部部长陈至立、中国伊斯兰教协会会长陈广元等，前往八宝山与白寿彝的遗体告别。

中共中央宣传部、教育部等单位与社会团体，吴修平、李贵等各界人士以及北京师范大学有关单位和个人送了花圈，民盟中央、华中师范大学等发来唁电、唁函。《人民日报》《光明日报》等全国各大媒体，及河南地方报纸、电视台、电台等，对白寿彝逝世，均作了重要报道。

由于白寿彝的回族身份，根据党和国家领导人的指示，后事办理分官方、民间两部分来进行，官方方面由北京师范大学主办，在北京八宝山革命公墓大礼堂举行遗体告别仪式；民间方面则由中国伊斯兰教协会办理。不葬八宝山，而葬回民公墓。所以，白寿彝遗体告别仪式在八宝山举行完毕后，随即在北京芦井回民公墓举行了传统的庄严肃穆的回族葬礼。按照回族习俗，不陪葬，不穿寿衣，遗体洗干净后用白布裹好，放入埋体匣中土葬，不用棺材，实行软葬。下葬时，阿訇及众人诵读《古兰经》。白寿彝的家属首先为墓填土，然后由众人一一填土，外形如鱼脊形。

拾贰 魂系宁夏

中华人民共和国诞生以后，要成立宁夏回族自治区，其因在于宁夏是回族的主要聚居地。在宁夏人口中，回族人口有186万，占总人口数的25%，占全国回族总人口的18.9%。目前，全国回族人口有1000万，约五分之一回族人口在宁夏回族自治区聚居。所以，作为中国回族史研究的杰出学者白寿彝，自然十分关心宁夏回族同胞的生存与发展。

白寿彝与宁夏的第一次结缘，是在1937年。28岁的白寿彝参加了恩师顾颉刚组织的西北考察团，他在《绥宁行纪》《甘青行纪》中，对宁夏的回族情况作了十分详细的记录。

正是这次考察中，使白寿彝结识了回族同胞知己、云南人白亮诚。白寿彝后来在抗日烽火中逃难到云南昆明时，白亮诚给予了大力支持，成就了他在云南继续考察研究杜文秀以及回族历史的事业。可以说，宁夏是白寿彝的风水宝地。

白寿彝与宁夏的第二次结缘，是在1949年之后，他负责编写《回民起义》一书，将包括宁夏在内的西北回民起义收录其中。此时最为重要的是，为筹建宁夏回族自治区，他在中央统战部副部长、回族同胞刘格平领导之下，参与成立了中国回民文化协进会，该协会的诞生及结束，均以宁夏回族自治区的筹建工作为中心。为此，白寿彝组织撰写了《回回民族的历史和现状》一文，并指导举办了一次大型的回族历史和现状的展览，成千上万的回民扶老携幼前来参观，盛况空前。不久又拿到宁夏去展出，收到了很好的效果。这篇文章是为自治区成立所写的重要参考资料，为自治区的建立奠定了学术基础。1958 年 10 月 25 日，宁夏回族自治区正式建立，白寿彝应邀作为中央代表团成员参加盛会，并作了发言。首任宁夏回族自治区主席刘格平，希望白寿彝筹建宁夏大学并任校长，白寿彝表示同意，只因周恩来总理认为白寿彝继续留在北京师范大学更能发挥作用，所以，白寿彝未能到宁夏赴任。

白寿彝与宁夏的第三次结缘，是在 1959 年，为迎接中华人民共和国成立 10 周年，国家组织了全国范围的少数民族社会历史调查，回族社会历史调查组设在宁夏，白寿彝是负责人之一。这年 4 月，他第三次到宁夏参加调查组编写的《回族简史简志合编》初稿的审稿、定稿工作，这一年白寿彝 50 岁。

在这项工作基础上，1962 年 10 月，宁夏民族历史研究室成立，1964 年 3 月扩充为宁夏哲学社会科学研究所。白寿彝认为，我国的回族问题研究，应由宁夏为主承担起来，不仅研究宁夏的，还要研究全国的回族问题。这个研究室虽然没有冠以回族历史研究室的名称，但实际上是新中国设立的第一个回族研究的专门机构。研究室成立后，开始收集整理回族历史资料，开展回族研究的基础工作，并编印出《关于回族的来源》《伊斯兰教和回族的关系》《西北回民起事》《关于杜文秀大理政权的对内对外政策》等资料汇编。

白寿彝与宁夏的第四次结缘，是在改革开放之后。1981 年，他与宁夏社会科学院合作编写《回族人物志》，这一年他 72 岁。当年 10 月在北京师范大学史学研究所，召开了《回族人物志》首次编写会议。这套书共 4 卷，由宁夏人民出版社出版。这次合作长达十余年，他在书的题记中，对宁夏回族自治区政府、宁夏社会科学院、宁夏图书馆表示了深深的感谢。

白寿彝与宁夏的第五次结缘，是在 1983 年。这年 7 月，白寿彝关于史学史研究的著作《史学概论》是由宁夏人民出版社出版的。该书是白寿彝进入改革开放时代非常重要的一部专著。自此以后，白寿彝的很多学术著作，多在宁夏出版。

白寿彝与宁夏的第六次结缘，便是宁夏人民出版社在1983年8月出版的《中国伊斯兰史存稿》。他在该书中提出了一些值得深入探讨的问题："中国回教史的研究，是一门很艰苦的学问。研究这门学问的人，须具备几种言语上的工具，须理解回教教义和教法，须熟悉中国史料以及阿拉伯文、波斯文、土耳其文中的有关记载，须明了欧美学者在这方面已有的成绩，更须足迹遍全国，见到过各处的回教社会，见到过各处的碑刻和私家记载，他不只要有这些言语文字上的资料，他更要懂得回教的精神，懂得中国回教人的心。一直到现在，我们还没有找到一个能胜任这种工作的人。教外的学者，无论他是如何渊博，究竟觉得隔膜。教内的人，虽有的人具备了一两个条件，但还不能具备一些必不可缺的条件。"

白寿彝与宁夏的第七次结缘，是编写《回族简史》。1983年10月，第一次《回族简史》座谈会在宁夏银川举行。这次会议以《回族简史》如何修订、今后如何进一步开展我国的回族研究工作、拟定回族史研究的初步规划、酝酿回族史研究的机构设置问题等为主要议题，揭开了回族研究充满活力的序幕。座谈会就回族的来源与形成、回族与伊斯兰教的关系、回族社会历史分期，以及如何正确评价回族历史人物与历史事件等问题，进行了学术交流。与会代表在讨论中，还紧密结合新时期回族研究与四个现代化建设、回族研究与民族团结、开展地方回族史的调查研究，以及推进回族文化教育事业等问题发表了意见。这次会议，不论是对《回族简史》的修改工作，还是对今后回族史的研究，都具有积极意义。

为了将多卷本《中国回族史》搞好，宁夏从1983年开始组织了多次学术研讨会，这些会议将全国各地的专家学者团结在了一起，逐步建立起了一支后继有人、欣欣向荣的研究队伍。为此，白寿彝的倡导推动，功不可没。

白寿彝与宁夏的第八次结缘，是1991年推动宁夏社会科学院创办《回族研究》杂志。

《回族研究》创刊以来，一直是国内回族学研究成果发表的重要平台。白寿彝、丁毅民、林松、张巨龄、余振贵、李佩伦、白崇人等一批知名学者，在该刊创办之初，便发表了关于回族研究与文化发展的高瞻论述与独到见解。《回族研究》促进了回族学老中青研究队伍的结合，而且新人层出不穷，形成了以回族为主、汉族次之、其他民族学者参与的研究群体结构，作者遍及全国。2017年入编《中文核心期刊要目总览》之“民族学”类的核心期刊。《回族研究》集知识性、学术性、资料性于一体，设有历史、文化、哲学、人物等栏目。《回族研究》为国家新闻出版总署“双效期刊”，已被多家权威数据库认定为来源期刊，具有广泛的学术与社会影响。

该杂志 1991 年创刊后，经常发表白寿彝的重要文章，以及对白寿彝学术思想研究的论文。在 2000 年白寿彝去世之后，该刊物每年的第 2 期中，都设有“白寿彝学术思想研究”专题作为纪念。这是因为，那一年该杂志第 2 期出版之时，正与白寿彝去世的时间相一致。所以，该杂志就决定，此后每年的第 2 期杂志上，均以专题形式同步纪念。

虽然白寿彝于2000年3月去世了，但他与宁夏的缘分却未终了。白寿彝与宁夏的第九次结缘，是 2002 年的中国回乡文化园，其中有中国回族博物馆，在馆内专门开辟了白寿彝生平事迹展柜。

2008 年，为纪念宁夏回族自治区成立 50 周年，自治区党委、政府决定，在新月广场建造 10 位著名回族历史名人雕像，白寿彝雕像完成于当年 9 月 5 日。

作为杰出的回族之子，白寿彝的魂魄将永远与宁夏回族自治区血肉相连在一起，与回族史生死相依，宁夏这块肥沃的回族文化大地，拥抱着这位将一生都献给了中国回族史和伊斯兰文化研究的赤子。

中国回族史和伊斯兰教史研究的开山者

在中国，对回族史和伊斯兰教史的研究，约始于明末清初，曾经出现了一些穆斯林学者用汉文撰写、译述的著作，其中以王岱舆、刘智、马注、马德新、马联元等著述较多，此外，有作品镌刻传世的还有三四十人。不过，他们的著述多偏重于伊斯兰教哲理和教义的阐发，即便涉及回族来源和历史，也多援引近乎神话色彩的民间传说。由于当时人们对于民族、宗教这两个既有联系又有区别的概念，没有严格分开，研究工作主要从宗教角度着眼。

一般说来，中华人民共和国成立前，有关的报刊或书籍中所说的“回教”，其内涵既包括回族，也包括回族信奉的伊斯兰教。习惯上，在那特定的历史阶段中，“回教”与“回族”似乎已经形成含义等同、概念相通的称谓。例如，有时说“中国回教史”，顾名思义，它应该讲述中国10个民族信仰的伊斯兰教的历史，但其内容实际上多半是指“中国回族史”，而很少涉及其他穆斯林民族。再者，名字叫“回教史”，却并不限于宗教内容，而是广泛涉及回族经济史、文化史、革命斗争史等各个方面。

回族史和伊斯兰教研究在中国起步较晚，从严格意义上说，把回族史和伊斯兰教史，作为一种学科列入学术研究的范畴，是20世纪初期才开始的。在国外，大约19世纪中叶以后，开始有人进行中国这方面的研究。1867年，俄国人出版了《在中国的伊斯兰教运动》，这是外国人研究中国回族史的第一本著作。之后，又连续出版了好几种著作，如 1910 年，英国人出版了《伊斯兰教在中国：一个被忽视的问题》；1911 年，法国人出版了《中国穆斯林调查记》。

在国内，1923 年，陈汉章发表了《中国回教史》一文，这是国内研究回族史、伊斯兰教史的第一篇重要文章。之后，白寿彝的恩师陈垣，先后发表了《元西域人华化考》《回回教入中国史略》等文。与国外相比，中国的回族史和伊斯兰教史研究比国外晚了近 60 年。在当时的国内，还谈不上什么从事回族研究的专业队伍，这些作者大都是在各自的专业之外，对回族史和伊斯兰教史在某个阶段有所关注，但未能贯穿一生，长期坚持这方面的研究。在终生坚持、成果丰硕的研究人员中，白寿彝是起步较早、经历时间最长、著述最多、影响极大的一位，是中国回族史和伊斯兰教史研究的开山者，是举国公认的回族史研究权威和导师。其贡献主要在以下几个方面：

第一，创办刊物，开辟研究专号。早在 1935 年初期，白寿彝就在河南开封创办《伊斯兰》月刊，一开始就把伊斯兰研究引进学术探讨的领域，而不是拘泥于宗教民族的范畴。其目的是探索一般原始宗教的“理论根据”“哲学基础”；探索总结文学的“意义和价值”；探索“回族文明的内容和特质”及其“如何提携了欧洲的近世文明”；探索传入中国年代久远的回教在“种族”和“文化”方面给予了中国什么，又从“中国的土著”那里得到了什么。

稍后，他在顾颉刚主编的影响很大的《禹贡》半月刊上，开辟和编辑了两期有关回教、回族的专号，刊登了多篇学术价值很高的文章。抗日战争爆发后，他举家南下，也曾主编过在广西桂林的《月华》杂志和云南昆明的《清真铎报》，这是中华人民共和国成立前上百种回族报刊中，创办较早、刊期较长、文章学术性强、读者最欢迎的两种刊物，许多知名的专家学者，多在这两种刊物上发表文章。

第二，研究回族史专题。例如 1936 年在《禹贡》半月刊发表的《从怛逻斯战役说到伊斯兰教之最早的华文记录》，以及《宋时大食商人在中国的活动》《赛典赤 · 赡思丁考》等，这些文章史论结合，论述精辟，逻辑严密，在治学观点、态度、方法上，都是研究回族史示范性的代表作。

第三，搜集研究回族文物文献。20世纪三四十年代，白寿彝就对碑刻、墓志等回族文物进行了研究，并作出了重要的成绩。他写的《跋〈重建怀圣寺记〉》《跋吴鉴〈清净寺记〉》等文，均是回族考证史学的精品。前者依据多种史料，对广州怀圣寺的始建年代、建筑形式、作用，作了详细的论证。后者对《清净寺记》的史料价值及有关问题，进行了评价和考证。

1943年，他将在云南汇集的有关杜文秀的研究资料，出版了《咸同滇变见闻录》4卷；中华人民共和国成立初期，又编成《回民起义》4册。这都是大部头、有分量的宝贵资料汇编，包括不少来之不易的、民间保存的、鲜闻罕见的材料，浸透着搜集者的鲜血和汗水。白寿彝能从险遭废弃、被当作垃圾处理的故纸堆中，发现、识别有价值的宝贵文献，抓紧抢救出来。例如，有一份盖有杜文秀官印的委任状，如果不是他发现及时并珍存，恐怕也就湮灭无闻，后人永远见不到了。

回族族谱的研究，是回族历史研究的一个薄弱环节。1958年，白寿彝和马寿千合写的《几种回回家谱中所反映的历史问题》，运用回族族谱提供的资料，对回族的来源、语言、伊斯兰教和汉族文化的关系作了分析，至今仍是回族族谱研究中屈指可数的珍贵文献之一。

第四，推动全国回族史的学术研究。白寿彝对回族史领域的学术研究一贯关注、支持和爱护，或发表评论，或为之序、跋。如1936年写的《评〈中国回教史之研究〉》，是评介金吉堂出版不久的著作，也是中国回族人早期写的回教史，白寿彝的评述具体客观公正："综观全书，不无可疵议之点。然当中国回教史之研究在萌芽时期，专题之研究及材料之编译，均无相当之成绩可资吸取。著者以一人之力，于授课之余，完成此编，实已难能。中国穆斯林与治中国文化、中国宗教中者，均可一读也。"1981年为马坚汉译《古兰经》、1994年为马振武阿訇用经堂语翻译《古兰经》分别写的序，以及1988年为林松《古兰经韵译》的题词，表达了他对以不同文体、风格，翻译伊斯兰教最高经典的态度。又如1981年为陈达生编《泉州伊斯兰教石刻》作序，1991年为《回族教育论丛》和杨怀中著《回族史论稿》作序，都能看到白寿彝对社会各界回族文化研究的关心。

第五，编写课本，关心回族青少年的教育问题。在抗日战争中，白寿彝编写了一套与普通中学教材配合使用的《穆民文选》，选录内容与回民紧密相关的、体裁多样的佳作，包括文言文和白话文作品，共分6册。每册选诗文15篇至20篇，按照当时民国教育部颁布的初中国文课程标准编写，第一、二册注重记述文，第三、四册注重论说文，第五、六册注重美文和应用文，以期与普通国文课本相辅而行，备做补充教材或课外读物之用。他当年还用此教材在昆明亲自给青年学生讲过课。

第六，关于回族人物的研究。在回族史研究中，中国学者对回族人物的研究十分重视。20世纪20年代，陈垣作《元西域人华化考》，就对回族先民及其他色目人的众多人物进行过研究。以后，又有不少学者对回族人物进行专题研究，比如20世纪三四十年代李士厚研究郑和，著有《郑和家谱考释》。白寿彝对回族人物的研究，一方面继承了前人的优良传统，一方面又有新的突破，具体表现为研究范围更宽，而且善于抓住典型。凡是经他评述过的历史人物，后来都成为众所周知的人物。比如，20世纪30年代末40年代初，白寿彝著有《柳州伊斯兰和马雄》《赛典赤·赡思丁考》，都是很有代表性的著作。除此以外，《滇南丛话》《两浙旧事》《中国伊斯兰经师传》，也是回族人物研究方面的作品。20世纪80年代以来，白寿彝主持编写的4册《回族人物志》，全面评价了400多位回族历史人物。这4册书还收录了许多有关回族人物的碑刻、遗文、书目等，具有重要的史料价值。

第七，研究回族通史。中国研究回族的学者不少，但研究回族通史的却不多。白寿彝学识渊博，治学严谨，是少数几位能做回族通史研究的学者之一。中华人民共和国成立前，他出版了《中国回教小史》《中国伊斯兰史纲要》。中华人民共和国成立以后，又出版了《回回民族底新生》《回回民族的历史和现状》，主编了《回族简史》。《中国回教小史》写作于1943年，发表在《边政公论》上，具有开拓性质。《回族简史》现在看来虽然比较简略，但是该书的最大特点，是在中华人民共和国成立不久，由回族学者运用历史唯物主义写成的，是继《回回民族问题》之后的又一本重要著作，从而为中国回族史的研究奠定了基础。

20世纪80年代以来，白寿彝又在1984年发表了《关于回族史工作的几点意见》、1987年发表了《在兰州全国回族史讨论会上的讲话》、1989年发表了《关于开展回族史工作的几点意见》，提出回族史的研究要有科学态度。所谓科学态度，就是要用马克思主义的观点分析问题，不能感情用事。这些对指导中国回族史研究的健康发展都是极为重要的。值得指出的是，白寿彝在运用马克思主义指导回族史研究的时候，并不是用僵化的、教条主义的态度来对待马克思主义。相反，他十分强调把马克思主义与民族特点相结合，从而提出了一系列深刻的史论，这是白寿彝回族史研究思想深刻的一个主要原因。

他始终酝酿着、期待着一套高水平、高规格的大型回族通史的出版，就像他总主编的《中国通史》那样。为此，他早就提出“回族大通史”的框架、纲目和细则，《中国回回民族史》4卷，在其生前已基本完成，他去世后得以完成出版。

可以说，白寿彝关于回族通史的构想，俨然是一部完整的中国回族大百科全书，它汇集了20世纪以来回族研究之大成，他期待这一宏伟蓝图在后辈手中完成。

综上所述，我们便可看出六七十年来，白寿彝在相当广阔的领域，从事过多方面的尝试与实践，为回族学学科的开辟与建立，奠定了坚实的基础。他关于回族史、伊斯兰教史研究的成果，是20世纪这一领域中最引人瞩目的。他的许多开拓性的研究，发前人所未发，在学术界很有影响。

我国著名民族学家牙含章，在1988年高度评价了白寿彝研究回族史和伊斯兰教史的成就：

一是回族的来源问题。牙含章说："当时由于国民党的封锁，我们在延安很难看到国民党统治区出版的论述回族历史的著作与论文，中华人民共和国成立以后，我才看到白寿彝同志的《中国回教小史》《元代回教人与回教》等著作与论文，我发现白寿彝同志早在20世纪三四十年代写的关于回族来源的看法，和我们党在延安时的看法是完全一致的，而在材料的占有方面，白寿彝同志的论著要比《回回民族问题》一书更为丰富，更有说服力。这是白寿彝同志在回族来源问题方面的一大贡献。"

二是关于回族的形成问题。牙含章说："白寿彝同志在《元代回教人与回教》一文中，给我们提出了一个很重要的启示。"白寿彝认为形成我国回族之主体，很可能是波斯人，因其人数较多，则势力必大，就有作为主体的条件。

三是回族与回教（伊斯兰教）的关系问题。白寿彝是把回族史既当作宗教史，又当作民族史来研究的，这是抓住了中国回族与回教的特点，是正确的。但是白寿彝同时指出宗教和民族毕竟不是一回事，回族是中国境内的一个少数民族，伊斯兰教是世界三大宗教之一，世界上有40多个国家信奉伊斯兰教，决不能说凡是信奉伊斯兰教的民族都是回族。

四是回族史的编写。中华人民共和国成立以后，白寿彝扎扎实实地做了很有意义的开拓工作，他在1951年写的《回回民族底形成》、1952年编写的《回民起义》、1957年的《回回民族的历史与现状》、1960年写的《关于回族史的几个问题》等论文与专著，为后来修改《回族简史》打下了基础。党的十一届三中全会以后，《回族简史》的编写工作才走上了正确道路。在白寿彝的指导下，这本著作终于问世。

牙含章评价说：

> 这是我国有史以来第一本论述回族历史的专著。但是我们也要承认，这本著作的分量不大，它与700多万人口的回族是不相称的，因此，白寿彝同志提出了编写一部

一二百万字的大部头的《回族史》的倡议，得到了全国从事回族历史研究的同志们的全力支持。

为了编写好这部《回族史》，白寿彝同志和其他同志还在考虑研究机构的设立与研究人才的培养问题。白寿彝同志的这些设想是完全正确的。作为早期回族历史的一个研究人员，我非常钦佩白寿彝同志的大胆设想，这不仅是白寿彝同志个人的学术成就，而是党对回族问题的研究工作的继承与发展。

白寿彝对于中国回族史和伊斯兰教史学科的建设，既有丰富的实践，又有精辟的理论，都值得重视。甚至包括研究回族历史与文化必须具备的条件，研究者应持的立场、态度、感情等，都考虑得很细致。

他在 1944 年就指出：

中国回教史的研究，是一门很艰苦的学问。

他（研究者）不仅要有这些语言文字上的资料，更要懂得回教的精神，懂得中国回教人的心。一直到现在，我们还没有找到一个能胜任这种工作的人。教外的学者，无论他是如何渊博，究竟觉得隔膜。教内人，虽有的人具备了一两个条件，但还不能具备一些必不可缺的条件。一直到现在，我们见不到一本可看的中国回教史，这实不足怪。这本不是短时期所能产生的。

看来，这不仅是白寿彝早期进入回族历史研究领域发出的呼唤，而且一直是他长期实践中极深刻的体会。其中除专业知识与语言工具外，还侧重指出“更要懂得回教的精神，懂得中国回教人的心”，并且唯恐“教外的学者”即使知识很“渊博”，也不免情感上有“隔膜”。问题提得非常全面、准确、深刻，标准也提得相当高。

38 年后，白寿彝在 1982 年又重申：

1944 年，我在《中国回教小史》的题记中说到中国伊斯兰教史的研究，是一门很艰苦的学问。并提出研究这门学问应当具备的几个条件。现在看来，具备这些条件是不容易的，但是应该争取到这些条件，多一个条件就对工作增加不少便利。当时，我是想逐步取得这些条件的，但受到了各种难以克服的限制，在刚起步的时候就无法前进。因此，我在中国伊斯兰史的研究工作上，说不上有什么成就。我愿意在这里重新提出来，如果真正想在这方面的研究取得重大的成果，设法取得这些条件还是必要的。还应该指出，历史科学理论的指导，是更为重要的。这在三四十年前是不懂得的，而这恰恰是取得工作巨大进展的重要武器。

更值得注意的是，到1991年，白寿彝为杨怀中的《回族史论稿》一书作序时再次重申了上述观点，并补充说："并不是每一位研究回族史的工作者，都要具备这些条件，更不是说在具备了这些条件以后，才能进行回族史的研究。从这几十年回族史研究的实践过程来看，中国传统文化的修养、马克思主义理论的修养和伊斯兰宗教知识的修养，对回族史研究的专业工作者有更为重要的意义。"

关于学术上的争议，白寿彝的基本观点是："在治学态度上，不虚构，不夸大，不说没有根据的话，不迎合时尚，不苟于立异，不

◎ 1992年11月，《回族人物志》编写组成员在白寿彝寓所合影

简单重复别人已有的成果。”应对争议的问题，认真细致地谨慎看待。例如族教关系问题，主要是回族与伊斯兰教的关系问题，本来是个长期以来被普遍关注而存在分歧的老问题。对学术问题有不同观点，认识有差异，是正常现象，应该容许各抒己见。但曾经有一阵子，围绕伊斯兰教对回族形成的作用问题，究竟是纽带作用，还是决定性用，争论激烈。针对这类敏感、尖锐的议题，白寿彝通过专门对全国回族史讨论会的长篇讲话，反复地、耐心地、冷静地进行分析论述，他在 1984 年 9 月《关于回族史工作的几点意见》中指出：

> 最近这几十年，特别是解放后这些年，大家都比较清楚了，伊斯兰教是个宗教，回族是个民族，它们两个不一样，在概念上不一样，在实质上也有区别。这种说法，我看是正确的。但是在相当多的同志们的想法中，不一定全面。这就是说，只看到族和教有区别的一面，没有看到它们相联系的一面。有不少人看到了教与族的联系，但是在过去那个政治条件下，有些人不敢把这个问题提出来。嘴里一边说，宗教跟民族不一样，但是思想上没有真正地解决问题。这两年，又有少数同志提出来，伊斯兰教对于回族的形成和发展有很大关系。我想这一点也是可以承认的。
>
> 但究竟有多大的关系，究竟有什么关系，还是应该进一步研究的。我近来有这样的看法，不知道对不对：对于回族来说，伊斯兰教是这个民族的一种民族形式。这不只表现在宗教思想上、宗教活动上，而且表现在社会生活上、家庭生活上。我看这个问题应该受到重视。

他还指出产生争议的是学术问题，应该允许提不同意见，应该平心静气地讨论：

> 如何全面地看回族与伊斯兰教的关系，这是我们今天研究回族史应该多注意的。伊斯兰教在回族史上有它的重要意义，也不应该把伊斯兰教说成是回族形成的唯一因素，说成是回族发展的重要因素，恐怕这样说也是有问题

的……今天我们的政治条件很好，允许大家提不同意见，特别是在学术问题上，我们作为一个学术问题来看，是不是可以把不同意见展开，把这个问题能够进一步解决得好一点。我还想说这样一句，就是说，谈问题的时候要有科学态度，要冷静，不要感情用事，感情用事是解决不好问题的。因为各种原因，特别是宗教感情和民族感情的原因，对这个问题好像是比较敏感，容易动感情。我看我们不应该这样，应该学会冷静地讨论问题。

在改革开放之初，面临错综复杂的处境，白寿彝对有争议的学术问题，循循善诱，其学者风范令人钦佩。正是这个原因，在国内外，只要提到有关回族史和伊斯兰教史的研究，人们就会自然而然地将这个学科与白寿彝的名字相提并论。更为重要的是，他在自己从事学术研究的同时，还培养出一支学术队伍，这支队伍在北京、在宁夏，以及全国其他地方，均已形成中国回族史和伊斯兰教史的研究团队。他顽强的拼搏精神、严谨的治学态度、统筹兼顾的工作安排和连续作战的坚韧毅力，为后生晚辈树立了榜样。特别是他的人品、道德修养、文章，其影响和感召力是很深远的。他直接或间接地关心、扶持、培养和影响着一代又一代有志于研究回族文化的晚辈学子，可以说，我国已基本解除了青黄不接、后继乏人的担忧，大体形成了一支老中青的研究队伍。

1999 年，中央民族大学校长哈经雄曾这样评价白寿彝的开山贡献：

白寿彝先生是我国当代享有盛名的杰出少数民族历史学家。特别是对回族和伊斯兰教的研究，以及中国民族关系史的研究，为我们中央民族大学的学者们提供了很好的范例。白寿彝先生是我国较早从事回族和伊斯兰教研究的为数不多的学者。

白寿彝先生在中国民族关系史研究上也取得了巨大成就，他提出了不少颇富建树的新观点。他认为应当把民族关系史置于中国历史发展的大背景下加以考察。80 年代初期，他就撰写了《关于中国民族关系史上的几个问题》一文，明确提出民族史的研究“重要的是站得高，要从整个历史发展看问题”。他在50年代初期就指出，爱国主义思想教育要和民族史结合，“一方面是通过爱国主义思想教育，而更加巩固了各族人民的团结；又一方面是由于各族人民团结得更加巩固，而大大提高了爱国主义思想教育的效果”。这样富辩证思想的精辟论述确实令人敬佩，对我们中央民族大学在民族史学学科教学时，进行民族团结与爱国主义教育方面，有着很好的借鉴作用。此外，白寿彝先生作为我国回族杰出的历史学家和中国著名的马克思主义史学家，他既反对大汉族主义，也反对狭隘的民族主义，其宽广的胸怀和公正的立场，为学术研究的规范作出了很好的榜样。

白寿彝和中央民族大学有特殊的关系，这不只是因为白先生是回族学者，是中国回族学会的名誉会长，还因为白先生对少数民族人才培养，给予了特殊的关怀和帮助，受到各民族师生的赞誉和感谢。

在1999年白寿彝九十华诞暨《中国通史》全部出版庆祝会上，时任中国回族学会会长、原新疆维吾尔自治区政协副主席沙明说：

白寿彝教授是我国史学界的老前辈。我们恭贺和敬仰白先生，不仅因为他具有方正敦厚的人品，不仅因为他是一位学识渊博的学者，也不仅仅因为他是回族研究的开创者之一，更重要的是因为，他是我国回族学术文化研究事业的指路人和导师。自20世纪30年代以来，白先生对回族史和伊斯兰文化的研究作出了重大贡献。他的学术思想和成果指引了我们几代从事回族史、回族学研究者的治学道路。白先生是第一位系统撰写中国伊斯兰教史、回族史的学者，他对回族的族源、形成和发展，对回族与伊斯兰教的关系，对回汉民族关系以及关于编写新型回族史等方面的研究，都有精辟论述，提出了许多有科学价值的见解。

60 多年来，白先生的学术思想一直引导着我国回族研究的发展方向。

白寿彝教授在理论上不懈追求和对马列主义的坚定信念，是他在科学研究和教学工作中取得巨大成就的重要原因。他把热爱本民族与热爱中华民族高度统一起来，他一贯强调和主张理论与实践的统一，历史研究要为促进社会发展进步服务。抗日战争时期，白先生毅然投身抗日救亡运动，就是从研究本民族历史着手，由此来唤起广大回族人民的觉醒，振奋民族抗敌精神，争取国家的独立和民族的解放。中华人民共和国成立后，白先生除继续关注回族史学的开拓和发展外，同时还特别强调在新时期研究回族史的重要性，他大力倡导在回族史研究中要加强爱国主义的宣传教育，“要让回族人民懂得过去我们在祖国历史上的地位，对祖国文明创造的功绩，加强自己对维护祖国统一，促进祖国四个现代化建设的责任感”。他在自己丰富的著作中，无不贯穿着这种治学精神，这无疑启发和鼓舞了许多中青年学者。

以上诸家所言，对白寿彝于中国回族史和伊斯兰教史研究的开山者地位和贡献，作出了公允的评价。

第三章　高屋建瓴的史学思想家

少年启蒙

白寿彝在1983年发表的《古籍整理和通史编纂》一文中说："过去的大历史家，都是大思想家，同时也是大文学家。我们没有把这个好传统继承下来。"白寿彝很早就认识到了这一点，所以，他主动、自觉地继承了这个好传统，使自己朝着这个目标前进，逐渐成长为20世纪我国高屋建瓴的史学思想家。

20世纪中国史学可以分成两大时期，一个是以近代西方实证为方法、以进化论作为指导思想的新史学，出现了一批大师级的学者，如王国维、梁启超、陈寅恪、陈垣、顾颉刚等。一个是以马克思主义史学为主导地位的新时期，又出现了一批马克思主义史学家，如李大钊、郭沫若、范文澜、翦伯赞、吕振羽、侯外庐等。

出生于1909年，去世于2000年的白寿彝，正好纵穿20世纪史学，并师承陈垣、顾颉刚，从实证史学，走上马克思主义史学，将两大史学风格焊接熔合到了一起，成为与时俱进的历史学家，并以此为基础，成长为马克思主义的史学思想家。那么，他是如何焊接的呢？他是如何一步步走向融合的呢？

白寿彝自幼生长在黄河文明的怀抱之中，博大精深的中原文化，潜移默化地影响着他。大家耳熟能详的圣人孔子，亚圣孟子，著名女诗人蔡文姬，唐朝治国理政重要著作《贞观政要》的作者吴兢，大诗人李白、杜甫、白居易，宋朝大文豪欧阳修、王安石、苏东坡、黄庭坚等，以及中国四大名著之一的《水浒传》，都和开封有着紧密的联系，这一切必然使少年的白寿彝，因家乡灿烂的文化、悠久的历史而感到自豪。少时的他出于好奇，时常找相关的书籍来看，这就大大丰富了白寿彝的视野。

开封自元代直到明代，兴建了许多书院，教育很发达。中华民国时期，由于开封是河南省会，这里人才荟萃，更是重视教育，思想领先。可以说，开封的环境，为他少儿时期的成长，提供了非常好的环境。光绪三十一年（1905），清廷下令“废并科举，兴办学堂”。河南省的第一所回族学校“养正初等小学堂”，就在开封东大寺前院成立，由于校舍和教学设备不足，招收学生也不足 100 人。民国元年即 1912 年，更名为“开封私立养正初级小学校”，由郭荩臣创办并任校长。这所学校，虽然离白寿彝家很近，并已开办 11 年了，但是白寿彝的父亲还是担心，由一位先生教一群孩子学习，恐怕教不好。为了让白寿彝从小就能学到更多的真本事，对这个儿子寄予厚望的白父左思右想，还是决定花大钱请来有学问的先生，在自己的家里开办私塾。1916 年，白寿彝 7 岁时，便进私塾学习。

白寿彝那时的启蒙老师是郭先生，开封东乡阮楼村人。后来白父又请来邓先生，邓先生是朱仙镇人，秀才出身。邓先生要求白寿彝先要会读、读好，然后会背诵。背诵的熟练程度，要达到先生读出书中的某一句后，白寿彝马上要接着这一句背诵下去，不得有误。但邓先生不要求白寿彝会讲解清楚古文句词的含义。邓先生的这种教法，使白寿彝在中国古代传统文史素养方面，打下了坚实的基础。

白寿彝 10 岁那年，先生开始给他讲授《资治通鉴纲目》以及当时流行的《启蒙读本》，并开始学习用文言写二三百字的短文。11 岁时，白寿彝写的第一篇短文的题目，是从科举试题中挑选出来的，题为“过者无惮改”。当先生看过他的处女作后，称赞他叙述清晰、逻辑性较强。

少年时代的白寿彝，爱看开封当地出版的杂志《青年宝鉴》，看后还喜欢讲给他的小伙伴们听；爱画画，画梅兰竹菊；爱听京戏。他的爱好非常广泛，但他最爱的还是读书。河南是豫剧之乡，河南人大多爱听豫剧，而在开封生活的他，居然爱听京戏，由此可知开封的夜生活里，戏剧演出之盛；由此亦可知，白寿彝的艺术细胞很发达，所以，他喜欢文学艺术，创造性的思维旺盛一生，便与此有关。

白寿彝念私塾时所聘请的先生中，最让他称道的是吕先生和凌先生。在他所著《中国史学史》（第一册）的《师友之益》篇中，他这样写道：

> 我早年有幸，得遇良师。1920年，父亲聘请了吕先生来家教读。那时，我刚念完《四书》，只会背诵，不会讲解。吕先生来了，教我们念《诗经》《书经》和《资治通鉴纲目》，还有当时流行的《启蒙读本》。先生一反旧日成规，给我们解释，却不叫背诵。还让开笔，学作短文。我对先生讲的，似懂不懂，但从此知道了念书要知道它说的什么。逐渐知道得多了一点，兴趣也就随着增长了一点。
>
> 1922年夏，凌素莹先生来家教读。先生是圣·安德烈学校的语文教师，喜欢谈科学知识，写有札记式的化学书。这时，我该念《左传》了。先生不让念那时流行的《左传快读》，却让我们念《左绣》。他说，《左绣》这书也不好，但不是选本，是《左传》的全本，价钱便宜，而且也容易买到。先生也是不让背诵的，一篇一篇地给我们讲，第二天让我们自己再讲一遍。先生也讲古文，用的是我们手头都有的《古文释义》。这可是一个古文选本，但先生在讲解时却不是选着讲，而是从卷一开始，一篇一篇地讲下去。我接触《史记》《汉书》，是从这个古文选本开始的。尽管当时还没有多少判断是非的能力，但思路开了，读书的乐趣也就会不断地有所滋长。

白寿彝还在天主教青年会儿童夜读过英文学校，学习简单的英语、数学课程。1923年，开明的父亲，同意14岁的白寿彝进入开封圣公会办的圣·安德烈学校上学。这所学校是由加拿大人开办的，是一所四年制的教会中等学校。白寿彝当时入学的目的很单纯，只想在教会中学学好英文，可以看一些国外的书籍，多了解一些外国的新知识、新事物。入学时，当加拿大籍的校长问白寿彝为什么要上教会学校时，他脱口而出："我要学会英语，才能读懂英文书籍。我要开阔眼界，了解世界。"这位校长听后，异常吃惊。小小年纪的中国人，居然有如此长远的想法和极大的抱负，真佷难得！

这位校长开始对白寿彝产生了兴趣，并说："嗯！那很好！我们欢迎你。"白寿彝初学时，英文考核成绩是全班的第 27 名，而到第一年上学期期终考核时，则名列第 13 名。在这学期期终考核时，又为全班的第 3 名了。他学习英文很勤奋，进步很快，待他初步学到一定英文知识之时从上海发行的报纸上看到了指责外国列强通过教会学校掠夺中国教育主权的文章，所以他决心退学。从这里可以看出，小小年纪的白寿彝那颗萌动发芽的爱国心。

由于白寿彝直接体验了开封的基督教会对待异己文化和思想的不宽容，所以，对基督教没有留下好印象。

开封基督教的历史，可以追溯到明朝崇祯元年（1628）。当年，意大利耶稣会教士最初是在开封组织教会。但是，与伊斯兰教、犹太教不同的是，伊斯兰教、犹太教在传入中国之后，逐渐接受中国传统文化成分，利用中国传统文化的命题、逻辑以及伦理观，阐释自己的教义。而罗马教皇针对耶稣会在中国的传教，却最终作出了一个决定，严厉禁止信仰者同时保持中国传统习惯，禁止传教士利用中国传统文化思维，也就是通过中国人能够听得懂的语言进行传教。到了清朝康熙年间，这种不许信徒接受一切儒家教义的做法，威胁到了清朝的统治，康熙皇帝便在 1706 年开始禁止基督教在中国的布教活动，开封城里的天主教会，在很长一段时间里消失了踪影。

20 世纪初，在西方列强侵略中国的枪炮声中，基督教重新回到开封。此时来开封的不再只是天主教派，还有基督教派的圣公会、美国的南浸礼会、循理会、内地会等。到 30 年代，这些教会在开封先后建立了培文学校（男子）、华美学校（女子）和光豫中学（男子）、静宜女子中学，以上几个学校为天主教所办。还有美国南浸礼会所办的济汴中学（男子）、施育女子中学，以及循理会所办的磐石中学（男子）和培德女子中学，圣公会所办的圣·安德烈中学等许多学校。

从白寿彝对待开封城里的犹太人和基督教会的记忆中可以看出，当时的白寿彝身上，同时集中了两种精神：既有作为一个回族对回民社会文化的理解，更有作为开封人对其他文化的宽容。而这样两种精神，之所以能够同时存在于一个人身上，说明当时的白寿彝已经认为，人们可以具有各自不同的宗教信仰和思想意识形态，这种宽容的社会，才是一种理所当然的社会常态。他对基督教学校的反感，也正是出于他无法容忍基督教学校对其他文化及思想的不宽容。由此我们可以感觉到，在白寿彝的思想深层中，其实蕴藏着最为彻底、最为典型的中国文化基因。他看待任何事物的目光，在作为一个回民之前，首先是以一个中国人的目光来看待事物。而作为回民的白寿彝，之所以能够如此自然地认同中国文化，不是因为他在中国政治和文化的高压下，放弃了自己的宗教信仰，而恰恰是因为，中国具有允许其他不同宗教信仰共存的宽容的文化传统。

在中国这样一个多民族国家的历史长河中，历来都不是所有的人会对“民族”这个概念，具有清醒的认识和强烈的认同。正是因为这种不去刻意地发现和认同“民族”、刻意地发现和认同所谓构成民族文化特征的宗教意识，才能够使得各个具有不同文化背景和文化传统的群体和个人之间，长期和平共处。这种多元文化的共存共荣，正是白寿彝之所以能够成长为高屋建瓴史学思想家的肥沃土壤。

白寿彝从圣·安德烈学校拿到毕业证书后，他在报纸上看到上海文治大学函授班招生，便要申请入学。白寿彝向父亲谈了他想到上海上大学的想法，父亲看到儿子如此求学心切，便很快同意。这正合父亲的心意，他一直希望儿子能读书成人，光宗耀祖，报效国家。不久，16 岁的白寿彝便揣着学习新知识、寻求新思想的梦想，离开了开封老家，去上海开始了他的大学学习生活。

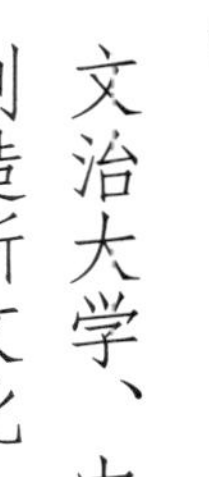

文治大学、中州大学：创造新文化

1925年，白寿彝16岁，那年他离开了河南开封，到达中国近代以来新文化、新思想最为丰富多彩的上海，他报考了上海文治大学，主要学习国文和哲学，开始了他生活清苦、学业奋发的大学生活。

他先在文治大学的函授班上学，那时的函授班要吃住在学校，学期没有固定的时间限制，短则几个月，长则不可超过两年，只要古文、历史、哲学三门的成绩为良好，英语的成绩及格，就可以转入大学的本科继续学习。

白寿彝在学校，除了吃饭、睡觉，就是学习，并没有其他多余的时间了。他一心想尽早地转入本科。经过3个月的苦苦奋斗，他以4门课程考试优秀的成绩，顺利考入了上海文治大学。

这所私立大学虽然规模不大，但却有很好的教师任教。白寿彝的老师陈去病，是著名社会活动家，还是一位诗人。因读到史书西汉时期的大将霍去病“匈奴未灭，何以家为”八字，产生了强烈的爱国之心，20岁的他看到国家危难，民不聊生，便激起了他忧国忧民的救亡意识。陈去病和柳亚子一道，创办了中国近代史上的著名爱国组织——南社，并参加了孙中山领导的同盟会，参加推翻满清的辛亥革命，又参加了1912年辛亥革命成功后，讨伐复辟封建帝制的窃国大盗袁世凯的“护法运动”，他曾任孙中山北伐大本营宣传主任、广东护法军政府参议院秘书长，被孙中山称为“十年袍泽，患难同尝”。1923 年他曾担任国立东南大学（即后来的中央大学、南京大学）中文系教授，后到上海文治大学任教。其诗多抒发爱国热情，风格苍健悲壮：

警警警！
白祸燃眉鹿走铤。
醒醒醒！
庞然巨狮匆高枕。
奋奋奋！
伟大国民莫长病。
兴兴兴！
舍身救国为牺牲。
……
满清王气今已无，
君不革命非丈夫。

白寿彝的另外一位大学老师是胡朴安，他是我国近现代著名文字训诂学家，大藏书家，藏书 10 万多卷。1878 年他生于安徽泾县，在上海教白寿彝时，47 岁。他也是南社成员，与陈独秀、章太炎、宋教仁、马叙伦、李叔同、黄宾虹交往密切，后追随孙中山参加辛亥革命，通过办报纸、写社论，进行革命宣传，他在《国粹学报》《民立报》等报上发表了很多反清以及讨伐袁世凯复辟帝制的文章，以捍卫孙中山领导的“民国”与“共和”思想。

白寿彝的这位胡老师，在学术上继承了顾炎武、黄宗羲、王船山以及戴东原、段玉裁、王念孙等清代朴学大师的成果，后接触了西学，在读了达尔文、赫胥黎、康德、黑格尔、叔本华、柏格森、罗素等西方著作后，决心另辟蹊径，独树一帜，为此曾思考写一部基于文字训诂之上的中国文化史。他最重要的观点是：“我谓一切古书，皆是材料，当立足于现代学术之观点，取古书之材料，辨其真伪而组织之，以成一有系统之学术。”“人苟能以精神之吾，忘物质之吾，善自修养，必能保持精神不灭。”

白寿彝的另一位老师顾实，生于1878年，江苏常州人，教白寿彝时，47岁。他是一位古文字学家，曾在东南大学任教，通英语、法语、德语、日语等，喜爱先秦史籍、西方学术，自评“究心于古今地理沿革，其后习东西洋史，又探究西北地理”，其著述兼涉经、史、子、集，著作有《汉书艺文志讲疏》《六书解诂及其释例》《重订古今伪书考》《中国文学史大纲》等，著述颇丰。

16岁的白寿彝选择了上海文治大学，该校教师的革命思想和爱国精神，直接影响着在那里上学的白寿彝，陈去病等老师的学术观点和才华横溢的文采，被他视为学习的榜样。在这里，白寿彝接受的是浓浓的爱国主义教育，这与后来师从“古史辨派”“禹贡学派”开创人、大藏书家顾颉刚是一脉相承的。可以说爱国主义就是白寿彝一生治学的红线，是他能够成为高屋建瓴史学思想家的基础，这是我们今天研究白寿彝的一把钥匙。

白寿彝在大学学习期间，除了在课堂认真听讲，做笔记外，课下仍然不放过向老师讨教的机会，他的很多问题完全超出了课本的范围，老师们都认真地给以答复。白寿彝对涉及政治、有关思想的问题，非常感兴趣，完全超出了他那个年龄思考的范围。我们由此可知，白寿彝思考的问题，是多么超前和深刻了，正因为如此，他才能够高屋建瓴，他才具备了未来成为史学思想家的气象。

上海文治大学不仅有很好的老师，还有很好的同窗学友，顾留馨就是其中的一位。他后来成为上海武术家协会副主席，1981年10月他撰写并出版《陈式太极拳第二路》时，白寿彝为之作序。我们从序里，不难看出白寿彝与他的友情：“说来已是55年前的事情了。那是1925年，我和留馨同学都在上海文治大学读书，我们是同系同级还同宿舍，在当时的同学中也是最相得的。”白寿彝和顾留馨比较爱听胡朴安老师的课，这不仅是因为胡老师课讲得好，而且还因为胡老师的健步走得好，胡老师从小坚持练武。那时，白寿彝身体不好，顾留馨特意在早晨教他练拳。白寿彝当时所学的太极拳，竟然陪伴了他的一生，后来他坚持了下来，每天早晨打上一套太极拳。

1925年，白寿彝在学习期间，上海发生了“五卅”惨案，并掀起了全国范围的革命高潮。这年 2 月，离文治大学不远的上海纱厂，工人为维护劳动、政治权利，举行罢工。这年 5 月 15 日，日本厂主开枪打死了纱厂工人顾正红，伤十余人。受到爱国思想教育的白寿彝，得知这一事件后万分气愤，外国人竟然在上海光天化日之下，开枪打死中国工人，我们不去抗争，还能有我们生存的地方吗！

白寿彝马上行动起来，他参加了上海学生开展募捐和悼念烈士的活动，并将自己在上海认识的河南籍学友迅速串联了起来，不几天，就组织起一支近 50 人的声援上海纱厂工人的队伍，为顾正红呐喊，掀起学潮，申明正义。

当时，白寿彝意识到，除了要在上海积极参加反抗外国列强的活动之外，还应该将活动延伸到开封，乃至河南，应该让河南的回族同胞都知道上海发生的事情。白寿彝多次往返开封与上海之间，号召开封、郑州等城市的回族民众，尤其是民族企业家、商人慷慨解囊，出钱出物，送到上海的学生和工人手中。他们还印刷宣传册、书写标语口号，声援上海同胞。

在这几年中，由于上海及河南的政局动荡不定，白寿彝曾经三度变换学校，在上海文治大学和河南中州大学之间奔波。不足 20 岁的白寿彝为完成大学学业，又不愿意轻易离开上海这块新文化和新思想的圣地。

那么，怎么办？ 1926 年夏，江浙战争发生，上海文治大学再也无法开课学习了。白寿彝的父亲十分担心这个在上海曾参加 1925 年“五卅运动”“闹事”的儿子，怕他有个好歹，便假借自己病重，催促儿子从上海回到开封，他对儿子说：“‘五卅’，我也支持了你。中国人不读书，没有大知识，就不可能有大本事。外国人看不起你，想怎么欺侮你就怎么欺侮你。还是好好学习长本事吧！”这几句话打动了白寿彝，道理很简单，要想反帝反封救中国，需要有本事。要想有本事，必须好好学习。一生致力于实业救国的父亲，用几句言简意赅的话，说服了 17 岁的白寿彝，他决定转学到中州大学国文系。他在上海文治大学的学籍仍然保留，学费等仍旧交着，等到上海局势稳定了，再去那里上课。

中州大学是河南省最早建成的最高学府，前身是辛亥革命后，经河南省临时会议决定创立的河南留学欧美预备学校，创办于1912年。中州大学坐落于开封顺河区的北部，是清代贡院旧址，首任校长为著名教育家林伯襄先生。白寿彝在中州大学学习期间，对他产生重要影响的老师是嵇文甫。嵇文甫1895年生于河南省新乡市汲县，1915年考入北京大学，与冯友兰是同学。1918年他在开封与冯友兰一起创办《心声》杂志，响应正在爆发的五四运动，宣传新文化，与陈独秀主办的《新青年》杂志相呼应。在发刊词中他们讲明其宗旨："凡社会之进步，必有少数之人立于大多数之前，为真理而战，以打破老套……破老套而促进化。""本杂志之宗旨，在输入外界之思潮，发表良心上之主张，以期打破社会上、教育上之老套，惊醒其迷梦，指示以前途大路而促其进步。"《心声》杂志第二卷第一号发表的宣言，其态度更为鲜明："同人所主张的道德，以自由为启行点，以平等为经由路，以博爱为目的地，达此目的之手段为互助……同人深信想要世界进化，必须全人类知识发达，想要真正的知识，必须依科学的规律。还有一种万不可少的条件，就是自由讨论。换句话说，就是我们不承认有不许讨论的天经地义，这种不许讨论的天经地义，是宗教的，非科学的。社会中间无论什么偶像，我们总要把他拿来，用平等心去自由讨论。有妨碍这类自由的，我们认为人类的公敌，当设法消除他。"

嵇文甫1926年加入中国共产党，后赴苏联莫斯科大学学习。1928年回国后任教于清华大学、北京大学、燕京大学、中国大学、北平女子师范大学、中州大学。这一时期他关注的学术问题是先秦诸子哲学，在马克思主义史学在中国创立阶段，嵇文甫是较早运用唯物史观、进行中国思想史研究的开拓者之一。白寿彝1926年成为中州大学的学生时，嵇文甫31岁。白寿彝将自己在上海文治大学写的文章《先秦思想界三大师》，向老师嵇文甫请教。嵇文甫就文章的不当之处，逐字逐句地向学生讲解评说，让白寿彝豁然开朗，更加清晰了先秦三大师的哲学论意；对于中国先秦诸子古代哲学发展的探讨也更加有了学术兴趣。

嵇文甫的儿子回忆说:“白寿彝先生，开封人，回族，当代史学家。中国民族史、中国史学史专家。青年时虽为中州大学学生，听过先君的课，但真正相识是经过张邃青先生介绍，持学术论文请先君看。先君读了该学术论文后，觉得白先生学识功底很好，特亲至白先生家中，深为鼓励。这是先君一生唯一的为青年学者而家访。自此便介绍白先生往开封的‘大一中’教书。‘大一中’是当时开封所有省立中学合并在一起的学校名称，实际仍按原校址上课，白先生是在当时有名的好中学那部分授课。先君当时初自苏联回国，刚站住脚，能做到这一步，很不容易。”

白寿彝与老师嵇文甫的师生情谊保持了一生，直到 1963 年嵇文甫去世。1963 年，嵇文甫在北京住院治疗膀胱癌时，白寿彝抽出 20 余日陪伴老师，以弟子之礼照顾老师。

白寿彝常常回忆中州大学的老师陈治策。陈治策是中州大学的教授，也是作家，曾任《河南民报》副刊编辑，他又是一位戏剧家。白寿彝说他非常朴实，很有才华，和学生们常在一起进行学术交流。陈治策 1894 年生于河南荥阳县,1920 年毕业于北京大学英国文学系，1924 年去美国华盛顿大学、卡尼基大学戏剧系专攻戏剧理论及表演。1927 年受北伐战争鼓舞毅然回国，立志以文化唤起民众，在中州大学任教授。在老师的倡议下，20 岁的白寿彝 1929 年在开封约了一些常给《河南民报》副刊写文章的熟人，一起创办了名为《晨星》的半月刊，并任主编。这是一本以小说、诗歌、剧本为主，也兼有关于古典文学方面的论文，以及民俗学方面的少量文章为辅的文艺刊物。那时，白寿彝的文章《先秦思想界三大师》中的部分内容就发表在《晨星》半月刊上。白寿彝《先秦思想界三大师》一文，是他对中国哲学思考的起点，他写作这篇文章时才 17 岁。这篇文章论述了老子、孔子、墨子 3 位哲学家的思想，这是白寿彝对哲学产生浓厚兴趣的起点。

白寿彝从 1925 年至 1929 年，4 年的大学生活过得风风雨雨。如果说，白寿彝在上海文治大学，接受更多的是以诗人为主体的南社强烈的爱国激情的话，那么在河南中州大学，他接受了更深一步的哲学思考，他从文学开始向哲学迈进。这一在他 17 岁到 20 岁时所发生的重要转变，是白寿彝之所以成为史学思想家的一个转折点。这一步与老师嵇文甫有很大的关系。这是他在报考燕京大学国学研究所研究生时，敢于取向哲学更高天空的过渡阶段。

这一阶段的白寿彝，在学业上除了两个学士学位的收获之外，对他更加激励的是，1928 年 4 月 23 日，19 岁的他，在上海《民国日报》的“觉悟”版上，发表了他的第一篇论文《整理国故介绍欧化的必要和应取的方向》，字里行间充满了崭新的观点和新生的力量：“我以为整理国故和介绍欧化是需要的；整理国故和介绍欧化应采取的方向。这两点都很重要，第一是需要；第二是方向，缺一不可。”“现在的时代是革命的时代，但富有革命精神而努力革命工作的，究竟有多少人呢？许多许多的民众还在偶像前祈福；许多许多的民众还在想着真龙天子，许多许多的民众还在请神治病；许多许多的民众还在称赞着尧舜禹汤文武周公孔孟。难道他们不晓得真龙天子是不可能再现的吗？偶像是人塑造的吗？神治病是常不灵验吗？尧舜禹汤文武周公孔孟是过去两千年以上的人吗？”

“他们为什么那样迷恋着，迷恋着？更有许多许多很有希望的青年，在旧习惯中过生活；虽也知道应当改革，但总觉得改革旧习惯后有点不大好似的；这又为什么？这些，都有更远的、悠久的历史在背后统治着，积重难返的威权在无形中束缚着；身行者莫名其妙，旁观者也不很明白。继承的现象，随时随地可以在社会学术上看到。我们想寻它们的真面目吗？我们想知道我们的思想行动和传统势力的关系吗？我们不能不问我们的旧文化，不能不整理国故。”

他在文章中又指出：“近数十年来，革命的思潮，显然受西欧的影响，是不可否认的。各种改革也大半和欧西比较后引起的反省。现在我们社会和学术，缺点正多，自己看不出，可以拿欧西的镜子来仔细地照一照。所以，介绍欧化也是一件需要的事。”

他在文章中精辟陈述道：“我们既了解现在的中国文化了，我可以比较聪明地计划着创造新文化的大道，不至于重演传统的覆辙，也不至于抄袭式地掠取欧西的成文，这在创造新文化一点上说，整理国故和介绍欧化也都是需要的……当然，整理、介绍和创造，都是一步一步的，不是完全整理并介绍好了再来创造。”

他主张中西并取，用其所长：“整理国故，应负担起这个责任，而后，要学者作系统的工作，各方各面的扎实可行的长久研究和考证。看来整理国故是不易之举；介绍欧化，应‘供我们取镜之资，我们最好也要观其大概形势的系统’‘这应当由各项研究欧洲西学艺术之专门学者，各就所专门的学术内作系统的介绍’，要注重‘引渡实际技术’‘尤其介绍研究的态度和方法’。”“随便的整理和介绍，都不过早产些非驴非马的东西罢了，严格地说，实算不得真正的整理和介绍。”

这篇文章集中反映了白寿彝在上海所受到的影响，上海这座东方文化与西方文化相互激荡的城市，上海文治大学校风和南社出身的陈去病、胡朴安、顾实等老师以及中州大学嵇文甫老师，他们厚重的学术底蕴和爱国思想，熏陶感染着他。可以说，白寿彝从 16 岁到 20 岁，能够在两所好大学，跟着名师读书，是他生命中至关重要的一步，这使他的人生观、世界观、价值观发生了重大转折，他的人生大目标已经确定下来，他要“创造新文化”。

燕京大学：叩开哲学大门

1929年，白寿彝考上燕京大学国学研究所研究生，这一年他20岁。入学考试获得优异成绩的文章，正是他在上海文治大学和开封中州大学读本科时所写的《先秦思想界三大师》。燕京大学创办于1919年，创办人司徒雷登长期担任校长、校务长，这是一所由美国和英国基督教教会联合开办的大学。1921年，司徒雷登在北京西郊购买了前清亲王赐园，并聘请美国建筑设计师亨利·墨菲进行了“燕园”的总体规划，建筑群全部采用了中国古典式样。到20世纪30年代，燕京大学已经跻身于世界一流大学之列，在国内外名声大振，这一时期，正是白寿彝在此学习并在北平工作之时。这所大学的著名教授有《西行漫记》的作者斯诺、雷洁琼、吴文藻、冯友兰、张友渔、江平、容庚、顾颉刚、钱穆、邓之诚、韩儒林、周作人、陈寅恪、张东荪、俞平伯、陈垣、郑振铎、冯沅君、林庚、顾随、陆侃如、吴宓、萧公权、陆志韦等。

白寿彝入学后，雄心勃勃，他想用两三年的时间，写出一本超过前人的中国哲学史，因为这个想法，正在兴头上意气风发的白寿彝，突然遭到讲西洋哲学史的老师黄子通非常严厉的批评。

白寿彝说：

> 我入校后第一次见到他（黄子通），他就说：“你趾不高而气甚扬。你想用两三年工夫写一本哲学史，把事情看

得太容易。胡适写的《中国哲学史大纲》有不少缺点，你说说他有哪些缺点，你在哪些地方可以胜过他？”

先生又说：“你要想研究学问，是要吃苦头。要不想研究学问，现在还来得及，你可以离开学校，找个事情干干，干个两三年，还可以混个资格，要比这里好。”

那时，我确实是年少气盛，听了先生这些话，出了一身汗，一直到现在，还留着深深的印象。先生拿出康德的《纯粹理性批判》，指定了三十多页让我去读，约我两星期后去见他。如期见面以后，我把我的理解说了一遍。先生说：“你全没有看懂，这跟你的外文水平不好有关系。你先看看中国哲学家的著作吧。”他把程颢的《识仁篇》拿出来，这是一篇很短的文章。先生说：“你认真把这篇看一看，一个月以后来见我。”一个月后，见到先生，讲述一遍自己的看法。先生说：“你还是没有看懂，我给你讲讲吧。”他详细地给我讲了一遍，足足讲了两个小时。他讲得津津有味，我也听出一点味道。从此以后，慢慢懂得了读书不能只在字面上打圈子，还要深入地理解作者的思想。懂得了这一点，读书的味道就跟以前不同了。

黄子通，名理中，1887年生于浙江嘉兴，毕业于上海交通大学，后留学英国伦敦大学学习经济，再到加拿大托朗托大学学习哲学，获哲学硕士学位。回国后，曾任燕京大学、湖南大学、武汉大学、北京大学教授，1927年参与创办《燕京学报》，是编委之一。在抗日战争前，与胡适、冯友兰、汤用彤、方东美、宗白华、张君劢、金岳霖等一道，参与创建中国哲学会。对于研究哲学与实际生活的关系问题，黄子通明确指出：“已经感觉到现在中国哲学界所谈的问题，多数与我们现实生活没有多大关系，有重大关系的问题，却很少有人去谈。”

在黄子通老师手把手的耐心教导下，经过一年多的光景，白寿彝在学业上有了显著的进步，外文学习也抓得很紧。有一天，老师见到白寿彝突然说：“我后天有事，不能讲大课了，由你来代替讲两课时。讲稿在这儿，拿去准备准备吧。”白寿彝这时心里很有数，老师这是双考他：一考专业，二考英文，当时黄子通的大课是用英文讲的。大课上白寿彝讲得很顺利。课后，他才知道老师根本没有外出办任何事情，他坐在大课堂的角落里听白寿彝讲课，他要看看这个学生进步得怎么样！

正是在老师黄子通的耳提面命之下，20岁左右的白寿彝，不仅可以用英语在燕京大学给本科生上西方哲学课，而且还多学了几门外语，这为他开阔了视野，使其在东西方哲学比较研究，提高哲学思辨能力方面，获得了更大的进步。正因为他有了对东方文化和西方文化进行比较的哲学高度，他就可以在纷纭复杂的史料中，去把握历史发展的规律，而不为历史资料所局限，所以，他才能够高屋建瓴地去总结历史的经验教训，去彰往知来历史发展的大趋势。这正是他能够驾驭主编中国最大一部《中国通史》并创设新体例的密码所在，为此，他还写了《中国史学史》《中国回回民族史》这两部通史。白寿彝之所以敢于写出三部通史性质的大著作，就在于他经过了哲学的训练，他能够运用哲学的武器，把几千年来的历史搞通。哲学就是照亮“通史”殿堂的探照灯。

白寿彝与导师黄子通的师生情谊，几十年来从未中断过，中华人民共和国成立后不久，大学教授评级，白寿彝被评为二级教授，黄子通被评为三级教授。一天黄子通急急忙忙从北京大学进城，到白寿彝家里，一进院门，便大声喊着：“寿彝，寿彝！”白寿彝听声便知老师来了，急忙去迎接：“先生，先生好！为何事急？”白寿彝握住老师的手。老师急问：“为何上面评你一级教授，你偏偏只认定要二级呢?！这全国评一级教授也为数不多呀。这一级与二级总是有差别呀。再言，你的学识学问，你老师我最最清楚！”学生笑了起来，黄子通问：“笑什么？”学生扶着老师说：“不急，不忙，我有好茶敬先生！”黄子通进屋坐下，一边品茶，一边仍旧看着学生，急待白寿彝开口。白寿彝说：“先生讲究评级，不应先生所为。先生三级，我为何一定要一级呢？我已超过先生一级了。”黄子通说：“超过先生一级不多，你应顶级：一级教授，才对！这才适应社会和教育向前发展，也体现‘青出于蓝而胜于蓝’的道理。”

“先生，从我做您学生起，您一直严教我苦做学问，不讲功名，只为报效国家，强大中华！先生，我们讲哲理，不应作顶级，到‘顶’为止，不可再发展了。学问无止境呀，二级有发展空间，有前途就可继续向前进。”

“寿彝，我是为你，这是你应该的，为何不要？这又不是师生去向上面争夺！提不上讲功名？!”

“好——好——好！先生莫要急。我早些日子听说中央军政干部评级，毛主席就不要一级干部，只同意二级。大家评周总理为元帅，总理说，我与军事干才们比较，也只好配上将军。先生，他们两位可是咱们心里最佩服、最爱戴的领袖吧！他们如此，我又为何！”

“是呀，是呀！又——为——何？”黄子通沉思了许久，长叹道：“是他们带领人民，建党建军，创建共和国，我们，啊——又算什么！”老师向白寿彝看去，又足足品了一口茶，说：“是呀——是呀！二级比一级……二级也确实比三级更好！”

“先生，在您这具体讲是‘三级比二级’好，没有三级者，那又怎能有二级者呢？”白寿彝说罢，师生二人齐声哈哈大笑，笑得那样爽快。在以后的日子里，不论几次教授提级，白寿彝总是坚持二级，拒绝提升一级教授。他总是说：“我希望争取为后来优秀者多些提升的机会，我应该多多争取在历史教学和研究方面作出好成绩，不辜负党和大家的期望。”

白寿彝在燕京大学学习期间，著名哲学家冯友兰成为白寿彝的老师之一。因冯友兰是河南人，又因冯友兰曾在中州大学任过教授，并与白寿彝的老师嵇文甫是同学关系，所以，他对这位学生给予了更多的关心。冯友兰 1895 年生于河南省南阳市唐河县，1915 年考入北京大学中国哲学门。蔡元培任北京大学校长期间，提倡兼容并包，主张学术自由，并聘请陈独秀担任文科学长，后来把胡适等不同类型的杰出人物邀来北京大学任教，在这种自由活泼的气氛中，冯友兰的眼界一天天广阔起来，他的研究课题有 3 个：欧美最近哲学之趋势、逻辑学史、中国名学钩沉，胡适、章士钊是他的指导老师。冯友兰和同学们还成立了北京大学哲学会。

白寿彝对老师冯友兰早有耳闻，他知道老师的哲学著作是建立在对西方哲学和中国哲学深入研究的基础之上的。对西方哲学，尤其对当时美国流行的哲学论述，有着极深的领悟。白寿彝曾向老师冯友兰求教，他问老师：自从中国与西方接触以来，为什么中国总是失败？中国为什么不如西方的智、富、强？东方文化和西方文化究竟在根本上有什么不同？中国能从西方学到什么？当冯友兰看到这个河南小老乡学生，如此探求中国求强的哲理，也就偏爱他，为他开起了"小灶"。

正是对这些重要议题在哲学层次上的思考，使白寿彝的史学思想向前大大迈进了一步。白寿彝在燕京大学的学习生活仅有 3 年，这 3 年的所得，对今后从事的各项学术研究工作都产生了很大的影响。

在老师黄子通的指导下，白寿彝开始入手研究两宋哲学，并写出了关于朱熹的多篇论文，如《从政及讲学中的朱熹》《朱熹对于易学的贡献》《周易本义考》《仪礼经传通解考证》和《朱熹底师承》等。另外还编写了《朱子语录诸家汇辑叙目》，后来又编写了他的第一部学术性著作《朱熹辨伪书语》。

1931 年 9 月，22 岁的白寿彝在《朱熹辨伪书语》的序中说："编这小册子的动机，是顾颉刚先生提起的。黄子通先生曾迭次催促它的完成，许地山先生给它题名字。我对三位先生敬致谢感。"顾颉刚亲自为学生校阅书稿，该书由北京朴社 1933 年出版。

为什么要写《朱熹辨伪书语》这本书？白寿彝说："辨伪书的事，是老早已经有的了。《汉书・艺文志》于《文子》等书，就称其出于后人的依托。此后，颜师古、柳宗元等也都有些辨伪的话。但在汉唐的时候，辨伪书的人毕竟是太少了，辨伪书的人所辨的伪书也很有限。到了宋朝，这种事情才算活跃起来。如欧阳修之辨《易系辞》，王安石之疑《春秋》，郑樵之攻《诗序》，汪应辰之不信《孝经》，叶适之不置《管子》《晏子》。差不多辨伪书的事已成了一种小小的风气。在这种风气里，朱熹的收获最多。只就这一个小册子里所辑得的，说他所辨的书已达四十种。”

在中国思想史上具有重要地位的朱熹，之所以能有这样的收获，白寿彝经过分析研究认为，除了时代的关系外，大概有三个原因：第一，朱熹是在小孩子时候就喜欢发问的。第二，朱熹读书，是主张专一的。第三，朱熹所产生的学术兴趣，方面颇多。白寿彝说：

> 本来一件虚伪的事或物，在一个博学者的眼中，是较易露出破绽来的。他见过的多了，听过的多了，懂得的多了，他在过去积累了许多的知识，可以拿来分析或比较当前的事物。虽是这当前的事物对于他或者是完全生疏的，但只要他对于这事物的关系者能多明白一点，则这件事物的原形——至少是一部分的原形，就立刻呈露了。
>
> 朱熹有了博学的本领，他可以从许多方面得到暗示，他可以从许多方面采获工具。就这一点，伪书就很可以在他面前失败了。他的辨伪书的成绩就已经可以比较得多些。更加以他的怀疑精神，根本不预先存一个信仰的成见；他的专一功夫，一个个字地敲剥审问。于是，一批批的伪书更不得不血肉狼藉、尸身横陈了。

白寿彝在谈起出版此书的情节时说：“这虽是一本薄薄的，而且并不怎样费我自己心思的小册子，但当我寻找材料的时候，是在细心地读着朱熹的原著，是在细心地找寻着，总还不是一本临时凑成的东西。这一点忠实，我是敢向读者表白的。”从这里我们可以看出，20多岁的白寿彝，非常赞赏南宋思想家朱熹的辨伪怀疑精神，以及他读书专一的功夫，还有广博的学术本领。这正是一个思想家所要具备的三要素：怀疑、专一、广博。这一学术风格，也贯彻了白寿彝的一生。

在燕京大学读研究生时，对白寿彝在思想上产生重要影响，并通过发表学生的论文而提供了许多实际帮助的老师，便是顾颉刚。

近代以来西学东渐，中国人开眼看世界之后，所形成的以富国强兵、救亡图存为核心的新文化运动，促进了中国社会的巨大变化，以顾颉刚为代表的古史辨派、禹贡学派，无疑受到了新文化运动的深刻影响，他考辨古史，推倒经学偶像的进化论思想，以及在方法论上的实证工作，本身也就是新文化运动的一个重要力量，又为新文化运动添柴加油。其后，顾颉刚的史学思想变化，以及对他的以白寿彝为代表的众多学生所产生的认识论上的影响，又从一个侧面反映了新文化运动这一时代的进程。

顾颉刚说："西洋的新史观的输入，过去人认为历史是退步的，愈古的愈好，愈到后世愈不行。到了新史观输入以后，人们才知道历史是进化的，后世的文明远过于古代，这整个改变了国人对于历史的观念。如古史传说的怀疑，各种史实的新解释，都是史观革命的表演。""海通以来，西洋的新科学和新史学输入到中国，使国人思想上受到了很大的刺激，开始发现过去历史观念的错误，于是对古史传说，便渐渐开始怀疑了。"

在这样的文化背景下，每个人依据自己的觉悟程度，去对待、接受、吸收进化论，形成了具有自己特点的历史观。胡适的带有进化论色彩的历史演进法，影响了他的学生顾颉刚，顾颉刚又影响到他的学生白寿彝。

顾颉刚说，从文化上说，不能笼统地把中国传统文化称为旧文化，把泰西文化称为新文化。本国的东西有旧的，也有新的。外国的东西有新的，也有旧的。或者本国以为是旧的，外国反而称之为新。本国以为新的，外国却看作是旧的。不可以笼统地说谁新、谁旧。即使退一步说，外国文化进入中国称之为新，中国原有的东西称之为旧，但其中还有一个本身的好和坏，以及对于同一境界还有适宜不适宜的问题。把新、旧作为不相干的两个部分，是不正确的。新的东西中有旧，旧的东西中也有新。有的人主张"惟泰西是效"，仿佛西方国家、泰西社会是纯善无恶的，无论什么都可以效法，这就是一个极端。另一个极端是宣称"凡本国的都是旧的，凡是旧的都是好的"。这种观念实际上只能守祖宗成法，不懂得有什么思辨的推察，不懂得有什么推陈出新的道理。

顾颉刚深刻认识到，中国需要新的文化，但这种新文化应当是实质上的新文化，而不是那种"触处可见的欧式，至于内部的精神，多半是盲从的新思想，同牢不可破的旧思想。接受新文化，要有原有文化的变化作为基础，是内部需要的东西”。

顾颉刚在上面提到的“史观革命”，是20多岁的白寿彝在燕京大学求学时所获得的非常重要的思想启发，这是白寿彝之所以能够一步步成长为史学思想家的重要养料来源之一。

在跟随老师顾颉刚之时，白寿彝的另外一个重大思想上的收获，是顾颉刚将进化论与马克思主义唯物史观在结合上的认识，这是解开白寿彝一个谜底的关键：白寿彝为什么能从1949年之前并无马克思主义唯物史观，而在此后能够非常顺畅地接受，并很快成长为马克思主义史学家？

1932年，也就是郭沫若所著《中国古代社会》出版不久，顾颉刚在《古史辨》第四册的序中说：“又近年唯物史观风靡一世，就有许多人痛诋我们不站在这个立场上作研究为不当，他人我不知，我自己决不反对唯物史观。”由此可见顾颉刚的态度是多么坚决。他不但不反对，而且还宣布他辨伪古书，把古书、古史的真伪弄清楚，可打好这一层根底，作为从事唯物史观要搜取的材料。他还认为辨别古书真伪为“下学”，可有利于唯物史观者的“上达”。

顾颉刚根本没有将进化论与马克思主义唯物史观对立起来，而是看到了未来社会的进步。他说：“大家以为黄金时代在古人之世，就觉得前途是没有什么大希望的了。下半世的太衰颓，正由于上半世的太繁盛……我们无论为求真的学术计，或为求生存的民族计，既已发现了这些主题，就当拆去其伪造的体系和装点的形态，而恢复其多元的真面目，使人晓然于古代真相不过如此，民族的光荣不在过去而在将来。”顾颉刚的这些史学观点，对白寿彝史学思想的形成，可以说产生了非常大的作用力。

肆 打通文、史、哲

不论是上海的文治大学，还是河南的中州大学，白寿彝的这段本科阶段的学习经历，使他开始接触了国文与哲学，也为他后来的史学学术研究，铺垫好了一个基础。但是，这一时期以及他在燕京大学读研究生时，他的兴趣点仍是在文学和哲学上，尤其是在研究生阶段，他更强化了哲学这一学术研究方向。他从 16 岁时开始读上海文治大学，直到他在研究生毕业 3 年之后的 1935 年，他用了整整 10 年时间，才完成了从文学转向哲学，再从哲学最后确定走向史学这一人生定位的过程。白寿彝将自己的一生发展，正式定位在史学之时，他年仅 26 岁。从此，文、史、哲三学科在白寿彝的思维中，开始有机地融合在一起，形成一个整体，使文、史、哲“不分家”，这成为白寿彝史学思想及学术研究的一大特点。

容易被大众所接受的读物，在文、史、哲三大学问中，文学读物当然是居第一位的，而哲学读物是最难被大众接受的，历史读物则居中间位置。例如《三国演义》，一部小说，几百年来使三国历史家喻户晓，由这段历史，再去思考更深一层的哲学问题，从而明白合久必分、分久必合的历史规律。所以，由文学进入历史，再进入哲学，如此由浅入深，逐步递进，再将三者融为一体，去理解历史规律，这样更为便捷。要想对社会、对国家有所贡献，均有赖于将文、史、哲三大学问，好好打通。

白寿彝的一生，就是一步步打通文、史、哲隧道，使之连通起来的一生。白寿彝之所以能够顺利打通文、史、哲三大隧道，使隧道中的黑暗亮出光明来，其捷径是从哲学史入手，先将“哲学+历史”融为一体。白寿彝做学问，一直在追求文、史、哲的“三合一”这一最高境界。他最渴望的是12卷22册《中国通史》出版完成之后，能有与之相应的，像著名历史学家吴晗主编、他担任编委的《中国历史小丛书》再度问世，使大众性、趣味性与学术性相得益彰，使人们在通俗易懂、明白晓畅的阅读中，得到真实正确的历史知识，以及对历史规律的深入思考，不再仅仅是读一些历史上的故事，而是通过读历史的小故事而增长大智慧。

白寿彝的老师顾颉刚，十分关注这个大众历史的伟业，他认为这将是历史写作的新纪元。白寿彝的老朋友吴晗，在中华人民共和国成立不久即呼吁：“为了我们的干部、工人、农民、士兵，也为了我们的孩子，我有权利提出这个要求，要求各方面的学者、专家，也来写一点通俗文章、通俗读物，把知识普及给人民。”并强调这是“一件极为重要、刻不容缓的事情”。在他发动之下，《中国历史小丛书》在“文化大革命”前出版了147种，每本书一两万字不等。这个起于1958年、计划出版300册的小丛书文化工程，未能完成。在“文化大革命”中，吴晗因《海瑞罢官》被扣上“叛徒”“特务”的罪名，他于1969年在狱中自杀，去世时年仅60岁。

《中国历史小丛书》的编委之一白寿彝，在“文化大革命”后，因开始总主编《中国通史》以及《中国史学史》《中国回回民族史》三大通史性质的学术著作，而未能正式推动新的“中国通史小丛书”计划。《中国通史》完成之时，他已经90岁了，另外两部通史著作尚未最终完成出版，他便驾鹤西去，这项“中国通史小丛书”的大众历史事业，便留给了我们这些后人。

1983年11月30日，白寿彝写了一篇文章《把历史知识交给更多的人——怀念吴晗同志》，他指出：

> 历史知识，在我们这个时代，是增长智慧、培养历史感、时代感、民族自豪感，提高对祖国前途和人类前途的

认识及信心的重要武器。把历史知识交给更多的人，是历史工作者的光荣职责。吴晗同志在这方面的工作是使人怀念的。

吴晗同志自己编了一个剧本，这就是《海瑞罢官》。这个剧本，大家都知道，“四人帮”给它加上了反党罪名，作为策划十年动乱的第一个步骤。为了历史知识的普及而作者受到了罗织，受到了惨祸。在历史知识的普及二作上，吴晗同志的遭遇是永远值得纪念的。

吴晗同志常说，“群众的历史知识，不是来自书，而是小说和戏剧”，他对历史知识普及化的工作，是必须肯定的。

读过此文，再去考察白寿彝所走过的道路，便可明白他为什么这样重视历史知识普及化的工作。

1961 年，白寿彝在《北京师范大学学报》第 4 期，发表《司马迁寓论断于序事》一文，他特别赞赏了《史记》的这一特点。如《曹相国世家》载百姓歌词，《樗里子甘茂列传》载秦谚，《季布栾布列传》载楚谚，《魏其武安侯列传》附灌夫传而载颍川儿歌等。

白寿彝在中州大学读书时，还与老师、后来成为著名戏剧导演的陈治策一道，创办以文艺为重点的刊物《晨星》。1933 年他 24 岁那一年，在开封又办了面向社会大众的刊物《大河杂志》《新儿童》。他在 1937 年去西北四省考察所写的日记中，便可看出白寿彝 20 多岁所写的文字非常生动、富有文采：

“归绥最大之礼拜寺为礼拜寺街之清真大寺，寺址宽大，建筑壮丽。大门金朱辉煌，北平河南各地所未有也。大殿 25 间，水房 6 间，教长室及小学中学教室多间。水房储水者有水柜，分为温水冷水两种，可以任意灌取。淋浴室无门，设布帘。水池中间设方孔木格，不至堕落物件。池四周之边沿有水沟，不至积水。此皆未经见也。”“阿訇对于近日教内之形式教学颇不赞成，然于握别时谆谆嘱以鼓舞教门，勿忘国家，则知近年潮流所激荡。”

对边疆的发展，白寿彝写道：“如此巨域，即欲发展交通，毫无经济资源，决不能轻言持久。即言开发资源，亦非现有居民莫办。开富源，保治安，筑国防，现实以移民为最要义也。”

对西北山河，他写下了一种沧桑壮美感：“小流走过不远，所过石丛更奇更怪。斑斓的黄苔是看不见了，但赤色的、青色的、黑色的石块，有的非常方正，像古老建筑的残基；有的石壁剥裂，石纹纵横，像几何图案，像什么宫殿檐下的装饰画。更有意思的是，一大块奇突于山堑外的七八尺高的石头，空气和风把它的露出面，磨荡成一个古装的老人：风帽覆在前额，把一副老脸明显地束成一颗直立的枣形。柔和的长袍包着这位老人的身躯，而且这长袍是立在阳和无风下的光景，左右匀称，设有飘动的衣痕。”“日将落，晚霞极奇伟瑰丽，绝非都市中及普通城郊所易见。天幕四面下垂，如与地相接；又如包裹大地而上下覆盖之。任何一方无边际的天幕垂处，划然如一水平直线。此野草丛生之地面是正如一纯圆盘也。我为之旷然神怡。”读到这段文字，你很难想象到这是出自历史学家白寿彝之手，他的记述像是一个文学家，真的丰富了我们对他的认知。

在抗战时期，白寿彝参与创办《文讯》杂志，这成为“抗战文学”洪流中的一个组成部分，他的理念是“无论自然科学、社会科学、文学、哲学、艺术，无所不载”。“要尽文化服务的职责”。他希望通过各种各样的知识去影响受众，使普通人民能够通过对杂志的阅读，得到来自各个不同领域的新知识，从而鼓舞抗战的斗志。让出版物服务于人民，是白寿彝贯彻一生的一个重要的观点，他一直强调史学工作者，要能够写出通俗易懂的史书来，指导人民如何了解历史，如何把握现在，如何探索将来。

白寿彝在《文讯》上充满感情地说：“青年是时代的新芽，是将来时代的开创者。前辈的指导，我们当然乐于听受，但青年的活泼的心灵，我们是一样高兴接近的。我们愿意培养他们求知的欲望，也愿意鼓励他们的创作兴趣。希望中学生、大学生们肯尽量地把写作寄给我们，让我们开辟一个《青年园地》，使得我们这个杂志永远保持着新生的气象。”

“永远保持着新生的气象”，白寿彝的一生就是这样朝气蓬勃，而不是老气横秋。到 70 岁时，他说："我的学问从 70 岁才开始。" 90 岁时，他还在说："争取再过上一个 90 岁。" 他的精气神，真的和那些钻进故纸堆里、写出干巴巴文章的史学家不一样。这与他很早就打通了文、史、哲，融三者为一体有极大的关系，他的血脉里有一种灵动。

他在《文讯》中说："文艺在文化的推进上有不可漠视的作用，在战斗里它是一个巨大的力量。自从七七事变之后，全国兵民拿血来灌溉了文艺的园地，我们相信必然会挺生出无数的异卉奇花，使人们从欣赏中得着崇高的精神陶冶。"

"我们希望在本刊里，把史学家和文学家联合起来，以史学的方法，取得正确的材料和系统的知识，而由文学家的一支笔宣布给大众。" 他要让文史结合起来，要文史互通。

白寿彝的办刊理念，就是希望 "学术论著大众化" "各种专门的知识，各种科学的结论，我们也都想拾取，可是我们希望一件件把他们通俗化，因为通俗化对于一般的读者是无上的需要。但也只有通俗化的专门文字最难写，因为这必须把艰深的东西嚼烂了吐出来，深入既难，浅出更不易。" 正是这个原因，他认为这一时期在文通书局编译所工作，比较重要。

他后来在 1961 年发表的《关于历史学习的三个问题》一文中，更加明确指出："不学好语文，就不能普及历史知识，不能普及历史教育。"

如何实现文史互通？白寿彝在 1981 年 9 月讲得非常清楚：

> 咱们的历史家对历史的文字表述，有优良的传统。特别是写人物、写语言、记战争、表世态，都有独到的地方。大家知道，司马迁是这方面的典范。《史记》的《项羽本纪》《魏公子列传》《李斯列传》《淮阴侯列传》《郦生陆贾列传》《刘敬叔孙通列传》《魏其武安侯列传》《李将军列传》等，都写得特别的精彩，使读者如见其人，如闻其声。
>
> 在《史记》以后的历史书中，也不断地有些写得好的篇章，但像司马迁那样把历史的文字表述和高度的文字修

养结合起来，是很难找的。今天，我们史学界，应该在这方面向司马迁学习，要使我们的作品能吸引人，能让人爱看，才能发生更大的效果。一般的读者反映，说我们的历史书，写得干巴巴的，人家不爱看。我们应该接受这个意见，改变我们的文风。尽管做起来很困难，但这是我们应该努力的。

咱们应该提倡在史书中写语言，而且要写活生生的语言，不是缺乏活人气息的语言。

我们要把历史科学这个工具掌握起来，要有深刻的理论分析，但决不能不要求文字上能善于表述。文字作为宣传的手段，比口头的讲解要更广泛、更持久。文风问题还是当前很重要的问题。

1983年4月6日，白寿彝在陕西师范大学历史系，发表《关于建设有中国民族特点的马克思主义史学的几个问题》的讲话，再次强调“文史不分家”，他说：

文离不开史、史离不开文，但主要地是有文有史，或以文为主，或以史为主，既有分家的相对独立性，又有不分家互相辅助补充的作用。从我们搞历史工作的讲，还是应该以历史为主。既是一个历史工作者，当然是应以历史为主，但是不能不要文学。

写历史书，就是让我们的研究工作产生更大的社会效果，让我们把所理解的历史方面各种研究结论，传达给群众，使更多的读者能读到我们的书，能发生更多的作用。因此就不能不考虑，我们的作品是让更多的人看，还是只给少数人看。如果我们写的书放在抽屉里，什么时候高兴了，自己看看，自我欣赏一番，我看那也可以，你怎么写都行。如果是写给别人看的，就应该让人家爱看。当然，内容是第一，没内容不行。有内容还要善于表达。首先要写准确，第二要写得生动。能达到这两点，对于我们历史学的推广有很大的好处。现在我们的史学作品，书也罢，文章也罢，在很大范围内，是让我们同行看的，是让研究历史的人看的。这个圈子太小了，历史学的作用太小了。应该放大这个圈圈，让更多的人看。当然，这牵涉到一般的群众文化水平问题，这是一个问题。但从我们自己来说，应该努力吸引更多的人看，应该让更多的文化水平不高的人看得懂。专门的研究著作，我们要提倡，但是像刚才说的这一点，我们更应该大力提倡。

现在，好多学校的历史系课程很狭隘，没有开设文学课。一个学历史的人，不管是学中国历史，还是外国历史，都应该学习文学。不懂得文学，在工作上是会感到很大局限的。我们常常听见人们议论，说历史书写得干巴巴的，没有什么意思。这跟他本身历史知识有关，也跟表述方式、表述能力有关，这一点，我看是建设我们新史学很主要的一个方面。

1989 年 2 月 2 日，白寿彝再次发表《多研究点中国历史的特点，多写点让更多人看的文章》，更加直白地说：“只要写成文字，就是要让人阅读的，能让更多的人阅读，不比只有少数读者好吗？”“其实，让更多人能阅读的作品，倒是更须下功夫的作品，是否粗俗要看作品的质量，与读者的多少并无关系。”我们要打破认识上的障碍，走出自己封锁的牢笼，走向群众。这不只关系到个人作品的影响问题，也关系到史学工作的开展，史学工作的社会效益，这对我国史学现状的改变更有好处。

就此问题，白寿彝曾运用恩格斯对著名法国作家巴尔扎克的小说《人间喜剧》的评价，加以深入说明文史互通的关系：“恩格斯在提到巴尔扎克时说：他在《人间喜剧》里给我们提供了一部法国‘社会’特别是巴黎‘上流社会’的卓越的现实主义历史，他用编年史的方式，几乎逐年地把上升的资产阶级，在 1816 年至 1848 年这一时期，对贵族社会日甚一日的冲击描写出来，这一贵族社会，在 1815 年以后又重整旗鼓，尽力重新恢复旧日法国生活方式的标准。”“在这幅中心图画的四周，他汇集了法国社会的全部历史，我从这里，甚至在经济细节方面（如革命以后动产和不动产的重新分配）所学到的东西，也要比从当时所有职业的历史学家、经济学家和统计学家那里学到的全部东西还要多。”

白寿彝在这里用大思想家恩格斯的话，表达了他的“文以载道”的观点，这个道，便是哲学。白寿彝在燕京大学的学习生活，虽然只有 3 年，但对他来说，学术的功底由此而打牢。由于白寿彝攻读的是哲学史，对他以后历史学科的深入研究如虎添翼，因为哲学是人类认识世界的一门学科，是树立人们世界观、价值观、人生观的根基。白寿彝在 20 岁到 23 岁这一人生“三观”形成的重要时刻，他有幸与哲学有缘。

白寿彝曾经这样评价哲学和史学的关系：“哲学和史学都属于人类文化史上最古老的学科之列。当原始社会解体、阶级社会形成之后，哲学逐渐从宗教玄想中分离出来，成为探讨世界观的学问；史学逐渐从神话传说中分离出来，成为探讨人类社会历史的学问。哲学和史学是两门独立的学问，同时二者总有着一定的联系。第一，哲学往往向史学提供观点和方法上的启发，史学往往向哲学提供经验和事实上的依据，二者之间有着相互影响的关系；当然在不同情况之下，这种影响也有大小、疏密的不同。第二，哲学和史学都属于上层建筑领域，都属于社会意识形态，因此都为社会存在所决定和制约；每一时代的哲学和史学都有共同的经济基础，所以又具有同源的关系。”

中华人民共和国成立后，年已 40 岁的白寿彝，没有放慢追求哲学的脚步，他更是加快学习以前没有过多接触过的马克思主义，在他身上，没有从旧中国过来的学者对马克思主义常见的抵触情绪，而是以浓厚的兴趣，以积极的态度认真学习。中华人民共和国成立初期，根据中共中央和毛泽东主席的号召，全国上下掀起了学习社会发展史和历史唯物论的热潮。这一现实对研究文、史、哲的学者都提出了具体的要求，白寿彝开始如饥似渴地学习钻研，努力和新社会的前进节拍同步。为了更好地学习和领会马恩列斯的原著精髓，白寿彝开始学习俄语，因为那时俄文版的马恩列斯著作较多。他除了抓紧时间自学，还买了一台由捷克斯洛伐克进口的收音机，早晚按时收听俄语专家讲授的俄语。当他学了一段时间后，便开始一边学习一边翻阅马恩列斯的俄文原著，并思考中国历史上的一些问题，从而寻找马克思主义与中国历史相结合的点，为此，他把摸索俄语学习和探索马列史学观点结合了起来。

1951 年 7 月，为纪念中国共产党成立 30 周年，中共中央出版了胡乔木撰写的《中国共产党的三十年》；同时相继发表了《毛泽东选集》第一卷中的重要文章，其中包括《实践论》《矛盾论》等 8 篇，从而在全国掀起了学习毛泽东思想和中国共产党历史的热潮，形成了一次全国性的哲学普及运动。白寿彝的书架上，除了过去常用的古书和工具书之外，这时增添了许多新书，即《毛泽东选集》及其单行本，《马克思恩格斯全集》《列宁全集》和《斯大林全集》及马恩列斯著作的单行本，还有《资本论》《共产党宣言》等英文版、俄文版。上述书籍，基本上是新华书店发行一本，白寿彝就马上买回一本，抓紧时间阅读和史学相关的文章。白寿彝深知从旧中国走进共产党领导的新中国，赶上社会前进的步伐，学习马列主义和毛泽东思想非常重要。

这年 9 月，在全国开展了知识分子思想改造的学习运动。周恩来总理在京津高校教师学习会上作了《关于知识分子的改造问题》的报告，白寿彝认为社会急需知识分子的思想改造，并与之相适应地推进新社会新时期的史学事业的发展，认真学习马列主义和毛泽东思想，并应用于史学研究和教学之中是重中之重，也应该对中国历史进行全面观察，以及在不同角度上的重新认识。从旧中国进入新中国，史学界应该有新的史学研究机构以及历史书籍，应包括历史教材、文献、通史、史学史等等方面的新成果。这年，白寿彝和著名史学家侯外庐共同组建了中国科学院历史研究所二所。

1953 年，中国史学界在中国历史问题研究委员会举行的第一次会议上，以及在筹办《历史研究》杂志工作期间，提出了学术研究应该贯彻“百家争鸣”的方针。在 3 年之后的 1956 年，毛泽东和中共中央正式提出了“百花齐放、百家争鸣”的双百方针，并正式作为指导全国文化艺术及学术工作的方针。

在这良好的背景下，白寿彝表现得比较活跃，力求将自己的史学研究和马克思主义的唯物史观结合起来，他通过学习和深入思考后，明确认为："有了唯物史观的指导，史学才能发展成为科学。"为此，他批评了轻视理论学习、忽视哲学思考的学术风气。他说：

> 有些人对哲学甚为冷漠，埋首于史料丛中，甚至以为自己所追求的，是不受任何哲学影响的所谓纯粹史学。他们实际上是误以史料为史学，而不知道必须以正确的观点和方法，研究大量的史料，才能使史学成为科学。
>
> 还有人以为，只要把史料考证准确，就能代替正确理论的指导。其实，凭借考据，只能搞清其当然，即现象；而不能弄清其所以然，即本质。要从当然到所以然，要将现象深入到本质，就必须在马克思主义哲学理论的指导下，进行深入的历史和阶级性的分析。那些以为只要史料搜集得丰富，就可以代替正确的理论指导的讲法大有问题。只有马克思主义的哲学，正是我们从史料烟海中，辨认历史发展规律的指南。
>
> 历史著作必须有史料，也必须有观点。古来大多数史家在著述时，都说明他是有自己的观点的。哲学本来就是关于世界观的学问，是人们对世界上的一切和整个世界的最根本的观点。史家对于历史的观点，也就是他的哲学观点。

这种执着的理论追求，是白寿彝学术上取得创新成就的重要原因。对理论的极大兴趣和对真理孜孜不倦的探索，是他治学不懈的强大动力。这种与时俱进的精神，贯穿了他一生的学术研究和教学工作中。

1964年，白寿彝在北京师范大学历史系招收了第一批史学史研究生。他当年培养研究生，把提高理论水平放在第一位，要求研究生加强学习毛泽东关于批判继承历史遗产的理论，后来还加读《资本论》第一卷，以及《反杜林论》《路德维希·费尔巴哈和德国古典哲学的终结》等著作。他在一次学术报告中指出："理论方面有两个问题，一是理解，一是运用。理解上，要求完整地准确地学习。怎么样才能做到呢？就是不能离开经典著作当时的历史条件和作家的意图，去理解当时的论断。只孤注一掷在理论上有所'发展'，但在实际运用上不求发展、停滞不前，让理论僵化，那不是马克思主义者的做法。如果光是在那里绕圈子，没有一点创见提出来，那么研究工作的意义不大。所以，在马克思主义理论指导下，详细地占有材料，得出新结论，就是创造性的结论，就是发展。"

他的学生吴怀祺说："记得我读研究生时，根据先生的要求，政治理论课是系统地读《资本论》第一卷。开始我很不理解，一个中国史学史专业研究生，也不是研究经济的，为什么要读《资本论》？但一个学期过去后，系统地读了《资本论》第一卷，我也是'不免有茅塞大开之感'，找到一种体悟。体悟出治学与时代的关系，体悟到治史的辩证法。一个正确理论观念与全新的思想境界总是联系在一起的。刘知几有史家三长说，史家在主体上要有史才、史学、史识三长。后来章学诚、梁启超一些学人又加上'史德'说，各家解释不尽相同。先生继承前人的史学遗产，提出治史境界观点，又进了一层。"

白寿彝在关于文、史、哲三家融为一体的理念中，就哲学的价值进行了更深一步的阐述：

> 一个历史工作者对探索理论问题有没有兴趣，这是很要紧的。特别在今天，在马克思主义已经成为指导我们思想和行动的科学世界观的时代，这个问题的重要性显得尤其突出。如果我们在研究工作中，完全没有理论的兴趣，多少年只是在材料中兜圈子，那就不可能踏上治史修史的正确途径，即便取得一点成绩，也是很有限的。道理是显而易见的：历史工作者研究历史、认识历史同认识其他事物一样，都有一个从低级阶段到高级阶段的发展过程，即从感性认识到理论认识的发展过程。其所以有高低之分，是因为"感觉只解决现象问题，理论才解决本质问题"。

如果历史工作者只在材料中兜圈子、打转转，最多也只能得到一点感性的认识，了解一点历史的现象而已；对于历史的本质，则不可能有所认识。所以对于理论的兴趣，在很大程度上决定了历史工作者治史修史的道路及其可能取得的成就。

历史工作者仅仅有理论的兴趣，是不够的，还必须不断培养和提高自己在理论上的洞察力，即善于从理论上提出问题，善于从某些带有规律性的历史问题中把规律揭示出来。在这里，最要紧的是要把马克思主义理论和中国历史实际结合起来，其次是要对历史进行纵观与横观的深入考察。只有这样，才可能从理论上提出问题，才可能使提出来的问题具有一定的深度，并避免对马克思主义理论作简单化的运用。

在历史研究中，理论问题之所以重要，是因为当人们的思维，从具体的东西上升到抽象的东西时，如果这种抽象是正确的话，那末，它不是离开真理，而是接近真理。换言之，如果历史工作者缺乏理论上的洞察力，不善于从理论上提出问题，那就难得使自己对于历史的认识接近真理。

白寿彝这一生的治学，最鲜明的特点就是将文、史、哲彻底打通，不再相互隔离，形成三家分店，而是实现了三家一体化，以哲学的高度，来俯瞰史学，来驾驭史料，由此去认识真理，去发现历史的规律，最后以大众能够理解的通俗易懂的文字，将真理、将历史规律进行传播。

伍

『史记』精神灯塔

白寿彝是一个心中有精神灯塔的人，他不是糊里糊涂的随波逐流者。他将文、史、哲打通之后，形成了文、史、哲三家一体化思想，这是他之所以能够成为高屋建瓴的史学思想家的厚实基础。那么，有了这个基础之后，白寿彝意欲何为呢？他在20岁之前立志要“创造新文化”，他在读研究生时要叩开哲学大门，以探索历史发展规律。那么，如何去实现呢？他把自己奋斗目标的高度，确定在了《史记》这座精神灯塔上，他要像司马迁那样“究天人之际，通古今之变，成一家之言”。

在中国所有的历史学家中，白寿彝最敬佩的就是司马迁。司马迁这位“史圣”，就是他心目中的精神偶像。他在《〈史记〉新论》中说：“司马迁的《史记》，是大家熟知的历史名著。他在《报任安书》中说，他写《史记》是为了‘究天人之际，通古今之变，成一家之言’。”

白寿彝从哲学的高度，来评价司马迁的“历史观”对中国的贡献：汉武帝时期，在历史观上出现了两种思想：一种是适应王朝统治要求的正统思想，以董仲舒为代表。他说：“道之大原出于天，天不变，道亦不变。”这个意思就是天人合一，古今永恒。儒家一尊，也是董仲舒的建议。他说，现在有各种学派和议论，妨碍统一，所以要发扬《春秋》的大一统思想，取消各家学说，定儒家于一尊。这是典型的正统思想。

和董仲舒的正统思想相反的，是以司马迁为代表的一派思想。司马迁继承了秦统一以前历史观的优良传统，并有所发展。他在《报任少卿书》中所说的“究天人之际，通古今之变，成一家之言”，正是和董仲舒的思想针锋相对的。

董仲舒是他的老师，他跟董仲舒学过公羊学，不过他不属于公羊学派。他主张“究天人之际”，而不同意“道之大原出于天”。他要“通古今之变”，首先肯定有变，不是“天不变，道亦不变”。他要“成一家之言”，就是要自成一家，而不是儒家独尊。所以说司马迁的思想是进步的，道理就在这里。

白寿彝认为：司马迁从几个方面论天，讲得很清楚。它的进步意义可以归纳为两点：第一是有明确的唯物主义观点。他把自然现象和人事分开，不牵强附会，用科学知识，剥掉阴阳五行家强加于人事的神秘外衣，并揭露使这些现象神秘化的各种说法的由来。这种思想，在当时是很可贵的。在司马迁以前的历史著作里，对待天的问题就不像他这么明朗。在这一点上，司马迁很有贡献。

第二是在现实政治上，司马迁的天论也很有进步意义。中国封建社会有四条束缚人民的极大的绳索：政权、族权、神权、夫权。政权和族权不分，皇帝是上帝的儿子，不是凡人。他又是神圣皇族的族长，对老百姓来说，他是民之父母。在封建制度下，在家庭里就培养人们的忠君思想。父亲就是“家君”，既是一家之长，也是一家之君。把范围扩大一些，统治者既是政权的代表，又称为“民之父母”。

政权和族权就是这样紧密地结合起来的。夫权实质上是族权的一部分。女子在封建家族和封建社会里是没有地位的。虽然，也出过女皇帝，但那是极个别的。至于神权，更不用说，没有一个皇帝不掌握神权。他当皇帝是受神的委托，神要保护他，他本身也是神。这样一来，他既是最高统治者，又是全国老百姓的大家长，也是大宗教主，把封建社会束缚人民的四股绳索，集中体现于一身，成为维持和巩固统治的命脉。

汉武帝的时候，正是封建专制主义政治制度完成的时候。随着政治形势的发展，宗教理论也需要统一起来，需要有一套东西用来进行精神的统治，这就是阴阳五行学说，它是宗教的另一种形式。恩格斯在《路德维希·费尔巴哈和德国古典哲学的终结》中说过，罗马帝国采用了人工造成的世界宗教，来适应它作为世界帝国的需要。汉武帝时期的中国，比起夏、商、周、春秋、战国来，带有一定意义的世界性质，因而也需要有世界性的宗教。但这种需要，并不是由皇帝下一道命令，就能得到满足的。要建立这种宗教必须有一套理论。董仲舒的作用，就是适应了这一要求。他们用公羊学说，制造出一种符合皇家利益的统一的宗教。司马迁“究天人之际”，把自然现象的天，和阴阳五行的迷信说法分开，并把迷信学说的历史来源、迷信活动的历史过程，加以揭露，是对汉武帝封建专制主义政权的一个打击，本质上是和正统的统治阶级思想对立的。

既然天是天，人是人，天象和人事没有必然联系，那么，在历史发展中起决定作用的因素是什么呢？司马迁首先注意人谋。比如，历史上的一些战争，作战的双方历史条件一样，具体情况也差不多，但胜败不一，甚至有时强者败，弱者胜。道理在哪里？司马迁认为取决于人谋。司马迁不同意项羽所说的“此天之亡我，非战之罪也”，他举了好多事实说明项羽的失败不是天意，而是人谋上出了问题。司马迁首先注意的是人谋，看你怎么努力，怎么策划。

其次，司马迁讲“时”“势”。“时”是时代条件，“势”是形势，两者指的都是历史条件。一般说，“时”的含义比“势”更具体点。司马迁虽然注重人谋，但并不认为光有人谋就能百战百胜，还要有一定的历史条件，也就是要有“时”有“势”。

白寿彝从史学的发展角度，对司马迁的贡献评价是：从历史编纂学的源流发展来看，《史记》是二十四史中第一部纪传体的书。说它是纪传体，还不能算是一个很完备的说法。二十四史中《史记》以外的书，有的没有表或志，但各书都有纪和传，所以统称为纪传体。《史记》不但有本纪、列传，还有世家、表、书。诸侯之国，或者某方面有成就的、影响大的人物都有“世家”，如《孔子世家》

《陈涉世家》等。说《史记》是纪传表志体的书，更合适些。

从历史编纂学的发展来看，《史记》应该说是综合体。它把过去记载历史的各种体裁都综合起来了。虽然其中任何一种历史体裁都不是独创，但经过综合提炼，使它们相互配合成为一种完整的形式，却又是新的东西。司马迁搞出这种体裁很不简单，不是单凭他的能力就能办到的，这同长期以来的历史渊源有关。司马迁以前，没有一部具有完整规模的历史记载。

司马迁如何“通古今之变”写好《史记》呢？白寿彝说：在《太史公自序》中，司马迁追述自己写《史记》要“原始察终，见盛观衰”，这8个字很重要。在《史记》十二本纪里，五帝只写了一篇。夏、商、周也是各一篇，比《五帝本纪》详细。秦写了《秦本纪》，又写了《秦始皇本纪》。汉代是一个皇帝一篇，而吕后也占了一篇。表，三代有一篇，记了世系，而无年代。十二诸侯是年表，六国也是年表。秦楚之际变化很大，是月表。汉兴以来，表就多了，共有6个。越到后来，搞得越细。不要小看这些表。在“通古今之变”的问题上，十表是最大限度地集中体现这一要求的。司马迁每写一个表，就是要写这个历史时期的特点，写它在“古今之变”的长河中变了些什么。把这10个表总起来看，就可看出中国由封侯建国走到郡县制度，由地方分权走到皇权专制。

从《史记》的编纂可以看出：第一，司马迁对待历史是略古详今的，越古越简，越近越详。第二，他对几千年历史记载的处理是有阶段性的，他把三代作成一个表，十二诸侯一个表，战国一个表，是按历史阶段来处理的。可以看出，司马迁的心目中有一个古今演变的大势，眉目分明。

白寿彝说，在古代，认为历史是固定不变的观点，是个传统观点。到了周代殷时，说“天命靡常”，天要变了。可是当它建立了统治以后，就要“亿万斯年”地永远统治下去。秦始皇更干脆，声称要“二世三世至于万世，传之无穷”。汉代的诏书里，同样也有子孙万代的说法。历史是发展、变化的，但统治阶级却不大喜欢变化。他们最怕改朝换代，他们要求永恒不变。在这种情况下，司马迁却说历史是进化的，是变的，这正是司马迁的进步之处。

白寿彝特别赞赏司马迁的“原始察终，见盛观衰”这8个字，我们再从白寿彝的座右铭“彰往知来”4个字中，是否看到了白寿彝与司马迁在史学思想上的继承呢？“彰往知来”是白寿彝喜爱并经常提及的词语，中国成语中的“彰往察来”或“彰往考来”，是指记载往事不使湮灭，据以考察未来。《周易·系辞下》：“夫《易》彰往而察来，而微显阐幽。”亦作“彰往考来”。西晋杜预的《春秋左氏传序》：“若夫制作之文，所以彰往考来，情见乎辞。”白寿彝所讲“彰往知来”出自成语，而又一字之差，就其中之“察”或“考”，变更为“知”字，一字之变，便可知道白寿彝不仅要“察”，要“考”，还更要“知”，要“知”这个历史的“道”，即人类社会发展的规律。

“彰往知来”，做到了“彰往”，其目的是“知来”。要做好“知”是很不容易的，但他一定要努力去做。白寿彝一生寻觅“彰往”，追求光明，投身进步事业，与时俱进，奔赴“知来”。他始终铭记“彰往知来”，认为人们研究历史是为了更好地认识和指引现实，观察和展望未来，从而自觉地适应历史的进步，力求推动历史的发展，以实现他的更高境界：“学习历史，创造历史。”不仅要“知”，更要“创造”。

如何创造呢？“成一家之言”方为创造。白寿彝说，在西汉司马迁时期，敢于“成一家之言”，在当时史学领域里是一件具有挑战的事。司马迁以前，历史学方面谈不到成“家”或成“派”。《春秋》之前，历史书都是官书。史官修书，有一定的规格要求。《春秋》之后，《国语》《左传》主要是把历史材料排列起来，也很难说成一家之言。

《史记》作为一部历史书，在“成一家之言”方面是个创举。“言”者，议论也，即有意表达一个人的思想主张的意思。“成一家之言”既要继承先秦时期百家争鸣的风气、传统，又要在史学领域中有所创造，敢于拿出自己的主张。当时，汉武帝尊崇儒术、罢黜百家，司马迁却要来个“成一家之言”，显然是对正统儒学的一种抗议。

司马迁是如何评价百家争鸣时代每一家的“一家之言”的？白寿彝认为，司马迁在《太史公自序》里面讲了六家要旨，这是他的学术总论。司马迁以前也有人讲学术，比如：荀子有《非十二子》，评论了12个思想家；庄子《天下篇》也曾评论当代的学术。可是，无论荀子、庄子，都是讲某人如何，而不是议论百家争鸣所形成的学派。韩非子的《显学篇》里面说“孔墨之后，儒分为八，墨离为三”，有了一些分析学派源流的意思，但还没有明确提出“学派”这一重要的概念。《太史公自序》里引出司马迁的父亲司马谈“论六家之要指”，则把学术综合为六家，也就是把学术的发展分成几种流派来评短论长，这是很不简单的。学术流派本是客观存在的，但司马迁提出“学派”的观念，却是过去没有的，在学术史上是一个创举。

《史记》的史料来源都有哪些呢？白寿彝通过研究认为，有四个部分，即：经传、百家杂语、档案材料和他自己的亲身见闻。他把这些材料综合起来，从传说时期的轩辕黄帝起，一直到汉武帝，写成一部130卷的中国通史，这在当时，是空前的创举。

司马迁创造了一个好的历史传统：每当中国历史发展到一个转折点，当一个阶段或一个朝代结束后，或是社会经济、政治发生重大变化的时期，便有人出来，把过去已经告一段落的历史写出来。比如：二十四史里大部分著作，是写各朝代历史的。杜佑的《通典》是记载历代经济、政治各种典章制度的，上起传说中的唐虞时代，下迄唐玄宗天宝末年。司马光的《资治通鉴》，上起战国，下终五代。从政治上来看，五代是中国历史上的一个转折时期，所以他把北宋统一以前的历史作了一个总结。郑樵的《通志》是在宋南渡时有感于社会变化而写的，是会通历代史书的一部通史。司马迁写《史记》，正是从秦始皇开始的封建专制主义政治制度完成的时候，这恰好是一个历史阶段。他为中国的历史作出了卓越的贡献，在史学上留下了优良的传统。

白寿彝说，史学名著《文史通义》作者章学诚曾说，《史记》和《汉书》不一样，《史记》是“圆而神”，《汉书》是“方以智”。这是说《史记》对历史的表达不受形式的限制，很灵活。而《汉书》则是规规矩矩地讲史事，提供知识。也就是说，司马迁注重思想，班固则注重知识。这个评语很允当。“圆而神”的好处，便在于不使内容为形式服务，不因拘于形式而削足适履，而是要求形式服从内容。因此，《史记》的确高出一筹。

由此可见，1963 年白寿彝在中共中央高级党校理论班所讲授的司马迁《史记》，不是泛泛而讲一个历史人物、一部史学名著，而是为了“继春秋、述往事、思来者”。以实现白寿彝研究历史“彰往知来”的使命，即“究天人之际，通古今之变，成一家之言”。在他总主编 22 册的《中国通史》第一卷，集中概括了他作为一位高屋建瓴的史学思想家的见解。

第一卷是 12 卷本《中国通史》的导论，白寿彝主要对 9 个方面的内容进行了阐述：一是统一的多民族的历史；二是历史发展的地理条件；三是人的因素、科学技术和社会生产力；四是生产关系和阶级关系；五是国家和法；六是社会意识形态；七是历史理论和历史文献；八是史书体裁和历史文学；九是中国与世界。白寿彝还在附录中，提出了中国历史上的 12 个方面的 346 个问题。

上述 9 个方面是按照 3 个部分构建起来的，从第一到第六，依照从物质到精神，从经济基础到上层建筑，再到意识形态的逻辑，在历史唯物主义指导下，简述了白寿彝对中国历史发展中一些重要理论问题的认识。第七到第八部分，白寿彝结合中国史学遗产，阐述了本书对历史编纂中的理论、文献、体裁、表述等几个方面的理论性认识。最后一个方面即第九，阐述了他对中国历史在世界历史上的地位的认识。他的基本观点是：

第一章着重从理论上阐述了中国历史上的民族关系及其主流，中华人民共和国成立后中国共产党的民族政策和民族分布现状，以及统一的多民族国家的历史之撰写所应注意的方面：疆域问题、历史分期、多民族的统一。

第二章从普遍的意义上论述了地理条件与历史发展的关系，进而从理论上阐述了中国地理条件的特点及其与中国历史发展的关系，包括地理条件对经济、政治、民族、社会发展变化的影响。

第三章主要论述了中国历史上的直接生产者在不同时代的不同特点，他们都有技术性和社会性的两个方面，同时还论述了科学技术与社会生产力的相互关系，以及中国生产史上的科学技术及其特点。

第四章论述了生产关系、阶级结构和阶级斗争，如关于封建社会中多种生产关系并存、封建社会阶级结构的等级制，以及地主阶级在封建社会的社会矛盾中之居于主要的矛盾方面等。

第五章论述了国家职能的起源流变，探索其发展规律，并通过对国家职能的具体分析，肯定了它在历史发展中所起的作用，国家不仅具有统治职能，还具有社会职能，二者往往有密切的联系，不可分割。

第六章论述了马克思主义关于意识形态的学说，以及中国哲学、社会政治学说的历史发展及其特色：唯物主义的优良传统；社会政治思想的革新进取精神；人性论及道德学说的丰富遗产。

第七章论述了历史理论的两个基本问题，即历史的客观性和历史的可知性，以及中国史学在这方面的探索，同时论述了中国历史文献的发展和历史文献学的形成。

第八章阐述多卷本《中国通史》编撰体裁的具体构思，以及它采用中国历史上各种优秀的史书体裁的缘由，说明了运用多种体裁相互配合，以求多层次地反映历史面貌的必要性，既可以反映历史的进程，又可以反映历史发展的规律性、丰富性，达到贯通古今的要求。

第九章论述了中国历史的特点：一是中国历史的连续性，一是国家统一的发展和巩固。同时论述了中国史和世界史的关系，即中国史有结合世界背景考察的必要，以及中国史在世界史中的重要性。

这是一本关于历史理论的著作，它的理论创新主要表现在：运用历史唯物主义的基本原则，结合中国历史的进程和面貌，系统地论述了关于中国历史的一些重要理论问题，填补了历史理论研究与中国历史研究这两个方面的空白。

白寿彝在理论创新上的突出贡献有以下几点，这便是他以司马迁为楷模，“究天人之际，通古今之变，成一家之言”的思想结晶：

第一，关于中国历史的范围。他认为，中国的历史是中华人民共和国境内各民族共同缔造的历史。

第二，关于中国历史上的统一问题。他认为，统一的多民族国家是逐渐形成起来的，提出了统一的四个类型的论点，即单一民族内部的统一、区域性多民族的统一、全国性多民族的统一和社会主义的全国性多民族的统一。

第三，关于历史分期。他认为，分期问题的讨论不要局限于中原，要努力在全国范围内考察，应当从社会发展的不平衡的状态上，掌握一个时期的整体性。提出了封建社会可以分为四个时期的见解。而分期的标准，应当是考察生产力的发展、地主阶级身份的变化、农民阶级身份的变化、民族地区和广大边区的发展变化、中外关系的变化等综合考察的标准，这是在历史分期理论与方法上的一家之言。

第四，关于地理条件与历史发展。厘清了地理条件决定论以及承认地理条件对历史发展有重大影响二者之间的界限，提出了中国地理条件的特点，及其与中国历史发展的关系的理论认识。地理条件的复杂性和经济发展的不平衡性，地理条件之局部的独立性和整体的统一性及其与历史上政治统治的关系，地理条件与民族、民族关系，地理条件的变化及其对社会的影响。

第五，关于生产者、科学技术和社会生产力。突出了直接生产者在社会生产力发展中的作用，提出了中国历史上的直接生产者，在不同时代的不同特点，把科学技术作为生产力的一个方面看待，把科学技术和生产力问题，作为中国历史之基本理论看待。这在当代历史编纂上都是少见的。

第六，关于生产关系、阶级结构。白寿彝提出了封建社会中多种生产关系的并存、封建社会阶级结构的等级制，以及地主阶级在封建社会的社会矛盾之中居于主要的矛盾方面的论点，并把世家地主、门阀地主、品官地主、官绅地主视为封建社会中地主阶级变化的四个阶段。

第七，关于国家职能。全面阐述了国家职能，即国家不仅具有统治职能，还具有社会职能，简单地把剥削阶级掌权的国家看成是一无所取，是不符合历史情况的。

第八，关于中国通史编纂的形式。他提出了新综合体的理论和框架，说明了《中国通史》以序说、综述、典志、传记四部分结合而成的基本内容和主要优点，为中国通史编纂开创了一种新的形式。

第九，关于中国与世界。他阐述了中国历史发展之连续性的两个主要方面：一是中国作为一个政治实体，在其发展过程中，未曾为外来因素所中断；二是中国文明在文化发展上也未曾有断裂现象，同时说明了中国史在世界史中的重要性。

著名历史学家高敏对白寿彝继承司马迁《史记》精神，又高出《史记》，作过独到的评价：

> 撰写一部多卷本《中国通史》，既是史学研究本身的发展所必需的，又是中国作为一个历史悠久的文明古国和今天处在世界强国、大国的地位所必要的。当然，这远不是白寿彝先生主编此书的全部目的。他的目的，还在于正确地揭示中国历史发展的规律，和多层次地反映中国历史发展进程的丰富内涵，从而在“通古今之变”的基础上，最大限度地服务于中国的现实，并科学地观察中国的未来。
>
> 在白老看来，写《中国通史》，顾名思义，贵在一个“通”。这个“通”，不仅是指写作体裁上的前后一致，也不仅是指文风上的通顺、通达，还不仅是指了解每一典章制度和学术思想等源与流的脉络贯通，而且在于研究者通过对全部史料的研究“上升到理论化的高度”，真正探索出中国历史发展的客观规律来，使历史规律与现实状况和未来的发展联系起来，融为一体，以求得对人对事和整个社会发展的高屋建瓴的洞察性和预见性认识，这就是所谓的“通识”。
>
> 白寿彝先生积长期研究中国历史的经验，特别是积长

期研究中国史学史的经验，认为：我国古代史书编写体裁中的纪传体、编年体与纪事本末体，虽然各有优劣，但其中的纪传体优点较多。例如《史记》的纪传体，实际上是在吸收了《尚书》的多种体裁的特点和《春秋》的编年体以后才形成的“本纪”“列传”“世家”“书”“表”的综合体形式。

《史记》的编写体裁，实际上是包括编年体、纪传体与纪事本末体三者的综合体。由于它采取了这种综合体的史书编写体裁，才能“形成一个相互配合的整体，能从多方面反映社会生活，构成一个时代的全史，并且容量很大，有很大的伸缩性”。有鉴于此，白寿彝先生通过多年的探索，方才提出建立一种类似于《史记》编写体裁的综合体编写方法。

毫无疑问，这样的综合性的史书编写体裁，既源于《史记》，又高于《史记》，明显是对我国古代史书编写体裁优点的继承与发扬。

这不能不说是一个重大的创举。

白寿彝在1963年所写的《〈史记〉新论》一书中，在最后一部分，情不自禁地激赞司马迁的《史记》是“空前的巨著，优秀的楷模”。“《史记》这部通史在它所包括的时代上，在丰富的内容上，都是前无古人的。”“应当承认，像司马迁这么全面地发展了史学，后来的人是很少有的。司马迁集史学家、文学家、思想家于一身，也是后无来者的。”

更有意思的是，20年后的1984年3月，白寿彝又写出专文《说“成一家之言”》，他说：

司马迁《报任安书》，说他写《史记》要“究天人之际，通古今之变，成一家之言”。近年，史学界的同志们就“究天人之际，通古今之变”颇有所论列，对“成一家之言”谈论的还比较少。有的学者以创纪传体，来称道司马迁的“成一家之言”。创纪传体可以说是“成一家之言”

的一端，似尚未能尽其意。

“成一家之言”，是在史学领域里第一次提出了“家”的概念。司马迁的工作，他自认为是继《春秋》以后的有关工作，是以史学成家的。事实上也是如此。

“家”，本来是一个政治概念、经济概念和社会组织单位的概念。把“家”运用到学术领域里，称学术流派为“家”是经过相当长的过程的。

在史学领域里提出“家”的概念，并在实践上实现了“成一家之言”，这在司马迁个人，是超越前人的成就，在史学的发展上，标志着我国史学已经规模具备地成长起来了。

在司马迁的看法中，“成一家之言”是时代的要求。他说：“先人有言：自周公卒五百岁而有孔子。孔子卒后至于今五百岁，有能绍明世，正《易传》、继《春秋》、本《诗》《书》《礼》《乐》之际。意在斯乎！意在斯乎！小子何敢让焉。”这就是说，周公以后五百年，孔子写了《春秋》。现在孔子去世又五百年了，应该继承孔子的事业，这是不可推卸的责任。

在封建社会各个时期，历史家们以各种形式继承了司马迁的这种精神。在今天，我们是社会主义的时代，我们的要求应该跟司马迁有本质上的不同。但在马克思主义理论的指导下，为了建设社会主义精神文明，我们，特别是中青年同志，也要有敢于“成一家之言”的勇气。

“有敢于‘成一家之言’的勇气”，这正是白寿彝超出常人气魄之所在，这也正是他能够成长为高屋建瓴的史学思想家的精神动力。白寿彝是富有《史记》精神的史学家，这座精神灯塔，的确照耀着汪洋大海中的白寿彝这艘船航行前进的方向。

如何认识这个时代

1909年清朝末年出生的白寿彝，面对20世纪的中国最急需解决的问题，曾在自己写的文章中问自己："这是一个什么时代？我们应该怎么办？"

白寿彝认为，20世纪的中国与民族危机的时代感有密切的关系，救亡图强、民族复兴是最重大的话题。

为此，他站在史学思想家的角度，全面梳理了100多年来，每一个重要时期为实现救亡图强、民族复兴的时代任务而奋斗不息、思考不止的杰出中国人，并进而阐发自己的观点。

白寿彝认为，龚自珍（1792—1841）和魏源（1794—1857），作为史学家，在这一时代里，首先表现了对民族危机的迫切感。龚自珍主要是从国内封建统治的腐败着眼，猛烈地批判了封建专制制度的罪恶。他把当时的社会比作满身疥癣的病体，四肢被长绳缚在独木上不能动弹，而这长绳就是陈腐的皇家"祖宗之法"。他用形象的话描写出封建"衰世"触目惊心的情景，指出大乱不远了。他在《平均篇》中说："至极不祥之气，郁于天地之间。郁之久乃必发，为兵燧，为疫疠。生民噍类，靡有孑遗。人畜悲痛，鬼神思变置。"

龚自珍探索造成"衰世"的原因，大胆地谴责统治者对人们的摧残迫害，他在《古史钩沉论一》中说："去人之廉，以快号令；去人之耻，以崇高其身；一人为刚，万夫为柔，以大便其有力强武。"

因此，他呼吁变革，论证变革是历史的必然，他在《上大学士书》中说："自古及今，法无不改，势无不积，事例无不变迁，风气无不移易。"他在《乙丙之际著议第七》中，警告统治者："一祖之法无不弊，千夫之议无不靡，与其赠来者以劲改革，孰若自改革？"他强调不变法就是坐等灭亡。龚自珍的这些言论，是在封建统治日益腐朽、外国侵略的隐患不断加剧的形势下发出的时代呼声，对以后的资产阶级改良运动产生了重大影响。梁启超在《论中国学术思想变迁之大势》一文中说："语近世思想自由之向导，必数定庵。吾见并世诸贤，其能为现今思想界放光明者，彼最初率崇拜定庵。当其始读《定庵集》，其脑识未有不受其激刺者。"

白寿彝评价龚自珍：龚自珍因为在对时代的认识上，站得比较高，所以，他批判当时盛行的、烦琐考据的学风，倡导恢复明清间经世致用的传统，力图把学术从脱离实际的歧路，转移到注重现实问题的方向上来。他一生关注的重点，始终是"东西南北"之学，即社会现实政治问题，是清代后期最早注重研究边疆史地的学者之一，最早提出新疆设置行省的建议，显示出他着眼于解决社会危机、巩固国家统一、安定边疆的卓识，在学术上也起了开一代风气之先的作用。

谭嗣同的《仁学》，从历史批判的角度论证"变"的迫切性。他历数封建专制统治的残暴罪恶，用具体史实论证："二千年来之政，秦政也，皆大盗也。"一切纲常名教、刑律制度，都是"独夫民贼"用来统治压迫人民的。因此他发出"冲决罗网"的呼声。在当时中国面临的危急形势下，这些论证历史必变的激烈言论，无疑起到了警醒人心的作用。

白寿彝认为康有为维新变法的重要理论根据，是他的历史进化观，即在《孔子改制考》《春秋董氏学》《论语注》等书中一再阐述的"公羊三世说"。他将今文经学的三世说与建立君主立宪的主张结合起来，形成具有资产阶级性质的历史进化理论。正如马克思在《路易·波拿巴的雾月十八日》一文中所说："他们战战兢兢地请出亡灵来给他们以帮助，借用它们的名字、战斗口号和衣服，以便穿着这种久受崇敬的服装，用这种借来的语言，演出世界历史的新场面。”

白寿彝对这一时期的时代特征发表了深刻见解：康有为的变法思想是在新的历史条件下对龚自珍、魏源的继承，并大大发展。龚自珍、魏源倡导变革，还停留在议论阶段，康有为则把它变成实际的行动。龚自珍、魏源尖锐批判清朝统治的腐败，不愿听任民族危亡而去讨好统治者，但他们的爱国思想，跟希望清朝强盛的情感还分不开。康有为讲“太平”，提出民主共和的理想，是把清朝甩开了。在这一点上，他把爱国与对清朝统治的态度，两者区分开来了。然而，他的实际纲领，又只限于对封建制度实行改良。他是主张渐变，反对突变；主张改良，反对革命。

白寿彝说，戊戌变法的失败，证明改良主义在中国行不通。经过这场教训后，改良派下层及左翼青年知识分子，从思想上寻找新的出路，有许多人逐步倾向革命。与此相适应，在 20 世纪最初几年，出现了批判“君史”、提倡“民史”、倡导“新史学”的热潮。那时留日学生迅速增多，为了改革现状，救亡图强，如饥似渴地探求新学问，同时十分重视翻译介绍、西方近代资产阶级的史学理论。短短几年中，题为《史学通论》《史学原论》《中国新史学》等文章或译文相继出现。

白寿彝对救亡图强、民族复兴时代中的杰出人物孙中山，给予了高度评价：孙中山在领导辛亥革命、宣传革命学说的伟大贡献中，就包含他对一些历史问题的精辟论述。他曾为《太平天国战史》一书作序，表彰太平天国英雄们的功绩，激励反清革命的思想。他坚信新生必然战胜腐朽，论证反清革命一定成功：“历史表明，在中国，朝代的生命，正像个人的生命一样，有其诞生、长大、成熟、衰老和死亡；当前的满清统治，自 19 世纪初叶即已开始衰微，现在则正迅速地走向死亡。”他断言列强继续支持清廷的政策，也“注定是要失败的”。

孙中山重视人民群众在革命和建国事业中的作用，在文章《中国问题的真解决》中，他把“因官吏的勒索敲诈而无力谋生”“人数最多”的劳苦大众，列为革命最重要的力量，相信他们“将以日益增大的威力与速度”进行革命，“满清政府的垮台只是一个时间问题”。他驳斥个人是历史“原动力”的谬论，说华盛顿、拿破仑“二人之于美法革命，皆非原动者。美之十三州既发难抗英而后，乃延华盛顿出为之指挥，法则革命后，乃拔拿破仑于偏裨之间，苟使二人易地而处，想亦皆然。是故华拿之异趣，不关乎个人贤否，而在其全国之习尚也”。杰出人物乃时代的产儿，不同的历史人物的行为特点，应该从其所处的时代去找原因。孙中山重视群众力量这一进步的历史观点，是他后来确定“联俄、联共、扶助农工”三大政策的重要思想基础，而成为始终站在时代潮流前面的伟大历史人物。

对孙中山之后又一杰出人物、中国共产党的重要创始人李大钊，白寿彝经过认真研究，对他所作出的历史贡献，发表以下观点：李大钊在五四运动以前，与孙中山一样，对人民的苦难给予真挚的同情，强调要重视人民的意志和力量。他在《民彝与政治》一文中说：“民彝者，可以创造历史，而历史者，不可以束制民彝。”他用秦朝灭亡和袁世凯复辟帝制破产的历史说明，曾经不可一世的反动人物，在愤怒反抗的人民力量面前，“锄而去之，易如反掌”。他对人民群众与英雄人物，在历史上作用的相互关系有相当中肯的论述：“历史上之事件，固莫不因缘于势力，而势力云者，乃以代表众意之故，而让诸其人之众意总积也。是故离于众庶，则无英雄。离于众意总积，则英雄无势力焉。”他论述，代表了人民的意志才能成为英雄，历史的发展，归根结底是人民的意志、力量起作用。以这种进步历史观为基础，在十月革命影响下，李大钊立即接受并宣传马克思主义，同时开展了中国共产党的建党活动，1921 年中国共产党的成立，从此掀开了中华民族伟大复兴的崭新一页。

白寿彝在对新文化运动和“五四”以后的中国时代特征分析后指出：这一时期，中国革命形势有了深刻的变化，旧民主主义革命转化为新民主主义革命，这在思想、文化领域里的反映是：政治思想的革命，扩大到学术思想的革命，历史的批判深化到史学的批判，马克思主义的辩证唯物主义和历史唯物主义成为指导革命行动的指南针。

中华人民共和国成立后，多次与毛泽东有过交往，并直接去过中南海毛泽东住处的白寿彝，对毛泽东的远见卓识有深刻的体会。白寿彝认为毛泽东就是一位大历史学家，所以，他对毛泽东在1940年在延安所写的《新民主主义论》中，对1840年以来中国社会的时代特征的论述，是高度认同的。

白寿彝说：

> 我们细细思索毛泽东同志的这段话，可以认识到“五四”以后，马克思主义史学在中国的发展之重大的历史意义。“五四”以后的史学，无论在对历史发展过程的全面理解上，在问题探索的深度上，在观察问题的角度上，马克思主义史学家的成就都不是别人可比的。特别是在揭示历史规律、指出历史前途的问题上更是这样。

正是由于白寿彝对自己所处时代救亡图强、民族复兴这个历史使命，在认识论上的完全到位，所以，他在行动上，便能够自觉把握历史发展的大趋势，以高屋建瓴的姿态，去主动、积极地回答第二个问题：“我们应该怎么办？”

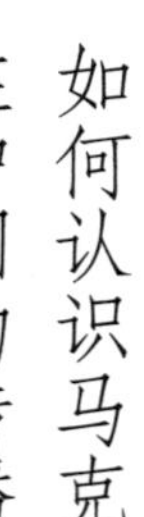

如何认识马克思主义在中国的传播

白寿彝在如何认识这个时代的问题获得解决之后，便提出了如何实现救亡图强、民族复兴这一时代的使命——“我们应该怎么办。”这是需要进一步解决的大问题。

马克思主义在中国的传播，是20世纪中国社会发生翻天覆地变化的一个根本特征。如何认识这个历史过程？对作为史学思想家的白寿彝，则是一个必答题。对此，经过长期思考的白寿彝，作出了最能体现他水准的回答。他认为：

> 马克思主义唯物史观的问世，是历史、哲学史上的巨大飞跃、巨大贡献。在它以前，从没有一个哲学家，能把哲学唯物主义运用到人类社会和人类社会史的观察上。尽管也有极少数的哲学家、历史学家，在观察具体历史事件或人物时，作过具有唯物因素的解释，但远远不能形成历史唯物主义的理论体系。只有马克思主义唯物史观，才把唯物主义的基本原理，运用到人类社会和人类社会史上，阐明了一系列根本性的问题，形成了指导史学工作的理论体系，使史学成为科学。

马克思在《〈政治经济学批判〉序言》里，有一段对唯物史观作了简要的表述，白寿彝说，马克思的这段话阐明了：

第一，人们在社会生产中，发生同物质生产力一定发展阶段相适合的生产关系。

第二，生产关系总和是法律、政治等上层建筑，以及与之相适应的意识形态的现实基础。不是人们的意识，决定人们的存在，而是人们的社会存在，决定人们的意识。

第三，社会生产力和生产关系，是在矛盾运动中不断发展的。当现存的生产关系，不能适应生产力发展而成为生产力桎梏的时候，社会革命就发生了，因而经济基础要变更，上层建筑也要变更。

第四，判断一个人和一个变革的时代，不能以个人的看法或社会意识为根据，而必须从生产力和生产关系之间的现实冲突中，去寻求对意识的解释。人们是不能超越时代的条件去解决什么任务的。而在历史的演进中，存在过几个不同的时代，每一个时代都存在社会经济上的对抗形式。

列宁在《卡尔·马克思》一文里，节引了这段话，称赞它是“对运用到人类社会和人类社会史的唯物主义的基本原理”作了“周密说明”。列宁在同一篇文章里，阐明了唯物史观在历史理论上的重大成就。

白寿彝认为，马克思、列宁的这些文章，是学习唯物史观的指针。认真地深入地学习，并结合中国历史和社会现状进行研究，才能不断地提高史学工作的水平。过去的历史学家和哲学家，曾经提出这样或那样的历史观，但是他们不能说明，至少也是不能正确地说明，自己的历史观是怎样历史地产生的。于是，他们将历史重大事件的发生，不是归因于偶然出现的天才，就是归因于理性自身的发展。用唯心史观解释唯心史观的发生，这真无异于在黑屋子里捉黑猫了。相反，马克思主义的唯物史观，既足以科学地说明一切唯心史观是怎样历史地发生的，又能够科学地说明其自身赖以发生的历史条件。白寿彝通过认真思考后认为：

> 马克思主义的唯物史观，是唯一正确的历史观。坚持唯物史观的原则，把它运用于具体的研究工作，使历史学沿着正确的方向前进，这是马克思主义史学工作者的光荣职责。

> 但是要真正做到马克思主义理论和历史实际的结合，得出符合事实的创造性的结论，并不是一件轻易的事情。这不仅因为社会历史研究本身，是一种艰苦复杂的工作，有时还会遇到外在的人为的干扰。例如窃居高位的假马克思主义骗子的威逼，各种反马克思主义思想的侵袭等等，致使坚持正确的立场和观点的马克思主义者，不得不付出重大的代价，如十年内乱中许多史学工作者所遭遇的挫折和迫害。马克思主义的历史学者即使在这种困难的情况下，仍然坚信唯物史观，忠贞不渝，毫不动摇，而当一时的阴云散去之后，他们所坚持的马克思主义的历史观点，就会在新的历史时期、在更广阔的领域得到发展。

白寿彝认为，马克思、恩格斯曾经反复指出，他们所创立的学说是指示方向的指南针，而不是为各种社会问题包医百病的药方。“我们的历史观首先是进行研究工作的指南，并不是按照黑格尔学派方式构造体系的方法。”他们一再提醒研究工作者必须独立地去研究全部历史，必须详细地研究各种社会形态存在的条件，设法从这些条件中，找出相应的政治、法律、美学、哲学、宗教等等的观点。他们十分厌恶那种教条主义地把唯物史观变成僵死的现成的公式，拿了这些现成公式套在无限复杂、错综变化的历史事实上，就轻易地宣布已经建立起唯物主义的史学体系的做法。这种态度，名曰尊重马克思主义，实际与唯物史观所要求的严肃的科学精神很不相称。这样做的结果，既糟蹋马克思主义，又堵塞历史成为科学的道路。

历史的研究必须详细地占有材料，进行具体的分析，从中找出历史事实之间的必然联系，这样得到的结论就有科学的价值。反之，如果只是用一些美丽的字眼，来歌颂历史上各个时期的进步力量，同时把一些辱骂的字句，加于历史上的反动力量，单纯地把研究者的感情外加于历史人物和历史事件，以为这样就是体现唯物史观的原则，实在是对这个原则的误解。对于社会发展的进程，既要看到它们的共同规律性，又要看到它们的特异性。每个社会都存在于自己的特殊的历史环境中，表现出异常的复杂性，不能以固定的、刻板的观点去看待。社会发展进程中的这些异常复杂的情况，往往就是研究工作的困难所在，科学研究的任务，就是要从异常复杂的特殊现象中，找出一定的规律。

在历史研究中，要坚持唯物史观的原则，还必须警惕和克服经验主义的倾向。马克思主义史学工作者十分重视历史资料，认为历史资料的整理考订，是历史研究的一项重要工作，因而高度评价一些学者在这方面所作的贡献。但不能由此得出结论说，史料学即是历史科学。历史研究的根本任务是总结历史的经验，说明历史发展的规律，以指导当前的工作。要做到这一点，就必须有唯物史观的指导。同时，历史资料的整理和考订，也应当运用唯物史观的理论和方法，以提高史料工作的科学性和目的性。

白寿彝将马克思主义史学在中国的传播和发展，划分几个阶段来进行评价：在中国史学近代化过程中，各种不同的倾向几乎是齐流并进，而马克思主义史学的传播则是其中的主流。中华人民共和国成立后，这一主流更成为支配的力量。1919—1949 年的 30 年间，是我国马克思主义史学初步建立的时期。这个时期可分为 4 个阶段。

第一个阶段是 1919—1927 年。随着马克思主义在我国的传播，中国的马克思主义史学产生了。李大钊（1889—1927）是我国马克思主义史学的第一个奠基人。

第二阶段是 1927—1937 年。在这个阶段里，用马克思主义的历史理论，观察整个中国历史的进程，并跟当时的革命实践结合起来，是一个很突出的特点。这 10 年中，在全国范围内，思想界、学术界展开了关于中国社会性质、中国社会史分期和中国农村性质的三大论战。

郭沫若（1892—1978）出版了《中国古代社会研究》。这是中国学者用马克思主义理论系统阐述中国历史的第一部书。

白寿彝对郭沫若的评价是：他始终把史学作为无产阶级革命事业的一部分。他的“清算过往社会的要求”，是产生于“对未来社会的期望”，他是为着“未来”而研究“过往”的。在此，我们是否再次感受到了白寿彝的座右铭“彰往知来”的意境？白寿彝说，郭沫若写《中国古代社会研究》，是为了打击那些高喊“我们的国情不同”从而抵制马克思主义反对革命的人。举例来说，他在1944年所写的《甲申三百年祭》，是为了一方面揭露反动统治者的腐败，一方面以李自成所领导的农民起义从胜利走向失败的史实，为一面历史的镜子，提醒革命者在胜利的关头，不要“纷纷然，昏昏然”，骄傲起来。毛泽东称这篇文章是大有益于中国人民的史论。

白寿彝说，马克思主义在中国的传播，抗日战争时期（1931—1945）是第三阶段，解放战争时期（1946—1949）是第四阶段。在这些战争的岁月里，我们的史学家们，面对着民族的生死存亡和反动政权的残酷统治，以严肃的科学态度，总结祖国的历史，发掘祖国的优秀文化传统，显示了中华民族对历史前途的信心，鼓舞了全国人民，特别是青年一代反对内外反动派的斗志。从科学水平来看，一般地说，这两个阶段的史学，比以前两个阶段要成熟得多。进步的史学家们，既努力运用马克思主义理论，又详细地占有必要的材料，从而得出了独立的学术见解，为我国马克思主义史学的发展创立了一代优良学风。在这些艰难的岁月里，马克思主义史学富有成果。

1949年，新中国诞生，从整个中国历史的发展上看，这是从近代历史进入现代历史的时期。从史学的发展上说，这是马克思主义在史学领域里，开始得到广泛传播的时期。

白寿彝对毛泽东在马克思主义史学理论方面的杰出贡献，有过非常完整、精彩的评价：毛泽东在领导中国新民主主义革命、社会主义革命和社会主义建设的长期斗争中，一向十分重视史学工作。早在抗日战争时期，毛泽东曾经这样说过：“指导一个伟大的革命运动的政党，如果没有革命理论，没有历史知识，没有对于实际运动的深刻的了解，要取得胜利是不可能的。”因此，他向全党提出了学习历史、研究历史的任务，指出要“学习我们的历史遗产，用马克思主义的方法给以批判的总结”。“我们这个民族有数千年的历史，有它的特点，有它的许多珍贵遗产。对于这些，我们还是小学生。今天的中国是历史的中国的一个发展；我们是马克思主义的历史主义者，我们不应当割断历史。从孔夫子到孙中山，我们应当给以总结，承继这一份珍贵的遗产。这对于指导当前的伟大的运动，是有重要的帮助的。”这里，他把学习和研究历史、把史学工作提到革命政党能否指导当前的革命运动的高度上来看待，提到关乎革命运动成败的重要位置来看待。毛泽东之所以把史学工作摆在这样要紧的地位加以强调，是因为：

第一，他认为，马克思主义的史学工作，是一种能够正确地阐释人类社会历史发展的科学工作。对于指导一个伟大运动的政党来说，如果不能正确地认识人类社会历史的发展，就不能正确地说明历史的前途，就可能在当前的革命运动中迷失方向。

第二，他认为，只有应用马克思主义的立场、观点和方法，认真地研究中国历史，认真地研究中国现状，才能做到把马克思主义和中国实际结合起来，“在各方面作出合乎中国需要的理论性的创造”。如果没有这种理论性的创造，无产阶级政党就不能胜利地指导革命运动。

第三，他认为，史学工作可以给无产阶级政党提供许多有益的历史经验，作为指导当前革命运动的借鉴。他精辟地指出：“人类的历史，就是一个不断地从必然王国向自由王国发展的历史。这个历史永远不会完结。……因此，人类得不断地总结经验，有所发现，有所发明，有所创造，有所前进。”

白寿彝说，毛泽东重视史学工作对提高民族自信心的重要作用。史学工作不仅对无产阶级政党来说是重要的，对全民族来说也是重要的。关于后者，主要是提高民族自信心的问题。毛泽东认为，批判继承古代文化遗产，“是发展民族新文化提高民族自信心的必要条件”。毛泽东在讲到中华民族的历史传统时说：“中国是世界文明发达最早的国家之一，中国已有了将近四千年的有文字可考的历史”；“中华民族又是一个有光荣的革命传统和优秀的历史遗产的民族。”他在讲到1840年以来的中国历史时指出：中国人民，百年以来，不屈不挠、再接再厉的英勇斗争，使得帝国主义至今不能灭亡中国，也永远不能灭亡中国。1945年，他在总结北伐战争、土地革命战争和抗日战争的经验时写道："三次革命的经验，尤其是抗日战争的经验，给了我们和中国人民这样一种信心：没有中国共产党的努力，没有中国共产党人做中国人民的中流砥柱，中国的独立和解放是不可能的，中国的工业化和农业近代化也是不可能的。"史学工作应当给人以启发，给人以信心，不是引导人们向后看，而是引导人们向前看。这是史学工作之所以重要的原因之一，也是马克思主义史学工作的一条基本原则。

毛泽东重视史学工作和端正学风的关系问题。毛泽东一贯认为：能否注重研究历史，是衡量主观主义的学习态度和马克思主义的学习态度的标志之一。他说，主观主义的学习态度，"就是割断历史，只懂得希腊，不懂得中国，对于中国昨天和前天的面目漆黑一团"。而马克思主义的学习态度则相反，"就是不要割断历史。不单是懂得希腊就行了，还要懂得中国；不但要懂得外国革命史，还要懂得中国革命史；不但要懂得中国的今天，还要懂得中国的昨天和前天"。

他批评有些人对自己的历史一点不懂或懂得甚少，不以为耻，反以为荣。他号召："一切有相当研究能力的共产党员，都要研究马克思、恩格斯、列宁、斯大林的理论，都要研究我们民族的历史，都要研究当前运动的情况和趋势；并经过他们去教育那些文化水准较低的党员"，而"干部应当着重地研究这些，中央委员和高级干部尤其应当加紧研究"。他的这些话，都是在讲到党的作风和学习的问题时反复加以强调的。在这方面，毛泽东本人给我们做出了很好的榜样。无论在革命战争年代，还是在社会主义建设时期，他都十分重视史学工作，对我国著名历史学家郭沫若、范文澜、吕振羽等，都曾给予热情的关怀和具体的指示。中华人民共和国成立以后，毛泽东系统地阅读《二十四史》，并且作了许多批注、圈点、勾画，有的部分是一阅再阅。他的这种勤奋读史的精神，证明他始终重视把马克思主义和中国历史及现状相结合的原则。他的这种严肃的科学的态度，正是他一贯提倡的理论联系实际的学风的表现。

白寿彝说，毛泽东重视史学工作的重点和研究历史的方法问题。他认为：中国历史和外国历史都应当研究，既要懂得希腊罗马，也不应忘记“自己的祖宗”。而对于中国史的研究工作，他在1942年针对当时的情况指出：“特别重要的是中国共产党的历史和鸦片战争以来的中国近百年史，真正懂得的很少。近百年的经济史，近百年的政治史，近百年的军事史，近百年的文化史，简直还没有人认真动手去研究。”十分清楚，毛泽东是主张把史学工作的重点，放在对近百年史的研究上的。这固然是由于近百年史的研究，是当时史学工作的薄弱环节的缘故，但更重要的还是出于当时革命事业的迫切需要。

1940年秋天，毛泽东在写给范文澜的一封信上说：目前大地主大资产阶级的文化反动十分猖獗，思想斗争的第一个任务就是反对这种反动。讲经学史，要对近代一些代表人物进行批判。稍后，他又建议吕振羽写一部《中国近现代革命史》。这都说明毛泽东非常重视中国近百年史的研究工作。他还提出具体的建议：“对于近百年的中国史，应聚集人才，分工合作地去做，克服无组织的状态。应先作经济史、政治史、军事史、文化史几个部门的分析的研究，然后才有可能作综合的研究。”他的这些意见和指示，对推动中国近百年史的研究工作，明确史学工作的研究方向，具有重要的意义。

白寿彝通过认真研究毛泽东的著作，还总结出许多毛泽东关于研究历史的方法的重要见解。第一，关于理论、材料、结论。毛泽东在《改造我们的学习》里指出：研究历史和研究现状，应当“不凭主观想象，不凭一时的热情，不凭死的书本，而凭客观存在的事实，详细地占有材料，在马克思列宁主义一般原理的指导下，从这些材料中引出正确的结论”。他在《整顿党的作风》里又说：“现在我们党的中央做了决定，号召我们的同志学会应用马克思列宁主义的立场、观点和方法，认真地研究中国的历史，研究中国的经济、政治、军事和文化，对每一问题要根据详细的材料加以具体的分析，然后引出理论性的结论来。这个责任是担在我们的身上。”从史学工作的方法来看，这两段话里包含了研究历史的科学方法。忽视理论的指导或轻视材料的作用，都不能获得正确的结论。

第二，关于阶级斗争理论在历史研究中的运用。毛泽东强调说：“阶级斗争，一些阶级胜利了，一些阶级消灭了。这就是历史，这就是几千年的文明史。拿这个观点解释历史的就叫作历史的唯物主义，站在这个观点的反面是历史的唯心主义。”他运用阶级斗争理论分析中国封建社会、半殖民地半封建社会的基本矛盾时，还有许多精辟的论断。

第三，尊重历史的辩证法的发展。毛泽东认为，研究历史应当注意到古今的联系，揭示历史发展过程中的辩证关系。他指出：“今天的中国是历史的中国的一个发展；我们是马克思主义的历史主义者，我们不应当割断历史。”这里所说的“历史主义”，意即不要离开历史的观点去研究历史，注意把辩证法应用于历史研究的过程之中。他说：“中国现时的新政治新经济，是从古代的旧政治旧经济发展而来的，中国现时的新文化，也是从古代的旧文化发展而来，因此，我们必须尊重自己的历史，决不能割断历史。但是这种尊重，是给历史以一定的科学的地位，是尊重历史的辩证法的发展，而不是颂古非今，不是赞扬任何封建的毒素。”割断历史固不足取，颂古非今也是错误的：它们都不符合历史发展的辩证法。

第四，要肯定人民是世界历史的创造者。毛泽东指出：“人民，只有人民，才是创造世界历史的动力。”这个思想贯穿于他的许多重要著作，成为毛泽东思想科学体系的一个组成部分。他在论文学艺术的时候反复强调：“对于人民，这个人类世界历史的创造者，为什么不应该歌颂呢？”“历史是人民创造的，但在旧戏舞台上（在一切离开人民的旧文学旧艺术上）人民却成了渣滓，由老爷太太少爷小姐统治着舞台，这种历史的颠倒，现在由你们再颠倒过来，恢复了历史的面目。”这些话虽是对文学艺术工作者讲的，但它所反映的历史和方法论，对史学工作者来说无疑也是应当遵循的。

白寿彝对毛泽东关于中国历史的很丰富的精辟论断，有深刻的分析。白寿彝说，从时间上看，上自古代，下迄近现代。从内容上看，涉及经济、政治、军事、文化、民族关系、中外关系等各个方面和许多历史人物。毛泽东对于中国近百年史的科学分析及革命经验的总结，特别对于指导中国革命有理论上和实践上的伟大意义。

毛泽东说：“自从1840年的鸦片战争以后，中国一步一步地变成了一个半殖民地半封建的社会。”他从 10 个方面分析了帝国主义列强通过一切经济、政治、军事和文化的压迫手段，“把一个封建的中国变为一个半封建、半殖民地和殖民地的中国的血迹斑斑的图画”。

毛泽东还在《中国革命和中国共产党》这一名著的第二章《中国革命》里，对近代中国革命的对象、任务、动力、性质和前途作了透彻的科学分析。正因为他正确地分析了百年以来的中国国情，明确了百年以来的中国社会性质是半殖民地半封建社会，这才正确地分析了有关革命的一系列重大问题，明确了近代中国的社会性质，无论在理论上和革命实践上，都是极为重要的头等大事。

毛泽东说：“帝国主义侵略中国，反对中国独立，反对中国发展资本主义的历史，就是中国的近代史。”换言之，亦即“帝国主义和中国封建主义相结合，把中国变为半殖民地和殖民地的过程，也就是中国人民反抗帝国主义及其走狗的过程”；正是由于中国人民的英勇斗争，帝国主义始终不能灭亡中国。这是一条基本的历史经验。而在整个近代中国革命过程中，“民族革命和民主革命这样两个基本任务，是互相区别，又互相统一的”。从革命发展阶段来看，“其中最重要的区别就在于共产党出现以前及其以后”。毛泽东曾多次指出，五四运动和中国共产党的成立，把中国反帝反封建的民主主义革命，分为旧民主主义革命和新民主主义革命两个既相联系又相区别的阶段。旧民主主义革命时期的历史教训是：“旧的顽固的封建主义的思想武器”抵御不住帝国主义的侵略，中国人从“西方资产阶级革命时代的武器库中”学来各种“思想武器和政治方案”也抵御不住帝国主义的侵略，都宣告破产了，“中国人没有什么思想武器可以抵御帝国主义”。由于“民族资产阶级是带两重性的阶级”，“从一方面说来，他们是革命的力量之一”，“但是又一方面，由于他们在经济上和政治上的软弱性，由于他们同帝国主义和封建主义并未完全断绝经济上的联系，所以，他们又没有彻底的反帝反封建的勇气”，“这样，中国资产阶级民主革命的两个基本问题，两大基本任务，中国民族资产阶级都不能解决”，这两大基本任务就必然地落在了无产阶级的肩上，落在了无产阶级政党的肩上。毛泽东的两个阶段的革命论，是指导新民主主义革命由胜利走向胜利，并引导全国人民成功地建立了新中国的光辉思想。

毛泽东非常重视民族传统和历史遗产，与中国革命和建设相结合的重大问题。毛泽东说："中国的长期封建社会中，创造了灿烂的古代文化"，"我们必须继承一切优秀的文学艺术遗产"。关于总结历史遗产的方法，他认为，一是要"清理古代文化的发展过程"，一是要区别精华和糟粕，亦即"将古代封建统治阶级的一切腐朽的东西，和古代优秀的人民文化，即多少带有民主性和革命性的东西区别开来"；区别的目的是决定去取，做到"剔除其封建性的糟粕，吸收其民主性的精华"，避免对于古代文化的"一概排斥"或"盲目搬用"。批判地接受古代文化，必定有利于"推进中国的新文化"。在创造新文化的过程中，"有这个借鉴和没有这个借鉴是不同的，这里有文野之分，粗细之分，高低之分，快慢之分"。

著名历史学家王国维，在《人间词话》一书中写出了人生三境界，这三个境界，正是白寿彝探索马克思主义在中国近百年的传播，一步步成长为高屋建瓴的史学思想家的过程。在 1949 年中华人民共和国成立之前，白寿彝的研究处在"昨夜西风凋碧树，独上高楼，望尽天涯路"的境界。中华人民共和国成立后，为探索马克思主义真谛，他开始进入第二个境界："衣带渐宽终不悔，为伊消得人憔悴。"由于他的刻苦钻研，使他很快进入到第三个境界："众里寻他千百度，蓦然回首，那人却在，灯火阑珊处。"他终于找到了马克思主义这盏灯火，他坚定地作出以下结论性的判断："我认为，在马克思主义传入中国以前，在中国史学领域里，是没有唯物主义的，在马克思主义建立以前，在国外的史学领域里，也是没有唯物主义的。""只有马克思主义唯物史观，才把唯物主义的基本原理，运用到人类社会和人类社会史上，阐明了一系列根本性的问题，形成了指导史学工作的理论体系，使史学成为科学。"

正是这种深刻的认识，使白寿彝在中华人民共和国成立之后，面对马克思主义传播和发展过程中所发生的许多重大问题，才能在大是大非面前，有非常清晰的判断。

中华人民共和国成立之初，全国掀起了学习马克思主义的高潮，大中学校的历史教师学习运用马克思主义讲课并著述，史学工作必须有正确的史观的指导，这成为广大史学工作者普遍感兴趣的首要问题。史学界热烈讨论了中国古代史分期问题、中国近代史分期问题、农民战争问题、资本主义萌芽问题和汉民族形成问题。对这些问题虽没有取得一致的结论，但各种不同的说法，基本都是力图用马克思主义来说明和解决问题。

白寿彝说，1957 年反右期间，出现了一些脱离马克思主义的提法，也伤害了一些有成就的历史学家。此后，有红专的辩论、史论关系的辩论，对史料即史学的批判等。这些问题不是不可以讨论的，但以行政命令的方法和群众运动的形式，对持有某些学术论点的人施加压力，造成了不好的后果和影响。不少人因此不敢表示自己的学术见解，有一些人更学会了看风说话。此外，还有所谓“拔白旗”的流行，给一些专家、教师扣上政治帽子。针对这些混乱现象，我们的历史学家是出来说了话的。如翦伯赞在 1957 年发表的《关于打破王朝体系问题》和《目前历史教学中的几个问题》，1962 年发表的《目前史学研究中存在的几个问题》，就是针对当时的混乱情况，提出了一些正确的看法，批评了一些错误的东西。但是反右扩大化及其影响下所形成的“宁左勿右”的思潮，不是历史学家的几篇文章所能一下子扭转得了的。

此后不久，从吴晗新编历史剧《海瑞罢官》遭到围攻开始，我国的史学工作经历了“文化大革命”灾难性的浩劫。一大批正直的马克思主义历史学家和有科学价值的历史论著，被宣布为“反动权威”和“大毒草”，处于“不合法”的地位而不断受到打击和诽谤。在“四人帮”的把持下，以“儒法斗争”史代替阶级斗争史，以反动的影射史学冒充科学的史学。白寿彝非常气愤地说：他们颠倒了黑白，败坏了历史学的信誉，毒害了青年一代。事实再一次告诉人们：马克思主义在中国传播和发展的遭遇是严酷的，它受到了严峻的考验。但是，从中华人民共和国成立以来的总的情况来看，马克思主义在史学领域的传播是愈来愈广泛了，人们对它的理解也愈来愈加深了。

1978 年十一届三中全会之后，史学界做了大量的拨乱反正的工作，许多被封禁多年的史学论著终于陆续问世，新的、有相当价值的研究成果不断出现，各种史学研究会和史学期刊相继恢复、扩大、创办，这都反映了历史学界获得新生之后的大好形势。

但是，由于市场经济的影响，再加上早已存在的信仰危机，使 20 世纪八九十年代涌动而起的“史学危机”，成为人们普遍关注的社会现象。对此，白寿彝在 1985 年时即作出明确回答：

“危机”是外国话翻译，有同志说是“紧迫的问题”的意思，不是说“很危险的机会”。我个人想法，提这个问题反映了关心我们学科的历史前途。可以有这样想法，安不忘危，多考虑点困难，还是好的。可从形势发展上看，还应该说是好的。我们这个会在“四人帮”时不能开，50 年代也开不了，现在我们有条件开了，这是历史的发展。从这点上看，我们的国家还是进步的。

历史界有许多现象可以注意，也确实存在着一些问题，有一个问题还是很要紧的，就是刚才提到的史学作为科学讲有什么用处，这比过去的提法更高了一层。这问题在有些人不考虑，但这是个方向问题。我们可从研究生的论文里得到反映，从杂志发表的文章里得到反映，不接触现实的文章太多，就事论事的文章太多，烦琐的考据也比较多。有些论文题目，由于作者思路不清，都不是论文题目，什么是论文都不懂。在这方面说，我们是存在不少问题。史学同现实的联系、史学内部的各种基本训练，这需要赶上去。每个人都在历史洪流里生活，不懂历史不行。第一天郭圣铭同志谈得很好，“不懂历史，不足以立国”。历史家的最大任务就是要“述往事，思来者”，宣传、阐述历史方向，传播历史思想、历史知识，推动历史前进。这一点一定要考虑。总之，我们的事业是在不断发展向前的，过去的史学家做了很多促进史学发展的工作，今天我们完全有条件做得到，并有信心超过前人，把史学工作推向更高的阶段。

这一时期，白寿彝还就马克思主义史学在中国的传播与发展，继续进行了深入阐述：我们要建设有中国特色的社会主义的现代化国家，需要了解中国的国情和历史特点，史学应该对此作出回答。为什么说中国走社会主义道路，是历史所作出的唯一正确的选择？需要我们把近代中国放在世界史的范围内进行考察并加以解释。今天的中国是昨天的中国的发展。中国古老的文明是怎样产生和演变的？为什么中国封建社会如此高度发展，而走向近代化的步履却又如此艰难？中国封建专制主义中央集权国家，在历史上究竟起了什么积极的和消极的作用？怎样看待中国传统社会的小农经济和农民阶级？传统文化对中国人民的心理结构和民族性格，产生了什么影响？中华民族凝聚力的内在根据是什么？这一系列问题，都直接关系到对我国国情的了解，有待于史学工作者作出充分的科学的说明。

中国的史学家有一个古老的传统，就是讲历代的治乱兴衰。这是过去讲历史很重要的问题，特别在一个大朝代发生变化的时候，这样一个问题，就特别突出。秦何以亡？汉何以兴？这是一个大问题。司马迁写《史记》要通古今之变，上述问题是最大的变。变在哪？政治家、思想家都在问。问这干什么？要从历史上接受教训和经验，以巩固他们的皇朝。今天我们这样做，为的是观察国家命运。一方面要从过去的历史中培养我们观察政治的能力；另一方面，培养我们对政治的兴趣。摆在现实生活里面，就是要当好主人翁，关心国家命运，关心国家前途，关心现实政治，提高辨别能力。用马克思主义分析、提高咱们的政治觉悟、观察政治的能力和兴趣，这是历史工作者应该搞的。

人文科学的繁荣和发展，是社会主义精神文明建设的一个重要组成部分。不能想象我们这样一个历史悠久的文明古国，在现代化建设中，史学没有相应的繁荣和发展。世界各国人民不仅要了解中国的今天，也要了解中国的昨天。以儒家思想为核心的中国传统文化，其历史价值和现实意义已经超出了中国范围，成为世界各国学者十分关注的问题。对中国历史文化的研究，应该由中国学者领先，这是责无旁贷的责任。中国的现代化要求我们在马克思主义的指导下，加强史学本身的学科建设。要拓展和深化史学的研究领域，提高史学的研究水平。当然，也要引进外国有价值的史学理论和研究方法，吸收它们有益的学术成果。只要是有利于史学繁荣和发展的学术工作，都是我们社会所需要的。

白寿彝在1989年5月1日，面对全国政局遭遇动荡不安的特殊时刻，80岁的他更加立场坚定地指出：

> 最近，党中央再次强调要坚持四项基本原则，坚持改革开放，提高了不少同志的认识，也提高了大家观察历史的水平。客观的发展形势向我们提出新的任务，要我们迎接新的历史阶段。我个人认为，我们国家的形势是在发展，不发展不行，没有别的出路，一定要往前进。
>
> 我们除了做大量的具体工作以外，还要宣传历史工作的理论意义和现实意义。我们不能把我们的研究成果锁在抽屉里，研究的目的就是要告诉大家，要影响大家，要在思想上武装大家。这是很重要的问题。
>
> 我们现在最要注意的，一个就是还要重新学习马克思主义。中华人民共和国成立40年来，我们都在学。现在看起来，还是比较肤浅，不那么深入。从过去接触到的情况看，对马克思主义采取实用主义的态度，还是相当严重的。这个毛病很大。对经典作家的话真正的意思没有理解，只是从字面上翻过来。这是不行的。即使有时碰对了，也还是没有弄清楚原来的意思。这需要有鲜明的态度，真正认真地学习。经典作家的作品很多，看一遍很不容易。要抓住几本钻研，反复读。它的好处在于看一遍有一遍的体会，读一遍有一遍的味道，跟我们的作品就是不一样。有些作品，尽管是名著，起初看着不错，但看一遍就不爱看了。这些年把学习马列主义的功夫都丢了。现在我们要开创史学工作的新局面，应该从头学起。

白寿彝 科学的历史观

在人类历史上，古今中外最杰出的历史学家、哲学家和政治家等，都在探索历史发展的规律。那么，如何探索才能找到这个规律呢？《三国演义》将历史规律总结为“话说天下大势，分久必合，合久必分”。这个天下大势，指的就是历史的发展趋势，亦即历史的规律。那么，这个规律总结得对不对呢？这就涉及观察研究“天下大势”的历史观，是否符合历史发展的客观实际。在中国古代，“皇权神授”、天人感应的历史观很盛行。在近代，西方进化论历史观更是风靡一时。那么，在当代，如何树立科学的历史观对于我们很好地总结历史中的经验、吸取历史的教训，以史为鉴，更好地服务于我们今天的工作和生活，就显得尤为重要。白寿彝作为高屋建瓴的史学思想家，像拉家常一样，娓娓道来的一些想法，为我们打开了如何树立科学的历史观的方便法门。

白寿彝说：说起历史观，有人就觉得它深奥，好像它为哲学家和历史学家所专有，与群众没有多少关系。其实，群众的实际生活时常涉及历史，自然也就不可避免地要涉及对历史的看法，这也就涉及历史观点的问题。

有两句人们常常说到的古语：“观今宜鉴古，无古不成今。”这两句话既能反映我国人民重视历史的传统，又表达了一种历史观点。人们都生活在现实的社会之中，可是不论哪一代人的现实社会，都是前代社会的发展，都是以往历史的继续。每一代人，生到人间的时候，都加入了一个现成的现实社会，都享有了前人留下的成果，面临着前人留下的问题。人们对此无法任意作出选择，而只能接过前人的“历史接力棒”，以前人的终点作为自己继续前进的起点。“无古不成今”，就自觉或不自觉地反映了这个道理。人们在社会生活中，既遇到历史遗留的问题，又遇到当时发生的问题，当时发生的问题，究其根源，也都有其历史的前因。

群众对于历史的观点，较多地表现在对历史人物的善恶和对历史事件的是非评价上。例如，我们中国人对历史上的民族英雄均怀有崇高的敬意，各国人民对本民族的民族英雄也是如此的态度。同样对侵略本国的敌人都会怀有仇恨。群众在实际生活中，经常涉及的是比较具体的历史问题，因此，他们的观点也就更多、更鲜明地表现在这一方面。对比较抽象的、涉及一般历史规律的问题，群众也并非没有自己的观点，只不过相应的在这方面，群众中的观点，也往往是结合或针对某种具体历史情况而发的。因此，就历史的一定阶段，或一定的方面而言，常常是正确的，而一旦越出一定的界限，就会成为错误的。

白寿彝进一步说：作为哲学意义的历史观，与群众生活中的历史观点，既有区别，又有联系。群众的历史观一般带着自发的直观的性质，不那么系统；而哲学家、历史学家对社会历史的认识，比一般人要条理一些、全面一些、深刻一些。哲学家、历史学家的社会职责，一是研究过去的和今天的社会生活，探索各种社会问题的形成过程、原因和结果，力求找出规律来。哲学家、历史学家有时还汲取群众的某些观点，以丰富自己的思想。

群众中的历史观点，往往跟他们的现实社会生活有比较密切的关系，但相对地缺乏理论上的抽象性和系统性。那么，哲学家和历史学家的理论化了的历史观点，是否就跟他们的现实社会生活无关或关系较少呢？历史事实回答我们：不然，历史学家和哲学家的历史观点，也总是跟他们的社会生活密切相关的。

历史观点与社会生活之间的关系，主要通过时代性和阶级性反映出来。这就是说，一定的社会生活决定着一定的历史观点，使观点带上它的时代的和阶级的特点。

一种观点在什么历史条件下出现，为哪些阶级的人们所提倡、信奉，其中有某种必然的联系。例如，神意决定历史的观点，最初出现在社会开始划分为阶级的奴隶制时代，这是由于奴隶主阶级为了加强他们的统治地位，需要假托神的意志，需要将权力神圣化，所以制造出关于神决定历史的理论。封建地主阶级一般说来，也是需要神学作为庇护的。在我国封建社会前期，“皇权神授”的学说盛行，即认为皇帝的权力，由天命或神的意志赋予。统治者拿这种说教，使封建皇权增添神圣不可侵犯的性质。同时神意决定历史的观点之所以能够流行，又是和当时的社会生产发展水平、科学技术发展水平联系着的。科学不发展，迷信就横行，这是人们头脑里神学观念产生的基础。

封建社会末期，资产阶级兴起，这时社会生产力发展了，自然科学有了急剧的进步，资产阶级为了反对封建君主的统治，积极反对用神意解释历史，这时就有了人文主义的历史观，即认为历史的发展与神意无关，历史是人的理性活动的结果。

到了 18 世纪，法国资产阶级启蒙学者，进一步以理性主义清算以往的历史。这一次的清算，在人类的历史上可以说是空前的。在奴隶制社会和封建社会里，也有过后代学者，对前代历史观点的批评或清算。但相对于这一次清算来说，以往的一切清算，都是不彻底的。恩格斯在《社会主义从空想到科学的发展》一书中，曾经对这场资产阶级启蒙运动，作了十分精辟而全面的分析。他说：“在法国为行将到来的革命，启发过人们头脑的那些伟大人物，本身都是非常革命的。他们不承认任何外界的权威，不管这种权威是什么样的。宗教、自然观、社会、国家制度，一切都受到了最无情的批判；一切都必须在理性的法庭面前，为自己的存在作辩护，或者放弃存在的权利……以往的一切社会形式和国家形式、一切传统观念，都被当作不合理的东西，扔到垃圾堆里去了；到现在为止，世界所遵循的只是一些成见；过去的一切只值得怜悯和鄙视。只是现在阳光才照射出来，理性的王国才开始出现。”

这些启蒙学者，否定了以前的一切的合理性，甚至也否定了以前的一切的历史合理性。他们肯定自己的理性王国是合理的，并且不是历史的合理的，而是永恒的合理的。白寿彝对此，以哲学家风格的语言评论道：这种以理性王国为标准的历史观，以完全超阶级的形式，代表着资产阶级的利益，以完全超历史的形式，把自己限制在它自己的时代规范之中。

迄今的一切历史观，都有其时代性和阶级性。马克思主义的唯物史观同样具有这两种特性。这里要指出的是，对历史观点的时代性和阶级性，一方面必须重视，另一方面不能简单机械地去理解。社会历史现象是极其复杂的，反映到历史学家头脑中的社会历史观点，也是极其复杂的。同一个时代的、代表不同阶级和阶层利益的历史学家，他们的观点可以很不相同；同一个阶级的历史学家，因为处在不同的时期，他们的观点也会有差别，甚至同一个阶级、同一个时期的历史学家，也会因为个人特殊的身世和经历等，在观点上各有特点。

白寿彝说：“大江东去，浪淘尽，千古风流人物。”这是苏轼《念奴娇·赤壁怀古》中的名句。历史恰如滔滔大江，前逝后继，源源不绝，本身就是一个永恒运动的长流。

怎样理解历史的运动呢？自古以来，人们对这个问题的见解，大体有两种：一种是承认历史在运动中有质变的，一种是不承认历史在运动中有质变的。

白寿彝说，战国时代的法家，大都是承认历史运动的质变的。历史的运动有无质变的争论，在长时期里都断断续续地进行着。甚至到了20世纪的初期，美国出现了一个以“新史学”自行标榜的学派，他们还是否认历史运动中的质变。时至现代，要否认历史上的今古差别已经不可能了，于是他们就承认历史上的进化，而否认历史上的革命。为什么会出现这种进化论历史观呢？白寿彝经过研究，作出以下判断：他们的一个重要手法，就是以历史的连续性，来掩盖或湮没历史的阶段性。

历史为什么会这样或那样地运动呢？是什么在起决定的作用？自古以来对此也曾有过许多争论，白寿彝说，可以分作以下几点来加以考察：

第一，决定历史的是天命还是人事？这是史学家、哲学家们曾经长期争论的问题。用神意或天命解释历史，这是各国早期历史上，都有过的一种共同现象。为什么会这样呢？首先，当时人们还不具备正确解释历史的主观和客观条件，用神意或天命来解释，实际上是一种不作解释的“解释”，可以填补希望得到解释而又不可能得到解释的人们的需要。

再有一点是，用神意或天命来解释，原本就是一种对现实的历史所作的虚幻的解释，统治者可以从这种虚幻的解释中，任意为自己的利益和特权进行辩护。《尚书·盘庚》是我国传统历史文献中最古的一篇，其中就有以天命解释历史的事例。盘庚迁殷，群众对新居不习惯，他就派贵戚们去劝导群众，说先王谨遵天命，迁了五次，以历史论证当时迁邑的正确，以天命论证历史的合理。殷纣王迷信天命而忽视了人事，导致亡国之祸。西周的统治者，一方面说周灭殷是奉天命，一方面又说天命是没有定准的。到底依靠什么？怎么办？他们记住了当时流传的两句古语：“人无于水监（鉴），当于民监（鉴）。”他们把天命当作欺骗被统治者的手段，而在实际的统治中，是非常重视人事的。

春秋战国时期，在《左传》《国语》中，都强调不能离开民意来看神意。例如，据《左传》所记，一次有神降到虢国，虢君使史嚚（yín）等人去祭神，神许诺赐给虢国土田。史嚚背后评论说：“虢其亡乎！吾闻之：‘国将兴，听于民。将亡，听于神。’神，聪明正直而一者也，依人而行。”这就把神意和人心向背联系到一起了，在天命和人事中，实际更重人事。《左传》记载郑子产的话说“天道远，人道迩”反映的也是这个倾向。

到汉代，董仲舒编造了一套天人感应的说法。他说：“国家将有失道之败，而天乃先出灾害以谴告之，不知自省，又出怪异以警惧之，尚不知变，而伤败乃至。”在董仲舒笔下，天完全成了有意志的人格神，可以对人任意奖罚。他的天命决定历史的观点，完全是一种宗教迷信观点。《汉书·五行志》里，罗列了许多关于这种迷信的半真半假的故事，为以后史书写五行志开了一个坏风气。唐代历史学家刘知几批评了这种做法，他说："夫论成败者，固当以人事为主。必推命而言，则其理悖矣。"他认为历史发展的关键在人事。

白寿彝说，在封建社会里，天命、人事两说长期相争，人事说逐渐居于上风，但天命说始终未能绝迹。王夫之是中国封建时代杰出的唯物主义思想家，但是他论历史也未能完全不说到天。他曾说过："得失者，人也；存亡者，天也。"他实际是把人所难以意料的因素，说成为"天"的。所以，说天的实际也有两种：一种是说有人格神的天，一种是说有在人力所不及的情况下起作用的"天"。天命或神意的因素为什么在历史上这样难以排除？除了统治阶级需要加以利用的原因之外，还有两个原因：一是自然科学不发达，当时的人们还难以完全排除迷信。二是当时人们还不理解历史中的必然与偶然的关系，从而不得不给天命留下了一个存身的余地。在这里还必须特别说明的是，并不是自然科学一发达，迷信就会自然地消失了。恩格斯曾经指出，在科学已经发达的情况下，甚至一些杰出的科学家如牛顿，自身也未能排除迷信，因为这些人的思想是经验主义的，一旦超出他们的经验，就有了迷信的余地。

第二，决定历史的是英雄还是时势？这是历史上长期争论的一个老问题。古代的儒家往往强调大人物的作用，《论语》中记载了孔子许多这一类的言论，如："人能弘道，非道弘人。""君子之德风也，小人之德草也；草上之风必偃。"《中庸》记载孔子说："文武之政，布在方策。其人存，则其政举；其人亡，则其政息。""故为政在人。"在他看来，道要靠大人物发展，政要大人物施行，小人物要靠大人物影响。

首先提出与此相反见解的是慎到。他说："故腾蛇游雾，飞龙乘云，云罢雾霁，与蚯蚓同，则失其所乘也。故贤而屈于不肖者，权轻也；不肖而服于贤者，位尊也。尧为匹夫，不能使其邻家，至南面而王，则令行禁止。由此观之，贤不足以服不肖，而势位足以屈贤矣”。慎到所说的势是指条件或环境，他认为人之有权势和地位，要有其特殊的环境或条件，人能不能起作用，要看条件如何。反对慎到这一主张的人说，龙蛇固然要托云雾之势，但是有了云雾之势，也只有有才的龙蛇才能乘，无才的蚯蚓蚂蚁还是不能乘的。而且桀纣居天子的位势，不免天下大乱；尧舜居天子的位势，结果是天下大治。同是一个天子的位势，“贤者用之，则天下治；不肖者用之，则天下乱”。

势能够促进好事，也可以促进坏事。所以，“语专言势之足以治天下者，则其智之所至者浅矣”。韩非又批驳这种见解而为慎到辩护。他说，势，有各种各样的势。“尧舜得势而治，桀纣得势而乱”，固然不错，可是，是尧舜还是桀纣得势在位，这并不是人能定的。“夫尧舜生而在上位，虽有十桀纣不能乱者，则势治也；桀纣亦生而在上位，虽有十尧舜而亦不能治者，则势乱也。故曰，势治者则不可乱，而势乱者则不可治也。此自然之势也，非人之所得设也。”何况尧舜、桀纣这两种最好和最坏的人，是“千世而一出”，大多数君主则都是中等才能的人，这种人“抱法处势则治，背法去势则乱”，所以最终还是势重要。在这里，韩非又说到“贤”和“势”同样是不相容的，二者只能承认其一，当然承认的是势。

请读者朋友注意下边的白寿彝之论述，从他的论述便可看出，他在燕京大学读研究生时，研究西洋哲学的老师黄子通对他所产生的影响，以及白寿彝在学习德国哲学家黑格尔逻辑学的影子，由此可知白寿彝的逻辑学功底所形成的思辨能力，白寿彝在史学思想上之所以高出同时代史学家一大截，其因在此。

白寿彝说，古人能把人和势的关系问题讨论到这种程度，可算很深入了，对后人也有启发作用。那么，问题是否解决了呢？我们简单推论一下，就可以说没有解决。甲说：事在人为。乙说：人不得势，什么也干不成。甲说：得了势也要人为，同样的势，不同的人得了，结果不同。乙说：什么人能得势也不是人能定的，而且一个好人得势，十个坏人也能坏了事，一个坏人得势，十个好人也翻不了身。韩非把辩论截止到这里，算他（乙）胜利了。其实，他是把人也算到势里去了。当然，这并不是不可以，但按照他的贤势不两立的原则来说，是不可以的。再则人们还可以反问他一句：有了势还不是要靠人为吗？就算你说得对，中等人才占多数，中等人才不也是人吗？这样，问题就又回到讨论的第三步，绕了一圈又回来了。那么，人和势是矛盾不两立呢，还是矛盾的统一呢？韩非说矛盾不两立，当然不行。这个问题只有马克思主义的哲学才能彻底解决。以马克思主义为指导，正确理解历史人物和客观条件的关系，以及二者在历史上的作用，这是我们的任务。

第三，以上谈到势即条件在历史发展中的重要性，那么，哪些条件最重要呢？在古代，没有对这个问题进行深入的讨论，但是各种见解也是有的。一般说来，过去的历史学家都特别注重政治和教化的作用。董仲舒说："道者，所由适于治之路也，仁义礼乐皆其具也。故圣王已没，而子孙长久安宁数百岁，此皆礼乐教化之功也。"圣王的子孙已经不"圣"了，可是由于有礼乐教化的条件，还能维持统治很久。这样的见解，在古代哲学家和历史学家中是很普遍的。

不过，关于社会经济条件的作用，我国古代的思想家也很注意，甚至唯心主义特点很浓的人也不例外。孔子曾说："足食，足兵，民信之矣。"孟子曾说："五亩之宅，树之以桑，五十者可以衣帛矣。鸡豚狗彘之蓄，无失其时，七十者可以食肉矣。百亩之田，勿夺其时，数口之家可以无饥矣。谨庠序之教，申之以孝悌之义，颁白者不负载于道路矣。七十者衣帛食肉，黎民不饥不寒，然而不王者，未之有也。"但是，他们认为"君子喻于义，小人喻于利"。所以实际上他们讲利的这一套，是用来对付"小人"的，而不承认物质利益能影响人们的政治和精神生活的普遍意义。

司马迁跟他们有所不同，他认为经济利益是人们的普遍要求。他指出，不仅各种违法乱律之徒是为了求利，就是朝中的贤人和岩穴的隐士，也是名曰求名实亦求利，为官清廉是为当得久，"久更富"。所以他说："富者，人之性情，所不学而俱欲者也。"他赞成管仲的"仓廪实而知礼节，衣食足而知荣辱"，他又注意到了地理条件对于经济和风俗的影响，分析了汉代各个地区的情况，最后得出结论说：南方地广人稀，鱼米之乡，生产技术虽落后而物产丰富，不用买他处物品，就能没有饥荒，结果人懒而无积蓄，“是故江淮以南，无冻饿之人，亦无千金之家。沂、泗水以北，宜五谷桑麻六畜，地小人众，数被水旱之灾，民好蓄藏，故秦、夏、梁、鲁好农而重民”。司马迁这种主张并不是地理环境决定论，而是把地理环境和人皆好富的“性情”结合起来分析问题的。

司马迁的这些观点，在古代历史学家和思想家中是很突出的。近代一些有类似观点的人的见解，也未必比他高明多少。但是，如依司马迁的说法，地理环境和人的好富的“性情”是不变的，那么这两种不变的因素，怎样导致了历史的发展变化呢？这个问题，司马迁回答不了，近代一些有类似观点的人也回答不了。要解决这个问题，还是必须树立科学的历史观。

那么，怎样才能树立科学的历史观呢？白寿彝说，那就必须依靠马克思主义的唯物史观，才能树立起来。为此，第一个要解决的问题，便是如何认识社会存在决定社会意识这一史学领域的哲学问题，即社会存在和社会意识的关系问题，人民群众在社会历史上的地位问题，历史进程有无规律可循的问题。第二个要解决的问题，便是如何认识物质生产和物质生产者的历史。要解决的第三个问题，便是如何认识社会历史的辩证发展及其规律性。

作为史学思想家的白寿彝认为，史学领域的哲学问题，无论是社会存在决定社会意识或者是社会意识决定社会存在；是辩证思想，或形而上学；是有历史发展规律可循，或没有历史发展规律可循。这些分歧，都直接影响到史学家在史学工作上的指导思想，影响到他们在史学工作上的成果。所以，对这些问题的研究是非常重要的。

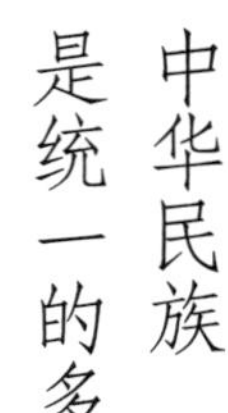

中华民族是统一的多民族共同体

中华人民共和国成立后不久，白寿彝就从中国回族史和伊斯兰教史研究的范围，开始逐步突破，进而涉及中华民族史，以及与之相关的一些理论问题研究。1951年，他为此写出文章《论历史上祖国国土问题的处理》，1981年再写出《关于中国民族关系史上的几个问题》等论文。最为重要的是，他在总主编《中国通史》的导论卷中，全面熟练运用马克思主义唯物史观，来考察中国历史上各民族之间的关系史，回答了一系列大家极为关注又悬而未决的重大问题，这是白寿彝对我国史学思想发展的重要贡献之一，也可以说是白寿彝的史学思想中，与众不同的鲜明特色之所在。

什么是中国历史上各民族关系的主流？他的回答非常特别，引起了学术界、思想界的广泛关注："在民族关系史上，'友好合作'不是主流，'互相打仗'也不是主流。中华各民族共同创造了我们的历史，各民族共同努力，不断地把中国历史推向前进，这是主要的！这才是真正的主流！"

1982年，白寿彝在《史学工作在教育上的重大意义》一文中说："我们是一个统一的、多民族的国家。多民族之间有差别，也有共同的地方。没有差别，不能形成不同的民族。没有共同的地方，我们几十个民族不能建立这么伟大的祖国。"

"不要害怕讲差别，讲差别是尊重各个民族的特点。尊重各个民族的特点，才能够互相吸收彼此间的长处，才能互相合作，才能结成一股力量。当然光讲差别，不讲共同，也是片面的。尽管民族差别是多种多样的，但我们各个民族之间都有它共同的地方。只因有共同的地方，才能叫这么多民族团结在一起，建设一个国家。”在这里，白寿彝提出“不要害怕讲差别”，的确反映了他在各民族关系上实事求是的精神。

除此之外，白寿彝还讲到，研究历史，仅仅认识民族不平衡，叙述民族发展不平衡的情形还是不行的，还应当思考由于这些具体情形，造成每一个历史阶段总体的特征，思考民族发展不平衡长期积淀所凝结出的历史特点。所以，中国的历史有自己的特点。首先是因全国地域辽阔，各民族各地区间在经济、文化上发展得不平衡，这不只是在汉族跟各兄弟民族间发展得不平衡，而且在汉族内部，在某些少数民族内部也不平衡。从更高的高度，把这些不平衡的历史现象概括起来，既看到各种社会现象中的差异，又要从差异性中看到它的同一性，这是一件复杂的工作。

白寿彝说，从历史层面上看，在漫长的中国历史发展过程中，基本上是以统一和分裂两种形态出现，反映出历史盛衰之变、治乱交替。纵观几千年中国历史，从民族关系角度，他提出了“四种民族统一形式”，即：“我们是统一的多民族的国家，多民族国家的形成经过了一个漫长过程。在历史上，曾经出现过各种形式的多民族的统一，也曾经有过多次的分裂，但在分裂中，也还是有统一。我们经历过的统一，有单一民族内部的统一、多民族内部的统一和多民族的统一，后者又包含区域性的多民族的统一和社会主义的全国性的多民族的统一。”

白寿彝经过深入研究认为，从历史的发展上看，这四种民族统一的形式，是按着程序前进，一步高于一步。先是有若干单一的民族内部统一的出现，如夏、商、周等族的最初形成；然后有了地区性的多民族的统一，如战国七雄；然后有全国性多民族的统一，如秦、汉、隋、唐、元、明、清；中华人民共和国诞生后，又有了社会主义全国性多民族的统一。白寿彝这一论述的意义，首先在于指出了和任何事物一样，“统一”也是在变化发展的，随着历史的发展而发展。因此，对历史上的“统一”要具体分析，具体分析在特定条件下出现的统一的作用。因此，认为只有全国性的统一才叫统一，除此之外，一概都加以否定，则好多历史问题就说不清楚。统一和分裂是相互对立的、相互联结的。在曲折过程中出现的地方政权，就全国来说，是割据政权。从它们本身来说，也自有其历史性的意义。在这些政权的统治范围内，由于先进生产力的影响和统治者谋生存的需要，往往会出现生产力状况的改善。自三国至南宋时期，中国经济重心的逐步南移，是其显明的例证。此外，这些地区的政权，在创造和处理国家事务方面积累起来的经验，对后代的政治治理都有意义。

1978 年改革开放后，白寿彝在谈到民族问题时，更加强调几个重要观点。一是“我们是一个统一的、多民族的国家。多民族之间有差别，也有共同的地方。”二是由于我国地理条件，为祖国统一提供了一个自然条件，而各地区又有地区的特点，这不同的地方性，孤立起来看，区别很大。合起来看，这种地方特点，更可以促进不同民族间的互相合作、互相依存的关系。三是“从几千年来民族关系发展上看，民族之间互相影响越来越大，互相之间的团结越来越密切，对祖国的贡献越来越显著，我看这才是民族关系的主流。”

谈到民族的友好和斗争问题，白寿彝的总结值得重视：“第一，友好和斗争都不是绝对的。有的时候，斗争是手段，友好是目的。有的时候，友好是手段，斗争是目的。有时，在个别事件、个别地区有争吵，但不一定就破坏民族间的友好。”

第二，在历史记载中，对于民族友好的记载，往往不像民族纠纷、特别是民族战争那样引人注目。“现在根据我们所接触的材料来看，在中国历史的长河中，民族关系是曲折的。但总的说来，友好关系越来越发展。无论在时间的继续性上，在关系到的地区上，在牵涉到的方面上，都是这样。”

第三，中国统一的多民族的历史特点是：“一”和“多”，是辩证的统一。“一”存在于“多”中。“多”好了，“一”就会更好。反过来说，“多”要团结为“一”，“多”才可以使“一”更有力量。历史上的统治者，对“一”的重视，大大超过“多”，他们不懂得，也不可能懂得，限制了“多”的发展，也就必然限制了“一”的发展。只有今天，才可能有这样的科学的认识。所以，多民族统一的发展仍然要继续下去。这中间有“多”的发展，也有“一”的发展，“多”与“一”在辩证的联结中向前发展。过去的历史是这样走过来的，未来的历程，仍然是多民族统一的新发展。人们认识到这一层，就能自觉地促进历史的前进。

那么，如何撰写好统一的多民族国家的历史呢？1988年10月，白寿彝在中国民族史学会上的讲话中说：还是要把汉族的历史写好，因为汉族是主体民族。同时，也要把各民族的历史适当地作出安排，这是我们必须尽量克服的难点。

为什么说这是一个尽量克服的难点呢？这是因为，这个问题涉及中国历史究竟是谁创造的问题，是一两个民族创造的呢？还是中国境内各个民族共同创造的呢？在中国历史上，民族思想的对立，归根结底是承认不承认中国历史是各族人民创造的，中国的文化是不是各族人民共同作出的贡献。

汉族和其他少数民族共同创造出中国历史，我们研究得还不够。但至少可以从以下几个方面来说明。一是国土开发上。在白寿彝总主编的《中国通史》导论卷中，特别引用了著名历史学家范文澜的一段论述，表达了白寿彝对此论述的高度认同：

> 依据历史记载，共同开发中国的各民族，一般说来，汉族最先开发了黄河流域的陕甘及中原地区，东夷最先开发了沿海地区，苗族、瑶族最先开发了长江、珠江和闽江流域，藏族最先开发了青海、西藏。彝族和西南各族最先开发了西南地区，东胡族最先开发了东北地区，匈奴、鲜卑、柔然、突厥、回纥、蒙古各族最先开发了蒙古地区，回族和西北各族最先开发了西北各区，黎族最先开发了海南岛，高山族最先开发了台湾。所以按照汉族今天居住地区看来，似乎中国领土上的极大部分都是汉族所开发的，

其实，其中不少地区最先开发者，却是已经消失了和现实存在并发展的许多民族。事理很显然，中国之所以成为疆域仅次于苏联，人口在全世界各国中居第一位，历史悠久，延续不绝，在全世界各国中也居第一位的伟大国家，首先必须承认，这是构成中华民族的各族男女劳动人民长期共同创造的成果。

白寿彝认为，在生产、科技、文化艺术等各个方面，各族人民都有贡献，少数民族在历史上有不少突出的贡献。另外，在反抗压迫剥削，反抗外来侵略上，各族人民都有可歌可泣的光荣斗争的业绩。再换一个角度看，中国境内各个民族，在长期历史过程中，发生分分合合、融合、组合、分化、更新等各种变化，例如，先秦的周族、殷族、夏族，以及戎、蛮、狄、夷、汉等民族，经过春秋、战国长时期的历史陶冶，其中大量融合为汉族，也有不少成为秦汉以后的少数民族。由此在秦汉时期才形成了汉族。经过三国两晋南北朝隋唐的民族的重新组合，汉族在一定程度上得到更新。而少数民族也是在变化中向前发展。北宋的契丹人到了元朝，实际上包含了大量的汉人，以及女真人。所以，中国的历史是中国各民族的历史，是中国各民族，包括已经消失了的民族共同创造的，撰写历史要反映多民族创造历史的真实，史家应当努力做到这一点。

白寿彝说，民族史的工作，在我国史学史上有着悠久的传统。他在《民族史工作的历史传统》一文中说："民族史的工作起源很早，司马迁在民族史工作方面，开创了新的局面。"从这以后，民族史的著述持续不断，它们已形成了悠久的传统，留下了相当多的历史资料，运用了各种不同的撰述体裁，表达了不同的民族思想，反映了各个时期的历史特点。一方面我们要继承和发扬这一传统；又一方面，前人在民族史工作上的成果，又为我们撰写统一多民族历史，提供了条件和编写上的借鉴。

白寿彝高度赞赏司马迁的民族思想和他在史学上的成就。司马迁对待少数民族的态度是理智的，没有明显的狭隘民族思想，不斤斤于夷夏之别，而重视民族之间的友谊。《史记》把《匈奴列传》《大宛列传》等6个列传，按地区写出北方、南方、东南、东北、西南、西北的民族历史，合起来看，就是一部相当完整的民族史，这种恢宏开阔的历史眼光，是和司马迁的民族思想分不开的。司马迁在写匈奴、大宛、南越、东越、西南夷等列传时，不是把少数民族放在末尾，而是和别的列传穿插起来，按历史顺序编排。例如:《李将军列传》后边，排的是《匈奴列传》，再往后则是《卫将军骠骑列传》。有人不理解，认为《史记》的列传所排，顺序很乱，其实不是这样。为什么司马迁将《匈奴列传》放在两个人物传记中间呢？这是因为，这两个人物和匈奴有关系，这是司马迁有意识地、根据人物和事件的关系来编排的。由此可见司马迁的民族思想是高人一筹的。我们从《匈奴列传》的论赞里，也可感受到这一点:“人主因以决策，是以建功不深。尧虽贤，兴事业不成，得禹而九州宁。且欲兴圣统，唯在择任将相哉！唯在择任将相哉！”

应当说的是，中国史学史上的正统论的争议，直接影响到史书的编纂。北方指南方为“岛夷”，南指北为“索虏”。郑樵在《通志·总序》中指出这种史笔是“伤风败义”的行为。宋元时期史家关于正统之争，相当激烈，各种见解和他们的民族思想是联系在一起的。

白寿彝说:“那些认为中国史书只记载汉族、不记载少数民族的历史的看法，是没有根据的。”所以，各民族在社会生产、社会生活中，是互相依存的，在历史上，盛大皇朝的形成，离不开少数民族的支持。少数民族的进步，同样也是中国整个社会进步的重要标志。我们讲历史的，应该讲各民族的特点，应该讲各民族在历史上的贡献。同时，还应该讲各民族对于缔造祖国历史的共同贡献。特别是近一百多年，在反帝、反封建的斗争中，缔结了以前从来没有过的友谊，这方面更应该多说。现在我们对兄弟民族知道得不多，但逐渐地多了起来。我们的问题，固然是因为知道得少，好多问题了解得不够。如果了解得不够，说得少了，但态度好，人家会原谅。如果你讲得多，态度不对，还是不行。讲历史，民族团结的问题，是一个很重要的问题。

白寿彝在20世纪70年代末期，曾经就历史剧与民族关系，应国家文化部文学艺术研究所之邀，作了一次关于“戏曲和民族问题”的讲座，白寿彝说：要注意民族差异，差异就是不同。有民族，就有民族差异。没有差异，就没有民族。有民族差异，就有民族感情。不管哪个阶级，都有民族感情。希望戏剧界在创作作品的时候，能够注意到民族差异，要能够充分地考虑因为民族差异而带来的民族感情。承认民族差异，是不回避问题的实事求是的态度，但是如何处理民族差异，如何理解民族感情，则需要更多的艺术理性去进行思考。解决的办法就是互相合作，互相促进，互相尊重。必须在戏剧的创作理念当中，贯穿这样的原则，只有这样才能避免民族矛盾的出现。个别台词、唱词、扮相上有不合适的地方，不要紧，改了就是了，不要整个剧目抹掉，因为我们的剧目不多，不要轻易戴帽子。但思想上要注意，不能忽视。不尊重民族感情，不尊重民族差异，容易发展成民族主义，就不利于民族友好，对国家建设不合适。

关于民族英雄问题，白寿彝说：我看是戏剧界的朋友们最有兴趣的一个问题。要写哪些民族英雄呢？他说，对帝国主义、殖民主义压迫，进行斗争的，还有如成吉思汗、努尔哈赤这些都可以谈，都可以进行创作。历史科学同历史题材的戏剧，性质不同，一个是艺术，一个是科学，性质、范围、做法不一样。中间有联系，就是历史。因为性质不一样，要求不能一样，效果也不一样。历史科学回避民族矛盾、民族斗争不应该。应该研究这种民族矛盾、民族斗争是什么性质的，对历史发展起什么作用，这有助于解决现实问题，既是科学的，也是现实的。戏剧不是这样，不可能把一个历史时期、历史人物搞起来，这不好办。戏有戏的特点，不一定完全符合历史情况，可以允许虚构。主要的历史事实、历史性质不要改变，免得引起混乱。在戏剧题材里，应该大量歌颂历史上的民族团结，不一定要讲民族矛盾。因为戏只能讲一个片段，过去好多戏讲民族矛盾，而不讲民族友好，这个风气应该扭转。

1982年，白寿彝就各民族之间的团结，语重心长地说：

我们中国幅员广大，在地理形势上，形成了一个独立的地理区域。东边、南边，有大海包围着。西边、北边，有高山、有沙漠。在这样一个天然条件之下，我们这一大块地方，特别是在当时的条件下，同别的地方是比较隔绝的。尽管有交通，但毕竟有限。这样一个地理形势，为我们祖国的统一提供了一个自然条件。

同时，在这么一个大的疆域内，又有各地区的特点。各地区的特点，就在各方面有它的特殊的地方性。这不同的地方性，孤立起来看，区别很大。合起来看，这种地方特点，更可以促进不同民族间的互相合作、互相依存的关系。在历史上，西北民族需要内地的盐、茶、铁器。这些东西在内地的人看着很普通，但在民族地区，是生活上、生产上很重要的东西，内地输送过去，就是对兄弟民族的很大的支援，不是一件小事。离开这些，兄弟民族是会有困难的。同时在内地，也需要有民族地区支援的物品，如皮毛、皮革、肉类，可以提供运输和战斗的马匹，以及一些旁的兽类和重要的药材。这些，有时我们在生活中忽视了。其实很多东西，我们离不开边疆兄弟民族的支援。这种生活上、生产上的互相依存的关系，过去我们搞历史的讲得不够，应该认真挖掘。

我们过去有一个时期，民族间关系很好，这主要是说汉族和各少数民族的关系很好。很好的时间还很长呢！但不能否认，也有些时候搞民族战争。对各民族不公平待遇，也是很显著的。但这些也只是一时间的现象。在这个时期以民族友好为主，那个时期以民族矛盾、民族斗争为主。但总的你怎么看？从几千年的民族关系上怎么看？从几千年来民族关系发展上来看，民族之间互相影响越来越大，互相之间的团结越来越密切，对祖国的共同贡献越来越显著，我看这才是民族关系的主流，这才叫全面。我看咱们历史工作者，在阐述历史的时候，要全面阐述民族关系。注意这方面的工作，这对于加强民族团结，对于建设咱们伟大的社会主义祖国，有重大的意义。

1986年7月，在辽宁省大连市棒槌岛宾馆，举行了清史国际学术讨论会。在会上，白寿彝就中华民族是统一的多民族共同体这一史学思想，再次发表重要观点：

> 近几十年，对民族的概念，都援引斯大林对民族的定义，讲民族的四个要素，有了这四个要素形成民族。这样一个定义对中国民族状况，无论是历史上的民族状况，现实的民族状况，就不一定完全合适。但这几个条件如果发展地看，在不同程度上，中国各民族都还具有这几个条件。在我们当前50多个民族中，有些民族，从说话、服饰、吃饭看，不一定有多大区别，但在意识上不一样。你说他是甲民族，他不愿意，他说自己是乙民族。这样一个民族意识，在今天区别民族上很有关系，很值得注意。近来讲民族情况，只讲民族团结，不讲矛盾。我看这个不必拘束，没有关系。矛盾有两个发展可能，一个可能是矛盾激化，闹矛盾，不团结，甚而可能发生战争。第二个可能是相辅相成，这有什么不好！农业地区同牧业地区各方面不同，

◎ 1986年7月，白寿彝（前排中）在大连参加清史国际学术讨论会

但两个地区可以相辅相成，互相帮助，可以把生产搞得更好。看民族关系，不能单从一个阶段上看，要从整个历史上看。我们回想，春秋战国时期的民族关系是什么情况？汉唐时期是什么样子？汉唐之间南北朝时期是什么关系？宋元明清时又是什么关系？民族间矛盾发生冲突，一部分由于野心家的统治欲望，一方面由于彼此认识上的隔阂。经过一次大的冲突，向团结迈进一步，民族关系就是这样发展起来的，一步比一步团结。就一个民族内部，也常是这样嘛！汉族内部改朝换代多少次，农民起义多少次，不能说没有矛盾，没有阶级矛盾和阶级斗争。在民族问题上不必避讳，承认现实，历史家应该有这个胆量。拿清史讲，清代的民族问题相当复杂、满蒙关系、满藏关系、满汉关系、满同其他民族关系都不一样。由于各地区各民族发展的不平衡，清同各民族关系不可能一样。清统治过程中间，有很多的民族政策定得很残酷。但总的讲，是走向进一步统一、进一步团结。要从长期历史上看，不能割断一片，就一片说，就这几年说，这不能代表整个历史时期，讲这

个问题，还是应该用科学的态度。

白寿彝不仅从理论上重点阐述了他的史学思想，更为重要的是，他还在实际行动上有所作为，他在总主编《中国通史》之时，全面贯彻了这一史学思想。担任《中国通史》第七卷主编的陈振深有体会地说："白先生担任总主编的多卷本《中国通史》，主要是从中国历史的统一、分裂的角度进行分卷，不仅能更充分地反映中国历史发展总的进程，也体现了白先生史学思想中的民族平等思想。"

白寿彝早在20世纪70年代，策划组织撰写多卷本《中国通史》时，就想在本书中，贯彻他史学思想中的民族平等思想，要把本书撰写成一部"统一的多民族的历史"。为此，在第一卷导论（1989年出版）中，他亲自撰写了第一章《统一的多民族的历史》，进行了多方面的阐述，这对全书各卷的撰写，具有普遍的指导意义。

白寿彝对本书的分卷安排，就是为了撰写出一部更好地体现民族平等思想的、统一的多民族的《中国通史》。本书在中古时期的四至六卷的分卷（秦汉至隋唐）安排上，与习惯的历史分期相同，只从第六卷中划出五代属第七卷，因为这个历史分期，大体上反映了中国历史的统一与分裂。从第七卷起，显示出本书分卷的特色，习惯上将辽代至清代分为宋元（辽宋金元）、明清两个时期，而本书则划为第七至十卷，分为四卷，元、明、清三代都单独设卷，这对于中国历史上少数民族建立的元、清两个统一皇朝的历史，给予了更大的篇幅进行阐述。

明、清时期的两个皇朝存在的时间大体相近，分为两卷还比较容易理解。而从五代辽宋夏金元时期的460多年中，将只存在160多年的元代（包括蒙古时期）分出，单独设立一卷，这不仅是白寿彝对于由蒙古族建立的元代，结束长期分裂而统一全国的历史功勋进行了充分的肯定，而且也由于元代是中国历史上民族重新组合的大时代，其深度和广度超过隋唐，中国历史上的民族组合，到了元代，可以说是基本上稳定下来了。这是需要大书特书的。

白寿彝史学思想中的民族平等思想，还体现在第七卷五代辽宋夏金时期，这个时期不仅是中国历史上，自秦统一以后的第二次大分裂时期，而且民族关系极为复杂，其程度不下于第五卷叙述的、中国历史上第一次大分裂的三国两晋南北朝时期，也许是有过之而无不及。五代辽宋夏金时期内，除五代十国外，不仅汉族建立的两宋皇朝存在了 320 年，而且契丹、党项、女真民族建立的辽、夏、金皇朝，存在的时间也很长，即使是最短的金朝，也存在了 120 年。在辽、夏、金朝，虽然与宋朝及相互之间，都发生过多次战争，但总的来说，和平相处的时期，远远超过了战争时期，而且各个政权的统治都比较稳定，所有这些，都是与三国两晋南北朝时期不同的。

五代十国中，后唐、后晋、后汉和北汉，都是沙陀族人建立的，但后唐以唐朝继承者自居，后晋王室则附会为西汉汉族石奋的后裔，后汉、北汉皇室则附会为东汉皇室的后裔，而且他们所建立的政权，也都没有明显的少数民族色彩，基本上与汉族建立的政权没有差别。

本卷对中国境内当时的其他少数民族及其政权，作了更多的安排，不仅对五代、辽、宋、夏、金统辖区以外的回鹘、喀喇汗朝、吐蕃、唃厮啰、大理等各民族及其政权，都各安排为专节，作了较多的叙述，还对统辖区的奚、鞑靼、壮族，也安排为专节进行叙述，而且也如同对待辽、宋、夏、金史的撰写一样，都是请相关的专家撰稿，以尽可能多地、高水平地反映当时各民族及其政权的概貌，反映他们各自对中国历史的发展所作出的巨大贡献。

这一时期的分裂与战乱，虽然给各朝的人民带来巨大的灾难与痛苦，但是各朝社会经济的发展与相互之间交往的加强，为新的统一准备了条件。汉、契丹、女真、党项以及其他各民族，都对中国历史作出了伟大贡献。

本着“要把汉族的历史写好”，同时，“也要把各民族的历史适当地作出安排”的原则，字数上作了如下的安排，宋代大体上相当于辽、夏、金三代的总和，辽、金、五代基本相同，西夏略少。这样使社会经济文化最发达、史料最丰富的宋朝的历史，能有比较多的篇幅进行阐述，也可使辽、夏、金，及其他各少数民族政权，虽然史料较少、社会经济文化的发展也逊于宋朝，但都有必要的篇幅阐述各自的历史。

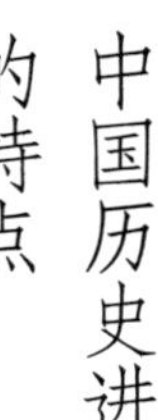

拾 中国历史进程的特点

今天的中国，是昨天和前天中国的继续和发展，如果我们不了解昨天、前天中国历史进程的特点，我们就很难明白今日之中国所发生的一些现象。所以，研究中国历史进程的特点，既具有重要的理论上的价值，又具有重要的现实意义。史学界很多学者关注这个课题，从不同的方面进行研究。近年来的文化史研究，其中的一个热点，就是力图从文化上说明中国历史的特点。还有的从中外历史比较这个角度切入，探索中国历史的特殊性。毫无疑问，这些工作是有益的，有的研究成果相当突出。

但是，从这些研究中，却有一个问题需要提出来，那就是应当从怎样一个深的层次上，从怎样一个理论的高度上，提出问题，研究问题，对中国历史特点的问题作出本质的回答。如果停留在文化现象上作比较，从民族文化、精神、心理上作一些说明，虽然能够给人以某些启示，但要抓住历史的根本的东西，仅在这个层面上思考，显然是不够的。我们还须在更深层次上，考察中国历史进程的特点，从而更好地认识中国的文化。白寿彝便是站在这个维度上，思考中国历史进程特点的史学思想家。

1980 年，他在《中国通史纲要》的题记中说：“我们在努力学习运用马克思主义基本理论的基础上，探索中国历史发展的进程及其特点。我们究竟能在多大程度上做到这一点，这有待于读者的论定。”他通过长期艰苦的探索，提出了中国历史进程中的一个重要特点，便是多种生产关系并存。

从原始社会发展到今天，历史上先后出现了不同类型的生产关系，经历了不同的社会形态。每一种社会形态有一种支配地位的生产关系，但每一个社会又不是“纯而又纯”的只有一种生产关系，它往往有两种或两种以上的生产关系同时存在。这种情形是客观存在的，因此，许多历史著作叙述了这种事实，也有的从某一个历史阶段的史实出发，提出相关的问题。但如何从中国通史这一整个过程中，对这种同时存在的生产关系进行研究，作出理论的概括，并用这种理论再去认识、解决具体的历史问题，则极为重要。否则，就像瞎子摸象一样，对中国漫长的历史进程特点的认识，各执一端，不知中国历史全貌，也就很难把握中国历史的发展规律。

白寿彝在《中国通史》导论卷中，从世界史的角度，提出在每个具体社会形态中，往往不是只存在单一的生产关系，而大多是两种以上的生产关系同时并存。这些生产关系，虽然对社会的变化和发展，都各自发生一定的影响，但并不是所有的生产关系，都成为社会的经济基础，从而决定社会的性质。其中只有在社会中占有支配地位的生产关系，才构成这个社会的经济基础，才决定了社会的性质和发展方向。其他那些不占支配地位的生产关系，虽然对社会发展也有一定的影响，但它对于社会性质、对于整个社会的发展进程，是不起决定作用的。如生产者自己占有生产资料的个体小生产这种生产关系，差不多在所有社会形态中都存在，可是它从来也没有成为独立的经济形态，而仅仅是作为独立的经济形态的补充。

另外一种情形是，新的社会形态中，残留着以前的生产关系。如在封建社会的初期，大都保留着奴隶制的生产关系。第三种情形是，在一个衰老的社会形态中，萌发出新的生产关系。如在封建社会的后期，出现资本主义的萌芽，就是明显的例子。

从多种生产关系相互联结、相互作用，以及从它们之间的矛盾、消长，来研究一个社会，就会丰富我们的历史研究。只重视对占支配地位生产关系的研究，忽略对其他生产关系研究，或者对其他生产关系的影响估计不足，这会给我们的历史研究带来不利的影响，即历史进程仅仅被描绘成一个占支配地位的生产关系，去代替另一个生产关系，历史的运动则变成简单的沿着直线的轨迹变化。历史研究中的简单化的倾向有多方面原因，其中一个重要原因，就是忽视对非支配地位生产关系作用的研究。由此，历史运动中的复杂性，历史上的变革、复辟等问题，也就没有了充分的理论根据去分析它。除此之外，对一直延续下来的生产关系所产生的作用、影响，如果认识不足，也会导致我们对这些生产关系在文化上、在意识形态上的影响，估计不足。

因此，多种生产关系并存和多种生产关系的运动变化，从世界史范围内来说，它是一个带有普遍性的规律。我们既要重视研究一个社会中占支配地位的生产关系，也要重视研究其他的生产关系。对此，白寿彝说："过去我们研究某一个历史时代的社会经济，只重视这一历史时代的基本生产关系，对于同时并存的生产关系，对于基本的生产关系，跟其他生产关系的关系，都注意得不够。我们希望能不断改变这种状况，这对于中国历史研究会有重大意义的。"

多种生产关系并存，在中国表现得特别突出，这是什么原因呢？一是中国是一个多民族统一的国家，多民族往往和多种生产关系问题联结在一起。在经济制度上，各民族发展是不平衡的。事情常常是，中原汉民族地区进入较为先进的生产关系的时代，而周边地区的生产关系，还仍处在较低的发展阶段上。同时又要看到，周边不同民族地区的生产关系又不尽相同，而中原的生产关系，也保留着以前的生产关系的残存。直到近代，白寿彝说："两千多年过去了，在中华人民共和国成立以前，我们还有封建所有制、奴隶主所有制、原始共产的残余，以及民族资本主义和买办资本主义，所有这些，都是多民族在经济制度方面的表现。但无论如何，各少数民族在社会经济发展道路上，都以不同的速度向汉族靠拢。在中华人民共和国成立以后，各族人民分别通过不同的形式，向社会主义迈进。"在这里，他揭示了多种生产关系并存以及多种生产关系发展的趋势，这一切又是和中国是统一多民族的国家的情况紧密相联的。

二是多种生产关系并存，和中国地域辽阔、地理条件的差异有关系。白寿彝指出:“地理条件的复杂性，所造成的经济、文化发展不平衡的现象，当然不限于黄河流域和长江流域这两大水系的差别，这种不平衡的现象，在所有地形、土壤、气候、物产等不相同的地区，都是存在的。同时，这种不平衡，不仅表现为经济、文化发展的总的趋势的差别，也表现为各地区在生产部门上的差别。”政治、经济、文化发展的不平衡是多方面的，不能都完全归结到生产关系，但生产关系上的差异、多种生产关系并存，无疑是这种不平衡的根本所在。白寿彝分析说:“由于不同的地理条件，影响着社会生产力的分布状况和发展水平，因而人类历史的发展，也就具有不平衡性和多样性的特点。这个特点，不论就世界范围来说，还是就一个国家，尤其是那些地域辽阔的国家来说，都不同程度地存在着。”“中国的地域辽阔，经济文化发展很不平衡，造成这种情况的因素是多方面的，而地理条件的复杂性是主要原因之一。”

为了解剖中国历史进程的特点，白寿彝认为，如果仅仅从地理条件的差异，影响到经济部门、经济水平的不同方面，从而说明地理条件的作用，这还不够。因为从马克思主义的观点看来，地理条件是经济关系的一部分。马克思主义关于地理条件和社会发展关系的理论，是辩证唯物论和历史唯物论的重要组成部分，它不同于任何唯心主义历史观和自然主义历史观在这个问题上的看法，第一次科学地阐明了人类历史发展的地理基础这个古老的、同时又具有现实意义的重大课题。多种生产关系并存，直接影响着中国历史进程的特点。

白寿彝经过长期研究后认为，在中国历史上，多种生产关系并存又具有自己的特点。商周时期是奴隶社会，占支配地位的，也是决定社会性质、面貌、发展方向的生产关系，是奴隶制的生产关系。除此之外，还有从原始社会遗留下来的氏族部落的生产关系。这些部落分散在各地，氏族成员过着共同劳动、共同分配的生活。在一些农村公社中，土地归公社成员所有，定期轮耕。氏族部落的生产关系，虽然不占支配地位，也不代表历史前进的方向，但它产生重大影响，以致奴隶制的土地所有制形态，也带上了特定的印记，它也影响到文化意识形态。

长达两千年的中国封建社会，无疑是封建生产关系始终占据着支配的地位。但是氏族制、奴隶制关系还存留，它们的影响也明显地反映出来，造成中国封建社会生产关系复杂性的一面。秦汉时期进入了封建社会，但同时有大量的奴婢存在。在手工业中，奴隶制生产关系保存下来，一直延续很长时间，它作为封建生产关系的补充形式存在。封建社会的晚期出现了资本主义萌芽。这种萌芽，又直接与中国原有的雇佣关系相联系。它把有着悠久历史的、带有封建烙印的雇佣关系进行改造，成为带有资本主义性质的雇佣关系。这样的雇佣关系从封建生产关系的补充，逐渐发展为新的生产关系的萌芽。

多种生产关系并存直接影响阶级关系的形成，以及一定阶级的特点的形成。如在中国封建社会的发展过程中，曾经先后出现过世家地主、门阀地主、豪族地主、品官地主及官绅地主等。阶级是按经济地位划分的，等级是既按经济地位，又是按政治地位、社会地位划分的。而某个阶级带有某种特点，这和它形成的历史条件、它产生过程中受到的影响，有密切的关联。

以豪族地主为一例，豪族地主，主要是六国贵族的后裔和地方上的大姓。这些人原来是奴隶主贵族，秦灭六国以后，他们失去贵族的身份而成为豪族，转化为豪族地主。也有的是地方大姓，这些人在地方上占据大量土地，以宗族的血缘关系形成“乡曲”“闾里”中的强大势力，占有依附性的宾客、部曲、徒附等大量依附人口。他们虽然没有世族地主那样的政治地位，但他们可以“武断于乡曲”，横行于一方。

白寿彝分析了这个地主阶级中等级的特征，一方面，这个等级是地主阶级中某一特定的阶层、等级，是建立在封建生产关系上面；又一方面，它的特点又反映残存的奴隶制生产关系，乃至氏族公社生产关系的某些特征。而世家地主、豪族地主以及门阀地主，他们和农民聚族而居，这在实际上，是地缘关系和血缘关系的结合体，是秦汉以后封建关系带有氏族制的烙印。

白寿彝说，多种生产关系的并存，是中国历史上政治经济发展不平衡的根源。从总的情况看，汉族地区的经济、文化水平在全国范围内，是先进的。封建社会中，它的封建生产关系开始得最早，发展得充分。相对地说，周边地区及少数民族聚居的地区，政治经济文化的发展是滞后的。多种生产关系并存，不是静止的、不变的、凝固的。多种生产关系的内容、成分，以及各种生产关系占据的地位，则是变动的。它有可能向平衡的方向运动，但又会产生新的不平衡，各种生产关系的地位及相互关系，又有新的情形。这种多种生产关系并存的局面变化，是中国历史运动过程的本质的东西，体现出中国历史的特点。

那么，多种生产关系并存，与历史上发生的阶级斗争，是一种什么关系呢？白寿彝说，多种生产关系从理论上说明了各个时期阶级斗争的一些重要特征，从理论上揭示了各个时代的变革进程、结局。由于多种生产关系不是凝固不变的，所以，多种生产关系在一定的社会内，和生产力发生矛盾的情形不尽一致，由此反映在阶级斗争的形式上，就有它的复杂性一面。各个社会里有不同的主要矛盾、主要矛盾方面，也有次要矛盾及不同的次要矛盾的方面。主要矛盾、主要矛盾方面，决定了社会性质，决定了阶级斗争的实质。同时，次要矛盾、次要矛盾方面，也有重要的作用，给各个时期的阶级斗争带上了特有的色彩、具体的特点。在一定时期、一定条件下，主要矛盾、次要矛盾之间，主要矛盾方面及次要矛盾方面，又发生转化。

一定历史时期的变革，从根本上说，是生产关系和生产力矛盾的表现，是生产力要冲破束缚自己的生产关系的框架。变革时期的各种主张、各种势力的较量，从本质上说，是一个时期建立在不同生产关系上的阶级、阶层、等级各种力量的斗争。从多种生产关系并存的事实出发，对各个时期的变革及其运动走势，就会看得更清晰，许多相关的问题，也会得到理论上的说明。

多种生产关系并存，对于思想意识形态有哪些影响呢？白寿彝说，在一个社会里，不同的生产关系上面的不同阶级，其意识形态也自然各各相异，这里要指出的是，这些意识形态有的占统治地位，有的不占统治地位，有的影响力比较小。在特定条件下，不同的意识形态，展开争鸣、并鸣、斗争，但在更多的情况下，合乎统治阶级利益的一种意识形态，发生支配性的影响，统治阶级通过政权压制，甚至迫害其他的意识形态的代表人物，而使这些意识形态处在一种抗争的地位上。应该指出，不同生产关系在意识形态上的反映，不是机械、简单的反映。还有一种情形，即是残存的生产关系反映的意识、思想，作用于占统治地位的意识、思想。例如，在中国，氏族家长制遗留的存在，使孝悌思想与保民思想在奴隶社会处于显著的地位，这些都给一定社会里的意识形态，打上了特定的印记。

中国历史分期问题，一直是史学界讨论的热点。中国奴隶社会的上限、下限问题，中国封建社会的历史从什么时候开始，看法很多。历史分期问题，不仅仅是确定分期的年代、划分阶段的问题，它还直接影响史学家对于一个时期的根本认识，影响到史学家对历史事件、历史人物的具体评价。

历史分期问题之所以成为“热点”问题，是因为它本身的重要。就拿中国古代史分期问题来说，从形式上看，似乎仅仅是两种社会制度奴隶制和封建制断限的时间问题。实则不然，它包含了有关奴隶社会和封建社会一系列重要的历史理论问题，如：奴隶社会形成的条件；中国奴隶社会的特点；奴隶制和封建制的基本区别；奴隶制向封建制过渡中生产关系一定要适合生产力性质的规律，如何起作用；封建制取代奴隶制的标志；中国从奴隶制社会过渡到封建社会的具体途径等。因此，正确认识中国古代史分期问题，不仅可以揭示中国古代社会发展的特点和规律，直接推动中国古代史，包括通史、断代史、专史的研究，而且还有助于对中国古代哲学、经济学、政治学、法学、军事学、文学、教育学、社会学和考古学等学科的研究，所以，中国古代史分期问题的讨论，遂成为中国史学界乃至整个社会科学界，普遍关注和力求解决的一个重大课题。

中国封建社会史分期问题，涉及的方面相当广泛，如：中国封建社会为什么长期延续问题、中国封建社会历史发展动力问题、中国封建社会农民战争问题、中国资本主义萌芽问题等，都有直接的联系。因此，中华人民共和国成立以后，我国史学工作者，就中国封建社会内部分期的问题发表了不少论著，提出了各自的看法和研究成果，展开了热烈而有益的讨论。

1977 年 6 月，白寿彝在《关于中国封建社会的几个问题》的讲演中指出："中国封建社会时期的历史长，有两三千年。这两千多年，在史学研究上存在的问题特别多。这两三千年的历史，是怎么发展下来的，这个发展线索怎么看，这个问题没有解决。因为这个问题没解决，所以写这两千多年的历史课本或一般读物，好像没有规律似的，读者读不清，给同学们讲不清，讲到末了，往往是一大堆的朝代的更替。中国封建社会究竟怎么发展下来的？这个问题，我看还是个首先要解决的问题。"

关于分期的标准问题，白寿彝结合对 20 世纪五六十年代讨论中提出的一些观点的分析，阐述了他的新认识。他认为："光抓农民起义、农民战争，解决不了中国封建社会历史发展的问题。不是说打仗了，才有阶级斗争。阶级斗争的表现形式不一样：有时是显著的，有时是潜伏的；有时是紧的，有时是松的；有时是高的，有时是低的。专讲农民战争是不够的。那应该怎么讲？讲社会发展规律。首先还要讲经济基础。不从经济基础上解决这个问题，讲农民战争就有好多问题不好解释。讲农民战争的发展，也要从经济基础的发展上来讲。那么讲经济基础，讲什么呢？生产力、生产关系嘛。封建社会生产力发展很缓慢，抓这个，困难大。生产关系抓哪一个呢？要抓农民阶级，但首先要抓地主阶级。为什么？因为地主阶级是封建社会矛盾的主要方面。看封建社会变化，在地主阶级身上体现得清楚些，材料也多些。有了这个材料，再分析农民阶级、分析农民战争，就好办得多。在封建社会两三千年里，阶级斗争有一定的量的变化，在不同的阶段里，显示着不同的情况。这一点可以帮助咱们，对于封建社会发展线索多知道一点。我个人的意思，就是先从这儿来分析：从地主阶级变化来分析，从农民战争的口号、行动来分析；还有一个，从民族关系上来分析。”

在这个讲演中，白寿彝阐明了为什么要从地主阶级的变化入手，来分析历史分期问题的根据，一是强调了地主阶级居于封建社会矛盾的主要方面，一是指出了应有比较多的历史资料，作为分析的依据，是理论和文献的结合。同时，他也认为阶级斗争的发展仍不可忽略，而着重点在于，分析农民战争提出的口号和行动。再有，中国自古是多民族国家，封建社会历史分期问题，不可避免这个历史特点。他的这种关于分期的考虑具有独到的见解。

后来，白寿彝在《中国历史的年代：一百七十万年和三千六百年》一文，以及《中国通史纲要》叙论里，明确提出了划分封建社会历史分期的标准和具体的断限时间。他认为，从东周初年到战国结束，是中国奴隶制社会向封建制社会的过渡期；从秦的统一到鸦片战争爆发，是封建制在全国确立、成长、发展、衰老的历史。他认为，中国封建社会应划分为这样四个阶段：

第一个阶段，是秦汉时期，在中原地区，是中国封建社会的成长时期。在地主阶级中，占支配地位的是世家地主，此外有豪族地主、高资地主。奴隶制在秦汉时期没有被消灭，在官私手工业中仍旧存在，家内供役使的奴隶数量还相当大，但在整个社会生产中不占支配地位。当时所有的少数民族，都还处在前封建社会阶段。

第二个阶段，是三国两晋南北朝隋唐时期，这是中国封建社会的发展时期。门阀地主在地主阶级中占支配地位。民族间的长期斗争和民族的大规模流动和移居，结果是无论在南方或在北方，民族杂居地区都扩大了，东南的经济得到较大发展，民族杂居封建化过程在前进了，这是该时期的一个重要特征。

第三个阶段，是五代宋元时期，这是中国封建社会的进一步发展时期。这种“进一步发展”，从三个方面说明：其一，原有的封建生产关系有了发展，五代宋元的品官地主，代替了原来的门阀地主，宋代的主户、客户的出现，表明无论地主或农民，封建身份性的印记趋向淡化，财产性的土地剥削关系趋向显著，这是两宋时期封建制生产关系的特点。其二，广大地区的封建化，从东北的部分地区到西北，再到西南，基本上都进入了封建社会。其三，汉民族与各民族间又经历了一次新的组合。元朝北方局部地区奴隶数量增多，这是局部地区的倒退现象，而广大边区的封建化，是元代社会生产发展的新现象。以上都表明原有的多种生产关系并存局面变动了，代之而起的是，新的多种生产关系并存的局面。

第四个阶段，是明清（鸦片战争前），这是中国封建社会的衰老时期。新的官绅地主，代替了原来的品官地主。资本主义生产关系已经有了萌芽。封建生产关系走向衰老，新的生产关系还没有足够力量突破衰老的封建制度。而且这种新的生产关系萌芽，主要在东南地带。这又是一种新的生产关系并存的局面。

白寿彝以综合考察历史的多方面因素，作为封建社会历史分期的标准，可以概括为以下五个方面：

第一，社会生产力包括科学技术的发展。他主张从生产工具、生产技术、生产规模的发展，以及不同地区的生产力水平的提高、经济重心的转移和资本主义萌芽的出现等方面，来说明封建社会生产力发展的阶段性。

第二，生产关系的相对变化。他着重阐述了作为封建生产关系主导方面的地主阶级的变化，认为世家地主、门阀地主、品官地主、官绅地主，分别是封建社会上述各个发展阶段中，占主要地位的剥削阶级；与其相应的被剥削阶级，则是编户农民、荫附农民、佃农，反映出农民阶级封建身份性印记逐渐淡化的历史发展过程。

第三，阶级斗争的发展。在封建社会的前两个阶段，农民起义表现为争取人身生存权的斗争，后两个阶段，则表现为争取财产权的斗争，这种不同的斗争要求，也反映了农民封建性身份的逐渐松弛。

第四，少数民族地区的封建化。这反映了封建社会不断发展在地域上逐步扩大的过程，也是中国古代民族关系不断发展的过程。把这个问题提到封建社会分期标准上来认识，一方面可以如实说明中国是一个多民族的统一国家，一方面也从根本上回答了，少数民族地区的发展，在中国封建社会历史发展中的作用和地位问题。

第五，中外关系的发展变化。隋唐以前，中国不断加强同外域的联系。在对外关系上，隋唐宋元时期都居于主动的地位，明清时期出现了逆转，表现出了封建社会末世的腐败、保守和虚弱。

白寿彝关于封建社会历史分期的观点和方法，较之其他各种分期的观点和方法，有两个明显的特点：第一，在很大程度上，避免了以某种单一的标准分期所造成的理论上的不力，以及史实上的抵牾，也避免了可能出现的对于某种单一的社会历史因素的作用的过分夸大，从而减少了片面性。第二，由于这些标准是从客观历史中概括出来的，所以，它们都能符合各个时期的历史面貌和社会特点，从而给人们以整体的历史发展的观念，加深了对历史的认识和理解，从而把中国历史进程的特点讲得很清楚。

后来，白寿彝在他的《史学论集》题记中，又对中国历史进程的特点强调指出："封建社会史在中国历史上占了很长的时期，对中国社会的发展有很重要的影响。封建社会的特点，在中国近现代史里，应或多或少地保持着传统的地位。研究中国历史，一般地说，不能不研究中国封建社会史。现在，我把关于封建社会的几篇文章，也收在这里。《中国历史的年代》一文，是我对于中国社会发展及轮廓之总的看法，其中关于封建社会也写得比较多些。在《中国通史纲要》和《中国通史》第一卷里都写入了这篇文章，只是文字上有小的修改。现在也把它收到这里，以便接触到更多的读者，增加向大家请教的机会。"这些话，一方面表明白寿彝对于《中国历史的年代》所提出的问题的重视，另一方面，也进一步证明了白寿彝作为史学思想家，对于中国历史进程特点的认识，实为一个根本性问题。

白寿彝说："在中国历史上，生产关系跟生产力的矛盾和适应，往往不能突出时代变革的标志，因而总是不能明确地划分历史阶段的年代。从奴隶制过渡到封建社会是这样，从封建制过渡到近代社会也是这样。这可以说是中国历史上的一个特点。"

"在新旧社会交替的时期，必然有两种或两种以上生产关系的并存，也必然有新的生产关系，代替旧的生产关系的变革。但新的生产关系，究竟在什么时候，代替了旧的生产关系，在文献上往往难以考察。例如春秋战国时期，我们认为是从奴隶制到封建制的过渡时期。但封建制究竟在什么时候，确立了它的支配地位，还很难说清楚。”

在新旧社会交替时期，多种生产关系变化激烈，旧的占支配地位的生产关系，要被新的生产关系代替。这样一个过程往往是很长的，不是某一天，也不是某一年能够完成的。在这个阶段中，多种生产关系的并存，给后来历史的研究、历史分期的讨论，带来许多困难。由于旧的生产关系，保存在以后的社会形态中，有的甚至延续几个社会形态。特别是在新的社会形态，刚刚形成的时候，旧的生产关系更多地保存在其中。因此，毫不奇怪，讨论历史分期时，不注意研究多种生产关系中占支配地位的生产关系，不注意研究属于非支配地位的生产关系的地位、作用，要找出一些例子来，支持自己的见解，提出不同的分期的看法，也是能够做得到，并不很困难。所以，这些都说明历史分期问题的复杂性。

从一个历史时期，转向另一个历史时期，从一个社会形态，向另一个社会形态转变，在多种并存的生产关系中，新的生产关系逐渐上升，通过变革、革命，发生质的变化，而成为在社会中占支配地位的生产关系。旧的生产关系由支配地位，下降到次要的地位，成为补充部分，有的甚至消失。这样一个阶段，如果简单划分到某一个时期，人们对历史的认识，也会失之于简单化。历史转变，特别是社会形态的交替，可能被作为机械地产生、机械地消灭的事物看待，历史也因此在某一年被划分两个截然不同质的阶段。由此而导致对如何看待历史的继承性、连续性以及对旧思想文化的影响等认识上的各种偏向产生。

白寿彝说，多种生产关系并存的局面不断变化，由此产生的阶级关系、阶级斗争的内容，都不尽相同，各种社会矛盾、主要矛盾、主要矛盾的情形，因此也各有差异，历史由此而区分出各个阶段来。近代中国社会的经济发生了重大的变化，比起封建社会时代，情况更复杂。除封建地主经济、农民和手工业者个体经济继续存在，新的资本主义经济产生了。资本主义经济又包括帝国主义资本、官僚买办资本和民族资本三个部分。帝国主义经济势力，在中国社会生活中起支配作用，封建经济占有显著的优势地位。官僚买办资本是帝国主义经济的附庸，跟封建剥削关系紧密结合在一起。民族资本主义经济很微弱。农村自给自足自然经济遭到破坏，农民的经济生活，受到资本主义市场的冲击，但农村的生产力相当落后。

《中国通史》导论卷，揭示了近代多种生产关系并存的状况，在这样多种生产关系并存的基础上，阶级关系发生了变化，社会矛盾也发生了变化，使得近代社会与中世纪社会，有着不同的性质。在这样多种生产关系并存的基础上，政治经济发展不平衡尤其明显。以毛泽东为首的中国共产党客观地、正确地分析了近代中国政治经济发展不平衡，创造性地运用马克思主义，开辟农村根据地，以农村包围城市，最后夺取城市，取得民主主义革命的胜利。

由此可见，白寿彝以开阔的眼光，从更深的理论层次上，思考中国历史进程的特点，他综合考察中国历史的多方面因素，在此基础上提出的多种生产关系并存的理论，以及中国历史分期，是我国史学思想的一个重要建树，这对历史研究向纵深发展，对认识中国国情及前途，都具有非常重要的现实意义。

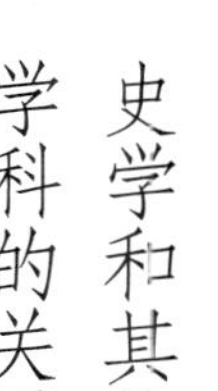

史学和其他学科的关系

白寿彝作为杰出的史学思想家，他的一大思想特色，就是“通”。他不仅将中国历史进程的特点，实现了上下几千年的纵“通”，他还打通了文、史、哲“三合一”的“内循环”之“通”，除此之外，他又将史学与文学、哲学之外的自然科学，以及其他学科进行了“外循环”的“横通”。正是因为白寿彝实现了纵通、横通和内循环这个“三通”，打通了史学的“经络”，使得白寿彝的史学思想生机盎然，充满活力，在史学“广场”上，完成了中国通史的集大成式的“博览会”。

白寿彝说，史学跟其他学科的关系，主要是关于史学的外部联系。科学是在不断发展的，不同学科之间也往往有一个离合的过程。因此，在考察史学跟其他学科的相互关系的时候，必须作为一种有机的运动过程来理解。

16至18世纪，西方的自然科学如日初升，有着古老传统的天文学、数学、力学，更有了巨大的进展，出现了哥白尼等科学巨匠。他们发现了自然界的许多奥秘，甚至将许多客观事物之间的本质的、必然的联系，用定律的形式表达出来，用数学的手段计算出来。由于掌握了事物运动的客观规律，人们满怀信心地、把自己对自然界的知识，理解为现代意义的“科学”。

当自然科学开始蒸蒸日上的时候，史学却远未发展成为科学。

随着马克思主义的出现，史学发展成为历史科学。经过认真研究，白寿彝对历史和科学的关系，得出了明确观点：“认为人类历史只在时间上发展，自然界历史只在空间中扩张，从而把史学和自然科学视为截然不同的事物，这是形而上学的观点，人类对于客观世界的认识，不会也没有停留在这样一种水平上。”并指出：我们学习历史，主要是学习人类史，以人类社会的发展过程和规律为研究对象。但是，我们必须注意到史学和其他学科的内在连贯性，即一切科学都是研究事物发展规律的，都是从事物内在矛盾中研究其运动、发展的必然性的。我们不能再自觉或不自觉地承袭那种认为科学与史学互不相关的形而上学的见解，拒不接受其他学科可能给予我们的有益的帮助和启发。而且，人类史是多方面的，人类史和自然史的联系也是多方面的。前者决定了史学跟社会科学中其他学科联系的必然性，后者决定了史学跟自然科学中诸学科联系的必然性。事实上，当我们的历史研究，深入到某一个专门领域的时候，我们还会跟有关的社会科学或自然科学，发生十分密切的联系。在某种意义上，甚至可以说，史学的发展过程，也就是它跟其他学科的关系发展的过程。

白寿彝说，可以从两个方面来考察史学和自然科学的关系：第一，史学研究人类社会发展的进程，而这个进程就包括人类认识、改造和征服自然的进程，当然也就包括自然科学发展的进程。第二，自然科学中的一些学科，跟史学的关系很密切，对史学的发展具有特殊的意义。

白寿彝说，我们现在探讨古代有关生产方面的科学技术，已经有了比前人优越得多的条件。近代考古学和自然科学的发展，使我们既有可能比前人见到更多的古代遗物，又有了比前人多得多的自然科学的基础知识。前人读书，看到《荀子·议兵》说“宛钜铁𨰿，惨如蜂虿”。从这八个字中，我们不能知道宛地出产的这种刚硬的铁矛，到底有多么锋利，又为何这么锋利。现在考古学界，从楚国故地发掘出许多铁器，经过科学鉴定，知道那已是经过多次锻制的渗碳钢制品。冶金本是生产中最常用的一种基本技术，可是前人往往把它看得很神秘。

我们的史观不同于前代史家的史观，我们的条件也不同于前代史家的条件，我们应该重视历史上有关生产的科学技术，把它作为史学研究中的一个必不可少的方面。正是这种史学思想的深刻见解，使白寿彝在总主编《中国通史》时，特别重视自然科学与史学的关系，他邀请我国著名科学技术史研究专家王振铎等学者，参与编写。王振铎曾将我国历史上的重要发明与发现，如司南、罗盘、指南针、地动仪、指南车、记里鼓车、水运仪象台等，在20世纪三四十年代时复原，并陈列在国内外各博物馆之中，到1959年，他复原了中国历史博物馆里的古代科技模型90余种。

在自然科学中，还有几个具体学科对史学的影响很大，例如天文学。天文学是一门起源很早的学问。古代各族人民的具体测定方法不尽相同，但是总归要靠观测天象。

随着天文学和史学的发展，天文学和史学逐渐分途。尤其近代天文学高度发展起来以后，再要求史学家兼通当代的天文和数学，除经特殊的培养外，一般已难以达到。而且由于有了丰富的天文历法资料，史学家也可以不亲自观测天文现象。不过，这并不说明天文学跟史学关系的疏远。史学家记述时所依据的历法，是靠天文学家制定的。而且，天文学的研究成果，帮助史学解决了许多年代问题。白寿彝的恩师陈垣所著《中西回史日历》《二十史朔闰表》两部巨著，便是用天文历法，解决了史学研究中时间推算的难题，使中西回三种历法纪年，有了确实可靠的换算工具，为中外史料的运用，在纪年方面开辟了方便的途径。所以，受陈垣老师影响的白寿彝，非常明白史学与天文学的关系密切程度。

如果说天文学和史学的关系十分古老，那么地质学和史学是什么关系呢？远在古代，人们对地质现象早就有所注意。不过古人关于地质现象的知识是很零散的，尚未成为科学，也未能对史学有多大的影响。古代史书往往把许多地质现象记在五行志中，或称灵征志、祥瑞志中，作为附会灾祥迷信的资料，其观点无可取之处。

近代的地质学奠基于18世纪末叶。两个世纪以来，它有了长足的进展。地质学的研究，由地球的表层逐渐进向深层，在古生物学的配合下，确定了岩层的划分及其时代顺序。由于迄今所发现的最古岩层年龄在46亿年左右，地球的地质时期也就从此开始。地质学和古生物学，就这样以“白纸黑字”的材料，批驳了一切宗教神话，并科学地说明了人类从动物逐步进化而来的历程。

地质学材料和地质年代，对于研究人类原始社会史有重要作用。考古发现的古人类化石，总是要同其他古生物化石和地质资料结合在一起研究的。新生代第四纪，又分为更新世和全新世，全新世从大约一万年以前开始，在考古学上属于中石器时代。由于地质变化缓慢，而中、新石器时代以后，人类社会进步加快，地质年代的重要性就逐渐被考古期所代替。

史学和古人类学是一种什么关系呢？白寿彝说，古人类学是研究人类发生和发展规律的科学，它以古人类化石和古人类制造的工具及生活遗迹为依据，探讨劳动在从猿到人转变过程中的作用，探讨人类发生、发展过程中，体质特征的变化及其规律。

由于古人类学的贡献，人类的历史大大向前延长了。原先人们所知的文明的历史不过四五千年。古人类学的研究成果，将人类历史向上延长了300万年，为人类原始社会史开拓了空前广阔的研究领域。正是由于白寿彝作为高屋建瓴的史学思想家，在史学与古人类学的关系上，理解得很透彻。

他在总主编《中国通史》时，在第二卷的题记中说：“在中国考古学研究工作发展历程中，我们的作者不仅做了辛勤的耕耘，而且做了卓有成效的开拓工作。他们的理论兴趣，更为他们的研究工作增加了活力。本卷的完成，在极大的程度上，概括了远古时代考古学研究，尤其是他们的成果，他们坚持实事求是，认真地从考古学文化入手，厘清了中国史前民族、文化及社会的发展脉络。这在以往的通史撰述中是没有前例的，这在考古学工作上，也是一项创举。本卷的出版，我相信会在我国学术工作上，产生有益的影响。”

从中国史学史上看，一部通史的成就，与这部书的作者，对人类历史原点的认识联结在一起，与史学家的古史观念紧密相关；而一部通史的开篇，也就是远古历史的篇章，是这部通史成就的重要的基石之一。

近代科学高度发展以后，许多专门领域，已非只有一般训练的史学工作者所能涉足，而且学科门类日益增多，一个史学家要想如同前辈那样，成为百科全书式的学者已势所不能。但是，天文学、地质学、古生物学、古人类学、地理学、考古学、民族学等学科的成长和发展，为史学研究提供了前所未有的有利条件。从前人们总认为，对于古代的事，古人或去古未远的人，一定比今人知道得更清楚。由此还产生了或多或少的对古代记载的迷信。由于近代有关学科的发展，人们已经有可能见前人之所未见，知前人之所不知。当然，要做到这一点，就必须加强史学跟其他有关学科的联系。

20 世纪初期，美国史学家鲁滨孙及其学生，把许多与史学或多或少有关的学科，称为史学的“同盟军”，还主张在培养史学工作者的时候，给以多学科的预备训练。到 60 至 70 年代，美国学者更强调史学研究中的多学科方法。1970 年秋，《多学科史学杂志》创刊。多学科方法的史学研究，还尽量使用现代技术的手段。

白寿彝指出，多学科方法有利于史学工作者对所研究的历史事件或过程，有尽可能完整和多方面的认识和理解，这是符合史学发展的客观要求的。在马克思主义唯物史观的指导下，了解、学习并应用其他学科，为史学研究所提供的条件和方法，就能从更广的角度和更深的层次，来了解和分析历史发展过程中的复杂矛盾，从而更有力地揭示历史发展的客观规律。

史学和民族学的关系非常密切，民族学作为一个独立的学科，出现于 19 世纪，是调查、记载和研究各个民族的各种风俗、制度，及其社会发展规律的一门学科，对于发展较慢地区的民族的调查和研究，在民族学研究的传统中占有优先的地位。

我国汉代司马迁在其《史记》中写了《匈奴列传》《大宛列传》等篇章，记下了宝贵的民族学材料。《二十四史》里，蕴藏了大量的民族学材料。在《二十四史》以外，还有很多史学和文学著作里，都记有民族学材料，我国古代的民族学材料十分丰富。

民族学的材料，对史学研究非常重要，因为民族学的内容，具有其他学科难以代替的特点。第一，民族学工作者调查研究一些落后地区的民族，可以提供出在先进地区早已绝迹且也很难被人理解的材料。如果说，考古学也能提供现代人所不知的很多材料，那么，它所提供的只是古代的遗物，或者说是古代社会的“遗骸”，而不是古代社会的活体。而民族学所能提供的，却是古代社会的活生生的模型。考古学材料所难以说明的各种抽象关系，从这种模型里都可以窥见一斑。

第二，民族学材料除了可以提供单个的生动的“模型”，还可以提供一定程度上的“模型”的有机序列。由于历史发展的不平衡，在近代世界上的不同地区里，不同的民族还处于不同的历史发展阶段上。因此，经过民族学家的调查研究，本来只有在不同的时间里，才能见到的各社会发展阶段，竟然可以在不同的空间里，同时向我们展示出“模”来。

中华人民共和国成立以后，我国做了空前规模的民族调查，写出了两亿字的调查报告和资料，其中一部分已公开出版。这样丰富的材料，对我们研究原始社会、奴隶制社会和封建社会的历史，都有极其重要的意义。

当然，民族学材料对史学研究来说，也有其局限性。因为，到近现代还处于原始社会或奴隶制社会阶段的民族，必有其不同于世界其他民族的条件，所以不能忽视其特殊性，而迳与其他先进民族的古代，无区别地等量齐观；同时，这样的民族已处于其他先进民族之间，不能绝对不受外来影响，这也与其他民族的古代社会不能完全等同。因此，我们在使用民族学的材料，作为史学上比较研究的时候，不能不作慎重的选择和具体的分析。

白寿彝说，地理学是跟史学关系最密切的学科之一。在相当长的时期里，二者几乎是难解难分的。

关于史学和地理学的密切关系，白寿彝说，二者在内容上有难以分割的地方。第一，史学研究历史的运动过程，而每一历史事件和过程，都是在一定的时间和空间中展开的。如果我们用一条曲线，来表示一个历史事件的运动过程，那么，时间和空间就分别是它的纵坐标和横坐标。对于史学研究来说，年代学关系到它的纵坐标，地理学则关系到它的横坐标。在这个意义上，地理知识乃是史学研究不可缺少的前提条件之一。从实际情况来说，只要我们打开史书，不论探讨一个事件，还是一个人物，都必须弄清有关的地名，指的到底是什么地方。治史必须知道地理沿革，而地理沿革本身，就是从历史的角度考察的地理。

第二，地理为历史提供的不仅有人类在其中活动的空间，还有社会赖以发展的资源条件。地理环境对历史发展，有一定的影响，但不是决定的因素。在这里我们要说明的是，人类社会的发展同时必然影响和改造着地理环境，而这种被改造了的环境，又影响着历史的发展。

白寿彝认为，史学和艺术的关系，也十分密切。艺术的起源很早，人们已经发现，在法国、西班牙和东欧的许多山洞的壁上或山崖上，有着旧石器时代晚期的人们创作的很多“岩画”。这些绘画和雕刻生动地表现了猛犸、野牛、鹿、马等动物的各种动静神态，还表现了野兽负伤和落入陷阱的场面。这些岩画的产生，可能与当时人们的巫术活动有关，不过它们毕竟表现了当时人们对野兽观察的细致，以及狩猎在生活中的重要性。从尚无文字的时代，保存下来的这些艺术作品，无疑是一种最珍贵的历史资料。

人类社会进入“文明”时期以后，逐渐有了文字记载的历史。文字记载成了反映历史过程的主要手段。不过，各种形式的艺术作品，也在不同的程度上、从不同的侧面反映着历史，可以印证文献记载，甚至可以表现出文字难以表现的画面来。古代宫殿、神庙、石窟、陵墓中的壁画和雕刻，以及种种器物上的图面，往往表现出当时人们生产和生活中的很多生动画面。这是以现实主义的技法，对历史事实的直接反映。还有另一类，以宗教神话为题材的雕刻和绘画作品，它们并不能离开现实社会的内容，而只是对这些内容作了歪曲或颠倒的反映，还可以批判地用以证史。同时，它们直接反映了当时人们的认识或意识形态，这无疑也是反映了历史的一个方面。

在古代的各种器皿、用具上，还有各种工艺美术性的装饰，它们尽管没有人物形象和实物图形，却也反映出人们生产技能和技巧的发展变化。各种古代的建筑物，既可以反映出当时人们的生产技术和科学知识的水平，也可以反映出人们的社会生活和精神生活的状态。当然，能够作为艺术品并且能够经久保存下来的古代建筑物，主要只是宫殿、城堡、神庙、陵墓等。它们一方面反映出这些人的穷奢极侈的生活和气势凌人的精神状态，另一方面，也可以反映出劳动人民的智慧和技能，从而在两个侧面上都反映了历史。

古代的艺术作品可以证史，而对古代艺术的研究，也不能离开历史。艺术作品总是时代的产物，历史上的艺术作品，只有放在它自己的历史背景上，才能够为人理解。这一点也可以说明史学和艺术之间有着密切的关系。

白寿彝关于史学与众多学科关系的论述很多，其视野非常宽阔，正是这个原因，他在总主编《中国通史》时，在体裁创新中，能够突破章节体，而以新综合体，去容纳尽可能多的历史画卷，如综述、典志等。所以，白寿彝说：“一种单一的体裁，决不足以反映我国历史的丰富内容。只有多体裁配合，才能多层次反映历史。”正是这个史学思想，才使《中国通史》以 12 卷 22 册的大体量，体现了这部《中国通史》包罗万象、蔚为壮观的大格局，真正实现了他提出的大通史一定要“通”这一高屋建瓴的史学思想。

中国文明发展为什么未曾发生过中断

中国几千年文明发展从未发生过中断。这是人类发展史上的一大奇迹。这也是14亿中国人以及外国所有关心人类历史和未来发展趋势的人们，都非常关注的一大话题。作为史学思想家，白寿彝为我们高屋建瓴地揭开了这个人类发展史上的奇迹之谜底。

他说：中国史毕竟是世界史的一个重要部分，我们不能离开世界史，而单纯地研究中国史。在世界各文明古国中，中国文明发展的连续性是十分突出的。这主要表现在两个方面：其一，中国作为一个政治实体在其发展过程中未曾为外来因素所中断。其二，中国文明在文化发展史上也未曾有断裂现象。我们可以分别地作一些比较的考察。

白寿彝将中国与世界作一番比较之后，得出论断："世界历史表明，金石并用时代和青铜时代产生的古老文明，除了中国以外，到了铁器时代的早期，就都已经不再作为独立的政治实体而存在了。在公元前一千年代产生的古国，大多数也没有能直接存留到现在，它们作为政治实体的连续性遭到了外力的中断。波斯征服了整个西亚、北非的最古老的文明地区，以至印度河流域，以祆教（拜火教）为其特征的古波斯文明，成了更古老的文明的继承者和代替者。但是，公元前4世纪后期，波斯为马其顿的亚历山大所灭亡。在辽阔的波斯帝国故土上，后来建立起许多'希腊化'的国家。"

在这里，白寿彝有一个重要的结论是：“金石并用时代和青铜时代产生的古老文明，除了中国以外，到了铁器时代的早期，就都已经不再作为独立的政治实体而存在了。”

“作为上古时期在地中海地区出现最晚、影响最大的古罗马文明，也在历史上中断了。”

“它们与当地的上古文明的联系不是直接的。”

正是上述原因，白寿彝说：

> 与其他古代文明相比，中国古代文明的连续性就十分引人注目了。中国文明产生于金石并用时代和青铜时代。经过夏、商、周三代的连续发展，到春秋时期进入铁器时代。与埃及文明、两河流域文明、印度河流域文明、爱琴文明不同，中国古文明没有为外力所中断。中国古代国家经过春秋、战国之后，继续向秦汉时期的更高阶段发展着。
>
> 公元四五世纪，中原地区也发生过民族的移动，还建立过不少由少数民族为最高统治者的政权。但是这些变化在本质上都是朝代的分合或更替。以后，在元代和清代，两度出现过以少数民族成为全国最高统治者的皇朝，但这些皇朝和以汉族为最高统治者的皇朝一样，在本质上都是各族上层统治者的联合政权，只不过是具体结构有所不同而已。所以，中国作为政治实体在历史上从未被外力所中断。

白寿彝在这里将中国与世界其他文明之间，作出比较研究后，得出了一个重要结论：“中国作为政治实体在历史上从未被外力所中断。”

白寿彝继续分析说：中国文明在文化史上的发展连续性，在整个世界史上尤其显得突出。这里需要说明的是，文化史上发展的连续性与文化遗产的流传，是既有联系又有区别的两回事。在文化连续发展的文明中，前代文化自然地作为遗产流传给后代，所以有文化史发展的连续，又有文化遗产的流传。但是，有文化遗产的流传，却未必有文化史发展的连续。例如，现在世界流行的阳历，其渊源可以追溯到古代埃及的历法。日、月、火、水、木、金、土七曜日为一星期，圆周分为360度，可以溯源于巴比伦。但是，人们绝对不能由此得出结论说，这些现代国家都与上古埃及文明和两河流域文明有文化发展史上的连续性。因为，现代很多国家，虽然接受了上古埃及文明和两河流域文明的文化遗产，但是它们的作为一个系统的文化，却是自身先前的文化系统的发展和继承，而上古埃及文明和两河流域文明的那些文化遗产，只是作为某些因素而并非有机的系统被继承下来的。

白寿彝说，一个文明在文化史上能够保持连续性必须有以下两个方面的体现：一方面是语言文字发展的连续性，这是一种文化赖以流传的工具或形式的连续性。另一方面是学术传统，其中尤其是直接反映历史连续性的史学传统的连续性，这是一种文化的精神内容的连续性。如果以这两个标准，来衡量世界上的各文明古国，其中大多数文明在文化发展史上，不是已经中断了连续性，就是只有不完全意义上的连续性。

白寿彝说，中国文明的连续性表现在两点上。第一，中国古代的语言文字，在发展过程中，未曾发生爆发性的断裂现象。现代汉字与甲骨文、金文，的确相去甚远，要求只识简体汉字的人，去认甲骨文或金文，当然是十分困难的。但是，由甲骨文到金文，由金文到小篆，由小篆到隶书，由隶书到楷书，由繁体楷书到简体楷书，整个发展过程十分清楚、完整。了解到这样连续发展过程及其规律，也就掌握了认识甲骨文、金文的钥匙。而且，从甲骨文到现代汉字，不管字形发生了多大的变化，字的构造总是以象形、指事、会意、形声为共同原则的；这些原则好像一座联系古今汉字的桥梁，今人通过它可以辨识古代文字。至于语言，古今差别的确不小。因此现代人，甚至现代的专门学者，对于甲骨卜辞、金器铭刻、《诗经》《尚书》之文，也有不少难以理解的地方。但是，古今语言的差异主要表现在语音、词汇及专门术语上，语法结构没有发生根本性的变化，而且所有的变化，都是在长期的历史过程中逐渐发生的。因此，其中仍有梯道可循。譬如，先秦一部古籍，汉、魏时期的人已觉难解，于是学者作了注释。到了唐、宋时期，汉、魏人的注释，已显得不足以解决疑难，于是学者又作了疏解。今人考释古籍，经常都要通过这条前人注疏的梯道。这个梯道也是文明渊源不断的一个明显证据。

第二，中国历史和文化的传统从未中断。历史记录和著作是客观历史发展过程的文字反映。中国文明的连续性，在历代的历史记录和历史著作中也有反映。甲骨卜辞、金器铭刻都是有关史事的记录，《尚书》《诗经》中有史事的记录，也有后人关于前代史事的表述。《春秋》《左传》《国语》《战国策》等书，记载了大量的先秦史事。司马迁作《史记》，创为通史，上起黄帝，下迄汉武，尤其反映了中国古代文明的连续性的特点。在《史记》中，《三代世表》谱列了自夏以下三代君主的世系。从此以后，中国历代君主世系直至清溥仪止迄未中断。在《史记》中，《十二诸侯年表》自共和元年（公元前 841 年）始；从此中国史书纪年迄无中断。自《史记》以下，历代均有断代的纪传体正史，它们首尾相衔，形成一条史的长龙。黑格尔说："中国'历史作家'的层出不穷，继续不断，实在是任何民族所比不上的。"此非虚语。

其实，中国历史著作的可贵之处，还不限于时间上的前后衔接，而且中国历代史书从体裁到内容，都有内在的发展脉络可循。除了史学以外，其他学术的情况也大体如此。例如文学，从《诗经》到汉魏古诗、到唐代律诗、到宋词、到元曲，从楚辞到汉赋、到骈体文，其间都有着相当清楚的沿革关系。

黑格尔在肯定中国历史作家"层出不穷、继续不断"的同时，有一种偏见，认为东方的文明是古老的，同时也是停滞的。

对此，白寿彝精辟地指出：

> 我们认为，中国文明发展的连续性的实质，绝对不在于什么凝固不变性或停滞性，而恰恰在于中国文明具有的不断的自我更新、自我代谢的能力。任何一个文明的发生，都必然是对于非文明的否定或克服；一切文明的存在和发展，也都必然是对于非文明的不断否定或克服。一切文明发生和发展的过程，都是这样的对立统一的运动过程或新陈代谢过程。

历史上其他文明发生、发展与灭亡的历程，莫不是盛极一时，其后失去自我调节、自我代谢的能力，以后也就由苟延残喘而终至消亡。

我们论述中国文明发展的连续性，绝对不是也不能把中国的历史写成一部田园诗，把几千年的岁月，都说成是在安闲和恬静中度过来的。中国文明在其发展过程中，曾经阅历了无数惊涛骇浪，穿越了无数深峡险滩，其间有过许多光辉灿烂的时期，也有过不少风雨如晦的朝夕。中国文明发展的连续性的真正特点，在于它历尽危机而未消残壮志，在于它屡经考验而能活泼泼地生存下来。黑格尔《历史哲学》是在19世纪二三十年代讲演的，那是鸦片战争的前夕，的确是中国封建社会危机深重的时期。但是，中国文明并未在这次危机中，失去自己的独立存在。近百余年来的历史证明，中国文明经过反帝、反封建的革命，终于在中国共产党领导下走向复兴。“天行健，君子以自强不息”，这大体可以表明中国文明发展连续性的基本特色。纵观世界历史，古国文明源远者未必流长；中国文明源远而流长，这是极为难得的。文明恰似江河，如果渊源深远，那么只有在前进的流程中，得到足够的川流的汇注，才有可能越来越宽阔、丰富，形成不竭的长流。

白寿彝提出中国文明没有中断的政治原因是：“中国文明所以没有中断，与国家统一的发展和巩固是有密切关系的。”

从世界历史的一般情况来看，文明的发生和发展，都是和不同程度的统一相关联的。当文明最初发生之际，都有一个由部落共同体联合为国家的过程。经过这样统一的过程，形成的还只是一种以某一城为中心的、小国寡民的邦。随着文明的发展和地区性的经济联系的出现，小邦往往又合并成一些地区性的王国。随着各地区之间文明联系的出现，在上古和中古时期，又先后出现过许多跨地区性的帝国。各个文明在这种横向的分合过程中具体处境不同，它们在自身的纵向发展中的连续性程度，也有着很大的差异。

中国以外的其他古老文明缺乏纵向发展中的连续性，一般都与其在横向分合关系中的具体状况有关。这些帝国的先后出现，足以发生打断古老文明的历史连续性的作用，而不能维护或巩固那种连续性。

站在世界史的角度，俯瞰各个帝国，经过分析研究后，白寿彝得出的结论是："在世界历史上，只有中国在发展中长期保持着统一的趋势。"

像其他国家一样，中国最初也有许许多多的部落，然后由部落合并为许多小邦，再逐渐统一为地区性的国家。相传，"当禹之时天下万国，至于汤而三千余国"。至周武王准备伐纣的时候，诸侯会于盟津（孟津）者有八百之多。相传，周初分封，"凡一千八百国，布列于五千里内"。"春秋之初，尚有千二百国，迄获麟之末，二百四十二年，弑君三十六，亡国五十二，诸侯奔走不得保其社稷者不可胜数，而见于《春秋》经传者百有七十国焉。"今按春秋以前的传说数字虽未必可靠，但总可说明当时的确有很多小邦。这些小邦实际上是各自独立存在的，周武王在牧野誓师，称同盟各邦君长为"友邦冢君"；周公东征武庚，仍称诸侯为"友邦君"。不过，就是在这样小邦林立的情况下，也存在某种程度的统一的中心的观念。在许许多多小邦之中，夏、商、周是依次出现的三个中心。如果把夏、商、周理解为秦汉帝国，那当然不对。不过，从《尚书·周书》看，周人确实有一种殷革夏命、周革殷命的三代相承的观念。周人自认在从前周是"小国"，而殷则是"大国殷""天邑商"。

《诗经·商颂·玄鸟》说，商"邦畿千里，维民所止。肇域被四海"，颇为有理。商作为一个大邦，其民所居不过千里。但作为各邦共戴的一个王朝，它就"肇域被四海"了。所以，在夏、商、周三代小邦林立的时候，其中就有着一个统一的方面。

从春秋以至战国，诸侯之间相互并吞，大国争霸激烈。这看起来像是由于周室衰微而出现的一种分裂局面，其实正是在这个过程中并小邦为大国，由封国而郡县，形成了地区性的统一王国。战国七雄进一步兼并的结果，是在中国历史上出现了首次统一的秦、汉皇朝。两汉的统治持续了400余年，为中国以后进一步的统一，打下了稳固的基础。

东汉以后，出现了50年的三国鼎立局面。西晋以后，出现了200多年的南北分裂时期。可是魏、蜀、吴三国，都是在克服地方割据局面中建立起来的，它们都在为统一全国做准备。就是在西晋灭亡以后的一个较长的分裂时期中，也一直存在一种统一的趋势。前秦苻坚曾经一度统一了北方。淝水之战以后，北方再度出现分裂局面，但是在439年，北魏又完成了北方的统一。

经过南北朝以后，又出现了隋、唐时期300年的统一。这一次统一的规模，又超过了两汉时期。唐以后，虽然有过辽、宋和宋、金之间的南北对立，但统一仍是发展的总趋势。经过元、明两代，到清朝的时候，中国的统一得到进一步的巩固和发展。

中国的统一之所以能够得到巩固和发展，在很大程度上是与民族关系的具体发展特点密切相关的。自从有文字记载以来，中国就进入了多民族统一的过程，大致经历了各民族内部的统一、地区性的多民族的统一，而达到全国性的多民族的统一。全国性的多民族统一，也经历了多次的曲折，而终于达到稳定的多民族的统一，并且建立了多民族统一的社会主义中华人民共和国。在这里，白寿彝作出了一个总结性质的结论：中国几千年来的文明发展，之所以未曾发生过中断现象，其核心原因在于“在世界历史上，只有中国在发展中长期保持着统一的趋势”。

当我们真正从世界历史的经验和教训中，从内心深处明了高屋建瓴的史学思想家白寿彝所总结的这一历史规律，我们便会理解今天维护国家统一的所有大政方针，我们才会自觉维护实现祖国统一的“九二共识”，以解决台湾问题。才会真正落实“一国两制”，以解决香港、澳门问题，这都涉及中华民族的核心利益，以史为鉴，方可面向未来。

中国与世界的关系

白寿彝是一位具有世界眼光的史学思想家，其世界眼光，不仅来自其几位恩师的世界眼光对他所产生的积极影响，更来自 1949 年之后，他所参与的许多国事社会活动，他与党和国家领导人的往来交流，以及在全国人大的参政议政和在众多非政府组织的学术工作，使他开拓了家国情怀与世界关系的思考广度。再加上他在 30 岁之前所著《中国交通史》对中外关系的研究，以及他在中国回族史和伊斯兰教史研究上的成就，使他早就对中国与世界的关系，有深刻的认知。尤其是他在中华人民共和国成立之后，不断到国外参加国际学术交流活动，国外专家学者对中国历史以及现状的渴望了解，更加促进了白寿彝对中国与世界关系的更深思考。

白寿彝认为：中国是世界的一部分，是在世界的总环境中发展的，所以，中国史有结合世界背景考察的必要。这就是说，既要把中国史放在与外部世界的比较中来考察，又要把中国史放在与外部世界的联系中来考察。

当然，要认识到一个国家的历史，必须把它放在与外部世界的比较中来考察，这在客观上必然要有一个长期的发展过程。白寿彝说，在我国传统史学中，自司马迁《史记》以下，大部分纪传体史书多记边疆少数民族，也有关于外国的记载。这些记载作为历史资料，是十分宝贵的，但其中做比较研究的不多，也可以说比较研究做得不够。出现这种情况的原因是相当复杂的，值得做深入的探讨。明朝中叶以后，世界形势迅速变化，而中国人对外国历史的认识仍裹足不前。于是中国人失去了对自己在世界上的实际处境的了解，到清朝中叶以后，我们的国家因此而饱经苦难。

在这里，白寿彝将中国与世界“比较研究做得不够”，与明清之时中国开始落后挂起钩来。古人有云：“知己知彼，百战不殆。”当中国人闭关锁国了，不再放眼看世界了，不再做中国与世界的比较研究了，那么，落后挨打、饱经苦难，便由此而来。所以作为史学思想家的白寿彝，非常关注在世界背景之下的中国怎么办。

白寿彝分析说严重的外来威胁，使中国人逐渐清醒过来，于是乃有林则徐的《四洲志》、魏源的《海国图志》之作。近代的许多学者和政治家都开始注意比较中外历史了。戊戌变法时期，康有为、梁启超、谭嗣同等，都很注意从世界看中国，注意中国历史与外国历史的比较。梁启超在《变法通议 · 论不变法之害》中说：“印度，大地最古之国也。守旧不变，夷为英藩矣。突厥（土耳其）地跨三洲，立国历千年，而守旧不变，为六大国执其权，分其地矣。今夫俄宅苦寒之地，受蒙古钤辖，前皇残暴，民气凋丧，岌岌不可终日；自大彼得游历诸国，学习工艺，归而变政；后王受其方略，国势日盛，辟地数万里也。今夫德，列国分治，无所统纪，为法所役，有若奴隶；普人发愤，兴学练兵，遂蹶强法，霸中原也。今夫日本，幕府专政，诸藩力征，受俄、德、美大创，国几不国；自明治维新，改弦更张，不三十年，而夺我琉球，割我台湾也……记曰：不知来，视诸往。又曰：前车覆，后车戒。大地万国，上下百年间，强盛衰弱之故，不爽累黍。盖其几之可畏如此也！”梁启超的话，道出了中国人必须把自己的历史，置于世界变化的历史中自省的迫切心情。

近代中国史学家，注意结合世界历史之背景，来研究中国历史，在多方面都比前代有所进步，但其中也有各种各样的问题。问题大体在于两端：一则以为中国历史文化为世界之冠，为国粹派；一则以为中国百事不如人，为民族虚无主义派。

随着马克思主义的传入和马克思主义史学在中国的产生，以世界史为背景对中国史的研究，进入了一个崭新的阶段，即从世界历史发展的一般规律，来研究中国历史具体发展规律的阶段。

现在我们要结合世界背景来考察中国历史，显然有大量工作有待进行。这是因为：第一，以中国史背景来考察的世界史，正在不断地而且相当迅速地发展着，我们必须结合世界史的最新科学研究成果，来比较研究中国史。第二，从事中国历史研究所需的资料和条件，也在不断地而且相当迅速地发展着，我们的研究不论在深度或广度上，都必须有所进展。

全世界范围的有机联系，有一个长期的发生过程，随着近代大工业的出现和世界市场的形成，世界才作为一个有机联系的整体出现。大体说来，上古和中古时代是世界的有机联系发生的时期，近代以后是世界的有机联系形成和发展的时期。

近代以后的情况，与以前又有了很大不同。首先，中国近代史是从鸦片战争开始的。在西方资本主义武装力量的压迫下，封建的中国门户被打开，中国由封建社会逐渐变成了半殖民地半封建社会。西方资本主义势力在东方、在全世界范围的扩张，恰恰是中国跨入近代的总的历史环境或世界背景。

那么，中国史对世界史的意义是什么呢？白寿彝说，人们可以直观地发现，如果忽略了历史如此悠久、幅员如此辽阔、人口如此众多、文明如此灿烂的中国，任何以世界史命名的著作，都将不称其为世界史。过去，某些名为世界史的著作，没有恰当地反映出中国历史应有的地位。这如果不是出于知识不足，便是出于偏见，也许二者兼而有之。

世界史虽由各国史综合而成，但又高于各个国别史的简单总和，其原因就在于，世界史能在各国历史发展的具体规律之上，显示出人类社会发展的一般规律。这种社会发展的一般规律，既寓于各个国别史中，又不能从国别史中直接地、自然地显现出来。

在长期与外部世界交往的过程中，中国人曾留下了大量关于外国历史的记载。自《史记・大宛列传》以下，几乎历代纪传体史书都有关于外国的传记。它们不仅涉及邻近国家的朝鲜、日本、中印半岛诸国、南亚诸国及中亚地区，而且对西亚、欧、非的一些国家也有所记载。此外，中国历代还有许多私人著述，它们专门记述或涉及外国史事，其中有不少还是旅行家亲自记录的所见所闻。汉文《大藏经》中就包含了丰富的外国历史资料，主要是关于南亚、中亚地区的资料。中国典籍对许多国家的历史，对长期作为东西方交通要道的中亚地区史，具有十分重要的意义。可以毫不夸大地说，如要研究世界各地区联系形成的历史，中国的历史典籍是不可缺少的珍贵资料。总的说来，中国典籍在世界交往史上的意义，与中国在世界客观联系形成中的作用是大体相当的。

19 世纪中叶以后，中国逐渐沦为半殖民地，但是，中国人民的斗争坚持不断。在鸦片战争、中法战争、中日战争、义和团运动多次反对帝国主义的斗争中，不可计量的、无名的民族英雄，为保卫祖国作出了多少可歌可泣的事迹。

辛亥革命没有能够完成反帝反封建的历史任务。以民主和科学为号召的五四运动又进一步展开了反帝反封建的斗争。毛泽东说："中国人民，百年以来，不屈不挠、再接再厉的英勇斗争，使得帝国主义至今不能灭亡中国，也永远不能灭亡中国。"

经历了 19 世纪末 20 世纪初帝国主义在世界范围瓜分殖民地的狂潮，中国作为一个古老的大国能够生存下来，这对帝国主义的侵略来说是一个挫折，对世界被压迫民族的斗争来说则是一个鼓舞。

从 20 世纪 20 年代初开始，中国人民在中国共产党领导下，走上了新民主主义革命的道路。经过了 28 年的艰苦斗争，中国人民打败了日本帝国主义的侵略，推翻了国民党的统治，在 1949 年建立了中华人民共和国。中国革命是在历史悠久、地域广大、人口众多的国家取得胜利的，这就沉重地打击了帝国主义的世界殖民体系，鼓舞了全世界被压迫民族和人民的革命斗争。从此，中国人民站起来了，中国在世界历史上发挥着日益重要的作用。1978 年党的十一届三中全会之后，中国进入了改革开放时代，中国与世界的关系更加紧密，在百年未有之大变局的今天，认真研究白寿彝这位史学思想家的一系列重要观点，对于我们把握历史规律，树立起强大的文化自信，以更加开放的姿态，去积极融入全球一体化的世界，具有很好的现实意义。

白寿彝认为，当今时代，任何一个大国，不管它有多么强大，要想独霸世界，对其他国家发号施令，都是办不到的。早在20世纪60年代，英国著名史学家卡尔在其所著《历史是什么》一书中就已说过："只是在今天，才第一次有可能想象一个完整的世界，这个世界是由名副其实地充分进入历史范畴的各国人民组成的。"在经济方面，生产和资本国际化、一体化、集团化的趋势日益加强。现在，发达国家之间、发达国家与发展中国家之间，以及某种程度上发展中国家之间，既存在着种种矛盾，又存在着千丝万缕的联系。任何一个国家都要依靠国际市场，闭关自守是死路一条。在文化方面，由于现代化信息技术的出现，文化交流的规模和速度都达到了惊人的程度，从而扩大了人们的眼界，增进了互相之间的了解。另一方面，不同体系的意识形态也互相渗透，互相斗争。但总的趋势是，人们越来越认识到，意识形态的分歧，不应影响国家之间的和平共处，各国人民应有各美其美、美人之美、美美与共、天下兼和的新思维，互相学习借鉴，共同进步。可以讲，人类的前途，今天又走到了一个新的十字路口，何去何从，取决于我们对历史的觉悟程度。

第四章 史学的丰碑——《中国史学史》

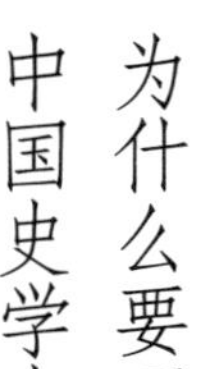

为什么要研究中国史学史

我们在 20 世纪 70 年代末 80 年代初，在北京师范大学历史系读书时，就开始学习与中国史学史有关的课程，当时上课的教材，即是白寿彝主编的《史学概论》一书的内容。那时，我们不懂史学史是干什么的，学它有什么用处。

随着对史学史的学习深入，以及对中国通史的纵通、横通认识的更加理解，还有在以后工作和生活阅历的增加，我们对史学史突然悟到：史学史简直太重要了！如果您只学习了中国通史，或一门深入研究某个时期的断代史，或是研究某一个方面的专题史，或是某一个历史人物、历史事件，如果没有史学史的功底，以及更为重要的鸟瞰历史学的思维方式，就很难对历史学有宏观的把握以及微观上的切入，就很难打通断代史、专题史、某个人物、某个事件的穴位经络，就真的“通”不了，就会将你研究的内容，碎片化，孤岛化，看不到“全象”之大象，掌握不了历史发展的规律，汲取不了历史的经验和教训正反两个方面的营养。这正是白寿彝作为历史学家，特别重视史学史的高明之处。因为他站在史学思想家的高度，用思想家的维度，来成功驾驭史学。

史学史就是历史学的认识论和方法论，史学史让研究历史者知行合一了。可以说，史学史便是“历史哲学”这一概念中的“哲学”两字，是史学之中的哲学，是比我们平常讲到的历史学更高一个层次的大学问，因为历史学的任务，是研究历史。而史学史的任务，则是研究历史学如何研究历史。换一句话说，史学史就是“历史学的历史”，其思维角度带有对历史学发展规律的总结性，以及具有鲜明的反思性、批判性，其地位非常特殊。史学史可以说是一门特殊的学问，白寿彝便是这门特殊学问的重要开山者。他开辟了这座大山的道路，才使自己进入到历史学的深山老林之中，开采到了《中国通史》的皇皇巨著，才开采到了这一原始森林中无人发现的少数民族——回族之历史:《中国回回民族史》。有了史学史这架高空望远镜，目之所及，中国历史学的森林中，处处蕴藏着珍宝。那么，如何探宝呢？这就需要借助史学史这个“探宝图”。否则，您不仅找不到宝贝，还极有可能在历史的原始森林和迷雾中，迷失方向，落到历史的陷阱之中。

白寿彝认为，史学，作为一种客观存在，它也有自身的客观发展过程。对这个客观发展过程进行总结、认识，就是史学史。

史学史是一门学术专史，它研究既往的史学活动及其成果。而这种既往的史学活动及其成果，也是人们历史活动及其文化的一部分，因此它属于历史学的研究内容。从这个意义上说，史学史也是一种历史学。它是对历史学的一项内容的纵向分割，具有历史学所具有的一切特征。

然而，史学史又不是普通的历史学分支学科。它对历史学的纵向分割，不像政治史、经济史等，分割出一项历史学所研究的社会史内容，也不像哲学史、文学史那样，分割出去研究史学以外相应学科的历史，而是反过来考察历史学本身的发展过程，这就在认识上，具有比普通历史学高一层次的独立地位。如果说，每一个时代的历史著作都是历史的一部分，是历史时代精神的记录，那么，每一个时代的史论或文化批评就同样也是历史的一部分，是历史时代精神的反省和自我批判。

德国哲学家黑格尔，在《历史哲学》一书中，把观察历史的方法分作三种：一是原始的历史，二是反省的历史，三是哲学的历史。中国关于史学史的因素产生很早，如孟子曰:“孔子作《春秋》，而乱臣贼子惧。”秦汉以后，对史书的评论更有明确的史学发展意识。然而系统地总结史学发展的专著，在 20 世纪以前可以说一部也没有。西方史学若以欧洲作为一个整体的话，它也具有悠久的历史。

在中国，历史学一向发达。自周代就有较为完备的史官制度。由于古代史学的发达，中国的史学评论、史学史的因素，要比西方丰富得多、深刻得多。但中国的史学史学科，却在西方之后产生。由此可见，史学史学科确实与史学的专业化有很大关系。

作为对史学进行反思的学问，史学史又总是与史学总结、史学批判有一定的联系。从学科结构和史学史学科的产生，都可以说明史学史是一门反思性的学科。作为反思性质的学科，史学史的产生，反映了人类历史活动的更加自觉。

白寿彝说，中国史学史是一门新兴的正在树立中的科学，是要我们对本国史学作出系统的自我批评和自我总结。这是一个具有开拓性质的艰巨任务，没有长期细致的工作，根本无法做，这是因为中国历史悠久，记载历朝历代的史书及史料，浩如烟海，这项前所未有的总结性质的研究工作，如果没有下一番苦功夫研究文献资料，你就不可能得出符合中国历史发展规律的结论。如果没有理论给予指导，就如同没有安装指南针的、在茫茫无边大海中航行的一艘船，失去了方向感，就发现不了中国史学史发展的规律。而一旦将理论与中国史学几千年发展的实践，有机结合到了一起，就会汲取我们史学史上的先辈所谱写的经验，以及他们那个时代因历史的局限性所造成的教训，并在此基础上，创造出无愧于当代社会的历史新著作。为此，白寿彝付出了整整 60 年的心血，从 1940 年他 31 岁，到 2000 年 91 岁去世。

用了一个甲子来长期研究史学史的白寿彝，在 3 个不同的历史时期，写出了 4 部中国史学史著作。他在 1999 年中华书局出版的《中国史学史论集》一书题记中说：“我在 40 年代初，因学校要开设这门课程，我开始试写讲稿，讲稿写到清末。60 年代初，我另起炉灶，重新写史学史讲稿，写到刘知几，因社会主义教育运动开展起来，没有能继续写下去。这一次的讲稿，在北京师范大学排印了，题作《中国史学史教本》。1983年6月，我开始写史学史的第三个稿本，在1984年12月完成了第一卷，题名《中国史学史》，由上海人民出版社出版。经过十年动乱，第一个稿本已不知弄到哪里了。第二个稿本虽只印了500本，但毕竟是印出来了，因而得以保存下来，并在一定范围内得以流传。现在的第三个稿本，虽在不少地方已与《教本》大不相同，但《教本》仍有可以参考的地方，还有不少章节是第三稿还没有写到的。”他在这篇题记中，没有提到第四部著作，这是因为，他为之奋斗一生的多卷本《中国史学史》，还正在撰写之中，尚未出版，他最重要的、具有丰碑性质的这部著作，在他去世后才得以问世。这是他的学术遗憾之一。

1985年3月，白寿彝在主持召开的第一次全国史学史座谈会上，就史学史发表了一系列重要观点。如何看待史学史在史学工作中的地位？他说：在人类文明的发展史上，出现了历史记载，这是件大事情。历史反映人们的社会实践中的认识。在没有人类记载以前，人的社会实践活动，可以说一般是自发的活动。把自己的社会活动写在字面上，从零星的，到系统的，从目的不很显著，到目的很明确，这是人们对于社会实践的一种自觉性的活动，是人类文明发展史上的一大进步。它意味着人们的社会实践提高到自觉的阶段。我们一向把自觉的意义讲得很深奥，如说工人阶级自发的阶段、自觉的阶段，把自觉提得很高，可从历史实际上看，这还是有它不断发展的过程。自觉也可有不同的发展阶段。我个人意见认为，人类有书面历史出现，就是一种自觉的表现。我们做了什么事，写下来传流后世，让后人看，这就是一种自觉的意思。当然，这不是科学的自觉，但是否可以这样说，它是一种比较原始的自觉。

从不成系统的历史记录到专书的出现，并注意到如何写历史，这是人们对于历史知识的要求，又前进了一大步。有了历史记载，这种记载积累多了，形成了史学。又经过史学的发展，出现了史学史的研究。在史学工作里出现了史学史，这是史学工作进入它自己的一定的自觉阶段。在中国史学工作进入史学史的自觉阶段后，还有不同的发展阶段。

白寿彝在1985年的全国史学史座谈会上，提出了一个非常有意思的见解："从发展上看，史学史是史学发展以后才有可能出现的。从学科结构上讲，史学史是较高层次的史学工作。史学只是研究历史，史学史要研究人们如何研究历史，它比一般的史学工作要高一个层次，它是从总结一般史学工作而产生的。说较高层次，不是说研究史学史的人比别的史学家要高，而是指学科性质来说的。所谓史学工作是自觉的活动，就是说，作为史学工作者，史学史的工作就是要批判、总结我们这个行业的成就。"

白寿彝在这里谈到史学史研究的一个基本特征，便是"批判"，批判即反思、反省。他说，在这方面，司马迁的影响、刘知几的影响、章学诚的影响、李大钊的影响很显著，他们的影响是直接影响史学发展，同时也对社会有影响。对于这点，我们可以做进一步研究。史学史的研究结果，可以上升为史学理论。历史理论或其中的一部分，可以上升为历史哲学。历史哲学既是史学，又是哲学。搞史学应该有点哲学兴趣，有好处。

在白寿彝的这个论述中，便可明白史学史研究的结果，可以上升为"历史哲学"，这一点的确是超越了历史学本身。白寿彝总主编《中国通史》的导论卷，其实就是历史哲学。这是白寿彝在同时代历史学家中，与众不同之处。

史学史的任务有哪些呢？白寿彝认为：第一个任务是研究史学发展的过程及其规律。过去老一代的同行，注意史学发展过程的不多，只注意一个一个的人，一本一本的书。历史就是过程。不讲过程，只一个一个地说，这还是手工业式的做法在思想上的反映，个体生产式的做法在思想上的反映，不能有系统地看出历史的整个演变过程，也就不能从过程里发现史学的内在规律。现在我们研究一个人也好，研究一本书也好，研究一个时期也好，研究一个学派也好，总不应该忘记把它作为一个专史来研究，掌握它的总过程，研讨它的内在规律。没有这样一个要求，就达不到科学研究的水平。

第二个任务是，研究史学在学术发展和社会实践上的影响，就是说史学在理论上和实践上有什么用处。史学如何受当代经济政治的影响，又如何反映到社会上，对经济政治起作用，简单地说，就是研究历史、历史学究竟有什么用。现在我们研究史学史的不大注意这个问题，史学史要解决这个问题。要看看过去的史学家如何看待这个问题，要看看过去史学家的研究成果，对社会起到什么作用。一个要研究社会发展规律，一个要看看史学的客观作用、社会效果。

对白寿彝这一观点理解很深的北京师范大学历史系著名教授龚书铎说，史学的社会功能，在中国社会的传统中，向来是被关注和重视的。宋神宗给司马光编的史书赐名《资治通鉴》，鲜明准确地表明了史学的政治作用。清代改革派思想家龚自珍曾说过如下的名言："灭人之国，必先去其史；隳人之枋，败人之纲纪，必先去其史；绝人之材，湮塞人之教，必先去其史；夷人之祖宗，必先去其史。"梁启超也认为，史学是"国民之明镜也，爱国心之源泉也"，它使人们"鉴既得之大例，示将来之风潮"。

白寿彝认为，经同史的关系很密切。经是最早的史，《诗》《书》《易》《礼》《春秋》，尤其是《周礼》《仪礼》《礼记》中的若干篇，都是比较早期的不同形式的古代史书，只是后来才把这几部书推出去变成了经典。史学上的几个重要问题，经中都说到了。《礼记·经解》说："疏通知远，《书》教也，属辞比事，《春秋》教也。"第一句说的是史学的意义，第二句是说史学的编撰。孟子说"尽信《书》，则不如无《书》"，这是关于史料学很有价值的话。经对思想上的影响很大，对儒家经典里的思想若不理解，对以后的史学思想也就不好理解，也就无从进行研究。后来的史书里经常使用经里的大量词汇，使用时并不提出处，若根本不接触经，或对经书不熟，就会闹笑话。所以从事史学史工作的同志一定要懂得经。

关于史书体裁，白寿彝说，经书中包含了多种体裁，后来史书的编年、纪传、纪事本末、典志和文选等体裁，在经书里早就有了。讲历史体裁的渊源不能离开经，要注意这个问题。为此，他提出了研究史学要读三种书的建议："一种就是经，《书》经要多读一点，《诗》经也应该读一部分。《诗》经里有神话，神话内容是虚构的，神话本身也是历史存在。《春秋左传》跟《春秋公羊传》《春秋谷梁传》虽同为经传，但不一样。《公羊》《谷梁》实际上是《春秋》的讲义。一种是史学代表作，应该读一两部。现在读《资治通鉴》的比较多，我看《史记》比《资治通鉴》重要。《史记》丰满，《资治通鉴》有材料性。另外，我认为《昭明文选》应该让学生读。《昭明文选》是一部文学书，也是一部史书，又是一部文献，它的好处是各种体裁都有。读《昭明文选》对读懂唐人以后的著作特别是唐诗很有用。研究生要读点经，《论语》《孟子》对后世影响比较大，可全读，《礼记》选一小部分就可以了。”

关于史学同子学的关系，白寿彝认为，历史知识怎样运用到实践中去，诸子做得比较好。无论先秦的哪一派，除了名家之外，都注意史。儒家和墨家对历史的解释不同，但都是引征历史来教导人。《老子》书里没有历史故事，但书中好多话是历史的总结，虽然有些片面，但却有它的历史根据。法家如《韩非子》，杂家如《吕氏春秋》，到处都是引用历史来说明论点。儒家同法家对立，但历史也讲得很好。从历史上看，儒、法两家根据历史，来观察历史的未来，都有说对的那一面。法家要搞君主专制，要搞统一要立法，总结历史经验，指出治国的远景、方略。历史证实这条路线是对的。有人认为儒家讲空话，不像法家那么具体化，其实儒家不可厚非。历史究竟有什么用处，先秦诸子做了工作，同后来的历史家脱离现实地搞历史不同，比着思想家、政治家搞历史很不一样。毛主席对历史很有研究，他研究大问题，比如他的论著《新民主主义论》提出革命分两步走，这是历史的总结。没有这样一个历史思想，中华人民共和国建立不起来。历史知识的运用，确实是我们研究史学的一个重要问题。

如何解决史学工作中的主观性和客观性？如何处理好继承和创新的问题？白寿彝非常明确地指出：这是研究历史的大问题。对于这个问题，一向有两种主张，代表两派。一种主张认为，历史记录就是历史本身，这就是所谓史料即史学，摸摸史料就行了。这种主张有对的一面，但从根本上讲是不对的。我们研究历史不能离开历史资料、历史记录，但历史记录本身不等于历史本身。说除了历史记录以外我们不能懂得历史，实际上是不承认或者根本没有注意到历史的客观性。提高到认识论上讲，这可说是历史不可知论。胡适对这一点宣扬得很厉害，他认为历史同自然科学一样，都是假设，等到慢慢发现了更高的假设，便把前一个假设推翻了。

另一种主张认为，研究历史，要如实地反映历史的真相，这作为一种治学态度说是好的，但实际上很难做到，应该尽量地如实反映。常用比方说，我们忠实历史好像照相，可是再好的照相机，也不可能把你所照的对象，准确无误地照出来，由于角度、光线、范围的大小不同，同是一个对象，照出的形象就不一样。只说如实反映，这有点机械论的味道。这就存在着主、客观的问题。就历史本身讲，是客观的存在，但我们对历史进行的研究、表述，还是主观的东西，是我们历史工作者通过研究工作对于客观历史的理解，是主观同客观的结合。

无论多么高明的历史家，也很难说能把历史真相表述出来，我们只能努力使主观认识，尽量符合于客观实际，符合程度越大它的真实性就越大，历史是不断发展的，我们的认识也是不断发展的，有人认为历史本身是过去的事情，这种看法不一定对。历史上某个事件是过去的事情，但过去的事情对于历史的影响，随着时代的不同，会改变它的历史意义的。过去的事情对于不同历史时代，有不同的历史意义。秦始皇灭六国在当时是一种意义，在汉朝看是一个意义，今天看又是一个意义。第一次我们对某一问题如何看，第二次我们发现更多的材料，了解了更多的东西，并根据这些修正和补充了第一次的看法，第三次又修正和补充了第二次的看法，这不是说，以前的研究看法没用，而是一次比一次有进步。我们的认识越前进一步，就越接近事实的真相，就是我们的进步。这就是客观性同主观性的关系，绝对真理同相对真理的关系。这同不可知论是有区别的，跟机械论是有区别的，是辩证的。

白寿彝说，遗产和创新的问题也是这样。中华人民共和国成立以后，我们在遗产问题上吃了大亏，采取了一脚踢开的态度。“文化大革命”中，把遗产视为封、资、修的东西，进行了毁灭性的浩劫。

当年列宁批判无产阶级文化论者说，一切学术文化包括社会生活在内，不可能从天上掉下来。新的总是旧的继续，我们搞史学史要特别注意这个问题。无论对中国的史学，还是对外国的史学，都不应该采取虚无主义的态度，而是应该采取批判地继承的态度。继承的意思，主要强调的是把好的留下来。今天我们研究史学史，首先要注意吸收优秀遗产，发现优秀的东西，要把财富保留起来，有点渣滓不要紧，慢慢清理。继承不是原封不动，如果原封不动，就无法继承，那就僵化了，继承是生命的延续，生命延续过程中间的新陈代谢。老细胞死了，新细胞发生了，才能继承，才有生命力。所以继承里有创新的问题，把继承认为是单纯的继承，就是形而上学。这也是一个不断发展的过程。继承离不开创新，创新也不能在一无所有的基础上进行。

对中国史学史学科发展的学术谱系进行研究的周文玖博士，曾发表著述，提出一个很值得重视的观点：

> 如果说20世纪前期对中国史学史学科影响最大的是梁启超，那么，20世纪后期，对这门学科贡献最大的则是白寿彝。可以说，梁启超、白寿彝分别是中国史学史学科建立时期和比较成熟时期的最具代表性的学者，可作为中国史学史学科诞生和繁荣的两个标志。
>
> 20世纪后半期，在唯物史观的指导下，对史学史的基本理论又作了深入的探讨，其中在理论方面最为系统的当属白寿彝。白寿彝关于中国史学史的理论特色，与他提倡研究史学遗产是分不开的。20世纪60年代，他发表《谈史学遗产》；80年代，他又先后发表5篇《谈史学遗产答客问》，分别从历史观、历史文献学、历史编纂学、历史文学等方面，对中国的史学遗产进行总结，并在他主编的《史学概论》和撰著的《中国史学史》第一册中逐步完善，从而形成了他的史学史理论体系。他说："史学史，是指史学发展的客观过程。"中国史学史是"对于中国史学发展过程及其规律的论述"。按照这样的任务，中国史学史论述

的范围，“包括中国史学本身的发展，中国史学在发展中跟其他学科的关系，中国史学在发展中反映的时代特点，以及中国史学的各种成果在社会上的影响”。

白寿彝认为，历史理论、史料学、历史编纂学和历史文学等，是构成历史学的基本方面。横着看，任何一个史家或一部史著的史学思想，都在这四个方面有所反映，它们是构成史学的四个层面。它们之间既有区别，又有联系。从纵的角度说，它们在不同的历史时期，有各自的发展状况，也都有它们那个时代所赋予的特定任务，从而构成从低级向高级相对独立发展的历史过程。由于这样的客观存在，进而就能够提出总结史学发展的四个层面之理论。即是说，研究中国史学史，要以四个层面的理论为指导，有的放矢地进行。这样，四个层面说就具有了史学史研究的方法论意义。从史学的“四个层面”揭示史学的发展过程和发展规律，是白寿彝多年探索的成果，也是他对史学史研究的一大贡献。

研究史学史，还要研究史学与其他学科的关系，研究史学与社会现实的相互作用等，这就突破了学术专史的局限，避免了就史学著作论史学的狭隘。他重视史学思想，认为史学史是对史学进行反思的学问，是比研究客观历史更高层次的学问。他关于史学史的学科理论，在许多方面，超出了梁启超关于史学史学科的理论框架，代表了20世纪后期关于中国史学史基本理论的最高成就。

通过比较研究后，周文玖博士认为：“在中国史学史的学科史上，梁启超和白寿彝是代表20世纪前、后时代的两座学术高峰。两峰之间，绵延连续，层峦叠嶂，放眼望去，真是一派壮丽景象。有意思的是，无论是梁启超，还是白寿彝，他们都把中国通史作为自己的最高学术追求，都主张用综合性的体裁编纂大型的《中国通史》。”梁启超从1901年发表《中国史叙论》、1902年发表《新史学》到1926年讲《中国历史研究法补编》，他论述的核心问题，都是中国通史的编纂问题。他号召清华大学国学研究院的学生分头研治专史，以便将来集体编著通史，他本人拟有《中国通史目录》，并写出了一部分文稿。遗憾的是由于他去世过早，他的中国通史计划没有实现。白寿彝长期以来致力于中国通史的编纂，他通过研究中国史学史，创制了编纂中国通史的“新综合体”。他与全国几百名史学家合作，历经20个春秋，终于在20世纪末完成了一部12卷22册1400万字的《中国通史》，实现了一个世纪以来中国史学家的愿望，一定意义上说，也是完成了梁启超的未竟事业。周文玖博士认为：“梁白二人均把中国通史的建设作为最高的学术追求，反映了中国史学史学科中，这两座学术高峰的联系，以及史学史与中国通史的密切关系。”

除了近百年中国史学史纵向比较研究之外，周文玖博士还作了同时代横向比较研究，他说：改革开放以后，史学史的学科建设重新走向正轨。“文化大革命”前，史学史在高校历史系的教学科目中属于选修课，20世纪80年代中期修订教学大纲，该学科被列为必修课。1990年，它与“史学理论”合并，成为一级学科“历史学”下面的一个二级学科，即“史学理论与史学史”。20多年来，中国史学史的研究取得了很大的进展，所发表的论文和专著超过了整个20世纪前80年的总和，教研队伍进一步扩大。20世纪80年代以来，中国史学史专业的研究生培养发展很快，专门从事史学史研究和教学工作的学者，基本上读过史学史专业的研究生。招收中国史学史专业研究生或进修学者主要集中在素有史学史研究传统的几所高校和研究单位，它们是北京师范大学、华东师范大学、南开大学、兰州大学、浙江大学、中国社会科学院研究生院。白寿彝、吴泽、杨翼骧、张孟伦、仓修良、尹达等，是最早招收中国史学史专业研究生的导师。为此，周文玖得出以下判断：“白寿彝在中国史学史学科的基本理论方面创获最多，在学术组织方面所起的作用最大，堪称20世纪后期中国史学史学科的‘一面旗帜’。”

贰 云南大学起步

白寿彝对中国史学史的专门研究，是起步于抗日战争时期的云南大学。在此之前，他在恩师顾颉刚培养下，做过一些准备工作。

白寿彝在1937年七七卢沟桥事变之前，在北平研究院，他被恩师顾颉刚聘为名誉编辑。那时的工作是做“宋元学案人名索引”，工作量较大，费时较长。白寿彝开始分三道工序展开工作。一是将原书上所有人名标出，包括姓名、字号、学号、学派名号等，整出卡片；二是按笔画排列卡片，分别集中同样人名，排出先后；三是将制成的卡片分别填上细目，补上“互见”卡片。三道工序完后，再经审核校对，便可付印。这段时期的工作，为他研究史学史打下了良好的基础。

顾颉刚不仅指导学生白寿彝去做索引工作，还在他任云南大学教授不久，即安排白寿彝来此任教，当时顾颉刚讲的课程有“经学史”和“中国上古史”，后来就让白寿彝来教“中国上古史”。

1940年，顾颉刚还与金毓黻、蒙文通、萧一山、吕思勉等74名史学界同人，发起创办《史学季刊》，倡议成立中国史学会。顾颉刚为此还写了《发刊词》，论述史料与史观的关系，他认为两者在史学研究中乃相辅相成，“无史观之考据，极其弊不过虚耗个人精力，而无考据之史观，则直陷于痴人说梦，其效惟有哗惑众愚，以造成不幸之局面”。又说：“史学领域既随新观念而扩大，其方术又随新方法而精密……迄今尚不见有中国史学会之产生，岂惟深憾，实为大耻。抗战以来，大学多迁西南诸境，加以旧有，其设置史学系者且十数。同人等夙具此怀，爰创斯刊以为中国史学会之先声。”由此可见，白寿彝在云南大学开始具有了研究中国史学史的社会环境。

1939 年，白寿彝受聘于在昆明的国立云南大学文史学院。1940 年，他开设的课程中，除了中国上古史、中西交通史之外，就有当时比较稀罕的课程：中国史学史。这几门课程，对 31 岁的白寿彝来说，都是新开的课程。他一边钻研，一边讲授，由于他底子扎实，勤奋努力，所以，都能胜任有余。白寿彝从此就开始了在大学研究中国史学史的学术生涯。

白寿彝回忆当初接触中国史学史的情景时，感慨地说：“40 年代初，我开始在云南大学讲授史学史。我断断续续地在摸索着前进。在开始讲这门课程的时候，我并没有做适当的准备，在这方面的知识也很欠缺。只是因为课程设置的需要，就把任务承担起来。当时因战争关系，交通很不方便，在昆明不易得到外地出版的书。王玉璋的《中国史学史概论》，是我最早看到的这方面的书。后来才又看到魏应麒的《中国史学史》和金毓黻的《中国史学史》。这 3 本书，在提供史学书目这方面，给了我一点方便。此外，对我几乎没什么用处。我当时的讲法，也是一部书、一部书地讲。跟他们不同的是，我没有按史书的体裁去分类，而是按时代的顺序讲下去。在这以前，我写过一本《中国交通史》。《中国交通史》的写法，是按照朝代的顺序，分为几个时期，并试图写出每个时期的特点。讲史学史，也想按照这个办法讲下去，但在分期上很困难，在写各时期的历史特点上就更困难。历代的史学名著，好像许多明珠，把它们排列起来了，但总是找不到把它们贯穿起来的一条线。”

从 1940 年到 1949 年，中国史学史研究的成就最突出的表现，则是 3 部中国史学史专著的出版，即重庆商务印书馆 1941 年出版的、魏应麒所著《中国史学史》，1942 年出版的王玉璋所著《中国史学史概论》，1944 年出版的金毓黻所著《中国史学史》。

白寿彝评价《中国史学史》时说：“书内充满了人名和书名，缺少他自己的见解。”王玉璋所著《中国史学史概论》，未能在书中写出一个时期的史学全貌，也未能写出前后时期史学发展的联系。关于金毓黻的《中国史学史》，白寿彝说：“是在梁启超设计的蓝图上写出来的。”

由此，我们便可明白了，白寿彝在中国史学史研究上，为什么敢于说出那三本书“对我几乎没什么用处”，他的雄心壮志是，他要超越梁启超为中国史学史设计的蓝图。

在1947年6月，与白寿彝同一时期，史学家齐思和也对金毓黻的这部著作，在《燕京学报》第32期上发表评论道：“作者过重故实而忽略史学，仅言纂修经过，鲜及体例得失，史学之义，似犹未尽也。”

白寿彝说：“细细看来，本书作者实是有意或无意地用一个考据家底立场来写的。”白寿彝的学生瞿林东，后来从《静晤室日记》中，发现金毓黻不断称其著作为“史学考”，并在1998年《社会科学战线》第3期上发表文章《史学怎样寻找自己》，为白寿彝的论点提供了新的证据，说明作者在撰著此书时，确实怀有考据学的特点。

但金毓黻在编纂上的价值及在史学史研究上的许多成就，却是值得称道的。本书内容十分丰富。中国的史学遗产是世界上任何国家都难以比拟的，当年梁启超在称赞中国历史典籍丰富的同时，对无人梳理中国史学史感到奇怪，金毓黻此书，带有很强的梳理性质。他把中国史籍按照体裁及时代的先后，进行了归类和排比，所列史家之多，史著之富，并附有大量考证，都是值得肯定的。白寿彝说：“我们打开金书一看，第一个好印象就是使人感到，这确切是用力气写的。第一个好印象，是作者驾驭史料的经验很丰富，能把许多错综零碎的材料，处理得很有条理，使读者不觉得吃力。”通过对历代史籍的编排，繁芜庞杂的中国史学的发展面貌得以展现出来，初步理清了中国史学的发展线索，很不容易。该著作在可资借鉴的同类书较少的情况下，基本做到了这一点。著者知识的渊博，功底的扎实，非一般学者所及。因此，他的这一富有开创性的成果是中国史学史继续发展的重要阶梯，是此后学习和研究中国史学史不可缺少的参考书。所以，白寿彝称赞此书“能写出这样材料丰富的东西来，值得佩服”“在提供史学书目这方面，给了我一点方便”。

如何将中国史学史进行分期？在1942年，白寿彝又看到了朱谦之的著述《中国史学之阶段的发展》。朱谦之把中国史学史分为故事式的历史时期、教训式的历史时期、发展的历史时期。发展的历史时期又分为三个历史时期：一是以《通鉴纪事本末》《通志》《文献通考》为代表，二是以浙东学派为中心，三是从王国维、罗振玉、梁启超、胡适、顾颉刚，一直写到中国社会史论战。

白寿彝说：“这样的写法，究竟是否跟中国史学发展的情况相符，这是另一个问题，但他究竟划出了中国史学发展的一条线，这在其他的史学史论著中是见不到的。我对这篇文章很有兴趣，后来我的讲稿也吸收这篇文章的某些论点，这使我讲授的内容有些变化。但朱谦之的这条线，我用于贯穿这些明珠，还是贯穿不起来。在中华人民共和国成立前的这几年，我所讲授的这门课程，基本上只能说是按年代顺序讲解的史学要籍解题。当然，在没有接触马克思主义以前，这种解题也是很肤浅，很难发掘出本质性的问题。”我们从这段话里可知，白寿彝对《中国史学史》分期特别重视，他要找出“中国史学发展的一条线”。

白寿彝在云南大学研究中国史学史之时，一直在寻找那条线，那么，如何寻找呢？在云南大学给予他更多启发的是大学的同事楚图南。楚图南是带给他马克思主义历史观的第一人，有了这个新的历史观，白寿彝终于找出了贯穿中国史学史的那条线。

白寿彝说：“在朋友们中间，有相当多的人给我的史学史工作以帮助和鼓励，其中有年长者，有中年人和青年人。楚图南同志是抗战时期云南大学的老同事。他是第一个鼓励我开设史学史课程的人，他本人对中国史籍很有兴趣。有一次，他给我谈起他对《史记·陈涉世家》的理解和感受，对我研究《史记》很有启发。”楚图南是对白寿彝研究史学史给予支持帮助最早的，也是最长的，接近60年。1989年2月25日，楚图南在祝贺白寿彝从事学术研究60周年高校执教50周年学术座谈会上，以开句“我以一个老朋友的身份”，发表了讲话:“白寿彝同志治学严谨、深邃、独识、渊博。在历史学领域、在历史教学方面都有很深的造诣。他的著作很多，范围也很宽。据我所知，白寿彝同志的《中国通史纲要》一书已经有了多种外文译本，在国外发行，受到欢迎。于是，各国人民对中国的历史主线有了比较正确的了解。大家都知道，中国这么大一个国家，历史悠久，地域辽阔、人口众多、情况复杂，我们中国人自己要了解这些都不容易，外国人了解这些就更难。但是白寿彝同志的书，不但使我们逐渐了解了我们的历史，也使一部分外国人，逐渐了解了我们的历史，特别是正确地了解了我们的历史。”

1989 年参加这次祝贺会的楚图南，此时已 90 岁，但他仍念念不忘的还是白寿彝的中国史学史研究:“最近，白寿彝同志还出版了《中国史学史》。这本书是根据马克思主义的历史唯物论和辩证唯物论的方法，介绍、分析、阐述了中国历史学方面的一些含混不清的概念，也明确了中国史学史上最为重要的、最基本的理论问题。这方面的范围很广，就简单的方面说，第一，文字记载的历史和史学本身的发展，与中国历史本身的畸变之间的关系，这一中国历史学上的基本概念，同中国历史发展的本身间，有什么不同又有什么联系。第二，他还提出社会存在决定社会历史。第三，他讲到了物质生产和物质生产者的历史。中国的历史和学术，尤其是儒家思想，不注重劳动，不重视生产者的历史。白寿彝同志在中国史学史方面特别提出这个问题来。第四，社会历史的辩证发展及其规律性。不同的时代有着不同的变化，从社会历史的辩证发展及其相互关系这一角度，看待中国史学史。他的这本《中国史学史》，在这门学科中所取得的研究成果是空前的。过去的史学家，多少也涉及这方面的问题，但不深刻也不全面。白寿彝同志讲得就比较深刻和全面了。所以我认为，这在中国史学史方面是空前的。当然，白寿彝同志在学术方面的贡献还很多，我作为历史学方面的小学生，还不能全面地阐述和理解。

“长期以来，白寿彝同志在史学界从事学术研究和教学工作，不断提出有关研究任务，指出研究的方向，贡献很大。他在历史学方面所产生的影响，可以说是难以估计的。他有多方面的著作，200多篇论文，并且还在继续发展和研究。”

在这里，自谦是“历史学方面的小学生”的楚图南，在评价比自己小10岁的白寿彝时，请读者朋友们注意，他两次用了“空前”这样的肯定语：“他的这本《中国史学史》，在这门学科中所取得的研究成果是空前的。”“我认为，这在中国史学史方面是空前的。”并说：“他在历史学方面所产生的影响，可以说是难以估计的。”

曾任全国人大常委会副委员长的楚图南，站在国家领导人的高度，对青年一代寄予希望：“白寿彝同志重视历史教育工作。他培养了很多年轻同志。我过去也曾从事过一段时间的教育工作。我也寄希望于我们的年轻一代，希望青年同志们能体会和学习白寿彝同志的治学精神和思想方法，给中国的史学发展增添新的活力，开拓新的局面，使我们的史学研究成果成为中华民族的精神财富，有效地继承和不断地向前发展。我一直认为，中国的文化、中国的史学，既有其消极落后、封建的一面，也有其正确的、值得发扬的一面，这是中国人民的精神财富，也是世界人民的共同财富。所以，我希望我们的青年学者要不断总结和继承中国的文化和中国历史的优秀遗产，使中国人民的素质不断地提高、不断地进步。以前我们闭关自守，由于人为的障碍，外国人民对我们了解不多，也不深。现在我们实行开放政策，外国人开始逐渐了解中国，也重视了中国的文化。对此我们要有足够的认识，用我们的行动，为维护世界和平和促进人类的进步事业作出必要的贡献。我们的青年一代，要向白寿彝同志学习，继续把这一事业向前推进、向前发展。”

最后，曾在北京师范大学读书学习的楚图南，以校友的身份，谈到他关于教育事业的忧虑：“师范大学承担着培养教师和推进教育工作的重任。长期以来，我们对教育重视不够，我们也尝到了这个恶果。现在学生流失，中小学教师从质量和数量上都显得不足。考师范的学生很少，‘读书无用论’在一部分人、特别是一部分青年人当中很有市场。这是令人十分忧虑的事情。中华民族是一个伟大的民族，我们必须认真地重视教育，而不是只在口头上重视就算完了，要大力创办教育。目前民族的文化素质感到不高，社会风气也不正，很多人只注重眼前利益，没有高瞻远瞩地向前看，站得不高，看得不远也不深。我们只有重视教育，通过教育改革，提高人民的素质，改变社会的价值观念。这样才能完成我们当前的改革、开放和实现四个现代化的宏伟事业，才能在未来的21世纪中，适应世界经济、文化迅速发展的环境。如果不重视教育，21世纪的中国将会是什么样子，还很难说。特别是一些青年人，对时间耽误再耽误，以后就没有时间了。我们必须抓紧时间，发展我们的教育事业、科学文化事业，只有这样，在未来的21世纪才能在世界上有我们自己的地位。民族的振兴和国家的繁荣需要有坚实的基础。基础就是教育、科学和技术。在这方面，我们师范大学的校友们有着不可推卸的责任。在祝贺白寿彝同志的学术座谈会上，我愿意把这个问题提出来，引起同志们的注意。也愿意提请我们的领导和全国人民都来关心重视这个问题，并逐步解决这个问题。这是我的希望。”

1945年抗战胜利后不久，白寿彝的老师顾颉刚出版了《当代中国史学》一书，本书论述的内容是1845—1945年间的中国史学，他将这百年史学，以民国成立为界，分前后两个时期，认为前期的史学界，学者们依然走着过去的道路，继续此前学者的工作，对历代正史，加以补作或改作，对历代正史的表志，更是用心地加以补充或修订。同时，有三种新的趋势出现：一是金石学的考索；二是元史和西北边疆史地的研究；三是经今文学的复兴。后期的史学，除继承前期的成绩，加以发展外，又出现新的研究领域或方向：一是考古学和史前史的研究；二是中外交通史和蒙古史的研究；三是敦煌学的研究；四是小说、戏曲、俗文学的研究；五是古史的研究；六是社会史的研究。这部著作分上、中、下三编，约10万字，依时代先后，或以史学事件，或以代表性人物，或以有影响的著作为题进行分节，条理清晰，细致完整，见识之高，令人赞叹。

顾颉刚在书中，在概论史学成就的同时，还探讨了史学发展的原因，如论述后期史学的进步有5个助力：一是西洋的科学的治史方法的输入；二是西洋的新史观的输入；三是新史料的发现；四是欧美日本汉学研究的进步；五是新文学运动的兴起。这几个原因归纳得非常到位，将现实的社会与史学结合了起来，反映出鲜明的时代特色，这为当时史学史的研究，提供了有益的启示。

受恩师顾颉刚影响很大的白寿彝，于 1946 年 9 月，在云南昆明的五华书院，作了《中国历史体裁的演变》学术演讲。白寿彝在演讲中，打破了中国史书传统的旧体裁，另立新意，其讲稿后来发表在《文讯》月刊 1946 年新 10 号上。这是白寿彝第一次公开发表的关于中国史学史方面的文章。特别关注中国历史体裁的演变分期的白寿彝认为，这种演变大约可分为四个时期：

第一个时期可以从春秋开始。春秋以前，虽有甲骨文字的记录，有《商颂》，有《易卦爻辞》，或是古老相传的口说，或是零星的史料，都不能说是历史。《尚书》这部书被认为是最早的古史，它里边的记录，有很多篇是连一件史事所发生的地点和时间都没有的。说它是一部史料汇编，是可以的，但说它是一部历史，是不可以的。我们说《春秋》是中国的第一部历史书，是因为它是第一部具有历史书最起码的条件的书。我们现在所确切知道的最早的历史书，只有《春秋》，所以，我们讲历史体裁，也只有从《春秋》开始。

《春秋》虽是一部很简单的书，但它把 242 年的军政大事，按照发生的顺序排列起来，“以事系日，以日系月，以月系时，以时系年”。次序的明朗和时空观念的清晰都是空前的，这不能不说是《春秋》在历史体裁上的大贡献。自此以后，中国才算有了一部真正的历史书，同时也就是有了第一种重要的历史体裁——编年体。

白寿彝说，《春秋》以后，比较重要的史书，有《左传》《竹书纪年》和《世本》。《纪年》所记的年代比较长，体裁和《春秋》相仿佛。《世本》有“王侯大夫谱”，性质上和后来的史表接近。《左传》在记录的内容上，是一部和《春秋》相终始的书，在体裁上，也是一部编年史的体裁。不过《左传》的编年体，却显然是比《春秋》进步了。

《左传》和《春秋》，在体裁上最重要的不同，至少有两点。第一，《春秋》所记，都是标题式的。《左传》所记，对于一件事的曲折，大抵都是详详细细地说的。像《左传》内许多关于战事的长篇的生动记载，在《春秋》里只用了很少的几个字。第二，《春秋》记事不记言，《左传》里却到处有娓娓动听的言论和关系重要的文告。另外，《左传》有时追记事之始，有时顺记事之终，这一点更是打破编年体严格的束缚，而补救了编年体的不足。

《左传》的体裁虽然进步，但编年的形式，究竟限制了许多重要的史料，使一些不便用年月排列的史事，得不到记录的机会。于是，司马迁创造了纪传体。

什么是纪传体？白寿彝在这次演讲中说：纪传体应该是纪、表、世家、书、传体。司马迁的《史记》，就包含这五个部分。不过司马迁以后的同类作家，往往不具备这五个部分，只有纪、传两项是始终保持着的，所以称作纪传体，是符合事实的。在《史记》的五个部分中，“本纪”和“表”是全书的纲领。“本纪”，记载了历年的重大史事。“表”，则表明了史事之间的关系。“书”，则写出了重大的历史现象。“世家”，记述了帝王以下的领袖人物和他们世代相续的情形。“列传”，记录了若干方面的突出人物。这五个部分，个别地说，大概都不是司马迁所创始的；但把它们完全用在一部书里，成一种综合的体裁，这是以前所没有的。

《史记》和《春秋》《左传》，在体裁上最重要的不同，是后者以年月为主，而《史记》以人物为主。因为《史记》不再以年月为主，便不再受年月上的限制，只要作者认为是重要的史事，不问有无确切的年月可考，都可以叙述在书里。这是《史记》在体裁上的最大贡献，可以减去编年体的不少遗憾。纪传体到了《汉书》，可以说已经十分成熟。

编年、纪传两种体裁的确立，是第一时期历史体裁的主潮。这个时期，从鲁哀公十四年孔子作《春秋》起，到汉建安五年《汉纪》成书时止，即公元前481年至公元200年，约共680年。请读者朋友到此注意，白寿彝将中国史学史上历史著作体裁的分期，已不再根据朝代来分期，而是打破了朝代，以历史著作编撰体裁的变化规律，来进行了分期。我们从下面更可以看出他创新的这一点。

中国历史体裁演变的第二个时期，是断代史的著述普遍地发达。后汉史的作者有 13 家，三国史的作者有 14 家，晋史有 27 家，南北朝史有 45 家，十六国史也有若干家。其中用纪传体的，大概都是效法《汉书》。用编年体的，都是学习《汉纪》。这个时期，在史书体裁方面，虽不像第一时期的史著，都有显著的创造性，但在断代的纪传史和编年史的范围内，仍是有不少的进步。其中最值得称道的，约有四点：一是史书中有了序例，东晋干宝在《晋纪》里首先创用。二是自注。三是总论。四是分期，南朝陈何之的《梁典》，把梁代史事分为六个时期。这四点可以说，都是让历史体裁往严密的路上走的。

魏晋南北朝时期，朝代的改换太快了，断代史里便不免把一件事情一记再记，把一个人一传再传，这让读史的人觉得重复和烦琐。尤其是典章制度方面，断代史家更会感觉头痛。如果对于一种制度，不叙述原委，则未免太过突兀。如叙述原委，却往往要超出了时代的断限。这真是一件左右为难的事。唐朝建立之后修志时，要修《五代史志》，李延寿治史而要写《南史》《北史》，可以说明唐朝初年一部分史家，对于这个时期断代史不满的感觉，显示出了断代史时代，将要走向通史时代的一种征兆。

唐景龙四年（710），历史理论家刘知几写成了他的《史通》。他在这书里，对于各家史书在体裁方面以及别的方面，都有严厉的批评。他主张在纪传体里，另外立一个门类，专收制诰表章，以承担载言的责任，免得在叙事的时候，夹杂着许多文章。后来清代章学诚修方志，专立《文征》一书，就是受这种主张的影响。另外，他又主张在书志里，立“都邑”“氏族”“方物”三志，后来宋代郑樵作《通志》，也都实行了。但刘知几却是一个坚持断代史体的人，他认为，在各种史体之中，只有断代的编年体和断代的纪传体可以，其他都可以不要。据此，可以把他称为第二时期的一个结束人物，而使他不能称为新时代的前驱。

这一时期，可从曹魏建安五年（200）《汉纪》成书，到唐贞元十九年（803）《通典》奏上，即 200 年至 803 年，共 603 年。

那么，中国历史体裁演变的第三个时期的特点，又是什么呢？白寿彝讲，是通史发达的时期。这个时期的代表作，先有《通典》，而后有《资治通鉴》和《通志》。

第一，《通典》是一个大工程。唐代杜佑撰写这部书，经历了36年以上的时间。全书从有史以来说起，直到贞元年间的事。共有200卷，分为九个门类，每个门类又有小的分类，各门类中除记载典章制度外，并记载各时代有关的言论。

《通典》问世后，宋代的宋白作《续通典》，魏了翁作《国朝通典》，都是继《通典》而作。宋元之间，马端临作《文献通考》，虽没有用“通典”二字作书名，但实际上是为续补《通典》而作。

第二，《资治通鉴》也是一个大工程。全书294卷，是北宋司马光主编、费了19年工夫写成。该书开创了编年通史、目录、举要和考异的体裁。目录就是本书的索引，举要是本书的纲要，考异就是与本书有关的考证。

《资治通鉴》问世不久，就有人继起同样的工作。最值得称述的，有李焘的《续通鉴长编》168卷，李心传的《建炎以来系年要录》200卷。

另外，更值得注意的，是《资治通鉴》这一派作家中，出了两个支派。一个支派是纪事本末体，始于袁枢的《通鉴纪事本末》。袁枢分为239事，每事各详起讫，各标年月，自为首尾，自为标题。在当时袁枢不过为看《资治通鉴》的方便，但结果却因这种体裁是“文省于纪传，事豁于编年”，竟在纪传、编年两体以外，创造了一个新的体裁，鼎足而三。后来效法的，接踵而起，慢慢成了历史体裁中一个更受重视的体裁。

另外的一个支派是纲目体，始于朱熹的《通鉴纲目》。纲目的好处，就是眉目清楚。每一件事，有一条纲作标题，有一段目作扼要的记述，并且每事提行，看起来是一目了然。这书比《资治通鉴》本书的分量少得多，而又容易看，它在读书界所受到的欢迎，远在《资治通鉴》本书之上。元明两代模仿纲目或续补纲目的，在史部撰述里面，也达到一个相当的数目。

第三，《通志》也是一部200卷的巨著，是用纪传体写的通史。这部书的影响，不如《资治通鉴》大，但在体裁方面的贡献却特别多。《通志》最突出的是《二十略》。它突出的原因，在于它能提出新的观点和新的资料，同时也在于能用新的形式来表现。例如《氏族略》分氏族为32类，《艺文略》分图书为12类、156小类、284细目，这种分析综合的形式是以前所没有的。而《六书》《七音》等略中还有图，也是一种新的尝试。

这个时期，从杜佑奏进《通典》起，到明末止，从803年至1644年，约共840年。

在白寿彝就历史著作体裁分期上的这次演讲中，我们可以明显看到，他对通史的体裁，给予了格外的关注，论述分量很重，这一点与他后来在新中国成立之后研究“四史六通”以及总主编《中国通史》，有密切的关系。

白寿彝认为，中国历史体裁演变的第四个时期的特点，是专史发达的时期。专史可以分为多种，有个人的专史，地方的专史，学术的专史，制度的专史等。

个人的专史在这时期多为年谱。清王懋竑毕生精力撰写的《朱子年谱》和《朱子年谱考异》，是这方面最为突出的著作。

地方的专史，是地方志。地方志起源甚早，但把它作为地方史来看，并特别注重其价值者，则始于清章学诚，他本人也曾修《和州志》《永清县志》，并兴修《湖北通志》。

学术的专史是讲学术源流的。制度的专史，是讲制度沿革的。属于前者，有清孙奇逢的《理学宗传》、黄宗羲的《明儒学案》、全祖望的《宋元学案》，后两书是这时期史著的冠冕，这两书的最大贡献在于改变了过去点、线的写法，而为面的写法。

关于制度的专史，值得特别提出来的，有清顾祖禹《读史方舆纪要》134卷、徐乾学《读礼通考》120卷、秦蕙田《五礼通考》262卷。顾祖禹这本书，虽以讲山川形势著名，但实是一部以人文地理沿革为主的书。这书分四部分，第一部分讲历代州域形势，共9卷。第二部分讲直隶江南13省，共114卷。第三部分是川渎，记述山川原委，共 6 卷。第四部分是分野，说天象地理的关系，共 1 卷。四部分之后，附以地图，共 4 卷。

这一时期，史表和补注改修旧史之风颇盛，考据学发达。从明末到 1947 年白寿彝演讲时，已有了 300 多年的时间。

白寿彝在这次演讲的最后，畅谈了他在抗日战争结束之后，关于中国史学史发展的理想："近三四十年来，历史体裁是向着新的方面走了，但仍不能脱离专史时期。不只近三四十年如此，将来相当长的时间内恐怕还要如此。所不同者是，以前，人与社会的关系不很显著，所以平面的，甚而至于是点线的写法，已可以使人满意。现在，人与社会的关系日见复杂，非用立体的写法，不能适应大家的要求。以前的历史是以各方面的权势者为内容，并且是写给权势者或权势的附属者看的，所以过去的史书形式也还罢了。现在将要以人民为重要的内容，并且能供给大多数人民阅读为最大的目的，以后的史书形式，必须是能适合这种内容、这种目的的体裁，才是最好的体裁。现在中国史学的前途，仅在体裁方面说，还是艰难万状，让我们的作者和我们的读者携手前进，来共同克服种种的困难，来实现我们的理想吧。"

由此可见，白寿彝是为了一个理想，而去认真研究中国史学史中关于编写体裁这一发展规律的，这个理想便是"以人民为重要的内容，并且能供给大多数人民阅读为最大的目的"。他讲这句话的时候，是在 70 多年前的 1946 年，此时正是国民党统治的中华民国时期，而不是在今天。那时白寿彝 37 岁，便有如此大的事关"中国史学的前途"的理想。他后来的所有著作，在体裁选择上，均与此研究有密切关系，如《回族人物志》《中国回回民族史》以及《中国史学史》。在他总主编的 12 卷 22 册《中国通史》撰写中，则表现得更加突出，独创了一个新的综合体裁。

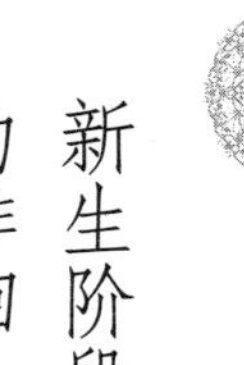

新生阶段的徘徊

1949年10月中华人民共和国成立后不久，白寿彝即从南京来到北京师范大学工作，在这个社会转型时期，他开始系统学习马克思主义，并以历史唯物主义为指导，努力探索中国史学史研究的新途径，由此他对中国史学史的研究，进入到从1949年到1979年的新生阶段。

白寿彝曾专门写过一篇文章，将他从1940年到1980年40年的史学史研究，做了一个非常生动的描绘："这40多年，对于史学史的摸索，首先是暗中摸索，继而是在晨光熹微下，于曲折小径上徘徊，继而好像是看见了应该走上的大道。"在这里的"暗中摸索"，是指1949年之前，其余的几句话，便是指1949年之后，经过反右以及"文化大革命"的学术中断，再到1979年改革开放之前。这是他的真实心境。

中华人民共和国成立后的最初10年，整个社会发生了天翻地覆的大变化，土地改革、抗美援朝、社会主义改造、"大跃进"、人民公社化运动等等，都开展得轰轰烈烈，遍及全国。在学术文化界，20世纪50年代初，即开展了知识分子思想改造运动，大多数知识分子自觉检讨旧思想，接受新思想，整个学术界出现了新的气象。

社会转型时期，学术研究也要发生与社会相适应的变化，这种变化往往迟于社会的转变，中国史学史的发展也是如此。中华人民共和国成立前它已经有了一定规模的发展，初步形成一门学科。20世纪50年代，需要在新的理论指导下，重新审视这门学科，因而不可避免地出现断层，整个历史学在基础理论和研究方法上，都在经历一场深刻的改造，史学史作为史学内的一门专史，还没有引起教学上的关注，除中华人民共和国成立前开设这门课的学校继续开设外，绝大多数高校的史学系还没有将它纳入教学计划。另外，从事这方面研究的专门人才总的来说，还是太少。

白寿彝对这一阶段回忆道：“50年代的教学改革，通过教学计划的拟定，把史学史正式列入计划。因为教材计划中列入史学史，后来文科教材中规定了史学的项目。当时，同志们对于史学史应该作为一门课程，列入教学计划，是一致同意的，但是否列为必修课目，有不同的意见。有的同志认为，列为必修课目的条件还不成熟，不如暂定为选修课，为必修课做准备。后来，这个意见被会议接纳了。”也就是说，当时已把史学史列为选修课。列为选修课，并不是因为这门课不重要，而是因为条件不成熟，特别是教材问题，比较突出。

1959年7月，白寿彝在《北京师范大学学报》第5期上，发表《刘知几的进步的史学思想》，1960年又发表了《马端临的史学思想》，这两篇论文引起了白寿彝的老朋友、著名历史学家侯外庐的高度关注。侯外庐在白寿彝进入新生阶段的史学史研究方面，对他产生了重要影响。

侯外庐1903年生于山西省平遥县，后考入北京师范大学历史系。24岁在北京求学期间，他结识了中国共产党的重要创始人之一李大钊，受到马列主义的影响。1927年，他赴法国巴黎大学留学，开始研究马克思主义哲学和政治经济学，此时，他在巴黎旅欧支部加入了中国共产党，曾任党支部书记，并主编过周恩来等创办的《赤光报》。为纪念李大钊，他开始翻译马克思的巨著《资本论》。1930年回国后，与曾留学英、法的经济学家王思华一道，共同翻译出版了我国最早的《资本论》第一卷全译本。至1938年，他已经完成了《资本论》第二、三卷绝大部分的译稿。为时10年的《资本论》中译本工作，奠定了他对马克思主义的信仰，使他得以掌握了马克思主义的科学方法论，对他的政治观点和学术观点的形成，产生了深刻的影响。

马克思主义与中国历史研究相结合开始于20世纪20年代初。30年代初，开展的中国社会史论战，使侯外庐更关注中国古代社会性质的讨论和亚细亚生产方式理论的研究。他于1934年出版了《中国古代社会与老子》一书，1939年发表了《社会史导论》一文。这是侯外庐转向史学研究的重要标志，从此，他确立了社会史与思想史相结合的学术研究方向。

1941年“皖南事变”后，侯外庐遵照周恩来的指示，专门从事中国社会史和思想史的研究，先后出版了《中国古代社会史论》《中国古代思想学说史》和《中国近世思想学说史》等著作。抗战胜利后，他与杜国庠、赵纪彬等学者为《新中国大学丛书》开始编撰多卷本的《中国思想通史》，到中华人民共和国成立后的1951年，已经完成了该书的第一、二、三卷的编撰和出版。

中华人民共和国成立后，他历任中央人民政府政务院文化教育委员会委员、北京师范大学历史系主任、北京大学教授、西北大学校长等职，1954年以后，他调任中国科学院历史研究所担任学术领导工作，并主编《中国思想通史》第四卷（隋唐宋元明部分），同时修订《中国思想通史》第一、二、三、五卷，至1960年，终于完成了我国第一部用马克思主义观点，系统总结几千年历史思想遗产的多卷本、通史体中国思想史专著。他在20世纪50年代初，任北京师范大学历史系主任时，白寿彝从南京调入该校历史系，从此他们成为同事并结下了一生的友谊。此时的侯外庐开始主编《中国思想通史》第四卷，他对史学家的思想给予了极大重视，一些著名的史家如司马迁、班固等，在书中都列有专章或专节，论述颇详。

侯外庐邀请白寿彝撰写了《中国思想通史》第四卷中的两章，即第五章《刘知几的进步的史学思想》和第十九章《元代马端临进步的历史思想》。在这两章中，白寿彝分析了两位史学家史学思想产生的历史条件，指出他们史学思想的价值和影响。白寿彝所写的这两章，基本摆脱了旧的史学史研究模式，不再是就书论书，不再是要籍解题式的思维方式，与1949年之前的研究史学史的老办法，具有本质的不同。侯外庐在1985年出版的回忆录《韧的追求》中，对白寿彝的工作给予了高度评价："《思想通史》第四卷得寿彝著刘知几、马端临两章……全卷为之增色。"

白寿彝在1986年出版的《中国史学史》第一册中，也讲到，侯外庐在"《中国思想通史》中所提出的一些问题和论点，一直到现在，对于我正在进行的史学史工作，还有重要的影响。"在1949年之前，在白寿彝的心目中，楚图南便是他的革命引路人。1949年之后，要真正运用马克思主义理论和方法来研究中国历史，对刚刚接触马克思主义的白寿彝来说，还是一个崭新的、有难度的大课题，此时遇到了对用马克思主义与中国历史研究相结合的方法已驾轻就熟的侯外庐，对渴望求知、与时俱进的白寿彝来讲，就如他期待已久的甘霖雨露。

1988年11月30日，白寿彝在纪念侯外庐去世一周年学术会议上讲了话。

白寿彝认为，在20世纪40年代的马克思主义史学家中，侯外庐应有特殊的地位，他的特殊贡献在于"他研究中国历史是想把马克思主义史学理论中国化"。这也正是白寿彝中国史学史研究工作中，在1949年之后奋斗的目标。白寿彝评价侯外庐："他研究社会史，是为思想史做准备，研究思想史是为了要写出中国历史的发展的规律性。他研究社会史，是要探索中国历史发展的全貌。"说明了侯外庐的这一研究方向，这也正是白寿彝研究史学史孜孜以求的大方向。白寿彝在发言的最后，批评了当时历史学界的作风："为史学而史学的风气滋长了，这同马克思主义史学前辈作风有所不同。在怀念外庐同志的时候，对这一点应该引起关注。"白寿彝研究中国史学史60年，他不是为史学而史学，他是要通过史学来探索中国历史的发展规律，为中华民族伟大复兴，寻找康庄大道。

在经历过反右派斗争、"大跃进"等一系列曲折后，党中央及时进行相应纠风，白寿彝再次焕发了学术研究的激情，1951年前后，是他在1949年至1979年30年中学术研究的一个春天，他发表了大量的研究史学史的文章和相关著作。

1961年，国家高教部召开文科教材会议，决定把编写高等学校《中国史学史教本》的任务，交给北京师范大学和上海华东师范大学，并由白寿彝和吴泽组织编写，白寿彝被指定为中国史学史教材古代部分的主编。正是这项工作，使白寿彝逐渐成为研究史学史的核心人物。也正是因为这次会议，使我国史学史基本问题的大讨论和研究史学史的热潮，在全国迅速兴起。

白寿彝高度评价这次文科教材会议及周扬的贡献。他在1989年第4期《史学史研究》杂志上，发表文章《史学史工作四十年》，他说："在这一阶段里，周扬同志的功劳很大。他没有写过史学史的文章和著作，但在史学史工作的开展上，起到了很大的推动作用。在1961年教育部召开的文科教材工作会议上，他开始把中国史学史和西方史学史，作为必须编写的教材提出来，并指定专门的单位、具体的人负责去做。这是史学史工作上的一件大事。"

1961年的教材会议之后，关于史学史的建设，引起全国范围内史学界的大讨论。北京、上海、广州、济南、武汉、西安等地召开了多次学术座谈会；学术刊物、报纸等也都热忱宣传和刊登讨论会的盛况和问题争鸣，有力地推动了史学史的普及，激发了史学界对史学史研究的兴趣，许多著名史学家对史学史的建设表现出高度的责任感。白寿彝的恩师、时任北京师范大学校长的陈垣还亲自主持会议，讨论中国古代史学史的基本问题。

在这个讨论会上，大家认为中国史学史的目的就是揭示中国史学的发展规律。其中多数人认为这里面包含有三种规律。第一种规律是中国社会发展在中国史学发展上的反映，史学发展在社会发展中的作用。第二种规律是一定时期的史学跟当代学术文化的交互关系。第三种规律是史学本身发展的规律。这也涉及中国史学的特点问题。中国史学史，既要揭示中国史学发展的这些规律，又要阐述中国史学的特点。

关于中国史学史的基本内容，白寿彝对这一问题的看法，得到参加讨论会的大多数人的赞同。他说，史学史应该包括以下几个方面：第一是历史观点、史学思想；第二是史料范围的不断扩大，鉴定分析史料的进步；第三是史书体裁的发展；第四是有关史书编写的制度，如史官、史馆、实录的编写、地方志的编写等。环绕这四个方面，当然还要写社会发展、政治发展、学术发展等。

关于中国史学史的分期，白寿彝在讨论会上提出，可以考虑分期的三个标志：一是以司马迁为划期的标志，司马迁以前，可以说是史学的酝酿时期，从司马迁起，史学可以说是奠定了。二是以刘知几或杜佑作第二个划期的标志。三是以明清之际的王夫之、黄宗羲、顾炎武为划期的标志。

关于中国史学史教科书的编写，在座谈会上，专家们大都认为，这本史学史既要吸收前人研究成果，又应该有不同于旧史学史的崭新面貌。对前人研究不足的地方要下功夫，对被人忽视的重要史家、史籍要发掘。要努力写出史学发展规律，写出的史学史，决不应当是史籍介绍、史家传记或史观的简单排比。这次讨论会的成果，1962 年发表在《北京师范大学学报》第 1 期上，其题目是《关于史学史的讨论》，由郭澎整理而成。

在这个基础上，白寿彝主编的《中国史学史教本》上册，1964 年 8 月在北京师范大学以铅印本印制，作为内部教材，并在较大的范围内进行交流。该教本从先秦写到刘知几，分作两篇。第一篇“先秦、秦汉间的史学”，第二篇“汉魏南北朝唐初的史学”，他说：“这一长时期的关于史学的各方面的进展，已在历史理论上、历史材料上、历史编纂法和历史文学上，为一个即将完成的相当完整规模的历史著作，准备了必要条件，从而结束了中国史学的创始时期，迎接中国史学史上新的时代的到来。”他后来评价道：“现在看来，这本教材还摆脱不了一般学术专史的模式，旧的包袱还相当重。”尽管有这些不足，但《中国史学史教本》在内容上，则基本摆脱了旧式影响，重视从历史观点、历史材料、历史编纂学、历史文学等几个方面，去揭示史著的成就和价值。史家生平、史书卷帙及修撰经过、流传情况等，在其中占的分量很小。在介绍史著的完成过程时，注意到了时代背景对作者的影响及作者的学术渊源。这些都表明白寿彝试图把史学放在具体的历史条件下来研究，试图把它独自的发展过程揭示出来。该书的一些内容在研究上达到了很高的水准，如关于司马迁、班固、刘知几的研究，到现在为止，仍然是领先的。

从1961年到1964年，白寿彝发表关于中国史学史的文章近30篇。这些文章成为撰述史学史教本的基础。《中国史学史教本》虽是未完之作，却是他在60年代研究史学史的主要成果之一。

1961年，不仅是白寿彝在史学史研究上的大学教材启动年，也是他的"急先锋"年。白寿彝向同仁们幽默地自称，要争作多写文章的"急先锋"，这是为什么呢？他说，1961年是他一生撰稿发表文章最多的一年。其主要文章有《司马迁寓论断于序事》等二十余篇以及1964年发表的《中国史学史研究任务的商榷》等。与之同时，还在人民出版社历史组作了《谈史学名著的学习》的讲话，他还在1962年在人民出版社出版了《学步集》、1964年编写出《中国史学史教本》上册。可以说，1961年前后，以国家高教部的中国史学史教材编写决定为标志，形成了白寿彝在中国史学史研究上的新生阶段的春天，这一时期的成果，已远远超过了他在云南大学之时的起步阶段。

在1961年3月5日的晚上，白寿彝写下他非常看重的文章《谈史学遗产》，该文章在周恩来讲话的时代背景下，特别强调了"百花齐放""百家争鸣"的意义。

学术论争在任何情形下也不允许简单粗暴，乱扣帽子，这都是不必顾虑的。

这一时期，白寿彝最重要的研究成果，是关于"四史六通"的观点提出，"四史"即《史记》《汉书》《后汉书》《三国志》，"六通"即《通典》《通志》《文献通考》《资治通鉴》《史通》《文史通义》，他认为这是中国中古时期历史著作中的代表作。

关于"四史"，白寿彝说，从历史编纂学的源流发展来看，《史记》是二十四史中第一部纪传体的书。司马迁以前，没有一部具有完整规模的历史记载。《史记》从传说时期的黄帝起，一直到汉武帝，写成一部130卷的通史，这在当时，是空前的创举。司马迁创造了一个好的历史传统：每当中国历史发展到一个转折点，当一个阶段或一个朝代结束后，或是社会经济、政治发生重大变化的时期，便有人出来把过去已经告一段落的历史写出来。司马迁写《史记》，正是从秦始皇开始的封建专制主义政治制度完成的时候，这恰好是一个历史阶段。他为中国的历史作出了卓越的贡献，在史学上留下了优良的传统。

自司马迁《史记》成书以后，约一百七八十年，班固写成了《汉书》，这是中国史学史上第二部巨著。《史记》的创造性的工作，吸引了这一百七八十年间的历史学者，成为模仿、学习的榜样。班固的《汉书》以断代为史，写出了起于汉高祖、终于王莽的230年间的史事。他的工作代替了各家续补的《史记》，得以单独地流传下来。后人曾经长时期地以《汉书》与《史记》并称，作为纪传体史书中最有代表性的著作。其贡献首先在于创立了一个纪传体断代史的规模。《汉书》的十志是最足以表示其博洽的，《沟洫志》《食货志》《刑法志》《地理志》和《艺文志》，这5个志，对于纪传体史书中经济史、政治史、文化史，提供了新的具体内容和新的写法，创建了一个新的探索的部门，对于后来纪传体史书的书志部分，有很大的影响，对于后来《通典》《文献通考》等书也有很大的影响。《汉书》对于国内外民族历史的记载，继承了《史记》的传统而有所发展。

范晔《后汉书》的写作，第一在史事的“整理”上，第二在史事的“评论”上，都贯彻一个“自得”之学。这种“自得”之学的要求，不同于世族文人之炫文采、尚清谈的作风，也不同于正宗的历史学者之传声筒式地宣扬皇朝“功德”和“名教”，而是继承了司马迁“成一家之言”的优良传统。范晔对于史事“整理”的成就，发展了历史编撰的方法，表现了进步的政治态度，同时也是对司马迁“寓论断于序事”这一传统的继承和发扬。白寿彝称赞《后汉书》以明文评论史事，采取论赞的形式。它在《后汉书》中的地位，远超过《汉书》中的赞和《三国志》中的评，有时也超过了《史记》中的“太史公曰”。

《后汉书》中的赞是写得很凝练的，赞语时有新意，形式也富于变化。自《光武帝纪》至《献帝纪》的赞，概括了东汉建立、发展和衰亡等不同阶段的政治大事，把这9首赞合起来看，简直是一篇用韵语写的东汉政治史略。

范晔的无佛鬼论和反对其他神秘思想，都是他的无神论的内容。他虽没有系统地组织起来，但涉及的方面相当广泛，并且表现出战斗精神。范晔的无神论观点，在理论上是有贡献的，这是继司马迁以后的史学上的光辉。

陈寿《三国志》在当时已受到好评。有人说它“善叙事，有良史之才”。有人说它“辞多劝诫，明乎得失，有益风化”。这两条评论是可以反映《三国志》的成就和特点的。

陈寿的史才，表现在对三国历史有一个总揽全局的看法和处理。他的《三国志》记述了自184年黄巾起义以后，至280年晋灭吴，差不多100年的历史。陈寿对人物格局胆识评价特别有兴趣，如他评论曹操“明略最优”，是“非常之人，超世之杰”；评论刘备“弘毅宽厚，知人待士”，“机权干略，不逮魏武，是以基宇亦狭”；评论孙权“屈身忍辱，任才尚计，有勾践之奇，英人之杰矣，故能自擅江表，成鼎峙之业”。

陈寿重视杰出人物在历史上的作用。他论诸葛亮说：“亮深谓备雄姿杰出，遂解带写诚，厚相结纳。及魏武帝南征荆州，刘琮举州委质，而备失势众寡，无立锥之地。亮时年二十七，乃建奇策，身使孙权，求援吴会。权既宿服仰备，又睹亮奇雅，甚敬重之，即遣兵三万人以助备。备得用与武帝交战，大破其军，乘胜克捷，江南悉平。”“亮之素志，进欲龙骧虎视，包括四海，退欲跨陵边疆，震荡宇内。”

关于“六通”，白寿彝说：“在50年代，我曾把这个意思跟同志们谈过，现在觉得这个看法还符合事实。”刘知几《史通》一向受到盛誉。从全书而论，主要讲作史的体裁和体例。刘知几的著名的“才、学、识”的说法，没有明文见于《史通》，但在《史通》各篇中，是得到阐述的。从这三个方面系统地论述如何写历史书，这是以前所没有过的。《史通》论述的主要对象是纪传体和编年体，而纪传体是更主要的对象。从写纪传体和编年体的史书，到对它们进行系统的阐述，这是对史学工作的总结，是对史学工作本身的自我批判，这在学术的发展上是很有意义的。《史通》长期被称赞是有原因的，《史通》的“通”，可以说主要是史书体例的“通”，史书编写形式上的“通”。

杜佑的《通典》是一部关于典制的通史巨著。这部大书是在他的政治思想指导下撰述的，9个门类的先后次序，按照他所认为政治上的本末、先后、缓急来安排。全书的结构很有逻辑性，这也反映了他的政治思想体系的构成和对社会结构的看法。该书内容丰富，是隋唐史学的顶点。

宋代是历史著作大大发展的时期。这个时期的史学，历史理论不发达，比较显著发达的，是历史文献方面的工作，司马光《资治通鉴》在史料的保存、史料的取舍和一些议论上，都有所贡献，但指导思想是“资治”二字，是以“善可为法、恶可为戒”为标准的。“通鉴”在史学史上影响很大，至少发展成三个流派。一个流派，是写《通鉴》续编，如李焘的《续资治通鉴长编》。一个流派，是改变成为纪事本末体，如袁枢的《通鉴纪事本末》等。又一个流派，是纲目体。自朱熹署名的《资治通鉴纲目》以后，相继问世的同类的书相当多。这类书因受到当局的提倡和篇幅较少，收获的读者比别的史书要多得多，这是流行最广泛的史书。

郑樵的《通志》和马端临的《文献通考》，主要是关于历史文献方面的汇辑。郑樵很重视“会通”。“会通”的意义从《通志》看来，大概是包括两点，一点是讲类例，又一点是讲“贯通”，他的《二十略》是得到好评的。章学诚特别推崇他，认为郑樵的著作有别识心裁，成就很大，他评价《通志》站得高，能从大处落墨。

马端临的《文献通考》是继《通典》之后一部更大规模的关于典章制度的通史。它搜罗的材料相当丰富，也有一些好的议论。对于各种制度的变革，它也往往能看到或触及一些线索。对于研究宋末以前的各种制度及有关议论，是一部有用的书，马端临的兴趣在于文献考证方面。

章学诚的《文史通义》，表明他研究的对象不是史事，而是史文之义。这就是说，他通过史文的研究而达到知义的目的。用现在的话来说，他的研究不在于历史的本身，而在于史学。从认识上说，章学诚的《文史通义》比着《通典》等书，都要高一个层次，与《史通》可以说是在一个共同层次，而在这个层次中，《文史通义》比着《史通》，还是要高一些的。

章学诚所处的时期，是中国封建社会衰老的时期。在这个历史时期，新的力量在潜伏、在萌芽，但在旧的势力压制下，很不容易得到生长。这是封建制度桎梏新生命的时期，是死的抓住活的时期。这个看法可能是符合事实的，因而我们可以比较方便地解释在史学方面的复杂现象。在明清之际，出现了进步的社会思想、史学思想。章学诚的史学，是考据学派的对立面，在某种意义上，也可以说是明清之际"经世致用"思想的继续。

"六经皆史"是章学诚的著名论断。他重视别识心裁，重视通史，重视记注与撰述的区别，提出了关于方志和校雠的看法。白寿彝对《史德》和《文德》两篇很感兴趣，要有史德，不要歪曲史实，不要在记载的时候掺杂私人的感情和偏见。"史德"这两个字提得好。刘知几在说到"才、学、识"的时候，也涉及"史德"，但他没有能够明显地把问题提出来。章学诚提出了问题，还专门写出文章，这在中国史学史上是一件很重大的事情。章学诚所谓"天人之际"，实际上指的是史学工作过程中主观和客观的关系问题。"天"是指客观的历史，"人"指的是人们对客观历史的认识和表述。"天人之际"4个字，既把天和人区别开来，又把天和人联系起来。这是史学史上的光辉思想。《文德》提出来"必敬以恕"的论断。章学诚把"敬"字用在这里，同《史德》篇所论"天人之际"，意义是相同的。"敬"，就是不夹杂个人的私念。所谓"恕"，就是要设身处地地替古人着想。这比一般所谓"知人论世"还要更具体些。用现在的话说就是要结合一些历史条件。《文史通义》这部书有很多有意思的见解，是值得发掘的。

白寿彝说:“我有一个想法,‘四史六通’可以合出一部丛书。有的书应该加上新注,有的书可以用适当的形式,表示它们互相因袭的地方。这个工程相当大,需要有领导的、有组织的长期规划。”

从上面的记述可以看出,从 1961 年到 1964 年,史学界在史学史研究方面,的确做了大量的扎扎实实的工作,取得了切实的进展。在教学方面,史学史在一些高校中得以恢复,白寿彝、刘节等都在大学内开设此课,并招收了中国史学史专业的研究生或进修教师,为中国史学史学科培养了中华人民共和国成立后第一批史学史专业人才。他还根据北京师范大学党委的要求,制定了十年科研规划,要写作 8 卷本的《中国史学史》。然而,1965 年以后,随着政治运动的不断升级,史学史研究受到干扰,学术发展趋于停顿。“文化大革命”开始后,从事这门学科教学和研究的教授专家,大都挨批受整,史学史教学完全瘫痪,研究的热潮一下子冷落了。

白寿彝对“文化大革命”这 10 年的史学史工作这样写道:“从‘社会主义教育运动’开始,接着又是十年动乱,史学史的研究工作受到严重的阻难。《中国史学史教本》成了某些人向我找麻烦的资料。但也因此,我不得不反复思考我在史学史上提出的论点,对某些论点倒理解得多了一些。”

这就是白寿彝对这 10 年史学史研究的辩证认识。“文化大革命”虽使学术研究受到阻碍,但它使人们经受了考验,使人们在逆境中对问题的思考更加深刻,它为以后更加成熟的史学史研究,提供了宝贵的经验和教训,为新的史学史研究热潮的到来积蕴力量,准备条件。

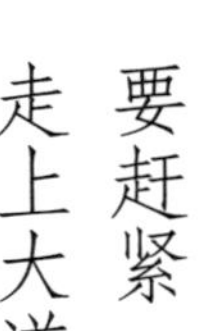

要赶紧走上大道

1978年年底，中共中央召开十一届三中全会，由此拉开了改革开放的序幕。自此以后，直到2000年白寿彝去世，这最后的20余年，成为他研究中国史学史进入新境界的时期，其学术研究硕果累累。

1984年已75岁的白寿彝说："在十年动乱结束后，研究学术的政治气氛越来越好。我重理旧业的情绪，也随之高涨起来。刊物恢复了，招了几个研究生，成立了史学研究所和史学史研究室。我又发表了几篇文章，进一步筹划中国史学史的编写工作。""要赶紧走上大道。"

白寿彝以赶紧走上大道、时不我待的心情，第一个关注的工作，是将"文化大革命"前创办不久即停刊的史学史杂志，尽快恢复起来。他说：

> 刊物是1979年3月复刊的，刊物的名称不再叫《中国史学史资料》，改成《史学史资料》。这样的改变，是准备容纳外国史学史的资料。当时也知道外国史学史的稿件不易得到，但作为组稿的方向，我是希望逐渐做到这一点的。我所谓外国史学史，既包含西方史学史，又包含东方史学史。日本、朝鲜、越南、伊朗和阿拉伯等国家的史学史，都应包含在东方史学史之内。史学史的工作，是很艰巨的

科学工作。

单就中国史学史来说，汉文史书浩如烟海，整理出来一条发展的线索，已经很不容易。国内的兄弟民族，如蒙古、维吾尔、藏族、傣族、白族等，也都有他们的史学，现在我们知道得还很少。把中国史学史写成一部多民族的中国史学史，需要一个长期的过程。如果在研究中国史学史的同时，还要研究西方史学史和东方史学史，好像是一句空话。但是，这些工作我们都必须要做。不写兄弟民族的史学史，中国史学史就不算完整。不研究外国史学史，就看不出中国史学史的特点。科学的道路是不平坦的，路程是遥远的，只要能很好地组织起来，坚持下去，是可以逐步走过去的。我们改变了刊物的名称，表示了我们对于史学史工作前途充满了无限的期望和信心。1979 年，刊物出版了五期，1980 年出版了六期，都是不定期刊。1981 年改成《史学史研究》，定为季刊，公开发行。这一次刊物的改名，并没有多深的意思，只是因为不少人建议把“资料”改成“研究”，更符合刊物的内容。我也认为，刊物上发表的文章，研究性的越来越多，资料性的越来越少了。刊物在稿源上跟过去有很大的不同，就是外稿越来越多，我们自己直接组织的文章倒少了。目前的基本状况是，刊物在国内外影响逐渐扩大，但一直还不能做到编辑工作上的计划性。需要付出很大的努力，才能克服这样的缺点。

正是由于白寿彝在“文化大革命”结束之后，立即恢复了《史学史研究》刊物，使史学史的学术研究成果，有了发表的阵地，这样，才有利于激发研究者的积极性，并有利于开展学术交流，从而锻炼培养一支队伍，将中断十余年的《中国史学史》多卷本著作，再次整装出发，他要赶紧走上大道，谋划、落实更多的工作。1984 年的白寿彝，在谋划史学史的时候，他不仅在谋划中国史学史，他还在提前谋划“外国史学史”。由此可见，他的思维非常超前，他考虑的是中国与世界的关系，他要通过《史学史研究》杂志，广交朋友，主动发现、培养这方面的人才。此时的他，已 70 多岁，一般到了这个年龄的老人，都想颐养天年，在家抱抱孙子，而白寿彝呢，却在古稀之年，仍雄心勃勃在为未来提前布局世界史学史，他期待着更多的年轻一代去努力实现。这就是改革开放之初，白寿彝要赶紧走上大道的心境，这就是他的与前不同的新境界。

他进入新境界的另外一个方面，便是他要开始谋划多卷本《中国史学史》了。1964 年，他只是提出了一个长期的科研规划，而现在已不再是纸上谈兵了，他要开始付诸行动了。他思考的中国史学史，可不是汉族史学史，而是包括国内各兄弟民族的史学史，他要写成一部多民族的中国史学史，这个新境界，远远超过了以前所有研究中国史学史的专家学者，这与他开始总主编多卷本《中国通史》的思路完全一致，他所推动的中国通史，不是汉族中国通史，而是要将这部通史，写成中华民族是统一的、多民族共同体的中国通史，其境界之高、之新，超越了前人。针对当时有不少人对他的担心，怕他因年龄之因、因身体之因、因“文化大革命”造成人才青黄不接之因，而干不成。他坚定地说，这“好像是一句空话。但是，这些工作我们都必须要做”。“我们对于史学史工作前途充满了无限的期望和信心。”正因为这个信心，他决定将刊物的名称，由《中国史学史资料》，改为《史学史研究》。去掉了“中国”二字，开始走向“世界”。去掉了“资料”二字，开始走向“研究”。其广度、其深度，都表明白寿彝在史学史研究上，在最后的 20 余年生命中，真的是进入了新境界的时代。进入新境界的他，不再怕“路程是遥远的”，他要“坚持下去”。

正是基于这样的认识，白寿彝为了要赶紧走上大道，只争朝夕，他说：“这几年，我在史学史方面发表的文章比以前要多些。有些新的想法也还没有写出来。关于史学遗产问题，我的思想倾向于发掘优良传统。至于遗产中有不少的糟粕，有的是一目了然的，指出来就行了。有的是鱼目混珠，就要多加分析。我开始有点觉得，遗产中有些东西还是有生命力的，有时还感到它在那儿跳跃。要把古人留下来的财产，变为我们现代的财富，这对于建设新史学，是一件很重要的工作。我在 1981、1982 年，写了《谈史学遗产答客问》，4 篇发表在《史学史研究》上，1 篇发表在《文献》上。这离 1961 年发表的那篇《谈史学遗产》，不觉已有 21 年了，有些观点比那时说得清楚些、具体些。当然，有些问题还有待于深入，话还没有说完。楚图南同志在 1961 年看到我的《谈史学遗产》，就鼓励我说，这篇文章写得很好。他还给这篇文章写了一首诗，但这首诗始终没有给我。《答客问》发表了，他又一篇一篇地看。他看完第四篇后，对我说：'看你这篇文章的表示，好像不准备再写下去了。你应该继续写下去，不是 4 篇、5 篇地写，而是要 40 篇、50 篇地写下去。'关于史学遗产的问题确实很多，以后有机会，还要继续写下去，说不定还真要写出 40 篇、50 篇来呢。"

我们从上边白寿彝的论述中，可了解他的新境界，就是要"建设新史学"。他"要把古人留下来的财产，变为我们现代的财富"。大家要特别留意这句话，他"开始有点觉得，遗产中有些东西还是有生命力的，有时还感到它在那儿跳跃"。在"文化大革命"破除"四旧"，将老祖宗留下来的遗产，都当成垃圾、糟粕来处理了，所以，进入新境界的白寿彝，才提出了遗产的生命力在跳跃。

受到革命引路人楚图南鼓励、赞赏的白寿彝说："这几年，我对于史学史的研究工作，可能有两点比过去要好些。一点是对于史学史的各个时期，都分别地摸索一下，这对于全书的结构，可以有一个比较明确的看法。过去写史学史，对古代的史学比较有兴趣，对近代史学的兴趣就差些。研究中国近代史的人，对史学方面注意得也比较少。近代史学在研究上的困难，主要是因为书多，流派多，而经过整理的材料和研究的问题比较少，发展的线索不易掌握。我试图把'纲'抓起来，从而纵览全局：我写了《六十年来的史学》和《谈谈近代中国的史学》，把鸦片战争以来的史学作了一番速写，这可能是将来写中国史学史近代部分的基础。关于宋元时期和明清时期的史学，学术界的论述不多，我多年以来也拿不准对这两个时期史学的看法。近来也略为有些不太成熟的见解。有了这样的基础，通过写作过程中的不断提高，这部史学史也许可能达到一定的水平。"

在这里，白寿彝进入史学史研究新境界的另外一个鲜明特色，便扑入我们的眼帘，他将中国史学史，完全以“通古今之变”的思想，将其延伸到了近代，为此，他写了相关的文章《六十年来的史学》《谈谈近代中国的史学》，以此“把‘纲’抓起来，从而纵览全局”。这一点是他以前所未涉及的，因为，1961 年国家高教部所定的大学教材《中国史学史教本》，白寿彝只负责古代部分，而没有近代部分。

他在 1984 年说了一句令人感慨的话：“40 年来，对于中国史学史的摸索，首先是暗中摸索，继而是在晨光熹微下，于曲折小径上徘徊，继而好像是看见了应该走上的大道。现在的问题是，还要看得更清楚些，要赶紧走上大道。”要“赶紧走上大道”这句话，禁不住让人想起毛泽东在极为艰难的万里长征前，所写的一首词《清平乐 · 会昌》：“东方欲晓，莫道君行早。踏遍青山人未老，风景这边独好。”

那么，如何在史学史大道上抓紧行走呢？白寿彝说：“我讲中国史学史，是边学边讲。这当然需要读书，但这跟当学生时期的读书，情况大不相同。这时需要读的书大大地增加了，但能用于读书的时间却大大地减少了。而且这时的读书，不只是要为自己求知，而且是引导别人去读书。这样的矛盾，在开设新课程时，特别显得突出。经过相当长的一段适应过程后，我感到，面对这样的情况，必须坚持质量第一，这门课程才能有较好的效果。如埋在书海里，就会爬不出来。如忙于材料上的缀集，就会使讲课内容苍白疲软，劳而无功。这样，教学会失败，自己也不会有什么读书的乐趣。因此，我就逐渐体会到，首先必须自己更认真读书，同时又必须结合教学任务来进行。”

关于读书的新境界，白寿彝用诗的语言，加以描述：“我体会到，为了研究中国史学史而读书，要如畅游长江大河，务揽其优胜，要在‘优胜’上多下功夫。江河一泻千里，历万水千山，如泛泛观望，不会有什么奇趣。如果在优胜之区多所盘桓意境自会不同。”

他说，中国史书繁富，读不胜读。即使是代表性的名著，也难以短期读得了多少。必须选择重点书，多下功夫。在多种重点书之中，还有重点的篇章，比如，“四史”“六通”是中国史书的重点，《通典》和《文史通义》是“六通”中的重点。当然，各人所好不同，对重点也可以有不同的选择。由于讲课进度比读书进度要快，所选重点书不一定要一次读完。今年读不完，有明年，明年读不完，有后年。总要坚持下去，把这部书读好。这好像只是在一部书上用功夫，实际上这是读通群书的基础。也曾见到个别教师，不肯下这种打基础的功夫，而满足于袭取目录书上的解题，作为中国史学史讲解的内容。这对于自己的学业没有好处，对于讲授也讲不出味道来。

白寿彝在读书中强调“必须选择重点书，多下功夫”。关于中国史学史的重点著作，他再次认为最重要的是“四史六通”。而《史记》是“四史”的重点。《通典》《文史通义》是“六通”的重点。他的体会是“这好像只是在一部书上用功夫，实际上这是读通群书的基础”。请大家特别注意这个“通”字。我们在北京师范大学历史系读书时，正是根据老师白寿彝的这种读书方法进行的，同学们大都聚精会神于自己喜爱的一部名著上，钻研进去，由此而感悟“读通群书”之快感。

白寿彝接着说：

> 朱熹有许多讲读书的话，过去对我很有影响，现在我仍觉得说得不错。如他说：且如项羽救赵，既渡、沉船、破釜，持三日粮，示士必死无还心，故能破秦。若瞻前顾后，便做不成。为学极要求把篙处着力到工夫，要断绝处又更增工夫，着力不放令倒，方是向进处。为学正如撑上水船，方平稳处尽行不妨，及到滩脊急流之中，舟人来这上一篙，不可放缓，直须着力撑上，不得一步不紧。放退一步，则此船不得上矣。近世讲学不着实，常有夸底意思。譬如有饭不将来自吃，只管铺摊在门前，要人知得我家里有饭打迭。得此意尽，方有进。

第一段话，说的是读书要有决一死战的坚强意志。第二段，是说读书要坚持到底，特别是在遇到困难的时候不能放松，这才能取得成果。第三段是说，读书不可自炫，不是让人看的，这犹如吃饭，不是要把饭摆在门口，而是要自己吃下去。须把这种错误的态度改掉，读书才能有长进。

孔子说：“学而时习之，不亦说乎？”孟子说：“君子深造之以道，欲其自得之也。自得之，则居之安。居之安，则资之深。资之深，则取之左右逢其源。故君子欲其自得之也。”这两段话也都说得好。认真读书，达到一定程度，心里就会舒适地感到一种喜悦，也就会有自得之乐，左右逢源之乐。

白寿彝为研究中国史学史而定的重点阅读书，起初是《史通》。他还在云南大学开了一门课，专讲《史通》。后来认为《史记》是一部更应当下功夫的书，读《史记》的时间就多了些，也不断地有些新解。很感到读《史记》是一种享受。在写《中国史学史教本》时，他从《诗》《书》《春秋》《左传》，一部书一部书地读下去，重点阅读是放在《史记》《汉书》上，接着就是《三国志》和《后汉书》。

到了 70 多岁年龄的白寿彝，将自己一生的读书体会告诉年轻一代，他是担心青年人读书走了弯路，他用孔子、孟子、朱熹的话，在告诫我们：“读书要坚持到底”“读书不可自炫，不是让人看的”。读书达到一种程度，“会有自得之乐”。自得之乐，即“是一种享受”。这种自得之乐，正是白寿彝在史学史研究上进入了新境界的精神享受，他“要赶紧走上大道”，这个“赶紧”，不是急匆匆，而是抓紧时间，珍惜光阴，绝不虚度年华，是一种从从容容的自得之乐。

那么，在史学史研究上如何解决好“博”和“约”的关系呢？白寿彝讲起他的体会，在讲授中国史学史的过程中，在认真地重点读书的同时，还逐渐体会到，要克服这门课程战线过长的问题，还须处理好博和约的问题。中国史学著述多，历时久，不论是写史学史或讲史学史，都不会一气呵成。但教学工作，又不便使一门课程的讲授，长期地拖延下去。如果等许多重要问题都解决了，再把教材写出来，再去开课，这真不免使人有“俟黄河清”之感。他的办法是尽力所能及，先讲一部分，以后不断增益，于两三年之内把这门课程讲出一个轮廓。白寿彝在大学里先后开设了一些课程，在一开始时都是生疏的。他用这个办法逐步克服困难，最后总可以把课程讲下来。在这种情况下讲的课程，质量很难有多高的要求，但未经开设或暂时无人开讲的课程，毕竟开出来了。这对于教师和学生来说都是接触新的知识。如果教学能跟重点读书相互配合得好，还是可以保证一定质量的。

白寿彝教史学史，第一次只讲到唐朝。第二次再讲的时候，除了重讲了一遍已讲过的部分，就延长到宋元明时期，第三次延长到清末，算是完结。这样的安排，对史书的接触逐年有所增长，好像读无限长的画卷，一部分一部分地不断展开，也能使人有观赏不尽的趣味。

白寿彝读书、教学之中的从从容容的“自得之乐”，在此他体会到了一种意境：“好像读无限长的画卷，一部分一部分地不断展开，也能使人有观赏不尽的趣味。”他讲，治学大不易，课程开设也很难。既要扎实周密，又要勇于前进。须是下定决心，有所突破，便可望节节前进，也就随时带来胜利的情趣。

关于博和约的问题，白寿彝谈了以下观点：孟子说过：“博学而详说之，将以反说约也。”朱熹注孟子这段话说：“言所以博学于文而详说其理者，非欲以之夸多而斗靡也。欲其融会贯通，有以反而说到至约之地耳。”扬雄也谈到这个问题：“多闻则守之以约，多见则守之以卓。寡闻则无约也，寡见则无卓也。”孟子和扬雄都说博和约，而孟子的话着重在约，扬雄的这几句话则着重在博。应该把两人的话合起来看，既要多见多闻，又要能约能卓，才能对历代史学的研究有比较深入的研究。

白寿彝说，在史学史的研究上，所谓博，不只要博读史书，而且要对姐妹学科有一定的修养，尤其在哲学和文学方面要如此。史学不是孤立的，它的内容离不开社会，即离不开社会经济、政治和文化。如果对这些方面的专门知识过于欠缺，是难以理解史学史的发展的。约，不是简易的浓缩，而是能对史学发展的过程及其规律有所理解。我们的时代有异于古人，我们所要求的约，必须是规律性的约。这就必须努力学习马克思主义，学习运用马克思主义。我接触马克思主义较晚，但经过努力钻研，用以解决问题，而对于问题也有所解决的时候，不免有茅塞大开之感。同时，这也才开始感到，好像摸索到一点东西了。总之，在研究中国史学史的摸索过程中，认真读书是根本，同时要结合工作任务，重点建设，节节进取，探索规律性的问题。

在这里，白寿彝提出了一个研究史学史的重要见解:“既要多见多闻，又要能约能卓。”“所谓博，不只要博读史书，而且要对姐妹学科有一定的修养，尤其在哲学和文学方面要如此。”他再一次强调了打通“文、史、哲”的重要性。所谓“约，不是简易浓缩”，请大家注意特别容易忽略而过的下边一句话:“我们所要求的约，必须是规律性的约。”这是白寿彝进入史学史研究新境界最为关键的思想，他要探索规律性的问题，而不是泛泛而论的一般问题。这正是他在中国史学史上成为20世纪后半期代表人物的核心之所在。他之所以成为能够与梁启超并肩耸立的20世纪前后两座高峰，的确是有原因的，他的着力点与众不同。

改革开放之后的白寿彝，要赶紧走上大道，那么，怎么赶紧呢？他说:“为了加快步伐，开展中国史学史研究工作，我认为，多写专著是很必要的。要写综合性的专著，写某一方面的专著，写某一时期的专著，写中外比较研究的专著，有给专业人员看的专著，有给大学生看的专著，有给更多的人看的专著。”

他说:综合性的专著，也可以说是通史性质的专著，要把中国史学发展过程及其规律能比较有系统、比较全面地写出来。史学家的生平可以写进去，但不宜占过多的分量，不宜在枝节问题上纠缠，更不宜把史学家的生平写成履历表。史学著作本身的解说，包括书名、卷数、篇章结构等可以写进去，但这些不应是书中最主要的部分。要把史学发展过程的脉络写出来，至少能给读者一个比较清楚的发展轮廓。要把历史时代的特点及其跟史学发展的相互关系写出来。要把史学家的学术生活和学术成就，摆在时代的潮流中去把握。对这一点做得好，很不容易，但这是一个正确的方向，必须向这方面努力。近年出版的中国史学史，保留了要籍解题式的影响还相当重，这也许可以说，是史学史研究工作中所难免的过程。但这种情况必须改变，而这种改变的本身就是一种脱胎换骨的过程，不可轻估。有些同志，对史学撰述接触得很多，又善于利用，就可以成为写好史学史的重要条件；不善于利用，反而会成为工作上的包袱。

白寿彝在这里很严肃地批评了中国史学史以往研究的大毛病："要籍解题式的影响还相当重""这种情况必须改变……是一种脱胎换骨的过程，不可轻估"。在此，我们再回味一下白寿彝对 1949 年之前所发表的评论：王玉璋所著的《中国史学史概论》、魏应麒所著的《中国史学史》以及金毓黻所著的《中国史学史》，"给了我一点方便。此外，对我几乎没什么用处"。此言有空谷回音、发人深思之感，他要探索中国史学史规律的目标之高远，这三部书真的达不到了，真的解不了白寿彝的饥渴。白寿彝要"脱胎换骨"，他要写出一部"脱胎换骨"的《中国史学史》，那么，这个"脱胎换骨"，肯定与前人梁启超不同，肯定与同时代的史学史专家学者也不相同。

那么，如何给大学生写出好教材呢？他总结 1961 年《中国史学史教本》的做法认为，这种教本要论点更明确，贯穿全书的线索更清楚，既便于学者阅读，也要使教师便于展开教本中的内容。对引文，可以少些，精练些。文字表述，也要准确、凝练。他一向有个关于教学的想法，认为大学历史系中的某些课程可以"开卷讲授"，即在课堂上讲教本。这不是照本宣科，而是把教本中的意蕴讲出来，使学生懂得为什么教本要这么说而不那么说，这实际上是在读书及思考问题的方面给学生示范，对培养学生独立工作能力可能有较多的启发。1960 年"文化大革命"发生之前，白寿彝曾经使用过这种讲授方法，一直到今天，还听得见当年听课的学生们的赞同。但这样的教法，教师比较费神，在某些具体情况下是不好做到的。因为，作为教本，它对读者的效果不只要看教本本身的质量，也要看教师能不能利用教本，以及别的条件。还有一种流行的说法，说教本中只能写大家公认的有结论的东西。如果这样办，新兴的学科就很不好办。我们不必拘泥于这种看法。白寿彝在这里，提出了几个关键词：开卷讲授、独立工作能力、不必拘泥。

如何写好某一方面的专著呢？白寿彝说，如史学思想史、历史文献学史、史料学史、史书体制流变史之类，写一个时期的专著，可以写时期较长一些的史，如中国中古史学史、中国近代史学史之类；写时期短一点的历史，如隋唐时期史学史、明清时期史学史之类。这两类的史学史，跟通史性的史学史是相辅相成的，在全国的史学史研究工作中不可偏废，在个人研究工作中也不可偏废，但可以有个主次。

如何去写给更多人看的史学史专著呢？白寿彝说："我不说通俗读物，而说是专著，这是因为通俗读物有它自己的特点，而且确实是一项专门性很强的工作。有些人不理解这一点。他们认为，通俗读物的编写，是比专门研究低一级的工作，是可以不费什么力气，就能写得出来的。这是不公平的。在某些通俗读物中是存在着粗制滥造的情况，但应该说这是不符合要求的，可是这倒成了某些人看不上通俗读物的主要原因之一。按照通俗读物应有的要求来说，它必须深入浅出。没有一定深度的理解，就不会写好。没有适合于更多人所能接受的内容和形式，也很难取得好的效果。我们专业工作者一向对于这方面注意得不够，甚至有些同志还认为这个工作不值得做。我认为，这种看法必须改变。无论什么学问，不是专供个人欣赏用的，而要为更多的人服务的。要使更多的人接受这样的知识，使其在生活上和工作上发生作用。我们长期以来的习惯，无论写书或写论文，都是写给同行看的。在同行中，还是写给更少数的人看的。这样，写的人和看的人都在一个很小的范围内打圈子，不能使研究的成果发挥更大的社会效果，同时也就阻碍了我们这门学科的发展前途。"

白寿彝在这里强调了要将中国史学史的专著，写成通俗读物进行传播的重要意义，他用了几个非常刺激的句子加以突出："这是不公平的"，"这种看法必须改变"，"都在一个很小的范围内打圈子"。

这一时期的白寿彝为了要赶紧走上大道，定下了自己的4件事：第一件事，是把现在进行中的《中国史学史》写出来。这主要是供专业工作者阅读，希望能得到他们的帮助，得以不断提高。白寿彝认为，这是一项基本建设工作。这项工作可能做得好些，别的事情就比较好办一些。他试图把中国史学史划分为几个历史阶段，对每一历史阶段的史学代表人物和代表作，能作出比较明确的论述，但是要把他们放在整个历史时代的洪流中去观察，看他们所受当时社会的影响，以及他们对当时社会的影响，并且还要观察他们对前辈史学的继承关系，对后来的史学留下了什么遗产。全书初步定为6册，也可能是7册，册数所以还不能完全定下来，因为他还不敢说近代史学可以写多大分量。后来，这部多卷本《中国史学史》，定为6册。

第二件事，是写《中国史学史教本》。这是教育部在1961年下达的任务，一直没有完成。这个工作，在1985年下半年得以恢复。2000年10月由北京师范大学出版社出版。该书在20世纪60年代白寿彝撰写的教本的基础上，由他的学生执笔扩充完成，执笔者依章节顺序有瞿林东、陈其泰、吴怀祺、施丁、顾诚等5位教授。内容上自远古，下至1979年。作为一本教材，白寿彝为之辛勤探索了40年。本书有以下显著的特点：一是众手修书而又成“一家之言”。参加撰写的5位教授都长期跟随白寿彝治学，对他的学术精神和治学风格深有把握，且都学有专长，成果丰硕。白寿彝自豪地评价他们“都是在史学研究领域内有很深厚功力的专业工作者，还是具有丰富教学经验的教师”。这部教材，既体现了主编长期研究和教授中国史学史的思想，又发挥了众家之长，是主编和撰稿者完美合作的结晶。二是体现了白寿彝关于中国史学史的辩证思考。这主要表现在“通”上。本书的“通”，一是纵通，即重视史学发展前后时期的联系，重视贯通古今的史学发展规律。二是横通，即“把史学家的学术生活和学术成就摆在时代的潮流中去把握”。在撰述上，注重点面结合，既充分注意到史学史知识的全面，又在这个基础上有重点地深入论述。三是这部起于20世纪60年代的大学教材，讲究历史文学，可读性很强。在表述中很注意文字的准确凝练体现了史学家的学术面貌和治学风格，彰显出史学家特有魅力。总之，这是一部高水平的中国史学史著述，又是一部切实可用的大学教本。

第三件事，是编一部《中国史学论著选》。在1961年教育部下达教本的编写任务后，翦伯赞曾建议先编一部“中国史学史参考资料”，供教学之用。当时，因对于中国史学史如何写，心中还没有一个底，因而对编一部参考资料也觉得不好办，白寿彝也就没有答应。他认为现在编这部书，就是要为大学师生编一部参考资料的意思，而编法上可能跟一般的参考资料不同。这件事要放在教本完成后去做。

第四件事，是组织一些力量，试编一些供更多的人看的读物，希望在这个工作上，能作出一点成绩，能有一点突破。

这一时期的白寿彝为赶紧走上大道，开始以《史学史研究》杂志为舞台，大造舆论。从1981年1月开始，白寿彝在北京师范大学史学研究所以《谈史学遗产答客问》为标题，以回答客甲、客乙所问之问题的对话方式，连续发表4篇文章。即在1981年《史学史研究》第1期上发表的《谈史学遗产答客问》，在第2期上发表的《谈历史文献学——谈史学遗产答客问之二》，在第3期上发表的《谈史书的编撰——谈史学遗产答客问之三》，在第4期上发表的《谈历史文学——谈史学遗产答客问之四》。还有一篇是1982年7月发表的《再谈历史文献》。上述文章，均是1961年他所发表的《谈史学遗产》文章之后的继承和发展，他将中断了长达20年的思考，再次接续恢复过来。

2004年，北京出版社将这一组文章，列入“大家写给大家看的书——大家小书”丛书之中，书名定为《史学遗产六讲》。

这次史学遗产答客问，是白寿彝从理论上对中国史学遗产进行系统地发掘、爬梳的开创性成果，反映了他恢宏的视野和渊博的学识。他对史学遗产之精华所作的分析，及其在当今史学事业中之价值的阐释，真知灼见很多，对广大史学工作者来说，尤其对史学爱好者来说，是入门的一条路径。

白寿彝的这几篇文章，集中讨论了4个问题，即历史观点、历史文献学、历史编纂学、历史文学。关于历史观点问题，他着重分析了中国史学上关于历史进程的看法、关于地理环境的看法、关于社会经济的看法、关于得失成败的看法、关于民主思想的看法。他再次提出了在马克思主义史学出现以前，中国史学上是否存在“历史唯物主义的萌芽”的问题，白寿彝的回答是肯定的。在《谈历史文献学》一文中，他再次强调指出了历史文献学的重要性：“历史文献学可以帮助我们搜集、分析并正确地利用历史文献，这就是历史文献学的主要用处。”

《谈史书的编撰》一文，反映了白寿彝的历史编纂学思想。文章全面地评价了中国传统的各种史书体裁，指出了它们各自的特点及相互间的联系，以及前人在对史书体裁的认识方面，留给后人的启示。尤其值得注意的是，白寿彝第一次提出了“综合体”史书的概念，并强调这样一个论点：“历史现象是复杂的，单一的体裁如果用于表达复杂的历史进程，显然是不够的。断代史和通史的撰写，都必须按照不同的对象，采取不同的体裁，同时又能把各种体裁互相配合，把全书内容融为一体。”由此可见，他此时已开始正式启动的《中国通史》，已确定了“综合体”这一编纂思想。

在《谈历史文学》一文中，他首先区别了两种不同的“历史文学”的含义和性质：一种含义“是指用历史题材写成的文学作品，如历史小说和历史剧”，另一种含义“是指历史著作中对历史的文字表述”，如写人物、写语言、记战争、表世态，都是优良的传统。继而他从历史与文学的运用上，举出了《左传》《国语》《战国策》《史记》《资治通鉴》等例子进行论述，并从理论上举出《史通》《日知录》等有关论述，作进一步分析。在讲到文与史的关系时，白寿彝讲出一个十分重要的话题：“是否有这样的作品，既可以说是历史书，又可以说是文学书？”“《史记》《汉书》《后汉书》《三国志》既是历史书，也可以说是文学书，而具有相当高的文学水平。但确实有一些书，同时具备了历史书和文学书的性质，而不好说它主要是属于哪种性质的。如《盐铁论》《世说新语》等就是这样的书。但这样的书毕竟不多。”这些见解，对人们正确认识历史与文学的关系，以及历史书和文学书的界限，是很有帮助的。

在1981年至1982年发表《谈史学遗产答客问》之际，白寿彝将他在20世纪50年代就萌发的写作《史学概论》想法，开始付诸实践。1983 年 7 月，他主编的《史学概论》一书出版。这部著作论述的重要问题，被史学界认为是同类著作中最有特色的论著之一，至今仍有参考价值。

早在 20 世纪 50 年代，白寿彝与同人们交流时，便提出史学概论来，他认为应该写这么一本书，在高等学校历史系应该开设这门课程。至于这本书应该怎么写，这门课程应该讲些什么，大家一时想不出办法来。一年一年过去了，对这个问题一直没有认真讨论过。后来，白寿彝在北京师范大学历史系开了这门课程，主要讲的是历史唯物主义。但他并不认为这种讲法是对的。因为他觉得，如果只讲历史唯物主义，这门课就应该叫历史唯物主义，不应该叫史学概论。他为这个课程内容问题，多年来一直感到不安。

史学概论是一直没有建立起来的一个学科。它有没有自己的特定任务？它跟历史唯物主义、历史研究法、史学史有什么区别和联系？它是否也要论述到近年国内史学界有争议的具体历史问题，这都还没有经过认真的讨论而取得一致的意见。

1981 年，白寿彝在酝酿《谈史学遗产答客问》4 篇文章的过程中，逐渐形成了写史学概论的指导思想，这就是在马克思主义基本原则的指导下，论述中国史学遗产几个重要方面的成就，马克思主义传入中国后史学的发展，还有当前史学工作的重要任务。他想在这本书里，提出一些问题请史学界讨论。也希望它能成为教科书，给学生一些帮助。

这本书的编写提纲，于 1981 年 11 月 5 日提出。经过讨论，11 月 18 日进行修改。1982 年 1 月 28 日又进行了第二次修改。几易其稿，最终使大纲成形，在编写过程中，大纲、内容变动也很大。有的章节，改写了两三次。

在这本著作里，白寿彝就大家普遍关注的什么是历史，作了全面精彩的论述：什么是历史？语言中的“历史”有多重含义。因为历史既有客观存在的，又有经人们记录反映出来的；既有包括一切方面的，又有个别方面的；既有全过程的，又有个别阶段的。日常语言中的“历史”一词，综合地反映了历史的多种形式的存在。但我们是史学工作者，以历史为研究对象，必须给它以明确的说明。

历史，就其本身而言，是客观世界的发展过程。马克思和恩格斯在《德意志意识形态》一书中说：“我们仅仅知道一门唯一的科学，即历史科学。历史可以从两个方面来考察，可以把它划分为自然史和人类史。但这两方面是密切相连的；只要有人存在，自然史和人类史就彼此相互制约。” 1979 年，我们考入北京师范大学历史系，在开学典礼上，白寿彝特别强调了马克思和恩格斯的这个论断，由于我们的无知，同学们竟然鼓起了倒掌。他听明白了这是倒掌，他再一次强调了这句话，使我们这些毛孩子终身难忘。已时过 40 多年，至今思之，仍回味无穷。

白寿彝继续说，有了人类就有了人类的历史。史学以人类历史为研究对象，当然跟自然史也有密切的关系。在人类历史发展的进程中，人与自然的关系和人与人的关系是始终存在着的。人的劳动和自然界一起是一切财富的源泉。自然界为劳动提供材料，劳动把材料变成财富。生产活动是人类最基本的实践活动。人的认识，主要地依赖于物质生产活动。人们经过生产活动逐渐地了解自然现象、自然的规律性及人和自然的关系；而且经过生产活动，也在不同程度上逐渐地认识了人与人的一定的相互关系。

作为在时间中发展的过程，自然史和人类史都有其一度性，即一去不返的性质。但是，自然史和人类史也表现出巨大的差别。首先，自然界（如天体、地质、物种、气候等）的变化，比起人类历史来，速度很慢，在短时期里甚至难以为人们所发现。再则，自然是没有意识的存在，自然界中的矛盾运动，相对于有意识的人类社会来说，后者比前者无疑要更加复杂些。自然科学家可以在实验室里使自然史上的现象相当准确地重现出来。例如，化学家每次使两份氢和一份氧发生化学反应，结果都会生成水，并据此写出 $2H_2+O_2=2H_2O$ 的方程式。而历史学家在人类历史上，却看不到这样简单而又确定的重现现象。因此，史学工作者研究人类历史，必须从社会发展客观过程的实事中，研究其各种复杂的具体联系，以求得历史发展的规律。

什么是史学？白寿彝说，史学是通过史料研究历史发展过程本身的学科。如果说，客观的历史是一个有机的发展过程，史料只是历史过程留下的一些残骸或遗迹，那么，史学的任务却是要从历史的残骸或遗迹中，去重认那曾经活生生的历史，并以文字为主要手段将它重现出来。这跟电影的摄制和放映颇为相似，客观的历史过程，犹如演员的真实活动，史料犹如一些断断续续的影片，而史学工作就是要让历史的角色，在史书的银幕上重新活动起来。因此，从史料到史学，是历史表现自身的形式的一种飞跃，是人类对历史认识的一次升华。白寿彝在此很形象地以大家喜闻乐见的电影做比，给予了解释。

有了反映客观历史过程的历史作品，就开始有了史学。历史作品怎样才能反映客观历史过程？这涉及一系列的问题。客观历史过程中有着无数大大小小的主题，大到两个民族之间的一场生死存亡的战争，小到昨天邻家的两个孩子打了一架，史学家要决定如何取舍。客观历史过程有着多级层次，不同的大小主题在不同的层次中，构成了历史事件和人物的一定深度，史学家要决定如何安排。客观历史过程的表现总有许多方面，一个历史人物也有他自己的多重表现角度，史学家要决定如何选择。客观历史过程留下了各种史料，它们有的直接地反映着历史，有的间接地反映着历史，有的准确地反映着历史，有的歪曲地反映着历史，史学家要决定如何鉴别和引用。客观历史过程中的事件和人物有曲直善恶之分，史学家要决定如何评价。史学家还必须考虑到，用什么表现方式更能反映历史的真实，怎样的表现才能影响读者，以达到自己写作的目的。凡此等等，都是治史学的人所无法回避的问题。如果把这些问题概括起来，那么史学本身就包含着历史观点、历史文献整理、史书编著和历史文学等内容。

那么，什么是史学的灵魂？什么是上品史学著作？白寿彝说："通过分析，我们可以看到，史学本身就包含着矛盾：史学就其内容而言是客观的，就其表述而言是主观的；史书的首要要求是如实，是符合客观历史，而要达到这个要求的条件，却在于史学家的主观，在于史学家的治史能力的性质和限度。所以，历史观是史学的灵魂，在史学工作中占有头等的重要地位。以一部历史著作而论，尽管功力厚、资料富，但见识浅，在历史观点上无所建树，就不能成为上品。”

1985年3月5日，白寿彝主持召开了第一次全国史学史座谈会，他谈了很多非常具有前瞻性的重要见解，这些见解至今仍未过时：

> 研究中国史学史的，不懂得外国史学史，中国史学的特点就讲不出来。研究西方史学史或其他国家史学史的，不懂中国史学史的情况，在国际活动上也有困难。
>
> 对国外的史学史，现在我们接触得还不多。
>
> 我们史学史的研究跟我国在国际上的地位是很不相称的。在这方面，要想由哪个单位、哪个人把这各个方面都摸到了，那是不可能的。随着需要，彼此要互通声气，把各个方面的不同时期、不同国家、不同民族的研究成果，逐渐地互相沟通，把史学史的科学研究不断地推向新的阶段。
>
> 分工合作很要紧。我们的队伍不大，发展起来也不是那么容易。怎样能够充分利用现有的力量，发展现有自己的重点，在整个工作上，能够互相补充，互相推进，分工合作，这还是个大问题。
>
> 在十年之内、二十年之内、或多少年内，中国史学家能否写出一部包含各个国家各个民族的世界史学史？我想我们至少应该有雄心大志，定为前进的目标。路要一步一步地走，饭要一口一口地吃，工作要一步一步地做。根本想都不敢想，那就不好办了。我看可以放开眼界，提高思想。这对于青年同志希望更大，年长的同志也希望能够看到。
>
> 再过二十年，看到中国有一部世界史学史，我看也可以嘛！可以说要求很高，也可以说要求不高。要求很高，就是说，要做好，完全实现，不容易。说要求不高，一步一步走，我们的工作总会有成绩的。

白寿彝在这次会议上，更加明确提出了世界史学史的“雄心壮志”，并说“根本想都不敢想，那就不好办了。我看可以放开眼界，提高思想”。他真是进入了史学史研究的新境界，让人们不得不发自内心地佩服这位年近80岁的老人。

为培养下一代史学家，他还建议举办史学史讲习班或讲习会，选择适当的地方用一两个月时间，高校任课教师或研究单位的专业人员参加，目的在于能够比较集中地讨论少数问题，交换意见，互相启发。研究生可以旁听。以利于加快我们的学科发展，加快培养师资。经费可由有关单位分摊，也可向有关领导单位申请，得到领导的支持。

还提出试办专题座谈会，比如，举办关于史学理论发展史、史料学发展史、历史编撰学发展史、历史文学发展史等诸专题的座谈

◎ 1989年白寿彝与中青年史学工作者在一起（左起：陈其泰、吴怀祺、白寿彝、张越）

会，只有一个题，但是古今中外都提，关于它的各个方面都提，这样是不是更好些？还有历史图谱的发展史，也没有很好地继承下来。用图画表示历史，这是很古老的传统，考古学界注意，我们也应该注意。例如，在内蒙古、广西发现一些很古老的岩画，虽然没有年月日，不完备，但反映一定的社会阶段。汉代的画像石，许多是历史画，这些图画应该作为史学史的一个专题来研究。通俗历史读物的发展史，也要做进一步研究。可以召开一个专讲通俗历史读物的座谈会。现在对写通俗读物有错觉，认为很好写，其实很难。因为通俗读物是给孩子们和一般大众看的，所以要求必须深入浅出，写得准确、生动，这需要本领。他说："有些同志在会上很关心史学史学科的前途，我看历史学科想大发展，要在孩子时代开始培养，要在广大群众中普及推广。这样，我们的历史工作就会大有前途。"白寿彝在此提出了普及历史要从娃娃抓起的战略思想。

白寿彝特别提倡开拓性的史学史研究工作。他说，开拓新领域，尽管不一定很快有成绩，但还是要开拓。史学史的工作可以做的太多了。兄弟民族的史学史工程很大，内蒙古、新疆的研究工作有一定成绩，可彼此没有联系。西南也有一些，云南、贵州是多民族的地区，也要进行这项工作。我们史学史将来要发展成全民族的史学史，应该把进行少数民族史学史的研究工作，作为一项重要科目加以提倡。西方史学史项目大，西方两字包含内容太多了，但光有西方史学史还不够，还要有国别的、地区的，要想办法逐渐发展。日本的、东南亚各国的、伊朗、阿拉伯、土耳其各国的史学史，也要逐渐地展开。许多事情不是一提到就能办出来的，但我们应该做，我们是一个大国，怎么能不做呢？有一次在埃及，中国驻埃及大使说："如果在开罗开一个埃及学的国际学术会议，中国有人参加吗？"没有。这确实说不过去。中国史学界有许多人搞埃及史学那倒不必，但有三五个人搞也好嘛。事物总是有开端，开始人不会多，但慢慢就多起来了。研究各国史学史的任务是艰巨的，但我们要开展这方面的工作。

由此可见，白寿彝心目中的史学史，是一幅视野辽阔的全球概念的世界地图。他不仅高度关注以汉族为主体的中国史学史，他更期待包括各少数民族史学史在内的中华民族史学史，他更加期待着中国作为一个大国而写出世界史学史，为之，他是一提再提，不厌其烦，反复强调，以期引起大家的高度重视。

这是因为他看到了中国改革开放的时代，必将加快中华民族的伟大复兴，而伟大复兴需要中国人有全球视野，为此，他多次提出了世界各国的国别史学史研究构想，并在此基础之上，他更提出了适应全球一体化、具有人类命运共同体理念的世界史学史的宏伟目标。作为历史学家，其胸怀之博大，胆略之雄壮，真是令人赞佩不已。

原全国人大常委会副委员长楚图南曾给白寿彝写过一封非常重要的知己之信，这封信在白寿彝一生的朋友交往中，具有与众不同的韵味。楚图南在信中写道：

> 中国是有悠久历史文化传统的古国新邦，史料史实、史学史论，浩如渊海盖世无双。兄能领导这方面的工作，以兄之识、之才、之学、之勤，当可预期学人辈出，超班马、迈刘章，继承并开拓史学新境，为祖国争光，为世界作出贡献。弟虽年迈学荒，然捧读大著，如遇屠门而大嚼，亦晚年快事。

从这封信中，我们可以看到时任国家领导人的楚图南视白寿彝为知己，他知道白寿彝在识、才、学、勤四个方面的卓越，并认为其学术成果将会继承和开拓史学新境，并能做出超越司马迁、班固、刘知几和章学诚的成就来。

第五章　点校《二十四史》《清史稿》

壹 《二十四史》《清史稿》点校工作缘起

白寿彝这一生中，参与古籍整理最大的贡献，就是从 1971 年到 1978 年，直接参加了中华人民共和国成立以来规模最大，也是受人们高度关注的《二十四史》及《清史稿》的点校工作。白寿彝参加这样重大的文化工程，不仅仅是以专家学者身份参加具体的点校工作，他更是受恩师顾颉刚这位总负责人的委托，以组长身份全面负责这项工作。这项为时 7 年的工作，为他在此后正式启动总主编《中国通史》打下了坚实基础。

中华人民共和国成立后不久，关于《二十四史》的点校问题，就已列入了国家的古籍整理视野，首次倡议者是郑振铎。1957 年郑振铎在全国政协会刊发表了整理古书的提议，里面明确提到《二十四史》需要一番整理工作，且必须立即执行。

点校工作第一个时期，从 1958 年到 1962 年。这个时期属于倡导、摸索整理方法的阶段。1958 年 2 月，古籍整理出版规划小组成立，直属国务院科学发展委员会。古籍小组制定的第一个古籍规划中，就有《二十四史》点校本。1958 年 9 月 13 日，由吴晗、范文澜召集中国科学院历史研究所尹达、侯外庐，中华书局总编辑金灿然和地图出版社总编辑张思俊，在历史所三所（今中国社科院近代史所）召开“标点前四史及改绘杨守敬地图工作会议”。会议研究确定了前四史点校方案，还决定其他二十史及《清史稿》的标点，也由中华书局定出规划。这是一次非常重要的会议，决定了《二十四史》和重绘杨守敬地图两个历时弥久的学术项目的走向。重绘杨图就是后来复旦大学谭其骧主持的《中国历史地图集》。这两个项目，实际上是“文化大革命”前后开展并相继完成的中国人文学科最重大的成果。

《史记》《汉书》《后汉书》《三国志》前四史，原本是要向国庆十周年献礼的，但是到1959年9月才出版了《史记》,12月《三国志》出版，前四史出齐已经到“文化大革命”前夕的1965年了。起初有两套出版计划，一套标点集注本，一套标点普通本。集注本供专门研究之需，普通本供一般读者之用。普通本就是现在通行的版本，其主要工作是标点，目标是做一个准确简明的标点本。《史记》没有校勘记，仅用方圆括号的形式来表示文字的改动，就是在这种情况下产生的。列入集注本计划的,《三国志》用卢弼的《集解》,《汉书》《后汉书》用王先谦的《补注》和《集解》,《史记集注》则明确为新编。要新编的还有《南北史补注》。标点集注本当时没做出来。原来为方便一般读者阅读的普通本，反倒成了半个世纪以来学术界最通行的本子。从这件事看，20世纪50年代，从领导人、主事者到参与者，都有非常明确的目标和深厚的功底，也有非常高的学术标准。

前四史主要由中华书局的编辑或外聘编辑完成,《史记》由宋云彬在顾颉刚点校本基础上加工而成,《汉书》由傅东华在西北大学点校本基础上加工撰写校勘记,《三国志》《后汉书》分别由陈乃乾、宋云彬承担。前四史的整理处于摸索阶段，体例做法明显不统一。其他各史虽然确定了点校者，但进度缓慢。

《二十四史》《清史稿》点校的第二个时期是1963—1971年。1963年，中华书局向中央写信，要求把外地承担点校工作的学者调进北京，集中在中华书局大院开展点校工作。南开大学的郑天挺、武汉大学的唐长孺、山东大学的王仲荦、中山大学的刘节等，都是1963年被借调进京的。聂崇岐故去后，罗继祖进京接替点校《宋史》的工作，北京参加的有陈垣、聂崇岐、翁独健、冯家升、傅乐焕、吴则虞等。到 1971 年为止，因“文化大革命”前后政治运动的冲击，社会动荡不安，这 8 年工作实际收效不大。

1963 年以后，结合点校前四史的经验和教训，中华书局对各史具体情况及问题作了全面研究，并在校勘方面提出了新的要求。除做好版本对校外，还系统地进行“本校”（本史各部分的互证）和“他校”（以有关史籍及类书等比勘），并强调要汲取前人对本史的研究成果。为了使标点、分段更为合理，使各史点校体例大体统一，还重新拟订了适用于《晋书》以下二十史的标点和分段体例，大大提高了各史的整理要求。南北朝两史八书，大部分都是在那时候做的，体例规范、学术质量也高。这一阶段的工作奠定了《二十四史》点校的学术基础，1971 年恢复工作，也是在此标准下开展的。

在 1967 年中央“文化大革命”小组戚本禹主持文化工作时，曾短暂恢复过点校《二十四史》，除一部分原有的点校者，何兹全、卞孝萱等也在那时来中华书局工作了近一年。阶段性成果是将《史记》《汉书》《后汉书》和《三国志》“前四史”整理了出来。

1971 年 4 月，在北京召开出版会议，姚文元再次提出标点《二十四史》，以“作为研究批判历史的一种资料”。周恩来总理即在姚文元的信上批示：“《二十四史》中除已有标点者外，再加‘清史稿’，都请中华书局负责加以组织，请人标点。由顾颉刚先生总其成。”4 月 7 日，国务院办公室主任吴庆彤、国家有关出版部门以及中华书局领导、军宣队领导，向顾颉刚传达了这一指示。顾颉刚对《史记》的研究，由来已久。20 世纪 30 年代，顾颉刚与徐文珊共同点校，用了 7 年时间，完成了《史记》的白文点校本工作。顾颉刚主持的《史记》整理工作，为以后的重新标点、校勘，奠定了良好的基础。司马迁撰著的《史记》开创了纪传体这一编纂体例，在《二十四史》中居于首位，《二十四史》的整理工作从《史记》开始。而整理《史记》的最佳人选，则首推顾颉刚。但在实际工作中，78 岁的顾颉刚因多病体弱，不能继续工作，他考虑再三，最后将这一重任交给了自己最信得过的学生白寿彝。后经上级决定，《二十四史》及《清史稿》的点校工作由白寿彝担任组长，赵守俨、吴树平任副组长，唐长孺、王仲荦、翁独健、郑天挺、陈述、王毓铨、邓广铭等专家合作完成。新增的《清史稿》由罗尔纲、启功、王钟翰、孙毓棠分任点校。

既要完成党和国家领导人的嘱托“总其成”，又实在是心有余而力不足，顾颉刚选择了一个最信得过、靠得住的接班人——白寿彝，代其负责完成之。

顾颉刚根据自己所了解的情况，开列工作者名单，又作《整理国史计划书》。他万万没想到，这一份经过中华书局增补、调整后的点校人名单，使得数十位文史学者、名家云集北京、上海，从事中华人民共和国成立以来最大的文化出版工程。在当时特殊的情况下，客观上保护了这些学者。1971 年 4 月 29 日，顾颉刚出席《二十四史》及《清史稿》标点印行工作会议，会上讨论了他的计划书以及中华书局的计划，决定抽调人员集中到北京、上海两地，组成两个校点组，各承担若干部，分头进行。每史均有一人负责通读复阅，以统一体例；各史校点完毕，由顾颉刚总其成，审查定稿后，由中华书局出版。5 月中旬，毛泽东批准此次会议所拟定的工作计划。

顾颉刚女儿顾潮说：“因父亲身体状况所限，以后此项工作实际上是白寿彝负责，由唐长孺、翁独健、陈述、王毓铨等各史专家分工合作去完成的。”“此项工作实际上是白寿彝负责”，顾颉刚心里踏实了！他最了解自己的这位学生，从白寿彝在 20 岁上燕京大学师从他，此后一直在他身边，几十年中跟他东奔西走，无论从品德上、从才学上，他都十分赏识这位学生，他们师生之间已成了同患难的命运共同体。白寿彝对恩师重托的担当，不仅成就了老师一生的愿望，完成了国家的文化工程，还让恩师因放下心来，安心养病，不再操更多的杂事之心。经北京、上海两地 80 多位工作者共同努力，《二十四史》于 1973 年底校点完毕，至 1978 年全部出版。

1978 年 5 月，顾颉刚在《人民日报》发表《努力做好古籍整理出版工作》一文，对《二十四史》《清史稿》的整理出版工作进行了全面的总结，至此，“总其成”的工作结束。

这一年，85 岁的顾颉刚，最终没有辜负毛泽东、周恩来让他

"总其成"的使命。69岁的白寿彝也最终没有辜负恩师的信任，代其履职圆满完成，师生一体，团结众多一流学者和中华书局，共襄这一新中国成立以来最大的古籍整理伟业，使束之高阁、未曾点校过的中华民族几千年国史典籍，终于走下神坛，亲近社会，方便于更多的读者阅读，功莫大焉！

此间，白寿彝常去看望恩师顾颉刚，并在恩师身体允许的情况下，请教点校工作中的问题，征求恩师的意见。白寿彝曾在家中对儿子说："老人家如身体健康，亲自指导此项工作，那有多好，那能搞得更好！"当点校工作全部完成后，白寿彝则欣慰地说："顾老先生因身体缘故没能完成的工作，学生代为完成了，这是对老师长期教育的最好回报！"可见，这对师生的情感真挚。

点校《二十四史》和《清史稿》，有多大的难度？

点校西汉司马迁所著的《史记》130卷，以金陵书局本为底本，包括以黄本为底本的《史记》三家注汇校本作为基础，参考北宋景祐监本、仁寿本等16本版本进行校点。金陵书局本在钱泰吉校本基础上，系统吸收了梁玉绳、王念孙、钱大昕等人的成果，广校诸本，详加考订，审慎取舍，校勘相当精审，是清朝后期的善本。顾颉刚点校后，由宋云彬再次加工整理完成。

点校东汉时期班固所著《汉书》100卷，以王先谦《汉书补注》为底本，参校商务印书馆影印百衲本中的北宋景祐本、明末毛晋汲古阁本、清乾隆武英殿本和同治金陵书局本为基础进行校点。

点校南朝范晔所著的《后汉书》120卷，以商务印书馆影印的南宋绍兴本作为底本，以汲古阁本和武英殿本作对校。绍兴本是现存比较完整的南宋刻本，所缺五卷，配以静嘉堂文库本补齐。

点校西晋陈寿所著《三国志》65卷，是以南宋绍兴、绍熙两种刻本为底本的影印百衲本，再据清武英殿本、金陵书局本、江南书局本等四种版本互校，择善而从，实际工作本是金陵书局活字本、《三国志集解》《三国志补注》65卷广东书局刻本、《三国志旁证》30卷广东书局刻本。其他参考的古籍还有：《三国志补注》6卷杭氏刻外集本等。

点校唐朝房玄龄所著《晋书》130卷，以金陵书局本为底本，与宋本百衲本、清武英殿本互校，并参以元二十二行本、明南北监本、吴琯西爽堂本、明万历间周若年刊本、毛晋汲古阁刊本加以校正。

点校南朝梁代的沈约所著《宋书》100卷，以北京图书馆所藏三朝本、明北监本、毛氏汲古阁本、清武英殿本、金陵书局本、商务印书馆百衲本互校。为避免烦琐，在6种本内互校，择善而从。

点校南朝梁代的萧子显所著《南齐书》59卷，以商务印书馆影印百衲本的宋大字本作底本，参校明南监本、北监本、汲古阁本、清武英殿本、金陵书局本。并采用了周星诒、张元济、张森楷的三种《南齐书校勘记》稿本，以及钱大昕《廿二史考异》的成果为基础，又参考了宋蜀刻大字本（眉山七史之一）等版本。

点校唐朝姚思廉所著《梁书》56卷、《陈书》36卷，采用百衲本、明南监本、北监本、汲古阁本、清武英殿本、金陵书局互校而成的善本。由于《梁书》单行刊印较少，大都与其他正史合刊，所以，大量刻印也比较晚。从唐朝贞观十年《梁书》问世，至宋朝刻印流传，中间相隔约530年。自《宋史·艺文志》著录周获《十七史赞》，是将以往的史书进行合称《十七史》的开始。

点校北齐时代魏收所著《魏书》114卷，以明南监本、北监本、汲古阁本、清武英殿本、金陵书局本以及百衲本为蓝本，并参考了《太平御览》《通典》《通志》等书，进一步加以校正、标点和出版。

点校唐朝李百药所著《北齐书》50卷、唐朝令狐德棻等所著《周书》50卷。《北齐书》是以三朝本、南北监本、殿本为主要互校本点校出版。《周书》点校时所用版本，基本与《北齐书》相同，另外又参考了元大德本。该书序中说:《周书》的有些卷，已经不是令狐德棻的原著，其中有一部分，是由李延寿的《北史》加以改纂补充的，一部分是由其他史料补充的。

点校唐朝李延寿所著《南史》80卷、《北史》100卷。1975年中华书局出版的《南史》《北史》是采用百衲本为工作本，进行点校。因为《南史》《北史》均是删节南北朝四书，其原则是只要原文无误，就不去改动，所以把这几部史书作为校勘的主要根据。

点校唐朝魏徵所著《隋书》85卷，以宋刻递修本、元大德饶州路刻本、元至顺瑞州路刻明修本为底本，并参校其他6种版本点校。《隋书》流传最早的本子是宋天圣二年（1024）刻本，今已失传。此后，流传于世的版本大致有宋刻递修本，现存65卷等。

点校后晋刘昫等著《旧唐书》200卷，根据宋残本、明闻人诠本、百衲本、清武英殿本、局本等点校。又据《唐会要》《太平御览》《册府元龟》等书校勘，并在卷末加以说明，便于对照。

《新唐书》流传最早的版本是北宋嘉祐十四行本，但该本已有残缺。点校宋朝欧阳修、宋祁所著《新唐书》225卷，以百衲本为工作本，参校了北宋闽刻十六行本、南宋闽刻十行影印本、汲古阁本、殿本和浙江书局本排印。

点校宋朝薛居正所著《旧五代史》150卷，以影库本为底本，用殿本、吴兴刘本及其他三种抄本参校，并吸收邵晋涵的批校以及彭元瑞等人的校勘成果，对《旧五代史》刊行了纠谬补缺，并将每卷中校勘出的错乱夺衍之处，或存异之点，附于卷末，便于参考。

点校宋朝欧阳修所著《新五代史》74卷，以影印南宋庆元本、百衲本为底本，对校清贵池刘氏影印南宋本、殿本、清南昌彭元瑞《五代史记注》，并参校了明汪文盛本、南监本、北监本、汲古阁本等多种版本排印。

点校元朝脱脱等所著《宋史》496卷，以百衲本为底本，兼采叶渭清《元椠宋史校记》和张元济《宋史校勘记》的成果，参校了殿本和局本。

点校元朝脱脱等所著《辽史》116卷，以百衲本为底本，用乾隆殿本进行通校，以南北监本和道光殿本进行参校，还用《永乐大典》所引《辽史》全部校对一遍，还参考了大量前人对《辽史》的校勘成果，校订了史文的脱误。

点校元朝脱脱等所著《金史》135卷，以百衲本为底本，并与北监本、殿本参校。

点校明朝宋濂等所著《元史》210卷，以百衲本为底本，对百衲本在影印过程中的描修错误，用北京图书馆藏原书以及洪武本和南监本作了校对订正。在校勘中使用了北监本、殿本和道光本。

点校清朝张廷玉等所著《明史》332卷，以清武英殿原刊本为底本进行点校。

点校中华民国赵尔巽等所著《清史稿》536卷，即根据北洋政府1914年设馆编修、1927年初步完成的著作进行点校，由于当时局势动荡，该著作尚未最终定稿即刊印出版，所以，书名叫《清史稿》。由于该书参加编修者100多人，成于众手，彼此照应不够，完稿后又未经仔细核改，刊行时校对也不认真，所以，该著作体例不一，繁简失当，以至年月、事实、人名、地名错误较多。在出版时，有1928年关内本、关外本、1934年金梁重印本、1942年联合书店影印本和日本印本。白寿彝任组长校点的《清史稿》是以1934年金梁重印本为工作本，作了标点、分段。并审查了关外本、关内本的篇目，将内容上的不同，作了附注，录出异文，对史文的脱、误、衍、倒和异体、古体字作了校改，将清朝的避讳字，尽量改回。对于史实错误，同音异义的人名、地名、官名、部落名称等，一般不予改动。这次点校，成为《清史稿》问世后50年来最好的范本。

白寿彝的老朋友、参加《清史稿》点校工作的启功，珍藏着一张老照片，题名为“标点廿四史清史稿同人合影”，并手书有每个人的姓名。坐在正中间的便是白寿彝的恩师顾颉刚，白寿彝在第一排左四位置上。该照片是1973年春，点校组部分学者与中华书局工作人员摄于北京王府井大街36号中华书局楼顶上。

从1958年到1978年，点校《二十四史》《清史稿》的点校和出版工作，历时20年才完成。这个点校本汇集了各种版本之长，集中反映了历代校勘成就，并以其符合规范的标点校勘、便于阅读的印装形式等特点，出版后即成为《二十四史》《清史稿》的现代标准本。至1998年20年间再版了15次，被誉为“新中国最伟大的古籍整理工程”，被国内外学术界公认是整理水平最高、最为可靠的“二十四史”版本，至今仍被学界广泛征引。日本学者评价“二十四史”的整理工作是“学术上的旷古未有的事业，意义十分重大”。

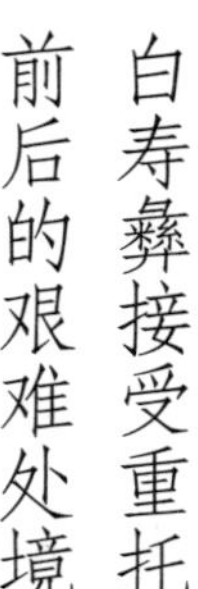

贰 白寿彝接受重托前后的艰难处境

1971年，接受《二十四史》《清史稿》“总其成”任务的顾颉刚78岁高龄，身体状况非常糟糕。因此，他将此重任委托给学生白寿彝，而此时白寿彝已62岁了。

此时，白寿彝深受“文化大革命”的迫害，是第一个被红卫兵造反派打成北京师范大学历史系头号的“资产阶级反动学术权威”，被揪斗，被剥夺人身自由，被迫中断了正常的教学和研究工作，受到长期批判。后又以“彻底改造资产阶级世界观”的名义，被送到劳改队参加劳动。

1966年9月1日，白寿彝家第四次被抄家。那天，正好是白寿彝夫人56岁生日，白寿彝的大女儿白丽丽和女婿彭洪章从他们的单位湖北汉口雷达学院赶来北京，准备为母亲过个生日。但母亲不要过这个生日，因为“运动”使她心里乱得很。最后，子女们还是决定为母亲做碗寿面。但没有想到，一伙红卫兵此时闯进了家里，家被抄了，一无所剩，就连厨房里冒着热气的牛肉汤锅，也被打翻在地，切面散落在地上，一片狼藉。

这时，白寿彝被红卫兵押着回到家里，让他交出藏着的“黑材料”和值钱的“剥削品”金银珠宝等。白寿彝很冷静地对“红头领”说：“书桌锁着的抽屉里是中央保密文件，你们无权拿走！其他一无所有，可容你们所为！”白寿彝十分严厉而又很果断的言语，镇住了当时的场面，他随后拨通了中央办公厅的电话，待中央办公厅来的人将文件取走后，他又被一无所获而十分气恼的红卫兵押走了。

北京师范大学红卫兵造反派抄了白寿彝家，抄得最多的是他的书，还有3个极普通的单人小沙发、一个茶几、几张单人木板床和白寿彝夫妇使用的双人床及旧床垫，还有衣箱和被褥，没什么值钱的东西。当时，去抄家的学生说：“没什么好东西，姓白的还是名教授？”“历来他没留过洋，哪来的洋货。学中国历史的，就是‘大土包子’。”抄家抄去的东西，在学校办了展览，有好奇心的人闻风而去，扫兴而归：“真没有什么好看的”“这么朴素”“绝不是想象中的名教授的家”。没有几天，这个展览便告吹了，并没有达到展览的预期效果，反而成了“白寿彝朴实生活用品展览”。后来，白寿彝有一段时间被关在“牛棚”，过了一段时间又被放了出来，一个“红”头头有一个“章程”，更换了“红”头头，也就随之改了“章程”，据“红”头头讲，这是“革命形势”发展的需要。

白寿彝的三女儿白滇生，在回忆那段动乱年代的情景时，写道：“我知道，眼前袭来的是最残酷的逆境——没有道理可讲，没有法规可依，没有信息来源，也没有沟通的渠道，比起游街，开批斗会，这更是一种孤立无援、愁苦无告的境地。然而父亲却能在重重阴霾中努力捕捉住那一束光亮，那就是他常常念叨：相信党，相信群众。”

白寿彝从被打成“反动学术权威”到被“解放”，始终保持着内心的光明，“相信党，相信群众”这几个响当当的大字，是白寿彝心中不会熄灭的火把，是这火把照亮着他生命的前程。

后来白寿彝可以回家住了，可他每天从早上7点半到下午6点半要到学校去打扫卫生，清理厕所，不管是刮风下雨的夏天，还是漫天冰雪的冬天，决不允许迟到请假。每逢毛泽东在天安门广场接见红卫兵，公交车就停运，为了赶钟点，白寿彝要一大早四五点出发，由西单武功卫胡同，徒步走向北太平庄的北京师范大学，他不想因为迟到而遭到红卫兵造反派的谩骂。老实的白寿彝，绝不敢

“表现不好”，也决不敢“对抗群众运动”。那时，他每天带瓶白开水、擦汗用的破毛巾、几个凉馒头和几块咸萝卜干，去学校接受劳动改造。每天度日如年，他想带块手表用来看时间以防迟到也不行，一旦红卫兵造反派看到了，就被没收，还要带来一顿臭骂：“老东西，你也配戴手表，拿过来，没收！”

“文化大革命”来势凶猛，是任何一个正常人都难以理解的。北京城里，学校内外，到处是一片打倒声，现实是那样的严酷。那时，有的老知识分子难以忍受耻辱，而无奈地选择了自杀，其悲壮情景，使人不寒而栗。红卫兵造反派却用这类事情刺激白寿彝：“某某已经跳楼了，某某已经跳湖了，都是你的同类！你也应该找个地方跳下去，去死才是你的归宿。”这时的他，可以说异常坚强：“我不能死！也决不屈服！”他的儿子很怕父亲一时想不开去自杀。那些日子，每天傍晚时分，儿子总是要到胡同口去等着父亲回来，直到看到了父亲远远走来才放下心来。迎回父亲后，马上为他打水，让他洗脸，也时常用热毛巾为父亲擦擦背，然后端来热水或稀粥，让父亲先解解饥渴。白寿彝疲劳的身子歪倒在被子堆旁，需要休息好一段时间，才想起吃饭。他那时在学校不单单是“劳改”，还常被造反的学生揪去批斗，坐“飞机”，深“鞠躬”，被打骂。

1966年深秋的一天，白寿彝看着坐在他身边的小儿子，微微一笑，轻声说道：“不要为我担心，我身体挺好，比过去吃得多了。”他接着又说：“你看，我身上穿着的，是当年开国大典时党中央和人民政府发给我的粗呢中山服呢。前几年，我胖了，穿不上了，现在一折腾倒能穿上了。爸爸穿上它，心里总觉得是热乎乎的、暖乎乎的，能抵抗一切‘寒风’，甚至‘寒流’。儿子，你和爸爸一样，也要放宽心！要相信党和人民！真正的共产党员是钢铁战士！”他在狂风暴雨中，从来都充满着信心，都有着坚实的信念。

白寿彝的女儿在《我的父亲》一文中这样写道：“我乐道父亲的宽容，是因为从他老人家身上我懂得了什么才是真正的宽容。父亲的宽容不是无原则的不抗争和逆来顺受，也不是某些文人的‘闲时帮闲，作恶时帮凶’的恶习。他有自己的信仰和原则，无论在任何情况下，他都不会出卖自己的良知，他和大多数同代知识分子一样……”

从 1966 年至 1971 年，白寿彝先是被批斗，后又要写“认罪书”“检讨书”“交代罪行书”。写一遍，不符合红卫兵造反派的要求，再重新写，要根据他们的要求，一个一个问题地写，一条一条地写，这几年他大概写了三四十万字，可以集成一本书了。他没有怨言，总是认认真真地写，从没有一句一字的敷衍，只盼望着“解放”。即使这样，仍被视为“检查不力，态度不端正，立场没有摆正，死抱着封资修的东西不肯放，继续认真检查！”

在逆境中，那超越政治和意识形态的人性中的善良感情，温暖着寒冷中的白寿彝。如“劳改”时，让白寿彝在中午到花房中吃饭，给他送上热茶的花房老工人。又如在东方红炼油厂，帮白寿彝烧取暖煤火炉的两位老师傅，他要每天为 20 多人烧取暖的炉子，等等。虽然都是小事，但白寿彝对雪中送炭的人性之美，铭记了一生。

1967 年初春，红卫兵造反派让白寿彝一家从宽敞的住房里搬出，到两小间的厨房居住，面积不足 10 平方米，里屋只能放张大床，外屋只能放张小床和小方桌，屋子又脏又黑。他的儿子买来大白粉，借来粉刷墙壁用的排笔，把里外屋的四壁和屋顶刷白，由于从来没干过这活儿，弄得从头到脚全是白粉汤。后来，他儿子又从外边捡来工地丢弃的碎砖头和木窗等，和了泥，在屋檐下搭起个小棚做饭用，也只有放个小火炉和站个人的地面。苦日子再难也要过好。那时，由于家里每月只有 40 元生活费，难以度日，儿子只好到家境比较好的朋友和同学家里蹭饭吃，目的是为家里省点生活费，好让母亲的生活稍微好过些，这都是被逼得没有办法的办法。

1971 年春，白寿彝终于得到北京师范大学工宣队及校党委的通知：恢复工作。当他的儿子在乡下听到这一重大喜讯后，马上回到了北京，儿子看到父亲、母亲都非常高兴，看到母亲流出了激动、高兴、委屈和复杂的眼泪。白寿彝恢复了工作，北京师范大学为此还召开了全校师生大会。他在大会上，首先感谢了党和全校职工，再三表示今后要继续为党、祖国和人民努力工作。他最后语重心长地说:“一个人莫过于党和人民的信赖，莫过于享有为民族和国家工作的机会和权利。今天，我是世上最幸福的人!”

学校为他安排了新的住房，是北京师范大学老校长陈垣的旧居，一个前后两个院子的庭院。“文化大革命”中被抄走的家具书籍以及手稿等等，丢失的丢失，破旧的破旧。白寿彝拿出恢复工作后的第一个月的工资，低价买了一套二等的沙发和办公桌椅，从学校借来了大大小小的书架，摆满写作所需要的书籍，准备继续中断了多年的教学和学术研究等工作。不久，白寿彝受老师顾颉刚的委托，迎来了点校《二十四史》和《清史稿》的重任。

中华书局编审周振甫回忆说:“中华书局点校《二十四史》加《清史稿》，周总理指定由顾颉刚领导。顾先生年事已高，不能亲临，由白寿彝先生来领导各史点校工作，而亲自点校《明史》。当时点校《明史》的，有历史研究所王毓铨、中国青年出版社周振甫，点校稿即交白寿彝先生审定。白先生认为南开大学的校勘记太繁，嘱王、周两人从简，另写校勘记。”

1972 年 9 月 20 日，白寿彝向上级组织写了《一年来工作和思

◎ 1973 年初春，参加点校《二十四史》的部分专家学者在中华书局顶楼合影（前排左起：阴法鲁、唐长孺、白寿彝、丁树奇、顾颉刚、肖海、翁独健、陈述；后排左起：周振甫、陈仲安、孙毓堂、王钟翰、张政烺、王毓铨、启功）。

想情况汇报》。我们从“汇报”的字里行间，可看出他当时负责点校整理《二十四史》工作的难度。难就难在“文化大革命”时期，运动持续不断，人们顾虑重重，防止被“四人帮”揪“辫子”、打“棍子”、扣“帽子”，要“不犯错误”，还要“顾全大局”。

在白寿彝写的汇报中，我们还可看到他的难处：要“抓紧方向，抓紧路线斗争，是这次工作中很集中的指导思想”，“一开始就办了20多天的学习班”，“用大量的时间进行了批林批孔的学习”，“以路线为纲”，“路线觉悟有所提高”，“脑子里阶级斗争熄灭论的流毒还很深”，“埋头于故纸堆中，对思想改造不力”等。在最后，他写道：“以上，只是根据我现有的水平，作了一个一年来工作和思想情况的简单汇报。请组织上审查和帮助。”

白寿彝的儿子在回忆录《彰往知来——父亲白寿彝的九十一年》中写道：“在此，我深深地感受到父亲当年的‘违心’，他工作得很累，生活得很累，头脑中的所思所想更累。他在‘文化大革命’中行事说话总是慎之又慎，在‘左’的思潮一统天下的状况下，一切只能在无言中，苦果总是要自己默默地承受。父亲想到当时能为党工作，有了工作的权利，已经是不幸中之万幸啦！不这样做，又能怎样呢？”

白寿彝得“解放”了。他从学校下班回到家，高兴地告诉家人，他要去中华书局点校《二十四史》，是毛主席和周总理安排的工作，并对夫人说：“今天学校落实政策，把前几年没收的银行存款退给了我们，又把这几年所欠的工资补发了，还有抄家时的……我都统统上交了党费，只把这月的工资拿回来了。你不会有意见吧？”夫人深情地望着丈夫说：“有你和全家人都在就开心，这已足够了。你做的是对的，我从来就不阻拦。”白寿彝看着已60多岁的老伴，她仍旧穿着一身抄家时因穿在身上而没被抄走的旧衣衫，她总是不考虑自己，为全家操碎了心，白了头发。白寿彝的夫人在那个特殊的时代，何止是操碎了心、白了头发，她还因为这场动乱波及自己的丈夫，而心灵受到了严重摧残。

1972年12月21日，白寿彝的夫人王慧萍去世，年仅62周岁，这对白寿彝来说是无比沉重的打击，几十年来，他们夫妻同甘共苦，白寿彝常说："没有慧萍，也就没有我今天所有的一切。"

那时正处"文化大革命"期间，经上级组织批准，在当时北京市民族委员会主任沙志远的协调下，"破规"请来了著名阿訇安士伟，根据回族丧葬习俗，主持了葬礼。北京师范大学按照高标准规格，在八宝山革命公墓礼堂举行了"王慧萍同志追悼会"，白寿彝宣读了为夫人而作的悼词。会后，他亲自抬起灵棺，把相伴一生的夫人送进墓穴，铲起第一锨土。

白寿彝将夫人安葬之后，忍受着内心无限的悲痛，将自己的精力全部集中到点校《二十四史》《清史稿》的工作之中了。他为完成这个文化工程，未能在夫人最后的时刻好好地在医院照顾陪伴她，这成为他后半生无比的遗憾。为了弥补这份遗憾，白寿彝买回来7本外观全部是黑色的影集，并亲自整理了夫人和他共同生活时的照片，冲拍7份，放入影集中。他把6本影集分发给6个子女，他自己珍藏1本，和送别夫人时的黑纱一并保存，不允许任何人乱动，一直到他2000年去世，珍藏近30年。白寿彝的儿子回忆说："在父亲病重时，甚至病危迷茫、时而昏迷的时候，也曾低微而无力地呻吟着'慧萍——慧萍'，那是我母亲的名字，父亲在想念母亲，在呼唤着母亲……"

1971年，在白寿彝任组长负责《二十四史》《清史稿》的点校工作后不久，便发生了林彪叛逃事件，一场以"批林批孔"为主要内容的政治运动掀起，并开始冲击在中华书局参加点校工作的专家学者们，因为，这些专家学者都是著名历史学家，与"批孔"以及与之相关的"儒法斗争"密切相关。"四人帮"开始借题发挥，把交"白卷""英雄"张铁生封为"反潮流英雄"，利用他们控制的舆论工具大肆宣扬，鼓噪一时。不久，"考教授"风波便在北京、上海等地刮了起来，正在中华书局负责组织《二十四史》和《清史稿》的白寿彝，也未能幸免，被这场政治运动卷了进去。

1973年12月30日，以开座谈会的名义，把北京师范大学的教授们骗到会场，突然宣布进行考试，发下数理化考题，强迫这些多年来从事文史哲、外语、体育、艺术、医学、生物等专业研究的教授们当场答卷。白寿彝也被骗进“考场”，他当场识破了“四人帮”不可告人的诡计，在卷子上边只写了三个字：白寿彝，便拂袖而去，昂然离开考场，对这场荒诞闹剧，进行了公开的、大胆的抗议。

由于“批林批孔”中的“儒法斗争”涉及历史学，所以这股政治风浪直接波及了史学界。有关部门多次让正在参与组织点校《二十四史》《清史稿》的白寿彝出来评说，是想利用白寿彝达到他们的目的。为此，他曾多次在大会上作了关于“儒法斗争”的报告，但是，他在作报告时，竟然在那个特殊时期，不合时宜地说：“我们应正确地看待儒法斗争。我们不能违背历史、歪曲历史和不正当地利用历史，反过来都是要受到历史的惩罚的，这是真理。”

白寿彝让人送给侯外庐一份“批儒评法”记录稿，题目是“先秦时期的儒家与法家”。侯外庐马上请人读给他听，听完之后他说：“孟子说过，大丈夫应当有浩然之气，富贵不能淫，贫贱不能移，威武不能屈。白先生就是这样的大丈夫。在讲儒法问题时，他那大丈夫的气概表现得多么充分呵！”

“文化大革命”结束之后的1978年，白寿彝受《中国建设》杂志社的委托，发表了《儒法斗争史的虚构》一文，该文被翻译成英、法、俄、阿拉伯等文字。他在文中以大量的史实揭批和清算了“儒法斗争”的反历史的言行及其实质，为这场政治斗争运动作出了史学家的结论。

2002年，北京师范大学百年校庆，在“百年校庆校展”上，仍将白寿彝在几十年前，在点校《二十四史》《清史稿》期间所发生的这场考试教授的“交白卷”风波，作为校史重要事件，予以赞颂。

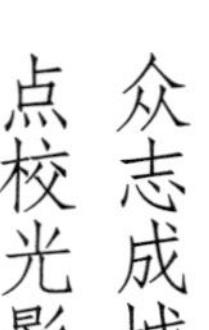

众志成城的点校光影

为了点校工作正常开展，中华书局出面从全国一些大学和研究单位，调集了一批学有专长的学者，他们当中，家在北京的每天到中华书局上班，家在外地的，都住在书局里。工作时，按史组合，共分 4 个组，即南北朝组、辽金元组、明史组、清史稿组。同一组的工作人员，基本上集中在一间屋子里，大家挨得近，声息相闻，颇便交流。那时张政烺负责《金史》的审校，与负责《辽史》的陈述、负责《元史》的翁独健在一起。工作开始前，先与上海搞点校的几位代表联合举办了半个月的学习班，以领会文件精神。这一时期的工作有不少变化，表现在：

第一，工作内容与过去不同，把两《唐书》、两《五代史》和《宋史》五种划归上海继续点校，由上海人民出版社负责组织工作，北京所存有关这五史的点校稿和材料，全部提供给上海参考。北京的任务增加了《清史稿》。

第二，工作方法也有变动，主要有两条：一条是对本校、他校做了限制，规定只在“点不断、读不通”的地方使用这两种方法，这比第二阶段显然倒退了一步。另一条是版本。异同择善而从，不出校记。细读文件全文，使人感到以上两种改变，目的均在于避免烦琐。因此有些点校者就产生一种错觉，似乎校勘记的条数越少越好，校勘记的文字越简单越好，以为这样就符合文件要求，不犯烦琐的错误。北京点校的各史，没有严格遵守以上界限，略有突破，这就是说，本校、他校的运用，不局限于上述范围；而版本异同有非说明不可的，间或也写了校勘记，特别是有些重改的字，表面看来并不“善”，而实际上唯有它是正确的，一般都作出了交代。

第三，参加工作的人员和过去也有不同。《晋书》《隋书》《南史》《辽史》《金史》《明史》等均有人员变动。

虽然每天面对的都是枯燥、烦琐、纠葛、疑难，但他们一个衍文错讹也不能疏忽，一处倒文脱字也不能放过，这是工作的宗旨，也是工作的准则。

一位先生为点校本《明史》草拟了一篇前言，开篇的第一句话就是:“《明史》是一部封建社会地主阶级史学家写的一部维护封建政权的历史书。”通篇都是这个基调，空洞无物，文句生涩，真正该向读者交代的具体问题却被忽略了。

这篇前言在《明史》组讨论时，王先生观点鲜明地表示了否定的意见，他认为，我们做的是点校工作，应该实实在在地向读者说明我们是如何校点的，又是如何校勘的，把我们的底细告诉读者，为读者阅读《明史》提供方便。显然，这是一种求实的态度。王先生的意见被采纳了。

有一次全体整理人员开会，议题是讨论标点有没有阶级性。有人提出，标点有阶级性，标点《二十四史》应该带着阶级观点、阶级感情。还举出皇帝的话和农民起义领袖的话如何标点作为例证。王先生心直口快，明确拒绝了这种谬论。他认为我们应对《二十四史》负责，标点的目的就是反映《二十四史》的本义；标点的作用，就是对读者负责，让读者阅读方便。孙先生支持王先生的看法，还用实例作了补充。张先生坐在那里一言不发，主持人请他发言，他只是微笑。了解张先生的人都明白，那是无声的否定。你别看三位先生平日都是谦谦学者，但是，他们有是非、有标准，从不人云亦云、随波逐流。

《二十四史》涉及的内容无垠无涯，时不时碰到一些很难解决的障碍。不知道有多少次，三位先生为了一处标点的定夺，互相切磋。

疑难一旦解决，他们显得那么轻松而愉悦；实在解决不了，便邀集其他先生，反复商讨。孙先生标点《清史稿》曾经遇到很长一段云南边陲的小地名，这些小地名是根据少数民族的发音定名的，如何点断，简直无从下手。孙先生先是查阅了《清史稿·地理志》，没有发现一点解决问题的线索；又检索了《大清一统志》，还是毫无所获；随后借来了云南的地方志，才发现了《清史稿》提到的个别小地名；最后经过《清史稿》全体整理人员的讨论，确定了一种比较可信的标点方案。为了一处小地名，孙先生花费了几天的精力。

时任中华书局编辑的黄克回忆说："当时有个不成文的规定，参加点校工作是不署点校者的名字的。只是在'文化大革命'结束后重印时，才在《出版说明》中一一列出历次参加点校工作者的姓名。当时，这些专家只能隐姓埋名做无私的奉献，老先生们除了工资，没有一分钱的额外收入，但并没听说过有哪位老先生对此提出异议。今天想起来，真够委屈这些'国宝'级专家的。对于这一切，老先生们毫不计较，争分夺秒，踏实工作，一心要将被耽误的时间抢回来，将被耽误的工作补上去。"

崔文印在回忆中，提出了白寿彝对点校工作的"三负责精神"，以及白寿彝的"副总裁"戏称之来由。

> 我们是遵照白寿彝先生提出的"三负责精神"进行工作的。这里需要插一句，按照周恩来总理的批示，点校《二十四史》这一工作由"顾颉刚先生总其成"，但因顾先生年事已高，不能天天到书局来上班，所以，日常工作便委托白寿彝先生代为负责。我们当时按四库馆的惯例，亦戏称白先生为"副总裁"，他屡次强调：一是我们整理古籍，首先要对古人负责，对流传下来的古籍负责，前人正确的东西，不要到我们手里反而搞错了。二是我们整理古籍是为今人看的，所以，我们一定要把正确的东西奉献给读者，一定要对当今的读者负责。三是同时，古籍是要流传下去的，我们整理的书，不仅要使当代读者看得明白，而且，也应使后来的读者看得明白，尤其是校勘记，决不

能写得含混，而应该清楚明白，删几个字一定要交代清楚是哪几个字，补几个字也如是，决不可模棱两可，让人捉摸不定。我们就是按照这个“三负责”的原则来确立和写出校勘记的，对我们搞不清楚的问题，我们一般便尊重古人，不再添乱。

当年，白寿彝先生讲“三负责精神”时，特别强调，对前人的看法如有意见，可以不加引用，但切勿引用了之后再予以驳斥。因为前人的有些看法是其毕生研究成果，我们可以不理解，但不可轻易否定。最终，白寿彝不负恩师之重托，不负党和国家领导人之愿望，使《二十四史》《清史稿》的点校工作，终于在历时20年的风雨之中，得以在第三个工作阶段圆满完成。

这次召集组织古籍整理工作，使白寿彝全面领略了《二十四史》和《清史稿》，这为他1979年开始再一次组织全国力量，编写多卷本《中国通史》积累了丰富的经验。《二十四史》和《清史稿》不仅是25个史料书，更重要的是，它还留给我们大量的思想，留下了观察历史的方法，留下了许多专门知识。白寿彝曾说，有人说《二十四史》宣扬的都是英雄史观，都是帝王将相，都是历史唯心论。其实，这种评价不客观。从历史观点来说，在《二十四史》里，有不少观点是进步的、正确的，可供我们吸取和发扬。

白寿彝明确指出：“搞好古籍整理工作要解决几个思想问题：一种思想认为整理古籍算不得什么，圈圈点点，有多大学问？思想上轻视这一工作；一种思想认为整理古籍还是很必要的，认为其中有很多资料，不把这些资料弄到手，研究工作就上不去，但整理工作可以由别人去做，自己等着别人搞出来利用。这其实还是第一种思想的变种。如果大家都等着别人搞完，加以利用，怎么行呢？还有一种思想认为古籍都是过去的东西，一堆废纸罢了，任它自生自灭。更有甚者，还有的人把整理古籍说成是钻故纸堆，搞复古倒退，这种人其实什么也不懂。文化是不断发展而来的，今天的文化是昨天和前天的继续，不懂昨天和前天，也就不会懂得今天，更谈不上懂得明天了。搞古籍整理是关系到社会主义现代化的百年大计。陈云同志谈得更为明确，他说：‘趁许多老人还在的时候多标点出一些：古书如果不加标点整理，很难读，如果老一代不在了，后代人根本看不懂，损失很大。一定要把这一工作抓紧搞好。现在不抓紧搞，文化就有中断的危险。’”

1981年9月，中共中央下达《关于整理我国古籍的指示》之后，白寿彝立即积极响应，在北京师范大学建立了我国高校中第一个古籍整理研究所，他担任了首任所长。并在北京师范大学历史系建立了历史文献教研室。还出任国务院古籍整理规划小组成员、国家教委全国古籍整理与研究工作指导委员会副主任委员。他认为：“整理古籍是一件好事、一件很重要的事，也是一件很不容易的事，主要困难的是专业人才缺乏。如何整理历史文献，形成一个新的学科，建设历史文献学的科学体系，这个我们还没有建立起来，既然想把古籍整理工作大规模地进行，这个学科的建立就很迫切。”

1982年，由白寿彝、启功、郭预衡筹划主编的20卷《文史英华》，于1993年由湖南出版社出版。全书共15类，包括了群经、诸子、纪传、编年、典志、学案、史论、散文、辞赋、诗、词、散曲、戏曲、小说、文论等卷，是一套“为大学生、中学教师及一般干部，在文史著作方面提供的适当读物，希望做到既博又精。所谓博，是指上下两三千年文史各体具备。所谓精，是指所选作品，文、情、道、义均有所当”。该书获北京市哲学社会科学优秀成果二等奖。1990—2004年北京师范大学古籍研究所整理出版的《全元文》，作为全国古籍整理委员会“八五”重点资助项目，和“中国古籍整理出版十年规划”重点项目，得到了国内外同行的充分认可，奠定了该所元代文献整理与研究的领先地位。

白寿彝在去世前一年的1999年，仍表达了他的强烈心声：“建立历史文献学这门学科是我的夙愿。”他期待的是，对古籍进行整理，不只是研究历史文献，还应建立起历史文献学，使之成为一门科学，并希望在比较短的时间里，把这个学科建立起来。让人欣慰的是，经过几代人的努力，白先生的夙愿已经成为现实。

第六章　『学为人师　行为世范』的教育改革家

壹 云南大学、中央大学的教育实践

白寿彝这一生，最爱的职业是什么？是当老师。最钟爱的事业是什么？是教育事业。职业是安身之处，事业是立命之处，白寿彝将职业与事业融为一体发展，所以，他工作时间最长的单位是北京师范大学，从1949年到2000年去世，长达51年。白寿彝是名副其实的教育家，与同时代其他教育家相比，他更是一位教育改革家，这一特点在1949年之后，体现得最为明显。在1949年中华人民共和国成立之前，他还只是一位在教育实践道路上的初步探索者，处于积累教育经验的时期。

在自己的几个兄弟中，白寿彝所接受的教育是最好的，因此，他对教育可以强国富民、可以改变自己命运的认识，很早就在心中扎下了根。受河南开封这个中华民国时期省会城市教育发达的影响，以及东大寺经学教育的熏陶，白寿彝对从事教育工作一直抱有浓厚的兴趣，再加上白寿彝的父亲对这个儿子的期待，希望他在读书上能够出人头地、光宗耀祖，使白家成为书香门第。所以，1928年秋，正在上海文治大学、河南中州大学读大学的白寿彝，便打算在开封教书，先在开封高级中学代课，又在开封第一初级中学代课。虽然时间短暂，只有3周，但这却是白寿彝涉足教育之始，他对教育的感觉，是从初中、高中代课开始的。这段经历，对其教育思想的形成影响深刻。

白寿彝1949年开始到北京师范大学历史系讲学，并在地理系兼授课程时，所用的历史教材，便是叶蠖生写的初中历史课本，课文简要但讲解翔实，教学效果很好。自此以后，他在北京师范大学就极力主张，历史系的学生在大学4年本科学习的最后一年，必须要到中学实习讲课，该校七九级的学生在大四这一年，在北京很多中学实习，讲历史课。那时的白寿彝任系主任。虽时过37年，当年我们的中学实习教学经历，仍历历在目，直接影响了我们对在中小学如何开展历史教育的持续关注。我们的七九级同学，后来也参与编写了好几个版本的中学历史教材，以及更多的青少年历史普及读物。19岁的白寿彝在中学代课经历中所获得的启发，几十年后，复制到了他的学生身上，可谓北京师范大学校训“学为人师，行为世范”代代相传的真实写照。

1938年，29岁的白寿彝南下在广西桂林成达师范学校教学，主要给学生讲治学的材料和方法。这一段教学时间很短。之后，在顾颉刚的安排下，白寿彝来到云南大学开始了在大学任教的生涯。

云南大学位于昆明市，创建于1922年，原名私立东陆大学，1934年改为省立云南大学。云南大学的快速发展是在熊庆来自国立清华大学调至云南大学代校长后开始的。

1938年12月，《益世报》在昆明复刊，邀请顾颉刚为该报编《边疆》周刊。12月19日创刊时，顾颉刚写了发刊词，指出：办这个刊物的目的，是要使一般人对自己的边疆得到些知识，要使学者们刻刻不忘我们的民族史和疆域史。

在此背景下，顾颉刚让学生白寿彝代写了一篇文章《中华民族是一个》，强调民族团结以御外侮。文章发表后，各地报纸转载者极多。1939年9月顾颉刚赴四川成都齐鲁大学后，便把在云南大学的教学工作交给了白寿彝。白寿彝先是担任了云南大学文史系讲师，后来又担任教授，所教课程便是顾颉刚的中国上古史。顾颉刚原来编的讲义，只写到春秋初年，已经铅印出来了。白寿彝在开始讲课时，便用了顾颉刚的讲义。一个月后便改用自己编的讲义了。又开了一门课程“中西交通史”，教材是白寿彝自己编的。这两门课程都是全年课程，按规定应在第二年的6月底讲完。当时的文史系主任，最初是施蛰存代理，他后来任上海华东师范大学中文系教授。接替施蛰存任文史系主任的是闻宥，他后来曾任四川大学、中央民族大学教授、法国远东博古学院通讯院士、联邦德国德意志东方文学会会员。与白寿彝同系的教师，还有云南丽江纳西族著名学者方国瑜，他后来成为云南地方史和西南民族史研究的奠基人。

1942年夏，白寿彝在云南大学任教近3年后改到重庆中央大学史学系任教，主讲春秋战国史、伊斯兰文化等课程。他还抽时间到大学的回民食堂，同回民同学会面洽谈，为筹建回教问题研究会做准备。在中央大学共两个学期，约一年多的时间，这是白寿彝任教的第二所大学。他为什么离开云南大学到中央大学任教呢？

第一，中央大学于1928年4月24日成立，1937年10月，由南京迁入四川，校本部设在重庆沙坪坝。此时的重庆，已成为抗战时期的陪都，因为这里物产丰富，且具有长江航运的优势，再加上这里四面环山，地形上易守难攻，只要守住长江，日军就很难攻打过来，而且重庆多山多雾，可以有效缓解日军飞机的轰炸。因此，1937年11月20日，国民党便发表了《国民政府移往重庆宣言》，将东部沿海的大量工业设备迁徙大西南，以便长期作战。重庆遂成为抗日战争时期的大后方，成为当时中国的中心。

第二，那时的中央大学，为坚持团结抗战和争取民主的呼声很强烈，学术演讲与研究活动频繁，处于全国大学前列。学校邀请周恩来演讲《第二期抗战形势》，邀请邓颖超和李德全演讲《妇女与抗战》、孙科讲《抗战国策之再认识》、郭沫若讲《二期抗战中国青年应有之努力》、冯玉祥讲《抗战建国》等，这些高层次的学术演讲，领时代之先，极大地吸引着抗战救国的大学生们，也吸引着白寿彝来到中央大学。另外一点是，中央大学的图书馆，有50余万册中外图书，没有受到战火的波及，全部完整地西迁来到重庆。修建在松林坡顶的图书馆，是一座简易的平房，不足1000平方米，能容纳500个座位，这在抗战时期的全国大学中，是无校可比的，毕竟书籍、资料是做学问必备的重要条件，这是吸引白寿彝最重要的因素。

第三，中央大学对白寿彝的盛情邀请已近一年。

第四，1943 年，中国回教文化学会在重庆理事会上，制定了古兰经、圣训集、宗教法、哲学、历史、社会调查、文献资料搜集等研究任务，涉及方面较广，工作量相当大，白寿彝若不投入一定的时间专心致志去做，肯定无法完成。为此，中央大学就向云南大学以师资严重缺乏为由，迫切希望云南大学给予大力支持，几经商洽，最后借调成功。就这样，白寿彝到中央大学任教。当时中央大学主要的学习方式，仍然是老师课堂讲授，同学们集中精力记好笔记，因为当时没有教材。由于白寿彝备课十分认真，同学们很爱听他讲课，他们说:“白先生讲课，重点突出，讲解精练，语言生动，一堂课的笔记记下来，稍加整理，就是一篇好文章、好教材。”

那时的生活条件非常艰苦，尽管战区流亡学生可以申请贷金，吃饭不必自己掏钱，然而其他生活和学习的必需品仍需要花钱。解决的办法，有条件的学生靠亲友资助，没有条件的则靠自力更生、勤工俭学等办法来解决。当时物价飞涨，贷金有限，伙食每况愈下，不仅肉食缺乏，蔬菜也很少见，只能多吃米饭，而米饭常是霉变掺杂的平价米。战乱中的大学生以乐观的心态，称它为“八宝饭”。这种“八宝饭”，使不少同学患有肠胃炎等慢性病。当时，大学教授也待遇菲薄，经常维持不了最低生活水平。

白寿彝在重庆时，日军经常轮番空袭，大家称之为“疲劳轰炸”。只要空袭警报不解除，大家只能忍饥挨饿，这样的空袭警报，甚至一个昼夜或一连几天，都不解除，哪里有正常的教学和生活？有时上课改在凌晨和晚上，考试出几套题目备用，以防空袭干扰，这些应付空袭的措施，虽是不得已，但久而久之，同学们便都习以为常。在头顶敌机炸弹，吃住生活条件非常艰苦的环境中，中央大学的老师、同学们，一直都坚持开展学术研究，不断提高教学质量。

1942 年秋，在重庆的白寿彝，与著名诗人臧克家相识，当时臧克家住在张家花园 65 号中华全国文艺界抗敌协会的危楼之中，与作家姚雪垠同住一室。白寿彝与姚雪垠是河南同乡，他在看望姚雪垠时，结识了臧克家。此时臧克家 37 岁，白寿彝 33 岁，姚雪垠 32 岁。

中华人民共和国成立后，姚雪垠创作了著名的长篇历史小说《李自成》，其第二卷荣获首届茅盾文学奖。为创作这部历史小说，姚雪垠还曾就历史话题向白寿彝征求过意见。我们在研究白寿彝、查找有关资料时，还在20卷《姚雪垠文集》中，找到1974年11月2日，姚雪垠致白寿彝的一封信：

寿彝兄：

今日将《〈李自成〉全书内容梗概》一册寄上。这份材料印的很少，寄出的更少，在目前只寄给文史界几位老朋友征求意见。今日寄呈尊览，请万勿看作朋友间一般寄赠"作品"。这不是作品，甚至作小说提纲也很简略。这里边牵涉到我对明末一些历史问题的基本看法和对史料的运用态度和方法。你是史学专家，很希望你提提意见。我也知道你不是搞晚明史的，致力的方面不在此，但是这一时代总的历史情况你是清楚的，所以我相信你看过这份材料之后，能够提出来宝贵意见。对此，我不胜期待！

《李自成》从第三卷到第四卷所写的多次战役，绝大多数在我们的故乡河南进行，其中包括明军掘黄河淹毁开封的第三次开封战役。因此，我想你一定会感兴趣。这份材料虽然着重写明全书的故事布局，发展轮廓，但在稍带关键性的历史问题上也略有辩证。我是先弄清历史问题而后作艺术构思。在历史科学与小说艺术的结合上，以研究历史为前提、为基础。当然因为要完成长篇小说的艺术使命，在研究过历史事件的真相之后，不一定死板板地按照史实的本来面貌去写。另外为要写出明末各地方的风土，各阶级的生活，也不能限于研究一些重大的历史问题。我在写历史小说的道路上尚在探索，对有些重大的历史问题也未弄清。

改革开放之后，白寿彝在讲述中国史学史中的历史文学之时，还专门提到过姚雪垠创作的《李自成》这部历史小说。

臧克家在回忆他与白寿彝的这段交往时说："寿彝那时一身蓝

布长衫，忠厚朴实的态度，温文尔雅的谈吐，给了我以极深刻的印象。”而白寿彝说：“克家真诚执言，热情似火，诗人的气质使我眼前一亮。”他们一见如故，随着岁月的推移，感情日深，成为终生好友。诗人笔下的蓝布长衫，的确是白寿彝的当年打扮，他读大学时，就穿着蓝布长衫；一直到 1949 年全中国解放时，他依旧穿着蓝布长衫，只是蓝布长衫越来越破旧。那时的中国，民不聊生，白寿彝整年整月整日，风尘仆仆，忙忙碌碌，仍然生活困窘，勉强糊口维持生计。

臧克家曾在一篇文章中，回忆白寿彝一家人当时度日艰难的情景：“他一家八口，在国民党统治下，贪污腐化、好人遭殃的社会里，生活成了问题。记得当时一位画家展出过一幅触目惊心的漫画：一个艺术家的头颅去了一半，孩子们用勺子挖脑汁吃。看了这幅画，我想到许多脑力劳动者的悲惨情况，特别念及寿彝的贫困家境。”正是白寿彝具有忍辱负重、坚韧不拔的顽强意志，才使他能够承担起时代责任，成为一代杰出的学者。而“故天将降大任于斯人也，必先苦其心志，劳其筋骨，饿其体肤，空乏其身，行拂乱其所为，所以动心忍性，增益其所不能”正是白寿彝之所以能够成为当代教育家的恰当写照。

1943 年，中央大学校长顾孟余，与时任教育部长的陈立夫在教育理念及派系斗争上发生冲突，陈立夫经常给中央大学“小鞋”穿，动辄拖欠该大学的经费，并要求顾孟余去中央训练团受训，顾孟余愤而辞职，师生们一致挽留，于是发生了一场声势浩大的“校长风波”。在校本部的全体同学经过讨论通过，一致决议罢课，并徒步去歌乐山林园，向国民政府主席林森请愿，要求挽留顾孟余校长，拒绝教育部另派他人来校接任的训令，并提出“教授治校”“学术自由”“党派退出学校”等一系列民主要求。在学生自治会一带的墙上，张贴了大批代表民意的呼声、抗议等墙报。经过一段时期的坚持，教育部无法解决，最后由蒋介石决定亲任校长；并调湖南省教育厅长朱经农任中央大学教育长，常驻校内代行校长职务。这样，一场“校长风波”学潮，才被平息下去。从此，学生自治会门前一带就形成了“民主墙”。“民主墙”在抗战后期，起到了充分表达民意的作用。

在此情况下，1944 年 2 月，云南大学找到白寿彝，结束了两校的借用约定。白寿彝再次回到昆明，主讲史学名著选，并逐渐深入史学史的研究课题。白寿彝在云南大学的任职，一直到 1947 年初。

抗日战争胜利后，在重庆的国立中央大学，迁回中华民国首都南京，1948 年秋至 1949 年夏，白寿彝再到中央大学任教不满一年，即迎来了南京的解放和中华人民共和国的成立。他当时开课主讲了中国通史，共开了 5 个班级的课。他最初用中国史学会常务理事、中央大学文学院史学系主任缪凤林在 20 世纪 30 年代所著的《中国通史要略》作为教材，后来就用自己编写的讲稿。

至此，白寿彝在大学任教，前后共有 9 年左右，从大学讲师、副教授，到教授；所开设的课程从中国上古史、春秋战国史、中外交通史、伊斯兰文化到史学名著选读、中国通史等；他所发表的重要成果共有《中国回教史》《咸同滇变见闻录》《中国伊斯兰史纲要》《中国伊斯兰史纲要参考资料》和校点的《天方典礼择要解》，还发表有文章《纯真篇义证》，并在云南昆明五华书院讲座《中国历史体裁的演变》等。

这 9 年中，从他在大学所开设的课程，可以看到白寿彝将教学与科研结合在一起的发展脉络：一是从中国古代史，走向中国通史。二是从史学名著选读，走向中国史学史。三是从中外交通史，走向回族史、伊斯兰文化史研究。这三大课程体系，一直贯穿在他几十年的大学教育生涯之中，成为他教学和研究相互推动的三大骨干，其代表作即是《中国通史》《中国史学史》《中国回回民族史》。他作为教育家的教学实践以及在实践之中所形成的教育思想，便由云南大学、中央大学探索起步，他所用的最初教材，都因他在教学与科研中所发现存在的问题，而改用自己所编写的教材，例如，他在采用顾颉刚的“中国上古史”讲义不久，即改用自己编写的讲义，后又编写了自己的史学史、中国通史教材。由此可见，他在教学与科研相结合的思考上，的确在他 40 岁之前，即 1949 年之前，已经有了比较多的摸索，对教学、科研如何并驾齐驱，已有了较为成熟的想法，这为他在1949年之后，在北京师范大学的教育改革，打下了良好的基础。

这一时期，他还特别重视社会教育的普及，他在创办《晨星》《伊斯兰》《大河》《新儿童》等杂志之后，又参与顾颉刚创办的《禹贡》杂志，以及《月华》杂志。在他30岁的时候，又参与了报纸云南《清真铎报》和《益世报》的《边疆》周刊专栏。38岁时，他又协助顾颉刚主持了文通书局计划出版的图书，这些图书主要是面向社会大众的教育普及之书，有世界文学名著、文学丛书、医学丛书和少年儿童丛书等。从中我们可以了解到，白寿彝作为教育家在1949年之前所形成的思维广度，他不仅开始考虑大学里的教育如何办好，而且他还对以报纸、杂志、出版社为阵地，开展社会教育，给予了高度重视，并身体力行去做了，这是他与同时代的其他教育家，只关注大学高等教育所完全不同的地方。他对那个时代的媒体宣传阵地的理解，以及实际操作运营，都对他在1949年之后的教育改革思想，产生了积极影响。

在此，我们可以对白寿彝在1949年之前的教育实践，作一个小结：一是19岁时已涉足了中学教育，这直接影响到他在北京师范大学历史系的教育改革，让本科学生在大四那一年，必须到中学去实习上历史课。二是28岁左右，在成达学校任教，开始涉足师范教育，在1949年之后，再没有离开过师范教育。三是30岁那年开始涉足大学教育，将教学与科研相结合的认识，逐步加深，并形成他的三大科研阵地。四是高度关注社会普及教育，并借助那个时代最具传播影响力的报纸、杂志、出版社的图书，加以推广教育理念，以积极影响社会。以上四个方面，都为白寿彝在1949年之后进行教育改革，提供了很好的经验。

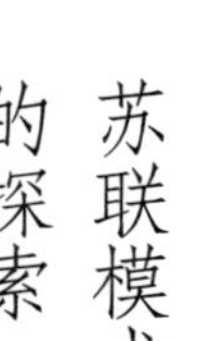

苏联模式的探索

1949年中华人民共和国成立，白寿彝从南京中央大学，到北京师范大学历史系任教，开始了他崭新的教育生涯，从此以后，他一直未离开过这所大学。正是这种稳定的工作环境，使他能够在历史转折时期，更加长远系统地考虑教育改革的重大话题。白寿彝作为教育改革家的风采，便日益凸显起来。因为中国革命的胜利，源自苏联十月革命的一声炮响，所以，向苏联老大哥学习，便是那个时代的主旋律。那么，如何运用苏联模式改革中国以前旧的教育模式呢？

中华人民共和国成立之初制定的《中国人民政治协商会议共同纲领》明确指出：人民政府应有计划、有步骤地改革旧的教育制度、教育内容和教学法。这使白寿彝有了一种使命感。1949年12月他参加了教育部召开的第一次全国教育工作会议。会议确定了教育必须为国家建设服务，学校必须向工农开门的总方针，明确了教育工作发展方针是普及与提高相结合，老区教育以巩固与提高为主，适当发展新区，要维持原有学校，逐步做可能与必要的改善。由于白寿彝参加了可作为新中国临时宪法的《共同纲领》的制定，以及第一次全国教育工作会议，所以，他对于高等学校改革旧教育的重点是清楚的，对今后的工作，心里有了大目标。

当教育改革正要起步时，1950年抗美援朝战争爆发，因此历史教学中的爱国主义教育，成为白寿彝思考的重点。1951年，他在《光明日报》的《历史教学》半月刊上，发表了《论爱国主义思想教育和少数民族的结合》《爱国主义与历史教学》《开展历史教学中的爱国主义思想教育》等系列文章，集中阐发了他在历史教育中弘扬爱国主义的重要观点。

白寿彝一边写文章弘扬爱国主义精神，一边和北京师范大学的同学们一道挖防空洞，防范美国军队的空袭。他还以身作则，将爱国主义精神化为行动，将家中不多的积蓄捐献给国家。他曾给家人说："我们不能像河南老乡常香玉等文艺工作者那样，演戏挣出一架飞机，支援前线。但是我们有多大力，就献出多大的力量，同样都是为了抗美援朝、保家卫国！"白寿彝的夫人为了多为抗美援朝捐款，变着法让家人吃上又省钱又较具营养的饭食，如玉米面菜团子、白薯小米粥等。家里几个孩子的衣裤，破了就打上补丁，能省下多少是多少。虽有补丁，但孩子们身上的衣服，总是洗得干干净净。

白寿彝一边抗美援朝，一边进行教育改革。为认真落实政务院在 1950 年 8 月发出的《关于实施高等学校课程改革的决定》，以便高等学校课程的设置，配合好国家当前与长远的需要，学校教育应在系统理论知识的基础上适当地专门化。为此，白寿彝在历史系开设了历史唯物主义、中国社会发展史、中国史学史、中国史学名著选读、史学概论、明清史、隋唐史、春秋战国史等课程。那时，他经常是两三门课程同时进行讲授，并穿插安排时间讲授新课。此时的他，似乎从没感到疲倦，每天专心备课直到深夜。他的儿子回忆说："我那时虽小，只有几岁，也很难知道父亲在干些什么，总是看到父亲在读书写字。每天夜晚我睡觉时，他在灯光下伏案挥笔；早晨我起床时，父亲仍在看书写作，是那样专心，爸爸总是有干不完的事。那时我想：人长大了，不吃奶了，也就不用睡觉了。"

白寿彝讲课很讲究教学法，采用多种形式的辅助教学方法，教学气氛活跃，深受学生的喜爱。关于中国通史的教学，当时，教学中的一个迫切任务，是改造旧的中国通史的教学思想和体系，建立新的中国通史教学思想和体系。这是一项从来没有做过的十分重要的教学任务。当时的教师刚刚接受新思想，又刚刚开始初学马克思和毛泽东的著作，面对新的教学任务，兴奋之余便是更多的困扰，大家都处在起步阶段。白寿彝率先主讲的中国通史，大胆进行探索，以期尽快实现这一艰难的转型。由于白寿彝特别重视理论学习，并善于进行哲学思考，所以，他很快就从旧中国的中国通史框架中跳了出来，进入到新中国的中国通史教学实践之中，顺利完成了这个大转折时代的重要过渡。

白寿彝在历史系主任侯外庐的领导下，开始进行了许多尝试。此时，在北京师范大学历史系的亲历者、白寿彝的学生杨钊说："中华人民共和国建立初期，我们的老系主任侯外庐先生、白寿彝先生辛勤地工作，正是他们和全系师生共同努力，为师大历史系的建设和发展奠定坚实的基础。"可以说，从 1949 年到 1951 年年初侯外庐调任西北大学校长之前，侯外庐对白寿彝的影响特别大。如何将马克思主义和历史研究结合起来，并如何实际运用到教育改革之中，侯外庐将白寿彝引入了这个大门，这不仅使白寿彝成长为马克思主义历史学家，更使之成长为杰出的教育改革家。

侯外庐对于即将毕业大学生的这种心情和希望非常理解，除了亲自给学生讲社会发展史和辩证唯物论和历史唯物论这两门课以外，他还争取到白寿彝和马特到历史系任专职教授。白寿彝讲授中国通史、中国史学史和中国社会发展史，马特讲授辩证唯物主义，后来又开了逻辑学。经多方努力，历史系教师阵容为之一新，开创了学术研究的新风气，教学质量也逐步提高，同学们都非常高兴。

中华人民共和国成立之后，为什么要进行教育改革？当时不改革行不行？以北京师范大学为例，该校创建于 1902 年，有悠久的历史，是闻名全国的高等师范学府。中华人民共和国成立前，在校的教授很多是留学欧美和日本的，堪称是学识广博的专家，有的还是国内外著名的学者。但是，从历史系来看，很多人都是以考据治史，以自由主义方式讲学。中华人民共和国成立后，他们当中一些人仍然按照这种老方法在工作着。要改变这种状况，当然不是几次政治报告就能解决了的。对于新的事物，他们要有一个逐步提高认识、逐步改变做法的过程。对于这些，系主任侯外庐和白寿彝是很清楚的，为此，他们认为：应当努力创造条件，推动这些从旧中国的大学过来的教师，更快地提高认识，更早地转变作风，这是教学工作的需要，也是广大学生的要求。但是怎样进行历史系的教学改革，才能适应新形势，这在刚刚解放的北京城，在百废待举、百业待兴的新中国，都无例可循。教学改革的关键在于教师，而教师改造、提高的关键，又在于学习马列主义理论。

在一次动员会上，侯外庐现身说法，介绍他自己在法国勤工俭学时，尽管生活条件十分艰苦，不得不勒紧裤带，而他还是足不出户，埋头于《资本论》的学习和翻译。他真挚地对教师们说："那时，我一面学习德文，一面学习《资本论》，就像马克思亲自教我学会科学的、严密的思想方法和研究方法一样。这段时间的学习，对我后来研究史学十分有益，使我能够掌握唯物史观去探索中国历史的规律，使我研究历史没有迷失方向，也没有陷入考据治史的传统中去。我所走过的治学道路，使我确信掌握马克思主义——尤其是它的哲学和经济学理论——和它的科学方法，这对于驾驭浩瀚的中国史料是有极其重要的意义的。我相信这条经验，对于诸位也是十分重要的。"他的这些话，确使不少教师受到启发。"掌握唯物史观去探索中国历史的规律""没有迷失方向"，不再"陷入考据治史的传统中去"，这几点对白寿彝此后的发展以及由此而产生的教育改革思想，影响很大。

为了切切实实地把全系师生学习马列主义理论的工作开展起来，当年除了听课之外，还在课后组织教师座谈讨论，随着教师们学习理论自觉性的提高，然后由教师自学一本经典著作，每周学习一次，大家轮流讲心得体会，类似于现在举办的读书会。实践证明，这种形式的自我教育活动，更能调动广大教师思想改造的积极性和学习理论的自觉性。白寿彝几十年来在历史系特别强调读马克思主义经典著作，即源于这个时期的体会。

如何开创教学改革的新局面？侯外庐和白寿彝在历史系成立"中国通史教学小组"，成立的目的，是想通过教学小组集体备课的方式，促进教师之间的互相帮助，进一步搞好教学改革。

“中国通史教学小组”由5个人组成，白寿彝担任组长，陆懋德担任副组长。教学小组成立后，它的主要任务是审查、讨论和通过教学大纲。具体做法是：主讲教师要把所讲授课程的内容、重点和进度提交教学小组审查，通过集体讨论、反复研究，用集体的智慧丰富教学内容，确定教材取舍。这样做，不仅保证了教学质量，也改变了自由主义教学方式的旧传统，而且大有益于教师的思想进步。起初，大家不习惯于用集体讨论的方式，审查教学大纲和教学内容，不愿当面提出意见，怕伤感情。他们就反复说明成立教学小组的宗旨，以及教师之间应当建立起新的相互关系。经过一段时间，工作逐渐开展起来了，小组里形成了讨论的气氛，对不同的学术见解能够心平气和地交换意见。

有一次，大家对中国历史上的奴隶制社会问题争论得很厉害，争论的结果，不仅缩小了分歧，而且也没有伤感情。大家对教学小组的作用更加相信了，这一集体备课的做法，白寿彝一直坚持了下来。并动员大家互相听课，彼此取长补短，这样就在“中国通史教学小组”中，逐渐形成了听课制度。这个制度不仅有利于教师之间的互相学习，而且也使课程的衔接更加紧密，不因主讲教师的更换，而给人以接力的感觉，这种教学改革，受到了同学们的欢迎。这个互相听课的好办法，在白寿彝以后的教育改革中，也坚持了下来。

如何实现民主教学，促进师生之间教学相长？在白寿彝担任组长的教学小组的草创时期，曾先后两次组织师生共同参加的“教学总结座谈会”，总结教学小组的工作，也检查同学的学习情况，白寿彝要求学生给教学小组和讲课教师提意见、提要求、提问题，开展讨论。这种座谈会，体现了新时代师生互助、教学相长的新风貌、新精神。

通过两次教学总结座谈会，从学生的发言中看出，他们的学习是努力的，也能钻研问题，但是他们的学习方法还没有完全上路，尤其在阅读古文和选择史料方面还有明显的不足，这就需要教师作具体的指导。中华人民共和国成立前，师生除上课外很少有联系。

中华人民共和国成立初期，同学有问题，也是通过班长向教师反映，教师在课堂上予以解答，这种情况很不利于学生的学习和提高。因此，这一时期的教育改革，即开始建立教师对学生的辅导制度，规定教师在固定的时间对学生进行辅导，后来，这种辅导课也列入课程表，形成一种制度。这样，师生接触的机会增多了，学生能够得到教师的个别指导，密切了师生关系，提高了学生学习的效率。这个辅导制度，一直成为白寿彝进行教育改革的一大特色，作为改革开放之后七七、七八、七九“新三届”大学生，在学习中就有这种辅导制度，效果非常好！

那么，大学生如何进行毕业前的教育实习？由于以前的教育实习常常是走过场，对接受实习生的附中的教学秩序和教学质量造成许多不良影响，所以附中并不欢迎历史系派实习生到他们那里去实习。多年来，这是个老问题，但却无人认真研究和改革，中华人民共和国成立初期的这次教育改革，对此就进行了新的尝试，形成了“集体准备，老师指导，课后总结，错不再犯”等一整套规定。

参加这一时期教育改革的刘淑娟，后来总结道：“这场改革是在新思想与旧思想、新理论与旧理论、新方法与旧方法、新制度与旧制度的斗争中进行的。这是一场深刻的、细致的、特殊的战斗。许多工作都带有探索的性质、开拓的性质。”“为改造旧师大历史系、创办新师大历史系，迈出了坚实的一步。”在这里，亲历者刘淑娟特别强调了这场教育改革的“三新三旧”的意义，并指出它“带有探索的性质、开拓的性质”。

正因如此，北京师范大学历史系在教学领域的一系列改革，受到了教育部和新闻界的热切关注和积极支持，教育部向全国高等学校，推荐了北京师范大学历史系教学改革的经验，并组织北京的兄弟院校到历史系参观学习。《光明日报》在1950年的一年中，连续发表了5篇报道和文章，介绍北京师范大学历史系的教学改革情况：1950年3月31日发表的《师范大学历史系教授集体教学受到欢迎》；5月7日发表的《开展师生的批评与自我批评——介绍师大“中国通史教学小组”召开的师生座谈会》；6月3日发表的《改进中的北京师范大学历史系（关于历史系教学小组的调查报告）——中央人民政府教育部全国高等教育会议参考资料之一》；6月7日发表的白寿彝的文章《对于大学历史课程和历史教学的一些实感》；6月10日发表的《师大历史系的集体教学实习制》。所有这些，无疑都是对北京师范大学历史系教学改革工作的肯定和赞扬。

白寿彝在这次发表的文章中，就教育改革讲述了以下观点：在教学思想上，中国通史应是历史系最重要的课程。在历史系课程里，必须重视国内少数民族史的研究，必须提倡国内少数民族史的讲授。少数民族史的研究和讲授逐渐地进步了，中国通史的内容也就可以逐渐地充实了。中国通史，必须包括中国境内兄弟民族的历史。中国通史只是汉族史，这是应该严肃检讨、严肃纠正的。如果我们不在这方面着眼，仅仅在规定历史系课程时，说明中国通史必须包括中国境内兄弟民族的历史，这是不够的，这只指明了一个方向，并不能解决事实上的困难。因为中国的历史是统一的多民族的历史。

他在这篇文章中，还批评了对于中国史学不能贯通讲授的做法，教到哪里算哪里，教到秦汉就结束了的有之，教到南北朝结束的也有之。即使勉勉强强地教到清末，也往往是到后来跑跑野马，并不是事先就有计划。谈及课程结构，他认为：课程结构是进行本科生培养的主要依据，是实现教育总体目标的重要环节。

如果把教学指导思想比作是教学的灵魂的话，那么结构就是把这一灵魂变成现实的桥梁。为此，他的教学改革就是从改造这一“桥梁”开始的，他在教学中，力主“通”。他根据自己在云南大学、中央大学的教学实践，以及向苏联教育模式的学习，提出了改进中国通史教学的具体意见，力主集体教学，教学相长，以提高教学质量。他在文章中，从中国通史，涉及世界通史；从历史课程转到历史教学，又讲到教学中注意的诸多问题。白寿彝十分注重“进行教学的过程中，鼓励同学们提意见，批判地接受同学们的意见，完全是正确的，是必要的”，以此实现师生民主教学，共同完成教学的全过程。

1952年全国院系调整，辅仁大学与北京师范大学合并，白寿彝任中国史教研室主任。1955年白寿彝任系主任，他接续前几年教育改革的成果，继续推进这一改革事业。

他认为：高等学校教育的宗旨，应该是着重培养学生们的智力，启发他们的思维活动，使他们逐步形成具有独立思考和独立工作能力的人，要他们正确地认识对于祖国、人民和时代所必须担负的使命以及责任，自觉地做好社会主义新人。高等学校培养出来的学生，要有正确的政治方向和宽厚的知识，以便他们走出校门后，能更广泛地为社会主义建设服务。

具体到高等学校的历史系，他更强调指出：除去教授学生必须的历史课程，还要培养他们的历史感和时代感以及民族自豪感，使他们具有借鉴历史、观察未来的能力。要重视历史学科的基本训练，还着重强调要指导学生们正确地掌握马克思主义的基本理论。

当年，北京师范大学历史系的课程计划，基本上是按照苏联高等师范教育的模式制订的。大学四年主要开设的是中国通史和世界通史两门课程，每一课程又分古代、中世纪、近代和现代四部分，习惯上称为“两条线八大块”。这种课程设置，比起解放前有了较大的进步。以中国通史为例，在解放前，这门课程在历史系课程里，并不是一门重要的课。教课的往往不认真地教，同学们也不把它当作重要的课程好好地学。所以，中华人民共和国成立以后的历史系，就课程安排的计划性和授课内容的完整性而言，它远远优于中华人民共和国成立以前历史系的课程设置。

白寿彝在1996年为何兹全祝贺85岁华诞学术座谈会上，曾经回忆了这一时期的教育改革情景：

> 何兹全同志是我们系的老教师，他和我的关系特别密切，因为从他在师范大学当教师的第一天起，我们就是手拉手进来的。那是1950年，他刚从美国回来，住在大木仓的教育部招待所，侯外庐同志派我到招待所去请他到师范大学历史系。他到师范大学，到历史系，第一次教书都是我陪着的。所以今天这个会，我感觉特别高兴，特别亲切。
>
> 这几十年来，我亲眼看见兹全同志一步一个脚印地前

进。他到了师大以后，就向系主任问他教什么课。那个时候，师大历史系提倡教通史，可当时没有人能把整个通史教下来，只能分开教。兹全同志魏晋南北朝史教得不错，隋唐也有人教，就是元史没人接。元史太专门，人名、地名、部落名，闹不清楚，容易出错，大家都有点害怕，怕讲出了毛病。兹全同志主动承担了这段课程，并且一直采取很积极的合作态度，把元史课教得很完满。

那个时候，中国通史是历史系建系的骨干课程，把中国通史讲下来了，很下了力气。外庐同志也很费了力气。虽然不很理想，但是咱们搞起来了。这两个教研组的做法，对全国历史界影响很大，对师大历史系建系作用也是很大的。在课程改革上，教学组织上，兹全同志都起了很好的合作作用。

全国高等学校院系调整后，各类高校的性质和任务更加明确。白寿彝为适应调整院校后课程改革的需要，将青年教师组成了中国史教学小组，集体编写教材而又分头到各系讲课，既解决了6个系的历史教学任务，进而也促使历史系青年教师们更快地成长。在苏联专家的主持下，白寿彝参与了北京师范大学课程教学计划文科部分的改革。按照计划，历史系在理论课程和教育课程以外，设立了中国古代及中世纪史、中国近代史、中国现代史、世界古代史、世界中世纪史、世界近代史、世界现代史等8门课程。回忆起这次调整，白寿彝认为，这次调整存在一些缺点，主要是机械运用了苏联经验，不适当地取消了一些专业，有的专业又设置过细，影响了人才的成长和合理使用。他的这一思考，正是促使他在1978年开启改革开放之后，第二次推进教育改革的动力。

1955年，白寿彝任北京师范大学历史系主任之后，对历史系的课程在以前的基础上，不断进行改革，又设立了专业课组，曾一度改历史系本科生为五年制，而且都要写学年论文，这一做法在1979年之后，更加得到强化，大大提高了学生的科研能力。此时，还每年招收函授生180人左右，有函授指导书，暑假集中面授讲课。这一函授教学探索，也在1979年之后得以发扬光大。关于教材的使用，他说："我建议上课时要讲教材，就是开卷讲书，这对提高教师、学生、科研都有很大好处。教师备课要写教材心得，而不是技术性的拼凑。教师讲教材，一定要允许发挥。二要允许适当充实教材内容。三要概括教材内容。四要改正教材错误。"

1958年，我国进入第二个五年计划，掀起了高举"总路线、人民公社、'大跃进'"三面红旗、"多快好省"地建设社会主义的高潮。在此形势下，白寿彝为北京师范大学历史系制订了教学科研计划，其目的主要在于改革历史教学，注意培养创造性的史学人才。他在《关于历史学习的三个问题》一文中，论述了如何处理历史学习中的史与论、文与史、精与博的相互关系，他希望青年教师和同学们要以专精为主，同时也要学会博览，不要光局限在历史书上。

1961年，为了促进北京师范大学全校的教学改革，白寿彝在校务会上提出三点建议：一是高师可以提倡五年制学期，在开少数专门课程的同时，培养学生的独立开展研究的能力，以便在今后中学教学中，能够不断地在业务上提高自身的素质，以适应在教学中客观要求的不断发展。二是为改观北京师范大学科研后续力量的不协调发展，筹组全校科研成果展览，调动科研力量，激发科研积极性，大力开展科研，多出成绩。三是提倡学生学习，应以教材为主。学校党委对此十分赞同，并比较快地开始实施。

这年9月，国家"高教六十条"发布，实行的当日，《红旗》杂志半月刊1961年第18期，发表了白寿彝的文章《历史学科基本训练有关的几个问题》，这是他提倡全面加强学生能力培养最为系统的一篇论述，也是他多年来从事历史教学工作具有总结的代表作之一。他强调要抓住课堂教育、阅读指导和写作指导三个主要环节，切实加强学生的基本训练，以提高教学质量。他说："历史学家不是听出来的。过去我们对阅读指导注意不够，有些学生对基本知识掌握得不巩固，知识面太窄，对治学不知道门径，这都跟他们不能很好地阅读有很大关系。"指导写作是一种综合的能力训练，这至少包括四个方面：一是语文的训练。一方面要有阅读能力。要读懂古今各体文章，包括现代白话文、古代散文和诗赋词曲。要学会一种外文，能阅读专业书刊。还应当懂得利用工具书，去解决阅读中的疑难问题。如果没有这样的能力，在进行科学研究时，就会受到资料上的限制，不要说不易发现资料，即使发现了也难以理解。资料问题不能解决，科学研究是很难进行的。另一方面要有文字表达能力，能写出文理清楚、文章结构完整的学术论文来。表达能力的训练是必须通过写作来进行的。二是搜集资料的训练。要教会学生懂得各种资料的检索、积累和分类方法。此种指导固然在各门课程中都可以进行，而结合学术论文的写作进行，是更有效的方法。三是掌握学术情况的训练。要使学生懂得了解已有的研究成就、学术动态和把握学科前沿。四是理论的训练。要培养学生具有运用马克思主义的立场、观点与方法分析历史问题的能力。

1962 年 1 月，白寿彝的《学步集》一书，由生活 · 读书 · 新知三联书店出版，书内收集了他于 1951 年至 1960 年所写的 12 篇文章，此时，白寿彝正在读初中的儿子很好奇地问父亲："您 50 多岁的人了，还学步？"白寿彝听后笑着说："我在史学界要像孩子一样，仍然要学着走步。要向史学前辈学，要向同人们学，也要向我的学生们学。三人行必有吾师！我要认真、虚心地学习，走好步，走快步，活到老，学到老，学无止境。"

他在《学步集》的题记中写道："这里，有不少篇是经同志们协助写成的。侯外庐同志对我的帮助特别多，他从资料到理论，都提过不少宝贵的意见。……在全国解放的时候，我已在大学里教了十几年历史，但一直没有对任何专门史或断代史进行过什么研究，根本没有接触过马克思主义。中华人民共和国成立后，我在党的教育、关心和同志们的帮助下，初步学习运用马克思主义去处理历史问题，每前进一步都感到很大的困难，都必须付出不少的劳动和斗争。12 年了，衷心有掩盖不了的喜悦，好像在历史科学领域里，毕竟由一个完全不能举步的人，而逐渐能学着试步了。如何能使自己的脚步一天比一天地硬朗起来，这还有待于不断的苦学苦练。"白寿彝的这一席话，真正地道出了他的《学步集》"学着试步"的确切含义。

这篇题记写于1961年3月18日，他还特别写明为“纪念巴黎公社九十周年而作”。

《学步集》出版后不久，1962年9月，中共中央召开了八届十中全会，这次会议强调了“千万不要忘记阶级斗争”。1963年中苏论战开始公开化，中共中央发表了9篇评论苏联共产党中央的文章，把“反修防修”的任务，放到了更加突出的位置，使中华人民共和国成立以来向苏联老大哥学习的教育改革，全部终止。

关于这一时期以苏联模式为主导的教育改革，1955年即任历史系副主任、给白寿彝搭班子的何兹全，在其所著《何兹全学述》一书中，回忆道：

> 我在历史系几十年，开的课程并不多。“文化大革命”前开过“中国通史”中的秦汉史、魏晋南北朝史、隋唐史，还开过元史。中国通史和中国历史文选是50年代后期北京师范大学中国史的两门主要课程。
>
> 1952年、1958年我先后两次参加高校的教育改革。前一次，全国高校刚完成院系大调整，是在向苏联学习的思想指导下，由苏联专家领导进行的。历史系课程与解放前相比有了较大的变动：取消了断代史课，只开中国通史、世界通史两门课。中国通史分为先秦到隋唐一段，宋到鸦片战争一段，近代史一段，现代史一段。世界史分为古代、中世纪、近代、现代四段，我们称之为八大块。理论上说，历史本来就是贯通的，司马迁提出“通古今之变”，通只有在通史中才能体现出来。而实际上没有任何一个人，能把上下数千年的历史一气讲下来，老教师不行，青年教师更不行，所以，现实教学中仍是分段教。所谓通史，只是形式上的说法，到底还是断代史、王朝史。
>
> 1958年，又一次教改，北京师范大学提出打破中国古代史的王朝体系。把从远古到鸦片战争的历史，都称作中国古代史，本来就不科学，北京师范大学最初称作“中国古代及中世纪史”，还比较科学，后也随人改了。出现这

种不科学名称的原因是，中国历史分期一直定不下来，只好混着叫通史，而实际始终是以王朝划分讲授，是王朝体系。

打破王朝史体系，北京师范大学好像还是急先锋，但也没能贯彻下去。据说范老就反对打破王朝体系。他说，王朝是历史事实，怎能打破？又说他还要给王朝戴上"白"帽子，称它为"皇朝"。对于这项改革我很积极，我幻想建立一套科学的中国历史体系。北京师范大学历史系教改时拟了一份中国古代史新教学大纲。

统观这十多年的教学教改，往往是教学跟着运动精神走，差不多年年要改讲稿。老师忙着写稿改稿，学生忙着记笔记背笔记；教师的业务水平、研究水平提不高，学生的学习水平也提不高。就北京师范大学而言，始终没能处理好学校"师范"性和"综合"性的定位，致使课程安排显得贫乏，影响了学生知识面的拓展，影响了学校的教学质量和进一步发展。

曾任北京师范大学副校长的郑师渠，在其著作《社会转型与文化的变动：中国近代史论》中，站在社会转型的角度，这样评价白寿彝在这一时期参与推动的教育改革：

中华人民共和国建立初期高校历史系破旧立新，意气风发，不仅确立了马克思主义历史唯物论的理论指导，而且学习苏联，规范课程结构和教学计划，设立教研室，实行集体备课，一举改变了旧中国史学系教学散漫随意的格局，建立起了一种崭新的教学模式。

在苏联专家的主持下，白先生参与了北京师范大学课程教学计划文科部分的改革，他不仅积极学习马克思主义，而且在历史系推广教研室的教学组织，实行集体备课。他还提倡实习教育，直观教育、课堂讨论和历史晚会等各种教学形式。并组成中国通史教学小组，亲自指导青年教师编写教材和讲课，白先生教学热情很高，也取得了良好的教学效果。他充分肯定新的教学模式，较旧中国是很大的进步，但是在实践中也初步感觉到了它的不足。他发表文章指出，集体活动太多，上课太多，学生缺少自学的时间，呼吁应减少教师的授课时间，减少必修课程和学分数。尽管这还仅是指出师生课程负担过重的问题，但它毕竟成了白先生在新中国提供的新的教学模式基础上，思考高校历史系教学改革的起点。其后因政治形势日趋于“左”，尤其是1957年反右后，知识分子噤若寒蝉，白先生自然也不能再发表关于教育改革的文章了。

第二阶段是60年代初，是时党中央开始纠正“大跃进”中“左”的倾向，决定实行“调整、巩固、充实、提高”的方针。与此相应，邓小平主持并通过了教育部制定的“高教六十条”，在总结经验教训的基础上，规定了高校必须提高教学质量，重视科学研究，正确执行党的知识分子政策和百家争鸣、百花齐放的方针等。由于政治环境趋于宽松，高校知识分子教学与科研的热情也开始复苏。1961年9月，也就是“高教六十条”正式发布实行的当月，白先生即发表了长文《历史学科基本训练有关的几个问题》。紧接着，1962年1月，又发表了《关于历史学习的三个问题》另一长文，两文一脉相通，将自己多年的思考，一吐为快，生动地反映了当时知识分子对中央新政策的热烈响应。但遗憾的是，1963年后中国政治环境，再次趋向极左，最终导致“文化大革命”十年动乱，白先生关于教改的思路也再次被打断了。

白寿彝最钟情的教育改革中断了，他在这十余年的教育改革中，所发现的苏联模式存在的问题，为他以后更深层次的探索，积累了丰富的经验以及引以为戒的教训，一场更具有实质意义的教育改革，在白寿彝的心中蓄势待发，他等待着春天到来的时机。

开启历史的教育改革里程

1978年12月，党的十一届三中全会的召开，开启了中国改革开放新时代的帷幕，中断了十余年的教育改革，再次重整旗鼓。

1979年，白寿彝再次担任北京师范大学历史系主任，开始全面谋划积蓄在心中几十年的教育改革梦想。他要整体推进历史系课程体系的改革，要在原有的教学计划之外，增设选修课，并倡导在全校设立现代科学概论，提倡中外历史比较研究。这一改革方案，不仅可以大大开拓学生学习的深度和广度，同时也可以大大提高教师的科研能力和教学水平。从1979年到1989年，通过10年的实践，收效非常明显，在全国各大院校历史系，引起了广泛重视，并得到推广，由此获得了1989年国家教委颁发的“历史系本科课程体系改革”优秀教学成果奖，这是白寿彝作为杰出的教育改革家最出彩的篇章。他说：“我在师范大学历史系任教，要教好历史，不去改革历史系课程体系，又怎能讲好课呢，便谈不上什么‘师’与‘家’，这是教师的责任。”“古往今来，生产和教育，总是治国的两大要政，现在也不例外。”他将这场教育改革，视为治国的两大要政之一，可见他对这次改革的重视程度。

那么，如何进行教育改革呢？ 1980年，中共北京师范大学第六次代表大会召开，白寿彝在会上作了关于办好北京师范大学的几点意见的报告，他指出，北京师范大学的任务是培养高等师范师资，同时也培养中学师资，师范应当是能够为人师表，能够起模范作用，而不是教书匠。一个好的教师，首先要求具备专业上的修养，其次才是关于教育理论和教育方法的学习。学生在大学学习时，不能认为弄懂了中学教材，就是完成了很重要的学习任务，这种认识和主张是不妥当的。学术是不断发展的，中学课本也是不断改变的，如果不从根本上提高学生的水平，他们将无从适应。对于高师学生的培养，主要是培养他们独立工作、独立研究的能力。如果他们具备了这两点，他们就能不断前进，不断胜任新的任务。综合大学应该如此要求，北京师范大学更应该如此要求，看不到这一点，我们培养出来的学生，过几年就会变成废品。北京师范大学作为全国第一所师范大学，不能推脱培养高等师资的责任。形势的发展，不允许我们回避这样的任务。我们也不应当回避这样的责任。我们要着重研究工作的阶段性，以及每一阶段中的重点所在。现阶段工作任务的重点，还应当是培养中学师资为主。我们要花费很大的气力，才能做到培养出优秀的中学师资。同时，也可以培养少量的研究生，把培养研究生工作的步子迈得太大，在目前是不恰当的，在相当长的时间内也是不容易实现的。在这次大会上，白寿彝就北京师范大学的教育改革，以“不允许我们回避”的责任感，吹响了教育改革的冲锋号，他要解决的是：不能在北京师范大学培养“废品”。

不回避的白寿彝，首先从自身做起，他开始在历史系开刀。白寿彝早就看到了北京师范大学历史系课程设置的弊端，他在 1978 年高考制度恢复不久，即严厉指出：“我们高等学校的历史教学计划很害人，到今还是很害人。50 年代，我们请苏联专家帮我们制订了历史系的教学计划，主要是‘八大块’，实际上中外各‘四块’：古代、中世纪、近代、现代。这‘八大块’把老师和学生放进了狭窄谷道里……教师搞得没有发展余地，老是讲那些。同学不能接受不同学科的知识，就知道这‘八大块’。这怎么行！这个局面一定得变，不能这样搞。”

1981 年，白寿彝再次提到这个问题，指出：“这‘大块’的设置，是从苏联学来的，我们授课时数，比苏联消减了不少。但分量还是很大的，为开设别的课程，留下的时间已经不多了。这两门课程，主要是靠课堂上讲，课堂上看讲义，很少有阅读参考书的机会。而且，一门课程搞了四年，要经过好多位教师去讲授。这个‘通’字很难做到，可以说是‘通史’不‘通’。”从这里我们可以看到，他对中华人民共和国成立初期以苏联模式为主的教育改革存在的弊病，非常清楚。正是由于他的远见卓识和坚定信念，以及在改革中表现出来的超人勇气，从1980年开始进行的教育改革，使历史系的课程结构改革，得以顺利进行。

课程体系改革看上去很简单，但实际上已经涉及教育观念和教育理论等深层次的问题。过去的结构是建立在传授知识这一基础上的，而现在的结构则是建立在传授知识与培养能力相结合这一理论基础之上，而且传授的也必须是经过教师认真钻研过的学科前沿的知识和最新的研究成果，所以这种结构对教师提出了更高的要求。讲通史课的教师必须真正在“通”字上做文章，在轻重去取之间、在脉络贯通之间下功夫。而开设选修课，更需要教师去掌握该学科已有的研究成果、学科的前沿信息，以及学科的发展前景，在独立思考和解决问题上下功夫，在“新”字上下功夫。当然，课程体系的改革，也使教师的主观能动性和学术性，得到了充分的发挥。在过去，历史系的教师和学生只能在“八大块”里转。这“八大块”使教师在教通史时，各教一段，都通不了，白寿彝形容之：“上不见天，下不见地，看看四周也不行。”教师只有面，没有点，难以深入，不易提高水平。课程改革后，历史系积极鼓励教师突破“八大块”的局限，在讲好通史课的基础上，努力开设选修课。

据统计，历史系仅仅从1981年到1984年这4年间，陆续开出的选修课就有40多门。选修课的开设，使教师有了自己的“根据地”，明确了自己的研究方向，使他们能够在通史的基础上，对某一断代史、或国别史、或专史进行深入的钻研，从而形成自身的学术特色。北京师范大学历史学科现在的几个主要研究领域，如史学史、中国近代文化史、中西古史比较研究、先秦史、魏晋南北朝史、隋唐史及明清史等，都是这次改革的直接产物。选修课的开设过程，实际上也是教师自身科研和教学素质提高的过程。

从全系以及研究所的角度讲，选修课的大量开设，教师科研能力的增强，以及新的研究领域的开拓，这就为学科点建设和高层次的研究生培养，创造了较好的条件。“文化大革命”前，历史系只有几位老先生带过研究生，20世纪到80年代末，历史系及研究所已有史学史、中国古代史、中国近现代史、世界古代中世纪史、世界近现代史、历史文献学、历史教育学等7个硕士授权点，中国古代史、中国近现代史、世界上古中世纪史、史学史4个博士授权点，其博士点已覆盖了历史学的主干学科。正是在这一基础上，历史系及研究所才获得历史学博士后流动站，并荣获了历史学一级学科博士学位授予权，从而确立了北京师范大学历史系及研究所在全国的领先地位。

课程结构改革的最终目标，就是要优化和调整历史系学生的专业知识结构，使学生真正成为有能力、会思考、有后劲的合格的师范毕业生。白寿彝一再强调：“大学是学知识，更重要的是提高工作能力。”高校文科教学的主要弊端是：“在教学思想上，重视知识的灌输，而不注意能力的培养。”课程结构的改革，尤其是选修课的开设，就是要“给同学们更好的启发，让他们懂得研究学问”，培养他们分析和解决问题的能力。多年的实践结果表明，课程结构的变革，带动了历史系培养模式的变化，以前的知识传授型教学，开始向知识传授和能力培养型发展。而随着培养形式的变革，也使历史系培养的学生素质，发生了质的飞跃。据调查，“文化大革命”前分配到中学任教的北京师范大学毕业生，刚到中学教书时，对写教案、组织课堂教学等，比同时从综合大学历史系毕业的教师熟悉得快。但是，一旦综合大学历史系的毕业生，对中学教学过程逐渐适应后，教学水平提高很快，而北京师范大学历史系的毕业生，因在能力上训练较少，而显得后劲不足，竞争力较差。

这次教育改革后，这种情况得到了很大的改变，学生的基础，尤其是研究方面的基础，有了明显的加强。根据改革后的培养方案，学生在基础理论方面，除了学习哲学、政治经济学以外，还要学习马克思主义经典著作、马克思主义史学理论等。通过这些著作的学习，既培养了学生阅读原著的能力，又提高了学生自身的理论水平，使学生能够自觉地把握正确的学术方向。在专业知识方面，学生通过两年中国通史、世界通史的学习，基本上掌握了中外历史的概貌、发展线索，以及历史上的重大事件和人物。而选修课的开设，又大大开阔了学生的视野，对提高学生的学习积极性和学习兴趣，起了很好的作用。学生们可以根据自己的基础和爱好来选择课程，从而有助于他们对某一断代史、国别史或专史，有更深入的钻研，有利于把点和面结合起来，为其以后的进一步研究打下基础。

而更重要的是，通过这次教育改革，学生们学到了许多历史研究的方法。学生毕业后，无论是从事学术研究，还是从事其他领域的工作，都会碰到各种各样的现实问题。碰到问题就要去解决，要解决就要有解决问题的方法。而历史的研究方法，常常也是解决实际问题的重要方法。例如，阶级分析的方法，毛泽东的《中国社会各阶级的分析》，就是用这种方法来解决历史和现实问题的范例。学会了历史研究的这些方法，实际上也就掌握了解决学术问题和解决实际问题的能力。

总之，白寿彝的这次教育改革，基本上改变了“教师只会教书，不讲科研；学生只会听课，不会思考”的局面，通过改革，历史系教师的思想意识发生了明显的变化，教师的自身素质，尤其是科研素质得到了加强，从而使历史系的教师，走上了学术型教师和专家型教师的道路。同时，对学生而言，由于在学校里学到了最新的知识，学会了“点石为金”的本领，为他们以后的发展打下了较好的基础。

从 1979 年启动、1980 年开始的历史系课程设置改革的实践表明，获得了以下几点明显效果：

第一，师范性并不意味着低水平、一般化。它与学术性并不矛盾，师范性中包含着学术性。离开了学术性的师范性，是没有生命力和竞争力的，它既跟不上科学技术快速发展的步伐，也不能满足时代对师范学校提出的要求。现代师范性的特点，应该是学术上的高水平和知识传授上的高效率。

第二，要提高教学质量，首先必须具有深厚专业基础，有学术头脑和创新意识的教师，教师应该努力追求知识，而且只有在追求知识的过程中，不断丰富自己，才能培养出更多更好的学生。教师最重要的任务是在自己不断学习、创新的基础上，通过合理的教育手段和方法，把已有的知识准确、迅速地传授给学生，让学生最大限度地接受知识，并运用这些知识去创造新的知识。凡是有成就的教育家，都必然是某一专业领域的行家，他既有专业特长，又有教育知识和教学实践经验。世界上不可能出现专业知识贫乏、创新意识淡薄的教育家。

第三，科学的思想还得经过艰苦的劳动才能变成现实。应当说，提倡教师刻苦钻研专业知识并身体力行的学者并不少，但能把正确的思想变成现实，把个体的行为变成集体的行为，并带领教师集体受益的专家却不多，而白寿彝恰恰就是这很少专家中的杰出代表。

第四，教学和科研看起来好像是对立的，但处理得好，教学和科研又可以变成一对统一体，它们可以相互促进，相互提高。白寿彝领导的这次教育改革可以说是将教学和科研结合起来，并取得了突出的成就，是一次非常成功的实践。

1979 年 9 月考入北京师范大学历史系的这一届学生，可以说是完全根据白寿彝教育改革思想进行 4 年学习的第一代大学生，因为他在这一年正式倡导，并早在 1980 年开始启动了历史课程体系的改革。由于中国通史和世界通史两门大通史课，由原来的 4 年读完，改变为大学一年级和二年级两年读完，使中国通史、世界通史课，更加提纲挈领，从宏观上掌握了大的历史规律，而不再是什么都讲，面面俱到，内容庞杂。这样，就将大学第三和第四学年的课程，全部上了各种各样的选修课，以提高学生独立思考并直接动手去做科研的能力。当年，学校大力鼓励学生根据自己的兴趣爱好，选修老师新开的课程。由于开的课程几乎全是新的，所以，当年几乎没有上课的教材，相当一部分是打印出来的临时讲义稿，更有一部分是老师在上边讲，选修这门课的学生，则全神贯注地做好笔记。由于上选修课的学生，都是分散的，所以，上通史课的大班制学习，变成了小班制，学生与老师的互动特别多，有一种今天的硕士、博士生上课的感觉，全是开小灶，有入堂弟子获得老师真传的味道。正是这种改革的新情况，所以，当时上课的情形丰富多彩，令人叹为观止。

著名历史学家何兹全为七九级上选修课，讲魏晋时代专题，在专题中，又主讲经济史。由于他曾留学美国哥伦比亚大学，所以，很有一种自由洒脱的来自西方的时髦派头，思维非常活跃。当年北京海淀区要选人大代表，借鉴美国民主竞选方式，选出海淀区人大代表来，何兹全就报名参加了民主竞选，他在学生大食堂的主席台上，还发表竞选纲领，场面非常热烈。由于他的这个经历，以及他正参加人大代表竞选，所以，他在选修课上的讲课内容，常常有别人想不到的思维角度，这特别有助于我们这些学生的脑洞大开。

何兹全讲《货殖列传》，不是满堂灌，而是让学生去图书馆查历史古籍，查找学术论文，并要求在下一次上课时，进行师生辩论，辩过老师的就是满分。辩不过的，算是考试及格60分，中间状态的给打七八十分。这一下子，把学生自学的积极性全调动了出来，大家纷纷跑到图书馆去查各种资料，想着各种招数，希望把这个大历史学家问倒，让老师做做难。这堂选修课所产生的效果，直到今天，已时过近40年，七九级的同学们还津津乐道。

著名古籍研究专家刘乃和，是北京师范大学老校长，著名历史学家陈垣的秘书，她给我们上的选修课，让学生终生不会忘记。她来到教室，什么也不说，拿起粉笔，在黑板上写起非常漂亮的一行字：“木秀于林，风必摧之。堆出于岸，流必湍之。行高于人，众必非之。”她写完告知，这堂课就是让大家去图书馆查古籍文献，要找出这句话是谁说的，最早记录在什么古代著作里？你们查找的过程，要形成一篇文章，不允许抄别人的，因为每个人的查找过程是不一样的，下一节课交给老师。她还告诉：“这个‘行’字，不是念‘行动’的‘行’音，而是‘性’的发音。”她说完之后，即宣布下课，上选修课的同学赶快离开教室，奔向图书馆。一开始大家以为，找这句话有什么难的，所以，不以为然，没有感到特别紧张，可是一上手去查，发现问题可大啦，犹如大海捞针，茫然失措，不知从哪里下手，全傻了眼。为了这句话，大家竟用了好几天时间，天天去跑图书馆，由于图书馆地方小，那时的各种图书又少，书不够用。所以，学生都争先恐后去抢图书馆的座位，去晚了，就没地方坐了。经过好几天的努力，最后，终于查明这句话，是三国魏李康《运命论》中所言，收录于《昭明文选》和《艺文类聚》两书中。这 24 个字不仅让我们一下子钻进了历史文献之中，并找到了畅游于书海的法门，而且让我们这些 20 岁左右的青年一代，更明白了这 24 个字所蕴含的人生沧桑的感悟。直到今天，此教育方法仍影响着上了这门选修课的学生们，大家都为这次由系主任白寿彝所发起的教育改革叫好！后来读到老师、著名先秦史专家赵光贤的文章，才知此法乃陈垣校长的教育法。

教中国近代史的张守常老师，他的选修课更是令人叫绝，他除了在教室里上课之外，还带领我们到故宫去上课，北京师范大学历史系七九级学生，有可能是 1978 年改革开放之后第一拨到故宫上课的大学生，张守常老师让大家在天安门城楼那儿集合，然后讲天安门是怎么建的，午门的用处是什么，推出“午门斩首”是怎么回事，为什么叫太和殿，殿前的大缸是干什么用的，故宫的后边为什么有个御花园，其他地方基本上都没有树，这是为什么，出了故宫神武门，到了北边的景山上，为什么站在山顶看故宫，看不到故宫房子的窗户。这一系列的问题，都引起选修这门课的同学极大的好奇。他还专题讲中国近代社会的民谣，并揭示民谣中所反映的民心民意非常重要。

在上中国现代史的选修课时，王宗荣老师还让学生画出一张 1919 年五四运动时，青年学生示威游行的路线图，要求原原本本走上一趟，凡是走过“五四”路线的同学，到今天都不会忘记 100 年前的那次游行示威，真是不容易，那被火烧的赵家楼所在的那个胡同，永远不会在学生们的脑海中抹去。

在这次教育改革中，白寿彝特别强调培养学生以下几方面能力：

第一，强调学生要有动手做科研的能力，所以，就让七九级学生每半年写一篇小论文。选修课基本上都是写论文，很少再有闭卷考试、死记硬背了。本科毕业时要写出一篇像样的论文，笔者印象最深的是，自己竟在 17 岁时，写出了关于战国时期魏国军事家尉缭子的小文章，还在以后写出了曹魏时期屯田的小论文，以及岳飞抗金今天看来是否还是民族英雄的理论文章。在学习中国近代史的时候，还写了关于洪秀全农民起义为什么没有打到北京的小论文。在大学毕业之时所写的考古文章，是关于原始社会旧石器时代裴李岗文化的，指导老师是唐赞功、晁福林，在北京师范大学全校毕业生论文评奖中，此时还不到 21 岁的笔者，竟得了二等奖。

由此可见，起于北京师范大学历史系的这场教育改革，已波及全校，产生了重要影响，当年鼓励学生写论文、搞科研，蔚然成风。在“文化大革命”中遭受磨难的著名教授，纷纷走上讲坛，为本科学生上选修课、开讲座，极大地开阔了学生们的视野。在当时听过的有以下老师的课：中文系教授黄药眠、训诂学家陆宗达、民俗学家钟敬文、古诗词专家和后来被誉为书法大师的启功、心理学家朱智贤、经济学家陶大镛和后来曾任全国人大常委会副委员长的许嘉璐等。由于白寿彝的教育改革，强调了学生的自主学习，以提高兴趣和科研能力为目的，所以，学习的主动权，回归到了学生手中，学生有了大量自学的时间，这样，就减少了填鸭式的教学模式，而腾出很多时间去听选修课，并去别的系去听课，还去听各种各样的、千奇百怪的讲座。

为了开好选修课和专题讲座，历史系还从校外聘请专家学者为学生开课，以弥补校内教授科研力量之不足。当年中国经济史选修课，便是由中国人民大学的孙健教授来讲课。还有关于明朝十三陵及考古选修课，就邀请了发掘十三陵之定陵的考古队长赵其昌来讲课。当年来自美国哈佛大学的学者杜维明，正在历史系做访问学者，他一边和七九级学生一道听老师讲课，一边又抽出时间给我们讲他关于新儒学的研究成果，其视野之国际化，并换了一个美国的角度来看中国文化，真是又开了七九级学生的眼界。

第二，特别强调“通”字，并要求在学习中以专带博，从而带“通”。所以，要求学生在学习中国通史、世界通史两大通史课时，提醒大家找出自己有兴趣的“通”之点，随着课程从古至今的进度，而发现其中的某个规律。正是基于这个考虑，笔者因为生于河南商丘，是燧人氏钻木取火之圣地，并是商朝发源地，圣人孔子、亚圣庄子的故乡，在很小的时候，就常听到这些历史故事，并看到火神台、燧皇陵等古迹，所以，就怀着极大的对家乡热爱的浓厚兴趣，按照老师的指点，每学习一段中国通史，便注意收集与河南有关的史料，以便了解河南一省的历史与中华民族历史的关系，两年下来，中国通史学完了，笔者竟然收集整理了5万多字的卡片资料，在大三、大四时，那已被燃烧起来的火苗，再也控制不住了，在上选修课时，更加注重搜集与河南有关的历朝历代、直到1949年的资料，最后竟在21岁大学毕业之前，整理出一本近似于河南通史的大纲《灿烂的中原文化》十余万字。这种学习与研究的训练，对笔者以后在河南省人民政府省长办公室，以及在县市两级党委、政府部门工作，起到了很重要的作用。

当时我们大都认为，学习历史就是学古人的事情，与现实关系不大，也不知道历史与现实是什么关系，而讲世界现代史的黄安年老师，竟然把课程讲到当时的新华社《参考消息》，所发布的重要国际新闻，让学生一下子明白了，历史就是与今天密切相关的昨天。

来自中国人民大学的孙健教授，讲中国经济史时，讲到现代部分，竟然讲到刚刚萌芽的中关村，他当时有一句话，我们印象极深。他在1983年之前就说，中关村将是中国改革开放的一个象征，这里将会裂变出很多今天意想不到的事情。

王桧林教授讲中国现代史，直接就和中共党史联系到了一起，在讲抗日战争这一段时，已和以前只讲中国共产党的抗日、不讲国民党的抗日大不一样，并很客观地讲述了国民党抗日主战场的重要作用，这让我们耳目一新，笔者为此还写了小论文：国民党提出“攘外必先安内”的原因是什么？

第三，特别重视古代历史文献学习。所以，七九级的学生，虽然在“文化大革命”十年中基本上没学什么，时间全荒废了，更没有接触过中国历史古籍，也极少翻看过线装书，因为，那都是“四旧”，要破掉。那时认为宗教著作是麻醉人们的鸦片，更是不敢触碰，所以，伊斯兰教经典《古兰经》和基督教的经典《圣经》，更因阶级斗争，谁也没有接触过。正是这次教学改革，使刚刚从“文化大革命”中走出来的我们，一下子看到了这么多书籍，大家像饿极了的狼一样，一下子扑向了这知识的羊群。我们学习时，真应了那句“如饥似渴”的成语，谁也不愿意早睡觉，谁也不愿意睡懒觉，经常是睡眠时间已到，宿舍灯都关了，但还有不少同学在路灯下看书，或到卫生间那昏黄的灯下看书，或干脆拿着手电筒在被窝里看书。正是在这种情形下，我们七九级学生，读司马迁的《史记》、读司马光的《资治通鉴》，读《古兰经》《圣经》，读外语版史学名著，到图书馆古籍部，去看从未见过、读过的线装书。笔者正是在 17 岁至 21 岁之间，一边查古汉语字典，一边硬着头皮，啃完了大部头的《史记》，并看了很多线装古籍，真是受益终生。

当年也是 19 岁左右的一个同学，竟然研究起明朝历史学家谈迁的著作《国榷》，这一部记载明朝重要史实的编年体史书，令人大为惊奇，因为《国榷》一书，太冷门了。还有一位同学研究起清朝史学家、思想家章学诚的《文史通义》，那是一部与唐代刘知几所著《史通》齐名的中国古代史学理论著作，非常难读。

第四，不仅要求学生大量读书，而且还要求去实地考察，增加见识。七九级学生就曾去山西大同云冈石窟、悬空寺、应县木塔进行考察，留下了非常深的印象，培养了学生的要走万里路的意识。

正是由于北京师范大学历史系的教育改革，所以，才形成了非常浓厚的学术气氛，才有了百花齐放、百家争鸣的好环境，系主任白寿彝与副主任何兹全之间的故事，就很说明这一问题。1996 年白寿彝在一次会议上说：

> 经过了很长的时间，我和兹全同志的关系发生了变化。这变化是我不想担任系主任了，请兹全代理系主任。这个代理系主任不是普通的代理系主任，而是真代了。前

几天，他在一个会议上讲他代理系主任时，常常是先斩后奏，我说先斩后奏，斩而不奏的时候也有。兹全代理系主任多年，我们之间没有发生任何纠纷、任何矛盾。这说明什么呢？说明兹全同志关键时刻在行政上起了很好的合作作用。没有一点含糊，没有一点别的考虑，完全为了工作，这种精神是好精神。现在回想起来，没有这个代系主任不行，我说可以去了这个“代”字。

兹全同志在具体工作上，采取很合作的态度，起了很好的作用，但在学术观点上，那可是坚持己见，有时候，我都觉得这位同志有一点顽固。说顽固就是他的观点和我不一致，总是不一致。（问何先生：你说是不是？何先生笑。）到今天四五十年了，他的观点没大变化，还在坚持，你说顽固不顽固？我说顽固。不改就是顽固。但从坚持真理来讲，他态度是好的。你说不服我，我不改。在学术问题上，历史系也有好多派，（何先生说：好多派）现在看很好，不同的学派可以互相尊重。

兹全同我相处几十年，在我脑海里面，他有创造精神。比如魏晋封建论，是他第一个对我说的。还有寺院地主也是他提出来的。寺院地主，兹全同志还要坚持搞下去。前面提到的他搞的中西文化交流，还出了刊物，也是创造性的。魏晋封建论，应该好好讲一讲，让不同的学说同时存在。

白寿彝对搞好教育改革的最终目的是什么非常清楚：培养下一代，要使他们有一个比较明确或逐渐明确的历史时代感。通过历史的阐述，讲清做人的道理，做一个自觉性公民的道理，做一个社会主义新人的道理。正确认识对时代所应担负的历史任务，这就是大家认识到现在是什么时代，从历史看现在是什么时代，从世界各国总形势看，从发展形势看我们处在什么时代。这一条是关键，是教育工作中最核心的一条。

他说：“我们每一个人都是历史发展过程中的产物，我们的思想感情，认识和行动，都并不能不受历史的影响。认识这点，对于怎样做好一个社会主义新人是很必要的，对于建设我们强大的社会主义祖国是很必要的。历史教育、历史研究，总要解决这个问题。”

他还说，教育的事情，人们有时想得过于简单，某某有问题，就进行教育，似乎是就事论事的。从教育工作上来讲，不是那么回事。宣传教育工作，就是要耳濡目染，潜移默化，持之以恒，不断地进行教育。要不断地说，不断地解释，小孩子从有记忆那天起，就要进行教育，直至长大成人。这是史学工作者很要紧的思想。宣传历史教育，要理直气壮！现在稍微有点理直气壮，但还不够。

◎ 1978 年 5 月，白寿彝（左二）在寓所同北京师范大学历史系学生谈治学

进入 20 世纪 80 年代后期，受滚滚商潮的影响，学历史的研究生分配不出去，找不到工作，大学生找工作就更难了，造成读历史的大学生、研究生渐渐不安心学习了，有一位历史学博士曾形象地说，学历史成了“失足青年”。意思是说，读历史学博士，是走错了路，没有出路，连求职、安家、住房、基本生活问题都解决不了，所以，社会上出现了轻视历史学的倾向，以至于有人提出学习历史究竟有何用处的问题。

白寿彝很重视这个问题，他指出：“马克思主义本身就是总结历史经验的产物，这能说历史的功用不大？ 30 年代中国理论界曾进行过一场社会性质大论战，其结果使国人认识到了当时的中国社会是半殖民地半封建的社会性质，这就指明了当时的历史任务是反帝反封建，从而影响了中国整个历史的过程。这能说历史的功用不大？

“同样，党的十三大提出了我国当前是处于社会主义初级阶段，现在有不少人认识不一致，但是从中国历史发展的特殊性上足以证明这一论断的科学性，从而助益人们同心同德建设四个现代化，这能说历史的功用不大？”

他还指出：“现代化光有物质文明不行，还需有精神文明，引进许多先进的机器设备，如果没有先进思想的人去掌握，还是不能发挥真正的效益。所谓先进的思想，就是具有历史感、时代感，因而富有责任心和创造的精神。这便离不开历史教育。”

关于历史教育对学会做人的意义，1981 年 10 月 14 日，白寿彝在武汉师院作了题为《关于历史工作在教育上的作用和史学遗产的整理》的讲话，他指出：“从历史里面，我们可以学到极其丰富的人类生活……学历史的应该从历史中看到人与人的关系，看到怎样做人，哪些事情、哪些人应该表扬，哪些人物的活动在历史发展中有一定的作用。我们这样讲，不是把历史变成一部伦理学，不是拿伦理关系衡量历史人物，而是从历史发展长河里面估计一个人的作用。这个人可能是历史上起很大作用的人物，但历史上也有一个一个的普通人。没有一个一个的普通人起作用，大人物也就起不了作用。历史是一门非常丰富的学习做人道理的学问。”

白寿彝在《史学工作在教育上的重大意义》一文中，更加明确指出：“通过历史的阐述，讲清楚做人的道理，做一个社会主义新人的道理。”这个道理“包括正确理解个人与群众的关系、个人与集体的关系、个人与党的关系、个人与国家的关系等；正确认识对时代担负什么历史任务，要具有历史感和时代感，这关系到国家建设大计”。“史学工作在教育上还有一个最重要的意义，是进行爱国主义、历史前途的教育。”通过学习、研究历史，更了解我们的祖国，这是很重要的。我们应当看到这几千年的成就，更应该看到我们的未来。

一般地讲，历史是过去的事情，我们搞历史基本上是搞过去，但为的是了解过去。了解过去干什么呢？是为解释现在。解释现在干什么呢？是为了观察未来。“这样一个任务，历史工作者恐怕比旁的教育领域的担子还要重。”在这里，白寿彝提出了“历史工作者恐怕比旁的教育领域的担子还重”的话题。

《在历史教学研究会成立大会上的书面发言》中，他又特别强调：“历史教学，可以说，只是历史教育的一部分。历史教育，在历史教学以外，还可以有各种方式。但无论历史教学或其他的教育方式，都是为历史教育总的目的任务服务的。离开了历史教育的目的任务，历史教学的目的任务是无从谈起的。”“历史教育是为了培养下一代，为祖国作出贡献。历史教学和历史研究，都是手段，都是为了达到培养下一代的目的。”

白寿彝在《历史工作者的光荣职责》一文中，就教育改革的根本目标，作了一个高度概括：“历史教育从根本上说，是历史前途的教育。我们的祖国前途怎么样？我们中华民族的前途怎么样？这是学历史的很重要的大问题。”

在北京师范大学近 120 年的发展中，在历届历史系主任中，白寿彝是任职时间最长的，他当了几十年的系主任，无论是不断地发表文章，来阐述他的教育改革思想，还是在实践中积极探索行之有效的教学改革方案，他都是不遗余力去推动，为历史学界教育改革，起到了先锋探路的重要作用。

肆 『白寿彝史学论著奖』和『白寿彝学术基金会』

为改革开放时代教育改革绘制蓝图的白寿彝，为了培养新一代史学工作者，在1988年10月召开的中国民族史学会上作了一个发言，讲到了他非常关注的与钱有关系的话题，因为他认为干任何一个事业，没有经费来源，便难以干成。

白寿彝的恩师顾颉刚，在中华人民共和国成立之前所碰到的经费困扰的事情，也极大地影响着白寿彝在这个方面的思考。当年，顾颉刚花费了大量精力，除了争取各方资助之外，还自己创办或与投资人合作创办报纸杂志和出版社，以市场化、社会化运作，来获得经济效益和社会效益。但20世纪三四十年代，正是中国动荡不安、战争不断的时代，这使顾颉刚通过市场化、社会化运作学术研究经费，难度极大。

白寿彝深知解决研究经费的重要性及难度，所以他在1988年的这次讲话中，才说出了下面这段话：

> 现在我再谈一件事。我建议，认真考虑民族史研究基金的征集。民族史研究，需要进行的工作很多，有当前急需要做的工作，有为长期的发展而必须进行培养民族史研究队伍的工作，这都需要很多的经费。目前，我们从政府那里得到的经费，是远远不够的，当然，我们要努力争取经费的增加，同时还应该多想一些解决的办法。我建议，

用适当的形式征集民族史研究基金。基金的用处可以包含三个方面。一是事业费，用于设备和调查。二是学术奖金，对有学术成就的研究成果给予物质上的鼓励。三是奖学金，给予大学生、研究生在民族史方面成绩优良者。基金的保管、使用总还有一个机构。这个机构如何组织，可以研究。基金的筹措，我们应该欢迎公私的自愿捐助，我们也应该主动地进行征集工作。基金数目当然是越多越好，但也要有个打算，初步商量一个征集的目标和办法。关于钱的事情，总会带来一些想不到的麻烦，但为了工作，不能怕麻烦。这件事情，还要大家出主意，想想办法。

1988 年，我国正处于改革开放之初，白寿彝就资金筹措问题，开风气之先，提出了除政府经费之外，还应当积极地有所作为，在基金会模式上，探索社会各界对学术研究的捐助问题，这是一个在当时非常崭新的大思路，直到今天，在我国历史学界，用基金会思维来运作学术研究经费的学者，仍然是凤毛麟角。后来，白寿彝一直没有忘记这个开创性的运作研究经费的思路。

他为什么说政府经费是远远不够的，这是他深有体会之后所发表的观点。他在 1979 年开始编纂《中国通史》时，可用经费仅有 10 万元，这对一个庞大的学术工程来说，简直是杯水车薪。但是，即使经费再困难，他也没有被困难所吓倒，而是迎难而上，遇水架桥，逢山开路，勇往直前。

尽管经费如此困难，捉襟见肘，但白寿彝作为教育改革家，他一直在想运用各种各样的办法，调动社会各方面力量，以各种方式来支持历史学的改革发展，对大学生、研究生以奖学金形式的资助，其中最突出的、带有教育改革性质的工作，就是在 1995 年，在北京师范大学创立了“白寿彝史学论著奖”，以及他在 2000 年去世前，创立了“白寿彝学术基金会”。

设立“白寿彝史学论著奖”，是北京师范大学教学改革的一项重要内容，也是培养跨世纪史学人才的一项新举措。1994 年，北京师范大学历史学被国家教委首批确定为人才培养和科学研究基地，其目的就是要把历史系学生，确实培养成面向21世纪的高质量人才。为此，大家经过反复酝酿思索，决定设立“白寿彝史学论著奖”，以此来深化推动教学改革，促进基地建设，更好地转变人才培养模式，将那种单纯的知识传授型，转变为知识传授与能力训练相结合的培养模式，把本科生、研究生，培养成既能掌握丰富的基础知识，又具有扎实的科学研究能力的史学人才。

基于上述考虑，北京师范大学决定在历史系本科生、硕士和博士研究生以及青年教师中，分别设立“白寿彝史学论著奖”，在1995年以后每年评选一次。为了鼓励大家参评，经研究决定，评选活动将与基地生的选拔以及毕业生的综合考评结合起来。

第一届“白寿彝史学论著奖”，从1995年5月份开始动员，到12月颁奖，历时半年多准备。为了更好地组织这次评选，成立了以系主任郑师渠为组长的领导小组。

这次评选活动，得到了全系师生的大力支持。据统计，在九三、九四、九五三个年级中，有70%的学生参加了论文的写作，在学生们的论文写作过程中，有23位教师参与了论文的指导。特别是系里的一些老教授，不仅指导了多名学生的论文写作，而且在百忙之中，还深入学生中，参加了学生们的学术讨论会。至11月底，共收到论文73篇。从12月1日开始，工作进入评审阶段。为了确保评审的公正与合理，成立了由晁福林、黎虎、施建中、郑师渠、房德邻、朱汉国、周启迪、刘北成、张宏毅、孙恭恂、汝企和11位老师组成的评审小组，并把评审工作分为两个阶段。第一阶段，对论文进行初评。第二阶段，在初评的基础上，分年级举行学术报告会。12月3日，初选出28篇。12月13日，按年级分别举行了学术报告会，由初选的28位学生在本年级中报告自己的论文，并由教师和学生对论文进行当场评议。经过初选和论文报告，最终评出二等奖11篇，三等奖17篇。此后，年年评选，持续不断。

通过这20多年的“白寿彝史学论著奖”评选活动，吸引了全系师生，实实在在地投入到基地建设中，以此进一步促进了教育改革，使学生们经受了一次严格、规范的科学研究训练。评选活动中，教师和学生们谈得较多的一个话题，即是学术规范化问题。规范化训练，历来是学生的一个基本训练内容。要把师范大学办成教学和科学研究两个中心，就需要加强学生这两个方面的规范化训练。通过评奖，使学生更好地去写严格意义上的学术论文。为了培养学生写好论文的能力，历史系给每个要参加评奖的学生，指派指导教师。教师从论文的选题，史料的收集，以及论文的写作等方面进行了具体的指导。学生们在论文的写作过程中，既学到了写作学术论文的基本过程、研究问题的基本方法，同时也从老师那里学到了严谨的学风和治学精神。每次评选活动结束后，许多学生都交流了参加评选的体会。大家谈得最多的，就是论文写作的规范化训练对他们的帮助很大。有的学生说，这次参加评选，是第一次正式撰写学术论文，也是第一次站到讲台上宣读自己的研究成果。亲身经历了这两个第一次，是否得奖已不重要了，重要的是通过评选活动，得到了学术研究的基本训练，而这一点，在今后的学术研究中，会对自己产生深远的影响。

通过评选，教师们也发现学生们在论文的写作过程中存在许多问题。这些问题，反过来又为教学和人才培养，提供了新的解决问题的办法。

通过评选，也使大家对如何处理好思维训练与科学研究的关系，有了更深的认识。思维训练对科学研究的作用是不言而喻的，对学生的思维训练，有两个方面：一是理论思维，二是逻辑思维。从参评的论文来看，凡是这两个方面在平时有所训练的，其论文的质量就高。而有一部分文章，不仅缺乏一定的理论深度，而且议论不合逻辑。这种情况反映了在历史系的教学中，平时缺乏必要的思维训练，这就倒逼着去进行教育改革。

起于1995年的“白寿彝史学论著奖”，除了向本科生颁发之外，还同时颁发了“青年教师奖”，颁奖仪式在白寿彝的家里举行。历史系副教授杨共乐的专著《罗马史纲要》荣获一等奖，青年教师王培华的专著《大江东去》荣获二等奖。历史系主任郑师渠说：“白寿彝先生是我国当代著名的史学大师，长期以来一直担任我系系主任，对系的发展起了重要作用。现在他虽年事已高，但对我系的建设和发展仍然给予很大的关注和支持。为了适应文史基地的建设和需要，也为了激发我系师生科研工作的开展，我们以白寿彝先生的名义设立‘白寿彝史学论著奖’。这个奖分三个内容，一是青年教师奖，一是研究生奖，一是本科生奖。”

历史系总支书记张宏毅非常激动地讲了设立“白寿彝史学论著奖”的意义：

> 我们就要跨入21世纪，我们要培养跨世纪的人才，希望寄托在我们青年一代身上。我们这项奖，三方面都是面向我们青年人的。有什么样的青年一代，将决定着我们国家的未来。苏联就是一例，我们必须引以为戒，培养出我们自己的接班人，社会主义事业的接班人。而在这一点上，历史学起着无可估量的不可替代的作用。我们的历史学家必须培养出我们自己的接班人。今天我们以白寿彝先生的名字命名这样的奖，正有这样的意义和作用。
>
> 我们立的这项奖有这样的几点重要意义。第一点，我们要学习白先生，像他那样孜孜不倦地学习、研究、运用和推进马克思主义理论在历史学领域的指导作用。白先生几十年一贯是这样做的，而且他非常敏锐地感觉到，今天我们在国内外正在遇到马克思主义史学和马克思主义所经受的挑战。在这一点上必须要坚定我们的信念。我们要学习他这样一种精神。
>
> 第二点，我们要像白先生那样，实事求是地以科学态度对待一切问题，决不无原则地迎合各种潮流。在“文化大革命”期间，白先生在当时批秦始皇的问题，在“评法批儒”的问题以及当时“四人帮”组织的考教授闹剧上，带头抵制，这一点一直到今天都传为佳话。这体现了白先生实事求是的精神，而实事求是正是马克思主义的精髓。
>
> 第三点，我们要学习白先生顽强拼搏的精神，刻苦钻研、一丝不苟的精神。白先生现在已是86岁的高龄了，可我们看不出任何叹老悲衰的痕迹，而是日以继夜地继续工

作，为党的事业，为史学史的发展、历史科学的发展、整个历史的发展，在作出自己的贡献。

第四点，我们要学习白先生那样的创造精神和革新精神。科学的生命在于创造，白先生不断地革新、不断地创造。我们系 80 年代的改革，就是在白先生领导下进行的，这是迈出了全国史学改革的一大步。最近我们就历史系基地建设请教白先生，他主张我们要深化改革，在人的培养上下功夫，这又给了我们新的启示和指导。我们感觉到，每一次同白先生说话，他总有思想的闪光，思想的火花，给我们以很大的启发，值得我们敬佩。

时任北京师范大学副校长、后任教育部部长的袁贵仁对此高度评价：

白先生是我国著名的史学家，一代宗师，几十年来，为我们国家的史学建设，为我们北京师范大学的发展，作出了卓越的贡献。今天，白先生已 86 岁高龄，还以他的名义设立了这项奖，这是一个功德无量的事业。一个学者，他一生有许多贡献，不惟是在学术上，也在奖掖后人、奖掖青年方面所做的工作。白先生在这些方面的道德文章都堪为楷模，为了我们的史学领域、也为了我们国家的社会科学，而创造了一代新风。

现在，我们学校正在从事 211 工程建设，核心内容无非是两条，一条是学科建设，一条是队伍建设。“白先生学术论著奖”的设立，一方面是有力地推动了我们学科的发展，另外也促进了我们队伍的建设，意义非常重大。它对我校 211 工程的建设，也是一个有力的支持，对我们的工作也是一个很大的鼓舞。

白寿彝最后发言说：

这些年，我们这一代人总是发牢骚，说“后继无人”，有人修改为“后继乏人”，现在看，不是“后继无人”。今天参加活动的两位青年教师，他们所写的书，质量还是很高的，不是随意得到奖励的。今天的会证明了“后继无人”这句话不对，“后继乏人”是对的，人不是没有，还是太缺乏。

从史学建设、国家建设上看，历史理论不发展是不行的。一个民族没有历史，或研究历史很不够，这不是民族的光荣。我们国家历史太长，有人不在乎，几千年不在乎，如果从考古年代算起，几百万年了，都不在乎。国外很多人不能理解这种对待历史的态度，他们国家或周围国家发掘出前一百多年的地下文物，就被认为很不得了了。我们的历史悠久丰富，一百多年对我们来说不算什么。重要的是我们应该看重自己的历史，看见我们在人类历史上的成绩。我们现在还处在过渡时期，往前走，就必须要懂得历史发展的动向，要懂得我们将来的历史情况。要向大家说明、阐述这个意思，这是历史工作者重大的责任。从这个意义讲，我们现在还是后继乏人。

今天授奖只是一点表示，一个开端。我向你们表示祝贺，希望继续工作，继续发展，楼上更有楼。

“楼上更有楼”，正是教育改革家白寿彝对进一步深化北京师范大学史学教育改革的一种期待。“白寿彝史学论著奖”成为北京师范大学历史系为全面落实国家教委基地建设计划而采取的重要措施之一，它对提高历史系青年教师和学生的科研水平，起到了很好的促进作用。改革开放以来，我们的历史学科有了较大的发展，成绩斐然。但不可否认，在历史大变革中，目前历史学科存在不适应的一面。新的历史时期，要求历史学科有一个更大的发展，开拓出新的境界，为此，要造就出一批基础深厚、能潜心探索、锐意创新、关心民族和历史前途的史学人才。早在 20 世纪 80 年代初期，白寿彝在谈到史学队伍培养问题时就讲：“要建设有中国民族特点的马克思主义史学，要站在世界前列，不能一般化，真要拿出东西来。我们国家的历史最长，史学一向最发达，现在不应该落后，应该大步往前走。”

“白寿彝史学论著奖”的设立，还有超出史学范围的深一层意义，它可以培育出一种风气，造成热爱历史、学习历史、研究历史的好风尚，从历史中汲取智慧，涵养热爱民族、国家的情感，增强民族自信心，认清浩浩荡荡的历史潮流趋向，从而推动我们的事业向前发展。

为了搞好“白寿彝史学论著奖”，历史系还先后举办了学术讲座、论著写作指导、古籍阅读指导、论著讨论和讲评等一系列活动，它给历史系带来的影响已经超出了颁奖本身。无论是教师还是学生，都从这次活动中，获取了丰厚的营养，它表明历史系在教育改革方面，在认真总结数十年来白寿彝教育改革经验的基础之上，再一次继续深化，其侧重点是培养学生的阅读和写作能力。

白寿彝一直主张，对学生进行阅读和写作指导，是大学教学的重要内容。按照历史学基地人才培养的要求，学生经过四年的学习，毕业时应具备一定的科学研究能力。而衡量这一科研能力的根据，就是要有较高水平和质量的论文。但在现行的培养方案中，确实也存在着重课堂教学，而忽略阅读和写作指导；重知识传授，而忽略培养学生动手能力的倾向，应该说，历史系在课程安排上是煞费苦心的，但在对写作课的重视上，还不能尽如人意。

这种培养方案上的缺陷，严重地影响了学生对打好基础的理解和认识，正因如此，学生中都不同程度地存在着只重考试分数，不重写作；只重课堂知识，不重实际锻炼；只重课堂学习，不重课外钻研、研究等不良现象。历史系尽管拟订了一系列办法，如规定一年级须有读书笔记，二三年级须有学年论文，力图用这些方法来弥补学生在阅读和写作上的不足，但效果并不理想。其中很重要的原因是，学生人数多，指导教师少，指导力量相对薄弱。而毕业生分配办法，又对学生毕业论文的写作，造成了一定的难度，本来安排学生写作毕业论文的时间，因找工作等原因，写论文的时间几乎不足一半，甚至更少。学生敷衍毕业论文的情况比较严重，论文质量下滑已成定势，更为甚者，抄袭和剽窃他人的研究成果，这与我们的教育方针是背道而驰的。

严峻的客观现实，迫使北京师范大学历史系作出选择，要么听其自然，要么在白寿彝教育改革思想的基础上，继续大胆改革。经过反复的讨论和研究，历史系的老师们终于达成了共识，即必须在继续搞好课堂教学的同时，加强对学生阅读和写作能力的培养。正是出于上述考虑，历史系推出了旨在提高学生阅读和写作能力的“白寿彝史学论著奖”。

实际上，早在20世纪60年代初，白寿彝就提出了历史系教学改革的三部曲。他说：“中华人民共和国成立以来，我们的课堂教学经验还是相当多的，今后的课堂教学有一部分是需要继续提高的问题，有一部分是需要开辟门径、进行创造的问题。对阅读指导和写作指导，我们史学系的经验就显得不够了，今后主要是如何对这两方面进行创造和积累经验。同时如何使这三个方面，不是互相牵制而是互相配合、互相推动，这里面也是有很多的学问可以研究的。”因此，历史系的这次改革，是继20世纪80年代初白寿彝在全国率先进行课程设置改革以来，在历史学教学方面，所采取的又一重大步骤，是上次改革的继续和深化，它对于史学人才的培养，起到了十分重要的作用。

通过这项活动，学生们在老师的指导下，系统、严格地进行写作训练，变被动、机械地接受知识，为主动、积极地参与研究；从提出问题，分析问题到最终解决问题，他们无不积极地思考。学生们的理论水平提高了，逻辑思维得到了锻炼。更可喜的是，师生共同参与这项活动，营造出浓厚的学术研究氛围，这种氛围不仅是一片肥沃的土壤，而且必定会从这片土壤中，获取充足的养料，并结出丰硕的果实。

1995年12月首届“白寿彝史学论著奖”的颁发，又促使着年近90岁的白寿彝，在1998年5月31日，向北京师范大学提出了一份教学改革意见，这是他作为教育改革家，提出的最后一份建议。他说：“送上郑副校长文件两份。文中提出教改各点，甚为重要。建议交校部讨论，并将讨论情况告我，并汇报教育部。如何，请定夺。”

他在建议中再次强调指出：一是历史教学改革应当服务于历史教育总的目的。二是高校历史教学改革思想的核心是“注意能力的培养”。三是讲究教学方法和加强师资队伍建设。离开了历史教育的目的任务，历史教学的目的任务是无从谈起的。这是保证高校历史教学改革，沿着正确方向发展的基本前提。

历史教育总的目的，就是培养学生的历史感、时代感，学习做好一个社会主义新人。“新人”包括“要讲做人的道理、要讲历代治乱兴衰得失之故、历史前途的教育”。“历史前途的教育”包括国内民族团结的历史前途、繁荣的经济文化的历史前途和光明的社会主义历史前途三方面的教育。学生的能力培养上，尤为重要的有三点：一是注重整体性思考。二是强调科学研究的训练。三是强调以教师核心，调动师生两方面的积极性。他认为，中国的社会主义建设走过了曲折的道路，特别是十年“文化大革命”创深痛剧，一些人的思想也难免产生某些困惑。但是我们毕竟已取得了前无古人的成就，因而并无悲观的理由。“我们坚持社会主义道路和前途的信心，努力工作，社会主义制度会结出更为丰硕壮大的果实”。

2000 年 3 月 7 日，为中国的学术研究与教育事业，在河南漯河华颖集团资助下，“白寿彝学术基金会”正式成立。

白寿彝去世之后，他的教育改革思想，仍然坚持不懈地被贯彻落实。

2020 年疫情刚刚过去，北京师范大学历史学院即在 7 月 6 日又发布了《2020 年度“白寿彝史学论著奖 · 本科生奖”征稿通知》。从其活动宗旨、参评范围、相关规定和要求便可看到，这一起于 1994 年的评奖活动，在 26 年之后，仍然不忘初心，坚持了下来，能做到这一点，实属不易。北京师范大学历史学院，以“白寿彝史学论著奖”为抓手，来推进白寿彝所开创的教育改革，并呈现出非常好的发展态势。从整体上看，大学生对历史的兴趣以及开展学术研究的能力已大为提高。

白寿彝说，北京师范大学历史学科有两面大旗，一要高举陈垣大旗，二要高举侯外庐大旗。站在今天来回望北京师范大学的历史教育改革探索，可以说，白寿彝已名副其实地成为这所大学历史学科的第三面大旗。

伍 师恩浩荡

1999年4月，国务委员陈至立在祝贺白寿彝总主编《中国通史》出版的信函中说：“白寿彝教授作为我国杰出的历史学家、教育家和思想家，长期以来，在教育战线呕心沥血，勤奋耕耘，为我国教育事业的发展作出了重大的贡献。白寿彝教授功业卓著，德高望重，‘桃李满天下，弟子遍神州’，深受教育界人士的崇敬和爱戴。”这封贺信中的“桃李满天下，弟子遍神州”特别引人注目，陈至立高度概括了白寿彝作为杰出教育改革家的贡献。

王桧林，白寿彝1949年到北京师范大学历史系任教之后带的第一批学生之一回忆说：

> 我们班1952年毕业，听他讲课，留下很深印象。他讲隋唐史，以安史之乱作为封建社会阶段性标志。不是从王朝更替出发，而是从社会发展内部找原因，当时感到非常新鲜，很有启发。白先生对青年学生非常爱护。当时学生与老师接触多，他家后门连着学生宿舍，学生与他联系非常密切。他主持《光明日报·历史教学》，鼓励大家写文章，在他的鼓励下，班里同学发了3篇文章。1952年我毕业后，他让留下来的年轻助教都教中国通史。他亲自带这些人，让他们都写讲稿。写完后他综合加工，帮助得很具体。这种备课方法，培养青年很有好处，提高得非常快。

白寿彝的另外一位学生施丁回忆说：

> 从 1962 年到 1964 年，这段时间对我来说，非常珍贵。白先生当时语重心长地说，你们终于有好机会了，要好好读点书。白先生要求我们通读、精读，还要背诵《史记》30 篇。
>
> 除了精读史学名著，白先生还特别强调学理论。那个时候，他开列了不少书目，我比较注意学的是《费尔巴哈和德国古典哲学的终结》以及《共产党宣言》。前者有助于培养正确的历史观，对我们搞史学史很有用；后者主要是解决世界观问题。此外，精读毛泽东的《中国革命和中国共产党》也使我受益匪浅。现在回过头来想想，读原著，学理论，的确很有好处。
>
> 我也很注意乾嘉史学。早在 80 年代初，白先生对此有所觉察，又见我写了考证文章，就提醒我要注意理论问题，对考证的东西不要陷得太深。
>
> 自 60 年代初开始，我写过一些历史杂文，总喜欢显示自己，“文化大革命”时也凑过热闹。经白先生教导，自 1976 年以来，我再没有写过应景文章。我应该感谢白先生，他不仅教我读书，还教我做人，这是我的幸运。

一次在白先生家，白先生了解了我与其他几位同学的学术兴趣后说：“现在浮躁风盛，政治上且不说，教学与科研上是很突出的，你们能来学习很不易，应该抓紧机会读点书。咱们搞中国史学史的，更应该多读书，读好书，读名著。你们每人先选一本名著读起来（当时我选定读《史记》）。一定要读进去，了解古人的身处及其旨趣。”白先生的河南普通话，表达清楚，给我印象最深刻的是，他的“进”字音很重，显然是特别强调的。

大约过了一个月，白先生又约定在他家交谈学业。我们简单地作了汇报，并透露出一点畏难情绪。白先生未言是否，只是要求每个人谈点读书心得。我就谈了读《淮阴侯列传》的体会。白先生听后，说道：这篇传记，司马迁是花了心血的，你对有的地方还要再

"进"去一点，如对"且喜且怜之"这句，"喜"的什么？"怜"的什么？又为何如此？又如，"假令韩信学道谦让"云云，究竟是指责，还是同情？同情到什么程度？为何如此？他这样的指点，给我的印象很深刻。自此以后，我与白先生会面交谈，始终都感到他不像教师爷，不是板起面孔教训人；而像向导，正确地指引。

施丁听了老师的话后，自知"进"得不深，尚须再"进"读。又过了些时候，还是在老师家，汇报学业，老师强调读书，不只是"钻进去"，还得"闯出来"。进而不出，是死读书，将会读书死，这不是我们所提倡的。只有既进又出，眼界放开一点，眼光敏锐一点，联想丰富一点，"进进出出"，如此往复，触类旁通，悟之又悟，才能有更大的收益。听了这番话，施丁有一种开悟之感。

施丁所受老师的第二次点悟便是"小大由之"四个字。1963 年春初的一天，施丁去探望老师。老师说："你这篇《司马迁笔下的项羽和刘邦》，显然是把《史记》读进去了，但'进进出出'还欠火候，我建议你重新修改一下。"白寿彝又说："你这篇文章写了 15000 字左右，发表在报纸上，占了一版半，可谓大文章。大问题可写大文章，但字数多不等于大文章，更不等于有学问。文章的关键是言之有物，言之中肯，旨深辞达。现在有的学术文章架势大，口气大，肚子大，其内容，这一点，那一条，这位云，那位曰，不免有点玄虚，有点乏味，似曾相识，没有什么新东西。古人曰'开卷有益'，现在是见之生厌。你这文章能否挤掉一点水？精比粗好，粗则笨，精则细，要精细就得去水分。大文章也得写，就看有没有必要。该大则大，该小则小，应当'大小由之'嘛！文章的大小，应当恰到好处。"

1963 年年底是我们国家第一次招收研究生。吴怀祺报考白老的研究生。1964 年 8 月，他收到了北京师范大学寄来的录取通知书。但吴怀祺任教的中学，却采用各种手法加以阻挠，使他的愿望终成泡影。当时，他写了一封感情真挚的信给白寿彝，倾诉了自己内心的痛苦，落款日期是 1964 年的 8 月 28 日。1978 年，国家恢复研究生的招生制度。此时已 40 岁的他，没有熄灭自己的梦想，再一次报考了白寿彝的研究生。复试是在 6 月底，这是吴怀祺第一次见到老师白寿彝，他既高兴又紧张。复试时，白寿彝与何兹全坐在吴怀祺面前，他是那样紧张。但两位慈祥的老师没有立即提问，却和他聊起了家常，问他的学习、经历，报考研究生的过程和想法。吴怀祺紧张的心一下子放松了许多，回答问题也顺畅了，他谈了学习金毓黻的著作《中国史学史》的体会，并谈到对乾嘉学派和吴皖两派的评价……

1981 年，中秋时节，北京师范大学史学所团聚欢度佳节。白寿彝把吴怀祺 17 年前写给他的那封信，交还给了学生，并说："这封十多年前写给我的信，你收好吧。"白寿彝就没有再说更多的话。吴怀祺十分感慨地说："要知道这是先生保存了 17 年的一封信啊！这个时候还需要说什么呢，一切语言都是无力的，也是苍白的。先生的心，先生的情，先生的期待，先生的热望。尽在不言之中。"这封信吴怀祺一直珍存下来了，也不时读一读，从中获得前进的力量。1982 年，吴怀祺在信的后面记上这样的话："后有读此者，当感汝之心肺。整整 18 年矣。"

有一段时间，吴怀祺讲他自己并不注意系统读书，热衷于琐屑的小考据，写了一些东西，心想十有八九，会得到老师的首肯。白寿彝看后，既没有表扬，也没有批评他，只是沉默了一阵，突然问他道："你看过徐悲鸿画的马没有？"吴怀祺受到这当头一棒，心里好不是滋味，回到宿舍里，仔细琢磨好一会儿，头脑才清醒过来，他渐渐地悟出一些道理来。

吴怀祺自己说，打这以后，他更加老老实实地读书，不仅是考订事实，还注意探求其中蕴含的精神、价值。吴怀祺总觉得，白寿彝的学术思想汪洋恣肆，如果偏于一隅去理解老师所讲的话，那只能是"蟪蛄不知春秋"，不可能知道那"水击三千里，抟扶摇而上者九万里"的气象！吴怀祺悟到，治史要有海一样的胸襟，汇纳千江百川，取众家之长，成一家之言。以门户自限者，是小家子气，做不得大事来。治学上要重视理论思维，又要在文献学上扎扎实实地下功夫。

白寿彝去世后，吴怀祺在《永恒的薪火——怀念我的老师白寿彝先生》一文中写道："白寿彝先生是3月21日离开我们的。我不知道是怎样度过的，恍如隔世。一闭上眼睛，先生慈祥的容貌又浮现在脑海里。先生生前住过的兴华胡同那座天井院的老树，也该发绿了吧。走过工四楼，先生生前住所窗口里依然放出灯光，先生还是坐在那张书桌前，深沉地思索？但过去了，一切都过去了，成了往事。暮春无雨，唯有泪千行，高楼望断，伤情与谁说！"

吴怀祺说："白先生好像冬天的太阳，让人感到温暖。我庆幸我选择了一个好老师，对我的成长起了决定性作用。我深感师恩如海。"

1980年，白寿彝创办了经教育部批准成立的北京师范大学史学研究所，第二年调瞿林东到史学所工作时，曾给他写了一封信：

> 多年来，我总想有个经常性的机会，大家谈谈读书心得，交换对于新书刊的意见。我想，这对于开阔眼界、交流学术见解、推动学术工作，都有好处。现在想把这个想法试行一下。拟于1982年1月上旬，邀请少数同志谈谈对1981年新出史学书刊的意见。对一本书也好，一本刊物也好，一篇文章也好。希望您准备一下，最好先把题目告诉我。具体聚会日期和地点，另行通知。
>
> 此致敬礼
>
> 白寿彝 1981年12月7日

瞿林东说：

> 读了这信，深受教育。寿彝先生年事已高，研究任务和社会工作都十分繁重，为何还要分出宝贵的时间亲自来抓读书会？当然，重视读书，讲究读书方法，这确是寿彝先生一贯的治学主张。但是，恐怕这还不是他主张把有关读书会的想法"试行一下"的直接原因。这个直接原因是：他认为，现在不少史学工作者，或从事教学，或从事研究，大多缺乏认真读书、深入钻研问题的功夫。他说："现在学术界有的同志，抓住几条材料拼凑成文，没有下功夫读书，

我看这不是治学的大路子。”寿彝先生当了多年系主任，近几年来又兼管北京师范大学史学研究所的领导工作，他始终认为，只有认真读书才能提高教学质量和科研水平。他抓读书会，看起来似是琐碎事情，实则是端正学风的大事。对于史学工作者的队伍建设来讲，亦可谓“治本”措施之一。

寿彝先生常说：“我国的文学界就够脆弱的了，而史学界比文学界还要脆弱。缺少评论，缺少批评和反批评。有许多书是费了很大力气才得以出版的，但出版以后，没人过问，久而久之，湮没无闻。这种现象，是有碍于学术的繁荣的。”他说：“国外有些杂志，书评所占篇幅达到三分之一以上。这种形式，值得我们借鉴。”

学术上的繁荣进步，要靠评论工作来促进，光有出版物而没有评论，学术界的著作水平是很难迅速提高的。

有一次，寿彝先生带着热烈的情绪对我们说：“我们要造成这样一种学风：一部著作出版了，有人关心，有人过问。我们研究史学史的人，更要关心。这样做，不仅有利于自己的提高，而且对作者和广大读者都有益处。”

白寿彝的学生陈其泰，1989年谈起老师对他的影响：

白先生于40年代初，便开始在云南大学讲授中国史学史，在这块园地上辛勤耕耘了将近半个世纪，在理论上作了许多总结阐发，在研究的广度和深度上不断地开拓，对建设这门学科、推动它达到今天的发展水平，有很大的贡献。

白先生治史学史，特别重视发展理论思维。他提出了一个重要命题：史学史是对史学工作的自觉检讨，在史学工作中居于较高的层次。他这样阐述：人类历史是在发展到了一定时期，才逐渐有了史学。史学的产生，意味着人类文明社会发展到了一个新的阶段，要求了解自己的过去和未来了，即开始标志着人类对于自己的历史形成一种自觉的反省。

我认为，白先生论述的总结史学遗产的主张，正确地回答了两个根本问题：第一，我国自孔子、司马迁以来素称发达的史学中，有没有优良的、值得学习的东西？第二，批判地总结旧史学，对于建设新史学有何意义？这些理论阐释是具有开拓意义的。《谈史学遗产》一文写于1961年，当时即强调说："中华人民共和国建立以来，医药学遗产和戏曲遗产的整理工作，在党的领导下取得了显著的成就。一个是蓬蓬勃勃。一个是万紫千红。历史遗产的其他方面，如数学、天文历法、农学、化学、建筑、机械、音乐、舞蹈、雕塑、绘画、文学、哲学等等的整理工作，也都取得了不同程度的成绩。祖国史学有长期的历史，有浩瀚的典籍，它给我们留下的遗产是丰富的。但我们的史学工作者注意一般的历史遗产比较多，注意史学遗产还很不够。"因而呼吁重视研究史学遗产，要"取其精华，弃其糟粕，改造我们的遗产，使它为社会主义史学服务。我们要继承优良传统，同时要敢于打破传统，创造出宏大深湛的新的史学规模"。特别是，白先生把总结史学遗产的意义，提高到能够"丰富和发展马克思主义"的高度，这在当时确实是眼光远大的提法，没有理论的勇气，是绝对做不到的。

1994年，王西梅说：

我做白先生的学生已经40多年。亲自聆听白先生的教诲和与先生在一起所受教益，难以细述。1952年9月，我刚刚踏入和平门外北京师范大学历史系的大门，就认识了白先生，那是在迎新会上。所有的一年级新生坐满一圈，历史系的老师几乎都讲了话。白先生很有风趣地提示这些历史科学队伍的新兵，要大家注意锻炼身体，健康长寿。他说，历史上有成就的大史学家多是高龄的。因为历史科学不比别的学科，必须更多地注意继承和发展前人已有的研究成果，这些主要集中在史书上，没有充分的时间和精力读够了书，就缺乏研究的前提。我理解，这就是说，前人已经达到的目标，仅仅是我们今天的起点；不掌握充分的历史资料，就不能得出相应的研究成果；别人看过的书，我们没有看过，就没有资格和人家讨论或辩论问题。这也就是陈垣先生所讲的“竭泽而渔”的意思。这一席话，启发我对历史文献重要性的初步认识，知道文献研究是历史科学研究的基础，而这是要耗费毕生精力的。

北京师范大学古籍所的曾贻芬讲：

做白先生的学生很荣幸。他鼓励我们努力钻研学术，对我们提出的不同意见不是压制，而是帮助我们通过学习研究取得正确认识。我从白先生那里学到了做学问应具备的老实态度。我做《通典》的论文，遇到了一些读不懂的地方，去请教他，他非常坦然地说：“这我不懂。”当时我真有些吃惊。白先生不仅是我的老师，还是知名学者，却能当着学生的面说不懂，这不仅说明他对知识有全面的认识，而且对于人的能力有正确的理解，当然也要有勇气。从白先生那里学来实事求是态度，够我受用一辈子。

2000 年 3 月 26 日，在八宝山公墓追悼大厅，与白寿彝遗体告别的学生们沉浸在万分悲痛之中。在悲伤的人群中，出现了一位被青年搀扶着的老者，这位老者是白寿彝在云南大学任教时的回族学生穆广文，而青年则是白寿彝在北京师范大学招收的最后一名博士研究生张立生，也是回族学生。

1940 年，白寿彝当年 31 岁，在云南大学任教。中华民国行政院发布“明令”：“回人应该称为回教徒，不得再称回族。”这使得回族大众坚决反对。在这次抗争中，打头的英雄便是穆广文。这次轰动全国的事件之后，穆广文便经常拜访老师白寿彝，老师也是格外地关爱他，穆广文一直追随老师到了北京，后在中央民族大学任教授。

1993 年那一年，白寿彝已是 84 岁的老人了，招收了他的最后一届博士研究生，张立生便是其中的一位。他回忆说："白先生的身体，那个时候并不是很好，但是他的工作热情、严谨的作风、活跃的思想，给了我很大的震动，不像我平时见到的一些长者，动不动就拿经验和自己的成就诱导学生，使学生更加感到困惑、迷茫。白先生总是能引导我主动探索，认真思考，确是一位好先生，是一位真正的教育家和思想家。"

张立生讲述过"白先生为我写了一次作业"的动人故事。当时，他的博士论文题目是"中国史学中的官学与私学"，要很好地完成这篇博士论文，并不是一件简单的事儿。白寿彝再三叮嘱说："这需要你有自己的思想，准确地讲应有你自己对中国史学的思想认识。"为了启发他，每次上课的第一句话，白寿彝常常是让他讲对论文题目的看法，总结一下论述的结论，然后老师再提出问题和看法，供他参考。要求张立生在这个看法基础之上，进一步思考，再提出自己的见解。白寿彝总是引导他从"通"的角度来看问题，在认识官和私的这个问题上，还要注意辩证的思维方法。每讲一次课后，张立生心里就像被捅破了一层窗户纸，总有一目了然的感觉。

杨凤阁在2000年3月所写的回忆中写道：

> 1956年，我考进北京师范大学历史系，毕业后留系教书。寿彝师多年是我的教研室主任、系主任。后来，根据寿彝师的倡议，北京师范大学组建由先生主持的"中国通史编写组"，寿彝师要我协助他做组里的事务工作，直到1976年3月我调回郑州。"通史编写组"就是北京师范大学史学研究所的前身。是先生把我领入史学领域，教给我许多为人处世的道理。回郑以后，尽管改做出版和新闻工作，但只要有机会，我总爱去看望先生，趋前受教。特别是最后一次，先生对我的教诲，仍言犹在耳，宛如昨天。
>
> 那是1997年10月初，我在北京参加中国记者协会常务理事会，抽空回母校看望老师……寿彝师原来住在校外，"文化大革命"以后才搬到校内的教授楼。这幢楼建于50年代初期，现在不仅赶不上形势，甚至显得有些破旧。虽

然是 4 居室，但客厅很小，熟人去了，一般就在卧室见面。看到我们，先生很是高兴。

先生身体一直很好，只是有多种眼疾，严重影响视力。记得早在 1964 年的欢迎新生大会上，先生作为历史系主任讲话时，就诙谐地说："路上，碰到我，你们打招呼，如果我没有回应，可不是我架子大，我眼睛不好，看不清呐！"大约是 80 年代，有几年视力坏到不能看书，著述只能口述，由助手雪英同志代笔。必须查的资料，也是告诉某书某卷，请助手去查。就是在这样的情况下，主编 12 卷本 22 册《中国通史》和其他科研项目，仍然坚持照常进行。对先生这种毅力和精神，史学界无不敬佩。

杨凤阁继续回忆 1997 年的这次交流：

先生问我："现在读什么书？"这里的书不是随便看的书，而是研究问题时用心读的史书。何兹全先生体谅我，怕我不好回答，就出来打圆场说："这些年凤阁办报，担子很重。刚从总编辑岗位上退下来，报社还有工作，又有人大的事儿，忙着呢。"我心想，坏了。果然，先生慈祥随和的面色变得严肃起来。"你比（毛）主席还忙？"我赶快检讨："主要是懒，不刻苦。再一个是没有明确的方向和目标，零敲碎打，收获甚微。"看到我没有为自己开脱，先生的严肃之相才缓了过来。

"现在读什么书？你比主席还忙？"这成了寿彝师对我最后的教诲。回家以后，我对夫人、对两个孩子都讲了寿彝师对我的严肃批评，如实告诉他们，当时先生脸都有点拉下来了，再不有计划地认真读书，有何颜面再见先生。寿彝师最后的教诲，是留给我的座右铭，要牢记不忘，以告慰先生在天之灵。

第七章　源于社会　参与其中

社会活动家 救亡图存活动

白寿彝作为社会活动家，才可能广交、深交这么多专家学者，才可能赢得党和国家领导人以及教育部、北京师范大学党委和校方的重视和信任，才可能获得有国家经费支持、有机构编制组织架构的保障。社会活动不是白寿彝的最终目的，只是为学术服务，从而使学术成果回报社会。白寿彝在同代史学家中，是将学者与社会活动家两种角色内外兼备、相得益彰，以实现其学术理想，从而达到人生相当圆满的一位学者。为了完成三大学术目标，他不仅在总体上控制参加社会活动的数量，在行政上，中华人民共和国成立不久即让他担任北京师范大学历史系主任，他是能不当就不当，能拖延就拖延，即使后来当了系主任，也积极地让副主任何兹全任代理系主任。因为他不想在学术上分心，也不想让行政事务干扰、耽误了做学问这一安身立命的正事。白寿彝的这一人生智慧，值得总结借鉴。

中华人民共和国成立之后，白寿彝一心扑在古书堆里专心做学问、写论文。爬“格子”累了，就到院子里打打太极拳；周末吃过晚饭，到长安大戏院看场京戏或昆曲，除此之外，别无所好。从不讲究吃穿。若有外事工作时，就换套“专用”的中山服或西服和皮鞋。而平常日子则穿布鞋布衣。白寿彝有时工作刚忙完，又要急忙到外边参加外事活动，他就需要马上换“行头”。接他的汽车来了，从不让司机在大门外过多等候。急忙之中，不是上衣纽扣搭错了位置，就是穿着的裤子，裤腿长短不齐，没有弄顺。他夫人看见后，总是紧随后边进行“整改”。

当年，因为《人民日报》《光明日报》和《红旗》杂志不断地约稿，白寿彝总是从早到晚地工作。他的儿子回忆说：“我小时与父母同住一间房，睡觉时见父亲伏在房间角落的书桌上写东西，灯罩上又加盖一层黑布，怕影响我和妈妈睡眠。待第二天一觉醒来，父亲已去学校上班了，或者仍然伏在桌上赶写东西，整天忙里忙外。”

白寿彝十分严格要求自己。因工作需要，白寿彝可以向单位要求安排小轿车接送上下班，但他从不叫车，只有到机场、人民大会堂、外国大使馆等对外或重大国务活动时，才坐小轿车。除此之外，白寿彝总是买上一张公共汽车月票，搭乘公交车，直至晚年难以行走了，才因工作让单位派车。白寿彝有时思考问题，常常是“不顾一切”“忘乎所以”或是“心不在焉”。从北京师范大学所在的北太平庄坐上 22 路公共汽车，他经常忘记回家要在西单车站下车，一下子竟然坐到终点前门站，直到乘客全下车了，售票员连喊几声“到终点站了”，白寿彝才醒悟过来，赶快换车往回返。

还有一次，因为思考问题，白寿彝下车时忘了拿随身带的手提包，包中还有刚发的一个月工资。回到家中，夫人问他手提包呢，这时他才意识到手提包忘在了公共汽车上。他扭头就朝外边跑去。到公共汽车公司失物招领处，白寿彝果然见到了自己的手提包。当工作人员为了查对，一一询问白寿彝有关情况时，他回答自己的姓名和工作单位，都与手提包内装着的工资条相符，当工作人员询问他包中的工资钱数时，他竟然答不上来。因为白寿彝每次领完工资后，便转手交给夫人，从不清点工资数额，也就从不知道自己工资的具体数额。这下引起了工作人员的怀疑，让白寿彝回单位开证明信，并带上工作证再来认领。从此以后，公交汽车售票员就认识了这位常坐 22 路车而“不识数”的教授。白寿彝为了感谢拾金不昧的售票员，特地向公共汽车公司写了表扬信，并将他随身携带多年的“派克”钢笔送给了那位售票员。

从这些“小事”上，我们可以了解到白寿彝这一“书呆子”性格。正因如此，1949年之前的白寿彝，一看到山河破碎的现状，便开始了为国家救亡图存的奔波。1925年，16岁的白寿彝来到上海，到文治大学求学，在此他的老师大多是爱国团体“南社”的成员，在这里他接受了反帝反封建的爱国主义教育，扎下了救亡图存、复兴中华的思想根基。当年上海发生了震惊全国的五卅运动，为了反抗帝国主义在中国的暴行，白寿彝参加了上海学生开展募捐和悼念烈士顾正红的活动，并将自己在上海认识的河南籍学友迅速组织起来。不几天，就组织起来了一支近50人的声援上海纱厂工人的队伍。紧接着，他多次往返于上海、开封之间，将这场反帝爱国活动延续到开封，发起了河南回民沪案后援会。

这是少年之时的白寿彝第一次为救亡图存而奔波。他此后的思想与行动轨道，均是朝着这个大方向而努力。他以热爱回族、热爱中华民族这一爱国主义为红线，进行了以反帝、反封建为两个目标的救亡图存活动。

1940年，国民党行政院颁发“明令”要求:“回人应该称为回教徒，不得再称回族。”这一“明令”显然与民主革命的先驱、中华民国国父孙中山的思想相违背。为此，31岁的白寿彝便代表中国回族救国协会发出电文，表示坚决反对，并支持云南昆明各大学回族师生的抗议活动，同时组织撰写文章，以唤起回族人民抗争，并争取全国各族人民广泛支持。国民党中央组织部看到白寿彝在回族中的影响力，便拉拢他加入国民党，还让他到中央组织部边疆语文编译委员会担任职务，并让他牵头组织伊斯兰国际文化协会，白寿彝断然拒绝。这是白寿彝第二次为救亡图存而奔波。

参加这两次反帝反封建爱国运动，使他看透了国民党的本质，也使他从一个反帝反封建的爱国主义者，成长为一个反帝反封建的民主主义者，他自然而然地和共产党人楚图南成为志同道合者。在抗日战争结束之后，在国家命运大转折之时，白寿彝和李公朴、闻一多、楚图南等民主人士站到了一起，反内战，要和平；反独裁，要民主。这一时期成为他为救亡图存奔波最忙碌也最危险的时期，其最典型的事情，便是帮助楚图南的家人尽快脱离危险境地。

抗日战争结束后，美国指使蒋介石发动内战，国民党政府腐败无能，货币贬值，物价飞涨，由此，白寿彝如痛恨日寇侵略者一样，痛恨美帝国主义。他后来曾讲过这样一句话："抗战后期，我逐渐看到了国民党的腐朽反动，已无法遮掩一切伪装。解放战争时期，国民党反动派就更为全面地展示了反民族反人民的本性。"

1946 年 7 月，云南民盟组织向社会公开后不久，被蒋介石定为反动非法组织，李公朴、闻一多惨遭国民党的暗杀。楚图南当时是云南民盟组织的负责人，他在险恶的形势下，主持了悼念及抗议活动。并在闻一多遇刺的同时，临时更改回家路线，从而幸免于难。而后，共产党组织安排楚图南转移外地。已与楚图南交往六七年的白寿彝，对楚图南的所作所为非常佩服，视他为挚友。此时的白寿彝虽不能确定楚图南的政治身份，但他心里很清楚，楚图南就是为了国家救亡图存的行动者，楚图南就是他学习的榜样，而楚图南也确认白寿彝是同路人。

1946 年 8 月，楚图南离开昆明到上海。这一时期，国共两党的斗争十分激烈，楚图南的家人仍留在昆明，非常危险，随时有遭受国民党迫害的可能。白寿彝得知后，毅然决定，不管如何，一定要把楚图南的夫人和孩子护送到安全地区。为了抢时间，白寿彝抢购了高价飞机票。为了路途安全，白寿彝又让楚图南的家人假扮为自己的眷属，亲自护送他们到上海，再转到苏州更安全的地方。

他们在昆明登机之前，发生了一段特殊的经历。那天，白寿彝偕楚图南家眷乘汽车赶赴机场。司机慢慢地开着车，车上的人多，加载的行李包大大小小又很多，路途坑洼不平。汽车走了一段，司机便叫"抛锚"，停了下来。又走了一段，又是"抛锚"。如此走走停停，又停停走走，为了赶飞机，乘客们只好答应抛弃行李包，以便车辆快驶。谁知扔下的行李包，不见落地，便有人接走，这其实就是司机一帮人设套抢劫，乘客们只好吃了眼前的哑巴亏，让司机发个"国难财"。一路上如此行车，耽误了很多时间，等到了机场，最终还是误了飞机。眼看着飞机腾云驾雾而去，白寿彝他们只好改换下一班飞机。没有想到的是，他们没有赶上乘坐的那架飞机，因国民党空军利用权力走私黄金而超载，飞机上天不久，就失重撞在附近山头上，机毁人亡。他们躲过了一劫，乘另外一架飞机顺利到达目的地，转天，白寿彝到达苏州，见到了楚图南。

白寿彝从云南昆明到达江苏苏州，将起步于昆明的文通书局编译所的工作，移师到苏州，从1946年接手，到1949年离开，他在此担任常务副所长。白寿彝说这段时间对其人生而言“占有比较重要的位置”。这是为什么呢？

1946年，云南大学文史学院毕业生王萼华，从贵阳来昆明找到白寿彝，他说贵州文通书局要恢复编译所，想邀请白寿彝同顾颉刚一道主持工作，并告之，顾颉刚已经同意了，并表示希望让白寿彝具体负责。他还带来了顾颉刚写给白寿彝的一封信，顾颉刚在信中希望白寿彝一定不要推辞。王萼华既是顾颉刚的学生，也是白寿彝的学生，当时他任文通书局总管理处的秘书主任，又是文通书局总经理华问渠的女婿。

文通书局创建于1898年，是我国西南地区的第一家书局，为当时全国七大书局之一，与商务印书馆比肩国内，其下辖之编译所在抗战时期，几乎网罗了当时国内所有的名人，包括郭沫若、茅盾、朱自清、叶圣陶、巴金、郑振铎、李健吾、袁水拍等当世名家，编译所所长先后为马宗荣、谢六逸、顾颉刚等人，编委达113人，对贵州的文化教育的推进居功至伟，在抗战时期名播海内外。

在抗战的艰苦时期，编委们常借文通书局自办的杂志《文讯》，抒发爱国之心，指点国事，笔力如刀，其文发人深省。文通书局的创办人，便是华问渠的父亲华之鸿。

白寿彝在此时接受邀请比较勉强，这是因为，他以前多次办过刊物，但总是不如心意。其主要原因是，国家陷入内战，人心不定，还有谁看刊物呢？但这是恩师的旨意，白寿彝还必须认真干好。1946年1月在重庆恢复成立的文通书局编译所只有一间办公室，顾颉刚任所长，白寿彝任副所长，为了解决以前所办的文史杂志社的人员就业，顾颉刚将部分文史杂志社的人员，安置在编译所内工作，而正式编辑人员只有姓陈的一位。顾颉刚编辑了两期《文讯》，就离开了文通书局，此后便由白寿彝负责编译所的具体事务。

白寿彝当时仍在云南大学任教，不能在重庆上班，为便于白寿彝工作，文通书局的重庆分局，就在昆明特设编译所办事处。1946年夏，文通书局昆明分局成立，编译所就设在昆明分局内。当时只有3人，其中金德宝、彭林冥任编辑，他们都是成达师范学校的毕业生。还有练习生马有义，是明德学校的学生。由于工作的需要，这年冬季编译所迁至苏州，原重庆、昆明的机构撤销。1947年春，编译所正式迁至苏州，在顾颉刚家中办公。此时，顾颉刚家的宅院很大，有房子68间，被当地人称为顾家花园。这个花园在苏州平江路附近，其东、西两面都有河水围绕着，根据今天的门牌号码来排列，即是顾家花园4号至12号，白寿彝就住顾家花园10号。

1947年4月1日，白寿彝从昆明到达了苏州。此时的编译所有正式编辑方诗铭、马继高、金德宝、彭林冥4人，另有练习生3人。最初编译所主要的工作，是编辑《唐代小说丛刊》和《文通小字典》，这是文通书局的大事。后来编译所的任务，主要是编辑《文讯》月刊，这是根据出版业市场的需求而定的发展方向。后来臧克家加入进来具体负责，后他改任主编。白寿彝回忆这段往事时，十分赞赏臧克家的才干，经他主办《文讯》月刊后，很有生气，在当时大上海出版业也占有重要份额。臧克家当时以"商业办刊"为由，发表了许多进步文章，《文讯》月刊发行量猛增，上海分局十分满意。

臧克家加盟《文讯》杂志，还有一段插曲。臧克家回忆说："1946年夏季，我到了上海，寿彝和顾颉刚先生替文通书局搞了个编译所，他办公在苏州，但过从的机会多了。第二年，因为我主编副刊的《侨声报》停刊，饭碗没有了。上海像一棵枝叶繁茂的大树，我却无一枝可栖。我焦虑，我到处奔走，茫茫人海，谁能援我以手？寿彝来了，把他主编的《文讯》月刊让给了我。雪里送炭，给人御寒，饥时送食，可以果腹。他仍然是那件蓝布长衫，不时到我的斗室来谈天。"

这“雪里送炭”“饥时送食”之事，臧克家总是记在心里，常与人谈及。为此，白寿彝曾对儿子说：“你臧伯伯很念旧，从不忘记过去。其实，当时是你楚伯伯推荐他来干《文讯》的。他一来，刊物越办越好，很受欢迎。如果当年不请他来主编《文讯》，很可能早已停刊，办不下去了。你臧伯伯不但人好，文才亦好！”臧克家常对朋友说：“寿彝同志思想进步，明辨是非，遇事敢于主持正义。记得《文讯》月刊七卷一期上，发表我一篇小说，题目是《小马灯》。写我 1946 年送友人宁汉戈、丁毅夫妇去延安的故事……这篇《小马灯》书局负责人不敢发，想叫我抽下来。寿彝坚决支持发表，这才使这篇有着纪念意义的短篇，得到与世人见面的机会。”

“我编了几期后，觉得《文讯》要照顾它的学术性与综合性，中心不突出，影响销路，于是提出隔两周或间期出版‘文艺专号’的建议。寿彝从善如流，马上采纳，从七卷五期至九卷五期，出了 6 期‘文艺专号’，销路打开了。这样，寿彝和我，先后以《文讯》为阵地，团结了一批著名的进步学者和作家。”“在当时的斗争中起了一定的影响。”

1948 年冬，上海情况更加紧急，郭沫若、茅盾、杨晦离开了上海，臧克家也被国民党特务追查，他一天三迁，在外躲避。此时，原《侨声报》的老板，又派打手强迫臧克家夫人郑曼及孩子们搬出该报住处。白寿彝得知后，马上安排郑曼及孩子们住进文通书局的一间书库里，以解燃眉之急，并安排好生活，免得臧克家挂念。

臧克家在 1981 年 12 月 17 日写下了“雪天忆寿彝”的文章《苦尽甜来人倍忙》，他在文章中，深有感慨地写道：“最后，一家人逃避在书局的一间库房里，好友来访的只有寿彝、韩易田、陆慧年三四人而已。越在紧要关头，越觉到友情的可贵。这年年底，我潜往香港，从我爱人的信中得知，我走了以后，寿彝关心她和孩子的生活，还问及我负责编辑的最后一期《文讯》出版之后的薪金发给了没有，真是患难之中见友情呵。”“寿彝对朋友的忠诚、热情，永远铭刻在我全家人的心中！”

臧克家在写于 1980 年、后修订于 2000 年的长篇回忆录《诗与生活》中，再一次将这一时期的白寿彝和他一起，参与社会活动及出版工作情景作了详细记录：

> 在坎坷穷途上，突然一个好友向我伸过热情的手。白寿彝同志看见我贫困潦倒，把他主编的文化综合刊物《文讯》让给我编。寿彝那时和顾颉刚先生为文通书局搞了个编译所，出版了学者和翻译家的不少著作。

1948 年 12 月，臧克家为尽快躲避国民党特务的搜捕，而匆匆离开上海，只身来到文通书局广州分店，并在分店安排之下到达香港。不久，乘坐共产党定好的“宝通号”船，北上解放区，于 1949 年初来到北京，迎接中华人民共和国的成立。由此可知，白寿彝作为一个社会活动家、出版家，在中华人民共和国成立之前，他借助文通书局以及《文讯》月刊，是对社会产生影响最大的一段时光，正因为《文讯》杂志发表了很多著名人物的进步文章，使白寿彝从楚图南对他的进步思想启蒙，开始进入到对国共两党性质从理性上彻底清楚的时期，使之最终没有南下追随国民党去台湾，而是选择了北上奔向共产党。除此之外，他对创办杂志、办好出版社，有了更深的体会。这个体会对他在中华人民共和国成立之后的工作，产生了积极影响。

1948 年春，文通书局总经理华问渠，代表总局在苏州召开了书局各分局负责人会议，在那个内战之火越烧越大的背景下，文通书局经营更加艰难，所以，会议主要内容是节支增收。1948 年底到 1949 年初，编译所的经费来源不定，先由上海分局支付，后又由总局支付，最后连月薪也难以按时支付了。1949 年全国解放前夕，编译所基本停业，臧克家为躲避国民党搜捕，紧急离开上海南下香港，白寿彝这年六七月间，也应邀去北平参加新中国全国教育工作者大会筹备会议，《文讯》停刊。文通书局上海分局经理张士敏为《文讯》月刊的停刊，代表华问渠向编译所的职员致歉，并表示由他们接管苏州编译所遗留工作，于是编译所在苏州的全部工作到此结束。

白寿彝曾在 1947 年写了《写在〈文讯〉卷首》一文，文中指出:《文讯》于 1941 年 10 月 10 日在贵阳创刊，本刊从本卷起迁上海出版。创刊号的篇幅是32开本24面，随后增至64面，又扩为68面。第四卷第一期版式再放大，增加了内容量。其停刊是战争所致，抗日战争结束，本刊又得恢复。编刊方针是：刊载学术论著、文艺作品、名著提要、文化动态，以及其他与出版事业有关的文字。文通书局编译所有一个初步设想的出版计划，包含出版世界文学名著、文学丛书、医学丛书、少年儿童文库等。白寿彝说，这些计划，在炮火连天、经济险象日益加深的今天，入口的纸额受到了限制，排字印刷装订的工价一天天地高涨，寄递的费用有时比印刷的成本还多，写作发表的自由时时受到威胁，可能的读者群，时时为更迫切的需要，夺去了购买书刊的能力。上述这些原因，使计划未能完全实现，但也出了一些好书。他在这篇文章的最后写道："一个在内地经历了种种困难而新迁到上海来的刊物，在准备以更大的勇气接受更大的磨难，同时它也感到一种文化工作在这时之更为庄严更为需要。在一切逆流中争取前进，它迫切地需要作家们的协助和读者们的指教及监督。"

这篇写于1947年的文章，所流露出来的"感到一种文化工作在这时之更为庄严更为需要"的心情，便可使人明白白寿彝为什么在后来的回忆中，将这几年的文通书局编译所的工作，视为此生中"占有比较重要的位置"，因为这是他一生的转折期，这一时期，正是两个中国命运的分水岭，也是每个与之相关的中国人个人命运的分水岭，正当40岁的白寿彝，在不惑之年，作出了不困惑的判断。这一清醒判断，与他的社会活动见多识广有密切关系，与他办杂志、搞出版所获得的信息量大、易于判断时事变化有密切关系。1949年4月23日，解放军占领南京，国民党统治覆灭。

贰 积极主动地参政议政

在 1949 年 4 月之前，即白寿彝 40 岁之前，他虽然为救亡图存而奔波，但总的来看，他并未奔赴延安去参加革命。在国民党统治之时，他虽然在云南大学、中央大学任教，但也没有接受国民党中央组织部的安排，在国民政府参政议政，他基本上是以学者的身份，参加一些救亡图存的社会活动，对民主党派反内战、要和平，反独裁、要民主的斗争，给予了认同，但他此时还没有站在那个时代滚滚洪流的第一线，像楚图南、李公朴、闻一多那样，在中国共产党的领导下进行社会活动。

1949 年 4 月之后，全国形势为之大变，在楚图南的影响之下，白寿彝以回族学者、大学教授的身份，开始了在中国共产党直接领导下的参政议政。一心希望中华民族伟大复兴的白寿彝，终于迎来了改天换地的新时代，他身上的激情被激发了出来，这是那个时代爱国知识分子走向新民主主义，然后走向社会主义的普遍现象。

白寿彝的老朋友、中华人民共和国刚一成立便立即从美国归来的何兹全，在 1996 年 85 岁时所写的回忆录，用了一个最具那个时代心情的书名《爱国一书生》。白寿彝的另外一位老朋友、北京大学历史系著名教授周一良，也在晚年写了回忆录，书名为《毕竟是书生》。中国爱国知识分子的真正可爱之处，正在于“书生”二字上，一腔热血、尽忠报国之志，都融化在参政议政的积极行动之中。

白寿彝参政议政的起点是在 1949 年的 7 月份，他作为南京教育界代表，在北京参加了新中国全国教育工作者大会筹备会议，又参加了在著名历史学家范文澜住处召开的新史学会，并担任了常务理事。会后返回南京不久，又在 9 月份第二次来到北京，在 9 月 21 日至 30 日，他作为回族知识界的代表，应邀在中南海怀仁堂，参加了第一届中国人民政治协商会议，并参加了中华人民共和国开国大典。参加开国大典对他的人生产生了重大影响，在“文化大革命”惨遭迫害之时，他就是穿着参加开国大典的服装，战胜狂风暴雨的。从此之后，他作为一位来自教育界、历史学界的社会活动家，积极为国家发展建言献策，直到他 2000 年 91 岁时去世。

1951 年 7 月，白寿彝出席了在中南海后花园举办的庆祝中国共产党成立 30 周年大会，在这次活动中，毛泽东和白寿彝进行了较长时间的亲切交谈。毛泽东谈及他十分关心的回族、民族、宗教和历史问题，兴致很高。当白寿彝谈到过去曾经写过的文章时，毛泽东说：“见到了您写的文章，写得很好。”后来白寿彝回忆说：“我仿佛正与一位中国哲学、历史学的大家，探讨学术问题。毛泽东主席的知识渊博，不能不令人佩服、敬重。”

在这次交谈中，毛泽东谈话的核心是：“中华民族有数千年的历史，今天的中国是历史的中国的一个发展。我们是马克思主义者，不应当割断历史，从孔夫子到孙中山，都应当给以总结，承继这一份中华民族的珍贵遗产。这对于指导当前的伟大的运动，是有重要帮助的。”“毛主席注重历史学习和研究工作，反复强调古为今用，总结历史的经验和教训，更好地为中国的今天服务。”

此后，毛泽东还曾与白寿彝有过至少 3 次的谈话及接见。在 20 世纪 50 年代末春节团拜会上，毛泽东与白寿彝、萨空了、翦伯赞等，谈及中国古代少数民族人物及相关的问题，并风趣地说：“回族中姓白的很多，汉族中也有；姓萨的是蒙古族？还是回族？”白寿彝曾说：“毛主席是我们历史教授队伍中最优秀的一位。毛主席既是党和国家的主席，也是我们的好教授呀！”

在20世纪60年代初，毛泽东需要影印一些中国古籍书，找到白寿彝征求意见，他们交流了近一个小时，那是在人民大会堂。白寿彝回到家后，马上在书架上查找有关资料，以便核对，防止有误。白寿彝说："主席真是了不得，他对所选的书目很熟悉很精通。今后要加紧读书学习，更要踏踏实实做学问，注重'古为今用'，向毛主席学习！"

还有一次是在中南海，因毛泽东喜欢夜里办公，所以就在深夜用车把白寿彝接去，毛泽东与白寿彝交流了与司马迁的《史记》相关的问题。白寿彝说："毛主席的书屋里，中国古代线装书很多，对'二十四史'非常熟悉，非常精通，可以讲是中国历史学大师。当他每谈及一些史学问题，便随手从书架上取下古装书，一边看书一边评述。"白寿彝看到书中所阅之页，既有画线又有批注。他听毛泽东对有关问题的论述，意义深远，久久不能平静，心里一直在想："敬爱的毛主席真是伟大而又谦虚，天天都在忙于国家和世界大事，并对自己国家的历史如此研究有术！这真是对我们历史工作者极大的鼓舞及鞭策！"

白寿彝在任全国政协委员和全国人大代表时，因工作的需要，有较多机会见到毛泽东、周恩来、刘少奇、朱德、邓小平、彭真等党和国家领导人。有一次，他的儿子随父母去人民大会堂三楼小礼堂，观看全国性文艺汇演，周恩来和彭真等中央领导就坐在他们前边。演出结束后，大家都围上去向中央首长们问好。白寿彝见儿子也要上前去，他马上拉住儿子的手退场。那个年代，全国政协或人大，每周都要为在北京的常委们举办文艺演出，中央首长们工作很忙，不是每次都去看演出，也很难见到一次。白寿彝为什么要阻止儿子前去向中央首长问候呢？大家不是都争着去吗？这让儿子感到不太理解。回到家里，儿子马上追问父亲个中原因。白寿彝看到儿子不大高兴，便对他说："这很简单。中央领导同志都很忙，我们能看到他们身体健康就完全可以了。大家都上前去问好和握手，要耽误他们许多时间，要影响他们的工作和休息。你也长大了，要学会多体贴他人，多为别人着想，少给别人找麻烦。越是我们爱戴的中央领导同志，就更应这样。你明白了吗？”

1953年，白寿彝加入了中国民主同盟这一民主党派。民盟主要由从事文化教育以及科学技术工作的高、中级知识分子组成，是具有政治联盟特点的、致力于社会主义事业的参政党；民盟在长期的实践中，致力于同中国共产党的通力合作，积极参政议政。在白寿彝九十华诞暨《中国通史》全部出版大会上，民盟中央副主席吴修平说：“白寿彝是热心的社会活动家。他胸怀博大，对祖国和人民怀有深挚的感情。他为人正直，光明磊落，坚持真理，实事求是。他担任多种社会职务和学术职务，积极参加国家的政治生活和社会主义文教建设。特别是在中共十一届三中全会以后，他衷心拥护党的改革开放方针，坚持学习邓小平理论，时刻关注国家的改革开放和社会主义现代化建设事业。白寿彝教授是民盟的老盟员，曾经担任民盟第四、五届中央委员，1988年至1997年任民盟中央参议委员会委员，十分重视团结盟员和所联系的知识分子积极工作，努力为两个文明建设奉献力量，是我们的楷模。”

1954年，白寿彝参加了新中国第一部宪法草案的讨论、修正工作。经修正后，中央人民政府委员会于6月14日公布了宪法草案，并决议交全国人民讨论。白寿彝在这年7月13日的《光明日报》上，发表了《杰出的多民族国家宪法》的文章，他以无比兴奋的心情写道：“像中国这样大的国家，国内这样多的民族，各民族间发展得这样不平衡，中华人民共和国宪法草案却又这样适合于我们的实际情况，适合于我国走向社会主义社会的过渡时期的要求，这真是一部多民族国家的宪法。”

他在文章的最后写道：宪法像这样在民族问题上辩证的处理，一方面坚持了原则，又一方面有了灵活的运用。这无疑是我国宪法史上的典范，将是我国社会主义建设的宝典。

1954年9月15日至28日，第一届全国人民代表大会第一次会议在北京隆重召开。大会经过认真讨论，一致通过了《中华人民共和国宪法》。白寿彝从史学工作者的角度，认为这次大会是中国人民政治生活进一步民主化的重要标志，它结束了由中国人民政治协商会议代行全国人民代表大会职权，以及用《中国人民政治协商会议共同纲领》替代宪法的过渡状态，这为加强我国的人民民主制度，发扬社会主义民主和健全社会主义法制，奠定了初步基础。他认为，这次会议是标志我国人民从 1949 年中华人民共和国成立以来的新胜利和新发展的里程碑。他以自己切身的体会，指出：这部宪法是 100 多年来中国人民革命斗争历史经验的总结，也是中华人民共和国成立 5 年来革命和建设新经验的总结。宪法肯定了中国共产党领导人民走过的新民主主义革命道路，并且用法律的形式，把党在过渡时期的总路线，作为国家在过渡时期的总任务确定下来，还明确规定了国家的国体与政体，为中国社会从新民主主义过渡到社会主义，提供了法律保证。

1956 年，周恩来总理代表党中央，作了《关于知识分子问题的报告》，郑重宣布知识界的面貌“已经发生了根本变化”，知识分子的绝大部分“已经是工人阶级的一部分”。会后不久，中共中央政治局于 2 月 24 日作出《关于知识分子问题的指示》，批准成立了国家科学规划委员会，并立即调集全国各门类各学科数百名科学工作者，着手编制我国当年至 1967 年科学技术发展远景规划。白寿彝出席了这次“全国科学规划会议”。1957 年，白寿彝加入了中国共产党，这是他政治生活上，继 1953 年加入中国民主同盟之后又一个重大事情，自此以后，他更加积极地为党和国家的发展献计献策。这一时期他最重要的参政议政，是在中共中央统战部领导之下，参与成立了中国回民文化协进会，以此为基础，积极促进宁夏回族自治区的创建工作，1958 年 10 月宁夏回族自治区成立之时，白寿彝作为中央代表团成员，参加了宁夏回族自治区成立大会，并作了大会发言。

1964 年 12 月，白寿彝当选为第三届全国人民代表大会代表，后来又连续当选第四届至第六届全国人大常委，直到 1988 年卸任。随着政治地位的不断提高，也不断开阔了他的政治视野。由于他不断地参政议政，使他将自己的命运与国家的命运更加紧紧地联系在一起，让他更加感到自己作为历史工作者的责任重大。

白寿彝后来负责点校《二十四史》《清史稿》，以及主编《中国史学史》《中国回回民族史》和《中国通史》，还有在改革开放之后推进的教育改革，都与他的从政经历有关。从政经历使他将历史与现实结合到了一起，使他有了“通古今之变”的舞台，也使他在从政生涯中，听到了许多社会各界杰出人士关于国家大事的真知灼见，使他不再是一心只读圣贤书、两耳不闻窗外事的“书呆子”，而是风声雨声天下声，皆声声入耳入心的“书呆子”。在思考历史学科的学术研究以及教育改革等一系列问题上站位之高，是与他几十年来的从政经历有关的，他的国家意识、世界意识，与他同时代的其他未有从政经历的历史学家进行比较研究后，我们发现，他们在格局上的确大不相同，格局决定了结局。

具有历史思维的历史学家，其格局往往比其他专业的学者要大得多，因为读史使人明智，读史可以知朝代之兴亡，可以以史鉴今、指导当代工作，可以对未来进行预测。这样就更便于以经世致用的态度，去彰往知来，并推动历史发展，再更进一步，则可升华为主动、自觉地去创造历史，这是学习历史者的三部曲。白寿彝对历史的感悟，“彰往知来”，是他学术的第一层境界。他的关于“学习历史，推动历史”的论述，是其第二层境界。在推动的基础上，再上一层楼，便是他的“学习历史，创造历史”八字，这是他的第三层学术境界。白寿彝达到第三层境界的代表作，便是他主编具有创造历史价值的《中国通史》。在一个时代里，推动历史前进的人有很多，但能够站在时代潮头，引领时代方向的人，则是凤毛麟角。推动者，在大潮之中、大潮之后。创造者，在大潮之前，是独领风骚者。可以说，如果白寿彝没有从政经历的体会，便不可能站在中华民族前途命运的高度，站在党和国家领导人关心天下大势的角度，去主动、积极构思，并呕心沥血去完成这样一部12卷22册的大通史，这部大通史得到党和国家领导人以及史学界的高度肯定，也正说明了这一切。

白寿彝的外甥巴志刚回忆说：“‘文化大革命’时期‘四人帮’在北京师范大学考教授，白寿彝先生交白卷以示抗议的举动，一时在高等学校传为佳话。我曾问过他是否真有其事，他笑着说：‘还是写了“白寿彝”三个字嘛。’在‘文化大革命’中‘四人帮’鼓吹彻底为秦始皇平反时，白寿彝先生写了《论秦始皇》，接着又写了《儒法斗争史的虚构》，这在当时的情况下风险是何等之大，由此可见他的高风亮节。记得巴金先生在回忆‘文化大革命’的著作中，把那些追逐‘文化大革命’极左思想的知识分子的所说、所作、所为称为‘中国知识分子的悲哀’。而白寿彝先生是在风口浪尖上没有被大雪压垮的一棵青松。”

正由于他坚守了历史学家的尊严，没有随波逐流，在政治上依附于“四人帮”，并在“评法批儒”等原则问题上，没有丧失学者底线。1976 年 10 月 6 日，中共中央第一副主席、国务院总理华国锋代表中央政治局一举粉碎了“四人帮”，在 10 月 21 日的天安门广场庆祝大会上，白寿彝受党和国家领导人华国锋的邀请，第二次登上天安门城楼，与全国人民共同庆祝这一伟大时刻。

1999 年，中国史学会会长金冲及说：“在道德方面，白先生受到人们的尊敬。他有中国传统知识分子的优良传统，有一种凛然正气。张岂之曾同我谈起：‘批林批孔’时，侯外老对他说，孟子说大丈夫要有富贵不能淫、贫贱不能移、威武不能屈的浩然正气，白先生就是这样的一个大丈夫。”

曾任首都师范大学名誉校长的著名历史学家齐世荣也曾说：“刘家和教授曾告诉过我，‘评法批儒’时只许说秦始皇好，白先生却要一分为二，这种忠实于科学的精神很了不起。传统的中国知识分子讲学行一致，言行一致。陈寅恪先生晚年有一篇写给学生蒋天枢的文章，叫《赠蒋秉南序》，文中说‘默念平生，顾未尝曲学阿世，似可告慰友朋’。中国传统知识分子讲究不曲学阿世，身体力行，这是很高的标准，也很难做到。中华人民共和国成立后各种政治运动多，‘左’的影响大，这样的时候坚持真理很不容易。鲁迅先生曾讲过：高步瀛先生是个行不违其所学的人，他高就高在这里。白先生也是一位行不违其所学的人，值得我们好好学习。”

“文化大革命”结束之后，1978 年 3 月 25 日，白寿彝又被选为第五届全国人大常委，他说：“人大代表要代表人民，这是社会和国民赋予我的责任和义务，我一定要做好全国人民的代表。”他在近80岁时，辞去全国人大代表职务之后又说：“1988年3月12日，六届全国人大闭幕。随之，我的全国人大常委会委员的历史使命也宣告结束了。总结24年来的全国人大代表工作，这是祖国和人民对我的信任，赋予我的重任、使命和给予我的最高荣誉。”白寿彝从1964年任第三届全国人大代表开始，到1988年第六届任职结束，前后共24年。其中在第四届、第五届、第六届，任全国人大常务委员。在第四届、第五届的任职是全国人大法制委员会委员。在第五届、第六届的任职是全国人大民族委员会委员。

那么，改革开放之后，白寿彝是如何在事关国家大事问题上参政议政的？我们可以从他的会议发言中，深刻感受到他的拳拳报国之心和真知灼见。

1980年1月31日，在全国人大民委第二次办公会议上，白寿彝就“修改宪法”发表意见：修改宪法，开头应当提出总的精神。应当把逐步消除各民族间事实上的不平等，作为根本性的任务提出来，今后也应当大力宣传这个问题。白寿彝十分重视宪法中的教育、民族两大部分。他提出修改宪法应肯定30年来民族工作的成就，比如民族关系有所改进，事实上的不平等有所消除。发展政治、经济、文化和科学事业，应当把教育写进去。就“关于民族节的问题”“计划生育，少数民族可生两个孩子”等议题，他也提出了自己的修改意见。

1980年2月12日，全国人大常委会第十三次会议通过了《中华人民共和国学位条例》，叶剑英委员长签署命令予以公布，自1981年1月1日起施行，以推动我国人才队伍迅速壮大起来，结束“文化大革命”十年高等教育中人才青黄不接的状况。为开展好我国首批博士和硕士学位授予单位及学科、专业名单，白寿彝担任了第一届学位委员会委员，同时担任的学者还有：费孝通、于光远、季羡林、华罗庚、苏步青、李国豪、严济慈、吕叔湘、张友渔、周培源、夏鼐、唐敖庆、钱学森、黄家泗、金善宝等。白寿彝担任这届委员，从1980年71岁，直到1988年10月他79岁。

1981 年 3 月 3 日，白寿彝在第五届全国人大常委会第十七次会议上，作了两次发言。第一次在当日上午，委员分组讨论《关于全国县级直接选举工作情况的报告》《关于调整一九八一年国民经济计划和国家财政收支的报告》，他说："对形势的提法，不能讲形势大好，还潜伏着危险，这两句话有矛盾。应讲开始好转。一切应从实际出发，实事求是。"第二次在当日下午，就"教育问题是个严重问题"这一议题，白寿彝知无不言，言无不尽："对青年的教育问题看得不迫切，这是高度近视。教育部应多办几个学校，多招几个学生。教育部十几个部长、副部长，越是人多，越不好办事。师资水平，不像话。50 年代，一个教师教两三门课，现在几个教师讲一门课，叫'章节教师'，要准备两三年才能教，社会主义大锅饭好吃。评职称乱抢。教师确实很辛苦，住房挤，买东西排队，有思想问题，也有实际问题。"

他又很严肃地说："大、中、小学生没有书看，就说没纸张印书。但出版社大量印小说，自负盈亏，印小说赚钱就有纸印，有用的书不赚钱，就没纸印。教育经费增加了 6 个亿，报上就大力宣传。人家说教育经费只增加了 6 个亿就吹起来了，中央领导同志大笔一挥，几十个亿也就出去了。建议教育经费应适当增加，改善教师生活待遇。高等学校人浮于事，头重脚轻，北京师范大学一个教务处分成三处一室，社会科学处、自然科学处、教务行政处、留学生办公室，扩充机构，就大量增加行政人员，教师却进不去。教育问题严重，不能再迟缓了，应早日提上日程。"

1982 年 8 月 19 日下午，举行第五届全国人大常委会第二十四次会议，20 日分组讨论《关于召开五届全国人大会议的决定（草案）》和《一九八一年国家决算》。21 日，白寿彝发言说："财政部长的报告中，有些提法还不大清楚，例如前面提出'实现了收支基本平衡，为争取我国财政经济状况的根本好转创造了一个良好的开端。'而在后面又提出：'1981 年财政收支的基本平衡，主要是在大幅度紧缩支出的条件下实现的，因而还是不固定的。国民经济中潜在的危险虽然有了缓和，但还没有根本消除。'这两种讲法是否矛盾？'潜在的危险’到底在多大程度上没有消除？在多大程度上有所缓和？像这些基本估计性的提法，最好讲得具体一点，不要太笼统。”

白寿彝谈到“处理杨义邦问题的报道于法律不合”时，很不客气地说：“目前经济犯罪活动相当猖獗，贪污受贿、走私现象严重，但处理经济犯罪活动不及时、不得力，群众很有意见。最近化工部副部长杨义邦因经济犯罪被免职，但在报道时却还在讲他过去工作有成绩，群众听了就不满意。犯罪就是犯罪，应该受法律制裁。犯了罪，还要讲他的功劳，法律并没有这项规定。过去封建社会的法律讲‘八议’，如要议贵、议亲、议历等，我们不应该这样。”

1982年11月13日，分组讨论《文物保护法（草案）》《食品卫生法（草案）》和《关于批准开放南通港、张家港议案的说明》。白寿彝就“不能让外国人到我国考古”这一表述说：“我建议将《文物保护法》第二十一条‘非经国务院特别许可’这一句删去。有些外国人看到我们有这样多的文物，就是眼红。我们的法律就是不能让外国人来我国进行考古调查和发掘。这是个原则，这个门不能开。这一句会给国务院带来很多麻烦，如果我们在考古发掘工作中，有技术问题确实需要和他们合作时，我们可以临时邀请他们参加。但在这里不要写，不开口子。原则就是不让外国人来我国进行考古调查和发掘。这一点要坚决，不要‘灵活’。”

1983年6月18日，白寿彝被选为第六届全国人大常委。这一年的8月29日上午，第六届全国人大常委会第二次会议召开，继续分组审议全国人大常委会《关于严惩严重危害社会治安的犯罪分子的决定》。白寿彝就“政法部门应如实向人大常委会汇报情况，不应保密”议题说：“我们的司法部门目前尽职不够，对有些问题的提法也缺乏分析。比如说‘心慈手软’，就值得分析。实际上，对犯罪分子的‘慈’，也就是对受害的人民群众的‘不慈’，该杀的不杀，应抓的不抓，如不说是包庇，至少也是纵容。在讨论刑法稿时，许多情况考虑不周，如对死刑，虽然认为应定，但又担心定了国际影响不好，这种想法就不实事求是，过虑了一些。现在修改刑法，应想得远一点，实事求是一点。”

“公安部门做了本职工作，是应当的。司法工作责任重大，实际上工作做得还不够，在报刊上表扬多了不合适。现在人大常委会职权扩大了，应加强对司法工作的监督。全国人大每次开会，高法、高检的工作报告都很笼统，不拿出具体的案例、数字，就事论事，缺乏分析。如鞍山市的流氓头子，控制了100多个妇女卖淫，为什么出现这种情况？公安部门在汇报中应讲清是怎么回事，对人大常委会不应保密。”

1984年8月20日，第六届人大常委会第六次会议讨论《药政法（草案）》，白寿彝同钱端升、王国权委员提出议案，就法的名称提出异议，他说：“《药政法》的‘政’字，是行政还是政治，意义不清楚，其他法也没有这样叫的，如《森林法》不能叫《森政法》，建议改为《药品法》。”在“关于特殊管理的药品”议题中，白寿彝认为，草案第三十九条规定中的“麻醉药品包括罂粟等原植物，只准许由国务院卫生行政部门会同有关部门指定的单位生产”，“把‘罂粟’写在法上不妥，对我们禁止种植、禁止走私罂粟不利，国际影响也不好，建议删去”。

1984年9月13日，召开第六届全国人大常委会第七次会议，继续分组讨论《森林法》《药政法》等几个法律草案。白寿彝在《药政法》中提出应专门写一章中草药，他说：“中医对许多病的疗效好，是符合科学的，不符合科学就不会治好病。但符合科学并不能说它就等于科学。中医需要总结经验，上升到理论高度，靠经验治病，偶然性大，也不利推广，要大力提倡中医研究。历史上中医、中药就吸收了不少国外的东西，搞中外结合，这是我们的好传统，应当发扬。”

1985年1月17日召开的第六届全国人大常委会第九次会议，继续分组讨论关于教育工作的报告。白寿彝说：“教师的工资低，住房紧，是当前紧迫需要解决的大问题。教师由‘臭老九’到‘穷老三’，现在利用教室办旅馆，又成了‘店小二’。教育部长的报告里，讲现象多，而对教育制度、课程设置、教学质量等本质的问题谈得少。解决了教育经费，并不等于解决了教育制度本身的问题。教师社会地位低，行政领导依靠行政命令来管理，缺乏同志式的交谈。‘教师节’要与其他积极措施结合起来，不能流于形式。民族教育的步伐要加快。‘读书无用’还有一些影响，应引起重视。建议教育部早些考虑着手起草教育法。”

1985年3月18日，召开第六届全国人大常委会第十次会议，分组审议《继承法（草案）》。白寿彝提出修改意见：“著作权的继承，比其他产权的继承要复杂些。国家承认著作权，对于著作人是一种鼓励，有利于学术文化的发展。”“关于男女平等问题。男女不平等，有它长期的历史，继承法注意到这一点是很好的，但光在字面上注意是不够的，还要注意实际的问题。草案规定的继承顺序，第一顺序是配偶和子女，这就是说，配偶的一方死了，配偶的另一方可以同子女共同分割遗产。实际上，如果母亲先死了，则很少发生遗产问题。如果父亲先死了，遗产问题就多起来了。当母亲与子女共同分割财产时，母亲在家庭中的地位要大大下降，对于她在家庭中的威信和晚年的生活，都要受到影响。草案的这项规定好像重视男女平等，实际上对于妇女是不公道的。建议：在继承顺序中规定配偶为第一顺序，子女为第二顺序，这样，有利于保障妇女在家庭中的地位，也可以减少一些子女在遗产问题上的家庭纠纷。这是一个很重要的问题，希望在修改稿中得到反映。”

“继承法作为一种法律是应当宣传的，但同时应当教育人们，不要把两眼盯在遗产上，而应当鼓励他们奋发自力，‘好儿不吃分家饭，好女不穿嫁时裳’，这虽然是一句古话，还很有现实意义。当然，我们有一笔遗产在国外还是要要的，但是，我们要鼓励年轻人有志气，不要依赖遗产。”

上述是白寿彝在全国人大工作的一些例子，并非全部。但从中我们便可看出白寿彝作为人大代表，他对参政议政从不敷衍了事、走过场。他的一位学生回忆说：“20世纪70年代后，白先生担任人大代表以来，积极地、实事求是地反映教育界、知识分子的要求和意见。在法制工作中，在民族工作中，从来是认真地以科学严谨的态度对待国家事业的。有一次，白先生突然找我借图书馆的《唐律疏议》一书，仅仅要核实制定法律中的一个问题。白先生常说，担任国家工作，不是去‘当官’，更不是去做‘政客’，而要利用自己的知识和能力去做人民的公仆。”在这里，白寿彝将“当官”“政客”“公仆”分得很清楚。

1984年10月1日，这是我国“文化大革命”结束后的第一次国庆大典——庆祝中华人民共和国成立35周年。这天上午，白寿彝第三次登上天安门城楼参加国庆观礼。邓小平检阅了中国人民解放军，当配备了现代化武器装备的军队，经过天安门广场接受检阅时，白寿彝十分振奋。他深深感到“文化大革命”结束之后的8年，我国各方面的变化太大了，他兴犹未尽，晚上还想去天安门城楼上观看焰火，和广场上的群众一起欢庆。由于那天风刮得很大，家人怕已75岁的白寿彝受不了夜间秋风，再三劝阻，他才同意不去了。

1986年春节，时任国务院副总理的李鹏，来到家里给白寿彝拜年，陪同李鹏到家里看望白寿彝的还有时任国家教委副主任的彭珮云等领导。当谈及白寿彝正在主编的多卷本《中国通史》时，李鹏说:“《中国通史》的编写工作是一件了不起的工程，是史学界空前

◎ 1987年1月9日，白寿彝（右二）在国家民委邀请的在京31个少数民族60多位著名人士举行的座谈会上讲话

浩大的复杂工程。”李鹏再三叮嘱白寿彝，一定要注意身体。李鹏的来访使白寿彝深受鼓舞，他说：“李鹏同志担任（副）总理职务，能够百忙之中来看我，还知我的《中国通史》总主编的工作，对史学界如此关怀。从他的身上，我看到了咱们好总理（指周恩来）的作风，令人欣喜呀！”1987年的春节，李鹏又来家里看望白寿彝。

1987年10月25日至11月1日，中国共产党第十三次全国代表大会在北京召开，这次大会系统阐述了社会主义初级阶段理论和党在社会主义初级阶段的基本路线，为社会主义现代化建设和改革开放奠定了理论基础。白寿彝作为列席代表参加了这次会议，这是党赋予他的荣誉和对他的信任。

白寿彝曾被提议担任全国人大常委会副委员长这一重要职务，他考虑再三，为了刚刚起步的《中国通史》能够顺利完成，他决定不再担任更高、更多的领导职务，以免既影响党和国家的事业，又影响《中国通史》的组织编写，因为他已经是70多岁的老人了，如果参加会议太多，参政议政的重要工作就会更多，那么，势必影响他的精力和《中国通史》的编写进度。因为他知道，能担任总主编组织撰写《中国通史》的人很少，而能担任全国人大常委会副委员长的人则较多，为此，他选择了放弃。笔者在1997年，曾专访过时任全国人大常委会副委员长、已87岁的费孝通先生，他送给笔者一张名片，上边写着“北京大学教授”，而不是“全国人大常务委员会副委员长”。当笔者问他这是出于什么考虑时，费老告诉我们，官位是临时的，而教授却是终身的，他特别看重学问。可以肯定地说，白寿彝的考虑和费孝通是一样的。历史证明，历史学家白寿彝的决定，是具有历史性的。

20世纪80年代，面对汹涌而来的知识经济大潮，继往开来的党的第三代领导人，提出并实施“科教兴国”的伟大战略。江泽民在党的十五大报告中明确指出：“切实把教育摆在优先发展的战略地位。”为此，1990年1月16日，白寿彝给江泽民同志写了一封信，全文如下：

春节快到了。兹奉上拙著历史书三种，向您祝贺这个传统的节日，祝您身体健康，工作顺利，祝我党的事业不断地载入人类的史册。

大半年来，听到您多次讲话中对理论学习的强调，我们很感到亲切。有的同志说，好像听到五十年代的声音。这反映同志们对党的这一优良传统深厚的依恋之情。我们希望具体的措施能赶上来，各级领导同志能以身作则，形成一种自觉的经常的风气。

我作为一个历史工作者，希望历史学习和形势分析都能在学习中取得应有的地位，把它们同哲学学习联系起来，使历史的概括同哲学的阐发，能相得益彰。按照一般的理解，历史是过去的事情，但实际上，历史是过去的事情，也不是过去的事情。过去对现在以及将来，都有无法估计的影响。这是我们国家巨大的财富，不可等闲视之的。希望您在适当的时候，对历史学的科学意义和现实意义说几句话，这会有良好的政治影响的。

我奉赠的拙著三种，是一个党员向总书记的汇报，也希望您便于翻阅，能给我一点指教。《中国通史纲要》已印了有 7 次，已达 80 多万册，有英、日、西班牙等译本行销国外。《中国通史》是一部多卷本著作，全书 22 册，约 1200 万字。计划今年年底可以完稿一半，争取明年年底可以大体脱稿。以我国历史的悠久丰富，写这样一部大书是应该的。但因为书大了，出版周期太长，希望出版社能加快出书。在方便的时候，如果您能在上海方面加以嘉勉，当能对这书的出版工作增加动力。我今年 81 岁了，我相信您会了解我的心情的。

毛主席《改造我们的学习》，今天仍是有生命力的。我建议，在《人民日报》上重新发表一次，不知可以否。

春节虽近，天气正寒，请维珍重。谨致敬礼。

白寿彝

1990.1.16 北京师范大学

1997 年，北京师范大学建校 95 周年，江泽民来到学校看望师生，并与教师代表合影留念，白寿彝参加了这次总书记的接见，合影时他在前排就座。

1997 年 6 月 30 日，香港。23 时 42 分，中英两国政府香港政权交接仪式开始，英国的“米”字旗和港英的皇冠狮子旗徐徐降下。7 月 1 日零时零分，伴随着中华人民共和国国歌声，中华人民共和国国旗和香港特别行政区区旗徐徐升起。88 岁的白寿彝在电视机前瞩目了香港回归这一伟大的时刻，双眼充满了喜悦的泪花。那一天早该上床休息的他，没有了疲倦，坐在电视机前，坚持了数小时。每当家人劝他早点睡觉休息，他大声说：“你们睡觉吧！我不困！”1840 年以来中国屈辱的历史，是从英国占领香港开始的。为救亡图存、为中华民族伟大复兴奋斗一生的白寿彝，终于盼来了扬眉吐气的这一天，他怎么会疲倦发困呢？这就是白寿彝之所以成为杰出历史学家的精气神。

1997 年，白寿彝被邀请列席中国共产党第十五次全国代表大会。十五大从指导思想、基本纲领到战略部署，对把中国特色社会主义事业全面推向 21 世纪，做出了全面规划。这一年，白寿彝也被北京师范大学授予“优秀共产党员标兵”的光荣称号。

1999 年 9 月 7 日，在第 15 个教师节即将到来之际，时任中共中央政治局常委、国务院副总理李岚清，看望了正在北京友谊医院治疗的已 90 岁高龄的白寿彝。那时，他的身体已很衰弱，但是不管身体状况如何不佳，只要来医院看望他的老友、学生谈及学术问题时，他都是精神焕发，思维仍是那样敏锐，令来客，尤其是医生、护士和家人都为之惊讶。李岚清来看望他的那一天，他的精神异常好，他坚持不躺在病床上，一定要去休息室，并自己梳理头发，换下医院的病号服。李岚清见到白寿彝坐在沙发上，便急步上前，送上鲜花，并落座在他的身旁，紧紧握住白寿彝的手亲切问候。当谈到江泽民最近写信给白寿彝，祝贺他主编的《中国通史》全部出版时，李岚清说：“从中国的历史中，我们可以借鉴许多宝贵的经验，也可以吸取许多教训。江泽民同志曾多次要求全党全社会重视历史的学习，我们要认真贯彻落实，切实加强历史的学习与研究，学校也要重视用历史教育青少年学生，并把它作为推进素质教育的一项重要内容。”白寿彝十分赞同李岚清的意见。陈至立等也随同看望白寿彝。李岚清、陈至立等领导走后，医生让他马上休息，白寿彝却笑着对医生说：“岚清同志和至立同志都是我的顶头上司，都关注史学的研究与教育，是好领导呀！”

1999 年 10 月 1 日，中华人民共和国成立 50 周年，江泽民检阅中国人民解放军并发表重要讲话。90 岁的白寿彝应邀参加了这次举世瞩目的庆典，这是他第四次登上天安门城楼观礼。他非常开心地说：“这次是我和江泽民等同志一起在天安门城楼上，庆祝新中国 50 年大庆；第一次是我和毛泽东等同志一起在天安门城楼上，参加开国大典；另一次是打倒‘四人帮’庆祝大会；又一次是和小平同志等一起在天安门城楼上，那次是小平同志阅兵，改革开放。这四次都是举国大典，意义深远呀！这是我们党和国家三代中央领导同志对我的关怀，也是对中国史学界老知识分子的重视！风风雨雨的 50 年，在新中国三代中央领导同志的正确领导和不懈努力下，继往开来，祖国蒸蒸日上，人民的生活一天更比一天强！”

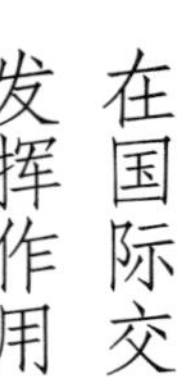

叁 在国际交往中发挥作用

白寿彝是一位具有世界眼光的杰出历史学家，其世界眼光的形成，首先源自他在中华人民共和国成立之前，就对历史上中国与外国的交往十分重视，这一认识起步于他对自己本民族回族历史的研究。研究中国回族史，必然涉及回族所信仰的伊斯兰教，必然涉及伊斯兰教的诞生及传播的主要地区，即阿拉伯国家，那么，中国与阿拉伯国家之间交往的历史，便引起了白寿彝的高度关注，他在1936年27岁时，便发表论文《从怛逻斯战役说到中国伊斯兰教之最早的华文记录》，他指出，正是这次发生在唐朝的战役，使中国的造纸术，通过阿拉伯国家，传至西方，促进了意大利文艺复兴运动，同时伊斯兰教义开始有了华文记录。

他在1937年时，又写出他的第一部专著《中国交通史》。这部《中国交通史》，更加概括了他在28岁时，对中国历史上国际交往的一些主要观点。这里所指的“交通”，与我们今天所理解的公路汽车交通、铁路交通、海上轮船航运的交通以及天上的飞机航空交通不大一样，白寿彝所指的“交通”，不只是我们今天所知道的“交通”概念，还涵盖了中国与外国在历史上的各种交往，例如陆上丝绸之路、海上丝绸之路。

那么，这样一部中外交往历史的史学著作，是怎样诞生的呢？对以后白寿彝的国际社会活动，又产生了哪些影响呢？

1936年2月中旬，白寿彝在开封过完春节后，返回北平。这是他在燕京大学研究生毕业后，第二次赴北平寻找工作，他找到了恩师顾颉刚。此时，商务印书馆准备出版《中国文化史丛书》，请顾颉刚牵头负责，他正准备找人分头去写。于是，他就让学生白寿彝承担了这套丛书中的《中国交通史》。顾颉刚告诉学生：稿酬每千字五元钱，可分批交稿，分批支付稿酬。这对白寿彝来说，是天大的好事！白寿彝经过两个来月时间的准备，大约在4月开始动笔写《中国交通史》的第一章，到10月，第五章完稿，全书约10万字，写得较为顺手。

当时，刚从北京辅仁大学历史系毕业的史念海，也来到顾颉刚的门下，开始写《中国疆域沿革史》一书，为顾颉刚搜集资料和起草一些章节，他感到压力较大。史念海后来回忆道："我还在艰难磨炼之中，寿彝却已经写成《中国交通史》交稿了。这就使我对寿彝钦佩的心情，油然而生，无时或忘。"60年后，史念海仍在说："我和寿彝是1936年晤面订交的。承他的厚意，我作为老友，我却不敢有此奢望，我一直认为他是我的半师半友。这不是我对他的颂扬，60年的交往，特别是中华人民共和国成立以后的交往，就是具体的例证。"

《中国交通史》一书于1937年由商务印书馆出版。1984年、1987年、1993年、2007年，又先后几次再版。后来，《中国交通史》一书，由日本人牛岛俊作翻译成日文，在日本出版。牛岛俊作在日文版的《序》中称道："《中国交通史》著者阐述以上诸端，举凡有关中国交通文化而可为典据之文献，全部录用无遗，且都注明出处，确是一部标志着中国交通文化史著中最高水平的作品。"

白寿彝在为本书重印的题记中写道："在开始写这部书的时候，大约经过两个月的酝酿，当时感到最大的困难是怎样把这样长的历史写出头绪来。"

第一个问题是，上限开始在什么时期，下限写到什么时候。后来决定上限起自夏代，应把夏代作为传说时期来看。下限要求尽可能写到最近。所以书里有1936年的事情。

第二个问题是，中国交通史的分期问题，每一个历史时期的特点。后来决定分作 5 个时期。先秦是一个时期，这个时期的特点是，民族混合运动对交通发展的影响，这所谓“民族混合”，实质上是指汉族形成的过程。秦汉是第二个时期，这个时期的特点是大一统政府的重要作用。隋唐宋是第三个时期，这个时期的特点是财富之区向东南迁移。元明清是第四个时期，这个时期的特点是海运事业的逐渐重要。五口通商以后是第五个时期，这个时期的特点是，一方面受外国的侵略，一方面在技术上受到西洋的影响。现在看来，书内所写的交通区域、交通路线、馆驿旅社、车船飞机，以及交通律令、交通机构，都还是交通史所应该有的；历史分期，有的还正确，有的还需要考虑。本书最大的缺点是，没有能够把交通的发展放在整个社会的发展中去考虑，没有把交通的发展，跟社会经济发展的内在联系解释出来，对于交通跟政治的关系，也说得不够。对于有关交通的思想方面，几乎就没有说到。现在如果要写一部新的交通史，本书中的材料还可以说是有用的。在观点和写作规模上，就必须开创一个新局面了。

白寿彝后来在提及此书对自己的影响时说道：“从我个人治学的进程上看，本书的写作，有它积极的意义。我对于通史的兴趣，对于划分历史时期的兴趣，对于寻找时代特点的兴趣，都是从写这本书开始的。我对于中外交通史的兴趣，也是从写这本书开始的。后来，由中外交通史，而中国阿拉伯交通史，而中国伊斯兰教史，而回族史，而中国民族史，兴趣在不断延伸。现在我的学术工作，主要有三个方面，一个是主编多卷本《中国通史》，一个是主编《回族人物志》。这两个方面的工作在一定意义上，都可说是沿着本书写作的思路发展而来的。”我们由此可知，《中国交通史》一书使他的兴趣，不断延伸扩大，以及他由中外交通史所引发的对抗日战争全面爆发之前，对中国前途和命运的担忧。

白寿彝在《中国交通史》的最后一章，即“中国交通事业之前途”中指出，近 90 年来中国交通事业虽有一定的进步，但是“若和世界各先进国相较，这只能算中国交通事业之现代化的开始，距现代式的规模之形成，尚相去甚远”。白寿彝从六个方面分析了“中国交通事业前途之很大的障碍”，进而指出：“在这个时候，国难严重到了极点，这种关系国家兴亡的大事业，是要政府和人民拼命去做的。我们的一部中国交通史，究竟是一部失败史或是一部胜利史，在最近的数年中就要决定。这个时代已是不再容我们优游岁月的时候了。”

白寿彝的理性思考和爱国激情，洋溢在字里行间，他要让国人知道以下事实：“自道光二十二年五口通商，90余年来中国门户洞开。外洋风雨，如潮袭来”“中国底许多利权横被侵蚀”，揭露“外国在中国领海以及内河之水上势力，远较中国本国人为胜”。“外国轮船简直畅行于中国所有的领海中”，“各国承办或中外合办之铁路所在，外人侵略的力量即随之加强”。特别指出日、俄在东三省的争夺，以及日寇入侵对“方在萌芽时期的中国铁道建设事业之严重打击”。书中表现出白寿彝强烈反抗来自外国侵略的坚强之心，28岁的他对时代的关注，已显示出他对国家命运、社会前途的责任感。他在书中所写的“在这个时候，国难严重到了极点，这种关系国家兴亡的大事业，是需要政府和人民拼命去做的”观点，是写于1937年北京卢沟桥事变前夕，回溯这段历史，我们就会感受到年轻学者白寿彝，面对国难的内心呼唤，其治学道路上的“天下兴亡，匹夫有责”的担当和思索，使他在中华人民共和国成立之后，更加积极投身于国际交往之中，他要在国际交往中，主动去发挥历史学家的作用。因为他知道中外交往史的规律，只有交往，才能交流；只有交流，才能了解；只有了解，才能理解；只有理解，才能促进各国人民相互学习，才能促进各种文明相互借鉴，才能促进人类共同繁荣发展。

中华人民共和国成立不久，美国为了灭掉刚刚诞生的新中国，发动了朝鲜战争，白寿彝提出要把爱国主义与国际主义结合起来，他在中国人民保卫世界和平委员会中，担任了第一届委员，积极参加“保卫世界和平，反对美国侵略”的活动，他还参加了中苏友好协会，为协会理事，一直到1960年。朝鲜战争结束后，为了加快建设步伐，党中央号召“向外国学习”“世界上所有国家的有益的东西，我们都要学习”。为落实这一指导思想，白寿彝撰文指出：“我们的社会主义、共产主义文化，要批判继承祖国的文化，吸收世界的文化。”在和平与发展的崭新时代，他强调，史学工作者在新的历史条件下，要怎样跟上时代的发展，怎样把历史感同时代感结合起来，史学工作者的使命是：“要大家认识到现在是什么时代，从历史看现在又是什么时代；从世界各国总形势看，从发展形势看，我们处在什么时代，这一条是关键，是教育工作中核心的一条。”为此，他提出要有放眼世界的眼光，要有面向世界的战略高度来要求自己。

白寿彝在 1951 年发表《开展历史教育中的爱国主义思想教育》，他指出：“中国和世界各国的关系越来越密切，以致中国和平成为世界和平不可分割的一部分。”“世界史的教学，不只可以贯彻爱国主义思想教育，并且更方便地把爱国主义和国际主义结合起来，更充实了爱国主义思想教育的内容。”

为了配合中国对外工作的需要，白寿彝在 1955 年赴欧洲的芬兰首都赫尔辛基，参加了世界和平理事会举办的世界和平大会，并在 1955 年撰写了《中国人民和阿拉伯人民的历史友谊》。他说：“中国人民和阿拉伯人民彼此往来，创造了彼此在商业上和文化上互相联系的历史。”“中国人民并不忘记他们在亚洲西端的朋友。”文章最后阐明历史与现实的关系：“中国人民认为，他们和阿拉伯人民的历史友谊，并不是完全过去的事，而是有充分现实意义的事。”这篇文章刊登在我国对外杂志《人民中国》上，向阿拉伯国家和人民发出了寻求和平及友谊的信息。此后，白寿彝又发表了《中国穆斯林的学术传统》，后被印成单行本，他回顾了“中国阿拉伯间科学知识文化交流的历史”，称之为“古老而亲切”，并希望中阿之间加强穆斯林学术交流，“使其有利于对宗教和学术的正当发展，有利于反对帝国主义，保卫世界和平”。上述文章为推动中国穆斯林同穆斯林国家和人民的友谊，作出了积极贡献。

这一时期，白寿彝还担任了开展国际交往组织机构的一些职务，如：中国人民对外文化协会理事、中国印度尼西亚友好协会理事、中国阿富汗友好协会理事、副会长。他还在 1956 年 7 月下旬，赴印度尼西亚进行友好访问和学术交流。1962年2月，他作为中国科学院历史工作者代表团的成员赴巴基斯坦的达卡市，参加国际历史学第12届年会。在年会上，白寿彝宣读了他的论文《中国穆斯林的历史传统》，介绍了中国穆斯林在经济、政治和学术文化上的重大贡献，赢得了与会者的广泛好评。他在论文的最后写道："对中国伊斯兰史的研究，也要像对其他的历史研究一样，应该取其精华，发扬优良的传统，使其有利于对宗教和学术的正当发展。"他还介绍了中国穆斯林追求学问、刻苦钻研、发展生产、反帝反封建的历史传统，以及为中外文化和贸易交流所作的贡献。

他的这篇论文在巴基斯坦引起了极大反响，白寿彝说："我们在年会上宣读的论文，成为达卡报纸大量摘引的材料。我们到卡拉奇后，发现当地报纸刊载得更多，并且多是以专文的形式出现的。论文中所论到的中国巴基斯坦两国考古材料上的某些接近，法显和玄奘在巴基斯坦的行迹，以及郑和的伙伴们在吉大港的友好访问，都被作为报道的主要内容。论文中谈到的中国穆斯林的历史贡献，曾引起了较多报纸的兴趣。"巴基斯坦朋友对新中国的一切都感兴趣，对新中国在革命和建设中的成就，表达了由衷的赞扬。白寿彝回国后，在北京和平宾馆对北京史学会作了《谈访巴基斯坦见闻》的报告，后又在中国伊斯兰教协会作了同样的报告。他在这次访问中，切身感受到中外文化交流十分重要，双方可以增进了解，促进彼此的发展，有助于争取持久的世界和平。他还强烈地感受到，应当用外文写出一些中国历史书，以便供外国朋友阅读。

这年的10月，白寿彝又与吴晗、季羡林一起，作为中国历史学家代表团的成员，赴伊拉克出席巴格达建成1500周年庆典，并转道赴埃及的开罗访问考察。这次访问，他们受到伊拉克总理的接见，并和巴格达市长会谈，还参观了世界名著《一千零一夜》所描写的著名街区，凭吊了幼发拉底河及底格里斯河两河流域经历千古风云的遗迹。几天之后，白寿彝一行又来到开罗，这也是一座别具风格的城市，尼罗河纵贯全城，波光帆影与摩天大楼相映成趣。在这里，同在伊拉克、叙利亚一样，阿拉伯人相信圣先知穆罕默德的一句话：学问即使远在中国，亦当求之。中阿友谊的确是既古老，又深入人心。在埃及，他们还访问了塞得港，感受到埃及人民温暖热情的气氛。

白寿彝在平时常看两种内部发行的报刊，一是《参考消息》，另一个是《国际文化动态》。这两种内刊，在20世纪60年代末，都分别刊登了美联社发布的一个消息："北京白寿彝披着宗教外衣的所谓历史学家"，其内容概述了白寿彝的工作和任职，以及发表过的民族和回族史相关文章。那时中美两国为敌对关系，在美国人眼中，白寿彝当然不符合他们的意愿了。

"文化大革命"中，白寿彝被打倒，蹲了牛棚，1974年之前，他的国际交往活动全部停止。1974年7月，白寿彝才被恢复了国际交往活动，他作为中国友好参观团的成员，再次访问巴基斯坦等国家，这是他第二次出访巴基斯坦，使他再一次感到编写中国通史的迫切性、必要性。这年的9月，为庆祝中日邦交正常化两周年，中日两国开航，白寿彝作为中国友好访问团的成员，随王震团长访问日本。

1976年11月，白寿彝作为中国政府代表团成员，随全国人大常委会副委员长乌兰夫，对伊朗、巴基斯坦、孟加拉国、叙利亚、科威特等国进行友好访问，这也是全国人大第一次组团出访。访问归来后，他还以兴奋的心情，在家中穿起了阿拉伯国家的民族服装，照相留影，以纪念这次出访。在1979年，70岁的他，又出席了阿尔及利亚第13届伊斯兰思想讨论会，他以《中国穆斯林的历史贡献》为题发表讲话，讲述了中国穆斯林的历史传统。考虑到与会者主要是亚非代表，而不同于亚、欧、美三洲代表参加的巴基斯坦历史学会年会，这次讲演稿都以"亚非"代替原来泛指的"中外"或"各国"，并适当增加同亚非关系的内容，这样就使讲话更有针对性、更富有亲切感。他在讲演中特别提到周恩来总理和阿尔及利亚布迈丁总统互访的事实，更加突出了两国领导人的作用。他还介绍了我国刚刚开始的改革开放蒸蒸日上的风貌。这篇讲稿最后以英、法、阿拉伯文译稿传播，这次访问阿尔及利亚，取得了圆满成功。

在国际交往中，白寿彝越来越感觉到，学历史不仅要了解自己国家的前途，还要了解世界发展的前途。他指出："一种学问，一个学科，往往要包含古今中外才能丰富，光看眼前的一点东西是不行的。"学术研究的深化，增强了白寿彝关于中国与外部世界联系的思考。

◎ 1974 年 7 月，白寿彝（后排右二）和赴伊朗"中国友好访问团"部分成员合影

为此，白寿彝在改革开放之后，除了在全国人大及社会学术团体担任要职外，在一些国际交往事务的组织或机构，他还先后担任了中国亚非友好协会、国际和平中国组织委员会、中国统一促进会、中国国际文化交流协会等的理事。白寿彝这一生，共访问过芬兰、苏联、日本、印尼、巴基斯坦、孟加拉、伊朗、伊拉克、叙利亚、科威特、埃及和阿尔及利亚 12 个国家，他还曾三度访问巴基斯坦。此外，白寿彝在国内还参加接待了不少来自国外的重要团体和知名人士，通过这些活动，增进了中国同亚非国家特别是穆斯林国家的相互理解、信任和友谊。白寿彝对国际交流的高度关注，我们可以从他的学生王西梅所写的《卓识 · 锐思 · 不尽的探索》一文中了解

到一些情况：

1980 年，当我准备去美国进修图书馆文献情报学的时候，需要两位教授推荐，我请求白先生帮助，白先生欣然应允。当我遗憾地说，出国回来后，我就不大可能再在史学研究所工作了。白先生告诉我“学问都是相通的”，勉励我好好学习，把已有知识要与先进科学技术结合起来。果然，史学研究与国外现代图书馆关系非常密切。我在美国国会图书馆见到中文部主任的时候，他景仰地说，白先生是世界上研究史学史的最著名专家。他认为《史学史资料》是世界上唯一一份史学史杂志。我在芝加哥大学远东图书馆工作时看到，他们用 15 元港币买了一本复制的《史学史资料》收藏，而在国内只需 2 角人民币。我在美国研究先进的文献情报管理方法和技术的发展过程时，很自然地引用了史学研究的方法。特别是在芝加哥上西洋图书馆史课的时候，使我萌生了研究中国图书馆史的打算。我常想，为什么中国有这样丰富的文化典籍，却没有一本书写中国图书馆史来研究中国典籍成书的原因。而西方古代没有多少典籍流传下来，却大讲西方古代图书馆事业如何发达和繁荣。这是不公正的。这时，我体会到白先生所说“学问相通”的含意。有人曾说我从研究历史到研究图书馆文献情报学是“大改行”，而实际上，我自己正是从研究历史，进而研究历史文献，推广而研究社会科学文献情报，到现在研究情报信息管理，是一脉相承的，是合乎逻辑的。在美国，图书馆文献服务和情报信息交流两件事，从来就没有分开过。

白先生深谙中国历史，而对世界问题也非常关心，谆谆告诫我们，研究中国历史同时要关心世界现状。当我从美国回来后，和 1987 年从英国回来后，白先生都专门找时间要我谈谈那里的情况和人民的生活，以及学术研究动态。他认为，研究中国历史，当然要在中国，但国外的中国历史研究进展、经验和先进的方法也应学习。美国的历史专家杜维明教授、袁清教授等与白先生见面时，白先生都是非常重视和认真地对待国外历史研究发展，同时，也总是问起国外社会的现实问题，倾听他们的看法。苏联的解体与和平演变的教训，使白先生忧心忡忡。学术研究是白先生的生命，白先生是把自己的学术研究与中国人民和世界人民的命运，紧密联系在一起了。

1986年7月，在辽宁大连市召开的“清史国际学术讨论会”上，白寿彝说：“国外学者为我们提供了一些新的文献资料，新的见解，这对于沟通国内外的学术交流、信息起了很好的作用。”1994年3月，白寿彝还要求《史学史研究》杂志社，专访他的老朋友、中国世界近现代史研究会会长齐世荣，重点谈世界史研究，并将齐世荣关于世界的看法，发表在《史学史研究》1994年第3期的首篇位置，他的目的在于开拓人们的世界眼光。齐世荣为此讲道：“今天人们生活在20世纪90年代，眼看就要进入21世纪，现在是全球经济、全球政治、全球文化的时代，整个世界已连成一体。如果我们对整个世界没有一个总体的看法，那么我们就无法生存。不能说中国人就知道中国的事，美国人就知道美国的事就行了。从一个国家来讲，它没法治理；从一个人来讲，他就不是一个合格的21世纪的公民。整个世界已经打成一片，而你却对世界茫无所知，不管你从事何种职业，都是不行的。”“今天，任何一个大国，不管它有多么强大，要想独霸世界，对其他国家发号施令，都是办不到的。在经济方面，生产和资本国际化、一体化、集团化的趋势日益加强。现在，发达国家之间、发达国家与发展中国家之间，以及某种程度发展中国家之间，既存在着种种矛盾，又存在着千丝万缕的联系。任何一个国家都要依靠国际市场，闭关自守是死路一条。”白寿彝是要借助《史学史研究》杂志这个阵地，来加大宣传全球一体化、放眼看世界的理念。

在白寿彝的推动支持下，1997年9月，北京师范大学历史系还与中国社会科学院世界历史所联合共建，协作开展教学、科研活动，共同培养史学人才。他在书面讲话中指出:“高校的世界史研究，现在已经取得了很多成绩，但还有许多弱点。世界史所的研究条件要好些，但也有一定的困难，搞世界史除了必须掌握外文以外，还要搞一些思想史方面的内容，了解历史发展的动向。在这一点上讲，高校和科研单位的结合，也是很有必要的，可以互通有无，取长补短，共同发展。”

“我们的历史学科要在历史发展中发挥作用，就必须成为一种社会力量，坐在研究所里搞学问和在课堂里面念书，掌握一些历史资料、历史知识，固然很重要，但这毕竟是不够的，因为学习历史研究历史的目的，不只是寻求职业，更重要的是要使历史学成为推动历史进步的动力。”

他在主编《史学史研究》杂志时，特别强调要经常发表国外历史学发展和研究动态，同时注意将这本杂志向国外发行。到 1994 年，据中国国际图书贸易总公司等单位提供的资料表明，该刊在欧洲发行至英国、法国、德国、意大利、瑞典、俄罗斯等国，在美洲发行至美国、加拿大，在大洋洲发行至澳大利亚、新西兰，在亚洲发行至日本、韩国。

1997 年第 4 期的《史学史研究》，发表了关于法国历史教学的介绍。文章讲到，法国历史教学目标，特别注重民主意识的教育与学生能力的培养。法国的初中历史教学大纲提出，史地教学要满足学生对他们周围世界的好奇心、培养他们对与他们有关的过去和现在的相互联系的感情。不要改变每个学科的特殊内容，强调历史和地理的教学是协调统一的。要能使学生对多种多样生活环境和文明的了解，有助于学生思维，进行比较，培养批判能力，了解不同文化的世界。

第二次世界大战以前，法国的历史课极力渲染法兰西民族精神，而近年法国的历史教材采用本国史与外国史合编的形式，将本民族的发展置于整个世界历史发展洪流之中，改变过去以本国历史发展为主线的做法，而以促进世界各国互鉴往来为指导思想。法国史学界积极提倡史学研究并加强国际间的合作与交流，其主旨在于促进年轻一代立足历史、放眼世界，开拓未来新生活。

在1997年第3期《史学史研究》上，发表了关于日本历史教学的文章。该文非常严肃地指出日本历史教学中存在的重大问题，由此来提醒我们的警惕：日本历来重视历史教育，许多历史学家、教师都指出“历史教育才是认识人类、热爱人类，并有心于改造社会的教育”。日本的历史教育协会认为历史教育具有“鼓舞正当的国民性自信和国际精神”。历史教学在于使本国人民了解祖国的事实，了解本国和世界的历史进程，以史来振奋民族精神。与此同时，不少历史学家、官员、协会都认识到日本在二战中的不光彩的事实，主张以史来教育日本的年轻一代，以免重新走军国主义道路。

在《史学史研究》1997年第1期上，发表了对美国历史教学的介绍文章。该文指出：美国开国元勋富兰克林和杰弗逊，早年就提出“让孩子们从小就学习历史”，强调“历史可以使人们了解过去、展望未来；历史可以为他们提供异国的经验；历史还会教人们如何评价人和事、如何揭露伪装、认清本质、击败阴谋”。自此至今，在美国的学校里一直开设历史课。尽管其间发展很不平衡，但总的来说较受重视、不断深化，并创造了许多行之有效的教学形式和方法。

除此之外，白寿彝主编的《史学史研究》杂志，还开设“外国史学”专栏，发表了很多有助于开阔世界眼光的论文。白寿彝的整个思路便是在全球一体化的今天，中国历史学家不能再封闭保守了，要更好地发挥历史学家的作用，并在国际交往中有话语权，那就必须了解中国之外的世界，就必须以更加开放的胸怀，以人类命运共同体为理念，才能更好地使中国走向世界，让世界也走向中国。他这些思想的形成，与他是一位杰出的社会活动家有关，与他经常参加国事活动、国际交往活动有关。杰出的人物，往往都是不仅读了万卷书，而且更是走了万里路。

肆 不断创办史学刊物 积极参与史学活动

白寿彝是一位社会活动家，他不断创办报纸、杂志以及出版图书，又不断参与社会团体的组织创建，他担任的社会团体职务很多。

白寿彝19岁那年，就在著名报纸《民国日报》上，发表了他的第一篇文章《整理国故介绍欧化的必要和应取的方向》。在上海出版发行的《民国日报》，创刊于1916年，以拥护共和、发扬民治、唤起国民奋斗精神为宗旨，创办人为陈其美，总编辑为叶楚伧，邵力子任总经理和副刊编辑。1924年中国国民党第一次全国代表大会后，该报成为国民党的机关报。该报副刊《觉悟》发表了许多推动新文化运动的文章，被誉为五四时期“四大副刊”之一。

1929年白寿彝20岁时，就在河南开封创办了自己的第一本杂志《晨星》半月刊（这个文艺刊物只出了14期便停刊了），由此算起，直到2000年他91岁去世之时，其参与推动、创办的以报纸、杂志为主的新闻出版生涯，前后连绵长达71年。这几十年，他所参与推动、创办的报刊之多，跨越时间之长，在中国历史学界是极为罕见的，在中国现代新闻出版史上，也可算得上是一朵奇葩。

白寿彝第二次创办刊物，是在1933年7月，他刚从燕京大学研究生毕业。此时24岁的他，又在家乡开封办起了《大河》杂志，该杂志出了3期就停刊了。不久，又创办了面向少年儿童的杂志《新儿童》，时间也很短便夭折了。这两本杂志，同第一次创办的《晨星》一样，都不属于历史类刊物，而属于文艺文学类刊物。白寿彝后来讲起这段经历时说：办刊物是为了交流，也为了度日，但那时的社会状况是干什么都很难，青年人根本没有施展才华的余地，整个社会都是民不聊生。

白寿彝第三次创办刊物，是在1935年，那一年他26岁。他在开封创办了《伊斯兰》杂志，这本杂志虽然只出了5期，时间也很短暂，但是，它在白寿彝作为社会活动家、出版家的生涯中，却极为重要。这是因为，白寿彝由此开始确定将史学研究作为自己一生的发展方向，并具体确定了史学研究的起步，从中国伊斯兰史和回族史入手。他为此写了发刊词《我们的自白》，还在本刊1935年第4期上，发表了《中国回教史料之辑录》。这是他第一次发表关于中国回教史料的文章。今天的学术界普遍认为，《伊斯兰》杂志的问世，标志着中国伊斯兰史和回族史理论研究的开始。

白寿彝第四次办杂志，是协助恩师顾颉刚在北平编辑《禹贡》杂志，该杂志创办于1934年，为半月刊，由禹贡学会主办，在办刊的同时编撰、出版图书，还进行社会调查研究，并由此形成了中华民国时期独具特色的学派——禹贡学派，以此为舞台，培养了一大批史学人才。白寿彝1936年开始编辑《禹贡》杂志的“回教专号”，后来顾颉刚又让他在禹贡学会做专业研究员，这是白寿彝第一次参加社会组织，并参与社会组织所创办的杂志编辑工作，以及该组织开展的西北考察社会活动。

这一时期，白寿彝在《北平晨报》上发表了两篇文章：《欧阳修论易系辞传》《朱熹对于易系辞的贡献》，进一步强化了他对新闻媒体的重视。这一年，他27岁。《北平晨报》创刊时的名字叫《晨钟报》，1916年创办，李大钊曾担任总编辑。1918年更名为《晨报》，是以梁启超为首的进步党的机关报，是北洋政府统治时期北方最有影响的报纸之一。1930年后改名《北平晨报》。

这几年的经历对白寿彝特别重要，一是他了解了社会组织的构建思路，二是社会组织对创办杂志和出版图书的意义，三是社会组织有利于团结人才，开展社会活动，扩大影响，形成学派。这一时期，顾颉刚让他代写并在媒体上发表的文章，所引发的热烈反应，也使白寿彝对报纸、杂志的作用，有了更强烈的认识。这两篇文章，一篇是发表于1936年11月《独立评论》杂志的《回汉问题和目前应有的工作》；另一篇是1937年3月7日发表在《大公报》上的《回教的文化运动》。《独立评论》1932年创刊，由顾颉刚的老师胡适创办，并任主编，是一份政论时评性质的周刊，1937年停刊，出版243期，其实际负责人是著名历史学家黎虎之父黎昔非，黎昔非也是胡适的学生。《大公报》于1902年在天津创刊，创办人是英敛之，是当时中国影响最大的报纸之一，后落户于上海，在抗日战争期间，又办有《大公报》汉口版、桂林版、重庆版、香港版。张季鸾、王芸生二人曾任总编。现在，香港版《大公报》仍在海外影响巨大。

白寿彝编辑的《禹贡》5卷11期“回教专号”，在1936年8月出版，白寿彝关于伊斯兰教历史的长达3万多字的第一篇专论，就发表在这期杂志上，题目是《从怛逻斯战役说到中国伊斯兰教之最早的华文记录》，这是白寿彝的史学论文代表作之一。《禹贡》杂志因抗日战争全面爆发而停办，共出版了7卷82期。1937年10月，白寿彝在西北考察时，与恩师顾颉刚在甘肃兰州商议，拟在陕西省西安市继续办《禹贡》杂志，白寿彝和白亮诚到西安考察后，认为时机、地点均不合适，便未进行下去。

白寿彝第五次参与创办杂志，是1938年，地点在广西桂林。在这里，他与从北平因战争而南迁的成达师范学校一道，开始参与恢复《月华》杂志的编辑出版。《月华》杂志是一本伊斯兰教宗教杂志，原在北平出版，因七七事变爆发而停刊。他们到达广西桂林后，将其复刊。此时白寿彝开始学习恩师顾颉刚的做法，参与创建社会组织——中国回教文化学会，后更名为伊斯兰文化学会，由此可知，白寿彝创建社会组织的理念是创建文化组织，而非伊斯兰教宗教性质的组织。该组织是“学会”，是专家学者同人一道进行学术研究的民间研究机构，而不是政府主办、操控的社会组织。这是他在1937年春，在《申报》上发表的《论设立回教文化研究机关的需要》思想的第一次实践。《申报》创刊于清朝末年的1872年，1949年5月停刊，为近代中国发行时间最久、最具有广泛社会影响的报纸，是中国现代报纸开端的标志，它前后总计经营了77年，历经晚清、中华民国北洋政府和国民政府三个时期，共出版2.7万多期，被称为研究中国近现代历史的百科全书级别的报纸。

此时，在不到30岁的白寿彝的意识里，他所要创建的社会组织的结构已很清晰：是文化的而非宗教的；是“中国”的，而非“地域”的；是民间学术的，而非官方的。这三种意识在白寿彝的心中，开始扎下了根。同时，他对当时中国一流新闻媒体的巨大影响力，已有了很深刻的了解。历史学研究只有与报纸杂志图书出版等大众媒体相结合，只有创建社会组织团结志同道合者，才能凝聚成更大的力量，才能普及文化，唤起大众觉醒，才能对救亡图存、复兴中华发挥更大作用。

白寿彝的第六次探索实践，是在1939年到1945年抗日战争结束之间，主要是在云南昆明。1939年初，恩师顾颉刚让他代写文章《中华民族是一个》，发表在顾颉刚主持的《益世报》副刊《边疆》半月刊上，该文引起社会各界热烈反响，这对白寿彝又是一次鼓舞。为了办好1938年复刊的《益世报》以及副刊，顾颉刚离开云南时，就将《边疆》副刊，交给白寿彝负责。《益世报》创刊于1915年，由天主教天津教区副主教雷鸣远创办。雷鸣远是比利时人，1910年来到天津任望海楼教堂神父，1928年加入中国国籍，坚决支持中国人民的抗日斗争。该报是中华民国时期四大报纸——《大公报》《申报》《民国日报》《益世报》之一。抗日战争全面爆发后，报社南迁至云南昆明复刊。复刊之时，雷鸣远前往昆明报馆祝贺，鼓励报人们抗日到底，他曾说：“此生此世，献为中国之牺牲”“你们不要看我的鼻子、我的脸是外国的，我的心是中国的。我们要抗战到底”！雷鸣远1940年病逝于重庆，终年63岁。笔者在1996年到美国考察时，曾专访过雷鸣远的学生、教育家、慈善家梁学曾，他为了纪念恩师，在美国创办了著名的“鸣远中学”，以普及华文教育。

这一时期，在云南大学当教师的白寿彝，还参加了昆明回族大学生同学会这一大学生社团组织的活动，并在1940年支持学生抗议国民政府行政院对回族的“明令”。又在1939年秋天，参加了中国回民救国协会云南省分会，并被选为理事。中国回民救国协会于1939年在湖北汉口成立，后南迁重庆，改称“中国回教救国协会”或称“全国伊斯兰教救国同盟”。此协会理事长为白崇禧，旨在团结全国回民、伊斯兰教民，一致抗日救国。1940年，应中国回教救国协会云南省分会马伯安理事长之聘，白寿彝还担任了云南省分会常务干事，负责《清真铎报》编辑。《清真铎报》创刊于1929年，是弘扬伊斯兰文化的学术杂志，为月刊，1930年停刊。1940年复刊后，得到全国穆斯林的支持，发行量大增。该杂志是1949年之前中国伊斯兰刊物的代表。

抗日战争胜利后，白寿彝再次被选为中国回教救国协会理事，但他退回了“当选书”，并书信表明:“回教救国协会，救国已成，抗日之任务已毕。回教救国协会现已更名为‘回教协会’，我白寿彝不再担任全国回教协会理事了。特此声明。”白寿彝声明之因，是他看到国民党蒋介石挑起内战，而白寿彝希望抗战胜利后看到的是和平，所以，他不愿意再参加不反“内战”的社会组织。

在云南期间，白寿彝一直不忘在广西桂林创建的中国回教文化学会，并希望以此为基础，使之扩大为伊斯兰文化学会，白寿彝的朋友、云南实业家白亮诚对此大力支持，并给予了首捐。为了更好地在战时重庆开展这一工作，1942年白寿彝离开了云南大学，来到重庆的中央大学任教。1943年，中国回教文化学会在重庆召开理事会，制定了研究目标，明确了研究方向和研究任务。由此可见，创建社会组织在白寿彝心目中的地位日益重要。

国民党中央组织部为拉拢具有社会活动能力、又希望组建社会组织的白寿彝，便在1942年由该部边疆处提出，由白寿彝牵头发起组织“伊斯兰国际文化协会”，白寿彝一口回绝。

白寿彝的第七次探索，是抗日战争结束后，到1949年中华人民共和国成立前夕，他以常务副所长的身份，参与恩师顾颉刚所推动的文通书局编译所的工作，前期工作在云南，后期在江苏苏州，其工作内容主要有编辑出版《文通小字典》《唐代小说丛刊》等书，其出版计划中，还有世界文学名著、文学丛书、医学丛书及少年儿童文库等，并恢复了《文讯》杂志的编印发行。这时白寿彝面对的市场，是以上海为主的江浙地区。这3年，白寿彝以文通书局编译所这一出版机构为阵地进行的实践，对他如何运营包括《文讯》杂志、图书出版在内的出版业务，有了一个新的认识。由于他这次参与的时间比以前都长一些，而且他的身份是常务副所长，要考虑工作整体布局，所以，这几年的丛书规划及出版，以及《文讯》杂志在当时所产生的影响力，还有与投资方如何合作运营等，都使他获得了实战锻炼。他之所以在1949年之后，能够很快融入新的社会组织创建工作和以报纸、杂志为主的新闻出版事业，我们通过研究发现，这的确与他在20岁到40岁这20年间，在这个方面的滚打摸爬有密切关系。他已经摸索了20年，积累了丰富的经验，因此可以在中华人民共和国成立之后，撸起袖子加油干。

在1949年到2000年他去世为止的51年中，作为杰出的社会活动家和出版家，其实绩可圈可点，其成果可谓丰硕。

1949年7月，白寿彝来到北京，他和从延安过来的范文澜一道，参加了新中国史学会这一社会组织的创建，并担任了史学会的常务理事。1951年2月，白寿彝开始参与创办《光明日报》副刊《历史教学》。

从1951年2月17日到1953年3月15日，由北京师范大学历史系主办的《历史教学》，共出刊53号。第一号是历史系主任侯外庐的文章，题目是《〈实践论〉是历史教学底最高依据》。刊头下有编者的话："我们欢迎关于历史理论、教育理论、历史教学理论、历史问题和历史教材教法的讨论、历史教学经验的报道。来稿请寄《光明日报》转本刊编委会。"

1951年7月28日，中国史学会成立，郭沫若任主席，范文澜、吴玉章任副主席，白寿彝任常务理事。"文化大革命"中史学会工作停止，1978年恢复。第二届、第三届实行主席团制，胡绳、周谷城、白寿彝、郑天挺、刘大年、林甘泉、吴于廑、戴逸均担任过主席团成员。

史学会成立时，所确定的重点工作之一便是编辑、出版《中国近代史资料丛刊》，当时确定了12个专题，成立了由徐特立、范文澜、翦伯赞、陈垣、郑振铎、向达、胡绳、吕振羽、华岗、邵循正、白寿彝组成的总编辑委员会。1951年以后的10年中，史学会共先后编辑出版《丛刊》10种，1952年由上海神州国光社出版了白寿彝的《回民起义》。这些近代史资料，甚为分散，搜集不易。《丛刊》的出版，集中了大量有价值的、经过整理和考辨的史料，为近代史研究者提供了极大的便利。

1953年，在中央民族事务委员会的主持下，白寿彝等回族界人士向中央主管领导李维汉、习仲勋呈文报告，请审批成立“中国回民文化协进会”。该协会是一个向我国回族宣传党和国家的民族政策，进行爱国主义和社会主义教育的社会组织。李维汉、习仲勋审阅后，即上报给邓小平。邓小平批示意见后，上交毛泽东圈阅批准成立。白寿彝任协进会副主任，该协会为宁夏回族自治区的成立作出了巨大贡献。

由中国科学院主办的《历史研究》杂志，是第一个由中共中央决定创办的全国性历史类学术刊物，它创建于1954年。1953年筹办时，郭沫若是召集人，编委会成员有尹达、白寿彝、向达、吕振羽、杜国庠、吴晗、季羡林、侯外庐、胡绳、范文澜、陈垣、陈寅恪、夏鼐、嵇文甫、汤用彤、刘大年和翦伯赞等。主编是尹达。在1953年请示毛泽东办刊方针时，毛泽东提出要“百家争鸣”。为什么毛泽东以《历史研究》为突破，提出学术问题要“百家争鸣”？这是因为他对20世纪20年代史学界关于中国古代社会历史的分期很是关心，他对不同的分期意见都很注意，偶尔也提及自己的看法。但他有一个原则，这个问题应该由历史学家根据占有的史料和研究，通过深入的讨论来求得共识。历史问题的认识，不能由任何一个人，特别是不能由政治家来作出结论，要鼓励不同意见的争论。

为体现“百家争鸣”，《历史研究》杂志的编委会成员以马克思主义史学家为主，但非马克思主义史学家成员，也占了三分之一，主要是综合考虑了学者的学术资历、中共党员和非党员、研究领域及所属部门和年龄段等多种因素。1954年2月，《历史研究》创刊号出版，开始时为双月刊，1956年改为月刊。当年的历史见证者林甘泉回忆说：“《历史研究》的出版，及其编委会成员的组成，体现了新中国史学家强大的合力。”这个编委会组成人员名单是由中央批准确定的，共有17人。

◎ 1979年6月9日，中国社会科学院历史研究所学术委员会成立时留影（前排左起：王毓铨、白寿彝、邓广铭、侯外庐、尹达、翁独健、胡厚宣、张政烺）

从这一时期来看，白寿彝所参与的社会活动及创办的报纸、杂志中，便可发现一个现象，白寿彝能够成为一代杰出的历史学家，与他在这一时期的社会交往有很大的关系。他在40多岁时，已跻身于新中国一流史学家队伍，在1949年，他便与历史学家范文澜一起，参与创建新中国史学会，并在1951年中国史学会正式成立时，被选为常务理事，和马克思主义历史学家郭沫若、范文澜一起工作。郭沫若长白寿彝17岁，范文澜长白寿彝16岁，顾颉

民俗学和历史学

白寿彝

用历史学的眼光来看，各民族的风俗、习惯、信仰和民间文学，都是社会的存在，也都是历史的一部分。按照中国历史学的传统来说，历史书里也常常记载不少的民俗材料。在所谓“史部”的著作里，也有专门记载民俗的书。现在我们把民俗学跟历史学分开，是因为二者研究的主要对象不同，研究的方法和任务也有很大的不同。把它们分开，有利于二者的发展。但这两者，也不能完全分离。研究历史，不能完全摆脱民俗的研究。研究民俗，也常常要采用历史的解释。

“五四”以后，我们所谓“民俗学”是从国外输入的一个新的概念。作为民俗学的研究工作在近代是从什么时候开始，我说不上来。在我的印象里，鲁迅在一九二七年收入他的《而已集》里的《魏晋风度及文章与药及酒之关系》，不知他是否有意从民俗学的角度解释历史，但他实际上是这样做的。可能这是近代人用民俗学的观点解释历史的最早一篇文章。这篇文章指出了魏晋名士吃“五石散”的风气。文章说，吃了这种药，全身发烧，要把衣服脱掉，要用冷水浇身。皮肉发烧之后，不能穿窄衣服。为了预防皮肤被衣服擦伤，就非穿宽大的衣服不可。文章说，现在有许多人以为晋人轻裘缓带、宽衣，在当时是人们高逸的表现，其实不知他们是吃药的缘故。”文章又说，“更因皮肤易破，不能穿新的而宜于穿旧的，衣服便不能常洗。因不洗，便多虱。所以

· 28 ·

◎ 1984年8月《中国民俗学参考资料》刊载的白寿彝撰《民俗学与历史学》

刚长白寿彝也是16岁，白寿彝和上述三位著名史学家，在辈分上是两代人。40多岁的史学界少壮派白寿彝，与老师辈的史学大师一起，共谋新中国史学大业，这对白寿彝来讲，是一次极为难得的学习锻炼机会。经过学习、锻炼，他的视野更加开阔，他后来敢于去做超越前辈的史学大业，如皇皇巨著《中国通史》，其关键点就在于，他在40岁之后那几年，是站在一批史学巨匠、前辈大师的肩膀之上，而眺望到在险峰之处的那常人很难观察到的无限风光。唐朝大诗人元稹在《离思五首》"其四"中写道："曾经沧海难为水，除却巫山不是云。取次花丛懒回顾，半缘修道半缘君。"而对白寿彝来讲，这里的"半缘修道"，便是他借助社会活动以修炼自己；"半缘君"中的"君"，便是他与那个时代的一流史学大师诸"君"的相识，并得到了他们的相助，这对白寿彝的成长和发展极为重要。我们从当年与白寿彝在一起工作的史学大家，如范文澜、陈寅恪、汤用彤、翦伯赞、杜国庠、尹达、吴晗、季羡林、胡绳等，便可知白寿彝在那个时期"谈笑有鸿儒，往来无白丁"的交往盛况。

1980年，中国史学会恢复活动，白寿彝又担任了第二届理事会主席团成员。1999年，在庆祝白寿彝九十华诞和《中国通史》全部完成出版庆贺会上，中国史学会在贺信中说："先生于1949年参加了由郭沫若先生主持的新中国史学会，是中国史学会的创始人之一。"对"学会的工作热情关怀，悉心指导，在学会工作中倾注了不少的心血，使我们深受鼓舞，为我们树立了榜样，我们决心追随您之后，努力工作，为我国史学的发展竭尽全力"。

时任中国史学会会长的金冲及，也在会上说："中国史学会1949年创建，当时白先生是创建人之一，是常务理事。20世纪80年代史学会恢复，他又任主席团成员，可以说中国史学会的成长，离不开白先生的指导。"

1999年7月9日，白寿彝在庆祝中国史学会成立五十周年大会上，作了一个书面讲话：

> 50年前，我同范文澜同志、郭沫若同志、翦伯赞同志、侯外庐同志等一起筹建了新中国史学会。第二年，正

式成立了中国史学会。50年来，中国史学会除“文化大革命”期间停止了一段活动外，基本可说是在马克思主义的指导下，在中国共产党的基本路线方针指引下开展工作，史学队伍不断在壮大，为社会主义的建设事业发挥作用。

我离开中国史学会的工作岗位，已有十余年的时间了，但在这十余年的时间内，我还是注意到了中国史学会在各位领导和各位同志的努力工作下，取得了不少可喜的进步和成就。就我本身的工作而言，4月26日金冲及会长在庆祝多卷本《中国通史》全部出版的大会上，代表中国史学会给予了我极高的评价，但是我的工作离不开大家，这其中，也有史学会的贡献，许多参加撰稿的专家学者原本都是史学会的成员。因此，借这个会的机会，我还要感谢大家。而对于我个人的称誉，确实是盛名之下，其实难副。今后我还是要同大家一起走新路，争取为我们的史学事业再做一点力所能及的事情。

龚书铎先生要我代表史学界老前辈说几句话，我觉得没有什么好说的了，只是想重复以前的一些老调调，也算是老生常谈吧。第一，要继续坚持马克思主义史学的研究方向，多研究些与当代有关的重大的历史理论问题。第二，要坚持认真读书、读历史书、读当代人写的书，读马列主义的书。第三，要加强学会之间的联系和团结协作，培育新人，壮大我们的史学队伍，使我们中国史学会真正能够成为推动历史前进的一种动力。

白寿彝除了在历史学界参与筹建中国史学会，创办《历史研究》杂志之外，他在组建中国伊斯兰教社会组织方面，也做了大量工作。1957年9月29日，时任中国回民文化协进会副主任的白寿彝，和中国伊斯兰教协会副主任张杰等人一道，到北京牛街礼拜寺，举行穆圣诞生1430周年纪念。1958年，白寿彝任中国伊斯兰教协会副主任。1962年他参加巴基斯坦历史学会第12届年会后，向中国伊斯兰教协会作了《访谈巴基斯坦见闻》的报告。1963年10月21日至 11 月 8 日，中国伊斯兰教协会第三次全国代表大会在北京召开，会议讨论并通过了包尔汉主任所作的报告，并选举产生了新的领导成员，白寿彝当选副主任。

1966 年夏，由于“文化大革命”爆发，中国伊斯兰教协会被迫停止工作，直到 1978 年才得以恢复。1979 年 8 月 30 日—9 月 8 日，中国伊斯兰教协会副主任白寿彝和副秘书长宛耀宾、协会干部马维芝一行三人，应阿尔及利亚宗教事务部邀请，前往阿尔及利亚参加第 13 届伊斯兰思想研讨会，有 30 个国家的 60 多位学者出席了会议，会议期间，阿尔及利亚宗教部长、省长、伊斯兰最高委员会主席接见了白寿彝。

1980 年 4 月 6—15 日，中国伊斯兰教协会第四次全国代表会议在北京召开，这是粉碎“四人帮”以后的首次全国伊斯兰教盛会，这次会议修订了中国伊斯兰教协会简章，选举了新的领导机构，包尔汉担任名誉主任，张杰任主任，白寿彝再次当选为副主任。

1984 年 11 月 6 日，在北京各界的穆斯林代表人士，共同发起组织了“穆斯林建设牛街基金会”，马松亭阿訇为名誉会长，白寿彝被选为名誉副会长，安士伟为会长。会上通过了基金会章程。

1987 年，在中国伊斯兰教协会第五次全国代表大会上，白寿彝当选为副会长。在 1993 年，第六次代表大会上，白寿彝担任顾问。在 2000 年举行的第七次代表大会上，再次选举白寿彝担任顾问。

白寿彝从 1958 年担任中国伊斯兰教协会副主任开始，直到他以顾问身份在 2000 年 3 月 21 日去世，他在该协会长期担任重要职务 42 年，协会在为他 85 岁生日祝寿时，称赞他为“一代宗师”。白寿彝当之无愧。

与之同时，白寿彝还担任了中国民族史学会会长，他在 1981 年，参加了中国民族史学会的香山会议，作了《关于中国民族关系史上的几个问题》的讲话。在 1988 年又发表了《关于民族史的工作》的讲话：

> 我们对民族史的工作应该有一个总结。明年是中华人民共和国成立 40 周年。在这 40 年里，中国民族史的研究

有很大的发展，出了很多的成绩，这是以往任何历史时期所没有的。对于历史学科的其他部门来说，我们也是没有愧色的。我们应该在中华人民共和国成立40周年之际，总结这40年来的成就。总结的最大好处是可以提高我们的自觉性，发扬优点，克服不足，对于推动我们的工作有很大好处。是否从现在起，就可以把这一工作抓起来，分头负责，到41周年的时候，脱稿出书。以后是否可以每三年、每五年、每十年总结一次。

民族史的总结，可以按照不同的情况，一个民族一个民族地总结，也可以一个地区一个地区地进行总结，如壮族、藏族、蒙古族、维吾尔族，都可以一个民族一个民族地进行总结。如东北、西南、西北，民族数目相当多，但各民族的人数不多，可供研究的资料现在也还比较少，是否可以按地区去总结。

当然，如有大手笔，能写出一篇中华人民共和国成立40年来中国民族史研究的发展，就更好了。这篇文章不容易写，是否由几位同志集体执笔，从大处落墨。距现在还有一年的准备时间，加一把力，还是可以写出来的。

我还想建议把这40年中出版的民族史的资料、专著、杂志，编成一本总目，最好每条都有解题。还有，是否可以编一部民族史的论文索引。索引的工作已经有人做过，可就原有的基础进行补充整理，正式出版。总结是一件很重要的工作，值得我们下力气去搞。我们把这件工作做好了，对于我们民族史的研究进一步开展，会有很大的好处。

1996年8月6日，中国民族史学会在宁夏召开第四次会议，白寿彝又发表了《不断开展民族史的理论学习》的书面讲话："对于理论学习，我想最好要强调些，要不断开展这方面的工作，以取得更大的成就。研究的视野要更为广阔，不要在枝节问题上下过多的功夫。我们还要加强宣传，要把宣传看作民族史研究工作的一个重要的组成部分。"

中国回民文化协进会在1958年工作结束之后，全国一直未有协调回族研究力量的学术团体，到1998年8月，才正式成立了中国民族学学会回族学分会，简称“中国回族学会”，白寿彝担任名誉会长，由此带来了新时期各类回族学研讨会的繁荣。21世纪以来，中国回族学会已召开了第十二届至第二十六届全国回族学学术研讨会或年会，还出版了会刊《中国回族学》。

1999年，中国伊斯兰教协会副主席宛耀宾说：“白教授是回族的骄傲，是我国伊斯兰教界的骄傲，更是我国史学界的骄傲。白教授对回族和伊斯兰教有着浓厚的感情，在他的全部学术活动中，关于回族和伊斯兰教历史的专著就有数十部之多。”

“白教授在繁忙的学术研究工作中，始终关心支持中国伊斯兰教协会工作，在担任全国人大民委委员和担任我会副会长和顾问期间，给新时期的伊斯兰教工作提出了不少好的意见和建议，有力地指导了我们的工作。白教授在我国历史学界，在我国伊斯兰教界都享有很高的威望。”

白寿彝去世后，中国伊斯兰教协会会长陈广元、副会长马忠杰、顾问沈遐熙等参加了追悼会，协会还与回民殡葬管理处、经学院及北京东城、西城等7个区伊协、牛街、锦什坊街清真寺敬献了挽幛，并参加了在卢沟桥芦井回民公墓进行的白寿彝遗体安葬仪式。

白寿彝非常看重社会影响力更大的报纸、杂志，并发表了许多社会各界易于看懂的文章，我们列举一部分，大家便可明白“书呆子”白寿彝，根本不是躲在象牙塔里的“书呆子”，他是一位富有经世致用思想、要极力扩大历史学社会影响力的社会活动家。

1950年6月7日，他在《光明日报》发表《对于大学历史课程和历史教学的一些实感》。1951年又在《光明日报》发表《论爱国主义思想教育和少数民族的结合》《开展历史教学中的爱国主义思想教育》。他又在这一年的《新史学通讯》第1卷第4期上，发表了《爱国主义与历史教学》。这一时期他在报刊上发表的文章，均围绕着抗美援朝这个大的形势开展爱国主义教育。

1954年7月13日，为拥护刚刚于6月14日公布的新中国第一部宪法，他在《光明日报》上发表了《杰出的多民族国家宪法》一文。

1955 年他在对外杂志《人民中国》上，发表了《中国人民和阿拉伯人民的友谊》。这一年他在《新建设》杂志第 4 期上，发表对胡适的评价文章《胡适对待祖国历史的奴才思想》。

1959 年是中华人民共和国成立 10 周年，那年《红旗》杂志第 10 期，发表了翦伯赞的文章《目前历史教学中的几个问题》，白寿彝看后，约了北京师范大学十几位同人交换了意见，便在《红旗》杂志 1959 年第 11 期上，发表了《历史教学上的古与今》一文。

1961 年 1 月 3 日，白寿彝在上海《文汇报》发表文章《愿史学争鸣园地万紫千红》，对毛泽东提出的“双百”方针给予积极响应。这一年他在中华书局历史组讲座“谈史学遗产问题”，部分内容刊于中华书局的“古籍整理出版情况简报”上。3 月 5 日，他整理出《谈史学遗产》一文，发表在《新建设》1961 年第 4 期。这篇文章，对于研究史学史的意义和范围作了系统的论述，在他史学史研究中占有非常重要的位置。1961 年是他撰稿发表文章最多的一年，有 20 篇之多。

1962 年 3 月 23 日，白寿彝在《人民日报》发表了《关于中国史学史的讨论》一文。

1964 年 1 月 23 日，白寿彝在《人民日报》发表了《司马迁与班固》一文。

1964 年 2 月 29 日，白寿彝在《人民日报》发表了《中国史学史研究任务的商榷》一文，这是《谈史学遗产》一文的续编。这篇文章涉及学科建设的一些重要问题，产生了很大的影响。

“文化大革命”之后，白寿彝一如既往，继续更多地创建社会组织，并在报纸、杂志上发表文章。1978 年，白寿彝受《中国建设》杂志社的委托，发表了《儒法斗争史的虚构》一文，并有英、法、俄、阿拉伯等文字的译本。文中以大量的史实清算了“四人帮”所谓“儒法斗争”的实质，为“儒法斗争”历史性地作出了结论。

1979 年 11 月，中国民间文艺研究会第三次会员大会召开，著名民俗学家钟敬文，起草了关于《建立民俗学及有关研究机构的倡议书》，这一倡议书以顾颉刚、白寿彝、容肇祖、杨坤、杨成志、罗致平、钟敬文等人的名义发表。《倡议书》有感于中国民俗学的荒凉景况，认为这种景况“是不应再忍耐下去的！现状非迅速打破不可”。“现在正是我们应该起来填补这个学科的空白点的时刻了！”在白寿彝等民俗学家的积极推动下，1983 年 5 月，在北京成立了中国民俗学会，这在中国民俗学发展史上是一个新的里程碑。

1981 年，为纪念中国共产党成立 60 周年，白寿彝在《中国史研究》1981 年第 2 期，发表《回顾和前瞻》一文。并在 1982 年第 1 期《史学月刊》上，发表《六十年来中国史学的发展》一文，将 1921 年到 1981 年 60 年里中国史学的发展，作了一次总结。

1983 年夏季，中国民俗学会和中国少数民族文学学会在北京中央民族大学联合举办民俗学和民族民间文学讲习班，参加这次讲习班的有来自全国各地、各民族的学员 150 多人。著名民俗学家、民族学家、社会学家、语言学家、宗教学家和民间文艺学家钟敬文、费孝通、林耀华、马学良、杨成志、容肇祖、常惠、罗致平、张紫晨、刘魁立、张振犁、柯杨及白寿彝等，冒着酷暑，前来授课。这次讲习班的讲演，后来编辑成《民俗学讲演集》出版。学员结业后回到原来的地区，均成为各地民俗学活动的中坚力量。

1983 年，白寿彝发表《民俗学和历史学》一文，指出：“用历史学的眼光来看，各民族的风俗、习惯、信仰和民间文学，都是社会的存在，也都是历史的一部分。”“研究历史，不能完全摆脱民俗的研究。研究民俗，也常常要采用历史的解释。”

为纪念老朋友、著名历史学家吴晗，白寿彝在 1983 年 11 月 30 日，发表文章《把历史知识交给更多的人——怀念吴晗同志》。

1979 年改革开放之后，白寿彝晚年的社会活动日益增多，在社会组织所担任的职务也越来越多。他的老朋友、著名诗人臧克家，在 1981 年 12 月 17 日所写的一篇文章中，将他们之间无话不谈的友情作了以下记录：

> 解放后我和寿彝相会于北京，他在北京师范大学教书，不久入了党。我们经常见面倾谈。他在工作上和生活

上的一些事情总愿和我谈谈，听听我的意见。他原来住在武功卫师大宿舍的小内院里，环境变了，地位变了，长衫换成了中山服，但朴素的作风依然如故。后来搬到东官房兴华胡同师大校长陈垣同志的故居去了，大四合院，五大间北房，一进房门，便有一种宽敞明亮的感觉，书架掩盖了半壁墙，架上何止万卷？一张大沙发，可以坐三人，我一到，先叫一声，寿彝从西间走出来，笑面相迎。清茶一杯在手，絮絮语丝满带温情。经济宽裕了，生活舒适了，可是连个保姆也不请。

对像我俩这样一些知识分子而言，解放后，真可谓苦尽甜来。再加一句：也是苦尽忙来。寿彝一身兼职30多项，人大常委、人大民委副主任、伊斯兰教协会副会长、历史学会五位主席之一……太多，太多，我知道得太少，太少了。寿彝在学术研究上是有雄心壮志的，他告诉我，他带领一个班子，想搞600万字的中国通史；计划要写史学史、伊斯兰教史……而苦于时间分散，精力不能集中。

季羡林1988年12月3日说：“寿彝同志行年八十了，我认识他已经将近半个世纪，超过了他现在年龄的一半，时间不能算短了。但是我们的友情却是与日俱浓。其中也并没有什么奥秘。中国古人说：‘人之相知，贵相知心。’在这样漫长的时间内，我越来越明确地感觉到，寿彝同志的心是淳朴的、开朗的、正直的、敦厚的。我们俩的共同老友臧克家同志经常同我谈到寿彝，谈起来总是赞不绝口。他的看法同我没有什么差别。可见我的感觉是实事求是的，并非个人偏见。”

“在中国目前社会上对三教九流人等的分类上，寿彝和我都应归入‘社会活动家’这一流的。我们同踞文山之上，同没会海之中。这样一来，我们见面的机会反而多起来了，真所谓‘塞翁失马，焉知非福’。”

伍 倾注《史学史研究》

白寿彝这一生，用力最多的杂志，便是《史学史研究》，这是一本从1961年创办、至今仍在出版发行的史学界核心刊物之一。当年刊物的名字叫《中国史学史参考资料》，后改名《中国史学史资料》，1964年停刊，共出了11期。1979年复刊，改名《史学史资料》，到1980年时，共出了11期。1981年正式改名为《史学史研究》。虽然杂志的名字多次变化，但有一个主标题始终未变，即“史学史”。创始人白寿彝亲自主持办刊的时间长达40年，直到他2000年去世为止，他创办的这本杂志，到现在仍由他的史学史事业的继承者薪火相传，从1961年到2020年，时间已前后相续60年。

1988年第1期的《史学史研究》，发表了类似于新年社论的文章《在新的一年里》，文章详细回顾了该刊以前走过的道路：1961年4月，北京师范大学历史系和华东师范大学历史系受原教育部委托，编写中国史学史教材。为了配合教材编写，这年6月，北京师范大学创办了内部刊物《中国史学史参考资料》。从第4期起，改称《中国史学史资料》。3年共出了9期，还有2期教学专号。内容主要是搜集和积累资料，按专题编辑。1964年因搞运动停刊。1978年底，在党的十一届三中全会鼓舞下，北京师范大学成立史学研究所。次年春，恢复了本刊，更名《史学史资料》。1981年起，更名《史学史研究》，扩大了研究范围，定为季刊，公开发行。1983年起，通

◎ 1985 年 3 月，白寿彝在全国史学史学术座谈会上讲话

过中国国际书店向国外发行。当时，该杂志在西欧、北美、南亚和日本，已日益引起国外同行的重视。

在 1991 年第 4 期的《史学史研究》上，首篇文章，即是白寿彝所写的非常富有情感的《这三十年》，他讲了这本杂志 4 次改名的原因，以及为什么去掉“中国”那两个字，白寿彝说，为纪念来之不易的创刊三十周年，《史学史研究》创刊于 1961 年 6 月，刊名《中国史学史参考资料》，这是史学史研究的起步阶段，主要用于辅助史学史的教学和史学史教材的编写。

编写史学史教材应从什么地方起步？现在我们的史学史都包含些什么？已有成果有哪些？怎样开始新阶段的写作？这都是很现实的问题。白寿彝最初的想法有三个：一是看看中国旧有的史学史是怎样的；一是看看外国史学史包括西方史学史、日本、苏联的史学史是怎样写的；一是这三方面已有成果的大概情况。这也是《中国史学史参考资料》创办初期的着眼点。

《中国史学史参考资料》内部发行 4 期后，由北京师范大学校长、白寿彝的恩师陈垣题字，从第五期改名为《中国史学史资料》。

自1961年6月至1964年10月，刊物共出了11期，这11期的选稿标准，一是要看已有成果，二是如何开展当前的史学史工作。在这11期里，共发表了中国史学史文章15种，外国史学史文章6种。同时，在当时学苏联的高潮情况下，发表了苏联史学家顾托诺娃写的中世纪史学史大纲、克柳切夫斯基的论历史，还刊登了关于史学史问题的讨论系统报道。综合来看，这11期可作为刊物创办的第一阶段，所发的文章很有参考价值和意义，使本阶段形成了文献资料的特点。

1991年《史学史研究》向社会公开发行已有10年历史了，《史学史研究》始终坚持了马克思主义的办刊方向，不为社会思潮所动。在这10年间，发表了大量有分量的研究论文，对史学史学科的建设提出了有系统的理论。有意识地培养分支学科，开辟了历史理论、历史教育、历史文献学、方志学、史林偶拾、读书会、当代史学家访问录等栏目，还刊登了研究外国史学的文章，刊物的质量不断地得到提高。

从1961年的内部发行《中国史学史参考资料》开始，到1991年总结工作时，白寿彝没有忘记这30年中为该刊作出贡献的同事："《史学史研究》从创办到今天，许多同志都是出了力的。在'文化大革命'前初办阶段的资料收集工作中，梁义群同志下了大功夫，古代资料基本上是他收集的，同时在中国史学编写组工作的还有顾诚、郭澎、杨燕起等同志。在'文化大革命'后《史学史研究》向社会公开发行后，朱仲玉同志出了大力，他担任刊物编辑工作十年之久，从接洽印刷厂到向国外发行，出广告宣传到文章的征稿最后出版。李秋媛同志作为古籍研究所的成员也参加了本刊一段时期的编辑工作。尽管这些年社会上各种气候对整个历史学科的影响，稿源少，经费匮乏，困难重重，在大家的努力下，我们还是坚持下来了。《史学史研究》一直未拖过期，这实在不容易。这里，还需要特别表示感谢的是国家教委全国高校古籍整理工作指导委员会对我们的帮助。今后我们的刊物还是要办下去，把好的传统坚持下去。史学史学科一下子得到广大读者的接受很不容易，所以我们的任务还是很艰巨的。现在大家都看到了，希望同志们多提看法和意见。”

白寿彝还总结了自进入20世纪80年代后，《史学史研究》杂志的特色：更有意识地重视理论方面的问题，重视学风和文风。在理论方面，1981年提出了史学遗产的四个方面的问题，提出346个历史问题。1982年，提出了史学在教育工作中的重大意义，还提出了历史和现实的关系问题。1983年，提出了马克思主义史学在中国的传播和发展。1984年，提出了对历史认识的发展过程和史学的社会作用的发展过程这两大问题。1988年，提出了历史的二重性问题，还提出了历史上统一规模和统一意识的问题。这些论点只是初步提出来，还没有充分地展开。在学风方面，主张不说没有根据的话，不简单重复别人的论断，不赶浪头，也不墨守成规、苟于立异。在总的方向上，努力在马克思主义指导下进行工作。在文风方面，力求做到剪裁浮辞，言必有物，写给更多人看。

中国史学史上的两个重大问题

（1984. 9）

中国史学有长期历史。关于中国史学史的论述也有长期历史。《史记·十二诸侯年表》说孔子“西观周室，论史记旧闻，兴于鲁，而次春秋，上记隐，下至哀之获麟，约其辞文，去其烦重，以制义法，王道备，人事浃。七十子之徒口受其传指，为有所刺讥褒讳挹损之文辞，不可以书见也。鲁君子左丘明惧弟子人人异端，各安其意，失其真，故因孔子史记，具论其语，成《左氏春秋》。铎椒为楚威王傅，为王不能尽观春秋，采取成败，卒四十章，为《铎氏微》。孝成王时，其相虞卿，上采春秋，下观近世，亦著八篇，为《虞氏春秋》。吕不韦者，秦庄襄王相，亦上观尚古，删拾春秋，集六国时事，以为八览、六论、十二纪，为《吕氏春秋》。及如荀卿、孟子、公孙固、韩非之徒，各往往捃摭春秋之文以著书，不可胜纪。汉相张苍历谱五德，上大夫董仲舒推春秋义，颇著文焉。”这一段话，可能是我国关于史学史的最早论述，话虽不多，但把《春秋》的史料来源，记载的年代，文字的表述，写作的主导思想以及《春秋》的传播及其影响，都说到了。后来的史学家，也有一些关于史学史的论述，一般都比较零碎。刘知几的《史通》和章学诚的《文史通义》关于史学史的论述比较多，但也不够系统。刘知几用大量的篇幅，停留在体例的论述上，趣味和见解比司马迁要差得多。

近几十年来，关于中国史学史的著作数量还不大，但总是慢慢地多了起来。这些书，在见解和功力上，相互间的差距相当大。但也有一个比较共同的地方，就是它们受到《隋书·经籍志》的

602

◎《史学史研究》1984年第3期刊载的白寿彝撰《中国史学史上的两大重大问题》

直接参与《史学史研究》编辑的陈其泰曾说：“我本人参加编辑部工作十年，是一名成员，又是刊物的直接受益者。我最突出的感受是：在白先生主持下，编辑部认真地贯彻‘对读者负责’的办刊指导思想，是刊物取得成绩很重要的一条。‘对读者负责’这一思想包含着丰富的内容，意味着每编一期刊物，大家想到的是给读者奉献一些好文章，使读者能在思想上得到启发或增长一点知识，还要注意文章在表现形式上尽可能具有吸引力，让读者爱读。”

为了贯彻这一指导思想，《史学史研究》比较自觉地坚持做到以

下几个方面：一是不断拓宽史学史研究的领域。作为专业刊物，首要任务是推进学科建设，所以刊物注意发表有思想性、有创见的文章。引导研究史学与社会的相互关系；研究总结史学传统与当前史学建设的关系，即通过总结史学遗产中的优良东西，促进当代史学的发展，使今天的史著更能反映社会史的丰富内容，形式更多样，更受读者喜爱。

二是在学风上，坚持正确的理论方向，提倡严谨扎实治学。杂志主编白寿彝对此有很好的概括：我们重视理论，但不要无根据地臆说；同时也重视扎实的考订，但不要搞烦琐。因此编辑部采用文章的标准是：或是见解可取，在理论分析上提出创见，或是提供了对读者有用的资料。坚持用马克思主义观点分析问题，这是刊物的根本方向。近年来发表的有关历史教育、近代史学主线和史学近代化倾向、当前文化问题、历史可知性等文章，都具有新意，有所突破，能给人以启发。

三是有意识地提倡一种准确、鲜明、简洁的文风。陈其泰说：

> 白先生在这方面为大家作出了表率，他这么高龄的老专家，学术工作很忙，却对编校工作非常认真，对于稿件经常加以删节、调整、润色，往往一篇文稿经他删改后，即有新的丰采。编辑部同人在这方面也做了大量工作，每期上总有几篇文章，是经过大力删改润色的。提倡好的文风，目的仍在于为读者着想，使大家阅读刊出的文章不感到晦涩、枯燥、干瘪、乏味。
>
> 重视培养学术队伍中的新人，是刊物的一项责任。包括我本人在内，在座的好几位同志是首先在本刊发表文章而走进学术研究领域的。我统计了一下，仅从 1990 年第 1 期以来的 6 期中，发表的年轻作者（38 岁以下）的文章就有 16 篇。

对杂志感情很深的朱仲玉，分析了 30 年来《史学史研究》能作出成绩的几个原因：“一是主编白先生从审稿、定稿到最后看一次清样，始终把关掌舵。这些年刊物没迷失方向，与白先生把舵有关。二是主要靠作者支持。刊物出版以来方方面面的专家学者纷纷来稿，扶植刊物。还有一点，刊物能按期出版，也有印刷厂对我们的支持。”

1995 年 1 月 10 日，白寿彝同刊物编辑再次强调了办刊方针，提出了更高的要求：

> 近几年来，我们的史学史研究是有成绩的，但是，同社会对我们的要求和从史学发展的要求上来看，还是不够的。我们的史学史研究与文学史、哲学史的研究相比，是落后了。
>
> 史学史研究要抓重大问题，系统地解决史学史上的重大的问题，如史学史本身的理论问题，史学史分支学科的理论问题，史学发展过程中的理论问题，史学发展内部的理论问题。这些问题要提出来，开展研究。
>
> 史学史分支如历史文献学、史料学、历史编纂学等，都提出来，但没有很好地开展研究。史学史学科要充实，要谈史学和其他学科的联系。专门刊物研究文献，但是没有理论是不行的。
>
> 《史学史研究》杂志可以约一些人写稿，特别是中年的史学工作者，以及青年史学工作者。也可以召开一些小会，开报告会。
>
> 《史学史研究》有许多栏目，应该有重点，面面都搞，恐怕不行。可以约一些重点文章。

1995 年，《史学史研究》已经发行到世界上 14 个国家：澳大利亚、加拿大、德国、法国、英国、意大利、日本、韩国、新西兰、新加坡、朝鲜、瑞典、美国、俄罗斯。北京师范大学图书馆还因刊物与不少国家建立了学术交换关系。

1998 年 1 月 4 日，89 岁的白寿彝，作为杂志的主编，就如何办好《史学史研究》同编辑再次进行谈话，他强调指出：

> 史学史对史学工作者来说是一门必要的学科，应该是大学历史系的必修课程。20 世纪 60 年代，教育部在组织力量编写史学史教材时，周一良同志曾提出史学史要订为

必修课，教育部也同意。只是当时地方上一些院校提出来师资力量不足，开这一课程有困难，所以作了变通处理，史学史暂不作为必修课。但是如果我们不积极地创造条件开出这门课，就与当时的会议精神不相符合了。

我这几年在编纂多卷本《中国通史》中，越来越体会到史学史这门学科要发展起来，史学史不发达不行，史学史不搞不行。史学史不发达影响到我们史学发展，也影响到整个文化其他方面的发展。有些史学思想上的问题追溯根源，一个重要方面是在对史学史的理解上。史学史要作为必修的课程。这个问题要向国家教委提出来，在教委的帮助指导下，把这门学科建设起来。这是一个影响到我们史学走向世界的问题，事情做好了，对整个史学事业的发展有好处。

教本要搞起来，多卷本《中国通史》唐史卷已出版了，整个大通史可望在1998年完成，接着要抓史学史教本和多卷本《中国史学史》，要在短期内，把这项任务完成好。

要加强史学史队伍的培养建设和发展工作。可以办培训班，帮助兄弟院校培训史学史的教师，多招一些硕士、博士和博士后，开展有关的多方面的学术活动。

要加强同国内外、海内外的学术交流。可以走出去，扩大我们的眼界，看一看人家是怎么办的，也可以把他们请进来，共同讨论一些大家关注的问题。

《史学史研究》刊物这几年的影响在扩大，我们要把这个刊物办好，要有有分量的文章，要提出一些新问题来讨论。

白寿彝在《史学史研究》杂志上发表的最后一篇文章，是2000年元月他在北京友谊医院写成的。文章的标题是《新世纪的展望》，倾注了他对办好《史学史研究》的极大热情和期待：

21世纪来临了，人们希望新世纪带来新鲜空气，这是可能的，但很不容易。当前世界性的大问题是和平与建设。

没有和平，就没有安定和进步；没有建设，就不能治疗贫穷和愚昧。20 世纪没有能解决这些问题，也很难解决这些问题。这些问题本来是需要长期不断解决的，解决一点就算一点。前进的道路是通达的，但要遇到一些险滩或滑坡，这就必须要经住考验，要坚持不懈。

历史学是一门研究社会发展规律、民族特点以及历代盛衰兴亡之故的学问。在正确的思想指导下，历史知识的传播有利于国家民族的相互了解，增进友谊，有利于国际间的和平，有利于思想建设和文化建设。史学一直被简单地认为只是研究过去的事情，这是很错误的。在新世纪里，史学工作者应负起时代的责任，让史学发挥更大的作用，协同各方面的工作，推动历史的前进。

我们的史学史研究工作，在过去的 20 世纪里，可说是取得了开拓性的进展，有了不小的成绩。特别是近半个世纪以来，马克思主义的史学研究方法逐步取代了资产阶级的“新史学”，成为人类探索历史发展规律，掌握历史前进航向的主导思想。这应该说是史学领域里所获得的最大成功，也应是 21 世纪史学发展的总方向。

一项事业的发展和成功，离不开从事这项事业的人们的团结和进取，即所谓“众志成城”。我们的史学研究工作在 21 世纪中，若想成为推动历史前进的动力，那就必须要求研究工作者，除了应有清醒的政治头脑，坚实的研究基础外，还应有史学家的气魄、器识和胸怀。一支箭易断，十支箭难折，说的就是这个道理。

我深信，随着 21 世纪的到来，在全体史学工作者的共同努力之下，我们的史学研究必将打开一个新局面。

我相信，我们的《史学史研究》，在大家的呵护之下，会办得越来越好。

第八章　跨越世纪的史学丰碑

六十多年的准备

白寿彝全身心地投入到《中国通史》跨世纪的巨作中。1999 年 4 月 26 日，祝贺多卷本《中国通史》全部出版大会，在北京师范大学召开。会后不久，白寿彝因长期积劳成疾，住进了北京友谊医院。几十年的超负荷脑力劳动，他太累了。12 卷 22 册的《中国通史》终于全部出版了。白寿彝一生治学的最高目标，便是编纂《中国通史》，60 多年的梦想最终实现了。2000 年 3 月 21 日，他安详地合上了双眼，享年 91 岁。

60 多年来，白寿彝为《中国通史》做了哪些准备工作？

第一点：顾颉刚对学生白寿彝关于中国通史编写理念的形成，影响很大。这是白寿彝《中国通史》梦想的开始，60 多年的思想准备，由此起步。1929 年白寿彝在燕京大学读研究生，成为顾颉刚的学生不久，即爆发了九一八事变。

当时，为振奋民族精神，顾颉刚就发愿编出一部中国通史演义，以激发国民的爱国热情，这项工作一直持续到 1937 年七七事变之前，当时负责这项工作的是他的助手郑侃嬨。1938 年顾颉刚从西北甘肃兰州，应云南大学校长熊庆来之邀，来到昆明，当他听吴晗说助手郑侃嬨在香港突然去世，他流泪了，说：“我失去了一个最良好的同志，编写通史演义的梦想也只得暂时中断。”顾颉刚到云南大学任教后，他认为中国边疆问题十分重要，帝国主义一定会假借民族问题，将来会进一步分裂中国。所以，他到达昆明不久，便在《益世报》上创办《边疆》周刊，集合许多朋友来讨论，并让学生白寿彝代他写了一篇重要文章《中华民族是一个》，发表在报纸上。

此时，萦绕于顾颉刚心中的一项大事，就是要编成一部中国通史。他在目睹了西北民族问题的实情之后，更加坚信这部中国通史不能专以汉族为本位，而应以中华民族全体的活动为中心，从历史上证明我们中华民族是不可分离的，从文化上证明，我们中华民族是一个相互融合的大集团，将文化与历史永远打成一片。顾颉刚深知实现这一宏愿，需要培养训练一批有志青年搜集和研究边疆的材料，因而他十分重视学术组织的建设。白寿彝此时就来到了老师的身边，他非常清楚老师的所思所想。后来，他的老师顾颉刚仍念念不忘中国通史的创作工作，他请吕叔达全力以赴花了 7 年时间，从上古一直写到太平天国，写了 150 万字，仍未全部完成。他还为大中国图书局计划编一套《中国历史小丛书》160 种。1947 年 9 月 23 日，在病中的顾颉刚还给白寿彝写了一封信，他仍想以《文史杂志》名义，编辑一套《中国通史》。他曾作过计划，用五六个人，计算当时每月需花费成本 100 多万，但根本无从落实这笔款项。顾颉刚想让白寿彝出主意设法筹款。在旧中国旧社会，当时的政局风雨飘摇、危在旦夕，连吃饭都成问题，他们又有什么办法筹款呢？此时，创作《中国通史》只能是纸上谈兵。

第二点：白寿彝 60 多年的思想准备，有一个极为重要的思想走上成熟的标志，那就是《中国通史》不能写成汉族史，而是要写成统一的多民族历史。回族史研究，成为他认识并宏观把握《中国通史》的学术准备基础。白寿彝的中国通史研究与他的回族史研究，可以说是并驾齐驱、相互促进的。从时间上看，他的回族史研究，起步更早一些。1935 年，才 26 岁的白寿彝就创办了《伊斯兰》半月刊，这是他研究历史学的开始，他在回族史和伊斯兰教史的许多研究成果，都具有开拓性的意义。正是这样，他由回族史研究，走向了中华民族通史研究的康庄大道，也使他对中国通史研究的视野更加开阔，强化了他的中国通史就是统一的多民族的历史，而不再是单一民族史观点。这与老师顾颉刚的观点完全一致。

白寿彝较早地认识到中国通史教学中，存在着无意识的单一民族历史的观点。1950 年，他在《对于大学历史课程和历史教学的一些实感》中写道："我们的中国通史，一直在内容上只是汉族史；以前是这样，现在也还是这样，我们的同道朋友，尽管平素反对大民族主义，但一等到讲五胡十六国，讲宋辽金元间的关系，讲元明和明清间的关系，你只要留心，你就会发笑，这个两千多年的老宝贝（大民族主义）便偷偷地爬到他嘴巴上了。"他提出："在历史系课程里，必须重视国内少数民族的研究，必须提倡国内少数民族史的讲授。少数民族史的研究和讲授，逐渐地进步了，中国通史的内容也就可以逐渐地充实了。"

在《中国通史纲要》和多卷本《中国通史》中，白寿彝都明确地提出，中国通史研究和论述的是中华人民共和国境内的各民族的历史。在多卷本《中国通史》导论卷中，他亲自撰写了其中的核心章节——统一的多民族的历史。他认为"汉族是主体民族"，在中华民族的长期历史中，汉族发挥着主导作用，但各少数民族在历史上也都有他们特殊的贡献。"从历史发展的全貌来看，全国性的多民族的统一才是主流。"

白寿彝主编的通史著作，无论是小通史，还是大通史，在解决历史的主体和历史主体活动的舞台等方面，都显示出恢宏的气势。他对于民族矛盾、民族融合的论述，对于中国民族关系发展总趋势的认识，以及民族融合的发展与中国历史发展进程的关系的观点，都反映了他实事求是的学术态度和高屋建瓴的学术器识。所有这些，与他重视少数民族史研究是分不开的。白寿彝关于民族问题的观点，对于把《中国通史》真正写成多民族的通史，具有决定性的意义。

第三点：白寿彝具体研究中国通史，是从准备撰写《中国交通史》这个专题类的通史性质著作开始的。1936 年他 27 岁时，老师顾颉刚让他撰写《中国交通史》，这本书虽然不是中国通史体系的著作，但对白寿彝研究中国通史，却有相当大的影响。几十年后，他在 1987 年《中国交通史》重印的题记中写道："从我个人治学的进程上看，本书的写作，有它积极的意义。我对于通史的兴趣，对于划分历史时期的兴趣，对于寻找时代特点的兴趣，都是从写这本书开始的。”我们由此可知，白寿彝“对于通史的兴趣”，最迟是从1936年开始的，直到1999年完成，从梦想升起，到兴趣形成，再到梦想最终实现，时间长达至少63年。《中国交通史》是一部交通通史，他首先遇到的是断限问题，其次是分期问题。在断限方面，他从夏朝写到最近即1936年，里边又分五个时期，即先秦、秦汉、隋唐宋、元明清、通商以后，并分别指出各期的特点，目的是把“这样长的历史写出个头绪来”。通过这本书的撰写，白寿彝既获得了研究历史的趣味，又在研究通史的方法上进行了探讨和实践。

第四点：白寿彝对《中国通史》的充分准备，还离不开他在1949年之前在大学里开设的中国通史课程。1939年，顾颉刚推荐白寿彝到云南大学任教，1940年，开始讲授中国上古史。1942年，在重庆中央大学开设春秋战国史。1948年，在南京中央大学讲授中国通史，开始用缪凤林的《中国史略》为教材，后改用自己编写的讲稿。这一断断续续、尚不完整的教学，在新中国成立之后，才使通史体系完备起来，内容日益丰满。新中国成立后，白寿彝调入北京师范大学，在此后几十年的讲台生涯中，中国通史教学始终是他担任的重要课程之一。从1950年到1966年间，他几乎讲遍中国各个时期的断代史。20世纪50年代，他带领北京师范大学历史系中国史教研室努力改进历史教学，为外系开设中国通史课。他是一位在教学第一线任教的史学家，他具有丰富的中国通史教学经验，他宽广的治学领域，大都是因为教学的需要而开辟的。在北京师范大学历史系，除开设中国通史及各断代史课程之外，他还开设过中国社会发展史、中国史学史、中国史学名著选读、历史教学法、史学概论、历史唯物主义等。他往往是同时开设两三门课程，“教学相长”这句话，的确是至理名言。通过教书，白寿彝打通了许多学科的壁垒，具备了驾驭中国通史的高超能力。在这个领域长期的耕耘，使得白寿彝在中国通史方面有着深厚的积累。80年代以来，他把大量精力用在中国通史撰述上，绝不是偶然的，是由几十年的教学和研究作基础的。

第五点：与白寿彝总主编《中国通史》密切相关的中国史学史的研究准备工作，也是始于20世纪40年代。他在云南大学文史系主任楚图南的建议下，开设了中国史学史课程。讲授该课促使他将中国史籍系统地摸索了一番，并下功夫读了一些名著，使他对中国史学发展的分期，以及编撰中国史书的体裁演变，有了更深的认识。在此基础上，他在1946年5月，在昆明五华书院发表了学术演讲《中国历史体裁的演变》，他将中国史书体裁的演变分为四个时期。第一个时期是从孔子作《春秋》到《汉书》成书时止，此期史书体裁的主流是编年、纪传二体的建立。第二时期是从曹魏时期的《汉纪》成书，到唐朝时的《通典》，此期的特点是断代史的著述普遍地发达。第三时期从唐朝杜佑《通典》起，到明末止，这是通史时期。如宋朝司马光的《资治通鉴》、郑樵的《通志》、元朝马端临的《文献通考》等。第四时期从明末到近世，是专史时期，这些专史有学术专史、制度专史、地方志和个人专史等。这样的分期，是从史书体裁本身，在演变过程中所表现出的特点来划分的，突破了简单地以朝代作划分标志的格局，白寿彝试图系统地揭示中国史学发展的脉络和规律。这一研究成果，对白寿彝最终确定《中国通史》编写体例，极为重要。

白寿彝研究史学史，并不仅仅局限于学术专史之内，他是要通过史学史的研究，发掘中国史学中优秀的东西，承继在历史观点、史料学、历史编纂、历史文学等方面的优良传统，为建设新史学服务。多卷本《中国通史》的体裁，是白寿彝在充分继承优秀史学遗产的基础上，在新时期的大胆创造。如果白寿彝没有对史学史的研究，那是不可能作出这种创造的。即使有这种想法，也没有足够的底蕴进行实践。史学史研究是白寿彝学术中的一大宗，但在白寿彝的学术成就中，与中国通史相比，它居于第二位，白寿彝晚年把大部分时间，用在了《中国通史》的编纂上。他主编的多卷本《中国史学史》，在出版了第一册以后，因为大通史的编纂，而未能正常进行以后几册的写作，直到他去世之后，《中国史学史》另外几册，才得以出版完成。由此可知,《中国通史》凝聚了他的整个学术生命,但从史学史研究对《中国通史》的编纂影响来说,又居有灵魂地位。这是因为,史学史是"历史中的哲学"、是"历史的历史",没有史学史研究的厚实根基,白寿彝不可能构建起《中国通史》新体裁。因此,白寿彝之所以能够总主编《中国通史》,绝不是心血来潮,而是长期积累的结果,是厚积薄发。

正是由于对历史哲学的深入研究,白寿彝70岁以后的著述表现出总结性、成熟性和继续创新性三个特点。所谓总结性,就是说这时期的著述,与前期的研究有紧密的联系,是在前期工作的基础上进行的。前期的研究,因为工作的关系不免分散,面铺得太宽,还不成系统,而此时则逐步集中,走向系统化。白寿彝主编的《中国通史纲要》《中国通史》导论卷,就是他在通史、史学理论等方面,带有理论总结性的成果。

所谓成熟性,就是过去对这些问题的认识,由于时代的局限或认识方面的原因,存在一些不全面、不完善的地方,1979年之后,在相对宽松的学术环境下,对问题的认识趋于全面、深刻了,观点基本稳定,并得到史学界大多数人的赞同。

所谓继续创新性,是说这时期的学术成果,在原有的基础上,有了许多新的拓展,并在更高的层次上,又开辟了新的领域。

第六点:史学人才准备在改革开放之初已基本到位。撰写通史,一直是白寿彝心头的一件大事。粉碎"四人帮"以后,史学界和其他学科一样,迎来了科学的春天,撰写大规模的《中国通史》,无论是社会条件,还是史学家群体的组织条件,皆日益成熟。由于他在大学里教书,而不是在研究机构里,仅仅是自己搞研究,所以,他培养了一大批学生成为史学研究人才,他们分布在民族史、中国通史、中国史学史等各个专业,其中许多人成长为各个学科的中坚力量。这批人才是他的学术得以继续发展的后备军。集史学家、教育家于一身,使他有威望聚集社会各界贤才。再加上师生关系这支队伍,使他凝聚了更多的力量。这就有利于从事大型的科研项目,有利于将他的自得之学和群体研究结合起来,创造出新的学术成果。

白寿彝的学生中，直接参加《中国通史》编写的就有王桧林、杨钊、朱仲玉、郭大钧、鲁振祥等。

《中国通史》的各卷主编，均是国内在该领域的著名学者，如考古学家苏秉琦，甲骨文专家胡厚宣，科技史专家王振铎，语言学家及史学家季羡林，历史学家周一良、邓广铭、何兹全、韩儒林、史念海、王毓铨、陈旭麓、韩国磐、陈光崇等，都是国内学术界领军人物。在长达 20 多年的编纂过程中，有几卷书稿是经过了两代人才完成的，如科技史的编写，原来由王振铎负责，王振铎去世后，何绍庚接替；元史卷原来由韩儒林任主编，韩儒林去世后，由弟子陈得芝接替；明史卷由王毓铨任主编，后因身体健康原因，由弟子商传完成了大部分工作。将这样高水平的主编和一流的作者队伍团结在一起，从而保证了这部书的高质量。天时、地利、人和三方面的准备，在 1979 年改革开放之时的北京师范大学，白寿彝就已基本上准备完毕，可谓宏观在望，微观在握。

除上面几点之外，长期的办刊经历，使白寿彝积累了丰富的编纂经验，在组稿、改稿方面养成有条不紊、认真仔细的工作作风。这些都为他从事大型的学术组织工作打下了基础。他主编的多卷本《中国通史》，参加撰写的有几百人，总字数达 1400 万，这么多人参加的如此庞大的通史撰述，在中国史学史上是极为罕见的。它既是盛大的学术事业，又是一件复杂的学术组织工作，假如总主编没有很强的协调组织能力，那么完成这项工作是难以想象的。所以，白寿彝在老师顾颉刚领导之下，在“文化大革命”后期，历时六七年负责点校《二十四史》及《清史稿》，又大大提高了他的协调组织能力，同时，也使得他对浩如烟海的史料，以及每一个朝代的了解，有了更加切身的体会。

正是由于白寿彝的编纂工作经验丰富，所以，对《中国通史》的组织工作，一直到撰写每一卷的题记，对该书的审稿、改稿、统稿、定稿，以及选图、编目等工作，他都亲自去做。由于他眼睛高度近视，到了晚年，更因眼疾，视力极差，他就让得力助手刘雪英，一字一句地读给他听，然后提出修改意见，反复地琢磨和润色。可以说，这部大部头通史的每一段文字，都留下了白寿彝的思考。何兹全称赞说："白先生工作认真负责，当《中国通史》的总主编是真正的，不是挂名的，每个字都要看，就像司马光主编《资治通鉴》。"他惊人的记忆力和清晰、敏捷的思路，令每一位见过他的人钦佩不已。

为了使《中国通史》的编纂工作准备得更加充分，白寿彝首先从《中国通史纲要》抓起，做了一次实实在在的理论和实战演习准备，解决了有关通史编纂的重大理论问题，真正起到了《中国通史》编纂的精神主导作用。《中国通史纲要》，1977 年 10 月开始草拟大纲，经过近三年的时间完成，于 1980 年 11 月由上海人民出版社出版，30 万字，文字简明通俗，论述精练。白寿彝关于中国通史的基本观点，都在这部小通史中表达了出来。在该书题记中，他说："我们在努力学习运用马克思主义基本理论的基础上，探索中国历史发展的进程及特点。"这是本书的旨趣所在，是他撰写中国通史追求的目标。重视"通"，在"通"上下功夫，是这本书的显著特点。政治、经济、文化的相互关系，一个社会的内部结构及相互关系，前后历史时期的发展变化，各个历史时期在整个中国历史中的地位等，都得到清晰的说明。这部著作出版后，很受欢迎，多次重印，总印数突破百万册，并翻译成英、德、法、日、西班牙等多国文本。《中国通史纲要》可以说是多卷本《中国通史》的压缩本，犹如这部大通史的提纲。

最能说明为《中国通史》做好理论准备的著作是《史学概论》，1983 年由宁夏人民出版社出版。其基本章节都是根据白寿彝发表的论文改写而成，如历史观、历史文献、史书的编著、史书的体例、历史文学等。该书总结了中国传统史学的不同史书体裁的相互补充，论述了内容和形式的关系，认为编著史书，不可不讲体例，又不可拘泥于体例，要根据所撰史事的实际情况和作者表达编著意图的需要，采用一定的体例，而又要对体例作比较灵活的运用。该书虽然是作为大学教材而编写的，但却是最能反映白寿彝的史学理论的一本书。可以讲，《史学概论》就是《中国通史》导论卷的先声。

有了导论卷的理论基石，《中国通史》的准备工作，已完全铺设好了跑道。

《中国通史》导论卷是1989年最先出版的，导论卷对各分卷的写作，实际上起到了指导性的作用。导论卷对中国通史有关问题的集中论述，是迄今为止对中国历史进行理论探讨最为系统的一本书。1981年6月，《史学史研究》就发表了该书的提纲，提出了中国历史的12个方面、346个问题，涉及面非常广泛，包括历史年代、地理环境、社会生产方式、阶级关系、国家、城乡、市镇、军队、社会意识形态、人民群众和个人、中国和世界、史学遗产和批判继承、历史时代的划分等。这些问题，都是编纂通史涉及的理论问题，导论卷是在这个基础上进一步提炼而成的。

撰写《中国通史》必然涉及中国疆域，这是通史编纂必须要解决的问题，如果没有做好学术准备工作，就根本没办法撰写。对此，史学界有不同的认识。白寿彝早在1951年，就发表论文《论历史上祖国国土问题的处理》，指出对于疆域的处理，有两个办法。一个是，以历代皇朝的疆域为历代国土的范围，因皇权统治范围的不同，而历代国土有所变更或伸缩。又一个是，以今天的中华人民共和国的国土为范围，由此上溯，研求自有历史以来，在这土地上先民的活动。他认为第一个办法，受传统的历史观点的支配，容易引导历史工作陷入大汉族主义的偏向。白寿彝认为第二种办法，即用中华人民共和国的国土范围，来处理历史上的国土问题，才是正确的办法。

《关于中国封建社会的几个问题》一文，白寿彝对这个问题的探讨就更加周全，他认为这个问题不仅是一个科学的问题，还是一个政治上的问题，应该包含四个方面的内容：一是在中国历史发展的过程中，中国的疆域是怎么发展下来的。二是随着历史的发展，过去历史上出现的现象会取得新的、不完全局限于当时情况的意义，还要看后来的发展。三是在谈这个问题的时候，要理解兄弟民族的思想感情。四是要注意到对外活动的必要性。以这四个方面来考虑，他仍然认为，讲中国历史，要以中华人民共和国的疆域为基础。在

《中国通史》导论卷中，白寿彝对这一问题，又作了进一步的论断。

关于《中国通史》时间断限和历史分期学术上的研究准备，直接关系到这部大通史如何通盘布局。白寿彝在《中国历史的年代：一百七十万年和三千六百年》一文中指出：170 万年，是指在中国所发现的最早的元谋猿人距离今天的年代。3600 年，是现在所知有文献记载的历史逐步展开的年代。这两个年代在中国历史上具有特别的意义。商朝是第一个可考的朝代。在这篇文章及《关于中国封建社会的发展》中，白寿彝对中国封建社会的分期进行了说明。他把中国封建社会分为四个阶段，并对每一阶段的特点作了论述。第一阶段是战国、秦汉时期，是中国由奴隶制向封建制过渡，并最终在全国取得了支配地位时期。第二阶段是三国两晋南北朝隋唐时期，是中国封建社会的发展时期。第三阶段是五代辽宋西夏金元时期，是中国封建社会的进一步发展时期。第四阶段是明清时期，是中国封建社会的衰老时期。这一分期，比他在 1936 年对《中国交通史》的分期，更加深化了一大步。白寿彝对历史阶段的划分，不再是根据单一的标准，而是考虑到综合的因素，如统治集团的阶级结构、农民对地主阶级的依附程度、土地制度和赋税制度的变化、阶级斗争的口号和形式、少数民族封建化程度、中外关系等，因此，避免了社会历史分期的片面性，提出以后得到史学界大多数人的赞同。

此外，白寿彝关于中外关系的论述，关于中国历史多种生产关系并存的特点、地理环境与历史发展的关系、生产关系和阶级关系、国家和法、社会意识形态等，他的认识因长期的思考而深刻，对各分卷的撰写具有纲领性的指导意义。多卷本《中国通史》，虽然是集体智慧的结晶，却凝聚了白寿彝一生史学研究的心血。他为此准备了 60 多年，正如伟大诗人屈原的诗句："路漫漫其修远兮，吾将上下而求索。"

著名史学家戴逸称赞这部著作是"一部空前的巨著，是 20 世纪中国史学界的压轴之作"。这绝非过誉之词。从 20 世纪中国史学的发展史来看，确是如此，因为，中国史学界为迎接这样一部空前巨著的诞生，根本就不是 60 多年的准备，而是整整一个世纪的来自各方面的准备，白寿彝是所有准备的集大成者。就像田径中的接力棒长跑，早已准备好的白寿彝，圆满地接好了这最后一棒。

白寿彝总主编的《中国通史》，在20世纪所编写的130余部中国通史中，是最全面、最详尽、最系统的一部。20世纪关于中国通史的著作，包括大学教材有上百部。无论从广度、深度、时间跨度，此前的著作，都无法与这部通史相比。在20世纪初至辛亥革命的新史学时期，也出版了几部历史教材，是用西方进化论观点作指导撰写的，要么不完整，要么根据日本人的著作改写而成，进化论的运用还不成熟。自此以后到1949年所出版的中国通史著作，大都属于教材纲要之类。著名的有吕思勉的《白话中国史》《(吕著）中国通史》、陈恭禄的《中国史》、缪凤林的《中国通史纲要》、张荫麟的《中国史纲》、钱穆的《国史大纲》、邓之诚的《中华二千年史》等。以马克思主义作指导的通史著作，有范文澜的《中国通史简编》、翦伯赞的《中国史纲》等。这些著作各有成就和特点，但存在问题较多，由于篇幅太小，再加上是个人所著的局限，在内容丰富上明显存在不足。顾颉刚曾在他的《当代中国史学》中评论道:“中国通史的写作，到今日为止，出版的书虽已不少，但很少能够达到理想的地步”，所存在的问题“多属千篇一律”，又“条列史实，缺乏见解，其书无异为变相的《纲鉴辑览》或《纲鉴易知录》之类，极为枯燥”。

1949年以后，通史著作仍以教材居多，其中以翦伯赞主编的《中国史纲要》影响最大。范文澜的《中国通史简编》又出版了前几卷的修订本。郭沫若主编了《中国史稿》，它们都是章节体。以唯物史观为指导，对社会中的政治、经济、文化等社会要素进行论述，力求揭示和阐述历史发展的规律性，是这几部书的优点，但历史人物的活动，没有得到应有的重视，仍然没有展示出历史的丰富性。白寿彝总主编的多卷本《中国通史》，以马克思主义历史理论为指导，总结了史书编纂的经验教训，克服了这些不足，在揭示规律和展示历史的丰富性方面，做到了良好的结合。毫无疑问，它是20世纪的中国通史著作中最为详尽的一部。另外一点是，范文澜、郭沫若主编的中国通史，均是“出师未捷身先死”，未全部完成著作，由其他史学家接续完成。白寿彝总主编的这部大通史，是自始至终、善始善终完成的。

《中国通史》的完成和出版，了却了一个世纪以来中国史学家的心愿。以新综合体编纂大型的中国通史，是中国史学家的期待。20世纪初，梁启超在《饮冰室合集 · 文集之九》中，曾对中国传统史学进行了猛烈的批判，说中国传统史学有四弊、二病，把纪传体二十四史，说成是二十四姓之家谱。但至20年代，他对传统史学的态度有所改变，他也主张借鉴中国纪传体史书包容量大的特点，来编写中国通史。他在《饮冰室合集 · 文集专集之九十九》中说：“纪传体的体裁，合各部在一起，记载平均，包罗万象，表以收复杂事项，志以述制度风俗，本纪以记大事，列传以传人事，伸缩自如，实在可供我们的研究。我们不能因近人不看表志，也骂纪传体专替古人做墓志铭，专替古人做家谱。”实际上，编纂大型的新的中国通史，一直是梁启超研究历史的最高追求，从1901年发表《中国史叙论》、1902年发表《新史学》，到1926年讲《中国历史研究法补编》，梁启超论述的核心问题，都是中国通史的编纂问题。他拟有《中国通史目录》，著有《太古及三代载记》《纪夏殷王业》《春秋载记》《战国载记》等，表明梁启超自觉地将自己的计划付诸实施。

章太炎也有运用综合性体裁编纂通史的设想，1900年，他著《訄书》，其中《哀清史》第五十九附有《中国通史略例》，提出要编修一部不同于旧史的新型中国通史。梁启超和章太炎还就中国通史的编纂往返通信多次，进行讨论。他们倾向运用综合性的体裁来撰著新通史。由于各方面的限制，他们的设想最终没有实现。白寿彝设计的新综合体，是对前人工作的继承和发展，实现了一个世纪的学人编纂大型中国通史的愿望。

在马克思主义的指导下，研究中国历史的特点，揭示和阐述中国历史的发展规律，是许多马克思主义史学家渴望完成的使命。但是在运用唯物史观的问题上，中国马克思主义史学曾经走过许多弯路，出现过教条主义的失误。但失误也带来了有益的经验和教训，极大地促进了马克思主义理论水平的提高。白寿彝非常重视唯物史观的学习和运用，在新中国成立以后，便与马克思主义史学家侯外庐一起共事，彼此学术交往密切，并认真汲取史学界在运用唯物史观方面的经验和教训，所以，他能够在《中国通史》中，创造性地运用唯物史观，对重大历史问题进行分析和探讨，在理论指导和运用上，已经成熟。可以说，多卷本《中国通史》是中国史学界，运用唯物史观，探讨和编纂中国通史所达到的新水平的一个标志。

这部著作是总主编白寿彝的自得之学和众多专家修史完美结合的结晶。撰修大型的中国通史，靠一人之力是难以完成的，需要众人合作方能成功，梁启超晚年对这一点深有感触，他在《饮冰室合集・专集之七十三》中说："今日所需之史，当分为专门史与普遍史之两途"。专门史和普遍史的关系是："专门史多数成立，则普遍史较易致力。"他还在另外一文章中讲："作通史不是一件容易的事情。专史没有做好，通史更做不好；若是各人各做专史的一部分，大家合起来，便成一部顶好的通史了。"梁启超这里所说的普遍史与通史是一回事。也就是说，通史需要专史作基础，编通史必须有专门史家的通力合作。梁启超曾号召清华国学研究院的学生，分头研治专史，以便将来集体编著中国通史。

另一方面，梁启超又指出编著通史需要"通识"："作普遍史者须别具一种通识，超出各专门事项之外而贯穴乎其间。"梁启超所论，实在是对通史编撰经验和教训的深刻总结。他当年由于不具备这些条件，加之去世过早，所以他的通史没有完成。白寿彝总主编的这套《中国通史》之所以能够完成，是因为通史编纂所需的这两个要素都已具备，那就是白寿彝的"通识"和全国众多的专门史家。从这个意义上讲，这部《中国通史》，既是他个人学术上最高追求的实现，也是20世纪末中国历史研究整体水平的一次大检阅。

可以讲，白寿彝的老师以陈垣、顾颉刚为代表，解决了他总主编《中国通史》所需要积累准备的历史文献学问题。他的老师以黄子通、冯友兰为代表，使他认识到哲学史的价值。喜欢哲学思辨的白寿彝，已明白哲学对史料统领的作用。他的知己朋友以楚图南、侯外庐为代表，又使他迅速进入到马克思主义史学体系之中，到他70岁之后，他已经可以熟练运用历史唯物主义和辩证唯物主义，来指导撰写《中国通史》，使他手中掌握了一把打开史学宝库的金钥匙，使他完全可以胜任总主编《中国通史》这一历史重任了。《中国通史》这一学术工程，只有众人拾柴，才能火焰高涨，而白寿彝在新中国成立之后，参与众多的国事活动所带来的政治地位，以及由此而增添的更加强烈的国家责任感、使命感，使他更有了巨大的动力。另外北京师范大学这一学术研究和教育舞台，以及几十年来他的人品、能力在社会交往中的口碑凝聚力，使白寿彝完全具备了天时、地利、人和三大要素。世界上没有无缘无故的成功，也没有随随便便的大成就。一切皆有因果，白寿彝为1979年全面开始大型《中国通史》的编纂，充分准备了几十年的“因”。白寿彝这一生的所有努力，都是为《中国通史》而准备的，他的命，就是《中国通史》的命。如果说《中国通史》是黄河、是长江，那么，他就是这条大河、大江的勇敢漂流者。

在“文化大革命”末期，白寿彝要开始启动《中国通史》这一重大学术工程了。万事俱备，只欠图书资料的他，再次因恩师顾颉刚的出手相助，而解了这个巧妇难做无米之炊的难题。那时“文化大革命”已给白寿彝“革”了个精光，是要什么没什么。白寿彝就买来书桌和椅子，又买了一套沙发和一个茶几。他又从北京师范大学借了大小书架十几个，围着书屋三面墙摆好。但最令人发愁的是没有参考书和工具书。白寿彝“文化大革命”初期被红卫兵抄家抄走的书、手稿、抄录卡片等，都未能找回。此时，顾颉刚知道了自己的学生要写《中国通史》，还有缺书用的难处，他随口就说：“读书人没书怎么成呢，我这有，用什么取走什么！”顾颉刚让人捎话给学生白寿彝，让学生去他书库取书，需要什么取什么，如果全部需要，便可将书库的书全部取走。顾颉刚讲：“我人老了，也就不能再读书了，也就更写不了什么了。寿彝写‘通史’需要就取走好了！”

白寿彝听到老师的肺腑之言，深为感动，但他深知顾老师在京城是有名的爱书，私人藏书量可居第三。顾颉刚曾兴致勃勃地对人讲：北京的几位朋友的藏书，我心里有个数目。说着，他举起右手，扳起手指头说："振铎 10 万册，阿英 10 万册，我 8 万册，唐先生 4 万册，另何其芳 3 万册。"从心里讲，白寿彝不能去取这些珍贵的书籍，更不能去打扰年事已高的老师，只好借故再三推辞。谁知顾颉刚又再三让人打电话催促白寿彝去取书，并再三讲："书多，再好，没人去看用来做学问，还是没任何用处。"由此可以看出他们师生的情谊，师生两人为我国的史学发展，同心同德，绝无二心。

白寿彝想了又想，决定借用，用后一定如数退还。于是，白寿彝带上儿子和儿子的好友宋德亨，一起去顾颉刚居住二十余年的老宅子取书，这个老宅子位于北京东城干面胡同，他当时住的房子，是原清朝大学士李鸿藻府邸的正房。白寿彝的儿子回忆当时的情景说："我们随父亲去书屋取书，看到的书之多，难以言之，书架一排排紧依着。父亲前面选书，我们紧随后面。按照父亲的要求，边清点、边登记书目及数量，待全部要用的书选齐后，父亲便请来他的顾师母逐一对照、清点后，便打了借条。我们将书装上了车，返回北海后门东官房兴华胡同的家中。后来，我们问父亲为何只要简装版本的，清单借据为什么写得又如此清楚。父亲讲，万事要多考虑别人，老人家舍得将珍藏之书，拱手相让，我做学生的又为何要取精本呢？我借来一用，已足矣！"白寿彝借恩师的书，用过之后就马上归还，最后是"完璧归赵"。白寿彝一直在想，他一定要把《中国通史》写好，只有以此才能报答恩师顾颉刚！

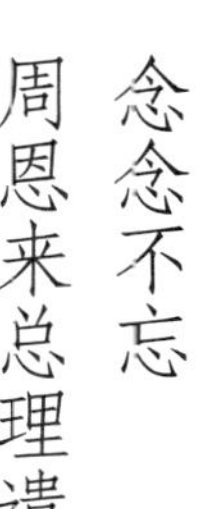

念念不忘周恩来总理遗愿

1971年周恩来总理为一大批遭受迫害的老干部恢复了名誉，重新安排他们到领导岗位，一批遭受迫害的专家学者，也陆续回到了工作岗位。

在这次整顿中，周恩来率先在第二次全国出版工作者会议上，提出出版一批中国古籍和介绍外国历史、地理的图书，并提出要撰写《中国通史》的任务。一直怀揣着中国通史梦想、并刚刚走出"文化大革命"阴霾的白寿彝，深受鼓舞。此时他正接受恩师顾颉刚的委托，开始负责点校《二十四史》和《清史稿》。他决心要响应周总理的提议，写出这部中国通史。此时的白寿彝已63岁。

那么，人们不禁要问：白寿彝为什么对周恩来总理的提议如此怦然心动呢？这里是有原因的。白寿彝谈起1962年他去巴基斯坦参加国际史学家会议的情景："在那次会议期间，巴基斯坦的朋友曾经说：'过去我们搞历史，是以欧美为中心，现在我们是以东方为中心。我们要大讲中国的历史，可是我们没书，不好办。'人家的态度很友好，但我们的工作跟不上。"这次访问巴基斯坦，对他的触动很大，外国需要讲中国历史，需要借助历史了解中国。可是人家那里，没有中国人写的中国历史书。从这次国际交往学术活动中，白寿彝感到了一种紧迫感和使命感。不久，"文化大革命"爆发，他被批斗。残酷的阶级斗争、政治运动，一下子荒废到1972年，整整一个10年，从53岁到63岁这个黄金10年，给浪费了。1972年开春，当听到周恩来总理提议要写《中国通史》，作为历史学家的白寿彝能不激动吗？更何况，他这一生的最高治学梦想，就是要写出一部《中国通史》，他一定要抓住这次历史机遇。

白寿彝后来回忆说："1974年，我在巴基斯坦又遇到史学界的朋友，人家打听关于中国史的新著。这次活动距离上次的史学家会议整整12年了，我们还没有拿出成果，心里很难过。"回国后，他即与国家出版局代局长陈翰伯商议，提出要组织力量编撰一部多卷本中国通史。正是通过这两次国际会议，他了解到国际社会对《中国通史》的迫切要求，这成为白寿彝加快编撰多卷本《中国通史》的主要原因之一。外国友人关于历史研究的中心由欧美转为东方的观点，反映了我国国际地位的崛起，中国悠久而丰富的历史已被世界各国所重视，国际交往和接触，对于白寿彝面向世界编写《中国通史》思想的形成十分重要。白寿彝在1974年回国之后，便马上行动起来，在负责点校《二十四史》《清史稿》的同时，即在1975年9月开始在北京师范大学历史系搭建起《中国通史》编写组。

当年参加这个"组阁"班子的白寿彝的学生杨凤阁，在2000年6月16日的《河南日报》上发表了一篇文章《巍巍乎白寿彝》，回忆起当时的情况：

> 1972年，召开了全国出版工作会议，这是周恩来总理为挽救文化、保护知识分子的又一重大举措。周总理在会上提出要写一部中国通史。国家出版局为此两次组织写作班子，都没有成功。这时先生开始考虑编著《中国通史》。一个号称历史悠久、史书对历史的记载从无间断的泱泱大国，却没有一部能通下来的通史著作，作为历史使命感很强的史学家，先生深感责任重大。先生曾对我讲过，1962年参加在巴基斯坦的达卡召开的国际史学家会议时，巴基斯坦朋友表示希望得到中国出版的中国史著作。1974年，先生在巴基斯坦又遇到史学界的朋友，人家打听关于中国史的新著，"我无话可说，心里非常难过！"

记不准是1974年还是1975年，先生访问日本时，日本史学家赠送一部《中国通史》，先生受到强烈刺激，一次我去看望先生，先生拿出该书让我看。皇皇十卷巨著，图文并茂，装帧精美，而且一直写到“文化大革命”。先生十分感慨地说：“有优良学术传统的这么一个大国，现在除了小开本的《新华字典》，没有一部可以赠送国外学者的书，实在无地自容。”在当时“打倒一切”的背景下，书刊都被戴上“封资修”帽子，怎敢对外赠送？大约在此前后，北京师范大学接受先生的建议，组建了由先生领导的中国通史编写组，并从校外借了几位史学家参与此事。我负责协助先生做组里的事务工作，直到1976年我调回郑州。

先生的书籍文稿在“抄家”中全部失散。先生没有在藏书上签名的习惯，大部分无法找回，这是学者的最大损失。与先生亦师亦友的老一辈著名学者楚图南先生，对寿彝师说：你还是“棒劳力”，可以为史学做很多事，我的史书送给你吧。这样先生才又有了“书房”，但总不如自己的书用起来熟悉。粉碎“四人帮”时，先生已是奔70岁的老人，又长期为眼疾困扰，视力很差。尽管如此，先生却焕发了学术青春，仍然雄心勃勃，计划编著小型、中型、大型三部中国通史。

中型本先动手，大约250万字的稿子完成后，寿彝师对创新和质量都不满意，毅然舍弃不用，充分显示了历史责任感和严肃的学风、巨大的气魄。1977年开始筹划小型本，成稿时定名为《中国通史纲要》。1980年由上海人民出版社出版，大受读者欢迎。先后印刷20多次，发行近百万册，并被翻译为英、日、法、德和西班牙等多种外文本，向国外发行。接着编著大型本。这就是1999年4月由上海人民出版社全部出齐的《中国通史》，12卷22册，1400万字。这年先生整90岁，它是最有意义的生日礼物。

◎ 1978 年 4 月，白寿彝（前排左二）和参加《中国通史纲要》编写会议的成员合影

1975 年，白寿彝再次主持北京师范大学历史系的教学工作。同年 9 月，他从 1972 年周恩来总理讲话开始，用 3 年来的时间进行筹划，终于组成了他牵头的《中国通史》编写组，这一重大举措得到了北京师范大学的赞同，也得到了国家出版局的赞许。白寿彝正式向上级部门递交了编写多卷本《中国通史》的建议书，教育部在这一年作出了编写《中国通史》的决定，并确定了其编撰规模、要求、体裁、体例等，以及编委会委员、主编人等诸项内容。当时，“文化大革命”尚未结束，《中国通史》编写组的成立，无疑成为中国史学界的一道“闪电”。

参加当年《中国通史》“组阁”并一直干到底的杨钊教授，在 1994 年回忆得更加详细：“文化大革命”后期的 1975 年 9 月间由白寿彝先生牵头，杨凤阁及杨钊等为筹备委员，成立了《中国通史》编写组，这是寿彝同志响应周恩来总理在 1972 年全国出版工作座谈会上提出编写《中国通史》的任务。1975 年寿彝先生请示了北京师范大学党委、历史系总支，并同国家出版局负责同志交换意见后，倡议编写大、中、小 3 种中国通史，请来许多大学、中学老师，请来军宣队韩培梅同志，工宣队刁永山同志，还有北京印刷二厂老排字工人张启泰师傅。中等中国通史初稿写成，有的铅印，有的打印，故水平不一，很难修改成书，便只好暂时搁置。

1999 年 4 月，瞿林东回忆说：老师白寿彝为什么要编纂《中国通史》？这是因为："他多次谈到出国访问时，看到新中国没有自己的通史所受的刺激。所以，成就大事业，要有大动力。历史学家的大动力，就是承担起对社会的责任。"其实，当白寿彝动议《中国通史》之时，同时代的前辈著名历史学家范文澜、郭沫若，都根据马克思主义唯物史观出版了中国通史著作，而且影响很大，那么，周恩来总理站在国家领导人的角度，为什么还要提议重新编写《中国通史》呢？

对此，白寿彝说："我国的一些著名史学家，如郭沫若、范文澜，生前曾主持出版几种中国通史著作，但都没出齐。到现在，我们还没有一部大型《中国通史》。从 20 世纪 50 年代起，我在教学过程中以及出国作学术访问时，都迫切感到，从国内外需求看，有必要编写一部大型的《中国通史》。1972 年，周恩来总理提出了编写《中国通史》的任务，这就更坚定了我编写通史的决心。"我们通过研究发现，事实的确如此，也更加明白了周恩来总理为什么如此期待新的《中国通史》的诞生。这也是白寿彝为什么有这么强烈的责任感和使命感的原因。

1976 年 1 月，正值北京的严冬，寒风刺骨。8 日，周恩来总理去世，白寿彝悲痛万分。白寿彝的儿子回忆起当年的情景："这天傍晚，我从外边下班回到家里，看到爸爸在客厅的角落里，坐在沙发椅上一动不动，仿佛在无声地抽泣着……我真是不敢打扰他。这可是我从小至今，见到爸爸第二次哭泣，上次是因为妈妈去世呀！过不多时，我又悄悄地走进客厅去看望爸爸，只见入夜后的屋内只亮着一盏台灯，而灯火又是那么的暗淡，只能隐隐约约地看到父亲在深思，他的面容宁静而又忧虑。后来，我走近父亲。他发现我来看他，他望着我，我也又向他望去：父亲憔悴得多了，高度近视镜后的一双眼睛充满了血丝。他异常深沉地对我说：'再也见不到我们的好总理了！’总理故去了，父亲更加坚定了编写多卷本《中国通史》的决心。父亲表示一定要率先更好地完成总理交给我们的任务！”

1976年是中国多灾多难的一年，唐山发生大地震，为了安全，家人给白寿彝在庭院中心搭起了小防震棚。他只在棚内呆了一个多小时，又返回书屋去了，说什么再也不出去了。他的理由是防震棚是样子，解决不了防震，反而影响休息和工作，他要抓紧一切可用的时间编写《中国通史》。粉碎“四人帮”之后，他迎来了加快编写工作的好时光。

1999年4月，当《中国通史》12卷22册，全部出版完成的时候，白寿彝已90岁了，为此，北京师范大学在4月26日隆重集会进行庆祝，江泽民、李鹏、李瑞环均来函来电祝贺。白寿彝十分感慨地说:“回忆这23年的风风雨雨，我们付出了巨大的艰辛和努力，现在，终于完成了。这对党是个交代，对人民是个交代，对已故周总理和所有关心这项事业的各界朋友们是个交代，对国外友人们是个交代。我要感谢师大党委和各单位领导的支持，感谢全国哲学社会科学规划领导小组和国家教委全国高校古籍整理指导委员会的先后资助，感谢所有参加本书编写工作的同志们的共同努力，感谢上海人民出版社的大力合作，还要感谢北京友谊医院的全体医护人员。”

白寿彝说的是发自内心的话，而不是客套话，这23年太不容易了，为了完成毛泽东、周恩来“用新的观点，重新写一部中国通史”的愿望，白寿彝竭尽了生命的全部力量，这是代表20世纪一个世纪的巨著。

叁 该罢休时不罢休

大诗人臧克家，是白寿彝的知音，在1988年岁尾，为白寿彝八十寿辰庆祝，他写了一首诗：

学海探珠六十秋，银丝赚来半满头。
黄牛负轭桑榆路，该罢休时不罢休。

寿彝老友八十大寿俚句为贺
克家戊辰年尾时年八十又四

诗中的“该罢休时不罢休”，形象生动地表达了白寿彝编写《中国通史》的精神状态。

1999年，首都师范大学名誉校长齐世荣说：“听到臧克家先生的诗句‘该罢休时不罢休’，很有感触。白老85岁华诞时，我曾说过一件事，现在还想重复一下。多卷本《中国通史》筹划的时候，他已经70多岁。当时白先生是‘文化大革命’后北京市史学会恢复后的第一任会长，我协助他工作。经常去他家里，几次看到他在组稿，找分卷主编谈话。70岁高龄开始一个新的事业，这种精神很了不起。白先生85岁华诞时，我68岁，当时曾讲我本打算到70岁就封笔不干了，看到白先生85岁了，还在搞这部大书，受到触动，下了决心还得好好干。他该罢休时不罢休的精神，不是一般人能做得到的，值得后辈好好学习。”

白寿彝到了晚年，眼疾和气管炎症困扰着他，他总是用新药和新疗法来试疗效，因为此前老药和传统疗法对他已无疗效。他在学术上、教学上总是推陈出新，在医病上也是如此，总是想让自己的眼睛和肌体好一些，不要成为学术研究、教学道路上的绊脚石。

白寿彝自“文化大革命”结束以后，就主动去治眼病，再忙也抽时间去医院。他总是担心，万一哪一天眼睛真的看不见了，那可怎么办？什么也干不成了！后来白寿彝又治疗了白内障，因为它直接影响了工作，耽误了很长的写作时间。那时，白寿彝心里很是焦急。他的年龄一年比一年大，精力一月不如一月，工作时间一天比一天珍贵，那时的白寿彝简直是在拼命，忘我地编写史书。

到了1998年，白寿彝便开始逐渐行步困难，长期的伏案写作，直接影响着他的腿脚健康，白寿彝最终只能以轮椅代步。由于工作量常年过大，又引来了失眠等病症，白寿彝的身体逐渐衰弱，但是他仍旧坚持着，一心扑在《中国通史》等大部头的著作上。那时，白寿彝入院治疗，出院后又入院，已成常事。他在家或在医院，都是一样地忙于写作，他在争分夺秒地争取更多的时间。白寿彝在晚年，真的是用心血在写作，是用生命来著书。

上海人民出版社张美娣1999年说：

> 第一次见到白寿彝先生是在1979年的金秋十月。20年前，在北京师范大学化学系一幢简陋的青砖砌成的校舍内，年届70的先生主持召开了《中国通史》的第一次编写会议。参加这次会议的有《中国通史》的分卷主编徐喜辰、杨钊、何兹全、陈光崇、王毓铨、林增平、龚书铎、王桧林等几十位专家学者，我和林烨卿先生作为出版社的代表也参加了这次会议。会议初步确定了《中国通史》的编纂要求、体例、卷数、字数规模等，并对一些史学界长期以来有纷争的重大学术问题作了研究，为在通史论述中能达到统一而作了认真的探讨。皇皇巨帙——12卷22册、总字数逾1400万字的《中国通史》的编写工作，就此正式拉开序幕。白寿彝先生以宏大的气魄和献身精神，主持了这一浩大的学术工程。

时下，由知名的学者挂名做主编的，是件司空见惯的事，但白先生这个总主编却是事必躬亲，从通史的组织工作，一直到撰写题记，书稿的审稿、改稿、统稿、定稿及选图编目工作，都是由他亲自做的。

另外，在编写过程中，有两卷书稿的主编班子，因特殊的原因中途而散，因此，白先生花了很大精力，不得不另外物色分卷主编，重组班子，才使这两卷能如期交稿，不致拖了整套书的后腿。

白先生不但亲自审定了《中国通史》的每一卷书稿，还常常亲自动笔修改书稿。十多年前，我接到《中国通史》的某一卷书稿时，对其中综述部分提出了一些修改意见，白先生丝毫没有名教授的架子，他认真虚心地听取了我这个小编辑提出的意见，并亲自动笔作了修改。当我后来看到书稿的字里行间，不时出现的那有些颤抖的笔迹时，一种崇敬之情油然而生。后来，随着白先生年事增高，他已不能亲自动笔了，但全部书稿都是由其助手一字一句读给他听，然后根据他的意见作修改。凡见过白先生的人，都十分钦佩他惊人的记忆力和清晰而敏捷的思路。有几次，我去北京师范大学拜访白先生，见到他的学生和助手将急于发表的文章读给他听，一篇文章读完，白先生即能指出某处某段有些什么问题，应如何修改。在目力减退、不能亲自动笔的情况下，白先生即是以他广博的学识和一如往昔的清晰而充满睿智的头脑，来指导《中国通史》的许多具体工作的。

20 年来，白先生把全部的时间和精力都奉献给了《中国通史》，当《中国通史》完成在即时，他却又在思考计划着下一个学术项目。1998 年，我在北京师范大学又见到白先生，与他聊完大通史的有关事宜后，白先生兴致勃勃地问我们，大通史做完以后再做什么？我们谈了一些设想后，饶有兴趣地问他：您接下来有些什么计划？白先生笑着说，假如安拉降福，多给他一些时间，那么，他还准备做几个大项目，第一，是要把《中国史学史》全部完成，这项计划因《中国通史》的工作而推迟了。

这是一个辛勤耕耘、不知疲倦的老人，这是一个在学术探索之路上永不止步的学者。

1979年，终于迎来改革开放时代的白寿彝，在为他祝寿70岁的会议上，说了这么一句话："我70岁才开始做学问！"这句话充分说明了他"该罢休时不罢休"的豪迈之情。这句话，他不止一次说，而是常常说。

"我70岁才开始做学问"，这对不熟悉白寿彝的人来说是令人十分诧异的一句话，但是这对了解他的老友、同人们来说，却是令人十分兴奋、并非惊愕的一句话。这是因为，他敢于创新，在学术方面常出"头彩"，所以，了解他的人，对此不足为怪。

"我70岁才开始做学问"，这句话可以说包含着两层意义。一谓，白寿彝对中国进入了新的历史时期，感到欢欣鼓舞。抚今追昔，他感慨万千：青年时代是在战乱中度过的，中壮年时代是在"运动"中度过的；现在社会安定了，环境上宽松了，不正是坐下来安心做学问的时候吗！另一层含义是：学无止境，以往的治学所得、种种成就，都是为了新的攀登所作的积累、积淀。他在70岁以前在中国思想史、中国交通史、中国伊斯兰教史、回族史、中国史学史，以及《二十四史》和《清史稿》点校等诸多领域，均有建树，可以说，已做了充分的奠基。他把这些都看作是新的起点的准备，是打造《中国通史》学术工程的坚实基础。

"70岁才开始做学问"，这不仅是伟大时代的感召，更是当代中国一代老学者的豪言壮语。白寿彝从1975年66岁时，开始谋划《中国通史》，到1979年70岁时，小型通史《中国通史纲要》出版，再由此正式发动多卷本大型《中国通史》"总攻"，到1999年他90岁时完成，历时24年。在90岁那年，白寿彝又说："我虽然90岁了，还是要和同志们继续奋斗下去；多吸收精神上的氧气，多写出点为当代人所喜爱的历史书，争取再过上一个90岁。"他总是保有一颗学术青春的赤心。祖国改革开放的春风，给史学界带来了无限生机，白寿彝希望自己更长寿，以延长学术生命，完成他心中的一个又一个计划，他渴望为国家多做一点有益的事。

白寿彝在90岁之时，为什么敢于说出豪言壮语：“争取再过上一个90岁”，这是因为还有许许多多的事没有做完，在等着他去干。1999年《中国通史》刚刚完成，他又在着手根据《中国通史》体例，将多卷本《中国史学史》尽早全部完成；还有将《中国回回民族史》尽快完成，他希望通过大家的同心协力，编写出一部中国回回民族通史，为中国民族大家庭的团结、进步和发展作出自己的贡献。

对于一个90岁的老人来说，“争取再过上一个90岁”，只能是豪言壮语，完全没有现实可能性。但是这却反映了白寿彝一种乐观心态，一种积极的人生态度，它表达的是，只要还有一口气，不论是在家里，还是在医院里，他都会为学术去努力工作，这是一种神圣的社会责任。古往今来，大凡有作为的学人，在治学道路上总是有一种思想上的动力。正是这种动力，使他们能够坚持不懈地追求、攀登，直至生命的终点。这些学人，留给后世的，不只是他们的鸿篇巨帙，

◎ 1990年6月9日，白寿彝在书斋查阅资料

还有他们的思想和精神。"人生七十古来稀"，在古来稀的年龄，今天的人们，有多少人敢于担当总主编12卷22册《中国通史》的重任？又有多少90岁的老人，敢说出豪言壮语，并真正付诸行动？

白寿彝还总是说："在学术领域里是没有止境的，我仍将走新路。"1994年，他的老朋友何兹全教授说："白先生编多卷本《中国通史》时，让我帮忙做点工作，我答应了，但没信心，觉得条件还不成熟，需要解决的问题太多，工程又太大，搞起来太困难。可是现在已经出了四卷，第五卷也已完稿。说明有志者事竟成。白先生的主编是真正的主编，不像现在有的主编，只挂了名，既不'主'也不'编'。从第五卷的校对稿中我看出，白先生是从头到尾看的，几乎每章每节每段每句，都有总主编的手笔、心血在内，这工作量不得了。"这充分反映了白寿彝老当益壮、自强不息的奋斗精神，令人赞叹！使人情不自禁地想起臧克家所写的另外一首诗《老黄牛》：

块块荒田水和泥，深翻细作走东西。

老牛亦解韶光贵，不待扬鞭自奋蹄。

白寿彝就是20世纪中国史学界不待扬鞭自奋蹄的老黄牛！

白寿彝的助手刘雪英，在参加完1999年4月26日召开的祝贺白寿彝90华诞暨《中国通史》全部出版完成大会之后不久，即5月28日，写下一篇文章，记叙了白寿彝在近20年来"该罢休时不罢休"的工作情景。

2000年3月21日，白寿彝去世，他的老朋友臧克家在8月17日的《光明日报》上发表了《怀念寿彝》一文，再次回忆起11年前，他写那首诗的心情。

肆 中国史学史研究上的创新——新综合体

1999年，在中国史学会担任要职的著名历史学家戴逸，在祝贺白寿彝教授九十华诞暨多卷本《中国通史》全部出版大会上，有一个重要发言，他说，《中国通史》“最全面、最详尽、最系统，是真正的通史。它时间跨度最大，从远古时代一直到1949年。它内容最丰富、最全面，包括政治、经济、文化、民族、地理环境、典章制度、科学技术，几乎无所不包。它纵通横通，是真正的通史，改变了以往许多只有历史事件和制度，偏而不全、略而不详的缺点”。

在这里，戴逸用36个“最”、两次强调“是真正的通史”，来高度评价这部《中国通史》。作为历史学家，在评价一个事物的时候，往往是有一说一，有二说二，言之有据。本书作者之一蒋晔曾拜访过戴逸，并研究过他的文章风格，他很少用这么多个“最”来评价一部著作。人们不禁会问：这种评价与事实相符吗？

为此，戴逸作了以下阐述：《中国通史》为什么是一部高质量、高水平的通史，这源于它“体例上的创新。体例上吸收了传统纪传体史书和近代章节体史书之长。基本分为序说、综述、典志、传记四部分。白先生综合纪传体、编年体、章节体体裁，创建新的综合体，既能反映历史规律性，又能反映历史的丰富性，大大开拓了历史的广度和深度。在中国史学史上是要大书一笔的”。

“这部通史还有一些特色。第一是导论卷集中阐述理论问题，提纲挈领，理论色彩浓。第二是民族问题讲得深入，占的比重大，反映了中国多民族统一国家的全貌。导论卷第一章白先生亲自写民族问题，共七八万字，写得洋洋洒洒，非常见功力。元史卷百余万字，目前还没有任何一部元史专著写得这样详细全面。第三是序说部分是一个创造。讲历史最重要的是要言之有据。序说非常详细地介绍史料，包括文献的、考古的，有当时人的，也有后人的，既提供原始材料，又讲研究状况，把读者直接带到这一段历史研究的前沿。今后写通史、断代史、专史，都可借鉴这一做法。”

多卷本《中国通史》采用的是“新综合体”，即除导论卷和远古时代卷（第二卷）之外，其余各卷均由序说、综述、典志、传记四部分组成。那么，白寿彝为什么要创造这个“新综合体”呢？这是因为，原有的体裁，均无法容纳这部《中国通史》的内容。白寿彝在研究中国史学史几十年的过程中，也把历史编纂学作为一项重要的内容。他在史学史研究上的深厚造诣，是他创制新的史书体裁的基础。

早在20世纪40年代，白寿彝就对中国历史体裁的演变做过探讨，提出要用立体的写法来反映中国历史的设想。在总结了中国史书体裁的发展演变之后，他说：“以前，人与社会的关系不很显著，所以平面的甚而至于是点线的写法，已可以使人满意。现在，人与社会的关系日见复杂，非用立体的写法不能适应大家的要求。”并说：“要以人民为重要的内容，并且能供给大多数人民阅读为最大的目的，以后的史书形式，必须是能适合这种内容、这种目的的体裁，才是最好的体裁。”这说明，那时的白寿彝就在考虑史书体裁的创新问题了，其创新的方向是：史书形式必须是能适合“人与社会关系日渐复杂”的内容，以及能“供给大多数人民阅读”。

1961年，白寿彝发表长篇论文《谈史学遗产》时指出：“历史编纂的遗产，也是同样丰富的。单就历史书的体裁来说，就很多。”“我们研究史书体裁，跟著录家不同，不能专从分类上着眼，更应该看到一种体裁的发展……研究史书体裁方面的遗产，批判地继承，对于我们写史书，在著作形式上的百花齐放，是有好处的。”白寿彝在这里再次提出“在著作形式上百花齐放”。

20 世纪 80 年代初，白寿彝又一次谈史学遗产时，明确地提出要用综合性的体裁撰写大通史：“历史现象是复杂的，单一的体裁如果用于表达复杂的历史进程，显然是不够的。”“近些年，也许可以说近几百年，我们这个传统没有得到很好的发扬，因而我们的通史著作，在很大程度上不能表达更为广泛的现象。”“今天我们要采用综合的体裁来写历史，不只是要吸收古代历史家的长处，还应该超过他们。这种新的综合体的好处，现在可以看得出来的是，便于容纳更多的历史内容，可能更进一步地反映历史发展的面貌。”在此，白寿彝已很清晰地表达了“不只是要吸收古代历史学家的长处，还应该超过他们”，他“学习历史，创造历史”的气派，展现无遗。

白寿彝创制的新综合体，吸收总结了传统史书体裁的有益因素，又高于传统史书体裁，既重视论述历史的全貌和历史发展的规律性，又重视描绘历史人物的活动，多层次、立体地展示历史的运动过程，在揭示历史的规律性和历史内容的丰富性方面达到了高度的统一。新综合体是这部《中国通史》的重要成就之一。

那么，新综合体裁的特点是什么？首先在于“通”的要求，这也是白寿彝总主编《中国通史》的活力所在。

“通”的要求是对我国修通史优良传统的继承发扬。关于“通”的观点，在中国史学史上，有两派主张。一派是以司马迁为代表。司马迁写《史记》，要求“究天人之际，通古今之变，成一家之言”。其中“通古今之变”，是三句话的核心。白寿彝说：“这不只是在编撰形式上的通，而是要探索历史发展的规律，并且与历史的未来联系起来。”另一派以郑樵为代表。他所讲的“通”，总是和“会”字并举，称作“会通”。“会”，是指大量汇集历史文献，加以编排。“通”，是记载不同朝代前后相续，不断代。

白寿彝说：“我们撰写史书，对于‘通’的要求，要吸取两派的长处；更重要的是，要在马克思主义指导下进行工作。我们赞成搜集丰富的文献资料，但不能停留在资料上，要通过对资料的研究，上升到理论化的高度。我们赞成通史编写形式，但要求的是全书各部分之间的脉络贯通。我们不赞成把通史看成断代史的拼凑，但主张认真研究每一时期的历史，研究各个历史时期中国社会诸因素间的关系，包含生产力、生产关系和上层建筑相互之间、各民族相互之间的关系，也要研究中国和世界的关系，包含中国各个历史时期在世界史上的地位，中国与外国的往来和经济、文化的交流。我们赞成通古今之变，但要透过历史现象揭示历史本质，要于历史沿革流变之中，探索历史的发展规律。”

为此，白寿彝创造的新综合体裁，以“序说”开宗明义，是对传统的自序、书序的改造。“综述”，是写历史发展的总象，是吸取了本纪、编年和近代来自西方的划分章节等各种体裁之长，而加以发展。“典志”，是对历史现象剖视，它是借鉴传统书志体及政书的写法，而加以深化。“传记”，是写历史人物群像，这是对传统史书人物传记的改造与发展。这四个部分既各有分工，又相互协调，构成相辅相成的一个整体，从而实现了“通”。在这里白寿彝特别强调两点：“第一，对于经济、政治制度等，不是作为一个制度静体来写，而是作为动的，即从历史的运动中来写。第二，不仅要讲一种制度的发展，还应该讲制度跟社会发展的关系。”这里讲明了，一是同一体裁中各个部分应当相互配合。二是要以“动”的眼光看待历史上的事物。

白寿彝《中国通史》新综合体裁另外一个明显的特点，便是解决了近百年来中国通史在编写时，因章节体受到的限制，而极少再有人物传记的缺点。白寿彝又继承恢复了这一优秀传统，这不仅仅是对传统的回归，而是也给纪传体史学传统，注入了新的活力。

李大钊在《史学要论》中指出：“历史这样东西是人类生活的行程，是人类生活的联续，是人类生活的变迁，是人类生活的传演，是有生命的东西，是活的东西，是进步的东西，是发展的东西，是周流变动的东西，他不是些陈编，不是些故纸，不是僵石，不是枯骨，不是死的东西，不是印成呆板的东西。”白寿彝继承和发展了这个历史唯物主义的认识论，并把它运用到历史研究之中。在历史发展过程中，人是最有创造性、最生动活泼的因素。因为人具有千万种不同的个性，他们的言行在不断创造出新的历史，推动社会的前进步伐。所谓英雄，历史上的杰出人物，都是具有鲜明个性的代表。有文字记载的历史，也是以记录人的行为开始发展起来的。中国的《春秋》《史记》，古希腊历史学家希罗多德所写《历史》，虽写作形式不同，但内容都是以人为主。所以，这些史书以其资料丰富、文笔扎实生动，被后人喜爱和传诵，也成为后世修史的样本。

白寿彝总主编的《中国通史》中立人物传记的目的，就在于把历史写活，通过人物传，来反映“综述”所无法详细叙述的一些生动内容。这不仅提高了《中国通史》的可读性，而且通过了解历史人物的活动，能使读者更具体地了解以前的社会，更直接地体会人物的思想、性格和时代特征。白寿彝积多年教学、科研之经验，认为纪传体可以容纳更多的史料，比编年体史书优点更多。他指出：“编纂史书，本是为了反映历史真相。采用这种史体或那种史体，是为了反映历史真相的方便，如果因为拘泥于体例，而排挤掉重要的史实，岂不是舍本逐末了？”

白寿彝十分赞赏司马迁对李斯的描写，李斯看到老鼠吃脏东西，见到人和犬就仓皇躲避。但在粮仓之中却悠然自得，过着舒适的生活。李斯由此得到启发：“人之贤不肖，譬如鼠矣，所在自处耳。”白寿彝评论说：“这是一个轻松的小故事，写在这个政治家的传记上，好像有点浪费笔墨，但司马迁正用它写出李斯的全部人生观，斤斤计较于个人得失。——在一定意义上，老鼠的故事简直就是李斯一生的缩影。”

所以，要想真实准确地反映历史，首先就要考察当时人的行为，这样才能使历史真实鲜活起来。为此，白寿彝强调：“历史人物本身也是历史的产物，他们身上不能不反映某些时代的特点。正面的人物会反映某些新生力量的时代特点，反面的人物，反映某些保守的以至反动的时代特点，同时，他们都还会反映他们的具体环境中的某些特点。编写人物传记，既要在传记中写出历史人物的历史作用，还要写出他们身上所反映出的历史特点。”举例来说：“项羽和刘邦都以反秦起家，而项羽以优势兵力，反而与江东八千子弟同归于尽。

刘邦以劣势兵力，却最后夺得了皇位。三国时期，诸葛亮以一身系蜀汉之安危。南宋时期，一个岳飞，一个秦桧，他们在权位上的得失，深刻影响宋金间的军事局势。”以人的行为来反映历史，最真实、最生动，也最能说明问题。

白寿彝的学生瞿林东说：“人物传记，历来是我国史书中的一个重要组成部分。近几十年，我国的历史著作不大重视写人物，从中更看不到完整的人物形象。有一个时期，甚至还有意地尽量回避对历史人物的表述，怕被说成是英雄史观的表现。但历史毕竟是人的活动所构成的，有人民群众的活动，也有杰出人物的活动。这是不应回避，也回避不了的。从史学的社会目的来看，我们讲述历史、撰写历史容易引起人们兴趣，具有比较突出的社会效果的，主要还是各方面人物的传记。中国史学上有写历史人物传记的优良传统，多卷本《中国通史》把《传记》列为重要部分，也是试图继承这个优良传统。”

白寿彝在撰写多卷本《中国通史》时，人物传记占了很大一部分，他追求的历史丰富性、生动性，正在于此，以彻底解决20世纪中国通史著作中，没有很好继承中国史学史优良传统的弊病，他想达到的意境，正如李大钊所说：“吾人浏览史乘，读到英雄豪杰为国家为民族舍身效命以为牺牲的地方，亦能认识出来这一班所谓英雄所谓豪杰的人物，并非是与常人有何殊异，只是他们感觉到这社会的要求敏锐些，想要满足这社会的要求的情绪强烈些，所以挺身而出，为社会献身，在历史上留下可歌可泣的悲剧、壮剧。我们后世读史者不觉对之感奋兴起，自然而然地发生一种敬仰心。”

作为白寿彝助手的刘雪英，对即将结束的多卷本《中国通史》的编写，在1996年对什么是新综合体作了以下表述：“本书采用古今各种史书体例之长，形成一种新综合体，其中包含编年体、纪传体、纪事本末体、典志体、图版语表体、史论体及时下流行的章节体。”我们通过研究发现，她的这个表述，更符合白寿彝的本来想法，更将这一新体裁说清了。

那么，我们可以试举几卷，具体分析一下，白寿彝所率领的团队，是如何将这种“新综合体”运用到《中国通史》各卷的写作中的。

通过剖析《中国通史》第四卷秦汉时期，可以看到这种新的史书体裁显示出了许多优点。第一，它所提供的历史知识的广度和深度，超出了以往一些章节体的通史著作。“序说”向读者介绍了有关秦汉史的基本文献资料、文物考古资料的史料价值，以及近代和中华人民共和国成立以来秦汉史研究的概况和一些有争论的重要问题。这就便于读者在阅读全书时，对有关的史料和理论问题先有所了解，而且为有些愿意进一步研究秦汉史的读者提供了线索。“综述”使一些重大的历史事件，可以比较充分地展开论述，有助于读者掌握秦汉时期的历史大势。如书中把东汉外戚、宦官的轮番专政和党锢，与黄巾起义等风起云涌的反抗斗争合为一章，这就使读者对于东汉后期政治腐败所导致的后果，有更清楚的认识。

第二，这种新的体裁，比较恰当地处理了通史著作编撰中点与面的关系。以往章节体的通史和断代史，往往把一些典章制度与历史发展的概况结合起来论述，这就很难对一些重要制度的内容作深入的剖析，也不容易看到它们的发展变化。新的体裁可以避免这种局限。“典志”部分的撰稿者，都是对秦汉经济政治制度和科技史，有深入研究的学者，新的体裁给他们提供了一个可以充分发挥其专长的机会，使得这部分内容更加饱满和充实，也保证了这部分章节有较高的学术水平。

第三，写史只见事不见人，这是以往一些通史著作的通病。秦汉卷用全书将近五分之二的篇幅写人物传记，这是本卷的一大特色。通史的性质，不同于专门史或专题研究的学术著作，它所面向的是不同职业和不同层次的广大读者。有许多读者阅读通史，除了要了解各个朝代的重大历史事件之外，还想了解当时活跃在历史舞台的各种各样的人物。特别是一些演义小说和戏曲中的历史人物，究竟有无其人，是好是坏，以今天的眼光究竟应该如何评价他们的历史功过。秦汉卷正好满足了一般读者的这种需要。阅读精彩的历史人物传记，还是欣赏历史文学的一种精神享受。

白寿彝总主编的多卷本《中国通史》，主要是从中国历史的统一、分裂的角度进行分卷，不仅能更充分地反映中国历史发展总的进程，也体现了白寿彝史学思想中的民族平等思想。

元朝存在163年，这个朝代结束了中国历史上长达370多年的第二次大分裂时期，具有重大的历史意义。所以，将元朝作为一个时期单独列为一卷，这在已出版的各种《中国通史》的分卷、分编、分册中，是从来没有过的。正如他在第八卷所写的题记中所说："民族史是本书计划中的重点。民族史在一部通史中应如何安排，是一个大问题。"

《中国通史》第11卷，该卷从1840年至1919年，是中国近代前半段的历史，与其他中国近代史著作相比，在内容和体例上都与众不同。具体说来，它有三个主要特征：

第一个特征是体现了"通"。"通"表现在四个方面，即横"通"、纵"通"、史事与研究的贯通、各种编写体例的融通。所谓横"通"，是指历史横向内容的贯通。该卷不仅在"综述"部分对近代历史的发展总向作了精辟的阐述，而且在"典志"中对经济、军事、社会、科技、教育、学术文艺、新闻出版等方面也作了详细深入的描述，全景式地表现了近代社会历史的方方面面，贯通了历史横断面的内容，为读者学史开辟了更为广阔的思路和视野。

所谓纵"通"，是指该卷所述近代部分，与古代部分在内容与风格上的"通"。按照《中国通史》统一的体例和要求编写，使古代部分和近代部分在著述结构上相衔接，实现了历史纵向的贯通，解决了古代史著作和近代史著作在内容和风格上的不协调问题。

实现了史事与研究的贯通。以往的近代史著作通常以叙史为主，至于与本题有关的文献资料、研究状况等内容一向不专列篇章进行系统介绍，只是在叙史过程中附带地零星地谈到。而该卷则在"序说"中专设"文献资料""研究概况""编写旨趣"各章，打破了以往著述的常规，把史事的叙述和有关研究问题的介绍，有机地结合起来。这无疑是近代史研究中的一个大胆尝试。这种独具匠心的安排，可以使人们在读史之前，就对这段历史涉及哪些文献资料、研究到何种程度，以及该卷的写作意图等基本问题，做到心中有数，为进一步登入史学殿堂打下良好的基础。

可以讲，《中国通史》真正对近代史编写体实现了重大突破，首次从断代史的角度，对中国近代史的编写体例作了变更。充分发挥了传统史学的纪事本末体、典志体、纪传体的长处，把它们与近代章节体贯通一气，融为一体，以新综合体的形式，首次在近代史的编写中加以运用，在综合各种历史编写体例方面，做到了真正意义上的“通”，为全面反映近代中国社会多彩的历史内容，提供了新形式、新体裁。

第二个特征是体现了“新”。一般的近代史著作，由于过多地强调表现政治主线，而忽视了断代史各方面内容应有的“通”。这是该书在编写宗旨方面“新”于其他著作的地方。

其次是内容阐释方面的“新”。“文献资料”“研究概况”两章作为“序说”的重要内容，放在全卷的开头部分，与“综述”“典志”“传记”相配合。这种安排在现有的近代史专著中是开天辟地，体现了该卷内容结构上的“新”。对于学界研究的一些薄弱环节或者空白领域，在“典志”部分都设置专门的章节加以阐述。并十分注重吸收学界新的研究成果，在对鸦片战争、戊戌变法、近代关税、宪政、学术、文学艺术、图书出版业等问题的论述，就吸收了大量新观点、新成果，提供了新的知识信息，从而保证了全卷处于学术前沿的领先地位。

为什么能够实现这个“新”？就在于这个“新综合体”，既吸收了中国传统治史方法之长，又借鉴了西方章节体史学编撰方法，熔中外治史方法于一炉，体现了融汇中西的特征和学术研究上的创新精神。

中国近代史是一门新兴学科，它的起步阶段始自清末民初。民国年间，中国近代史研究已有初步发展，各种不同版本的读物屡屡问世。白寿彝总主编的近代前编卷，无论对所述内容的安排设计，还是在编写体例的更新方面，都突破了旧的模式，体现了白寿彝关于编写新时期通史对于“通”的要求。这是具体运用新综合体写中国近代史的成功范例，是一次我国近代史研究模式的历史性突破，较好地克服了传统模式的两大弊端，体现了更大的包容性、更强的表现力和灵活性。如果说范文澜的《中国近代史》在20世纪40年代实现的突破，为马克思主义史学研究中国近代史奠定了基础；那么，近代前编这一卷所实现的突破，则是在新的历史条件下，以创新的精神，把我国近代史研究推进到一个更新的水平，从而使它的体系更完善、内容更丰富、方法更成熟。

《中国通史》第12卷，即1919年至1949年的近代后编卷，是这部巨著的最后一卷，全书仍沿袭统一风格分序说、综述、典志、传记四大部分。

在撰写时，白寿彝讲："是在几乎全无依傍的情况下编写的。在编写过程中，遇到了不少的问题。""我们只有努力，尽先解决比较重要的问题，能解决多少写多少。历史上还有许多一时不能解决的问题，需要做长期的打算，不能着急，更不能草率从事。我们的任务是还要和同志们一齐继续努力研究下去。"白寿彝写于1998年7月的这段话，可谓将编撰此卷的困难，说得一清二楚。

正是在此情况下，白寿彝实现了这一时期撰写体裁的大突破。我们从"序说"中便可看到，在第一章"文献资料"中，有档案、资料丛刊、报纸、期刊、口述史料、人物研究史料、方志和外文史料7部分内容。在资料丛刊中，有《民国丛书》《近代中国史料丛刊》《中华民国史资料丛稿》等。在报纸中有《申报》《新闻报》《大公报》《民国日报》《中央日报》《解放日报》《新华日报》《中华日报》《晨报》等。

在丙编"典志"中，有农业和农业科技，有包括土木工程、能源、冶金、交通、其他重工业和轻工业在内的工业工程技术，此外还有土地制度与土地改革、外国对华投资、国家垄断资本、民族资本、新民主主义经济、北洋政府的机构和制度，以及南京国民政府的立法机构和立法制度、行政机构和行政制度、军事机构和军事制度、司法机构和司法制度、考试机构和文官制度、监察机构和监察制度、地方机构和地方制度、国民大会和总统制度。另外，还有红色政权的机构和制度、抗日根据地的政权机构和制度、解放战争时期解放区的政权机构和制度。此外，还写了汪精卫、南京国民政府。

在丁编“传记”中，人物选了57人，有毛泽东、周恩来、刘少奇、朱德、李大钊、瞿秋白、李立三、张闻天、宋庆龄、陈独秀、王明、蒋介石、胡汉民、孔祥熙、宋子文、张群、何应钦、李宗仁、白崇禧、曹锟、吴佩孚、段祺瑞、张作霖、孙传芳、阎锡山、邓演达、李济深、冯玉祥、张澜、黄炎培、沈钧儒、谭平山、章伯钧、罗隆基、张君劢、陈嘉庚、汪兆铭（精卫）、虞洽卿、荣宗敬、荣德生、范旭东、蔡元培、胡适、梁漱溟、郭沫若、邹韬奋、陶行知、冯友兰、张东荪、李四光、华罗庚、鲁迅、沈雁冰（茅盾）、徐悲鸿、齐白石、梅兰芳、周信芳。

在“传记”中，又将数学、天文学、气象学、物理学、化学、地学、生物学、医药学、科技社团与科研机构9大内容，一一列传。在数学中，讲述了二三十年代的中国数学教育、中外数学交流、中国数学研究成就以及中国数学会和中研院数学研究所。在天文学中，讲述了天文研究机构概况、近代天文教育工作的进展、中国天文学会、日食观测、天文研究工作概况。在气象学中，讲述了气象观测网建设和技术进步、外国人所设的气象台站、延安的气象事业、科学研究成就。在物理学中，讲述了物理学教育、物理学研究、中国物理学会。在化学中，讲述了化学教育的发展、学术机构与出版物、20世纪上半叶名词术语的厘订、分支学科的建立。在地学中，讲述了留学生与近代地学思想的传入、地学团体、机构与地学刊物、近代高等地学教育、中国近代地学的主要成就。在生物学中，讲述了生物学教育的进步、生物学研究的进展、学术团体。在医药学中，讲述了西医的发展和壮大、中医兴废之争、传统中医在限制中的缓慢发展、革命根据地的卫生工作。最后，又讲述了1919年到1949年之间的我国科技社团与科研机构。

当这一卷书稿在1998年交付上海人民出版社的时候，这年的9月19日，白寿彝写下了这句话：“我们的书至此已全部告竣，全书共12卷22册，也算是一部巨著了。”

伍 《中国通史》：志同道合者的集结号

白寿彝总主编多卷本《中国通史》，历时20多年，团结了500多位专家学者，众志成城，群策群力，才完成了这部著作。其每卷主编均是国内一流学者，第一卷导论，由白寿彝任主编。第二卷远古时代，由苏秉琦担任主编。第三卷上古时代先秦时期，由徐喜辰、斯维至、杨钊担任主编。第四卷中古时代·秦汉时期，由白寿彝、高敏、安作璋和廖德清、施丁分别担任上册和下册的主编。第五卷中古时代·三国两晋南北朝时期，由何兹全、黎虎担任主编。第六卷中古时代·隋唐时期，由史念海、陈光崇分别任上、下册主编。第七卷中古时代·五代辽宋夏金时期，由陈振担任主编。第八卷中古时代·元朝时期，由陈得芝担任主编。第九卷中古时代·明朝时期，由王毓铨担任主编。第十卷中古时代·清朝时期，由周远廉、孙文良担任主编。第十一卷近代·前编（1840—1919年），由龚书铎担任主编。第十二卷近代·后编（1919—1949年），由王桧林、郭大钧、鲁振祥担任主编。正是这些著名专家学者的共同努力，才得以将近百年的史学研究成果，进行了一次大总结。

1979年金秋十月，此时白寿彝住在北京西城区兴华胡同13号，那是北京师范大学陈垣校长曾经住过的地方。离住处不远处，便是化学系的学生宿舍楼。白寿彝就在这幢楼里，借了两大间屋子和一些陈旧的桌椅和木床，在这里主持召开了《中国通史》的第一次编写会议。参加这次会议的有《中国通史》的分卷主编徐喜辰、杨钊、何兹全、陈光崇、王毓铨、林增平、龚书铎、王桧林等几十位专家学者，编写皇皇通史巨著的“万里长征”，也就从此迈开了第一步。

编写12卷22册《中国通史》是一个巨大的学术工程，不是一位或几位学者可以完成的。只有众志成城，团结学有专长的各方面的历史学家，才能成就这一创造性工作。而在这一支队伍中，如果领军的学者，没有人格和学术方面的德才魅力，以及组织社会活动的执行能力，便不可能凝聚500多人之力，在长达20多年的时间里，持之以恒地坚持到底。

白寿彝的儿子在回忆文章中，非常诚恳地说：“这些同志们都是和父亲在一起奋斗过的，他们早已与父亲融成难以分开的整体。我再一次强调：如果没有与父亲共同奋斗的同志们，也就没有我可爱的父亲所开创的史学事业，也就更没有可敬的父亲所做出的一切。父亲今天的一切，就是他和他的同志们共同努力奋斗创造的一切！这是父亲的真心实意，他在生前对我反复讲过的。他希望和同志们继续奋斗下去，为我们伟大的中华民族尽出全力。”

有人这样评价白寿彝：“先生好像是一座火炉，又如冬日之日，一批学人团结在他身旁。所以他的12卷22册的1400万字的《中国通史》的撰写工作，却是没有什么编纂组织机构。他以自己的人格魅力吸引人，以自己的崇高思想境界感召人，把全国500多位专家、学人凝聚在一起，硬是闯出一条新路，写出我们时代的大通史来，这是奇迹！可以说这又是先生思想境界‘外化’出来的成果。”

我们通过几位与白寿彝并肩战斗的作者的回忆，可了解到白寿彝是如何集结志同道合者的。

著名历史学家何兹全，与白寿彝一家交往密切，密切到什么程度呢？我们从白寿彝的儿子回忆中便可感受到：“何兹全老先生，我从小就很熟悉他。我亲切地称他为何伯伯，何伯伯爱怜地称我为‘老六’，他一见到我，就微笑着大声喊我‘老六’。这是因为我在家里排行第六，何伯伯他们这一代前辈，却称‘小’为‘老’，也为最亲切的称呼。我们和何伯伯、何伯母亲如一家。我的父亲去世时，何伯伯、何伯母非常悲痛，何伯母安抚我们道：我和你们的何伯伯就是你们的父母，让我们照顾你们吧。虽然我们都已是五六十岁的人了，但是对他们来讲，我们仍是孩子，一直是孩子。对我们来讲，他们一直是我们的父母前辈，我们对他们除了尊敬，就是崇爱。”

何兹全曾在《忆白寿彝公》一文中谈道：“1950年我从美国回国。我背着历史包袱，又两眼乌黑不认识人，找工作很难。当时我的北大同班杨向奎（拱辰）同志在山东大学工作，我曾向他求救，久无回信。适好顾颉刚师从上海到北京，邓恭三（广铭）告诉我，北京师范大学历史系白寿彝教授是系主任，他和顾先生很好，你请顾先生介绍你去师大。经顾先生介绍，寿彝公接收我到北京师范大学工作。这以前，我和寿彝可以说是素昧平生的。在师大历史系同事数十年，我们俩人的关系是非常好的。好多年，他是系主任，我是系副主任。”

他们同在北京师范大学历史系工作，常在一起讨论教学、学术等方面的问题，他们为工作，为学术，畅所欲言，毫无掩饰。他们俩人在一起的时候，高兴起来，大声喧笑，那笑声之大，可以把屋顶“掀塌”。

何兹全曾说：“我和白寿彝是50年的老同事、老朋友。我在发言中除祝他健康长寿外，说到几十年相处中，两人不同的性格。我说他对事物分析能力强，概括能力更强，接受新事物新观点快。一个旧社会来的知识分子，很快就接受了马克思主义的历史理论。他常常批评我老‘顽固’，不能接受新东西。他所指的主要是我的‘汉魏封建说’，不愿改变。到了晚年，我称赞他的日新精神，他也欣赏我的‘顽固’了。”

1998年9月17日，何兹全发表了一个谈话，在白寿彝主编的《史学史研究》上发表，他说：“我现在想提出一个新意见：中国历史分期问题一直讨论了几十年没有定论。我对这一讨论有些腻烦感。而且一提分期说，给人的印象好像这是一部分人的争论，就轻轻地放过去了，已不引起人们的注意和重视。是什么社会，如何分期，这是人为的。先不要作这些争论。现在要研究、讨论、争论一个新问题，‘中国历史发展的自然段’。要研究中国历史发展中有哪些自然段，各段异于前后的特征。先不要依着为它命名，是封建还是什么。自然段研究透了，分好了，然后再命名。有偏见，随风倒，是搞不好历史研究的。从某种程度上可以说，历史本身是历史学家的最终仲裁者。”

何兹全的关于社会分期的观点，在白寿彝总主编的《中国通史》中，已被吸收运用，大通史未再使用奴隶社会、封建社会之分期，而是用上古时代、中古时代来做分期表述的。

担任《中国通史》魏晋卷主编的何兹全说：“寿彝公的气魄很大，做事情拿得起放得下。寿彝公晚年的精力都用到他主编的《中国通史》上了。在《中国通史》的体例、编排上，他都花费了很大心力。书完成了，他也老了，走不动路了。”

中国人民大学教授、曾任中国史学会会长的戴逸说：“白先生组织了当代许多名家参与写作，用集体的智慧和力量，完成这一巨著。主编与作者中有邓广铭、苏秉琦、季羡林、史念海、何兹全、周一良等人。这样高水平的主编，这样第一流的作者队伍，保证了这部书的高质量。”

◎ 1989 年 4 月 9 日，白寿彝在寓所召开《中国通史》第二卷编写组会议（左起：严文明、张忠培、白寿彝、苏秉琦）

为编纂《中国通史》献计献策的戴逸，在 1995 年 10 月 18 日又阐发了他的观点：历史学的根本任务，不是仅仅为了过去的历史，而研究历史的，是为了今天，为了将来的发展。因此历史学的根本任务是要解剖历史，探求发展规律。这就需要历史学者具有哲学头脑，对历史过程进行哲学的思考与分析，进而发现历史的真谛。作为一名历史学者，只有具备了很强的理论思维的能力，才能透过纷繁复杂的历史现象，深入到历史过程的本质。历史学者在研究历史时，必须要有这种使命感。

历史学者要对历史进行理论思考，一个重要条件，就是要博览群书，包括哲学、经济学、政治学等方面的各种著作。这样才能对历史的发展有种宏观的全局性的思考。要做一个真正的历史学家不容易，不能鼠目寸光，只看到鼻子底下的一点事。应该站在今天现实的高度，审视整个历史过程。要从全局整体的角度去考察具体的历史事件。“不识庐山真面目，只缘身在此山中”，苏东坡这首讲庐山的诗是非常有哲理的。

史念海，是《中国通史》第六卷隋唐时期的主编。白寿彝与他的交情，始于 1936 年。史念海说：“我与寿彝的过多相处，寿彝的半师作用就更为显著。在这些交往中，寿彝不仅对我在学术上多加指导，在思想上更为重视。中华人民共和国成立之初，社会上普遍重视思想工作，寿彝在这方面更是毫不含糊。寿彝和我虽然不在一个学校执教，有些重要的会议，却都能够参加，因而碰头的机会也就相应不少，参加会议是要发言的。只要寿彝在座，他对我的发言是时刻都在注意。所作的发言如果大致不错，会后是会受到寿彝的嘉奖和鼓励的。过分的嘉奖会使我感到飘飘然。如果发言欠妥，那可了不得，不仅受到寿彝的批评，而且寻根究底，详细询问近来学习的情况，对于有关事物的看法，仿佛就是没完没了。那些时候我曾经向人说过，寿彝是赏罚分明的，是不可蒙混过关的。”

史念海曾用八个字“风雨春秋，亦师亦友”，概括他与白寿彝的友谊。他记得好多年以前，他去看望白寿彝的时候，白寿彝说每年都要写一本书，这使史念海十分震惊。几千年的历史时期，闻人学者络绎相继，不记得有人这么说过每年都要写一本书。当时白寿彝眼病很重，已经不能执笔写字，是口说由别人笔录记下来的。那时史念海正在编《中国历史地理论丛》，自创刊以来已十余年，每一辑中都要一篇文章，甚至还要写两篇，有时别的地方要他写文章，也还要写下几篇，满打满算，每年所写的都未能超过十篇。就是这样，史念海说已经感到忙碌和吃力，可是白寿彝一年就要写一本书，这使他感到惊奇。

在白寿彝的“催账”之下，史念海这位从事历史地理研究已有60年光景的著名学者，终于将文章大多结集出版，每次结集出版，书名均谓之《河山集》。这个书名就是几十年前出版第一集时，白寿彝代为命名的，由此可见他们之间的友情。

白寿彝曾在1980年，为史念海所著《河山集·二集》作序，他指出：

> 念海同志治历史地理之学，快有半个世纪了，早已成绩硕实，卓然名家。
>
> 对于作为一门科学的历史地理，我是一个外行。但我阅读了这书排印小样的自序，就一下子把我吸引住了。这本书实际上是按照上述马克思的论点进行工作的，它为历史研究工作和历史地理学踩出了一条路子，这是应当特别重视的。

白寿彝总主编《中国通史》时，他请史念海主持隋唐卷的编撰工作，史念海欣然同意。尽管史念海的科研任务很多、很重，但他总是说：“寿彝的事情，我都是放在第一位的。”可见他对此事的重视。为了同史念海共商编撰大计，白寿彝1983年4月，还到陕西师范大学拜访史念海。两位挚友的这次会晤，奠定了《中国通史》隋唐卷的基础，其后，又得到了辽宁大学陈光崇教授的大力支持。

史念海说：“寿彝创意撰著多卷本《中国通史》，是足以开风气之先来称道的。颉刚先生说他自己但开风气不为师，是自谦之语，并非就不为师。就寿彝来说，不仅是开风气，而且是为师的。这应不是我的颂美，我想凡是用心读过这部多卷本《中国通史》的人，都不会以为我这些话是虚美的。”

在《中国通史》刚刚启动的时候，白寿彝就邀请侯外庐担任顾问，侯外庐给予了大力支持。1991年4月30日，白寿彝为《中国通史》第三卷写下的题记中说：“侯外庐同志对中国上古史研究，有杰出的贡献。他在世时经常关心本书的编撰工作。他在病榻上还为本书题了字，对他在学术事业上的关怀，我们谨表诚挚的感谢。”

白寿彝与侯外庐之间自中华人民共和国成立以来所建立的深厚友谊。在侯外庐困难的时刻，白寿彝给予他的深厚的学术友情，使他深表感激。侯外庐没有放弃他的学术观点，相反，在白寿彝等老朋友的鼓励下，继续研究封建土地国有制以及与此相关的问题。后来他在其回忆录《韧的追求》中说，1958年开始，“我与几位同志共同撰著《中国思想通史》第四卷，结合这一时期的思想史研究，我仍然写了几篇有关中国封建社会史的论文。后来，白寿彝等同志积极建议并促进我把这方面的论文汇集成册，于1979年出版了《中国封建社会史论》一书”。

还有一件事值得一提。大约是1964年，侯外庐研究方以智的学术论文已发表，方以智的《东西均》手抄稿经过校订，已由中华书局编印出版，这引起了史学和哲学界的注意。杨献珍借用方以智“合二为一”作为辩证法的简洁表述，说明对立面的统一，这就触犯了忌讳。杨献珍遭到连篇累牍的批判。这不能不追溯到方以智思想的发掘者和研究者侯外庐这里。他很苦恼，他不能理解，何以这么一个明显的学术问题，竟会上升到阶级斗争和修正主义的纲上？

就在侯外庐最需要精神支持和鼓励的时候，白寿彝又出现在他的卧室里。白寿彝不谈政治，不谈学术，谈的是全聚德的烤鸭。他问侯外庐：“我每次到你这里来，你都要留我吃午饭，吃烤鸭。外庐同志，你这里的是真全聚德的烤鸭，还是假全聚德？”于是，他们像年轻人一样争着说全聚德烤鸭的特色，小小的卧室充满春意和笑声，他们暂时忘记了室外正刮着八级寒风。这时侯外庐的饭量已大大减少，他看见白寿彝吃烤鸭津津有味，感到十分高兴，一直劝他“再吃点，再吃点，身体是本钱”。在他们会面和吃饭的两个小时里，他们都感到学术友谊带来了温暖和勇气。及至白寿彝告辞回家，侯外庐仔细琢磨刚才与他的交谈，方才悟到真假全聚德只不过是引子，里面的潜台词是：真金不怕火来炼。再引申开来就是：真正的科学是压服不了的，伪科学用不着压也会垮掉。事后侯外庐向张岂之谈及此事，深情地说："白先生在大是大非面前一点不含糊，他的幽默机智加上冷静的科学分析，使人叹服。"

白寿彝很重视侯外庐的学术成就，他在《中国史学史》一书中谈到抗日战争时期中国马克思主义史学的多种成就时，对侯外庐的《中国古代社会史论》作了这样的评价："这部书是中国古代社会史研究工作中富有创见的书，提出并阐述了不少有关的重大历史问题，是作者史学著作中的代表作，也可以说是我国马克思主义史学初步建立时，中国古代社会史研究工作趋向发展的一个标志。"

白寿彝在1988年写了一篇悼念侯外庐的文章："在十年动乱中，他病倒了。他的病一直延续了十几年。他在病中仍坚持学习经典著作，关心同志们的进步，主持了《中国近代哲学史》和《宋明理学史》撰写。当'四人帮'掀起'评法批儒'的狂浪时，外庐同志坚持真理，多次对我谈到他们在原则上的错误。后来他的喉头萎缩，讲话也十分困难，但当我每次探望他的时候，他总是关心地询问我的眼疾。他十分关注我主编的多卷本《中国通史》。他不顾执笔的困难，为这书题写了'中国通史'四个字。这四个字恐怕就是他的绝笔了。"

陈得芝是《中国通史》第八卷的主编。白寿彝在1995年7月24日所写的《中国通史》元史卷的题记中写道："本卷论述成吉思汗建立大蒙古国至元顺帝退出中原的历史。"

"本卷的主编是陈得芝同志。得芝同志，1933年生于福建霞浦县。1956年毕业于南京大学历史系，1960年同校研究生毕业。历任南京大学历史系助教，讲师、副教授、元史研究室主任、教授、博士生导师。他先后当选中国元史研究会副会长，中国蒙古史学会副理事长，从事中国古代史、蒙元史、中西交通史的研究与教学工作。主要著作有《元朝史》（合作），并参与编绘《中国历史地图集》蒙古地区部分，发表有《元岭北行省诸驿道考》《元察罕脑儿行宫今地考》《忽必烈与蒙哥的一场斗争》《十三世纪前的克烈王国》《元代乌思藏宣慰司的建置》等论文70余篇。”

“1984年4月23日至28日，元史卷编写会议在南京举行，会上组成了由陈得芝、黄时鉴、邱树森、丁国范、姚大力等五位同志负责的编委会。”

白寿彝对该卷的评价是：“本卷的特点是，史料搜集得广，考核精审，立论平实，可说是功力相当深厚。序说编对各方面的文献和研究概况，甚为详审，便于学者。”

“如果说，本卷在学术上尚有所成就，这主要应归功于南京大学元史研究室。这个研究室是著名元史专家韩儒林鸿庵同志创建的。鸿庵去世后，陈得芝同志继续负责，一直贯彻朴实治学的学风，在国内外学人中享有盛誉。我与鸿庵同志有半个世纪以上的友谊，本节倡议时，鸿庵曾参与筹划。今天元史卷的完成，也可以说是实现了他的遗愿。”

《中国通史》元史卷，原由韩儒林负责编撰，但遗憾的是韩儒林不久去世。主编元史的重担，就完全落在了陈得芝的身上。陈得芝说：“《中国通史》元史卷对我们来说是个大工程，十几个同志参加，工作十余年，这是一个集体的研究成果。”“首先要归功于白寿彝先生，他创立了一个新的体裁。对这种写法，我原先是有顾虑的，觉得不容易写。”

后来，陈得芝跟白寿彝接触多了，慢慢地体会了总主编的意图：“白先生不是让我们走重修旧史的老路，而是希望通过综合体这种新体裁，既吸收旧史体的优点，又用科学的方法来研究历史。如典志部分，不是旧史体的志书，而是要用现代眼光把一代制度说清楚；列传也是这个道理，《元史》的列传错误和缺陷比较多，我们要从新的角度来表现一代重要人物，并订正《元史》列传中的一些错误。”

为此，陈得芝和他的同事们就定下一个编撰体例。综述部分，他们按照白寿彝的意思，总括一代历史，而这总括又是按时间顺序进行的，把元代历史分为四个时期来写。中国历史有两个很重要的问题，一是民族，一是疆域，元代历史在这两个方面更加突出。他们说，白寿彝很注意历史上的民族问题，希望他们把民族问题写好，在综述里有专门一章，讲元代多民族聚合的局面。

陈得芝在 1997 年 8 月深有体会地说："在展开总体研究时，我想要特别注意元代多民族历史文化的特点。我特别同意白寿彝先生关于中国历史是统一的多民族历史的观点，研究中国历史要有中华民族大家庭的观念，中国是多民族的国家，所以中国历史是多民族的历史，不是汉族的独角戏。中国的历史文化确实是多民族的综合文化，实际上是以汉文化为主体的多元文化。所以，今后培养出来的年轻学者，不管研究哪个朝代，不仅仅是元代，都要有一种中国多民族历史的观念，不然的话，就很难将一段历史说透。"

1997 年 5 月 14 日，参加编撰第二卷远古时代时已 63 岁的张忠培教授说，以前我是从事考古学具体研究的。很长时间以来，不愿写教科书，认为写教科书是编，而一个学术体系的形成，是靠系列的、分门别类的、经深入研究的论文来形成的，所以很长时间不愿写教材，编写教科书。写一篇论文，是经过自己深入研究的、有把握的。他认为论文不是时效，而是在科学研究上有所建树，在科研上有见地，不写时文，不赶浪潮。

张忠培说："我参加了白寿彝先生总主编的多卷本《中国通史》第二卷的编写任务，这为我提供了一个新的学习机会，逼使我深入地思考考古学如何回答历史学所提出的各种问题，也就是说如何'见物及人'。"

"我写论文有'三不'，而且不愿写教材，只想写专题研究。当苏秉琦先生让我写多卷本《中国通史》第二卷，苏先生特别重视他和白先生世纪历程中结下的友谊，苏先生对我说：'这样著名的一位历史学家，愿意看到考古学的研究，希望考古学家参加通史的编写工作，很不容易！'于是我就听从苏先生的话了。"

但这完全是一个新的课题，考古学虽是历史学的一部分，但它又是一个相对独立的学科，写的内容要让搞历史的人看得懂，则一定要回答一些历史问题，这不是很容易的。如果说要回答历史问题，那就要思考一下，如何“透物见人”，要能看到历史的前进。

张忠培说：“我们写多卷本《中国通史》第二卷时，因为有了上面所说的目标，难度就大大增加了。与其说给我提供了一个表现的机会，还不如说给了我一个新的学习机会。但这次学习机会使我受益是始料不及的。”

“对我来说，白先生给我提供了一个新课堂——当然还要看你认真不认真，你认真就是一个课堂；不认真就像眼前一片浮云一飘而过。因为我认真对待，加之又把认识提到一定的高度上来对待，因而收益确实是巨大的。在我写的那部分中，提出了许多新的认识，如私有制、母系向父系的转化、宗教等。”

通过这次《中国通史》第二卷的写作，张忠培发现自己的写作思维方式，有了一些变化。因为要回答历史学提出的问题，使他跳出了考古学具体的研究，能站在一个宏观的角度来考虑问题，能用史学界学者的思路来考虑一些问题。同时，也养成了写稿一遍过的习惯。这是经过艰难的训练才形成的。开始，一天只能写二三十字，发展到能写 100 多字，慢慢到能写 1000 多字，现在，顺利时也能一天写三四千字。一遍写成定稿，写一句就是一句。

1998 年 9 月 12 日，白寿彝在为即将出版的《中国通史》五代辽宋夏金卷，写下题记，我们由此以及相关材料中，可以看到来之不易的这一卷，是如何终成正果的：“本卷创议于 1984 年。这年 9 月，在北京师范大学召开了编写会议，讨论了这项工作的重要意义，建立了领导组织。在会议上，邓广铭同志指出：宋史研究，尤其是辽金史研究的现状，多年来受传统观点影响较深，契丹建立辽朝在宋朝之前，顺序本应是辽宋夏金，然而总是排为宋辽夏金，而且辽夏金史在通史中所占的比重过少。现在我们把顺序摆正，对辽夏金史也给了足够的重视，这不仅符合历史，也有利于民族团结。他还强调了处理好民族关系问题的重要性。王静如同志指出，写书跟写论文的体例不同。在史料中，辽宋夏金有他们本民族的史料，但大量的还是汉文史料。他指出，国与族要分开。辽夏金国境内的居民仍然是以汉人为多数。要充分注意这一点。这些意见一直是本卷编

◎ 1989 年白寿彝在书斋审阅稿件

写的指导思想，但我们做得不够。”

“程溯洛同志就本卷中不同民族的分写合写问题，谈了自己的意见。分写基本上按照传统的写法，辽、宋、夏、金一个一个地写。合写是按各民族内部联系和时代发展的顺序写，这是比较好的写法，但编写时会遇到较多的困难。讨论结果，还是采用了后者。”

“会议成立了编辑委员会，负责本卷的编写工作，由陈述、程溯洛、陈振三位同志组成，陈振同志任主编。编委会下设编写组，由王静如、陈述、程溯洛、陈振等七位同志组成。”“后来，王静如、陈述、程溯洛同志先后去世，本卷编写重担就全部由陈振同志担当起来。”

1998 年 5 月 8 日，陈振谈起这一卷编撰时的酸甜苦辣：“最初，白先生是想请邓先生主编《中国通史》五代辽宋夏金史卷，邓先生也推辞了一下，说让陈振写吧。白先生找到我，我没有明确表态，当时心里很胆怯。因为这不单纯是宋史，不但包括辽夏金，还包括五代。而且当时的老前辈陈述、王静如、程溯洛诸先生还健在，他们都是白先生一辈的人，白先生却让我当主编。我考虑与老前辈比，年龄相差二三十岁，辈分差得就更多，有些不合适。另外，这卷书牵涉到那么多朝代那么多方面，怕把握不好，在邓先生的劝说下才勉强接下来。”

陈振对这部书非常重视，因为一个人精力有限，接了这个任务后，就把其他事都放弃了，这十多年来基本上都是做这个工作。他说："重视这部书有几个理由：一是觉得白先生的大通史是个很大的事业，这不是个人的问题，而是世纪工程，以这样体裁搞通史的以前没有，现在也没有，所以要搞好，要成为高质量的。二是白先生信任我，我很感激。最初接任务时，就是以我个人名义接的，当时我还是助教职称，在诸位主编中是资历最低的。白先生信任我，邓先生也信任我，我一定要把它做好，才对得起白先生和邓先生。三是既然是当主编，我也要对自己负责。”

陈振接受任务后，把全部精力都放在了这里。到南京后，一直没有出来开会，包括在北京召开的宋史国际学术讨论会，没有时间。当然单位的经费紧张也是主要原因，白寿彝给他的经费是要专款专用的。只有一次开会是例外，1992年在开封开宋史研究会，王曾瑜教授给他写了一封信说，师兄无论如何一定要来，这才出来开了一次会。这些年与大通史无关的论文，只写了两篇，一是纪念云南大学李埏先生治学五十周年，一是庆祝邓广铭九十华诞。他一直集中力量搞大通史，原来他要搞的宋代官制史，已与出版社谈好，为了写大通史放弃了。

搞这部大通史是很不容易的。河南社科院历史所有个宋史研究室，有六七个人，算是支队伍，陈振先是当研究室主任，后来当副所长、所长，也一直兼着研究室的主任。接受大通史任务时，是带着研究室的人来的，觉得依靠这支队伍还是可以的。可是后来情况变化了，一是因为这个任务周期长，年轻人为了种种原因，不愿意拖下去，就写别的文章或著作了。二是陈振的工作有了变化，他到南京师大，把主编五代辽宋夏金卷的任务也带过来了。在南京师大一度也成立了宋史研究室，但没有配备人，慢慢地就自消自灭了。这样，写作队伍有了很大变化，有的作者变换了几次，有些承担的人拖延时间，直到催稿时还没有写，只好临时换人，另找作者，有的一时不好找，就只能自己写了。

陈振说："其实从白先生那里接受任务时，我已考虑了人选，西夏是请吴天墀先生，他也回信同意了，辽金是准备请宋德金先生，还没有正式说。但由于陈、王二位先生的参加，我只好向吴天墀老先生致歉。后来，王静如先生不能写了，又请了西夏史专家白滨教授，他后来虽然身体也欠佳，但很负责地写了西夏史的全部。陈述先生也另外推荐了金史专家张博泉先生和另一位先生。张先生很负责，金史的大部分自己写，金代人物传是他的学生郑妮娜教授写的。可另一位写辽史的先生一直有病，最后拖得实在不行，我就自己边写边找人，'综述'的辽代部分就是我写的。后来通过白滨教授，找到辽金史专家李桂芝教授，写辽代的其他部分，这一卷交得很晚，这也是一个原因吧！"

"尽管邓先生说我知识面宽，但这套书的体例不同于一般通史。一般通史的宋代部分，以我的知识面也还可以应付。但是这部通史，比如典志部分就很难办。实际上宋史研究的许多方面，还没有深入到这个层面。所以，工夫用得最多的就是典志部分。几乎是从头做起，从头研究。"

"宋代的研究很麻烦，正是中国历史的转折时期。包括南宋时开始放焰火，火器发展起来了。气功也兴起了，成熟了。唐朝的道士是炼外丹，吃仙丹死了好多人。宋代道士练气功，练内丹，这是从五代吕洞宾开始的。以前的通史对这些可以不提，但我们的书中也不能不反映。不说不行，说错了也不行，于白先生脸上无光。所以压力特别大，工作也特别难做。"

为《中国通史》题写书名给予支持的复旦大学教授、著名历史学家蔡尚思，在 1990 年 11 月 25 日，年过八旬的他，告诉来访的岳峰说："白寿彝同志在史学界地位很高。你回去告诉他，请他一定要写自传。京沪二地相距太远，如住得近，我很想经常和他一起讨论学术问题。他主编大型《中国通史》，想必有个专门机构？我很想与北京师范大学史学所合作，完成早年就考虑过的《中国思想史资料选》，还可以编一本《中国史学史资料选》，百万字左右。以前复旦大学有中国思想文化史研究室，由我主持，有'四大金刚'（有些人这样说），力量较强，后来成员多分散或远走了。我缺乏助手，所以搞不出大型的著作。"

白寿彝的学生、北京师范大学历史系教授龚书铎，是《中国通史》近代前编（1840—1919年）的主编，他1950年转到北京师范大学历史系插班读书，经过白寿彝面试，就成了北京师大的学生。

他1992年讲："我毕业后留在本校历史系工作，分工搞中国近代史，但先教了两年中国通史。我们通史小组几个人，由白寿彝先生指导，大家分头编写讲义，集中讨论修改，再由白先生审阅定稿，工作相当认真。我治学就是那时从白先生那里学来的。开头就教中国通史，现在回想起来是很有好处的，至少对中国历史基本线索有个大致的了解，有个基本认识。"

龚书铎说，搞近代史，只知道鸦片战争以后不行，就近代史研究近代史，是不可能搞好的。往前说，对鸦片战争以前的历史要清楚，鸦片战争不是那两年落后才打的败仗，而是早就落后了，前边不清楚，就不知道近代史的来源。往后说，历史道路是怎么走的，也要有个了解。同时还要有外国史的基本知识，不然知识结构就不完整，上下左右都不清楚，你怎么搞好中国近代史？正是这种"通"的思维方式，才使他主编的《中国通史》近代前编有了非常大的突破，给人以耳目一新的感觉。

季羡林是《中国通史》的重要作者之一，他为了支持这部巨著，在扉页题字时，竟一连写了6遍，为的是让老朋友白寿彝选择使用时更加方便。他在1988年12月3日，还写下一篇标题很有特色的文章《寿寿彝》："寿彝同志行年八十了，我认识他已经将近半个世纪，超过了他现在年龄的一半，时间不能算短了。但是我们的友情却是与日俱浓。其中也并没有什么奥秘。中国古人说：'人之相知，贵相知心。'在这样漫长的时间内，我越来越明确地感觉到，寿彝同志的心是淳朴的、开朗的、正直的、敦厚的。”

“作为一个人，一个朋友，寿彝同志是这样子。作为一个学者，他同样对我有极大的吸引力。曾经我们俩共同奉使到伊拉克去参加巴格达建城1500周年庆典，转道赴埃及开罗。我们天天在一起，参观金字塔，拜谒狮身人面兽，除了用眼睛外，还要用嘴。我们几乎是无所不谈，但是谈学问之事居多。我们共同的爱好是历史，历史就成了我们谈话的主题。我是野狐谈禅，他是巍然大家，我们俩不在一个水平上。他曾长时间地向我谈了他对中国史学史的看法，我大有茅塞顿开之感。中国是世界上最重视历史的国家，史籍之多，浩如烟海；名家辈出，灿如列星。史学理论当然也如百花齐放，在世界上堪称独步。治中国史学史必能丰富世界史学理论，为世界史苑增添奇花异卉。这是中国史学界义不容辞的责任。然而在目前中国，中国史学史这一门学问却给人以凋零衰颓的印象。这不能不说是极大的憾事。寿彝同志是一个有心人，他治中国史学史有年矣。他对几千年中国史学，其中也包括史学理论，有深刻、细致、系统的看法。”

“现在寿彝80岁了。按照旧日的说法，他可以说是已经‘寿登耄耋’了。但是，今天的情况已经大大地改变，老皇历查不得了。前几天，我招待朝鲜的一位大学校长。我们开玩笑说：古人说，六十花甲；我们现在应该改成八十花甲，九十古稀。那么，寿彝现在刚刚达到花甲之年，距古稀还有十年之久，从年龄上来说，他还大有可为。就算是九十古稀吧，今天也并不太稀。我的老师就颇有几位达到九十高龄的，我的一位美国老师活到一百零几岁。我常说，今天我们再也不能祝人‘长命百岁’了。因为，这似乎有限制的意味，限制人家只能活到百岁。因此，我现在祝寿彝长命一百岁以上，祝他再为中国史学史工作20年以上。”

白寿彝与季羡林的交往很早，他们之间十分要好。有一次白寿彝对儿子说：“你季伯伯比我小两周岁，是山东临清人。他青年时已才华出众，在清华大学西洋文学系学习，后又到德国哥廷根大学主修印度学，并学习梵文、巴利文、吐火罗文、俄文、南斯拉夫文和阿拉伯文，并获哲学博士学位，他学成回国后，一直在北京大学教授东方语言文学，并任东方语言系主任。中华人民共和国成立后，他当选全国政协委员并任中国科学院哲学社会科学学部委员、北京大学副校长、南亚研究所所长等职务。1980 年同我一起做国务院学位委员会委员。他为人，像他做学问时一样的淳朴、正直、扎实、认真和敦厚。他是我的老朋友，是几十年的老交情了！”

白寿彝在 90 岁高龄时，《中国通史》全部出版完成，已 88 岁高龄的季羡林，仍是不顾年事已高，前来祝贺。他们两位老人相见时亲如手足，开心地笑着，相互紧握着对方的手，那种志同道合之情，尽在不言之中。

从上述《中国通史》的分卷主编或作者的论述或回忆文章中，我们可以清楚地看到，白寿彝在 20 多年的时间里，集结 500 多位专家学者所花费的心血。他成了志同道合者集结号的号手，听到《中国通史》的号声一响，500 多位专家便先后汇聚于此，最终实现了 20 世纪中国人的一大心愿。

附录

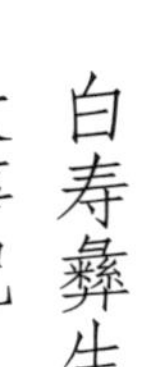

白寿彝生平大事记

1909年2月19日，即清朝宣统元年，农历己酉年正月二十九出生。宣统皇帝，即爱新觉罗・溥仪，清朝最后一任皇帝。白寿彝生于河南开封市顺河区，回族，属鸡，在家中排行为六。字肇伦，经名哲玛鲁丁。

1915年，中华民国四年，6岁。跟随姑妈习诵阿拉伯语版《古兰经》。姑妈是位女阿訇，熟悉伊斯兰经典及阿拉伯文。白寿彝常去最著名的清真寺——东大寺以及南教经胡同女寺，在此学习阿拉伯文及练武。

1916年至1922年，7岁至13岁。在家上私塾6年，学习中华经典四书五经和《史记》《汉书》《资治通鉴纲目》等。并曾在天主教青年会儿童夜读英文学校，学习英语、数学。

1923年至1924年，14岁至15岁。在加拿大人开办的四年制教会中等学校——圣・安德烈学校，学习英语及其他用英语讲授的课程。

1925年，16岁。到私立上海文治大学函授班上学，因古文、历史、哲学、英语四科成绩优秀，顺利考入私立上海文治大学。当年5月，参加上海“五卅”反帝爱国运动，并多次往返上海、河南开封之间，发起河南回民沪案后援会。

1926年，17岁。由于发生了江浙战争，回到河南开封，转学在中州大学（今河南大学）国文系学习，以哲学系为辅系，师从嵇文甫。

1927年，18岁。重返上海文治大学读书。

1928年，19岁。再返开封中州大学读书。在上海《民国日报》4月23日“觉悟”版，发表第一篇论文《整理国故介绍欧化的必要和应取的方向》。

1929年，20岁。在开封中州大学毕业，获得文学学士学位。又在上海文治大学参加毕业考试，获得中国古代哲学系的学士学位。

同年，编撰了《开封歌谣集》，这是他出版的第一本书。

同年，在开封创办《晨星》半月刊，这是以文艺为重点的文史方面的刊物，《先秦哲学三大师》部分篇章在《晨星》发表。这是他第一次办杂志。

9月，考入燕京大学国学研究所，开始读哲学史研究生。师从黄子通、陈垣、顾颉刚、冯友兰等。学习西洋哲学史及佛教文学和梵文，除英语外，并自学法文、俄文、日文及阿拉伯文。

1930年，21岁。在《睿湖》杂志发表《五行家底歌谣观》。

1931年，22岁。写完《朱熹辨伪书语》一书。

《朱熹辨伪书语》一书，顾颉刚校阅书稿，由北京朴社出版。这是他出版的第一部专业性著作，也是他步入社会谋生的第一笔收入。

1932年，23岁。父亲去世。燕京大学研究生毕业。

1933年，24岁。8月的第一个星期五“主麻日”，与23岁的王慧萍结婚，婚礼在开封东大寺举行。

同年，在开封创办《大河杂志》和《新儿童》杂志，这是他第二次办杂志。并在开封经营商务印刷所，处境艰难。

1934年，25岁。在北平参与回民创办的成达师范学校福德图书馆筹备委员会工作，与顾颉刚、著名大阿訇马松亭、穆斯林杂志《月华》编辑赵振武等一起，担任常务委员。

1935年，26岁。在开封经营的商务印刷所破产。

创办《伊斯兰》半月刊，在第4期杂志上发表《中国回教史料之辑录》，这是他发表回教史料的第一篇文章，也是他确定历史学为终生研究方向的开始，并以回族及伊斯兰史为切入点。

同年，在《北平研究院院务汇报》上发表《从政及讲学中的朱熹》《仪礼经传通解考证》两篇论文。

1936年，27岁。在北平研究院所办《史学集刊》，发表《周易本义考》论文。在《禹贡》半月刊5卷1期发表《从怛逻斯战役说到中国伊斯兰教之最早的华文记录》，这是他关于伊斯兰教史公开发表的第一篇专论。代顾颉刚作《回汉问题和目前应有的工作》。

同年2月，开始为商务印书馆撰写《中国交通史》。

《中国交通史》出版，这是他出版的第一部历史学专著，也是我国交通史方面的第一部著作。此书有日文译本，并在1984年、1987年、1993年和2007年分别重新出版。

1937年，28岁。在上海《申报》发表《论设立回教文化研究机关的需要》一文。为《禹贡》半月刊办了两个回教专号，在此发表《宋时伊斯兰教徒底香料贸易》一文，并有译文多篇。代顾颉刚为天津《大公报》撰写“星期论文”《回教的文化运动》。

同年，被聘为北平研究院名誉编辑，开始进行“宋元学案人名索引”工作。7月，参加西北考察团赴绥远、宁夏、甘肃、青海考察。写有《绥宁行纪》和《甘青行纪》。七七事变爆发，日军全面侵华，他10月返回河南开封。

1938年，29岁。由于日本侵略步伐加快，2月1日即春节第二天，携带家眷离开开封，经武汉到桂林逃难，路上接连3个亲人被日军飞机炸死。在南迁的成达师范学校教学，该学校即今天的北京回民学院。并参与编辑《月华》杂志。与马坚等一道开始发起组织中国回教文化学会，后更名为伊斯兰文化学会。

同年底，全家老少10人，自广西桂林逃难云南昆明，路经广西柳州时考察，写出《柳州回教考》，后改题为《柳州伊斯兰和马雄》。

1939年，30岁。接受英庚款董事会资助，到云南大学研究云南伊斯兰史。主持云南《清真铎报》和《益世报》的《边疆》半月刊，并代顾颉刚写文章《中华民族是一个》，发表在《益世报》的《边疆》副刊上。

同年秋，担任中国回民救国协会云南省分会理事。与季羡林、吴晗相识。

1940年，31岁。在云南大学文史系任教，并结识了楚图南，第一次读毛泽东著作《论持久战》。开设的课程有中国上古史、中外交通史、中国史学史。

6月1日，云南《清真铎报》正式复刊。9月对国民党行政院颁发的有关回族“明令”进行抗议。

同年，参观蒙自县白亮诚所创办的小学和制糖作坊，并搜集伊斯兰和回族史料。

1941年，32岁。编撰《杜文秀研究资料》，后改名为《咸同滇变见闻录》。云南《清真铎报》发表一文《白寿彝“滇”沛流离》，将其日军飞机轰炸、墙倒屋塌、行李书籍尽成灰烬的疲于奔命状态，作了实录。

1942年，33岁。离开云南大学，到迁往重庆的中央大学史学系任教，主讲春秋战国史、伊斯兰文化。筹建回教问题研究会。

同年秋，在重庆因姚雪垠而与臧克家相识。

拒绝参加国民党以及在国民党中央组织部边疆语文编译委员会任职。

1943年，34岁。在重庆参加中国回教文化学会理事会。在《边政公论》杂志上发表《中国回教小史》。代顾颉刚作《秦始皇》一书，由胜利出版公司出版。

1944年，35岁。又回到云南大学文史系任教，主讲史学名著选读。暑假，再去蒙自县考察白亮诚创办的养正学校，并继续搜集伊斯兰和回族史的资料。白亮诚为其研究还提供了经费。

同年，在商务印书馆出版《中国回教小史》，这是他公开出版的中国回族和伊斯兰教史的第一本著作。

1945年，36岁。在商务印书馆出版《咸同滇变见闻录》（上、下），这是第一部关于清朝咸丰、同治年间云南回民起义的专题资料，也是我国第一部回族专题史料。编撰《中国伊斯兰史纲要》。抗日战争胜利。

1946年，37岁。所著《中国伊斯兰史纲要》在重庆出版。在昆明五华书院演讲《中国历史体裁的演变》，并发表于《文讯》杂志上，这是他第一篇关于中国史学史的文章。

护送楚图南家人，为躲避国民党迫害，紧急撤离云南昆明，前往江苏苏州。

同年，在文通书局编译所任常务副所长，并在重庆恢复《文讯》杂志。

1947年，38岁。春，文通书局编译所正式由云南昆明迁往苏州，主要编辑《唐代小说丛刊》和《文通小字典》，并主编《文讯》月刊，后由臧克家任主编。

4月1日，经19天水、陆、空从昆明到达苏州。发表《评金毓黻著〈中国史学史〉》《评〈中国通史简编〉》《西南漫话》《科学家奋斗史话》等多篇文章。

1948年，39岁。中央大学由重庆迁回南京后，再聘任教，主讲中国通史。同年，《中国伊斯兰史纲要参考资料》《天方典礼择要解》在上海文通书局出版。在《月华》杂志发表《纯真篇义证》。

1949年，40岁。7月，到北平出席中华人民共和国成立前夕召开的全国教育工作者大会筹备会议。参加新史学会创建工作，任常务理事，开始与郭沫若、范文澜等马克思主义史学家交往。会后到中央大学任教，全家从苏州到南京。

9月，作为少数民族代表，出席在北平中南海怀仁堂举行的首届中国人民政治协商会议，并在大会期间，与马坚一起，代表全国少数民族向毛泽东、朱德敬献锦旗。

10月1日，中华人民共和国成立，登上天安门参加了开国大典。

12月，参加教育部召开的第一次全国教育工作会议。当年受聘到北京师范大学历史系任教，与侯外庐相识。

同年，参加中苏友好协会，担任理事。

1950年，41岁。抗美援朝开始，参与中国人民保卫世界和平反对美国侵略委员会工作。

6月7日，在《光明日报》发表《对于大学历史课程和历史教学的一些实感》，这是他关于历史教育的第一篇文章。

10月，被聘为中国科学院的专门委员。

1951年，42岁。4月，发表《开展历史教学中的爱国主义思想教育》。所著《回回民族底新生》在东方出版社出版。

7月，出席在中南海后花园庆祝中国共产党成立30周年大会，毛泽东说："见到了您写的文章，写得很好。"

同年，任北京师范大学历史系主任。中国史学会正式成立，当选为常务理事。

参与创办《光明日报》的《历史教学》半月刊，发表了《论爱国主义思想教育和少数民族史的结合》等文章。

1952年，43岁。为适应调整院系后课程改革的需要，成立中国通史教学小组，集体编写教材。参与筹建中国科学院历史研究所二所，并兼研究员。

在上海神州国光社出版了《回民起义》，作为国庆献礼，此书赠送给毛泽东，并珍藏在国史馆。

1953年，44岁。参与创办《历史研究》杂志。在中央民族事务委员会主持下，向中央呈文报告，以成立中国回民文化协进会，毛泽东批准同意，白寿彝担任副主任。

1954年，45岁。在《历史研究》第5期，与王毓铨合作发表《说秦汉到明末官手工业和封建制度的关系》论文。

参加新中国第一部宪法草案的讨论修改工作，7月13日，在《光明日报》发表文章《杰出的多民族国家宪法》。

1955年，46岁。赴芬兰首都赫尔辛基，参加世界和平理事会举办的世界和平大会。在《新建设》第4期，发表文章《胡适对待祖国历史的奴才思想》。在《人民中国》发表文章《中国人民和阿拉伯人民的历史友谊》。

1956年，47岁。出席全国科学规划会议。同年，赴印度尼西亚等国进行友好访问。

1957年，48岁。为酝酿成立宁夏回族自治区，组织撰写《回回民族的历史和现状》，并由民族出版社出版。

1958 年，49 岁。中国伊斯兰教协会成立，担任副主任。

参加中央代表团出席宁夏回族自治区成立大会。在《北京师范大学学报》第 1 期发表论文《明代的矿业的发展》。

1959 年，50 岁。在《红旗》杂志 11 期发表《历史教学上的古与今》。

在《北京师范大学学报》第 5 期发表《刘知几的史学》。该文章收入 1959 年版侯外庐主编《中国思想通史》第四卷上册。

1960 年，51 岁。发表《关于回族史的几个问题》。

关于《马端临的史学思想》论文，收入侯外庐主编的《中国思想通史》第四卷下册。

1961 年，52 岁。接受高教部任务，编写高等学校中国史学史教本。开始编印内部刊物《中国史学史参考资料》。

在中华书局讲座，后整理成《谈史学遗产》，发表在《新建设》第 4 期，该文在他史学史研究中占有重要地位。

同年，发表文章 20 多篇，主要有:《关于历史学习的三个问题》《司马迁寓论断于序事》等。在《红旗》杂志第 18 期发表《历史学科基本训练有关的几个问题》，这是他提倡全面加强学生能力培养最具代表性的一篇文章。

1962 年，53 岁。生活 · 读书 · 新知三联书店出版《学步集》。招收史学史进修教师。

2 月，参加了巴基斯坦历史学会的第 12 届年会，在会上发表论文《中国穆斯林的历史传统》，第一次感到编写中国通史的必要性。在 3 月 23 日《人民日报》发表《关于史学史的讨论》一文。

10 月，与吴晗、季羡林以中国历史家代表的身份，赴伊拉克出席巴格达建城 1500 周年庆典，并赴埃及考察。

1963 年，54 岁。在中共中央高级党校理论班讲授《史记》。中央党校求实出版社于 1981 年将讲课稿以《〈史记〉新论》为书名整理出版。

1964 年，55 岁。应北京师范大学党委要求，制定历史研究长期发展科研规划，为期 10 年。完成了《中国史学史教本》内部教材上册。在 2 月 29 日《人民日报》发表《中国史学史研究任务的商榷》。

招收史学史研究生，这是“文化大革命”前招收的第一批史学史研究生。

秋末，与北京师范大学历史系和政教系，去陕西参加农村社会主义教育运动，地点在陕南汉中西乡杨河公社。

1965 年，56 岁。农村社教“四清”一期工作结束，返回北京师范大学。发表《中国穆斯林的学术传统》。

12 月，当选为第三届全国人民代表大会代表，自此以后，又先后当选第四届、第五届、第六届全国人大代表、全国人大常委。

1966 年，57 岁。4 月 11 日至 5 月 10 日，参加北京市民盟批判吴晗运动。“文化大革命”运动开始。6 月要求写出：“关于对吴晗问题认识不清的检查。”8 月，要求交代反党、反社会主义的严重罪行，成为被红卫兵造反派打倒的第一个北京师范大学历史系头号“资产阶级反动学术权威”，并被揪斗。9 月 1 日，第四次被抄家。

1967 年，58 岁。春，搬入面积不足 20 平方米的两间厨房居住。9 月，要求交代与吴晗的往来，被隔离审查 50 天。在劳改队参加劳动改造。

1968 年，59 岁。在北京师范大学群众专政小组监督下，继续蹲“牛棚”劳动改造。

1969 年，60 岁。仍在一边劳动改造，一边交代“罪行”。

1970 年，61 岁。秋，被宣布“解放”。

1971 年，62 岁。春，恢复工作。由顾颉刚委托，以组长身份负责《二十四史》《清史稿》点校工作。

秋，从西单武功卫 6 号“黑屋”搬出，入住北海公园后门厂桥兴华胡同 13 号（陈垣曾经住过该四合院）。

1972 年，63 岁。继续代顾颉刚主持中华书局《二十四史》《清史稿》点校工作。周恩来在全国出版工作者会议上，提出要编写《中国通史》的任务。12 月 21 日，夫人王慧萍因“文化大革命”迫害患病去世，仅 62 岁。

1973 年，64 岁。12 月 30 日，“四人帮”用突然袭击的办法“考教授”，北京师范大学是考场之一，他坚决抵制，拂袖而去，被广播批判，通报全国。

在《北京师范大学学报》发表《论秦始皇》。

出席中国共产党第十次代表大会。

1974 年，65 岁。多次在作关于儒法斗争的报告上，对“四人帮”“评法批儒”进行抵制。

7 月，作为中国友好参观团的成员，随林巧稚为团长的代表团访问巴基斯坦等国，再次感到编写《中国通史》的必要性。

9 月，中日邦交正常化两周年，为庆祝中日开航，作为中国友好访问团的成员，随王震赴日本访问。

1975 年，66 岁。主持北京师范大学历史系的教学工作。

9 月，成立《中国通史》编写组，从编写小通史《中国通史纲要》入手，这一举措得到了北京师范大学党委、国家出版局负责人的赞许。

1976 年，67 岁。10 月，“文化大革命”结束。10 月 22 日，第二次登上天安门城楼，参加庆祝粉碎“四人帮”大会。

11 月，作为全国人民代表大会代表团的成员，随乌兰夫副委员长赴伊朗、巴基斯坦、孟加拉国、叙利亚、科威特等国家进行友好访问。

1977 年，68 岁。6 月，在中国历史博物馆作《关于中国封建社会的几个问题》的学术报告，这是《中国通史》的基本框架和理论基础。10 月，动手草拟《中国通史纲要》大纲并开始撰写，这是多卷本《中国通史》的总构思。

1978 年，69 岁。点校本《二十四史》和《清史稿》全部出版。在《中国建设》杂志发表《儒法斗争史的虚构》，此文有英、俄等多种外文翻译。

同年，筹建史学研究所，为《中国通史》编写计划的实施做准备。并招收了“文化大革命”后第一批中国史学史专业硕士研究生。

1979 年，70 岁。在 70 岁祝寿会上说：“我 70 岁才开始做学问。”再次担任北京师范大学历史系主任，开始推进历史系课程体系的改革。这次改革在全国各大院校历史系得到普遍推广和应用。此项改革获得 1989 年国家教委颁发的“历史系本科课程体系改革”优秀教学成果奖。

3 月，停刊十余年的《中国史学史资料》复刊，改名为《史学史资料》，仍属内部刊物，不定期出版。在该杂志上发表文章《史学的童年》《司马迁和班固》。

同年，召开多卷本《中国通史》编写会议。

出席阿尔及利亚第 13 届伊斯兰思想讨论会，发表《中国穆斯林的历史贡献》的讲话。

1980 年，71 岁。1 月，在全国人大民族事务委员会第二次办公会议上，就修改宪法提出意见。北京师范大学史学研究所，经高教部批准正式成立，以编写《中国通史》和史学史研究为中心任务。

主编《中国通史纲要》由上海人民出版社出版，这是“文化大革命”后学术界出版的第一本著作，它是 1975 年倡议编写《中国通史》计划以来的第一个成果。该书到 2000 年，已累计发行超百万册，有英、日、西、法、德、蒙古、罗马尼亚和韩国 8 种文字译本，并有世界语译本。

12 月，国务院学位委员会成立，担任第一届委员、博士生导师。

中国共产党北京师范大学第六次代表大会召开，在会上作《关于办好北京师范大学几点意见》的报告。

年底，主持召开了多卷本《中国通史》第一卷编写组会议。《中国通史》第十一卷近代前编（1840—1919 年）编写组成立。

1981 年，72 岁。3 月，在第五届全国人大常委会第十七次会议上，就“教育问题是个严重问题”议题发言。

《中国史学史资料》内部刊物，更名为《史学史研究》，定为季刊，国内外公开发行，担任主编。

参加中国民族史学会在香山召开的会议，发表《关于中国民族关系史上的几个问题》的讲话。

开始担任国务院古籍整理规划小组成员。

《中国通史》秦汉卷、三国两晋南北朝卷编写组组成。

10 月，与宁夏社会科学院合作项目《回族人物志》编写工作，在北京师范大学史学研究所展开，共分 4 册，分别为元代、明代、清代、近代。

11 月，提出编写《史学概论》计划并付诸实施。

1982 年，73 岁。发表《谈史学遗产答客问》《再谈历史文献学》，上述文章在 2004 年由北京出版社以《史学遗产六讲》为书名出版。在《读史书的编撰》一文中，第一次提出了“综合体”史书新体裁的概念，为《中国通史》编撰，定下了体例。

在《史学月刊》发表《六十年来中国史学的发展》，这是他较为重要的一篇文章。

11 月，在全国人大分组讨论《文物保护法》(草案)，就“不能让外国人到我国考古”议题发表观点。

1983 年，74 岁。在北京师范大学创建全国高校中第一个古籍研究所。

在宁夏人民出版社出版《史学概论》《中国伊斯兰史存稿》。在河南人民出版社出版《历史教育和史学遗产》。

《中国通史纲要》被指定为国家通俗理论读物的必读书目，全国高校指定教材。《中国通史》隋唐卷、清史卷编写组成立。

5 月，多卷本《中国通史》规划，在全国哲学社会科学规划会议通过，并定为重点项目。

6 月，决定编写《中国史学史》第一册。

7 月，新华社向国内外就《中国通史》规划作了报道。

《中国通史》报教育部备案，确定了此书编撰规模和各主编人、全书编委会委员，此书编著的要求、体例都作了明确的书面规定。

中国史学会首次学术年会暨中国史学界第三次代表大会召开，被推举为主席团成员。

担任国家教委全国高校古籍整理工作指导委员会副主任委员。

1984 年，75 岁。4 月，赴南京组建《中国通史》元史卷编写组。

5 月，《中国通史》明史卷编写组在中国人民大学成立。

6 月,《中国通史》科学技术志编写组，在中国科学院自然科学史所组成。

8 月，在第六届全国人大常委会第六次会议上，就《药政法》（草案）联名提出议案。

9 月，在第六届全国人大常委会第七次会议上，就《药政法》（草案）提出应专写一章中草药。

《中国通史》五代辽宋夏金卷编写组，在北京师范大学成立。

10 月 1 日，为庆祝中华人民共和国成立 35 周年，第三次登上天安门城楼参加观礼。

12 月,《中国史学史》第一册完稿。

1985 年，76 岁。1 月，在第六届全国人大常委会第九次会议上，就教育工作发表改革教育制度的观点。

3 月，在第六届全国人大常委会第十次会议上，就《继承法》（草案）提出修改意见。

《回族人物志》第一册（元代），在宁夏人民出版社出版。

同年，发表《关于史学工作的几点意见》《关于建设有中国民族特点的马克思主义史学》《在全国高等学校古籍整理研究工作指导委员会议上的讲话》等文章。组织召开了首次全国中外史学史研究座谈会。

1986 年，77 岁。8 月，由他主编的六册《中国史学史》第一册，在上海人民出版社出版。

《中国通史》第一卷的编撰工作正式开始。

2 月，李鹏春节到家拜访，称赞《中国通史》工作是一件了不起的工程。

7 月，在大连主持清史国际学术讨论会。

8 月，会见了意大利安莎社记者巴尔巴拉，解答了她关于《中国通史》现代部分的有关问题。

10 月,《中国通史》第一卷全部完稿。

同年，在中国伊斯兰教协会主任会议上，提出编写中国伊斯兰史的构想。

1987 年，78 岁。春节李鹏再次来家拜年看望。

《中国通史纲要续编》出版，中国的通史第一次写到了中华人民共和国的成立。此书有英、西班牙、德、朝鲜文译本。

《中国通史》第十卷近代后编（1919—1949 年）编写组成立。至此，《中国通史》各卷编写组全部到位。

因眼疾住院，在医院中，修改《中国通史》第五卷，并接受中国国际广播电台新闻部关于《中国通史》的采访。

多卷本《中国史学史》被列为国家哲学社会科学“七五”规划重点项目。

同年，招收史学史博士研究生。

1988 年，79 岁。《中国通史纲要》获国家教委颁发的国家级优质教材奖。《回族人物志》第二册（明代）在宁夏人民出版社出版。

发表《在史学史助教进修班座谈会上的讲话》《在第三次全国回族简史讨论会上的讲话》《关于社会主义新时期的民族关系》《在中国民族史学会上的讲话》等。

辞去全国人大常委会职务。

1989 年，80 岁。《中国通史》第一卷在上海人民出版社出版。

发表《外庐同志的学术成就》《说“为人师表”》《史学史工作四十年》等文章。

2 月，北京师范大学举办祝贺白寿彝教授从事学术活动六十年暨在高等学校执教五十年学术座谈会，许嘉璐主持会议。楚图南发表讲话《学习白寿彝的治学精神》。季羡林发来贺词《寿寿彝》。臧克家发表著名诗句：“该罢休时不罢休。”

1990 年，81 岁。1 月 16 日，发出致江泽民一封信。

《回族人物志》第三册（清代）在宁夏人民出版社出版。

发表《说豪族》《绘画本〈中国通史〉序》。

《中国通史》第二卷《远古时代》交付出版社。

1991 年，82 岁。《中国通史》第三卷《上古时代》（上、下册）交付出版社。发表《关于编写新型回族史的意见》《关于统一多民族国家的几点意见》。因突出贡献，受到国务院表彰，开始享有政府特殊津贴。

1992年，83岁。《中国通史》第四卷《中古时代·秦汉时期》（上、下册）交付出版社。

《白寿彝民族宗教论集》由北京师范大学出版社出版。

9月9日，江泽民视察北京师范大学，会见了白寿彝等著名教授。

主编的《史学史研究》杂志，在我国首次进行的中文核心期刊测定中，被列入核心期刊，已发行16个国家和地区。

1993年，84岁。为《光明日报》史学版创刊40周年纪念，发表《读点历史有好处》一文。

参与推动的《文史英华》15册出版。

《回族人物志》第四册（近代）交付宁夏人民出版社。

《中国通史》第五卷《中古时代·三国两晋南北朝时期》（上、下册）交付上海人民出版社。

同年，招收中国史学史专业博士研究生。

1994年，85岁。《白寿彝史学论集》（上、下册）在北京师范大学出版社出版。

2月，北京师范大学举办白寿彝教授八十五岁诞辰暨《白寿彝史学论集》首次出版庆祝会，许嘉璐主持。中国伊斯兰教协会赠送"一代宗师"条幅。

10月，北京师范大学史学研究所邀请在京部分史学工作者，召开"白寿彝教授史学思想讨论会"。

河南人民出版社出版《历史科学与历史前途——祝贺白寿彝教授八十五华诞》。

12月，《中国通史》第二卷《远古时代》、第三卷《上古时代》在上海人民出版社出版。

1995年，86岁。《中国通史》第八卷元史时期交付出版社。第四卷秦汉时期、第五卷三国两晋南北朝时期在上海人民出版社出版。

12月5日，首届"北京师范大学白寿彝史学论著奖"青年教师颁奖仪式在白寿彝的寓所进行，该奖是北京师范大学历史系，为全面落实国家教委“文史基地”建设计划，鼓励青年教师和学生在历史研究中脱颖而出，所采取的重要措施之一。

1996年，87岁。发表《不断开展民族史的理论学习》。

《中国通史》清史卷在上海人民出版社出版。

参加何兹全85岁华诞学术座谈会。主编的《史学史研究》杂志，再次入选中文核心期刊。

1997年，88岁。《中国通史》元史卷在上海人民出版社出版。隋唐卷、明史卷交付出版社。

中国共产党第十五次全国代表大会召开，被邀列席。

被北京师范大学授予优秀共产党员标兵。

1998年，89岁。5月31日，在《史学史研究》第2期发表北京师范大学教学改革意见书。《中国通史》隋唐卷出版。《中国通史》近代前编（1840—1919年）卷、近代后编（1919—1949年）卷、五代辽宋夏金卷全部交付上海人民出版社。

1999年，90岁。中华书局出版《中国史学史论集》。

4月19日，陈至立为祝贺白寿彝九十大寿暨《中国通史》12卷22册全部出版完成，发来贺信。

4月23日，李瑞环发来贺电。许嘉璐发来贺信。

4月24日，王兆国发来贺电。

4月25日，江泽民发来贺信，祝贺《中国通史》全部出版完成。李鹏发来贺信。李岚清发来贺电。

4月26日，北京师范大学举行祝贺白寿彝九十华诞暨多卷本《中国通史》全部出版大会，新华社为此发出通稿。

9月5日，江泽民贺信全文，首次发表在白寿彝主编的《史学史研究》杂志第3期，新华社为此发出通稿。

9月7日，在第15个教师节即将到来之际，李岚清到友谊医院看望白寿彝。

2000年，91岁。1月，在北京友谊医院口述完成《新世纪的展望》，发表在《史学史研究》第1期，这是他在刊物上公开发表的最后一篇文章。

2月19日，为中华书局即将出版的《中国回回民族史》口授题记定稿。

3月7日，“白寿彝学术基金会”在北京师范大学成立。

3月21日，白寿彝去世。3月22日，中央电视台、中央人民广播电台在早上6点播出新闻。当天晚间，中央电视台的全国新闻联播节目中，又一次播放了这一消息。

3月26日，在八宝山举行遗体告别仪式。党和国家领导人送来花圈。告别仪式后，按照回族习俗，安葬于北京卢沟桥芦井回民公墓。许嘉璐、白立忱、何椿霖、陈至立、李德洙、叶小文等，参加了遗体告别及安葬仪式。

10月，《中国史学史教本》在北京师范大学出版社出版。

2003年9月，《中国回回民族史》在中华书局出版。

2005年，《白寿彝画传》在河南大学出版社出版。

2006年，《中国史学史》6册在上海人民出版社出版。

2008年，《白寿彝文集》8册在河南大学出版社出版。

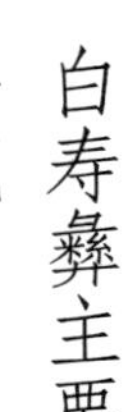

白寿彝主要著作一览

1.《开封歌谣集》，广州中山大学 1929 年出版。

2.《朱熹辨伪书语》，北京朴社 1933 年出版。

3.《中国交通史》，上海商务印书馆 1937 年出版；1939 年日本东京生活社出版，牛岛俊作译；河南人民出版社 1987 年重印。

4.《中国回教小史》，重庆商务印书馆 1944 年出版。

5.《穆民文选》（两册），云南昆明穆斯林丛刊 1944 年发行。

6.《咸同滇变见闻录》，重庆商务印书馆 1945 年出版。

7.《中国伊斯兰教史纲要》，上海文通书局 1946 年出版。

8.《中国伊斯兰教史纲要参考资料》，上海文通书局 1948 年出版。

9.《天方典礼择要解》，上海文通书局 1948 年出版。

10.《回回民族底新生》，东方书社 1951 年出版。

11.《回民起义》（四册），上海神州国光出版社 1952 年出版。

12.《回回民族的历史和现状》（与韩道仁、丁毅民合著），民族出版社 1958 年出版。

13.《学步集》，生活 · 读书 · 新知三联书店 1962 年出版。

14.《中国史学史教本》（上册），北京师范大学 1964 年印制。

15.《中国通史纲要》（主编），上海人民出版社 1980 年出版。

16.《中国通史纲要》（英文版），北京外文出版社 1982 年出版。

17.《中国通史纲要》(日文版)，北京外文出版社1983年出版。

18.《中国通史纲要》(西班牙文版)，北京外文出版社1984年出版。

19.《〈史记〉新论》，求实出版社1981年出版。

20.《历史教育和史学遗产》，河南人民出版社1983年出版。

21.《中国伊斯兰史存稿》，宁夏人民出版社1983年出版。

22.《史学概论》(主编)，宁夏人民出版社1983年出版。

23.《回族人物志》第一册元代(主编)，宁夏人民出版社1985年出版。

24.《中国史学史》(第一册)，上海人民出版社1983年出版。

25.《中国通史纲要续编》(主编)，上海人民出版社1987年出版。

26.《回族人物志》第二册明代(主编)，宁夏人民出版社1988年出版。

27.《中国通史》第一卷(主编)，上海人民出版社1989年出版。

28.《回族人物志》第三册清代(主编)，宁夏人民出版社1990年版。

29.《白寿彝民族宗教论集》，北京师范大学出版社1992年出版。

30.《白寿彝史学论集》(上、下册)，北京师范大学出版社1994年出版。

31.《中国通史》第二卷(远古时代)(总主编)，上海人民出版社1994年出版。

32.《中国通史》第三卷(上古时代上、下册)(总主编)，上海人民出版社1994年出版。

33.《回族人物志》第四册近代(主编)，宁夏人民出版社1995年出版。

34.《中国通史》第四卷(中古时代·秦汉时期上、下册)(总主编)，上海人民出版社1995年出版。

35.《中国通史》第五卷(中古时代·三国两晋南北朝时期上、

下册）（总主编），1995 年出版。

36.《中国通史》第十卷（中古时代 · 清时期上、下册）（总主编），1996 年出版。

37.《中国通史》第六卷（中古时代 · 隋唐时期上、下册）（总主编），1997 年出版。

38.《中国通史》第八卷（中古时代 · 元时期上、下册）（总主编），1997 年出版。

39.《中国通史》第七卷（中古时代 · 五代辽宋夏金时期上、下册）（总主编），1999 年出版。

40.《中国通史》第九卷（中古时代 · 明时期上、下册）（总主编），1999 年出版。

41.《中国通史》第十一卷（近代 · 前编，1840—1919 年上、下册）（总主编），1999 年出版。

42.《中国通史》第十二卷（近代 · 后编，1919—1949 年上、下册）（总主编），1999 年出版。

43.《中国史学史论集》，中华书局 1999 年出版。

44.《中国回回民族史》（主编），中华书局 2000 年出版。

45.《中国史学史》（六册）（主编），上海人民出版社 2006 年出版。

46.《白寿彝文集》（八册），河南大学出版社 2008 年出版。

后记

《白寿彝评传》缘起于2019年，这一年是北京师范大学历史系一九七九级学生考入北京师范大学40年之年。为了在几十年后让分散在天南地北的同学实现一次大聚会，自年初开始，当年的班干部和热心肠的同学们，便为此张罗筹划起来。由于一九七九级学生是白寿彝先生主导推动的教育改革的第一届学生，走上工作岗位后，这一届学生受益很大，所以，同学聚会的主调及内容安排，就确定为不仅要有意思，而且更要有意义。我想，我拿什么奉献给这次极为难得的同学再相会？

此时，互联网新媒体《今日头条》正与我合作开播了《大师评说》《大师春秋》短视频，聚会筹备之时，我已陆续讲过南怀瑾、费孝通、张岱年、穆青、赵浩生、文怀沙、雷洁琼、任继愈、汤一介、许嘉璐、季羡林11位文化大师，在社会上产生了强烈反响。在此基础上，我心里就萌发了一个冲动，我要讲讲老师白寿彝先生，让每个同学更多地了解白先生。同学聚会之年，正是白先生诞辰110周年，用40年同学的大聚会，来纪念白先生的110周年诞辰，岂不更好！我将这一想法告诉了班干部，得到了非常积极的响应。

于是，我就和《今日头条》以及运作《大师春秋》的团队一起制作了6集短视频。视频播出后引起了白先生的儿子白至德先生的高度关注。有十余年未联系的他，给我打来电话，邀我到他家里做客，交流的重点是要我执笔主创《白寿彝评传》，他来审读修改，以共同完成。这更是出乎我的意料。

因为我根本没有充分的思想准备，所以答应考虑一下，先从采访他开始，让他谈心目中的父亲，做一个口述历史记录，以录像方式保存珍贵史料。

随着对白至德先生采访的深入，我突然发现，我以前对老师白寿彝先生的了解，简直就是皮毛，说重一点就是无知。白先生为国家所作的贡献，他为之呕心沥血所付出的巨大努力，可以说，社会大众根本就不知晓，就连北京师范大学历史学院的学生，也极少有人知道白先生的事迹。白先生所主编的《中国通史》，也因卷册太多，内容丰富且字数庞大，由此造成真正读这套《中国通史》的读者不多，可以说，事实上就是一种束之高阁的现状。这使我产生了一种强烈的使命感、危机感，不能使白先生一生的心血，一代杰出史学家百年为之梦想而最终实现的《中国通史》放在高高的书架上。基于此，我接受了白至德先生对我的信任，当尽心尽力为之。他说我是用心的，用心最关键。于是我开始了行动。

我的北京师范大学历史系一九七八级的师兄李世琦，听到我要开始执笔创作《白寿彝评传》时，立即告知了河北人民出版社总编辑荆彦周，毕业于北京师范大学的荆总很快来到北京我的家中，当场确定了《白寿彝评传》及《白寿彝年谱》两书的选题，并马上安排了出版社编辑来京与我对接，进行深入沟通，最后提出了编写大纲，书稿几经修改后，最后由白至德先生确定。

为了写好《白寿彝评传》，通过一传而窥见20世纪的历史进程，我考虑再三，采用纪事本末体写作评传。唯有这样，白先生才不是孤零零的一人之传，才会凸显其丰功伟业，《白寿彝评传》才有可能成为20世纪中国的微缩景观。

73岁的白至德先生视力不大好，在审读《白寿彝评传》时，很不方便，他的夫人许延石女士（高级工程师），面对电脑上的文稿，一边给他读，一边敲打键盘修改，80万字初稿下来，持续半年时间，的确不易。

在编撰《白寿彝评传》时，《大师春秋》总策划冯逸、张颖锋、蒋宽、冯克己、朱可雀、黄一棉、宁霞、冯忠芳、朱生河、冯潇等参与其中，他们进行资料搜集、材料录入、文稿修稿、图片制作等，以及其他相关工作的协调，在此对他们表示感谢。

《白寿彝评传》终于在疫情氛围之中写完了。事后，我用尺子量了一下书稿，竟有50厘米厚，一张纸一张纸码在那里，白纸黑字，字字有温度，使我好像看到了白先生那1400万字的《中国通史》，那该是多少厘米厚的书稿啊！白先生让我再次佩服。

蒋晔

2020年12月18日